[苏]朱可夫 ★ 著　　徐若阳　孟通 ★ 编译

朱可夫回忆录

艰难的胜利

Воспоминания и размышления

新华出版社

图书在版编目（CIP）数据

朱可夫回忆录：艰难的胜利 /［苏］格奥尔基-康斯坦丁诺维奇-朱可夫著；徐若阳，孟通编译.

北京：新华出版社，2025.6

ISBN 978-7-5166-8022-3

Ⅰ.K835.125.2

中国国家版本馆 CIP 数据核字第 2025WF4915 号

朱可夫回忆录：艰难的胜利

著者：［苏］朱可夫　　　　　　编译：徐若阳　孟　通
出版发行：新华出版社有限责任公司
　　　　（北京市石景山区京原路 8 号　邮编：100040）
印刷：河北鑫兆源印刷有限公司

成品尺寸：150mm×230mm　1/16　　印张：42.25　　字数：720 千字
版次：2025 年 9 月第 1 版　　　　　印次：2025 年 9 月第 1 次印刷
书号：ISBN 978-7-5166-8022-3　　　定价：128.00 元

版权所有·侵权必究

如有印刷、装订问题，本公司负责调换。

微店

视频号小店

京东旗舰店

微信公众号

喜马拉雅

小红书

淘宝旗舰店

企业微信

序言
Preface

朱可夫，名将中的名将

1999年底，新世纪的钟声即将敲响，满世界都在乱纷纷地进行各种旧世纪回顾和新世纪展望；当时在参加《世界军事》杂志的一份问卷，其中一个问题是："你认为谁是二十世纪最优秀的将领？"几乎未加思索，我提笔就在这一栏里写下三个字：朱可夫。

其实，即便把这个问题扩展为："谁是战争史上最出色的将领？"我也仍然会写下这个名字，当然也会在后边加上两个字：之一。

我坚定地认为他当之无愧，哪怕把他与亚历山大、恺撒、铁木真、拿破仑等这些古今中外的战争天才们放在一起，他也毫无愧色。

因为这个名字是与列宁格勒保卫战、莫斯科保卫战、斯大林格勒战役、攻克柏林等这样一组人类战争史上最辉煌的战役联系在一起的，而这些战役改写了迄今为止的人类历史。

稍微有点战争史知识的人都知道，一位战将一生中能指挥并打赢其中任何一场战役，都足以彪炳史册，侧身不朽了。这位鞋匠的儿子，有如战神附体；当然，当朱可夫本人在1915年8月应征入伍、作为一名骑兵加入沙俄军队参加第一次世界大战的时候，他自己对军队和战场毫无兴趣，只是觉得"自己是个俄国人，既然俄国需要，就应该走向战场"，根本没想过"日后"会如何，仅此而已。

翻翻朱可夫的履历，你几乎从他的早年经历中找不到一点儿日后会成为一代名将的证据。鞋匠的儿子，只读过教会小学的三年级，喜欢钓鱼，穿自制滑冰鞋滑冰，还会滑雪，个头不高，但双肩宽阔，肌肉强健，11岁时独自远行，一个人来到莫斯科一家毛皮坊当学徒工（精通一门手艺的好处，是他将终生保持为做成一件事情而格外关注细节的习惯），喜欢读《福尔摩斯探案全集》等；以上所有特点都很实在，却都不足以让一个懵懂少年日后成为叱咤风云的战争英雄。因为有这种经历和特点的人，在俄罗斯甚至在世界其他地方的穷苦人家的孩子中并不鲜见。中国有句古话：三岁看大，七岁看老。要想从一个少年身上看出他未来的不同凡响，他身上一定还应该有一些与所有这些特点不同的特点，这样，他才会与众不同，把自己与大多数人区别开来。同时，又由于这一点与众不同，而使自己最终跻身进历史上那些凤毛麟角的人物们的行列。

这些人也大都表面上看似平凡，但他们都无一例外，比常人要多一样东西，那就是敏感。敏感的人大都有一种与生俱来的忧郁。这种忧郁与孱弱不是一码事，而是因敏感便能洞察平常事物背后的本质，又因洞察本质而比常人更容易"杞人忧天"。

"我第一次看到初升的太阳照在伏尔加河的河面上，河水闪着粼粼波光。我凝望着河水，久久不愿把目光移开。我想，现在我终于明白了，为什么有那么多的歌曲讴歌她，为什么人们把她叫做母亲河。"

这是一个叫朱可夫的少年第一次看到伏尔加河时的感受。一个天生就善于凝视的孩子，才会深思；经常凝视的人总是经常深思，于是终将不同凡响；一个经常凝视又经常深思的人，如果面孔苍白，那他注定会成为诗人或者音乐家；一个经常凝视又经常深思的人，如果胸阔肩宽，最终他成了朱可夫！

善于深思，体魄强健，这两者在一个人身上形成的化学反应就是凝结为思想、意志，以及支撑其永动下去的无穷精力。而这，正是每一位名将身上都能鉴定到的DNA。只需从一个共同细节上，便可认出这些人来：无一例外，他们全都喜欢在地图前凝视并沉思。

除此之外，一个人的成功，特别是一位驰骋沙场的战将的成功，还需要仰赖什么元素？人们总是习惯人云亦云，说：才能加运气。

如果按此标准来衡量朱可夫，只有百分之五十的准确率。

才能。指挥百万大军，进攻所向披靡，退守固若金汤，他的军事才能毋庸置疑。

运气，怕就说不上了。从牛刀小试诺门罕到攻克柏林，他打胜了属于他的每一场战役，仗仗都是硬碰硬，实打实；犹如巅峰状态时的拳王阿里，每次出场都必击倒对手，从不靠查点数决定胜负，既没有丰臣秀吉式的神风相助，也没有惠灵顿在滑铁卢的好运气。

"这位苏联元帅完全凭借个人努力使自己达到一种绝无仅有的高度。"说这话的是美国五星上将，盟军统帅艾森豪威尔；而听他说这番话的，是因阿拉曼战役成名并被英王册封为阿拉曼子爵的英国元帅蒙哥马利。

但如果说朱可夫一生的胜利中完全没有运气成分，似乎又不尽然。因为他最大的运气，是在他的人生和战争（二者对朱可夫而言几乎是同义语）之路上遇到了斯大林，是斯大林给了他成就伟业的机会。在这一点上，与他的对手德军将领们相比，古德里安、曼施坦因等全都成了倒霉蛋，无论他们个人的军事才华多么出众都无补于事，因为他们遇到的是希特勒。

不管斯大林身上有多少缺点，犯过多少错误让后人和史家诟病，仅他在整个战争期间表现出的慧眼识珠，择善而从——特别是在擢拔、重用朱可夫从而挽救了苏联也成就了一代名将的胸怀雅量这一点上，也足以让人不能不对其心生敬意并长怀感激。而希特勒手下，尽管不乏名将，也曾屡创战史奇观，却九九归一，最终都由于希特勒的刚愎自用、越俎代庖而功败垂成。最高统帅之昏明，决定一支军队之大幸与大不幸。

正是这种"幸运"，使朱可夫首先逃过了"大清洗"，继而在诺门罕战役中崭露头角。千军易得，一将难求。有了朱可夫，即便斯大林在战前的肃反运动中枉杀了朱可夫的精神导师图哈切夫斯基元帅及一大批高级将领，使苏军元气大伤，但有朱可夫这根顶梁柱，斯大林才得以撑大厦之将倾，挽狂澜于既倒，最终把人类历史上最惨烈的大战之胜利收入囊中，揽于麾下！

朱可夫也果然不负众望，甘为王前驱，效尽犬马劳，从总参谋长到最高统帅部代表，俨然一个全能消防队员，列宁格勒、莫斯科、斯大林格勒，一处接一处地奔逐着去灭火；从最高统帅部副统帅，一人之下，万人之上，到能上能下，先后担任西方方面军、乌克兰第一方面军司令等多个方面军的司令，整个一个"战场劳模"！而其无人可比的从制定战略到战役方案，从关注战术到技术细节的军事天赋（如在攻克柏林时创造性地运用上百部探照灯直射敌眼，在坦克上加装恐怖警报器震慑敌胆），更在各次战役中展露发挥得淋漓尽致无人能出其右。所以他数获列宁勋章，红旗勋章，两获胜利勋章，让同侪望着他金光耀眼的胸前心生羡慕和妒意，也就理所当然了。

人有其长，便必有其短。朱可夫也如此，他过人的军事天赋，不可避免地占去了他在人生其他方面的能力空间。

毫无疑问他是个纯粹的军人，这种人往往复杂又单纯，单纯到对政治一窍不通（这几乎是中外名将的通病），"朱可夫是唯一一个地位显赫但永远说真话的人。他可能会回避一些问题，但却从不撒谎。"一位外交官如是说，这番话显然不是外交辞令。但这究竟是一位战将的长处还是他的短处？谁能说得清楚？这种单纯令人喜爱，但其命运及结局往往也令人可悲。因为与其说他（他们）不懂政治，不如说他（他们）不懂如何与政治家相处，这是古今中外名将的共同性格。性格即命运。这种名将性格可能玉汝于成为一代名将，也可毁其一世英名。名将如果不是死在胜利之前，多半就会毁在胜利之后。此类例证不胜枚举，朱可夫乃名将中之名将，又岂能跳出这一古今名将的宿命？名将无不身怀霸气，这是名将的基本底色。名将之霸气，对于属下是藏悲悯之心于怀，驱策千军万马于血海沙场而不动容；对于上峰乃至君王，则大多表现为自信、果决，勇于任事，敢于负责，为胜利即或屡屡犯上抗争也在所不惜！结果，仗打胜了，江山社稷保住了，君臣上下之间的裂隙如何缝补？理解了这一点，对朱可夫人生际遇中最后时光的悲凉，也就不难理解了。

现在，人类历史上最惨烈的大战已硝烟远去了半个多世纪，这位"给希特勒的第三帝国最沉重打击的元帅"，也早已魂归天国五十余年了。当年他骑一乘白马威风凛凛在红场阅兵的英姿也已化成一尊雕像永久矗立在列宁墓边。历史，也似乎如元帅在一篇文章中所说："时间将会还原所有事实的真相，并将公正地评价每一个人"——好像要印证元帅的这番与其说是预言莫如说是期待的话，一切，在半个多世纪之后，正静悄悄地回归元点，而那曾给元帅心灵造成深深创痛的伤口可能平复么？

但身后是非谁管得了？所有这些马后炮式的追认或缅怀，对于百战一生功高盖世的元帅来说都已经不重要了，他的星宿正悬挂在遥远的天际，默默地注视着这个曾经在他那一代人手中天翻地覆，而今又在新一代人手中覆地翻天的星球。

他，"一头浓密的头发，一张棱角分明的脸庞，一双无边眼镜后面投射出睿智目光的灰蓝色眼睛，一位社交场合豪爽的饮酒者和步伐优美的舞者，一个从不抽烟的人，这就是格奥尔基·康斯坦丁诺维奇·朱可夫"——一如清晨降临时闪耀的启明星。

退役空军少将　乔良

导读
Introduction

恢复删节处的朱可夫回忆录最有价值

——谈《朱可夫回忆录》再版

了解第二次世界大战史的人都知道，苏联卫国战争中立有头功的元帅是朱可夫，因而他在战争结束时的胜利大检阅时能代替斯大林担任了阅兵首长。他对战争的回忆录，具有重大的历史价值，不过其初版在苏联时代按政治需要有所删节，后来在俄联邦建立后才出版了全文。在纪念世界反法西斯战争胜利80周年之际，这本回忆录的中译本在国内再版，将有助于人们更深入地了解那场世界战争史上作战双方伤亡最大的残酷苏德之战，从而在缅怀反法西斯战争的英烈和浴血奋战历程时，对人类军事斗争的发展演变引发进一步的思考。

受政治影响删除的部分在新版中得到恢复

朱可夫的《回忆与思考》一书，是20世纪60年代前期赋闲在家时所著，讲述了自己从贫苦农家出身的战士成长到元帅的经历，一大半篇幅又是回忆了苏德战争的过程。按当时苏联领导人的要求，书中删改了一些内容，在1969年才得以公开出版并大受欢迎，头两版便印发360万册，还译成十几种文字在国际上广泛发行。20世纪70年代初，国内将该书俄文版翻译后采取了"内部"发行，在当时读物还很少的社会上不胫而走。不过研究战史的人也看到，回忆录中对苏军只言胜而忌败，对许多事件缺乏深刻的思考，所述自身的经历又几乎一帆风顺。这种写法，正表现出苏联体制下的传统缺陷。那就是基本不许谈阴暗面，总是使用歌功颂德的套话。

1995年，《朱可夫回忆录》在俄罗斯重新出版，恢复了当年被检查机关删除的全部内容。随后我国的解放军出版社对这一新版重新翻译，并以《朱可夫元帅战争回忆录》的书名出版。笔者通过阅读全文特别是研究过去的删节处，深感恢复的原稿名副其实地不仅有"回忆"，还有着比较深入的"思考"。书中恢复的被删部分，又让人们看到了栩栩如生的斯大林的真实形象，也了解到一些过去鲜为人知的史实。

在朱可夫的回忆录的全版中，恢复了作者回忆二战前"大清洗"的半章篇幅，讲述了军队中人人自危的可怕情景，也讲了他自己也遇到政治风险，后来的升迁并非一帆风顺而是充满艰险。朱可夫以坦诚的态度讲述的这段令人叹息的历史，不能不令读者深感保护社会主义民主和法治免遭破坏是何等重要！

新版恢复的有关卫国战争前的删节部分，讲述了斯大林对德国入侵危险的判断错误，并如实地说明当时自己身为总参谋长也相信了这一判断。战争开始之时，苏联最高领导不是采取积极防御，而是在混乱中盲目地马上让部队反攻，遇到合围威胁又不肯撤退，结果造成惊人的损失。朱可夫在回忆录原稿中说出苏联时期不肯公布的数字，那就是在战略防御阶段（1941年6月至1942年11月）"我们损失了4.3万门火炮、3.2万辆坦克和将近2.3万架飞机。大量的坦克和飞机由于故障在我军匆忙撤退时留在了当地"。

在遭受如此严重失败的危急时刻，苏联靠着各族人民团结战斗而未发生希特勒所希望出现的分裂解体，并以空前规模的动员和实行战时全面的军工生产，红军终于扭转了战局并反攻直至攻克柏林。历史证明，承认自己的错误才能改正错误，否则又难免重犯，苏联在这方面的教训确是极其深刻的。

对战争中将帅的功过做全面的客观评价

以唯物主义的原理看待战争，就会认识到将帅在一场宏大战争中往往都会有功有过，将两方面都写出来才能使读者看到是人不是神的指挥者，并从中悟出真正有益的战争经验。朱可夫回忆录的原稿，倒是比较全面地评价了斯大林及其他一些领导人在战争中的功过，并说明苏军是在残酷的战争中学会了战争。

当年希特勒对苏联发起突袭前，采取了许多欺骗措施，几百万大军向边界的调动却无法掩盖。朱可夫同国防人民委员（相当国防部长）铁木辛哥在1941年5月至6月22日开战前曾一再向斯大林要求"进入一级战备"。斯大林的分析却是"德国完全陷入了在西方的战争,我相信希特勒不会进攻苏联,给自己形成第二条战线"。朱可夫在战前虽要求一些部队以"演习"之名向边境集结,却没有让正在靶场的各部炮兵随行,他承认这是自己的"重大错误",导致德军突入国境时一线苏军各部竟处于无队属炮兵可用。

新版恢复的删节部分,详细记叙了6月22日战争爆发时克里姆林宫内的场景。斯大林脸色苍白拿着烟斗坐在桌边,仍心存侥幸地说这可能是"挑衅",迟迟不下令还击。朱可夫的印象是——"战争爆发的头几个小时,斯大林有点不知所措,但是他很快恢复了常态"。在后面的回忆中,朱可夫记叙了斯大林在战争中表现出坚定的意志,是当之无愧的最高统帅。不过他在战争初期却也经常出现情绪冲动,在指挥经验不足时又经常凭主观意愿地下令,如在指挥基辅会战中因拒绝撤退造成数十万部队被围。通过残酷的战争实践,斯大林积累了经验,能注意听取不同意见并表现得比较宽容,终于在战争中期以后使指导水平大为提高。

朱可夫还叙述了一些佚事的细节,如重大决策的讨论不是在政治局会议上,而是斯大林召集相关人士在别墅吃饭时进行。回忆录中又恢复了一些因怕损害某些人的威信而删去的部分。对被誉为第二号功臣元帅的科涅夫,朱可夫不客气地说明他在莫斯科保卫战之初因指挥不当导致几个集团军陷入合围,斯大林气愤之下曾打算把他送交军事法庭,靠朱可夫出面担保才能继续任职。直至库尔斯克会战以后,科涅夫因表现比较好才得以升迁。

在战争中学习战争,这是军事斗争的基本规律,要搞好这种学习恰恰要如实地总结正反两方面的经验教训。朱可夫回忆录的未删节版总结的一些历史失误是可贵的,而苏联领导层长期采取文过饰非态度只会导致思想僵化。

对敌人的长处也进行客观分析

一支善于学习的军队,不仅要总结自身成功的经验,还要向其他军队学习,包括研究敌手的长处。苏联时期出版的《朱可夫回忆录》,大都是讲苏军的成功经验,新版所恢复的部分则包括对己方存在的弱点的思考,并承认敌人的一些长处。

过去苏联解释卫国战争初期的失利,往往只说遭敌突然袭击这一简单原因，而回避军事思想和体制方面的深层次原因。《朱可夫回忆录》中恢复的部分，倒是从指导思想方面检讨了苏军在战前的重大缺陷，主要是"当时我国的军事理论科学对战略防御问题根本没有进行深刻研究""部队的训练方法也不符合现代战争的要求"。当时德军闪击波兰、法国的战例都提供了这方面的活生生教训，而苏联领导人因思想僵化却不加重视。

由于战前只片面强调进攻，苏军一旦遭德军突击而被迫实施防御，从统帅部到部队领导都大感意外，不知如何有效部署和指挥，朱可夫在原文中对此也做了自我批评。法西斯德国进行的虽是侵略战争，在作战指导和技术上却有高明之处。《朱可夫回忆录》中的恢复部分就认为："在战争初期，德军统帅部依靠其兵器，它的作战艺术是高超的。"

苏联领导人在战争中以无数鲜血交了学费，包括借鉴敌人的长处，在伏尔加河畔的斯大林格勒终于扭转了战局。从这一仗之后，苏军学会了如何组织防御，接着又掌握指导反攻的艺术，才最终取得战争的胜利。

《朱可夫回忆录》对战略和战役方法、总参谋部应如何工作以及部队训练方式的一些总结。都是几十年前的战争经验，现在的军事爱好者读后也能从中受到思想启迪。这是因为进行战争的科技和物质条件虽然会不断变化，许多战争规律却是会一直传承下来的。

世界进步力量进行的反法西斯战争，以无数鲜血取得了最后胜利。战后80年来，世界已经发生了天翻地覆的变化，军事斗争也进入了信息化的新时代。我们回顾以往的辉煌战争史，不可能再复制历史，而是要超越历史，用以往的斗争经验来启迪思维，从而服务于强国强军的伟大事业。

少将、著名军事专家　徐焰

目 录 Contents

序　言　朱可夫，名将中的名将 ………………………… I
导　读　恢复删节处的朱可夫回忆录最有价值
　　　　——谈《朱可夫回忆录》再版 ………………… V

第一章　童年和少年 …………………………………… 1
第二章　走向军旅 ……………………………………… 22
第三章　加入红军 ……………………………………… 35
第四章　从团长到旅长 ………………………………… 62
第五章　在红军骑兵监察部的岁月 …………………… 88
第六章　在白俄罗斯军区 ……………………………… 115
第七章　不宣而战之役：哈勒欣河之战 ……………… 124
第八章　在基辅特别军区 ……………………………… 146
第九章　山雨欲来：卫国战争的前夜 ………………… 160
第十章　战争爆发 ……………………………………… 197
第十一章　在最高统帅部 ……………………………… 236
第十二章　肃清叶利尼亚突出部 ……………………… 266
第十三章　列宁格勒保卫战 …………………………… 295
第十四章　"我们的身后就是莫斯科" ………………… 323

第十五章　1942 年，艰苦的对峙阶段 …………………366

第十六章　风雪斯大林格勒，德军惨败 ……………………395

第十七章　库尔斯克，粉碎法西斯的战略转折点 ………421

第十八章　乌克兰会战 …………………………………………468

第十九章　解放白俄罗斯、乌克兰………………………………504

第二十章　从维斯瓦河一路打到奥得河 ……………………532

第二十一章　攻克柏林 ……………………………………………564

第二十二章　德国法西斯无条件投降 …………………………596

第二十三章　波茨坦会议，对德管制委员会 ………………625

写在最后 …………………………………………………………657

第一章
童年和少年

凡是上了年纪的人，都很难记清他一生中的一切。许多事情，特别是童年和少年时代的许多事情都记不得了，所能记住的只是那些不能忘掉的东西。

我于1896年11月19日（旧历）出生在卡卢加省斯特烈耳科夫卡村。我家住的房子坐落在村子中央，房子很破旧，一个屋角已经陷进地面很深。墙壁和屋顶长满绿苔和青草。全家只有一间屋，开着两面窗户。

连我的父母也不知道，这所房子是什么人在什么年间盖的。听一些老年人说，那儿原来住着一位名叫安努什卡·朱可娃的寡妇。她无儿无女，为了弥补生活的孤寂，从孤儿院领回来一个两岁的男孩——我的父亲。我父亲的亲生父母到底是谁，没有人说得出来。父亲自己后来也不想去打听身世。只听说，他是在三个月的时候被妈妈丢在孤儿院门口，身上还夹着一张纸条，上面写着："我儿子名叫康斯坦丁。"没有人知道这位可怜的妇女，为什么要把孩子丢给孤儿院，恐怕她走这条路，也不会是因为不爱自己的儿子，很可能是因为生活所迫。

父亲刚满八岁的时候，养母就去世了。他便到乌戈德厂村跟一位皮匠学手艺。父亲后来同我们讲起过，他学徒期间主要是干家务活，替老板抱孩子、喂牛；等等。就这样学了三年，"满师"以后便到别的地方去找活干。他步行到莫斯科，终于在那里的维义斯制鞋厂找到了工作。维义斯还开着一家时髦的鞋店。

我知道的不详细，只听父亲讲过，1905年事变后，他和许多工人一道由于参加示威游行被工厂开除了，并被驱逐出莫斯科。从那时候起，直到 1921 年去世止，他再也没有出过远门，就在奉村干皮匠活和农活。

我母亲叫乌斯季妮娅·阿尔捷米耶娜。她出生在邻村——黑泥庄一个很穷的人家。

父亲和母亲结婚那年，母亲三十五岁，父亲已经五十岁了。他们两人都是第二次结婚，都是在自己第一次结婚后不久就丧偶的。

母亲身体很强壮。她能不费劲地扛起一袋五普特重的粮食走好远一段路。据说，她身强力壮，是因为她父亲——我外祖父阿尔乔姆的体力好。我外祖父能钻到马肚子下面一头把马顶起来，还能攥住马尾巴，一把把马拉得蹲坐在地上。

由于家里太穷，父亲的皮匠活挣钱又少，母亲不得不外出帮人运送货物。每年春夏和早秋季节，她在地里干活；晚秋，她就到县城——马洛亚罗斯拉韦次，替人把食品杂货运送到乌戈德厂的商人那里。运一趟，可得一个卢布到一个卢布零二十个戈比。这是多么微薄的工资啊！扣除马料、店钱、饭钱、修鞋钱等，已经剩不下几个钱了。我想，乞丐讨到的说不定比这还要多些。

但是，有什么办法呢？那个时候，贫农们就是这样的命啊。所以，妈妈毫无怨言地干。为了不挨饿，我们村的很多妇女都是这样干的。她们把很小的小孩丢给年迈的奶奶、爷爷照管，自己不顾道路泥泞，也不管天寒地冻，外出帮人从马洛亚罗斯拉韦次、谢尔普霍夫等地运货。

我们村大多数农民生活都很苦。他们的地又少又瘠薄。田间劳动主要是妇女、老人和孩子们来干。男人们则去莫斯科、彼得堡等大城市做零活。但他们也挣不了多少钱，很少有人口袋里装着许多钱回村来。

当然，我们村里也有富裕的农民——富农。他们生活得不坏：住的是宽敞舒适的房屋，院子里牛、羊、鸡、鸭成群，粮仓里堆满了米和面。这些人家的孩子穿得好，吃得好，进最好的学校。我们村的贫农基本上都是为这些人干活，但报酬极其微薄，有时给点粮食，有时给点饲料，有时只给点种子。

我们这些贫农家的孩子，都看见过妈妈们日子过得多么困难。每当她们流泪时，我们心里也十分难过。而每当她们从马洛亚罗斯拉韦次给我们带点小面包圈或甜饼干时，我们又是何等的高兴啊！如果是在过圣诞节或者是过复活节时，能积点钱给我们买大馅饼，那我们更是高兴得不得了。

在我满五岁、姐姐玛莎七岁那年，妈妈又生了一个男孩，叫阿列克谢。他很瘦，大家都担心他活不长。妈妈一边哭一边说：

"孩子怎么长得胖呢？光靠水和面包行吗？"

妈妈产后几个月，又决定进城去挣钱。邻居们都劝她在家带孩子，因为孩子还很瘦弱，很需要吃妈妈的奶。但是，饥饿威胁着全家，妈妈不得不走，只好把阿列克谢交给我们照看。结果，他没有活多久，不到一岁就死了。他是秋天死的，我们把他葬在乌戈德厂公墓。我和姐姐都为阿列克谢的死感到悲痛，更不用说爸爸和妈妈了。我们常去看看他的墓。

那一年我们家还遭了另一场灾难：屋顶因年久失修倒塌下来。

父亲说："必须离开这里，不然我们都会被砸死。现在天气暖和，我们住到草棚里去，至于以后，到时再说。说不定，能找到一个澡堂或者茅屋让我们住。"

记得母亲当时哭了。她对我们说：

"孩子们，没有法呀，搬吧，所有的破烂东西都往草棚里搬。"

父亲砌好了一眼小灶。我们想尽办法在草棚子里安好了家。

父亲的朋友们都到"新居"来看望他，同他开玩笑说：

"康斯坦丁，怎么，你没有把灶王爷供好吧，他怎么撑你了？"

父亲说："怎么没供好？要是供得不好，他早就把我们砸死了。"

我们的邻居、父亲的好友纳扎雷奇问道："打算怎么办？"

"还想不出办法来……"

母亲插嘴道："有什么可想的。把母牛牵去卖了，再用这笔钱买木料。一眨眼工夫夏天就过去了，冬天怎么盖房子？"

大伙都嚷开了："乌斯季妮娅说得对呀！"

父亲说："对是对呀，但一头母牛是不够的。除它以外，我们家再就只有一匹老马了。"

但是，谁也没有接这个话茬。大伙都知道，这样一来，我们家往后的日子可就更加困难了。

过了些时候，父亲很便宜地而且是用分期付款的办法买到一间小房架。邻居们帮忙把它运来，不到11月就把房子盖好了。是用干草盖的顶。

妈妈说："没有什么，就这样住吧。等我们有了钱，再盖好的。"

这所房子从外表看就比别人家的要差些。门是用旧木板钉的，窗户安的是破玻璃。但是，我们全家都很高兴，因为冬天我们总算有了一个暖和的藏身之地了。至于挤，俗话说："宁受挤，不受气呀！"

1902年秋天，我已七岁了。这年冬天来得早，我们家的日子十分困难。年成不好,家里的粮食只够吃到12月中旬。父母亲挣来的钱只够买面包、盐和还债。谢谢邻居们,他们有时给我们送点菜汤和粥。农村中这样的互助是常有的,这确实是生活在艰难困苦中的俄罗斯人友好团结的传统。

开春了,情况有些好转,因为偶尔可以在奥古勃梁卡河和普罗特瓦河里捉到鱼。奥古勃梁卡是条小河,水很浅,水上长满了绿藻。这条河发源于科斯廷卡村上方靠近博罗斯基村的地方,由几条小溪汇合而成。这里有几个地方水很深,藏着大鱼。奥古勃梁卡河流经我们村和相邻的奥古勃村这一段,有很多鳊鱼、鲈鱼和冬穴鱼。我们主要是用篮子兜。碰上好运气,捉的鱼多,我就送些给邻居们,答谢他们的菜汤和粥。

我们这些孩子们特别喜欢到米哈列夫山间的普罗特瓦河去捉鱼。到那里去的路,要穿过一段茂密的椴树丛和一片奇异的桦树林。林子里长着不少的草莓和野杨梅,夏末季节,遍地都是蘑菇。附近的农民都到林子里来剥树皮做鞋,我们把这种鞋叫作"出门穿的方格鞋"。

现在,这些树林都不见了,被德国占领军砍光了。卫国战争以后,集体农庄把这块地开垦为耕地了。

夏季的一天,父亲对我说:

"呃,叶戈尔,你快七岁了,该干点活了。我像你这么大的时候,已经顶一个大人干活了。明天我们去割草,你带上耙子,和玛莎一起摊草、晒草和垛草。"

我很喜欢割草,大人也常常带我去。但是,这一次可就不同了,不像从前那样只是为了玩。我很自豪,现在我已经参加劳动了,已经成了一个对家庭有用的人了。一路上见到我同年的小伙伴们,也都拿着耙子坐在大车上。

我干活很卖劲,听到大人们的夸奖就更高兴了。大概是用力过猛,两个手掌很快都起了血泡。我怕说出来丢脸,就一直坚持干下去。最后,血泡破了,我不能再耙了。

父亲对我说:"没关系,会好的。"他用破布把我两手包扎好。

好几天我都不能用耙子,只能帮姐姐抱草和垛草。孩子们都笑我。但过不了几天以后,我又参加了割草的行列,而且干得不比他们差。

割麦的季节到了。妈妈对我说:

"孩子,你要学学割麦子。我在城里给你买了一把新镰刀。明天早晨我们就去割黑麦。"

割麦开头进展得不坏,但很快我又倒霉了。为了想炫耀一下自己,我抢着往前赶，结果镰刀割破了我左手的小拇指。妈妈吓坏了，我也很害怕。我们的邻居普拉斯柯维娅大婶当时正在旁边，她摘了一片车前草的叶子贴在我手指上，并用一条破布紧紧地包扎好。

这件事过去多少年了，但左手小拇指上至今还留下一块伤疤，使我想起在农业战线上的出师不利……

很快，一个紧张的夏季过去了。我已经学会做一些农活，身体也锻炼得结实了。

1903年的秋季来临了，对于我来说，这是一个重要的时刻。我同年的孩子们都在准备上学，我也在准备。我借姐姐的书学认字。这年秋季，我们村还有五个孩子该上学，其中包括我最好的朋友列什卡·科洛特尔内。"科洛特尔内"是他的外号，他的真姓是朱可夫。我们村共有五家姓朱可夫的。为了便于区别，人们就加上母亲的名字来叫：把我们叫作乌斯季妮娅家朱可夫，把另一家叫作阿夫多季娅家朱可夫，把第三家叫作塔季扬娜家朱可夫……

我们要进的是一所教会小学，位于维利奇科沃村，距离我们村一公里半。附近四个村——雷科沃村、维利奇科沃村、斯特烈耳科夫卡村和奥古勃村——的孩子都在那里学习。

有些孩子扬扬得意地背着父母替他们买的背囊式书包。我和列什卡背的不是那样的书包，而是用粗麻布缝的布袋。我对妈妈说，讨饭的才背这种袋子，我不背它上学。

"等我和爸爸挣到钱时，一定给你买个背包，现在你还是背着它上学去。"

第一天，是姐姐玛莎领我去上学的。她当时已经上二年级了。我们班一共十五个男生、十三个女生。

老师和我们认识一下以后，就给我们安排座位。女生坐在左边一行，男生坐在右边一行。我很想同列什卡坐在一起。但老师说不行，因为列什卡一个字母还不识，而且他长得又矮。结果，他坐在第一排，我则坐在最后一排。列什卡对我说，他将努力尽快学会所有的字母，这样我们两人就一定能坐在一起。但是，他却一直做不到这一点。列什卡经常是学得较差的一个。他常常因为功课不好，放学以后还要留下来补课。但列什卡是个很少见的老实孩子，他从不抱怨老师。

我们的老师叫谢尔盖·尼古拉耶维奇·列米佐夫，他教书很有经验，为人又好。他从不无缘无故惩罚人，从不提高嗓门儿训学生，同学们很尊重他，听他的话。谢尔盖·尼古拉耶维奇的父亲是个安详而善良的老人。他是个牧师,在我们学校里教《神学》。

谢尔盖·尼古拉耶维奇和他的兄弟尼古拉·尼古拉耶维奇医生都是无神论者,他们上教堂仅仅是为了礼貌。他们哥俩都参加了教堂合唱团。我和列什卡的嗓子好,我们两人也都被吸收到学校的合唱队里。

我们村的孩子们升二年级时,成绩都很好,只有列什卡一人留级,虽然我们大家都帮助过他,但他的《神学》课还是考了两分。

我姐姐学习也不好,在二年级留级一年。父亲和母亲决定不再让她上学了,要她留在家里做家务事。玛莎伤心大哭,申辩说她没有过错:她之所以留级,是因为妈妈外出拉脚,让她留在家里照看阿列克谢而缺课太多的缘故。我也帮着姐姐说,人家父母也干活,也外出拉脚,但谁也没有让自己的孩子不上学,而且姐姐的朋友们都继续上学。最后,妈妈终于同意姐姐继续上学。玛莎满意了,我也为她高兴。

我们很可怜妈妈。我和姐姐幼小的心灵已能理解到妈妈很苦。父亲当时在莫斯科做工,但寄钱回来的次数很少,每次寄的钱数也很少。以前,他每个月能给母亲寄两三个卢布,而后来一次只能寄一个卢布,有时甚至还要少。邻居们说,不只是我父亲是这样,别的在莫斯科做工的人挣钱也都少了。

记得1904年年底,父亲回家了。我和姐姐高兴极了,满心盼着他能从莫斯科给我们带些好吃的回来。

但是,父亲说,这次他什么东西也没法带。他是直接从医院回来的,他在那里割了阑尾,手术后又住了二十天医院,钱都花光了,连回家的车票还是向人借钱买的。

村里人都很尊敬我父亲,都爱听他的意见。通常,村里大小集会上,最后的结论都是由他来做。我很爱我的父亲,他也很喜欢我。但是,父亲有时也会因为某一过错而严厉地惩罚我,甚至用皮带(他做鞋活时用的皮带)打我,要我求饶。可是,我很固执,任他怎么打,也不求饶。

有一次,他又抽打我,我就从家里逃跑了,在一个邻居的大麻地里躲了三天三夜。除姐姐外,谁也不知道我躲在那儿。我和她讲好了,让她不要告诉人,并给我送饭。人们到处找我,但我隐藏得很好。后来,那位邻居无意中发现了我,就把我领回家。父亲还特意对我说,他以后不打我了,原谅我了。

记得那天父亲情绪很好,领着我上茶馆。茶馆在邻近的奥古勃村。茶馆老板叫尼基福尔·库拉金,是个土财主,他卖各种食品杂货。农夫们和青年们都爱到茶馆里喝茶，因为可以在那里谈谈新闻，赌赌"罗托"、打打扑克，有事没事喝上两杯。

我很喜欢去茶馆喝茶，坐在成年人中间，听听他们谈论莫斯科和彼得堡种种有趣的掌故。我对父亲说，以后我经常跟他来听听人们的各种谈论。

我的教母的一个亲兄弟，叫普罗霍尔，在这家茶馆里当跑堂的，他有一条腿不怎么好，人们就叫他瘸子普罗什卡。普罗霍尔虽然腿瘸，却非常喜爱打猎。夏天，他打野鸭；冬天，就打野兔。那时，我们那里野鸭、野兔特别多。

普罗霍尔常带我去打猎。打猎给我带来了很大的乐趣。每当他打着我赶出来的兔子时，我特别高兴。打野鸭都是到奥古勃梁卡河或者湖区去。一般说来，普罗霍尔总是百发百中。我的任务就是下水拾鸭子。

我至今还非常喜爱打猎。这可能与普罗霍尔在我童年时就培养我打猎的兴趣有关。

父亲很快又动身去莫斯科了。临行前，他告诉母亲，莫斯科和彼得堡的工人经常举行罢工，因为失业和残酷的剥削叫人活不下去。

母亲说："孩子他爹，你不要多管闲事。不然，宪兵会把你流放到连放牛都没人肯去的地方。"

"我们是工人。大家到哪里，我们也到哪里。"

父亲走后，我们很久听不到他的消息，全家人都感到不安。

很快我们就听说，1905年1月9日彼得堡工人举行和平游行，向沙皇请愿，要求改善生活条件，却遭到沙皇军队和警察的枪杀。

就在1905年春天，村子里越来越经常地出现一些不认识的人。他们开展宣传鼓动工作，号召人们起来同地主、同沙皇的专制独裁制度做斗争。

我们村的形势没有发展到农民起义那种地步，但是引起的震动是很大的。农民们都知道莫斯科发生过许多次政治罢工、街垒战斗和十二月武装起义。他们也知道，莫斯科和俄国其他城市的工人起义遭到了沙皇政府的残酷镇压；许多站在工人阶级前列的革命者有的遭到野蛮杀害，有的被关进监狱，有的被流放服苦役。农民们还听说过列宁，知道他是工人农民利益的代表者，是布尔什维克党的领袖，而布尔什维克党是为了要把劳动人民从沙皇、地主、资本家的统治下解放出来。

所有这些消息，都是从我们在莫斯科、彼得堡和俄国其他城市工作的乡亲们那儿传来的。

1906年，父亲回乡来了。他说，以后再也不去莫斯科了，警察当局禁止他住在城里，只准他回本乡。我很高兴，父亲不用再离开我们了。

就在这一年，我在三年制的教会小学毕业了。我每年成绩都是优秀，最后得到一张奖状。全家对我的学习成绩都很满意，我自己也很高兴。为祝贺我小学毕业，母亲送给我一件新衬衫，父亲为我亲手制作了一双皮靴。

父亲说："现在你是有文化的人了，可以带你到莫斯科去学手艺了。"

母亲说："让他在乡下再住一年，长大一点再进城找工作……"

1907年秋天，我满十二岁了。我知道，这是我住在自己家的最后一个秋天。过了冬天，我就要外出谋生了。我承担了许多家务劳动，很劳累。母亲时常出去帮人运货；父亲一天到晚做皮匠活。父亲挣到的钱极少，乡亲们都很穷，大多付不起钱。妈妈常常骂父亲，说他工钱要的太少了。

每当父亲多挣得几个钱的时候，他就到乌戈德厂去喝酒，然后带着醉意回家。我和姐姐便跑到大路上去接他，而他也总爱给我们带点好吃的东西，什么小面包圈或糖果之类。

冬天，没有什么家务事的时候，我常去捉鱼，穿上自制的冰鞋到奥古勃梁卡河上溜冰，或去米哈列夫山滑雪。

1908年夏天到了。每当我想到我就要离开家、离开亲人和朋友们去莫斯科的时候，就感到心情紧张。我知道，我的童年实际上就此结束了。过去这些年只能将就说成我的童年，可是我又能奢望些什么呢！

记得有一天晚上，好几位邻居围拢在我家门口的土台子上谈论送孩子去莫斯科的事。有的准备最近几天就送走自己的孩子，有的想再等一两年。我们这里每年"三一节"后一个星期举行一次集市。母亲说，等集市后再送我走。列什卡已经进木工作坊学徒了，他的老板是我们村的富翁穆拉什金。

父亲问我想学什么手艺。我回答说，想学印刷工。父亲说，我们没有熟人可以介绍我进印刷厂。所以，母亲决定去找她的兄弟米哈伊尔收我进他的毛皮作坊。父亲也同意，因为毛皮匠挣钱多。我是什么工作都愿意干，只要对家里有益就行。

1908年7月，我舅舅米哈伊尔·阿尔捷米耶维奇·皮利欣回到邻村——黑泥庄来了。关于他，有必要说上几句。

米哈伊尔·皮利欣，和我妈妈一样，幼时很苦。他十一岁时被送进毛皮作坊学徒。四年半后，他成了师傅。米哈伊尔非常省吃俭用，几年内积攒了一笔钱，自己开了一个小作坊。他成了一个出色的毛皮匠兼皮货商人。他招揽生意，高价出售，谋取暴利。

皮利欣逐渐地扩大他的作坊，除雇用八名毛皮匠以外，还经常保持四名徒工。他残酷地剥削工人，积攒起五万卢布的资本。

母亲就是请求她这位兄弟收我当学徒。她到他避暑的黑泥庄去找了他；回来告诉我们说，她兄弟要看看我本人。父亲问道，皮利欣提出了什么条件。

"按老规矩，学四年半的徒，然后当工人。"

"有什么法子呢，领叶戈尔卡去见见米哈伊尔吧。"

两天以后，父亲带我去黑泥庄。快到皮利欣家时，父亲对我说：

"看，坐在门口的就是你未来的老板。你走到他跟前时，要先鞠个躬，说声：'您好，米哈伊尔·阿尔捷米耶维奇。'"

我反驳说："不，我要说：'米沙舅舅，您好！'"

"你要忘掉他是你的舅舅。他是你未来的老板。阔老板是不喜欢穷亲戚的。千万千万记住这一点。"

米沙舅舅躺在门口台阶上的一张藤椅上。父亲走近台阶向他问好，然后把我推到前面去。皮利欣没有搭理我父亲的问候，也没有和他握手，转身看着我。我躬了躬腰说：

"您好，米哈伊尔·阿尔捷米耶维奇！"

"嗯，你好，小伙子！怎么，你想当毛皮匠吗？"

我没有吭声。

"是呀，毛皮匠这个行当不错，就是苦些。"

父亲说："他不怕吃苦，从小就劳动惯了。"

"识字吗？"

父亲把我的奖状递给他看。

舅舅说了声："好样的！"然后回头向门里喊道："喂，你们这些笨蛋，快到这里来！"

屋里走出两个衣着考究的胖乎乎的孩子，这就是他的儿子亚历山大和尼古拉。最后走出来的是老板娘。

舅舅把我的奖状指给他们看，并且说道："小强盗们，你们看看，应当怎样学习。你们是老三分。"

最后，他对我父亲说：

"就这样吧，我收你儿子学徒。他很结实，看来也不笨。我在这里住几天就回莫斯科,但是我不能带他一道走。我妻弟谢尔盖,过一个星期去莫斯科,让他把你儿子带来好了。"

谈到这里,我们就走了。

我很高兴,因为我还可以在家再住一个星期。

妈妈问道:"我兄弟怎样接待你们的?"

"就像阔老板接待我们穷哥们一个样。"

"连茶也不倒一杯?"

父亲说:"走了老远的道,连坐也不让坐一会儿。他坐着,我们就像士兵一样地立着。"末了,又鄙夷不屑地加上一句:"谁要喝他的茶!我马上带儿子上茶馆,用我们劳动得来的钱去喝茶。"

母亲给我包了几个小面包圈,我们就去茶馆了……

去莫斯科的行李很简单。妈妈给我包了两件衬衣、两副包脚布和一条毛巾。还给了我五个鸡蛋和几块饼,让我在路上吃。全家为我祈祷完以后,又按俄罗斯人的传统在长凳上坐一会儿。

然后,妈妈就对我说:"好吧,儿子,上帝保佑你。"说完,她就忍不住伤心大哭,并把我紧紧地搂抱在怀里。

父亲的眼圈也红了,眼泪不住往下淌。我也差点儿哭出声来,但还是忍住了。

我是同妈妈一起步行到黑泥庄的。过去我就是从这条路上学,去林子里摘野果、采蘑菇。

"妈,你记得吗?就在三棵橡树旁边那块地里,我跟你一起割麦子,把小手指割破了。"

"孩子,我记得。当妈妈的对自己孩子的一切,都记得。只是有的孩子不好,他们往往忘记了自己的妈妈。"

我坚定地说道:"妈妈,我绝不会那样!"

当我和谢尔盖叔叔坐上火车时,下起了倾盆大雨。车厢内很暗。三等车厢狭窄的过道里,只有一根蜡烛发出昏黄色的光亮。开车了,车窗外面闪过一排排黑色的树影和远处村落里星星点点的灯光。

以前我从来没有坐过火车,也从来没有见过铁路。所以,这次旅行给我留下了极深的印象。火车驰过巴拉巴诺夫车站以后,远处突然出现一排灯火通明的高楼。

我问一位站在车窗旁的老人:"老伯伯,这是什么城市?"

"年轻人,这不是城市。这是萨瓦·莫罗佐夫开的纳罗—福明斯克纺织厂。我在这个厂工作了十五年。"他紧接着又伤心地说,"现在,我不工作了。"

我问他："为什么？"

他说："说来话长……我的妻子和女儿都死在这里。"

我见他脸色苍白，闭了一会儿眼睛。

他又说道："每次经过这座该死的工厂，见到这个吞吃了我的亲人的怪物，我无法使自己平静下来……"

他猛然离开窗户，坐到车厢的昏暗的角落里吸起烟来。我继续看着这个"吃人的怪物"，但没有再去打听事情的经过。

黎明时，我们到了莫斯科。火车行驶了四个多小时。现在火车行驶这段路只需一小时多一点儿。车站的一切使我惊奇不已。大家都抢先出站，熙熙攘攘，行李杂物互相碰撞。我不理解，人们为什么那么着急。

谢尔盖对我说："可别多嘴。这里不比你们乡下，要处处小心。"

我们终于走出了车站。

虽然时间还很早，饭馆门前已经很热闹，卖糖水的，卖甜饼的，卖下水馅儿包子的，卖杂碎汤和其他各种小吃的，不一而足。刚下车的人花不了几个钱就可以吃点喝点充充饥。到老板家还嫌早，我们就决定先去饭馆吃早饭。饭馆旁边积着污水和垃圾，衣衫褴褛的醉汉横七竖八地躺在地上和人行道上。饭馆里高声奏着音乐，我听出奏的是《莫斯科大火在呼啸，在燃烧！》这支听熟了的曲子。几个有些醉意的顾客在跟着唱，但很不和谐。

出了饭馆，我们来到大多罗戈米洛夫街等铁轨马车。那时，这条街上还没有电车。即便在整个莫斯科，电车也不过刚刚出现。在上马车的时候，大家抢着上，有个男人无意中用他的鞋后跟碰着了我的鼻子，把鼻子碰出了血。

谢尔盖叔叔很生气地训斥我："已经对你讲过，要处处小心！"

有位大伯给我往鼻子里塞了一小团破布，问道："从乡下来的吧！"接着又补了一句："到了莫斯科，要放机灵点儿。"

车站前的广场和周围的街道给我的印象不是特别好。木头房子又矮又破。多罗戈米洛夫街很脏，路面坑坑洼洼，醉汉多，很多人衣衫褴褛。

但是，越靠近市中心的地方，市容就愈加壮观：高大的房屋、华丽的商店、肥壮的大马。我像在云雾中一样，头昏目眩，眼花缭乱。我从来没有见过这么高的大楼和这么平整的街道，马车夫驾着漂亮的鄂尔洛夫马拉的胶轮车一路飞跑。我从来没有见过街上有这么多的人。这一切都超出我的想象，我一声不吭，心不在焉地跟着谢尔盖叔叔走。

马车拐向德米特罗夫大街（现称普希金街），我们在卡美尔格尔巷口（现称艺术剧院胡同）下了车。

谢尔盖叔叔对我说："看，这就是你以后住的房子。院子里是作坊，你就在那里做工。正门从卡美尔格尔巷进；但是，师傅和徒弟只能走后门，从院子里进。"接着又说："记住啦，那儿是库兹涅茨克桥，莫斯科的最好的商店就在那儿。那儿是吉明剧院，不过工人们都不去那儿看戏。再往前走向右拐，是奥哈德内街，那儿可以买到蔬菜、野味、肉、鱼等。你以后经常要去那儿为女主人买菜。"

穿过一个大院，我们来到正在做工的工人跟前，谢尔盖叔叔很客气地向他们打招呼问好。

他说："看，从乡里给你们带来了一个新徒弟。"

有人说了一句："太小了。不妨让他再长长。"

一个大个子说："小伙子，多大了？"

"十二岁。"

大个子微笑着说："还行，个子虽然小点儿，肩膀很宽。"

一位老师傅和蔼地补充说："没关系，会成为一个好毛皮匠的。"

这是费多尔·伊万诺维奇·科列索夫。我后来看出，他在所有师傅中最公正、最有经验、最有威信。

谢尔盖叔叔把我领到一边，给我介绍每一位师傅和徒工。

我记得最清楚的是米申内哥俩。

谢尔盖叔叔说："哥哥是好师傅，但喝酒厉害。那是弟弟，他很节省。据说，一天三餐只花十个戈比，整天想发财。这个是米哈伊洛，他常常狂饮。领了工钱就一连大喝两三天。能把最后一条裤子、最后一件衬衫卖掉买酒喝。但他是个能干的师傅，有一双巧手。"谢尔盖叔叔指着一个高个的男孩说："这是徒工头，是你的顶头上司，叫库兹马。明年他就满师了。那边那个卷头发的，叫格里戈里·马特维耶夫，是从特鲁宾诺村来的，还是你的远房亲戚呢。"

然后，我们爬上昏暗而肮脏的楼梯，来到二楼，走进作坊办公室。

老板娘走了出来，先和我们打了招呼，接着说，老板现在不在家，一会儿就回来了。

她对我说："走，带你看看房间，然后到厨房里去吃饭。"

老板娘详细地讲解了我的职责——最小的徒弟的职责——打扫房间、为大小主人擦鞋；还告诉我圣像前的灯什么时候点以及怎么点。

末了她说："好吧，别的事情库兹马和女工头玛特廖莎会对你讲的。"

徒工头库兹马叫我到厨房吃午饭。我饿极了,吃得很香。可是,我却意外地又碰上一件倒霉的事。这里有个规矩:开始吃饭时,只能从公共菜盆里舀菜汤喝,不能捞肉吃;要等到女工头敲两下菜盆以后,才可以夹一小块肉吃。可是,我一下就捞了两块肉,并得意地大口吞吃了。当我正要去捞第三块肉时,脑门上突然挨了一勺子,头上立刻鼓起了一个小包。

真不走运,到莫斯科才半天就挨了两次打。

徒工头库兹马是个好青年。

吃完午饭,他对我说:"没关系,打了就忍着。一次打,二次乖,下回你就懂了。"

那一天,库兹马还领我到附近的小店铺去认认路,因为我以后要常去这些小店为师傅们买烟打酒。女厨师(她兼任女工头)玛特廖莎又教我怎样洗餐具和生茶炉子。

第二天一早,我就被带到作坊的一个角落里,先开始学习缝毛皮。女工头给了我针、线和顶针。她教给我缝皮技术,做了示范,然后对我说:

"你如果什么地方不会缝,就来问我,我再告诉你应该怎么缝。"

我用心地开始学习我的第一堂劳动课。

师傅们早晨7时开始劳动,晚上7时收工,中间只有一小时休息吃午饭。所以,一个劳动日就是十一个小时。如果活多,师傅们就要干到晚上10—11时。那一个劳动日就是十五个小时了。加班时间他们可以领到一些加班费。

徒工们经常是早晨6点钟起床。我们很快地洗完脸,就去收拾工作场地,准备好师傅们工作所需要的一切。晚上等打扫完毕,为第二天做好准备后,要到11点钟才能睡觉。就睡在作坊里的地板上;天很冷的时候,才让睡后门过道里的高板床。

起初,我很累。很难习惯晚睡觉。我们在乡下通常睡得很早。但慢慢就习惯了,也能坚强地担当起每天繁重的劳动。

一开始,我很想农村、想家。我常常想念我心爱的那些小树林,我最喜欢同普罗霍尔一起到那里打猎,同姐姐一起去那里摘野果、采蘑菇、拾柴火。一想到这些,我就心里难过,就想哭。我想,我永远也看不到母亲、父亲、姐姐和朋友们了。徒工要到第四年才给几天假回家看看。而我觉得,这个时间好像永远也不会到来。

每个星期六，库兹马领我们去礼拜堂做彻夜祈祷；每个星期日要做晨祷和弥撒。每逢大的节日，老板还领我们去克里姆林宫的乌斯平斯基大教堂（有时也去耶稣救世主教堂）做弥撒。我们不喜欢去礼拜堂，并经常找出各种借口从那里逃走。但是，很高兴到乌斯平斯基大教堂去——去听美妙动听的教堂大合唱，并且特意去听大辅祭罗佐夫讲道，他的嗓子像个大喇叭。

一年过去了。我很顺利地学会了毛皮匠这一行当的初步手艺，虽然学习中遇到过不少困难。常常为了一点点小过错，老板就狠狠地打我们，他打人时手特别重。我们要挨师傅的打、要挨女工头的打，还要挨老板娘的打。当老板不高兴的时候，你最好不要让他看见。他会毫无道理地痛打你一顿，打得你整整一天耳朵嗡嗡叫。

老板有时让两个犯了过错的徒弟，用一种抽打皮子的树条互相抽打，自己在一旁喊着："给我狠狠地打，使劲地抽！"我们也只好忍受着。

我们知道，老板打徒弟是司空见惯的事——这是法规，这是制度。老板也认为，徒弟的一切是完全由他支配的，永远也不会有人因为他打徒弟、因为他对年幼的徒工们的非人道的待遇而责问他。事实上，也从来没有人关心过：我们是怎样劳动的、吃得怎样、生活条件怎样。对于我们来说，最高审判官就是老板。我们被套上的就是这样沉重的枷锁，这种枷锁并不是每一个成年人都能承受得了的。

时间过得很快。我已经十三岁了。我在作坊里学会了很多东西。我虽然很忙，但我仍然挤出时间读书。我常以感激的心情怀念我的老师谢尔盖·尼古拉耶维奇·列米佐夫，是他教育我热爱读书的。老板的大儿子亚历山大曾经帮助我学习。他和我同岁，他对我比对别人要好些。

在他的帮助下，我读了长篇小说《护士》，关于纳塔·品克顿的诱人的故事，柯南·道尔的《福尔摩斯笔记》和其他许多廉价的惊险小说。这些书都很有趣，但却没有什么教益。我想认真地学些东西。怎么办？我跑去和亚历山大商量。他同意我的看法，并答应帮助我。

以后，我们开始进一步地学习俄语、数学、地理，并阅读一些通俗科学读物。通常是我们两人一起学习，主要是利用老板不在家的时候和星期日学习。无论我们怎样躲着，老板还是知道我们在学习。我想，他会赶走我或者狠狠地惩罚我。但是，出乎意料，他却夸奖我们干的是好事。

就这样，有一年多的时间，我相当成功地进行了自学，并上了课程相当于市立中学的文化夜校。

作坊里,大家对我很满意,老板对我也满意,虽然他偶尔也打我两拳或者给我两个耳光。开始,他不想让我上夜校,但是,他的儿子们说服了他,他同意了。我当然很高兴。我的功课都是夜间爬在高板床上凑近厕所门口去做,厕所里通宵亮着一支电灯。

夜校毕业考试前个把月光景,一个星期日,老板出去看朋友了,我们就坐在一起打牌。记得玩的是抓"二十一点"。谁也没有注意老板在这个时候回来了,并走进了厨房。轮着我做庄,赢牌了。突然有人打了我一记重重的耳光。回头一看,啊哟,原来是老板!我吓得张口结舌,一句话也说不出来了。孩子们都跑掉了。

老板说:"你学文化是为了什么?是为了打牌数点点?从今天起,你哪儿也不准去,也不准同亚历山大再在一起!"

过了几天,我去特维尔斯卡亚街到夜校讲了事情的经过。我的学习只剩下一个多月了。人们取笑了一番,但准许我参加考试。考的是市立中学的全部课程,成绩很好。

1911年,我已经在作坊做了三年工了,也当上了徒工的工头,有三名徒工听我指挥。我对莫斯科很熟悉,因为我到全市各街巷送货的次数比别人多。我继续上学的心一直未死,只是没有找到机会。但是,我还是想方设法地读了一些东西。

科列索夫师傅(他在政治上比别的师傅开通)看过的报纸,我就拿过来看。亚历山大借杂志给我看。我还用节省下来的"电车费"买书看。有时老板派我到马里伊诺林场或莫斯科南岸市区送货,就给几个戈比马车费。但我把皮货袋往背上一搭,赶紧走着去,就把钱省下来了。

到了学徒期的第四年,老板看我身体很结实,就带我去下诺夫哥罗德参加有名的集市。老板在那里租了一间小门面批发毛皮。老板这时已经发了大财,在商业界的联系也多了,但贪心也更大了。

在集市上,我的职责主要是给已售出的货物打捆,到伏尔加河码头、奥卡河码头和铁路货房向指定地点发货。

我第一次看到了伏尔加河,她的伟大和瑰丽的确使我倾倒。在这以前,我从来没有见过比普罗特瓦河和莫斯科河更大、更深的河了。这是一个清晨,伏尔加河整个儿浸沉在初升的朝阳里,闪闪发光。我看啊,看啊,久久不愿挪开贪婪的目光。

我想:"现在我才懂,伏尔加河为什么被人们尽情讴歌,为什么被人们比作自己的母亲。"

全俄罗斯的商人和顾客都来参加下诺夫哥罗德的集市。还有"洋商"从外国进口货物到那里出售。集市场设在城外，在尼日涅耶和卡纳文之间的一个地势低洼的河谷里，每当春汛时这一带都要被水淹没。

大量的各式各样的人都到集市上来，有的是来找些正当的活干干，有的是来干坏事的。小偷、妓女、骗子、各种行为不正的人，就像乌鸦一样涌来。

那年，参加完下诺夫哥罗德集市以后，我们又去顿河军州乌留皮诺参加另一个集市。老板自己没有去，派掌柜的瓦西里·丹尼洛夫去了。乌留皮诺集市，没有像下诺夫哥罗德集市和伏尔加河那样，给我留下显明的印象。乌留皮诺是个相当脏的小城市，集市规模也不大。

掌柜的瓦西里·丹尼洛夫是个很残忍、很凶狠的人。到现在，我也理解不了，他为什么会因为一点点小事，就以一种暴虐狂的残忍狠打一个十四岁的小徒弟。有一次，我实在忍不住了，抓起一根"杠子"（捆包时用的橡木压杠），使尽全身力气照他的头上打去。一下把他打倒在地，晕过去了。我很害怕，以为把他打死了，就从店里逃走。但是，后来一切都平安地过去了。

当我们回到莫斯科以后，他向老板告状。老板不问青红皂白就狠狠地打了我一顿。

1912年，我很幸运地得到十天假期回乡探亲。当时，正是割草季节的开始（割草是最有趣的一种田野劳动）。许多男人和青年都从城里回去割草，以便帮助妇女们很快收好青草，准备好冬的饲料。

从乡里出来时，我差不多还是个孩子，而现在已经是个成年的青年人了。我已经十六岁了，已经是个第四年的学徒工了。在这段时间里，乡里会有很多人不在了——有的死了，有的学徒去了，有的外出挣钱去了。有的人我也许认不出来了；有的人会不认识我。有的人会被沉重的生活担子压弯了腰，未老先衰；有的人会在这段时间里长大成人了。

我乘的是马洛亚罗斯拉韦次郊区火车。从莫斯科到奥博连斯科耶小站，我一直站在一个打开着的车窗旁。四年前我来莫斯科的时候是个夜间，无法看到沿途的风景。这一次，我以极大的兴趣饱览了各车站的设施和莫斯科近郊美丽迷人的大小树林。

当火车经过纳罗—福明斯克车站时，有个人对邻座的人说：

"四年前，我常到这儿来……看到了吗？多漂亮的砖砌厂房！这就是萨瓦·莫罗佐夫开办的工厂。"

第二个人说："他是个民主主义者。"

第一个人回答说:"他是个资产阶级民主主义者。听说,他对工人还不坏。但是,他的管理人员却是一群恶狗。"

第二个人又愤怒地补上一句:"一群恶魔!"

他们发现我在注意听他们的谈话(因为我想起了几年前在车厢里听人谈论过这个工厂),就不再讲下去了。

母亲到奥博连斯科耶小站接我来了。她在这四年中间苍老多了。似乎有什么东西堵住了我的嗓子,我使劲忍住,才没有哭出声来。

母亲哭了很久,用她那双粗糙的、长满老茧的手紧紧地搂着我,反反复复说着这么几句话:

"亲爱的儿子!我以为我死以前看不到你了。"

"妈妈,怎么啦,你看,我这不是长大了,现在你该高兴了吧。"

"感谢上帝呀!"

我们回到家里时,天已经黑下来。父亲和姐姐在门前土台上接我们。

姐姐已经长成大姑娘了。父亲老多了,背也驼得更厉害了。已是七十开外的年纪。他按自己的习惯吻了我一下,若有所思地说道:"好啊,我终于活到了这一天,看到你长大成人了。"

为了使老人和姐姐更高兴,我赶快打开篮子,给每人送了一份礼物。另外还给了妈妈三个卢布、两俄磅糖、半俄磅茶叶和一俄磅糖果。

母亲高兴地说:"儿子,谢谢你!我们已经很久没有喝过像样的糖茶了。"

我又给了父亲一个卢布,供他上茶馆零花。

妈妈说:"给他二十个戈比就够了。"

父亲说:"我等儿子等了四年。别提穷的问题了,免得使我们在见面时就扫兴。"

隔了一天,我就跟母亲和姐姐去割草。见到很多朋友,特别是见到列什卡·科洛特尔内,真使我高兴。孩子们都长大多了。一开头,割起草来有点不得劲。感到疲倦,满头大汗,这可能是隔了四年没干这种活的关系。过了一会儿,就一切都好了,割得很干净,也没有落在别人后头。就是嘴里干得难受,勉强坚持到休息。

纳扎尔大叔搂着我汗湿的肩膀说:"小叶戈尔,怎么样,农活不轻松吧?"

我同意地说道:"不轻松。"

一个不认识的青年人走到我们跟前说:"现在英国人都用机器

割草。"

纳扎尔说:"是呀,我们也一直指望着有好犁、大镰刀。唉!笨人呀,一切都是空的……"

我问孩子们,刚才说到机器的那个青年是谁。

有人告诉我:"他叫尼古拉·朱可夫,是村长的儿子。四年前从莫斯科送回来的。他说话尖刻,连沙皇也敢骂。"

列什卡说:"背后骂骂沙皇可以,没有关系,只要不被警察和密探听到就行。"

太阳晒得越来越厉害了。人们不再割了,开始晒割下来的草。中午,我和姐姐把干草装上车,并且爬上去坐着,让牲口拉回家。妈妈已经准备好油煎土豆和糖茶等着我们。那个时候这些东西真是好吃极了!

晚上,青年们忘记了疲劳,又都聚集到粮仓附近来了。娱乐开始了。开头是唱歌,唱着一支又一支深情动人的歌子。姑娘们用优美的嗓音唱起温柔的曲调,小伙子们就用青年人的男中音和未定型的男低音伴唱。然后是跳舞,一直跳到累得要倒下。天快亮时才各自回家,刚睡下不久,大人就来催我们起床了。接着又是割草。晚上再从头玩起。很难说,我们什么时间睡觉。

青春的活力真的能使人做到一切。青年人的身体就是好!

假期过得很快,我要回莫斯科了。离家前两天那个晚上,邻村科斯廷卡村发生火灾。风刮得很大。火是从村中间烧起来的,很快蔓延到了邻近的房屋、草棚和粮仓。当时我们正在玩,科斯廷卡村那面忽然浓烟滚滚。

有人叫了一声:"失火了!"

大家都奔向消防棚,迅速推出水龙,抬着奔向科斯廷卡村。我们是第一批赶来救火的,连科斯廷卡本村的消防队到得都比我们晚。

火势很大,虽然附近几个村的消防队部尽了很大的努力来抢救,还是烧掉了半个村庄。

当我提着一桶水跑过一家门口时,听到有人喊:

"救命啦,我们快烧死了!"

我马上跑进有人喊救命的那间屋子,救出几个被吓得要死的孩子和一位生病的老大娘。

火终于被扑灭了。妇女们在废墟上一边数落着,一边大哭;孩子们也跟着哭。许多人家的牛被烧死,全部财产被烧掉;有的人家被烧得一点粮食都不剩。

早晨，我发现我的新上衣被烧了两个铜板大的洞。这件上衣还是休假前老板送给我的（这是规矩）。

母亲说："唉，老板反正是不会褒奖你的。"

我回答说："让他评评理，是上衣值钱还是救人要紧……"

我离家的时候，心情很沉重。特别是看到火灾场上，看到不幸的人们在那里刨来刨去想找到点烧剩下的东西的时候，内心感到十分沉痛。我同情他们的苦难，因为我了解，没有牛，这意味着什么。

清早回到了莫斯科。

我问候过老板以后，就向他讲了乡里失火的事，并指给他看上衣烧的两个洞。奇怪的是，他连骂都没有骂一句，为此我感谢了他。

后来才知道，也算是我走运，原来老板头天晚上高价卖出了一批皮货，赚了一大笔钱。

费多尔·伊万诺维奇对我说："要不然，又是一顿毒打。"

1912年年底，学徒期满了。我成了青年师傅（师傅的帮手）。老板问我以后打算怎么住，是留在作坊宿舍里还是到私人住宅去住？

"如果住在作坊里，继续在厨房里同学徒一起吃饭，每月工资就是十个卢布；如果住私人住宅，就能拿十八个卢布。"

我当时的生活经验还不足，就说想住在作坊里。看来，老板是有意安排的，因为每天师傅们下工后，他总要找些紧急的但又是白做的活叫我干。

过了不久，我改变了主意。我想："这样下去不行。搬到私人住宅去住，晚上可以有更多时间看书。"

过圣诞节的时候我又回乡下去了一次。这次回去时，我是一个独立的人了。我已经十七岁了。最主要的是，我已经是一个师傅了，每月工资整整十卢布。这在当时远远不是所有的人都能挣到的。

老板很信任我，看来，他已相信我是一个忠诚老实的人。他常派我去银行为他兑取支票，或者办理活期存款。他很器重我，认为我办事可靠，常带我到他的店里去。在店里，除了让我干毛皮工人的活以外，还叫我负责捆货，到货房办理托运。

比起在作坊里干活，我更喜欢干这些活。因为，在作坊里除了听到师傅们对骂以外，什么也听不到；而在店里则不同，这里常常能同多少有点知识的人打交道，可以听到他们对当时各种事件的议论。

除了科列索夫以外，我们作坊的师傅们都不看报，所以对政治问题，谁也搞不懂。我想，其他的毛皮作坊的情况也会是这样。当时，没有毛皮工人工会，每个人都是自顾自。后来成立了皮革工会，毛皮工人才加入进去。

所以，毛皮工人那时都不问政治是不奇怪的。只有个别人例外。毛皮工人师傅们只关心自己的利益，每个人都有自己的小天地。某些人还不择手段地为自己积攒一笔小小的资本，总想开个小店。毛皮工人、成衣工人和其他小手工业作坊的工人，与产业工人不同，与真正的无产者不同，他们的小资产阶级思想很浓厚，缺乏无产阶级的团结精神。

产业工人不会想着自己去开办工厂。因为，这需要有成千上万的卢布。而他们的收入很少，只够勉勉强强地吃饱肚子。劳动条件和经常性的失业威胁，使产业工人能联合起来同剥削者做斗争。

布尔什维克党当时集中地在产业工人中间进行政治工作。而孟什维克、社会革命党人和其他假革命者则往手工业工人里钻。所以，1905年和伟大十月革命期间，手工业者很少参加起义的无产者行列，这不是偶然的。

1910—1914年，革命形势迅速发展。莫斯科、彼得堡和其他工业区的罢工越来越多。大学生也常举行集会和罢课。由于1911年的大饥荒，农村已极度贫困。

不管毛皮匠师傅政治上消息如何闭塞，我们还是知道了勒拿矿工惨遭杀害的消息和全国各地革命运动蓬勃发展的形势。费多尔·伊万诺维奇·科列索夫有时能搞到布尔什维克的《明星报》和《真理报》，这些报纸简单而通俗地解释了为什么工人和资本家之间、农民和地主之间的矛盾不可调和，并证明了工人和贫农有着共同的利益。

那时，我在政治问题上还很幼稚，但我已经明白，这些报纸反映了工农的利益，而《俄国言论报》和《莫斯科新闻报》则代表沙俄老板和资本家的利益。每次回家时，我已经能向我的朋友们和农民们讲解些东西了。

我记得，第一次世界大战开始时，莫斯科曾发生过捣毁外国商店的事件。侦探局的间谍和黑帮分子们在爱国口号的掩护下，组织捣毁了德国商行和奥地利商行。许多想顺便发点洋财的人也都被引诱去了。但是，这些人因为不识外文招牌，同时还捣毁了法国、英国等其他外国商行。

在宣传的影响下，许多青年，特别是有钱人的子弟，抱着爱国主义的情绪，志愿上前线去打仗。亚历山大·皮利欣也决定上前线，并一股劲地劝我去。

一开始，我倒很愿意接受他的建议，但我还是决定先同费多尔·伊万诺维奇商量商量，他在我眼里是个最有威望的人。他听完我的话以后说："亚历山大的心愿，我是理解的，他父亲有钱，他有理由去打仗。你呢？傻瓜，你为什么去打仗？是不是因为你父亲被赶出了莫斯科？是不是因为你母亲被饿得发肿？你被打残废回来了，就再也没有人要你了。"

他这些话说服了我。我告诉亚历山大，我不去打仗。他痛骂了我一顿，晚上就从家里逃走，上前线去了。两个月以后，他负重伤被送回莫斯科了。

当时，我仍然在作坊里工作，但是已经住到奥哈得内街（现在的"莫斯科饭店"对面）的私人住宅里去了。我以每月三个卢布的租金向寡妇马雷舍瓦娅租了一个床位。她有个女儿叫玛丽亚，我爱过她，我们还决定过要结婚。但是，正像通常可能发生的一样，战争使我们的希望和打算化为乌有。由于前线伤亡很大，1915年5月提前征召了1895年出生的青年。还不到二十岁的年轻人就去打仗了。很快要轮到我了。

我的热情不高，因为在莫斯科到处都可以看到从前线回来的不幸的伤兵，同时又可以看到阔少爷们仍然和从前一样过着骄奢淫逸的生活。他们乘着华丽的马车到处游逛，要不然就赛马玩，或者去"雅尔饭店"狂欢暴饮。可是我还是想：如果叫我入伍，就要忠诚地为俄罗斯打仗。

1915年7月底宣布提前征召我这一年出生的青年入伍了。我向老板请假回到乡下同父母亲告别，顺便帮他们收完了庄稼。

第二章

走向军旅

1915年8月7日,我在本县——卡卢加省马洛亚罗斯拉韦次县县城应征入伍。当时,第一次世界大战正在紧张进行。

我被选送到骑兵部队。我为能够当上一名骑兵而感到十分高兴。我一向很喜爱这一富有浪漫主义色彩的兵种。我的朋友们都被分配当步兵,很多人羡慕我。

一个星期以后,所有应征青年都到兵站报到。编队以后,我就与同乡们分手了。周围都是些陌生的、和我一样还没有长胡子的孩子们。

晚上,我们被装上货车,开往卡卢加城。起初我一直感到很苦闷和孤单。我的少年时代已经结束了。我心里问自己:"我吃得了当兵的苦吗?如果要去打仗,我行吗?"我想,我经受过生活的锻炼,我一定能够光荣地完成士兵的职责。

每个车厢装了四十个人。货车车厢没有客运设备,一路上我们只能站着或者坐在肮脏的地板上。有的人在唱歌,有的人在打牌,有的在同邻座的人谈心时哭了;也有人咬紧牙关,目不转睛地凝视着一个地方,坐在那里想象未来的士兵生活。

到达卡卢加已是夜间。在一个货车站台下了车。传来了"集合!""看齐!"的口令,然后我们列队向城市相反的方向前进。有个人问上等兵:"我们开往哪儿?"看来这个上等兵是个好人,他和蔼地对我们说:

"孩子们,永远不要向长官提出这类问题。当兵的应当默不作声地执行命令和口令。至于开到哪儿——这是长官才可以了解的事。"

好像为了证实他的话,纵队先头传来了队长的洪亮的声音:

"队列中不准说话!"

我的新朋友科利亚·西夫佐夫用胳膊肘碰了我一下，小声说："这就是士兵生活的开始。"

走了三个小时，停下来小休息，我们都已经累得够呛。快天亮了，想睡得要命，屁股刚一着地，鼾声立刻就从四面传来。

但很快队长又发出了口令："集合！"我们继续向前走，一小时以后才到达军营。我们被带进兵舍，按指定床位，睡在什么也没有垫的铺板上。得到通知说，可以休息到早晨七点钟。这里已经住有一百人左右。风从墙缝和被打坏的窗口往里钻。可是连这样的"通风"条件也没有起作用，兵舍的"气味"还是很浓。

早饭后，队长把我们集合起来宣布，我们现在被编入后备步兵第189营。这里将为后备骑兵第5团组建队伍。离开这里以前，我们要接受步兵队列训练。

我们领到了教练步枪。班长、上等兵沙赫沃罗斯托夫宣布了各项内务制度和我们的职责。他严格规定，我们除了"解手"以外，任何地方都不准去，否则将押送惩戒营……他说起话来一字一顿，斩钉截铁，不断挥舞着拳头。一双小眼珠里迸射出一股凶狠的目光，好像我们都是他的不共戴天的仇敌一样。

士兵们都说："嘿，别想这个家伙给你好日子过啦！"

一位上士走到队列跟前。班长发出了"立正！"的口令。

上士对我们说："我是你们的排长马利亚夫科。我相信，你们已经很好地懂得了班长所解释的一切，所以，你们将会忠诚地为沙皇和祖国效劳。你们如果擅自行动，那我是不能容许的！"

第一天的队列训练开始了。我们每个人都努力按照口令做好每个队列动作和持枪动作。但是，要想使长官满意，特别是得到他们的表扬，那是很不容易的。排长吹毛求疵，因为有一个兵踏错脚步就罚我们全排重做。结果，我们最后去吃晚饭，汤都凉了。

第一天的印象，就叫人难受。大家都很想早点躺下睡觉。可是，排长似乎猜透了我们的心思，偏偏命令我们集合，宣布明天要带领我们参加全体晚点名，所以，今天必须学会唱国歌《上帝啊，保佑沙皇！》，我们一直学到深夜。早晨六点钟就又起床出早操了。

每天生活很单调，就像两滴水珠一样的完全相似。第一个星期天到了。大家都想休息一下，洗个澡；可是，又被叫去打扫操场和军营，一直到吃午饭。"午睡"后，又是擦枪、补衣服、写家信。班长警告我们，不得在信里对任何事情表示不满，因为这样的信件检查官一概要扣发的。

习惯士兵的生活是不容易的。但是，生活也没有怎么使我们过不去。经过两个星期左右，我们大多数都已经对军队的各项规章制度感到习惯了。

第二训练周末，我们排接受连长——上尉沃洛金的检查。听说，他很喜欢喝酒，当他喝醉的时候，你最好不要被他看到。从外表看，我们连长比起其他军官来，并没有什么特别的地方，但是我们发现，他对检查我们的军事训练毫无兴趣。检查结束时，他要求我们继续努力，因为"向上帝祈祷和为沙皇效劳，都不会是徒劳无益的"。

在开赴后备骑兵第5团以前，我还看见过我们连长几次，记得有两次是在他喝醉酒的时候。至于第189后备营营长，我们在整个受训期间，一直就没有见到过他。

1915年9月，我们被派往乌克兰境内的后备骑兵第5团。该团驻扎在哈尔科夫省巴拉克列亚城内。我们的列车经过巴拉克列亚后，抵达萨文策车站。这里正在准备为前线骑兵第10师运送补充兵员。到月台上来迎接我们的，是穿着新制服、仪表端正的骑兵军士和司务长们。他们有的穿骠骑兵制服、有的穿枪骑兵制服，还有的穿龙骑兵制服。

经过分编以后，我们——马洛亚罗斯拉韦次人、莫斯科人和几个沃罗涅日省的人，被分配到龙骑兵连。

感到遗憾的是，我们没有被分配到骠骑兵连。这当然不仅仅是因为骠骑兵制服比较漂亮。我们还听说，那里的军士比较好，主要是他们讲人道。因为，在沙皇军队里，士兵的命运是完全掌握在军士手里的。

隔了一天，我们领到了骑兵服装、马的装具，并且每人固定一匹马。我骑的是一匹深灰色的烈性牝马，名叫"恰谢奇娜娅"。

当骑兵比当步兵有趣，但要艰苦得多。除了一般的课目外，还要学习骑术、掌握冷兵器、一天刷三次马。起床已经不像步兵是六点钟，而是五点钟，睡觉也比他们晚一个小时。

最困难的是乘马训练，即骑乘、特技骑术和使用冷兵器——矛和马刀。学骑乘时，很多人两腿都磨出了血，但也不敢发牢骚。官长们老对我们讲这样一句话："好汉子，忍着吧，你将成为一名好长官的。"我们一直坚持锻炼，直到能在马鞍上牢牢坐稳。

我们的排长是上士杜拉科夫①。其实，他并不傻。作为长官，他要求下级十分严格，但从来不冤枉一个士兵，处理问题一贯很审慎。可是，

---

① 俄文杜拉科夫的根词是且杜拉克，即"傻瓜"，的意思。——译者注

另一位指挥官,下士博罗达夫科,却和他完全相反:性情暴躁,大喊大叫,喜欢打人。老兵们说,他曾经打掉过好几个士兵的牙齿。

他教练骑乘时,表现得特别残暴。这一点,在排长短期休假期间,我们体会最深。博罗达夫科代理排长时,毫无约束,肆意妄行。随便侮辱当兵的!

白天操课时,他搞得大家精疲力尽,他特别爱整那些入伍前在莫斯科住过和工作过的人,他认为这些人是"有学问的人",太聪明了。夜间,他几次检查内务值勤情况,遇见值日兵打盹儿,就狠狠地揍一顿。士兵们都被逼得气愤到极点。

有一天,我们事先商议好,悄悄地躲在一个黑暗的角落里,等他走过时用马披蒙上他的头,狠揍了他一顿,直到他昏死过去才住手。我们大家都以为这样一来,军事战地法庭是不会轻饶我们的。就在这个时候,排长回来了,他打了一个圆场,把一切都搪塞过去了。后来他还请求上级把博罗达夫科调到别的骑兵连去了。

1916年春季,我们基本上都已经成为训练有素的骑兵了。我们接到通知,即将编成补充骑兵连,但在开赴前线前,基本上仍按野战训练大纲继续训练。下届应征的新兵已开到我们的驻地,我们准备搬往拉格尔村。

从训练成绩最好的士兵当中挑选了30人,准备培养当军士。我也被选上了。我不愿意去教导队,但是,排长说服了我。我衷心地钦佩他的才智、正派和爱兵态度。

他对我说:"朋友,前线你还是会去的。但是,现在更多地学些军事,这对你很有用处。我相信,你会成为一名好军士的。"

他想了一想,又说:"我就不急着再上前线去。我在前方待了一年,很了解那是怎么回事,而且也懂得了许多事情……遗憾,十分遗憾,我们的人这样糊里糊涂地死去,请问,这是为什么?"

他没有再跟我说什么。但是,我已经感觉到了,他心里在想,而且已经流露出来——一个士兵的天职同一个不愿意与沙皇专制暴行妥协的公民的意愿之间的矛盾。我感谢他的忠告,并同意去教导队了。该队驻扎在哈尔科夫省伊久姆城内。我们是从各部队抽调来的,共计约有240人。

我们分别住进了民房,不久就开始了训练。我们运气不佳,没有碰上一个好长官。现在的这个上士比博罗达夫科还坏。我记不得他的姓了,只记得,士兵都叫他"四个半"。他们给他起了这个绰号,是因为他右手食指短了半截儿。但是，这个短手指并不妨碍他一拳就能把士兵打翻在地。他对我并不比对别人更喜欢一些，但不知为什么不打我。可是一抓到我一点小小的过错（而且简直是吹毛求疵），就对我施加各种惩罚。

谁都没有像我这样，曾经那么多次地"穿戴全副战斗装备顶着马刀"罚站，从马厩背过那么多袋的沙子到野营帐篷，那么多次地担任过节日值班。我懂得，所有这一切都是那个非常愚蠢的和凶狠的家伙对我的仇恨。但是，我得意的是，他在操课方面怎么也挑不出我的毛病。

他后来也相信怎么也整不倒我，便决定改变策略：由于我在军事训练方面一直走在别人前面，他就想干脆不让我参加训练。

有一天，他把我叫到帐篷去，对我说：

"我看出来了，你是一个有个性、有文化的青年，学习军事不吃力。你是莫斯科人，是工人，为什么还要你每天去参加操课，跟着去流汗呢？你以后就当我的非编抄写员，负责填写值勤登记表、统计到课缺课人数，和执行其他的任务。"

我回答说："我到教导队来，不是为了要当一名负责承办各种事项的职员，而是为了要认真地学习军事和当一名军士。"

他发怒了，并威胁我说：

"你等着瞧吧，我叫你永远也当不上军士！"

6月份了，我们的学习就要结束，快要开始考试了。按照当时的规定，教导队里成绩最好的一名，毕业时应授予下士军衔，而其余的人，只作为准军士，即军士衔的候补人员从教导队毕业。我的同学们都不怀疑，我应该是第一名，毕业时一定会获得下士军衔，并且以后会找到班长的空缺的。

但是，完全出乎大家意料之外，毕业前的两个星期忽然宣布，由于我不守纪律和冒犯直接长官，把我开除出教导队。大家都很清楚，"四个半"已决定跟我算总账了。但是，我有什么办法呢？

援助也是完全意外的。有一名志愿入伍者斯科里诺也在我们排受训，他是我来教导队前所在的那个骑兵连副连长的兄弟。他学习很差，也不喜欢军事，但是，他是一个叫人喜爱和容易接近的人。就连他，也被我们的"四个半"打过。斯科里诺立即去找教导队长，向他报告了对我的不公正的处理。

队长下令叫我去。我相当害怕，因为，我以前从来没有跟军官们讲过话。我心想："这一下完蛋了！看来，惩戒营是躲不过去了。"

我们很少见过队长。只听说过，他因为作战勇敢被提升为军官，得过几乎所有的各级乔治十字勋章。战前,他曾经在某地一个枪骑兵团超期服役,任司务长。我们只是有时晚点名时见过他,听说,他由于重伤,现在还有病。

我很惊奇,我所看到的这个人,眼睛很柔和,甚至可以说很热情,脸也很朴实。

他问我:"当兵的,怎么啦,兵当得不顺利呀?"并指指凳子让我坐下。我照样站着,不敢坐。他说:"坐下,坐下,不要怕!……你好像是莫斯科人?"

我回答说:"是的,阁下!"我尽量大声地说清楚每一个字。

他很温和地对我说:"我也是莫斯科人。入伍前在马里伊诺林场工作,是个木匠。以后就来当兵,看来现在只有献身于军事了。"

他沉默了一会儿又补充说道:"当兵的,对你的鉴定很不好呀。上面写着,你在四个月的受训期间共受到十次处分,你叫自己的排长为'剥皮',还用各种不好听的话骂排长。是真的吗?"

我回答道:"阁下,是真的。但是,有一点我必须报告的,就是任何人处在我的地位,也都只能够这样做。"

然后,我向他报告了全部真实情况。

他仔细倾听了我的申诉,最后说:

"回排去吧,并且准备考试。"

我很满意,事情就这样圆满地结束了。但是,毕业时我没有得到第一名,而是和大家一样,都是准军士衔。

现在,如果要评论旧军队的教导队,那么应当说,一般说来那里的训练搞得不错,特别是队列训练。每一个毕业学员都能熟练地掌握骑术、武器和单兵训练法。许多旧军队的军士在十月革命后能成为红军中精通业务的军事首长,这并不是偶然的。

至于那里的教育工作,它的基础是强迫纪律。它不教育未来的军士学会用人道的态度对待士兵,也不教育他们深入了解士兵的思想。只追求一个目的,就是把士兵训练成听话的机器。它的纪律,实际上是建筑在惨无人道的基础上的。条令虽然没有规定采用体罚,但是实际上却运用得相当广泛。

关于俄国军队,已经有人写得很多了,所以,我认为没有必要去重复。我只在这里提一下我认为有意义的几点:

旧的沙皇军队最大的特点是什么?首先是士兵群众和军官之间有隔膜。

战争期间，特别是在1916年和1917年年初，由于大批军官伤亡，便有许多劳动知识分子的代表、有文化的工农以及战斗中表现突出的士兵和军士充任军官，这种相互隔阂在营以下分队（包括营）就得到某些改善。但是在各兵团和各军团里，仍然完全未变。那些军官和将官们同士兵群众没有任何的接触，不了解他们的生活和思想，和他们格格不入。

另外一个情况，就是高级军官和将官们相当普遍地不懂战役学和战术，也使这些指挥官们（除少数人外）在士兵中没有威望。相反地，在中级军官中间，到战争末期曾经有不少人在思想感情上同士兵很接近。这样的指挥官就受到士兵的爱戴和信任，士兵们愿意跟随他们去赴汤蹈火。

旧军队赖以支持的主要基础是军士，他们负责训练和教育士兵，并且把他们团结到一起。培养担任军士的人，都是经过严格挑选的。选中的人再经过专门的教导队的训练。通常这些教导队的军事训练都搞得很出色。同时也正如我已经讲过的，在那里只要有点微小的过失，就立即给以纪律处分，施以体罚和侮辱。这样，未来的军士们从教导队毕业时，既受到了良好的军事训练，也学会了根据沙皇军事制度的精神来影响下级的"实际做法"。

必须指出，各分队的军官们在训练和教育士兵方面是完全信任军士们的。无疑地这种信任对于培养军士的主动性、首创精神、责任感和坚强的意志，都很有利。军士们，特别是其中的骨干，大多数在战斗中都表现出是很好的指挥官。

我多年的实践证明，哪里上级军官对下级指挥人员不信任、哪里上级军官老是监护着下级指挥人员，哪里就永远培养不出真正的下级指挥人员，因而也不会有好的分队。

8月上旬，团里下达了关于分配教导队毕业学员去各补充骑兵连的命令。有十五人直接分配去前线——骑兵第10师。我是这十五人名单中的第二名。我对这一点丝毫也没有感到奇怪，我很清楚这是谁干的事。

当向全队宣读名单时，"四个半"在一旁阴笑，想叫人知道，我们每个人的命运都是由他决定的。队里为我们举行了会餐，然后就命令集合上车。我们背上背包，来到集合地点。几个小时以后，我们的列车向哈尔科夫方向开去。

火车走得很慢，在会让站一等几个小时，因为当时正有一个步兵师往前线开。从前线运回很多重伤兵,卫生列车也停下来为开往前线的列车让路。从伤兵们那里,我们听到了很多消息。首先是我们军队的装备太差。高级指挥官们的名声很坏,士兵们广泛流传说,最高统帅部里有被德国人收买过去的叛徒。士兵的伙食很差。前线传来的消息叫人听了难受,我们都一声不吭地回到自己的车厢。

我们在卡缅涅茨—波多利斯克下车。同时下车的还有骠骑兵英格曼兰德第10团的补充兵员和我们龙骑兵诺夫哥罗德第10团的一百来匹马及其全部装具。卸车快结束时,响起了空袭警报。大家很快隐蔽好,谁能躲在哪里就躲在哪里。敌人一架侦察机,在我们上空盘旋了一阵,丢下了几个小炸弹以后,向西面飞去。炸死了一名士兵,炸伤了五匹马。

这是我们第一次的战斗洗礼。所有补充兵员都成行军队形,由下车地区开往德涅斯特河岸,当时我们师担任西南战线的预备队,正驻扎在该地。

我们到达部队后,就知道了罗马尼亚已向德国宣战,并将站在俄国方面对德国人作战。还听到传说,我们师很快就要开赴前线,但是,究竟开到哪个地段,谁也不知道。

9月初,我们师到达贝斯特里次山林地区集中,在这里直接参加了战斗,但主要是采用徒步队形,因为地形条件不容许乘马冲击。

令人不安的消息越来越多。我们军队的损失很大。进攻实际上已经停止了,战线因而稳定下来。罗军战线的情况也不妙,他们参战前训练较差、装备不足,同德军和奥军头几次交手就遭到沉重的损失。

士兵的不满情绪增长了,特别是当他们接到家信,知道家乡闹饥荒和遭到严重的破坏以后。其实我们在乌克兰、布科维纳、摩尔达维亚前线附近的农村里见到的情形,就已经清楚地证明了这一点。农民们在沙皇压迫下所遭受的灾难是何等严重啊!由于沙皇的轻举妄动,工人农民们已经流了两年多的血!士兵们已经懂得,他们如被打成残废和被打死,并不是为了他们自己的利益,而是为了"今日世界的列强",为了那些压迫他们的人。

1916年10月,我很不走运。我和几个伙伴一起组成前方侦察群,在赛耶—雷根接近地进行侦察时,踏上了地雷。有两人受重伤,我也被爆炸气浪从马上掀下来。我在医院里躺了一天一夜才苏醒过来。由于严重震伤,被送到哈尔科夫。

出院后,我很长时间都感到不舒服,主要是听觉不好。医务委员会把我调到拉格尔村的补充骑兵连,这是我原来所在的骑兵新兵连的朋友们从春天以来驻扎的地方。当然，我对这样的安排很高兴。

我从骑兵新兵连调到教导队时还是一名新兵，而现在回来时，已经在肩章上多了几条军士衔的杠杠，有了实战经验，胸前也挂上了两枚乔治十字勋章（一枚是因为俘虏一名德国军官被奖给的，另一枚则是因为受震伤发给的）。

我通过同士兵们谈话了解到，他们都缺乏"闻火药味"的热情，都不要战争。他们想的是别的东西——土地、和平。1916 年年底，士兵中间关于彼得堡、莫斯科和其他城市工人罢工的消息，越来越多。有人在谈论布尔什维克，说布尔什维克在为反对沙皇，争取和平、土地和劳动人民的自由而斗争。现在，连士兵也已开始坚决要求停止战争了。当然，这暂时还只能是秘密的交谈。

我虽然是军士，士兵们却很信任我，时常找我进行严肃的交谈。当然我那时对政治问题还不很清楚，但是我已经认识到战争只对富人有利，是为统治阶级进行的，而只有布尔什维克才能给俄罗斯人民以和平、土地和自由，别人谁也不行。我还在力所能及的范围内向士兵灌输这种思想。因为这一点，我常常受到他们的赞扬。

一个重大事件终于发生了。

1917 年 2 月 27 日凌晨，驻扎在拉格尔村的骑兵连突然紧急集合。集合地点就在骑兵连长、骑兵大尉、男爵冯·德·戈尔茨宿舍的附近。我们什么也不知道。我们的排长是基辅斯基中尉。

我问他："中尉先生，我们要开到哪里去？"

他反问："你是怎么想的？"

我说："士兵们应当知道开往哪里，尤其是，还给我们发了子弹。"

"那又有什么。子弹会有用的。"

骑兵大尉、男爵冯·德·戈尔茨来了，我们就没有继续谈下去。这位骑兵大尉是一个能打仗的人。他得到过金质手枪、士兵级乔治十字勋章和许多其他的战斗勋章。但是他是一个很坏的人，对待士兵很凶。士兵们都不喜欢他，怕他。

全连"立正"。大尉向全连问好。

男爵冯·德·戈尔茨把全连编成三路纵队后，发出了"快步走！"的口令。骑兵连沿公路向巴拉克列亚城后备骑兵第 5 团司令部前进。到达团教练场后，我们看到基辅龙骑兵和英格曼兰德骠骑兵都已排成横队等候在那里了。我们连也变换成了连横队。其他部队也快步赶到了。谁也不知道是怎么回事……

很快就一切都明白了。操场那边有人举着红旗游行示威。我们连长猛抽一鞭，纵马向团部疾驰而去。其他连长也跟着他去了。这时，从团部走出一群军人和工人。

一位高个子军人，大声对士兵们讲起话来。他说，俄国的工人阶级、士兵和农民不再承认沙皇尼古拉二世了，不承认资本家和地主。俄国人民不愿意继续进行流血的帝国主义战争，人民需要和平、土地和自由。这位军人在结束自己的简短演说时，高呼："打倒沙皇！打倒战争！各国人民和平万岁！工人、士兵代表苏维埃万岁！乌拉！"

谁也没有向士兵发口令。但是，他们从心底里明白他们应当怎样做。四处都响起了"乌拉"的欢呼声。士兵们和游行的工人们混合到一起了。

隔了不久我们就知道，我们的骑兵大尉和其他一些军官被士兵委员会逮捕了。这个士兵委员会已走出地下状态，开始合法活动，它的第一项措施就是逮捕那些反对革命事业的人。

各部队奉命返回驻地，等待士兵委员会的命令。团的士兵委员会的负责人是布尔什维克雅科夫列夫（很遗憾，我不记得他的名字了）。第二天早晨，他派来一名军官。这位军官来后就命令我们全连集合，选举出席团苏维埃代表和本连士兵委员会。大家一致推选我为连士兵委员会主席。当选出席团苏维埃代表的，有中尉基辅斯基、我和第1排的一名士兵。很遗憾，我忘记他姓什么了。我只记得，他和我一样是卡卢加省人，出生在马萨尔斯克村，人们都叫他彼得。

3月初，在巴拉克列亚城召开了全团士兵代表苏维埃大会。雅科夫列夫通俗易懂地讲解了苏维埃的任务和巩固士兵、工人、农民的团结为继续进行革命而斗争的必要性。我们都衷心地赞成他的讲话。

接着发言的是一个准尉。开头，他讲得很漂亮，好像很拥护革命。但到了后来就吹捧起临时政府来了，并且主张动员军队去抗击敌人。士兵们对他的发言都表示不满。到了选举团苏维埃成员的时候，大家只选那些拥护布尔什维克立场的人。

所以，我们团的苏维埃是真正布尔什维克的。

5月，雅科夫列夫同志调到别的地方去了。他走以后，团苏维埃就工作得很差了，不久，社会革命党人和孟什维克钻进去掌了权，推行拥护临时政府的方针。结果，1917年初秋时有几个分队叛变，跑到彼得留拉方面去了。

我们骑兵连的主要成分是莫斯科人和卡卢加人。连士兵委员会决定解散这个连。我们给士兵发了退伍证明书，并建议他们带上骑枪和子弹。后来听说，大部分士兵的武器都被哈尔科夫地区的反革命拦截队搜去了。投奔到乌克兰民族主义分子方面去的一些军官到处在搜捕我，我有好几个星期不得不躲在巴拉克列亚城内和拉格尔村里。

1917年11月30日，我回到了莫斯科。这里的政权已经在十月间可靠地转到布尔什维克的手里——转到工人、士兵和农民代表的手里了。

1917年12月和1918年1月，我回到乡间住在父母亲那里。休息一段时期以后，我决定加入赤卫队①。但是，却在2月初生了重病——得了斑疹伤寒；4月份，又生了回归热。直到半年以后，我才实现了加入红军的愿望，于1918年8月志愿参加了莫斯科骑兵第1师第4团。

那时，共产党和苏维埃国家已着手进行重要而艰巨的工作——复员旧军队和建立新的工人和农民的军队。同时，还在军队中广泛地开展民主化。各部队的领导权都交给士兵委员会和苏维埃，一切军人权利平等，团以下（包括团）的指挥人员由军人大会选举产生。因此，从陆海军士兵中和承认苏维埃政权的军官中，选拔了许多有才干的军事组织者。

正如全俄中央执行委员会军事部的一份总结报告中指出的："不管任何时候，只要是公正地研究我国军队在革命时期的情况，谁都会明白，正是军队的全面民主化和承认广大士兵群众选举产生的军队组织的权力，以及人民委员会实行的和平政策，使得各战线军队能够坚持到1918年冬季的中期，并且拯救了国家，避免了军队自发地向后方的退却。"②

1918年1月召开的全俄苏维埃第三次代表大会一致赞成建立我国武装力量。代表大会通过了列宁起草的《被剥削劳动人民权利宣言》，其中特别写道："为了保证劳动群众掌握全部政权和根除剥削者的政权复辟的一切可能，特命令实行劳动者武装，建立社会主义工农红军……"③

---

① 1917年，各地忠于革命事业的武装工人的队伍都叫赤卫队。十月武装起义前夕，布尔什维克对赤卫队进行了军事训练；在前线、在后方各大守备区、在波罗的海舰队，布尔什维克的影响迅速地扩大了。在十月革命进行期间和紧接着稍后的一段期间，赤卫队的活动都是由俄国社会民主工党（布尔什维克）中央委员会的军事组织统一领导的。——编者注

② 中央国家十月革命档案馆档案。

③《列宁选集》，1960年，人民出版社，第3卷，第405页。

就在这时,1918年1月,彼得堡开始以几百名赤卫队员和彼得堡卫戍区各后备团的士兵,组建红军的第一个兵团。这就是工农红军第1军。就在这时,从彼得堡向西部战线派出了以赤卫队员组成的第一批社会主义军队约一千人。

列宁在欢送大会上发表了演说。他说:"我向你们第一批社会主义军队的志愿人员英雄们表示祝贺,你们一定会建立起强大的革命军。"①

接受志愿人员加入红军的制度是这样的:每个志愿人员必须持有士兵委员会、党组织或支持苏维埃政权的其他社会组织的介绍信。如果是整批加入,则要求实行集体保证。工农红军军人享受全面的供给制,此外还发给津贴费。开始每月50个卢布,从1918年年中起,单身的150个卢布,有家眷的250个卢布。1918年春季,红军已有将近20万人,后来志愿人员的来源就慢慢减少了。

当然,军队实行志愿兵制度是有它的缺点的。例如:缺乏预备兵员,没有训练补充兵员的制度,缺乏实施大战役需要的兵员保障,训练差。

鉴于这一点,全俄中央执行委员会发出了专门指令,在全国建立对劳动者实施普遍军事训练的制度(普训制)。每个18—40岁的劳动者应当不脱产地、以96小时学完军事训练课程,并作为兵役义务者进行登记,一旦苏维埃政府发出号召,就立即加入红军。

俄共(布)中央要求党员们立即开始学习军事。推选指挥员的制度废除了,建立了任命指挥人员的制度,即由军事领导机构从有军事素养的和在战斗中表现较好的人中间任命指挥人员。全俄苏维埃第五次代表大会通过了《关于红军建设》的决议,表示赞同党和政府为建立正规军所采取的各项措施。其中特别强调了集中指挥军队的必要性和革命的铁的纪律对于军队的意义。

代表大会以法律的形式,固定了军队的政治委员制度。这个制度在1917年10月就已经开始实行,当时由革命军事委员会向旧军队的许多部队和军事机关派出过政治委员。这时,军队中的政治委员依靠党的基层组织,负责教育士兵,监督军事专家们的行动,同时也教育红军士兵信任那些忠诚老实的专家。关于政治委员问题,我们准备以后来谈,我现在先指出一点,就是他们通常都是一些无可责难的人,都是一些纯朴诚挚和勇于自我牺牲的共产党员。

---

①《列宁全集》,1956年,人民出版社,第26卷第394页。

苏维埃代表大会要求把红军建立在军事科学的基础上，既要利用旧军事专家的经验，同时又要广泛地从工人和农民中培养指挥干部。各级党组织、工会、贫农委员会、有觉悟的工农群众都在贯彻实施苏维埃第五次代表大会和全俄中央执行委员会的这些决议。

所以，当我参加红军时，它已有50多万人了。在那困难之年，党关于军事问题的许多决议和大量的实际工作，为苏联武装力量奠定了基础，团结了红军陆海军中的无产阶级的、有政治觉悟的核心，并在尔后的军队建设中继续依靠这一核心。

第三章

加入红军

沙皇政府把我国弄到完全破产的地步。形势更为严重的是干涉军和白卫叛军占领了一系列经济上极为重要的地区。

在干涉军和白卫军的战火包围中，年轻的苏维埃共和国进行了顽强的斗争。所有为伟大十月思想而生活、工作和手拿武器战斗过的人们，都清楚地记得，这是苏联人民生活中一个多么艰苦的时刻。

《布列斯特和约》的签订使国际帝国主义企图借德国军队之手扼杀苏维埃共和国的希望破灭了。但是，英、法、美、日等帝国主义仍然企图毁灭我们的国家。1918年春，美、英、法、日的军队在我国北部登陆，随后美、英军队在符拉迪沃斯托克登陆。5月，干涉军挑动了捷克斯洛伐克军团叛乱，反对苏维埃政权，并且在乌拉尔、西伯利亚和伏尔加河沿岸地区展开了反对红军的军事行动。在我国的其他地方也出现了干涉的战火。得到大力援助的俄国白卫军勾结了外国干涉军，并开始了进攻。

参与反苏维埃政权的还有德国帝国主义。他们撕毁了《布列斯特和约》，占领了波罗的海沿岸、白俄罗斯和乌克兰，侵入了顿河地区，占领了顿河岸罗斯托夫以及我国其他地域。在乌克兰和顿河，他们把政权转交给了旧沙皇的将军们。

人民反占领军的汹涌怒潮使德国干涉军感到沮丧，而德国在第一次世界大战中的失败以及随后在德国爆发的革命使德国帝国主义在我国的整个征服政策垮台了。苏联军队和游击队把德国占领军从乌克兰、白俄罗斯和波罗的海沿岸赶了出去。

但是，现在，德国失败后，协约国的帝国主义能充分利用欧洲腾出的力量来收拾世界上第一个社会主义国家了。几万名外国干涉军侵入了苏联领土。

列宁写道:"第一阶段[①],是协约国企图用自己的军队打败苏维埃俄国。自然,对协约国来说,这是比较容易的阶段。"[②]

但是,干涉军很快就明白了,他们一件事也对付不了,于是加强了对国内反革命的援助。1918年11月,在西伯利亚,他们派沙皇的上将高尔察克任俄国的"最高执政者"。在南方,他们把反革命力量联合起来归沙皇将军邓尼金领导。苏维埃国家面临着致命危险的威胁。

1918年下半年在俄罗斯共有帝国主义国家军队和白卫军近100万士兵和军官,他们是经过良好训练和拥有优良装备的军队。

党、列宁向人民说明了形势的全部危险性,号召全体劳动人民加倍努力以巩固我国的防御能力,发动人民同干涉军和白卫军做斗争。1918年9月,全俄中央执行委员会颁布命令,把共和国变成统一的军营。11月组成了以列宁为主席的工农国防委员会。国防委员会统一了军事部门、与国防有关的其他部门及红军装备特别委员会的工作。国防委员会解决了有关组建部队、部队供应保障等极为重要的问题,特别是采取了措施以清查、收集旧军队留下的武器弹药,动员了工业部门的力量,把前方和后方紧密地联结在一起。

在国内实行了"军事共产主义",这是在当时情况下唯一可行的政策,也是年轻的苏维埃共和国战胜敌人所必须实行的政策。

由于英雄的苏联人民的努力,在极紧张的武装斗争过程中,干涉军和白卫军的计划在1918年未能得逞。帝国主义者被迫放弃了苏联的许多地区。

1919年,苏维埃政权的许多敌人向我国开始了新的进攻。战线多达6条,其总长度为8000公里。敌人企图把年轻的苏维埃共和国扼杀在铁包围圈内。国内战争达到了最激烈程度。共和国国防委员会和革命军事委员会尽一切力量来实现列宁关于建立一支大规模正规部队的计划。

1919年年初,红军有42个步兵师,装备有步枪、马克沁重机枪、手枪和手榴弹。骑兵有4万人。作战部队有火炮1700门。装甲部队也扩大了,编入了旧俄军队的装甲列车(每列列车包括一辆装甲机车、2辆装甲平车及2—3辆探测平车),以及由150辆装甲汽车组成的装甲汽

---

① 对苏维埃国家的国际干涉。——作者注
②《列宁全集》,1957年,人民出版社,第30卷,第179页。

车支队。军用飞机近 450 架，作战舰队（不包括江湖区舰队）有 2 艘战列舰、2 艘巡洋舰、24 艘驱逐舰、6 艘潜水艇、8 艘布雷舰、11 艘运输舰以及其他舰船。

加强了最高军事领导机关，改进了部队的后勤组织，整顿了医疗卫生勤务，扩大了训练红军指挥干部的学校网。

当然，这暂且还只能算是一支相当弱小的武装力量。但是，红军是一支捍卫自己新的社会主义祖国的自由和独立的工农部队，它具有列宁党对国家领导的远见性和高效能、崇高的革命精神，具有高昂的士气和高度的政治觉悟。只有考虑到这一点，才能理解它是如何战胜在武器方面远远优越于自己的敌人的。

1919 年年初，在我国东部有高尔察克的白卫军，占领了彼尔姆—奥尔斯克一线。乌拉尔的哥萨克白匪军盘踞在乌拉尔斯克附近，并占领了古里耶夫。邓尼金白匪军已在捷列克河做好充分准备，它占领了新切尔卡斯克、顿河岸罗斯托夫、尤佐夫卡以及顿巴斯的其他城镇。协约国的军队和乌克兰反革命政府（所谓执政府）的军队占领了乌克兰，并固守在赫尔松—尼古拉耶夫—日托米尔—科罗斯坚一线。拉脱维亚白匪军盘踞在沙夫利—米塔瓦地区。

尤登尼奇的军队和爱沙尼亚白匪军占领了沃尔马尔—纳尔瓦一线，准备向彼得格勒突击。芬兰白匪军、干涉军、白卫军占领了我国北部地域，准备向彼得格勒、沃洛格达、科特拉斯突击。干涉军还在克拉斯诺沃茨克、巴统、新罗西斯克、塞瓦斯托波尔、敖德萨等地作威作福。

帝国主义各国政府的目标是推翻苏维埃政权，它们达成了瓜分我国的协议，准备夺去我国的乌克兰、白俄罗斯、波罗的海沿岸地区、高加索、北方的一部分及其他极为重要的地域。

1919 年春仅仅高尔察克的军队就有 36 万人，这支军队装备优良，主要由外贝加尔、西伯利亚的富裕农民和反革命哥萨克以及奥伦堡和乌拉尔的哥萨克白匪组成。

此外，在高尔察克军队的后面，还集中了由美国、英国、日本的军队组成的 15 万干涉军。

帝国主义各国政府加紧装备邓尼金的军队。邓尼金本人被协约国捧为"最高副统帅"。这一行动就说明了邓尼金军队的军事作用和他本人的作用。

红军到 1919 年春季有了很大的发展，人数达到了 180 万，其中 40 万装备不错的部队直接在前线作战。这些部队在战斗中得到了锻炼，获得了武装斗争经验。红军战士都懂得，他们是为什么样的理想而与干涉军和白匪军作战的，他们也清楚地知道，敌人是为什么而战，敌人追求的是什么目的。

当然，高尔察克、邓尼金和其他白匪军的士兵在装备方面比红军战士优越。他们有很好的服装和武器，他们的后方可以供给充分的粮食，他们可以从协约国获得大量的武器、弹药、装备和其他物资器材。

虽然苏维埃共和国的内部已有所巩固，但总的说来，仍然是相当困难的。

四年帝国主义战争破坏了我们这个工业落后的农业国。由于缺乏劳动力和原料，许多工厂还在沙皇时代就关了门。绝大多数的铁矿、煤炭、石油、棉花，大约四分之三的生铁、钢、糖，及大部分谷物，都正好出产在被干涉军和白匪占领的地区。只是由于党和人民做了真正英雄般的努力，才得以组织好红军的供应。在组织供应时，曾不得不始终机动使用这有限的物质技术资源，将它们运往决定着国家命运的地方。一些最为需要的东西，如金属、燃料、衣服、谷物，都极为缺乏。

我们的骑兵团向东线推进了。

我还记得在叶尔绍夫车站下车时的情景。在莫斯科饿得够呛的红军战士从车厢一下来，就一直拥向市集，买了大圆面包，狼吞虎咽地吃起来。这样，不少人得了病。这是可以理解的，要知道，在莫斯科每人每天只能领到四分之一俄磅质量低劣的面包，加上点马肉汤或够鱼汤。

我们了解莫斯科、彼得格勒和其他城市劳动人民挨饿的情况，以及红军供应恶劣的情况，因此，我们对富农、反革命哥萨克和干涉军充满了阶级仇恨。这种情况更激发了红军战士对敌人的仇恨，使他们坚定地投入决定性的搏斗。

1919年3月高尔察克的部队在东线向我们发起了进攻。在东线我军不超过10万人，而且分散在宽广的战线上。高尔察克的西伯利亚集团军很难克服我第2、第3两集团军的顽强抵抗，未能完成原定任务，在一个半月的时间里，只向前推进了80—130公里，夺占了萨拉普尔和沃特金斯克。

在西伯利亚集团军开始突击之后，高尔察克的西集团军也展开了进攻。在乌法方向上的战斗特别激烈，东线我第5集团军步兵第26和第27师在这里进行了英勇战斗。可是到3月14日，乌法仍被高尔察克匪军攻占。在通往该城接近路上的浴血战斗中，我第5集团军遭到重大损失，几乎百分之五十的人员伤亡和失踪。第5集团军当时是由勃留姆别尔格指挥，到 4 月上旬，即改由图哈切夫斯基指挥，他是旧军队的中尉，1918 年 4 月成为俄共（布）党员。

东线的情况由于社会革命党人策动富农叛乱而更为恶化了。在萨马拉、塞兹兰、塞吉列伊夫、斯塔夫罗波尔和梅列克斯等县爆发了叛乱。这些叛乱很快被镇压下去，但对形势却产生了恶劣的影响，大大分散了我军的力量。

第 5 集团军尽管遭到严重损失，但在铁路员工和工人的武装支队的支援下，仍继续拖住敌人。直到 4 月 1 日，高尔察克的西集团军尚未能获胜并遭到严重损失。

4 月初，奥伦堡一带杜托夫的哥萨克白匪军占领了阿克纠宾斯克，切断了奥伦堡至塔什干的铁路联系，结果使土耳其斯坦再次同苏维埃俄罗斯失去联系。随着白匪向奥伦堡地域迫近，富农在乌拉尔河一带的哥萨克镇市举行了暴动。

4 月中旬，白匪距喀山和萨马拉只有 85 公里，离辛比尔斯克只有 100 公里。倘若我军进一步退过伏尔加河，就会使高尔察克和邓尼金的部队会合在一起。在这种情况下，他们就有可能形成绵密的大军正面向莫斯科进攻。与此同时，白匪和干涉军的部队在所有其他战略方向也展开积极行动，这就使形势更为严重。

在这严峻的时刻，以列宁为首的俄共（布）中央号召党、苏联人民动员起全部力量以粉碎敌人，首先是粉碎高尔察克的部队。

党、工人阶级和一切进步的人们都热烈响应这一号召。

4 月 11 日党中央组织局批准了列宁起草的《俄共（布）中央委员会有关东方战线情况的提纲》。4 月 13 日的俄共（布）中央全会以及 4 月 23 日和 29 日的政治局会议，讨论了对东线组织支援的问题，并作出了在党内进行新的动员，和把党的队伍中最勇敢并最有锻炼的工作人员派往前线的决定。在 5 月 13 日国防委员会的会议上，列宁出席做了关于弹药问题的报告。早一些时候，还曾根据列宁的建议，决定最重要的军事工厂的 8.1 万名工人领取红军战士口粮，国防工厂的工人免征入伍。由于群众旺盛的革命热情和党从事的巨大的组织工作，军工生产逐渐走上了轨道。

从全国动员的人力、物力大大加强了遭到很大损失的东线部队，补充到该线部队的共产党员就有 1.5 万名，他们大多是充当作战部队的士兵。这是团结、鼓舞部队与敌人战斗的决定性的政治力量。

现在再来研究一下当时红军总指挥部和东线指挥部采取的措施和制

订的计划，就可以清楚地看出，他们并不十分了解白匪部队的真实情况，不了解敌人的企图，也不善于对敌人组织有力的打击。

东线在伏龙芝到达后，情况发生了变化，伏龙芝当时负责东线南部军队集群的指挥。伏龙芝正确地指出，在这种困难条件下，应当尽快从白匪手中夺取战略主动权，摧毁敌军的士气，在我方部队中确立对白匪必胜的信心。

伏龙芝具有统帅的卓越远见，他明白，即使在敌人获胜的情况下，如能给白匪造成某些挫折，并加以适当利用，这些挫折就可能成为高尔察克崩溃的开始。

伏龙芝认为，应当从正面拖住高尔察克的军队，同时用土耳其斯坦的集团军和第1集团军全部以及第4集团军的一部对高尔察克伸得过长的左翼实施迅速、坚决的突击，然后，进一步把这一反突击变成为我东线全线强大的反攻，以解放乌拉尔和西伯利亚。

伏龙芝估计到，高尔察克的左翼是弱点，高尔察克不可能迅速将主力调至左翼，因为其主力正在东线中部的喀山、辛比尔斯克和萨马拉方向作战，企图前出至伏尔加。

伏龙芝的建议受到列宁的称赞。俄共（布）中央和革命军事委员会批准了这一计划。

伏龙芝在祖国命运危在旦夕的时刻，不畏艰难，不怕承担责任。他在紧迫的期限里，对归他指挥的东线南部军队集群进行了妥善的变更部署、补充和准备。在当时，在铁路线遭到全面破坏，似乎处于全部瘫痪的情况下，要做到这点是很不容易的。

读一读伏龙芝后来关于东线情况的记述，是很有意思的。伏龙芝写道：

"高尔察克的部队已逼近伏尔加，我们勉强守住了三面被围的奥伦堡；防守的部队老想撤离此地。萨马拉以南的乌拉尔哥萨克白匪突破了我防线并向北推进，威胁着萨马拉和从萨马拉至奥伦堡的铁路。我们到处在退却，但是不能说，这是因为我们意识到自己是作战中较弱的一方，由于主动权操在白匪手里，他们时而在这里、时而在那里向我们进攻，使我们处于被动，所以我们感到很不愉快。在这种情况下，我们不仅要有坚强的意志，而且要有无限的信念，相信只有转入进攻才能改变形势，这样，我们才能真正开始进攻。在此时刻，我们不仅必须去掉部队中的退却情绪，而且必须排除来自上面总指挥部的压力。当时总指挥部掌握在瓦采基斯同志的手中，他是主张继续退却的……我们不顾一切转入了进攻并开始了出色的战役,这一战役导致高尔察克的全面崩溃。"①

在白匪于布古利马、别列别伊遭到失败和高尔察克的部队在乌法附近被歼灭以后,白匪部队士兵大批逃走的现象急剧增加,白匪后方的游击运动也高涨起来。下面是高尔察克主管国防部的男爵 A. 布德别尔格于 1919 年 5 月在日记中的记述:

"毫无疑问,在西集团军方面主动权已落入红军手中。我们无力再进攻了,部队连滚带爬向后撤,什么也守不住……从地方动员来的人在撤退中纷纷逃回自己的村庄,他们带走了衣服、装具,甚至武器……红军的一个巨大优越性在于,他们不怕补充老兵,老兵不必再训练,而我们不敢这样干,像见鬼一样的怕,我们被迫只征召十八九岁不懂事的娃娃……"

在后面他写道:"战线被突破了,纷纷后退。现在要考虑的是,能否保住乌拉尔……"②

在东线胜利反攻的时候,乌拉尔斯克的情况却严重,哥萨克白匪围攻乌拉尔斯克城,并切断了它与南部军队集群的联系。被围部队进行了顽强的抵抗,未放弃乌拉尔斯克,但他们的处境非常危险。列宁密切注意着东线的每一情况,于 6 月 16 日打电报给伏龙芝:

"请向乌拉尔的同志们转致我对保卫被围的乌拉尔斯克 50 天的英雄们的热烈敬礼!请他们不要泄气,再坚持几个星期。保卫乌拉尔斯克的英雄事业一定胜利。"③

伏龙芝立即下命令把恰帕耶夫的第 25 师调往被围的乌拉尔斯克地域。于是,由传奇英雄恰帕耶夫率领的这个光荣的师即出发去支援乌拉尔人。

我们的莫斯科骑兵第 1 师(当时我在该师)归伏龙芝指挥。我们向希波沃车站地域开进时,得知恰帕耶夫师已进抵乌拉尔斯克。我们的战士情绪高昂,大家深信,乌拉尔的哥萨克白匪将被打败。

我们团在通往希波沃车站的接近路上与敌人第一次交锋。敌人进行顽抗,阵地经过反复争夺。白匪在数量上比我们多。我还深深记得离希

---

① 《伏龙芝选集》,1957 年,俄文版,第 2 卷第 48 页。
② 布德别尔格·阿列克谢男爵:《自卫军日记(高尔察克的历史)》,《浪潮》,1929 年俄文版。
③ 《列宁全集》,1959 年,人民出版社,第 35 卷,第 398 页。

波沃站不远的这次激烈的战斗。

大约800名哥萨克骑兵向我们冲来。当他们已距离我们很近的时候，隐蔽在路堤后面的我骑兵连携带一门大炮突然冲了出去。炮手们——这些英勇的小伙子，在疾驰中架好了炮并对白匪翼侧进行轰击。哥萨克白匪惊慌失措。炮手们准确的射击继续给敌人以大量杀伤。最后，白匪支持不住了，向后窜逃。对哥萨克的这一仗很成功，鼓舞了我们骑兵战士的士气。

6月上旬的战斗特别激烈。我们师打得十分英勇，但向乌拉尔斯克推进的速度很慢。

就在这个时候，我们听到了鼓舞人心的消息：恰帕耶夫师打垮了白匪，进入了乌拉尔斯克城并与该城守军会合了。

在保卫乌拉尔斯克的战斗中，我荣幸地见到了伏龙芝。当时他亲自指挥整个战役。

伏龙芝和古比雪夫一起到恰帕耶夫的第25师去。他经过我们团，和战士们随便聊天，关心他们的情绪、给养和武器，询问战士村里亲人来信说什么，战士们有什么要求。伏龙芝平易近人、和蔼可亲的态度赢得了战士的心。

伏龙芝十分亲切、热情地向我们谈了列宁的情况，还谈到列宁对乌拉尔斯克地区情况的关切。

然后伏龙芝说："嗯，现在我们的情况不错，已打垮了乌拉尔的哥萨克白匪，很快我们就能打垮其余的反革命。我们将打垮高尔察克，解放乌拉尔、西伯利亚和其他被干涉军和白匪盘踞的地方。到了那个时候，我们将重建我们的祖国！"

后来，我们常常回忆起这一次的会见。

1919年3月以前，我还属于党的同情者小组，准备加入俄罗斯共产党（布尔什维克）。当时还没有确定入党预备期。直到现在我还怀着感激的心情怀念当时的团党组织书记特罗菲莫夫和政委沃尔科夫（很遗憾，只知道他们的姓，名字却记不得了），他们曾帮助我深入地理解党章和党纲，培养我加入俄共（布）。

骑兵连里党的同情者小组共五人。尽管人数不多，特罗菲莫夫和沃尔科夫同志一个星期到我们这里来不少于两次，和我们谈国内、国际形势，党在前线斗争的措施等。这些谈话时间很长而且很有趣，特别是当谈到布尔什维克与沙皇专制的斗争和在十月的日子里在彼得格勒、莫斯科和其他工业城市里的激烈斗争时，十分有趣。

当时红军的党政机构刚建立。虽然，在陆军和海军中工作的已有7000多名政治委员，他们依靠党支部团结了5万多党员。但是，还有许多工作要做：需要确定政治委员的职权，统一军队中领导党和政治工作的党组织，统一军队中一切极为有益的和必要的党政活动。1918年年末，俄共（布）中央通过了一项《关于军队中党的工作》的特别决议，号召共产党员在军队中培养对敌斗争中的铁的纪律、勇敢和大无畏精神。根据这一决议，废除了在建军最初期实行的由党组织对军队全部生活进行监督的职责。

党通过政治委员，以及海军和陆军中的革命军事委员会的政治处，在军队中贯彻其政策。这些政治处既是隶属于军事领导人的军事行政机关，也是隶属于党、用以团结军队中党员群众的党的机构。

1919年3月1日，我被吸收入党，成为俄共（布）党员。现在，许多事情我都记不得了，但我被吸收入党的这一天，我终生难忘。从此以后，我努力使自己的思想、愿望和行动服从于党员的义务，而当投身于同祖国的敌人进行搏斗的事业中时，我作为一个共产党员，牢记我们党的要求，要成为无条件服务于人民的榜样。

不久，我们师调离希波沃车站地域，去消灭尼古拉耶夫斯克城附近的白匪。1919年8月，我们骑兵第4团被调到弗拉基米罗夫卡车站。当时我们师没有卷入直接的军事行动，而是进行战斗训练。

在这里我结识了和我同姓的师政委格奥尔吉·瓦西利耶维奇·朱可夫。事情是这样的。一天清晨，我经过露天练马场时，看见一个人在那儿"调教"马。走近一看，是师政委。虽然我对骑术和调教术都很在行，但仍想看一看，师政委是怎么调教马的。

师政委没有注意我，他正满身大汗训练马左跑步。但不管他怎么使劲，马总是乱跑，不迈左脚，而是先踢出右脚。我不禁大声喊道：

"把左面缰绳拉紧！"

师政委一句话没有说，把马放慢步，向我走来。他跳下马来，问我道：

"好吧，你试试！"

我二话没说，蹬着马镫子上了马。我骑着转了几圈，熟习一下马的性子。然后，我扯紧缰绳，让马左跑步。跑了一圈，跑得很好，我又跑了一圈，还是很好。又换成右跑步，也不错，再换成左跑步，马的步子一点不乱。

"小腿要夹紧"，我带着训导的口吻说。

师政委笑了笑,他说:

"你骑马有几年工夫啦?"

"四年,怎么啦?"

"没什么,骑得不坏。"

于是我们就攀谈起来。政委问我,在哪儿当的兵,哪儿打过仗,什么时候调到这个师来的,什么时候入党。他又谈到他自己,他当骑兵十年了,从1917年就是党员。从旧军队他拉过来一个骑兵团的大部分,加入了红军。一切都很清楚,他是一个真正的政委……

顺便提一下,规定政治委员职责的第一批工作细则中,有一本是由伏龙芝领导的我们南部军队集群的政治处拟订的。这本工作细则指出,军队政治委员是工农政府的代表,应在军队中贯彻苏维埃政权的思想和政策,严防异己分子侵犯工农群众的利益,注意培养革命纪律,监督无条件地贯彻执行战斗命令。

政治委员的工作不仅仅是宣传鼓动,而首先是体现在个人的战斗榜样和身体力行中。政委必须了解一切作战号令,参加命令的拟订工作(在作战问题上指挥员有决定权),仔细研究军事。通常,政治委员应在战斗以前召集政工人员和党员,向他们说明指挥员规定的任务,并亲自到战斗中最危险和有决定意义的地段去。在国内战争时期,军队政委的称呼和形象充满了传奇性的荣誉。

我后来还不止一次见到过政治委员朱可夫,我同他谈到前线和国内的情况。有一次,他建议我去搞政治工作。我感谢了他的好意,不过我告诉他,我更乐意干军事工作。于是他建议我进红军指挥员训练班学习,我非常乐意去,但结果未能实现。

我们附近的扎普拉夫诺耶村被白匪突然占领了,这股白匪是从黑亚尔和察里津之间某地渡过伏尔加河的。于是战斗开始了,当然就谈不上学习了。

在高尔察克被打败及其残余部队退到西伯利亚之后,协约国并未放弃反对苏维埃共和国的计划。现在他们把全部希望寄托在邓尼金身上。西方给邓尼金部队源源不断地送去武器、装备和粮食。

法国和英国政府搜罗逃亡的白匪军官和被关在德国俘虏营里的俄国士兵,编成几个支队。德国当局放回俄国俘虏的条件,就是他们必须参加志愿部队同红军作战。

但是,他们玩弄这些诡计也没有能捞到多大的好处。这类"志愿者"的大多数一遇到适当机会,就跑到我们这边来了。死心塌地同我们为敌的，只是那些仇视苏维埃政权并认为同苏维埃政权为敌是他们切身事业的人。而这样的反苏维埃分子是为数不多的。

1919年夏天，邓尼金的部队成为一支巨大而危险的力量，其中一些部队全部由军官组成。协约国虽然把主要的赌注压在邓尼金身上，但对高尔察克的部队仍抱有幻想，企图重新把他们扶植起来，让他们在适当时机从东面进攻红军。在北方，米列尔白匪军正在准备新的进攻。协约国也给他们运去大量军用物资。协约国的船只在返回本国时，装满了毛皮、鱼类、木材及其他我国北方极其丰富的物资。

在西北部芬兰白匪和尤登尼奇的部队准备向彼得格勒进攻。协约国企图拉拢我国周围所有的资产阶级小国参加进攻。

孟什维克、社会革命党人、资产阶级民族主义者和富农的反革命组织在我国后方组织了暴动、叛乱、破坏活动和怠工。向前线运送部队的铁路线，以及往前线和后方运送急需的粮食、武器和其他重要物资的工作经常遭到破坏。

布尔什维克党组织了工人开赴农村征收粮食。农村贫农根据1918年6月11日全俄中央执行委员会命令，联合起来组成了贫农委员会（贫协），他们援助了工人。

列宁写道："或者是有觉悟的先进工人把贫农群众团结到自己周围，建立铁一般的秩序，建立严厉无情的政权，即真正无产阶级专政，从而获得胜利，强迫富农服从，并在全国范围内实行合理地分配粮食和燃料的办法；

"或者是资产阶级依靠富农的帮助，依靠无气节的和昏头昏脑的人（无政府主义者和左派社会革命党人）的间接支持，把苏维埃政权推翻，拥立一个亲德的或亲日的科尔尼洛夫，这个科尔尼洛夫就会强迫人民每日工作16小时，每星期领得1/8磅的面包，枪杀工人群众，在审讯室里拷打，像在芬兰和乌克兰那样。

"或者是这样，或者是那样。

"中间道路是没有的。

"国内状况危急到了极点。"①

反苏特务机关利用欺骗和造谣，极力破坏人民对党和政府、对红军领导人的信任。很遗憾，初期他们的阴谋有时还曾得逞。尤其在那些经济遭到严重破坏、苏维埃法律遭到肆意践踏、因而一些不坚定的居民产

---

① 《列宁选集》，1960年，人民出版社，第3卷，第563页。

生动摇的地方，更为猖狂。

我愿意在此抄录一封信，这是我在察里津附近收到的，我童年时代的朋友帕维尔·亚历山德罗维奇·朱可夫写给我的。这封信我一直保存着。

"亲爱的朋友格奥尔吉！自从你参加红军以后，几乎我们所有的朋友和熟人都应征入伍了。我又不走运，没有能到作战部队，而是被派往沃罗涅日省的征粮队，征收富农手中的粮食。当然，这也是不可缺少的工作，可是，我是一个兵，我会打仗，我认为一个没有经过战争锻炼的人也可以代替我在这儿工作。但是我要告诉你的不是这件事。

"你还记得我和你关于社会革命党人的争论和分歧吧：我过去曾认为，社会革命党人是人民的朋友，是为了人民的利益，其中也包括农民的利益而与沙皇制度做斗争的。现在，我同意你的意见，他们是下流痞！他们不是人民的朋友，他们是富农的朋友，他们是一切反苏活动、土匪活动的组织者。

"前几天，当地的富农在隐藏的社会革命党人的指挥下袭击了我们护送运粮马队的征粮队警卫，他们残暴地杀害了我们的警卫人员。他们杀死了我最要好的朋友柯利亚·加夫里洛夫。他生在马洛亚罗斯拉韦次。我的另一个好朋友谢苗·伊万尼申被他们戳瞎了眼睛、砍断了右手抛在路旁。现在他的情况很危险，大概快死了。真可惜，他是一个漂亮小伙子，快活的舞蹈家。我们全队决定，一定要报仇，给这般魔鬼以狠狠的打击，让他们记住一辈子。

"你的朋友帕维尔"

收到这封信以后，我就再没有听到过帕维尔·朱可夫的消息。直到1922年我才得知，他在坦波夫省某地死在富农的手里……

列宁、党中央和政府考虑来自南方的新的严重威胁，作出了一系列极为重要的决定。

1919年7月3—4日，俄共（布）中央召开全会，全会的主要注意力放在国防问题和南线的形势方面，当时南线是共和国的主要战线。这次全会最为重要的结论反映在列宁起草的中央给各级党组织的一封信《大家都去同邓尼金做斗争！》中。在全俄中央执行委员会、莫斯科工人和红军战士代表苏维埃、全俄工会理事会和莫斯科工厂委员会代表的联席会议上，7月4日列宁出席做了《关于目前形势和苏维埃政权的当前任务》的报告。

当时重新提出了红军吸收旧军事专家的问题和对他们应采取关切态

度的问题。

俄共（布）中央的信中写道："成百上千的军事专家现在叛变我们，而且将来还会叛变我们……但我们这里还有成千上万的军事专家在按部就班地和长期地工作着，没有他们参加，便不能把克服了该死的游击习气而成长起来的并在东部获得辉煌胜利的红军建立起来。领导我们军事机关的富有经验的人们公正地指出，在最严格地执行了党的军事专家政策和根除游击习气的政策的地方，在纪律最巩固的地方，在最注意军队政治工作和政治委员工作的地方……军队中就没有松懈现象，军队的秩序和士气就要好些，胜利也就多些……"①

回忆同旧军队的军官一起工作时的情况，应当说，他们中的大多数是我国人民的诚实、善良并忠于祖国的儿子。在与敌人的斗争中，当需要献出生命时，他们总是处之泰然，英勇无畏视死如归。他们有一个不足之处，那就是不善于对待战士。他们举止有些孤僻，同红军战士群众找不到共同语言。他们之中只有少数能够做到既是指挥员、首长，同时又是士兵年长的同志。

我记得在党组织里我们不止一次谈到同旧军官的相互关系问题，我们尽力对他们表示广泛的信任。当然，在共产党员中间也有一些空谈家，他们认为"军事反对派"是对的，认为旧军官都是白匪分子，认为这些旧军官是不可能习惯苏维埃制度的，他们会把坚持条令规定和纪律与农奴制混为一谈的。但是，正如大家所知道的，"军事反对派"的观点在第八次党代表大会上遭到压倒多数的反对。

军事专家们注意观察第八次党代表大会的工作，他们明白了，党是信任、重视和关怀他们的。他们与红军战士群众和党组织更靠近了。由原沙皇军队军官中选拔出来的指挥人员对处理纪律和勤务方面的工作比较积极了，要求更严格了。这一切对军队的战斗准备和作战能力起了很好的作用。那种试图破坏对旧军官的信任的企图被政治委员、党政工作人员甚至红军战士彻底终止了。

俄共（布）第八次代表大会（1919年3月），总的说来，对红军给予了极大的注意。党的军事政策的实质就是如何尽快地完成由志愿兵组成的、半游击队式的军队向正规化的常备军完全、彻底的过渡。这支正规化的常备军应有铁的纪律、统一的征兵制度、统一的编制和指挥。党的这些基本观点都包含在列宁的报告和发言之中，包括在大会所通过的

---

① 《列宁军事文集》，1981年，战士出版社，第557页。

新的党纲和有关军事问题的决议之中。

事实证明第八次党代表大会的决议和党为巩固红军部队而进一步采取的一切措施都是正确的。他们具有极为重要的意义，因为敌人正在尽一切力量，企图扼杀苏维埃国家。

在邓尼金的部队占领察里津、鲍里索格列布斯克、巴拉绍夫、克拉斯诺格勒及其他极为重要的地方后，协约国开始催促邓尼金赶快向莫斯科进军。当邓尼金从其特务处得知红军准备反攻的情报后，他为了破坏我们的反攻，匆忙先于我们实施了一系列集中突击，以夺取主动权。

1919 年 8 月，马蒙托夫的骑兵军在新霍皮尔斯克地域突破了我第 8 集团军的防线，前出到我南线的后方，向存有大量物资的坦波夫推进。此时，邓尼金又用库切波夫的第 1 军团向我第 13 和第 14 集团军的接合部进攻，开始把我军压向库尔斯克和沃罗日巴。激战后，敌人占领了库尔斯克、奥廖尔和沃罗涅日，从南面向莫斯科逼近。

在此复杂的情况下，共产党和列宁的党中央以极大的力量，采取了政治和军事的措施来反击白匪军——红军在奥廖尔和沃罗涅日附近取得了胜利，使同邓尼金的斗争发生了转折；又在彼得格勒附近打败了尤登尼奇。红军不给敌人喘息的机会，各团向南方发起了反攻。在察里津附近、在巴赫齐亚罗夫卡和扎普拉夫诺耶地域同高加索部队作战的还有我骑兵第 4 团。我们清晰地听见在察里津地区和从卡梅申通往察里津的接近路上不断传来的隆隆炮声。在这些战斗中，敌人遭到巨大损失，而我军的损失也不小。

9 月上半月充满了激烈战斗，形势发展很快并出现急剧变化。在察里津附近，10 月里只进行了一些小规模的战斗，我们对于莫斯科方面所发生的大事件只知道大概的轮廓。

在扎普拉夫诺耶和阿赫图巴之间的一次战斗中，当与卡尔梅克基白匪部队进行白刃战时，我被手榴弹炸伤。弹片深深地嵌入我的左脚和左肋部。我被送进医院，这个医院我曾有一次因患伤寒病住过。从医院出来时，我身体极为虚弱，给了我一个月假恢复健康。

我回到父母所在的村庄。村里人的情况都很困难，但他们并不沮丧。贫农已联合起来，组成贫农委员会（贫协），积极参加向富农夺回粮食的活动。中农，尽管看到前线很困难，仍越来越倾向于苏维埃政权，其中只有少数对党和政府的措施抱抵触情绪。这主要是一些经济地位接近富农的人。

假期很快过去了，我到兵役局请求派我去作战部队。但我身体还很弱,我被送到特维尔的一个后备营,准备以后到红军指挥员训练班去学习。

1920年1月,我被派到梁赞第1骑兵训练班。它位于梁赞省的斯塔罗日洛沃,在一座过去的地主庄园里。

训练班的学员主要来自战斗中表现突出的骑兵。训练班让我兼任第1学员骑兵连司务长。这个职务我在旧军队时就很熟习。学员骑兵连连长赫拉姆采夫还委托我教学员掌握冷兵器(长矛、马刀)、白刃战,进行队列教练和体育训练。

赫拉姆采夫过去是沙皇军队的军官,他始终姿态端正,是学员的榜样。负责队列教练的杰斯尼茨基也很称职。队列指挥工作主要由旧军事专家——旧军官担任。他们工作很认真,但多少有些"等因奉此",官样文章。学员的思想教育工作由党组织和政治部门负责,文化课由受过军事训练的教员教授。而政治经济学课程由一些短期速成培养的教员担任,他们自己对这类问题往往也很糊涂并不比我们这些一窍不通的人强多少。

学员中多数文化水平不高。因为他们在革命前是没有文化的工人和农民。但是,对他们应有充分的估计,他们学习非常努力,他们懂得,学习时间很短,而要成为一个称职的红军指挥员,需要学习很多东西。

7月中旬,学员仓促乘坐列车出发。谁也不知道到哪里去。可以看出的只是,列车正向莫斯科方向开去。在莫斯科全体学员进驻列弗尔托夫兵营。在这一兵营里已驻有特维尔和莫斯科的学员。别人告诉我们,训练班将编入莫斯科第2学员旅,它是由2个步兵团和1个骑兵团组成的,将开往攻打弗兰格尔的前线。我们得到了一切必需的作战装备和武器。发给我们的装备和马具都是新的,从外表看来我们很神气。

在莫斯科我有不少朋友和熟人。真想在开赴前线以前去看看他们,特别是我日夜想念的女友。但是很遗憾,谁我也没有能够拜访。连首长因各种各样的原因经常外出,我作为司务长照例被留下负责。不得已我只能写信告诉他们。不知是否就因为这件事,或者是因为其他原因,我和玛丽亚之间出现了不和;不久我得知,她出嫁了。从此以后我再也没有碰到过她。

8月份,我们学员混成团(团长为霍尔穆什科、政委是克雷洛夫)在莫斯科第2学员旅的编成内集中到克拉斯诺达尔,然后从该地出发去攻打弗兰格尔的军队,也就是粉碎乌拉卡伊将军的登陆部队。

1920年夏天,形势已很清楚,资产阶级地主老爷的波兰尽管获得暂时胜利，它未必能把反对苏维埃俄罗斯的战争继续下去。当时红军的数量大大超过300万人。因此，协约国的统治者商定再组织一次反苏维埃俄罗斯的进攻。这一次他们除了地主资产阶级波兰的武装力量以外，还依靠在克里木组成的弗兰格尔男爵的军队。

他们答应给弗兰格尔以无限的援助。而弗兰格尔也公开表示，他一定偿还协约国的一切支付并彻底还清沙皇的一切债务。

1920年5月，弗兰格尔的军队有约13万步兵和4500名骑兵。但是，想依靠这样一支力量重新展开反苏维埃国家的大规模行动是不够的。在克里木一带弗兰格尔已不可能获得任何补充，他决定突入北塔夫里亚。但在此地他未能达到目的，他没有能进入顿巴斯和顿河流域。

后来，弗兰格尔在其回忆录中写道："补充军队的唯一来源是哥萨克居住的地带……在邓尼金将军的军队溃败以后，几万名哥萨克带着马匹、武器和装备流散回家。大批的战斗储备品流散在北高加索和顿河流域……这一带的物质资源也很丰富。这一切就迫使我们不得不把我们的斗争转移到哥萨克人的地域。"

弗兰格尔认为，在库班一带白匪的活动正在开展，他还把希望寄托在弗斯基科夫将军指挥的所谓"俄罗斯复兴军"身上。但是，他过高地估计了这些力量。他把希望当成现实，把期望放在哥萨克身上，更确切地说他把期望放在库班富农的活动上。

当时库班哥萨克的大部分人已经明白，白卫军和受协约国补贴的"最高政府"将会带给他们什么。

我们的指挥员、政治委员和红军战士尽一切努力使库班人明白我们斗争的真正目的，使他们懂得必须尽快肃清一切反对苏维埃的匪帮。

同时，我们对最贫苦的哥萨克人和红军战士家属进行了大量的多方面的帮助。在居民中的这种工作是非常重要的，因为白匪在红军到来以前榨干了贫苦的哥萨克人，常常夺走他们最后的一块面包，并且千方百计地欺侮他们。

我记得有一天晚上团政委到我们连来，建议我们劳动几天为贫农和红军战士家属修理房舍和农具。我们愉快地同意了。

团政委克雷洛夫担负了最困难的工作——清理公用井，因为白卫军在井里填满了垃圾。井相当深，当他下到井底时，憋得透不过气来。当把政委拉上来时，差一点儿快憋死了，但是，他休息一会儿以后，命令再把他放下井底。过一段时间，又把他拉上来，就这样一直继续到把井清理干净为止。到晚上，全村都在谈论着政委的英勇行为。

当全部工作结束以后，哥萨克人邀请我们全体参加友好的欢宴。吃饭时我们谈了许多知心话，他们非常感谢我们对他们的帮助。当然劳动过程中也出了一些笑话。有一群学员，他们的任务是给一位哥萨克寡妇修理草棚和马具，结果他们却替一个同姓的富农家干了这项活。这件事使大家捧腹大笑，而这些"肇事者"则垂头丧气。

8月份，我们学员混成团起初被派去攻打弗兰格尔的乌拉卡伊将军的登陆队，后来又去攻打乌鲁普斯卡亚镇、别斯科尔勃纳亚镇和奥特拉德纳亚镇的弗斯基科夫和克雷扎诺夫匪徒。这班匪徒很快就被消灭了。残余的部分在孟什维克格鲁吉亚政府的掩护下逃跑了，而弗斯基科夫逃往克里木，投奔弗兰格尔了。

我们没有能参加在克里木最后歼灭弗兰格尔军队的战役，因为训练最好的学员提前毕业，去补充在与弗兰格尔部队的战斗中有大量指挥人员伤亡的骑兵部队。

毕业典礼是在阿尔马维尔城举行的，第9集团军野战司令部当时设在该城。我们团剩下的学员受命追击逃往高加索山里的匪徒。过了一段时间我们得知，我们学员团在达吉克斯坦山里的某个地方遭到敌人的伏击，损失很大。许多指挥员和战士受到匪徒非人的折磨。我们大家敬爱的团政委牺牲了。

毕业的大部分学员被派往独立骑兵第14旅。当时该旅驻在新热列利耶夫斯卡亚镇附近，负责继续肃清芦苇地带的乌拉卡伊匪徒的和当地匪徒的残部。我被分配到骑兵第1团，这个团当时是由一位顿河哥萨克的老战士、人称勇士和侠客的安德烈耶夫指挥。派到该团的还有我学习时候的朋友戈列洛夫、米哈伊洛夫和乌哈奇－奥戈罗维奇（很遗憾，我记不得他们的名字了）。

我们来到司令部，交出证件，然后团长接见了我们。他看了一眼我们的红裤子，不以为然地说：

"我的战士可不喜欢穿红裤子的指挥员。"

那怎么办呢？这是我们唯一的裤子，给学员没有发其他的裤子。看来对我们有点不放心似的，他又说：

"我们的战士多是过去的老兵，我们可不赏识没经受过炮火考验的人。"

在这几句，说实话，很不客气的开场白以后，他就问我们下列问题：哪儿人，是否是党员，打过仗没有，什么时候打的，在哪儿，等等。当了解到我们中间不仅有经过炮火考验的，而且有参加过第一次世界大战的，他看来才放了心。

来到连里，我们晋见连长维什涅夫斯基。第一眼我们就不喜欢他。他给人的印象是不关心他连队的事情。他正在看书，头也不抬，也不问问我们是些什么样的人，都会什么，对于部队人员的情况也只字未提，而这些人将要和我们一起工作，也可能不久就要在我们的带领下去作战。他不怎么耐烦地命令道：

"你，朱可夫，去接替阿加波夫的第 2 排，而你，乌哈奇 – 奥戈罗维奇去指挥第 4 排。"

我找到第 2 排，见到了暂时代理排长职务的阿加波夫。他是一个年纪较大的人，过去是旧军队的骑兵战士，曾参加过第一次世界大战。第一次接触，我就很喜欢这个朴实、善良的人。

他从口袋里掏出全排花名册，共 30 人。阿加波夫对我说：

"排里的战士，除三四个人以外，全是老战士。都是好样的，但是，当然也有几个脾气古怪的，要善于掌握他们的特点。"

然后，他详细地介绍了每一个人的情况。

"戈尔什科夫是个勇士，游击习气很重，但冲锋陷阵跑在前头。对他可不能提高嗓门儿，他会生气的。要常表扬点，可以同志式地指出他不正确的行为，可是得单个谈"，阿加波夫慢条斯理地向我介绍，"卡西亚诺夫是机枪手，是沃罗涅日一带的乌克兰人，一个好战士。在战斗中不必给他布置任务，他自己知道应首先射击什么样的目标。卡扎克维奇、科瓦廖夫、萨普雷金是形影不离的三个好朋友，都是好战士，但贪玩一些。这几个人可以而且必须在队列前训斥，也可以吓唬他们一下，说把他们送交团政委。团政委很严厉，不喜欢不珍惜红军战士荣誉的人。"

阿加波夫就这样详细地给我介绍了每个战士的情况。对他的这番介绍我非常感激。

然后，我命令全排成乘马队形集合，以便彼此认识认识。

向全排人员问好后，我说道：

"同志们，我被任命为你们的排长。我是好排长还是赖排长，你们是好战士还是赖战士，咱们将来走着瞧吧，而现在我想看看你们的马、战斗装具，和每个人认识一下。"

在我查看的时候，有几个战士故意盯着我的红裤子看。我发现后，对他们说：

"团长安德烈耶夫已经给我打过招呼了，说你们不喜欢红裤子。可我呢，你们知道吗？没有其他裤子。苏维埃政权发给我什么，我穿什么，现在我还无以报答。至于一般地谈到红颜色，大家都清楚，这是革命的颜色，它象征劳动人民为自己的自由和独立而进行的斗争……"

第二天，我把全排召集到我的房子里，请每一个战士谈谈自己的情况。但很长时间谈不起来。机枪手卡西亚诺夫说：

"有什么可谈的呀？在全排名册上都写着呢，谁是从哪儿来的，我们是什么样的人。"

于是我向他们谈起我所了解的与波兰白匪和在北塔夫里亚与弗兰格尔打仗时的情景，战士们听得很入神，他们特别关心协约国是否会再派自己的部队登陆。我告诉他们："协约国的统治者倒是想派部队来，可是协约国的人民和士兵不愿意和我们打仗。"

几天以后，在肃清滨海地域残匪的战役中，我有机会身先士卒率领全排投入战斗。战斗结果我方获胜。匪徒被歼灭，部分被俘虏，而最重要的是，我们排在战斗中没有遭受任何损失。这次战斗以后，战士中再也没有人谈论我的红裤子了。

不久我被任命为骑兵第1团第2连连长，当时的团长是尼古拉·米哈伊洛维奇·德罗诺夫，他是个非常勇敢、聪明和善良的人。全团人员都爱戴自己的团长并在他的指挥下英勇作战。

1920年12月末，我们全旅被调往沃罗涅日省肃清富农的暴动和科列斯尼科夫匪徒。这伙匪徒很快被粉碎了，其残匪逃往坦波夫省，与安东诺夫的富农—社会革命党人匪徒会合在一起。

下面简单谈几句社会革命党人——富农暴动的头头安东诺夫的情况。

安东诺夫出身于坦波夫省基尔萨诺夫城小市民阶级。他曾在实科学校念书，后因品行恶劣和流氓行为被学校开除。安东诺夫离开基尔萨诺夫，参加刑事犯罪集团并从事盗窃，甚至有时参加凶杀活动。1906年他参加社会革命党，后来因犯刑事罪被流放西伯利亚服苦役。1917年二月革命时期安东诺夫又重新出现在坦波夫省。不久他混上了基尔萨诺夫县警察局局长职务。他到处安插自己的亲信。他主要的追随者有臭名昭著的社会革命党人巴热诺夫、马赫涅维奇、佐耶夫和洛希宁。

1920年8月安东诺夫已纠集到一大帮匪徒。安东诺夫分子每占领一个重要的居民点，就着手建立新队伍。各地的队伍逐渐会集成近千人的几个团。安东诺夫的主要突击力量是总数为1500—3000人的几个骑兵团。

1920年年末，安东诺夫匪徒组成一个"集团军"。这个"集团军"

的作战总司令部里包括几个老社会革命党人：博古斯拉夫斯基、古萨罗夫、托克马科夫和米特罗法诺维奇。托克马科夫被选为司令，而安东诺夫任参谋长。不久又建立了第2个"安东诺夫集团军"。全部军权仍然掌握在安东诺夫手中。部队装备有机枪、步枪、手枪和马刀。

社会革命党——富农暴动的政治组织受社会革命党中央领导。社会革命党中央的主要任务是颠覆苏维埃政权。

安东诺夫分子的当前任务如下：

——破坏苏维埃政权规定的余粮征集制和其他制度的执行；

——杀害俄共（布）代表和苏维埃政权代表；

——袭击小股红军部队，解除其武装；

——破坏铁道，毁坏仓库和基地。

根据上述任务，安东诺夫分子采用下列战术：一、不与红军大部队作战；二、在有取胜的充分把握并在兵力占优势的情况下，才投入战斗；三、必要时，将部队化成小股撤出不利的战斗，分散到不同地方，然后在预定地点集中。

1920年12月，苏维埃政府成立了坦波夫省清匪司令部。到1921年3月1日，司令部下辖的兵力达3.25万名步兵、7948名骑兵、463挺机枪和63门火炮。5月1日这支部队又增加了5000名步兵和2000名骑兵。但是，坦波夫的军事指挥部由于缺乏组织能力和不够果断，未能肃清安东诺夫匪徒。

疯狂的安东诺夫亲自率领部队袭击了红军的守备部队。这事发生在1921年4月初，为数5000人的一支安东诺夫匪军消灭了我拉斯卡佐沃的守备部队。当时我们有一个整营被俘。

不久，图哈切夫斯基被任命为司令，指挥与安东诺夫匪军作战的军队。

关于图哈切夫斯基我们曾听到过许多赞扬他的话，特别是赞扬他的战役战略才能。战士们都非常高兴，有这样一位有才干的统帅来领导他们。

我第一次见到图哈切夫斯基是在他到我们独立骑兵第14旅来的时候，在坦波夫希纳的热尔迭夫卡车站上。当他与旅长谈话时，我在场。从他的谈话中可以看出他具有指挥大规模战役的丰富知识和经验。

在讨论了我们旅当前的行动后，图哈切夫斯基又和战士、指挥员谈话。他对于谁在哪儿打过仗、部队和居民的情绪如何、我们在当地居民中做过哪些有益的工作等，都很关心。

在离开以前,他对我们说:

"列宁认为,必须尽快肃清富农的叛乱和他们的叛匪武装。你们肩负重大的任务。应当尽一切可能,尽量快、尽量好地完成任务。"

当时我哪能想到,几年以后我会在国防人民委员部里讨论苏军战术理论原则时见到图哈切夫斯基!

自从任命了图哈切夫斯基和安东诺夫-奥夫谢延科以后,与匪徒的斗争就有了周密的计划。图哈切夫斯基的副司令是乌博列维奇,他同时负责指挥混成骑兵群的行动,并亲自参加了与安东诺夫匪徒的战斗,在战斗中表现了大无畏的精神。

歼灭安东诺夫匪军的最激烈的战斗,是1921年5月底,发生在沃罗纳河地域的下列居民点:谢苗诺夫卡、尼科利斯科耶、普希诺、尼科利斯科耶—佩列沃兹、特里夫吉、克柳奇吉、叶卡捷琳诺夫卡和霍漂尔河。在这一带科托夫斯基的骑兵旅、鲍里索格列布斯克第7骑兵训练班和我们独立骑兵第14旅都打得不错。但是在那个时候我们还没有能够全歼叛匪。

在谢尔多勃斯克、巴库拉、叶蓝地域,乌博列维奇所指挥的战斗行动给安东诺夫匪军以重大挫败。被击溃的残匪纷纷向奔萨方向逃窜。在萨拉托夫省的仇恨叛匪的农民的帮助下,这股残匪几乎全部被歼。

1921年夏季,乌博列维奇指挥的部队于新霍皮尔斯克附近,在当地居民的大力支援下还肃清了瓦西卡·卡拉西和博古斯拉夫斯基匪徒。

同安东诺夫匪军进行了不少次苦战,特别是1921年春天,在距热尔迭夫卡车站不远的维亚佐瓦亚·波奇塔村的一次战斗给我留下了深刻的印象。一大早,在旅编成内行动的我团接到战斗警报。根据侦察的报告,距村10—15公里发现集中有3000名安东诺夫骑兵。我们骑兵第1团离开维亚佐瓦亚·波奇塔村在左侧呈纵队前进,而在右面相距4—5公里行进的是第2团。我受命带领全连配有4挺重机枪和一门火炮作为前队沿大路前进。

走了不过5公里,我连就与250名左右安东诺夫骑兵相遇。尽管敌人数量比我们多,我们把全连展开并把火炮、机枪的火力对准敌人,向敌人猛冲过去。安东诺夫匪徒经受不住我们迅猛的突击,向后败退,遭到巨大损失。

在白刃格斗时,一个安东诺夫匪徒从侧面射倒了我的马匹。马摔倒时,压在我身上,如果不是政治指导员诺切夫卡及时赶来援救,我肯定会被砍死。诺切夫卡挥动马刀狠狠一下,劈倒了这个匪徒,然后抓住他的马缰绳，帮我骑上马。

不久我们发现敌人一队骑兵企图迂回我连翼侧。我们立即展开全部火器射击这股敌人，并派人将此情况报告团长。20—30分钟以后，我团奋力前进并投入火力战斗。

我旅第2团遇到在数量上占优势的敌人，被迫后退。敌人利用这一机会，进攻我团翼侧。团长决定撤回维亚佐瓦亚·波奇塔村，将敌人诱至对其不利的地形。我受命掩护全团退出战斗。

安东诺夫匪军发现我方这一行动后，即尽全力向作为团的后卫的我连猛扑过来。

这一仗对我们来说，十分艰苦。敌人看到我们人很少，认为可以消灭我们。但他们要做到这点却不那么容易，因为我们连有4挺重机枪，携有足够的弹药，还有一门76毫米火炮。

我们不断地变换机枪和火炮的位置，对向我们冲来的敌人队伍进行了几乎是抵近射击。我们看到敌人的尸体铺满战场，而我自己则一面战斗，一面慢慢地一步一步地向后退却，但我们的人马越来越少了。我亲眼看到我的战友乌哈奇－奥戈罗维奇排长重伤后从马上跌落下来。

乌哈奇－奥戈罗维奇是一位能干的指挥员，并且是一个很有教养的人。他的父亲是旧军队的上校，从一开始就转到了苏维埃政权方面来，他是我们梁赞指挥员训练班的主要教员之一。

乌哈奇－奥戈罗维奇在快失去知觉时，喃喃地说：

"写信告诉我妈妈。你们别把我留给匪徒。"

我们把他和所有伤亡的人一样装在拖机枪的爬犁和炮架上带走了，不让匪徒糟蹋我们的同志。

我团未能按原计划实施反冲击，因为要实施反冲击就必须渡河，而河面春天的冰薄无法涉渡。于是我们不得不一直退到维亚佐瓦亚·波奇塔村。

已经到达村里时，为了抢救一挺机枪，我冲向一股匪徒。一发步枪子弹打死了我的马匹。这是当天的第二次了。我只得用手枪击退向我逼近企图活捉我的匪徒。这次又是政治指导员诺切夫卡带着战士勃雷克辛、戈尔什科夫和科瓦廖夫一下冲过来救了我。

在这次战斗中，我们连牺牲了10个人，受伤15人。伤员中第二天死亡3人，其中包括我的朋友、战友乌哈奇－奥戈罗维奇。

这对我们来说是艰难的日子。我们每个人对许多战友的牺牲强忍着悲痛。只有歼灭这个人数众多的匪帮，才称心。

大多数指战员由于作出了卓越贡献而获得政府奖励。我也获得了奖励。1922年8月31日共和国革命军事委员会的第183号命令内容如下："1921年3月5日，在坦波夫省维亚佐瓦亚·波奇塔村附近的战斗中，独立骑兵旅骑兵第1团第2连连长不顾敌人1500—2000名骑兵的冲击，率领全连进行了7小时的战斗，阻止了敌人的猛攻，随后转入反冲击，经6次白刃格斗，击溃了匪徒。为此，授予他红旗勋章。"（中央国家苏军档案馆档案）

1921年夏末，对逃散在坦波夫希纳的小股残匪进行了最后的清剿。应当尽快地消灭他们。我们连的任务是消灭为数约150名骑兵的兹韦列夫残匪。我们很快就发现了他们，于是开始追击。匪徒们逐渐精疲力竭。在靠近森林的地方我们赶上了他们并向他们发起冲击。

经过一个小时的战斗，匪徒全部被歼，然而以兹韦列夫为首的五名残匪终于逃掉了，他们趁黄昏躲进了森林。但他们已毫无出路，因为坦波夫希纳的安东诺夫匪徒已全部被歼。

回忆到这段往事，我不能不提起一件我们经历过的极为有趣的事情。

在追赶残匪的路上，我们出乎意外地碰到两辆装甲车，它们从附近的村子突然冲了出来。我们知道，匪徒是没有装甲车的，所以我们没有向他们开火。但是，装甲车在占领有利地形后，却把机枪对准了我们。这真是意想不到的事！我们派人去联系。原来确实是自己人，在前面一辆装甲车里还坐着乌博列维奇本人。原来当乌博列维奇得知残匪向森林方向逃窜时，他决定在半路上拦截他们。幸好，及时弄清了情况，否则，会酿成一场悲剧。

我就是在这种情况下第一次见到乌博列维奇的。后来在1932—1937年我常见到他。那时他是白俄罗斯军区司令员，我是该军区的一个骑兵师的师长。

* * *

漫长的岁月已经过去。我国人民在国内战争时期所必须克服的困难已被遗忘，但是，有一点我们绝不会忘记，那就是当时我们对列宁的党在十月的日子里宣布的思想的正确性怀有坚定的信念，而正是这种坚定的信念指引着我们每一个人前进。

英国的诺克斯将军曾在当时写给英国政府的信中说到，打垮布尔什维克的百万大军是可能的，但是，当1.5亿俄国人不要白军而欢迎红军时，则对白军的帮助是徒劳的。

过去战争的经验，其中包括第一次世界大战的经验，当时由于一系列原因，还不能完全被红军采用。为了同年轻的苏维埃国家的敌人做斗争，必须建立自己的、有鲜明阶级性的军事组织，并用关于斗争本质和斗争方法的新观点武装这一组织。

列宁曾说过："任何一个革命，只有当它善于自卫的时候，才有某些价值……"①在国内战争年代里，我们党、党中央和列宁同志本人在组织祖国的防御，团结前后方的一切力量和动员工人、红军战士和农民群众与干涉军及反革命做斗争方面，起了决定性的作用。他们实施了千百条措施以保证战胜敌人。

历史学家查明，从1918年12月1日至1920年2月27日，国防委员会召开了101次会议。在这些会议上讨论了2300个有关组织国防及保障红军和海军的技术兵器、武器、装备和给养等问题。所有这些会议，除两次以外，均由列宁主持。

从对国内战争时期文件的研究中可以看出，党中央、政治局的决议和指令、列宁的指示，是红军总指挥部和各方面军革命军事委员会制订军事战役具体计划的基础。一切最重要战局的战略计划都在党中央全会和其他会议上进行过仔细的研究。

列宁与总指挥部、各方面军和集团军亲自进行联系，对许多指挥员和政治工作人员都很熟悉。他与他们有大量书信来往。在国内战争年代，据很不完全的统计，由列宁签署发出的有关苏维埃国家国防问题的书信和电报约600件。②

但是，列宁和党中央又不包办代替总指挥部和革命军事委员会对各方面军、集团军和部队战斗行动的作战指挥。

当列宁得知，某些军事工作人员对总司令加米涅夫所拟订的与邓尼金做斗争的计划的正确性表示怀疑时，他以党中央政治局的名义写信给托洛茨基说："政治局完全承认总司令在作战方面的权威，请你对所有负责人员作适当的解释。"③总司令加米涅夫要求列宁将政府关于军事作战问题的一切训令草案事先能让总指挥部看到。在加米涅夫呈交党中央政治局全体委员的报告上，列宁批道："我认为，可以同意这一要求并

---

①《列宁军事文集》，1981年，战士出版社，第496页。
②《苏联共产党和苏联武装力量的建设》，1967年，俄文版，第44、第69、第98页。
③《列宁全集》，俄文版，第51卷，第22页。

确定：或者请总司令个人来，或者将训令草案交给他，以便迅速得出结论。"①

共和国革命军事委员会，各方面军和集团军的军事委员会完全是根据俄共（布）中央的决定工作的。任命司令员和政治委员到负责的岗位，巩固共和国的防御能力，这些都是根据中央的指示办理的。在俄共（布）中央于1918年年底根据列宁提议而通过的《关于军事部门政策》的决议中指出，党应对军事部门的政策负全责，党的影响应扩及苏维埃武装力量的军事建设和军事行动的各个方面。

共产党员是红军中团结的核心力量。俄共（布）中央不止一次地进行党内动员，把共产党员派往前线一切有决定意义的地方。1918年10月，红军中有3.5万名党员，一年以后增至12万，到1920年8月增至30万。这个数目差不多相当于当时俄共（布）全部党员人数的一半。大家所公认的红军在政治道义方面的优势在国内战争中起了决定性的作用，之所以能形成这种优势是由于军队中共产党员、政治委员、政治部门和党支部进行了战斗性的爱国主义活动的结果。

伏龙芝在评价军队中的党政机构在国内战争年代所起的作用时写道：

"是谁把秩序和纪律的原则灌输到在炮声隆隆中建立起来的我们年轻的红军团队中去的呢？是谁在遭到挫折和失败的时刻，使战士们保持勇气和无畏精神并赋予受挫动摇的部队以新的力量呢？是谁巩固了军队的后方，在后方建立起苏维埃政权和确立苏维埃制度，从而保障我军得以迅速、顺利地向前推进呢？是谁通过其坚定、顽强的工作瓦解了敌人的部队，破坏了敌人的后方，以此为我们未来的胜利铺平道路的呢？

"军队中的政治机关做了这一切，而且应该说，他们做得很出色。他们在过去的功绩是无可估量的。"②

我只能千百次地表示完全赞同这种英明的论断，并再一次证实这种论断是千真万确的。

在国内战争年代里，党和人民不仅战胜了敌人，而且在同敌人斗争的过程中，奠定了建立一支大规模的以劳动者的义务兵役制为基础的正规化军队的基础。还建立了中央和地方的军事指挥机构，制定了第一批条令和教令，统一了部队和兵团的编制。尽管在1918年9月至1920

---

① 《列宁全集》，俄文版，第51卷第69页。
② 《伏龙芝选集》，1957年，俄文版，第2卷第121页。

年12月这一期间我军损失了近220万人，其中伤亡和失踪的近80万，由于缺乏粮食、医疗设施和必要的被服而病重死亡的达139.2万人。到1920年年末，我们的军队仍拥有550万人。

国内战争时期丰富的军事经验和理论结论多年来一直是苏联武装力量建设的基础，在这方面我只谈以下几点：

第一，军队和人民的团结。国内战争特别突出地显示了前方和后方的团结，显示了成为一个统一军营的国家的巨大军事优势。这种团结的客观基础是苏维埃的社会和国家制度、工人阶级和农民的联盟，主观基础是军队和人民目标的一致。其结果就产生了一种可以大大增强军队威力的力量。列宁同志认为，这种力量的源泉就在于在世界上第一次建立起一支懂得为什么而战的军队，经受了无边苦难的工农在世界上第一次清楚地懂得，他们是在保卫苏维埃社会主义共和国，保卫工人和农民的政权。

第二，党对军事本身的领导作用，以及党通过党政机关对军队的影响。

从军事观点来看（其他方面不谈），共产党的领导作用之所以具有巨大的意义，是因为在我们这样一个生产资料公有制占统治地位的国家里，共产党是执政党。由于这种原因，可以保障将全部国民经济的人力、物力空前地集中于解决最重要的军事问题；可以最有效地利用大量的物资和人力资源，贯彻统一的军事政策，使所有的地方、每一个人都贯彻执行军事方面的指令。

至于谈到党政工作，可以说正是由于进行了这种工作，陆海军中有觉悟的忠于革命事业的力量才齐心奔向一个统一的目标，这种力量才得以不断扩大并成为群众性英雄主义的源泉。

列宁曾说过："只因为党当时时刻警戒，因为党纪律严明，因为党的威信统一了各机关、各部门，使几十、几百、几千以至几百万的人都遵照中央提出的口号一致行动，只是因为忍受了空前未有的牺牲——只因为有了这一切，才使目前的奇迹能够发生。只因为有了这一切，我们才能在协约国帝国主义者和全世界帝国主义者两次、三次以至四次的进攻中获得了胜利。"[1]

第三，我还想谈谈建设我国武装力量的一条原则——高度的集中、单一首长制和铁的纪律。特别因为各式各样的反对派曾不止一次地攻击

---

[1]《列宁军事文集》，1981年，战士出版社，第547页。

过这条原则。

列宁曾指出，军事中如果没有单一首长制"往往必然造成灾难、混乱、惊惶失措、权力分散和失败"①。在党代表大会和中央全会上通过的许多文件中，在实际工作中，布尔什维克都是坚持不懈地进行斗争，以肃清那种企图用游击队的组织形式（在初期总是如此的）来抗拒建设正规军队的原则（这应当是主导的），也就是说抗拒军队中各级的集中统一指挥、对隶属关系和纪律的严格遵守等。

当然，必须严格地根据具体的历史条件，考虑到指挥干部的阶级成分，他们在政治上成熟的程度和军事素养，并且注意到群众对某种指挥方式的接受程度，来贯彻实行单一首长制。因此，在苏维埃政权建立的最初几年自然是不能实行单一首长制的。

但是，列宁的单一首长制原则作为红军中标准的基本领导原则，有机地与政治机关和党组织作用的提高相结合，已逐渐地成为占主导地位的原则。加上建立在军人深刻理解并自觉执行其保卫祖国职责的基础上的铁的纪律，指挥员的单一首长制就成了联结部队的意志、知识和坚定的目的性的核心。

我国发展的每一个阶段都为苏联武装力量的建设增添了新的特点，巩固并培养这支力量以抵抗侵略。在列宁的亲自关怀下，在国内战争的战火中，特别在我提到的那些年月里，经过锤炼而产生的军事经验和原则，在三十年代和四十年代得到了进一步的发展，并成为在伟大卫国战争中粉碎了法西斯的这支强大军队的组成部分。

---

① 《列宁选集》，1960年，人民出版社，第4卷第158—159页。

第四章

从团长到旅长

苏联人民在国内战争中取得辉煌胜利后，即着手和平建设，当时他们面临着恢复被破坏了的国民经济的巨大困难。几乎所有的部门都处于极端衰落的境地。工业、农业、运输业极端困难的状况要求把全国的力量集中于经济战线。必须派出几百万复员兵从事恢复工作，必须减少军队的开支。但同时也必须保持并巩固国家的防御。列宁曾说过："现在，我们使许多强国放弃了反对我们的战争，但是能不能长久，我们不敢担保。"①

在1920年和1921年已开始把没有直接参加作战的军队全部地或部分地转入劳动生产。为了这一目的，在劳动国防委员会下面建立了一个由加里宁和捷尔任斯基领导的委员会。从事劳动的军队为了增加燃料、原料开采量，为了提高农业，做了大量工作。

军队复员以后，到1924年年底，整个武装部队的人数由550万缩减到了56.2万。

当然，复员符合几百万士兵的利益。他们向往土地、车床，想要回家与家人团聚。要想在军队中保持士兵骨干非常困难，因为他们之中大多数是农民。复员的步伐如果跨得太远，可能"冲掉部队的精髓"。1921年2月，根据俄共（布）中央组织部决定，军队中的共产党员停止复员。（苏共中央马克思列宁主义研究院中央党务档案馆档案）在此以前，俄共（布）中央曾向所有党组织发出《关于红军》的通知，严厉警告所有党组织绝不允许放松对红军的关怀。总的说来，在军队中基本

---

① 《列宁全集》，1958年，人民出版社，第31卷，第449页。

上保留下那些志向和能力适宜于并有决心献身于军事工作的人。

在当时和平建设的条件下，必须建立统一的军事学说，巩固正规红军，解决组织建设方面的新的复杂问题，妥善安排军政干部的训练。当时已特别注意到，必须加强专业技术部队（机枪、炮兵、装甲、空军及其他部队），保障其全部必需品的供给。

这些问题在俄共（布）第十次、第十一次、第十二次代表大会上，都经过了周详认真的讨论。当然讨论中不是不存在尖锐的争论的。伏龙芝和古谢夫受党中央委托起草了《红军的改编》提纲，提纲坚持保留常备军，提出逐渐过渡到民兵制，并鼓励发展苏维埃军事科学。另一些人则强调，军队应当立即过渡到民兵制。俄共（布）第十次代表大会通过了在和平时期军队建设的列宁方针。在代表大会的决议中明确写道："有些同志提倡实际上取消现在的红军并立即转为民兵制，这在当前来说是不正确的而且实际上是危险的。"①

尽管党尽一切力量来巩固军队，但看来仍有必要采取某些较为强硬的措施，而且越快越好。

1922年6月至1923年3月，我担任骑兵第38团的一个连的连长，后来任萨马拉骑兵第7师第40团的副团长。这些团的领导都是一些有经验的指挥员，我从他们那里学到许多东西。团的指挥人员、党组织和政治机关组成为一个很好的很有工作能力的集体。

当时在红军大多数部队中，还不具备军人正常生活所必需的设备良好的兵营、首长住房、食堂、俱乐部和其他设施。我们分散在村子里，住的是农民的小屋，做饭是行军灶，马匹拴在院子里。我们都认为，这样的生活条件是正常的，因为我们的国家正经受着巨大的困难。

部队的领导干部大多是年轻力壮、精力充沛、意志坚强的人。再者，我们大多数是单身汉，除了工作以外，没有什么牵挂。我们兴高采烈地工作，每昼夜工作15—16小时，但要把各种各样的事情都安排妥当，仍感到时间不够。

1923年春天，接到师司令部的电话通知，要我去见师长。原因不明，应当承认，我多少有点紧张，是不是我出了什么错？

师长卡希林热情地接待我，请我喝茶，长时间地询问我们团战斗和战术训练的情况。后来，他又突然问我道：

"你看，我们对骑兵的训练是否符合未来战争的需要？对未来战争

---

① 《苏联共产党决议集》，俄文版，第一部，第570页。

你是怎么看的？"

这个问题在我看来很复杂。我脸红了，一下子回答不上来。很明显，师长看出了我有些慌张，他耐心地等我镇静下来。

我回答说："为了按现代要求来训练部队，我们指挥员还很缺乏必要的知识和技能。我们现在是按在旧军队所学的来教部属的。为了能很好地训练部队，必须用现代军事知识武装领导干部。"

"这是对的，"师长同意地说，"我们尽力做到我们的指挥员能进军事政治院校和训练班。但这是一个比较长的过程，而我们的学校又很少。所以指挥员首先得自学。"

他在房内走了几步，突然向我宣布，已决定任命我为布祖卢克骑兵第39团团长。

"我对你不十分了解，但和我谈过的一些同志推荐你担任这个职务。如果没有反对意见，请你去司令部看批件。任命的命令已签署了。"

我同师长分手后，心情十分激动。新的职务十分光荣，责任也十分重大。指挥一个团始终被认为是掌握军事学术的最重要环节。

团是基本战斗部队，团一级的战斗需要组织陆军各兵种的协同动作，有时还不仅限于陆军的各兵种。团长必须熟悉下属各分队，以及在战斗情况下通常配属给团的加强兵器。团长必须善于在战斗中选择主要方向，并把基本兵力集中于主要方向。这一点当敌人在兵力兵器上占有显著优势时特别重要。

一个团长，如果能熟练地掌握对团的指挥方法并能保障团经常保持战斗准备，那么，他在以后的各级指挥岗位上无论平时或战时，都能成为一个优秀的指挥员。

在国内战争末期，军队中共有两百多个训练班和学校，培养各兵种的干部。1920年指挥人员训练班已培养出2.6万名红军指挥员。广大的训练班、学校、学院网逐渐建立起来了，训练和培养无产阶级指挥人员和政治工作人员的统一制度也诞生了。初级指挥人员首先在团属学校训练7—10个月，中级指挥人员在军校和海军学校学习，高级指挥人员在军事学院学习。在各共和国还开办了民族军事学校。后来开办的指挥人员深造班起了很大的作用。我也在这种班上学习过，这方面的情况以后会谈到。

现在我想谈的一点是，我认为，直接在野营条件下，也就是说不脱离工作的学习和自学，对于培养熟练称职的指挥人员，特别是培养初级和中级指挥人员，具有同样重要的作用。几万、几十万军人用这种办法充实了自己的知识，并在演习和行军中加以演练，提高了作战技能。那些因某种原因未能进学校的人曾直接在部队顽强地进行自学。

当然，那时也有一些指挥员，在国内战争胜利后，觉得自己是军事通，认为自己没有什么可学的了。他们之中有一些后来认识到自己错了，及时改正了；而另一些仍然背着过去的包袱，自然，不久就不能适应不断增长的需要，于是不得不转为预备役。

1923年5月底，当我接任团长时，该团正准备出去野营。这是国内战争以后骑兵部队第一次拉出去进行野营训练，许多指挥员对于新条件下的工作还缺乏明确的认识。我接任团长时，发现部队在战斗准备方面存在缺陷。部队的射击训练和战术训练特别差，因此我要各分队特别注意野营的训练设备和器材的准备工作。

6月初，营地基本上准备好了。团得到了一座构筑良好的帐篷营房区，出色的夏季食堂和俱乐部。营地构筑有马棚和系马场。特别是进行各种武器射击训练的射击场简直是团的骄傲。

紧张的军事训练和政治教育开始了。我们大家都很满意，我们在野营训练中消耗的劳力和器材没有白费。各骑兵连长和政治指导员都齐心地、积极地工作着。在各项工作和活动中，可以看出共产党员的创造力和主动精神。

我特别想谈几句我们的政治委员亚宁。他是一个坚定的布尔什维克，是一个很好的人。他体贴战士的心，很懂得如何对待战士、如何要求战士。我们的指挥员、政治工作人员和红军战士都热爱他并尊敬他。但很可惜，这位出色的政治委员未能活到今天，1942年他在高加索前线与法西斯匪徒的搏斗时英勇牺牲了。他是和他的儿子一同牺牲的，他把自己的儿子也培养成了祖国英勇的保卫者。

仲夏，国内战争的英雄加伊担任了我们师的师长。

我现在是怀着愉快的心情来回忆和加伊师长一同工作时的情况。我和他第一次见面是在他的野营帐篷里，当时他召集各团团长和政治委员开会。进门报告以后，加伊让我们围着他的工作桌坐下来。我发现他是一个漂亮的、军人姿态端正的人。他的眼光里流露出友好的神情，他平和、安静的声音说明他具有沉着的性格且充满自信。我过去听到过许多关于加伊的英雄事迹，这次我十分注意地观察他，真想深入到他的灵魂深处，看清他是一个什么样的人、什么样的指挥员。

谈话继续了很长时间。当我们分手时，同师长的第一次会见给大家留下了很好的印象。当我告别时，他对我说，几天以后他想看看我们团的乘马队列教练和战术教练。我们团受到重视,我十分荣幸,不过我承认团里还有许多缺点。

"让我们共同来克服这些缺点",加伊微笑着说,接着补充了一句,"你很要强,这很好。"

三天以后,根据师司令部的指示,我们全团带出进行检阅。师长骑着一匹全身乌黑而腿是白色的马登上了小山岗,注意地观看团的演习。他那匹马性情暴烈,但是骑手用他有力的手和紧夹马肚的小腿使它乖乖地听从指挥。

对演习的指挥起初用口令,后来用马刀(所谓"无声演习"),再后来用号音。变换队形、行进、转弯、变换方向、立定、看齐等动作,部队做得比我估计的要准确得多。最后,全团展开成散兵线向敌人冲锋进行包围(这是哥萨克人沿用的一种冲击动作)。我在战斗队形的中央,率领全团向师长所在的高地冲去。到达高地后,全团向中央靠拢看齐,我走近师长,准备报告演习结束。还没有等我开始报告,师长高高举起双手并喊道:

"我投降,投降,投降!"然后他走近我,热情地说道,"谢谢,非常感谢!"

他走到队伍的中央,站在马镫子上向战士们说道:

"我是一个老骑兵,很熟悉骑兵的战斗训练。今天你们的行动说明,你们认真地、竭尽全力地尽到了红军战士对祖国的职责。作为红军战士,正应该这样。具有优良的战斗训练,正确认识对人民的职责,这是我们英雄红军不可战胜的保证。谢谢你们,今天你们使我非常高兴。"

师长转向我,和我握手,微笑地对我说:

"演习的第二部分下次再看。让同志们休息吧,我和你去看看野营的设备。"

他在野营地转了两个多小时,不放过任何一个细节。然后,和战士们座谈了很久。加伊谈了许多国内战争中的战斗故事,直到值班号兵吹了吃饭号,他才站起来和战士们告别。

我和团政委亚宁送走师长以后,立即商量,我们应做些什么,以防止由于获得成功和表扬而"头脑发胀"。

对部属应做充分的评价,师长的称赞鼓舞了大家,这从野营训练的结果可以明显地看出。而对于我们这些指挥员来说,师长对待普通红军战士的那种平易近人的同志式的态度是很值得我们学习的。

后来,加伊常到我们团里来,长时间地和战士及指挥员谈心,他始终不仅是一位首长，而且是一位可亲的老同志、共产党员。

我们结束了野营训练，获得良好成绩。9月末，我们萨马拉骑兵第7师开赴奥尔沙地域参加军区的演习。这次演习也像野营训练一样，是国内战争结束后的第一次。

演习的规模并不大，而且是各部队从野营返回时顺路实施的。但是我们师肩负了相当艰巨的任务，它必须强行军进入奥尔沙地域。师长指定我指挥的团担任师主力的前卫——这就是说，我们团不仅必须在短时间内完成长距离行军，而且必须执行行军警戒的任务，经常做好准备，以便能迅速展开与"敌人""战斗"，并应为师主力投入"战斗"创造最有利的条件。

师进行了30小时的行军。我们走了近100公里，休息两次，每次5小时。这也是对马匹耐力的严重考验。而骑兵战士在休息期间还需要喂马、饮马和整理鞍具、装具。尽管十分疲劳，大家的情绪都很高涨，因为大家都知道，演习以后，骑兵第7师将进驻明斯克。

拂晓时，派往前方的侦察向我报告，在莫斯科—奥尔沙铁路线那面，有"敌人"军队向奥尔沙车站方向运动。在奥尔沙接近路上，掩护铁路枢纽部接近路的部队已投入"战斗"。

像在演习中常见的那样，戴白袖章的调理员从四面八方驰向我们团。调理员是帮助领导排练演习的指挥员。

"关于'敌人'你了解什么情况？"

"你的决心是什么？"他们提出各种问题。

我回答说，我马上到前队去，亲自进行实地勘察，在那里定下决心。两腿一夹马刺，几分钟后，我就跑到前队。前队由积极主动的康斯坦丁·秋宾连长指挥。

秋宾向我报告，"敌人"近两个团的步兵已展开成临战队形，在铁路线一侧向前面高地方向运动。在高地一带我步兵已投入战斗。"敌人"步兵很显然还不知道我骑兵部队已进入这一地区，因为我们既没有碰到"敌人"的警戒，也没有碰到"敌人"的侦察。

前队指挥员还没有报告完，发现一群骑兵向我们跑来。其中一人骑着一匹全身乌黑而腿是白色的马，我们远远地就认出是师长加伊。我简短地重复了一下刚才了解到的情况后，向师长报告说，现在是向"敌人"发起突然冲击的最有利时机，我决定全团立即展开成战斗队形向敌人翼侧冲击，特别是地形对我们的冲击非常有利。

师长用望远镜观察了一下，然后说道：

"罕见的好机会，大胆行动吧！在攻击以前，用全部炮兵机枪火力进行射击。师的主力20—30分钟即可到达。他们将向'敌人'集团的背后进行突击，以便彻底摧毁'敌人'。"

一个钟头以后，整个"战场"烟雾弥漫，第7师的几个骑兵团展开成战斗队形，高喊"乌拉"向"敌人"冲去。整个景象真是动人壮观，战士的脸通红，眼睛紧紧盯着前方，像在真的战斗中一样。"战斗停止"的信号中断了"战斗"的进一步发展。到此整个演习结束。没有进行总讲评。

听说图哈切夫斯基观看了"战斗"的全过程，对我们部队做了很好的评价。他还特别赞扬了骑兵第7师的强行军和勇猛的冲击。步兵部队则因在翼侧受骑兵第7师部队的攻击时能迅速展开而受到称赞。

我们因受到图哈切夫斯基的赞扬而感到高兴，同时对我们的"敌人"因出色的机动而受到嘉奖也感到高兴。

休息几天后我们就进入我们师固定的驻地明斯克。

成千上万的明斯克人涌上街头，满街的乌拉节和欢呼声迎向我们。我认为，世界上没有任何一个国家的军队能像苏联军队这样受到人民如此的拥护和热爱。

现在我怀着激动的心情回想起，过去曾在本师的老战士，那些察里津、基兹利亚尔、阿斯特拉罕、普加切夫斯克、布祖卢克等地域著名交战的参加者是怎样欢迎我们的。正是他们为了保卫苏维埃政权不惜自己的生命同白卫军部队和反革命进行……我们师的许多战士本身就经历过国内战争前线的严峻考验，往日战事的回忆对他们每一个人来说都是容易理解，而且十分亲切的。

分配给我们团的营房还住着步兵第4师，他们还来不及搬往斯卢茨克。于是我们不得不暂时住在城郊居民的房舍里。每3—4个人住在一处，住的地方一般都不十分方便。

使情况变得更为困难的是开始了连绵秋雨，接踵而来的是难以通行的泥泞。在这种情况下必须保护好马匹，建设马厩，修缮营房和仓库等设备并准备冬季训练用的设备和器材等。

我们召集党员开会，然后向全团讲清了当前的情况。

回忆起这一段遥远的艰难的岁月时，我想指出，当时人们为了美好的未来，宁愿作出任何牺牲，忍受任何艰苦。当然，也有个别人怨天尤人，但是很快就受到红军战士的舆论抵制。健康的红军战士的集体精神，这是一股多么巨大的力量啊！哪里有精力充沛的社会活动积极分子，哪里就始终充满了集体团结友谊。这是在战斗准备中发挥创造精神和获得成功的保证。

到11月末下雪时，我们搬进了营房，马匹也进入马厩。当然修缮营房设备的工作还是大量的，但是主要的工作已经做了。

摆在我们面前的下一项任务是正确地组织新条件下的军事训练和政治训练。

现在来看，这一切很简单，可是当时，我26岁当骑兵团长，有多少生活经验呢？在旧沙皇军队里我进过军士教导队；在红军进过红军骑兵指挥员训练班。这就是我全部的学历。尽管在国内战争以后，我曾加紧学习所有可能得到的军事书籍，特别是战术方面的书籍。

当时，我觉得自己在实际工作方面比在理论问题上强，因为早在第一次世界大战时，我就受过不错的训练。我很熟习军事训练的方法而且很喜欢这一套。而在理论方面，我知道，我落后于生活本身对我这个团长的要求。经过思考我得出结论：必须抓紧时间顽强学习。可是，团的工作呢？在团里事事都得管，一昼夜必须花上12个小时。出路只有一个：在每天的工作日程上再加上3—4个小时自学，至于睡觉和休息，那没有关系，可以在获得知识后再休息。

像这样想的不止我一个人。在国内战争期间，从普通红军战士、旧军队的士兵和过去的军士成长起来的大多数指挥员也都是这样想的。

到那个时候，军队的骨干核心大大地巩固了。然而，人员的流动性还未能克服，供应很差，军队的动员准备也很差。当时在托洛茨基管辖下的军事机构缺点严重。

1924年1月，俄共（布）中央全会决定检查军事机构的工作，委托起初以古比雪夫、后来以古谢夫为首的党中央军事委员会负责检查。伏龙芝、伏罗希洛夫、布布诺夫、奥尔忠尼启则、安德烈耶夫、温什利赫特、什韦尔尼克和其他人参加了向中央全会报告军队状况的材料的准备工作。对于收集到的现实情况进行了分析，从分析中得出的结论是不能令人满意的，问题很尖锐。

很明显，巩固我国武装力量的任务要求我们进行彻底的军事改革。由俄共（布）中央批准的该委员会的建议成为这一军事改革的基础。

军事改革的最重要措施之一就是结合常备军制推行就地补充红军的原则。

就地补充原则适用于步兵师和骑兵师。这一原则的实质就在于，使尽可能多的劳动人民在尽量少脱离生产的条件下接受必要的军事训练。

步兵师和骑兵师中，大约编制人员的16%—20%为基干指挥员、政治工作人员和红军战士；其他则为非基干人员，他们在五年期限内每年集训一个月（第一次三个月），其余时间战士从事工农业劳动。

当情况需要时，这种制度可以保证各师以原有基干力量为基础，迅速补充足够数量的受过充分训练的人员。再者，地区部队五年内训练一个战士的花费比常备部队两年内训练一个战士的花费要少得多。当然，全是常备军固然更好，但是在当时条件下，这是不现实的。

各项军事改革措施在1925年9月苏联中央执行委员会和人民委员会通过的兵役法中固定了下来。这是我国规定全体公民服义务兵役制的第一个全苏兵役法，它还规定了武装力量的组织编制。

它还改组了中央和地方的军事指挥机关。以伏龙芝为首（图哈切夫斯基和沙波什尼科夫为副）的新的工农红军参谋部真正成了红军的主要组织中心。指挥层次简化了，而工作效能和责任心增强了。党自上层巩固了领导武装力量的新的组织系统。1925年1月，杰出的布尔什维克和统帅伏龙芝担任了陆海军人民委员及苏联革命军事委员会主席。

一天，国内战争时期的传奇英雄布柳赫尔来到我们团。革命以前，他是梅提施车辆制造厂的工人，后来是沙皇军队的军士。布柳赫尔从1916年就是布尔什维克党党员。我听到过许多关于他的传说，但见到他这还是第一次。会见布柳赫尔这对于我们全团的战士和指挥人员来说是一件大事。是加伊师长邀请他来视察我们团的训练教育工作的，这是我们团的很大荣誉。

布柳赫尔首先仔细地察看了人员的伙食，对做好的饭菜很满意。他走出厨房时，同所有炊事员紧紧握手。他们脸上显出十分激动的神情。然后，他察看了所有的宿舍和文娱设施。在视察的最后，他问道：

"你们的战备情况怎么样？要知道你们离国境线不远。"

我回答说，全团人员都清楚了解自己的职责，随时准备履行对祖国的义务。

"那很不错嘛。现在请你向全团发出'警报'信号。"

说实话，这是我所没有料到的，但我毫不慌张，我向团值班员命令道：

"发出'战斗警报'信号。"

一小时以后，全团在驻地集合完毕。布柳赫尔非常仔细地检查了骑兵的驮载、武器、装备及其一般战斗准备。他特别仔细地检查了机枪连，对一个机枪班进行了严厉的批评，因为他们没有按规定往机枪内注水，而且毫无水的储备。

布柳赫尔问道：

"你们知道这种疏忽在战争中会导致什么后果吗？"

战士们无言对答，脸胀得绯红。

"要从这个错误中吸取教训，同志们。"

布柳赫尔在检查过战斗准备以后，提出一个补充战术情况：假设"敌人"正接近一个非常重要的战术地区，企图很快地夺取它。"敌人"距该地区12公里，而我团距"敌人"约25公里，这就是说，有利的战术地区位于我团和"敌人"的中间。

时间紧迫，已不允许向下级指挥员说明情况、解释战斗任务，因为延误时间"敌人"就可能先于我方到达该地区。我定下决心：第1连带4挺重机枪和一门火炮作为前队随我快步前进，战斗任务在途中布置。团的主力在副团长指挥下距前队3公里行进，准备投入遭遇战。

在前进中不断变换步法，有时用跑步。最后前队得以先"敌"占领该有利战术地区，组织火力迎击敌人。

战斗结束后，布柳赫尔向全团讲话：

"谢谢你们，指战员同志们，你们忠诚地履行了军人职责。你们团今天显示出的一切都是应当受到称赞的。我号召你们忠诚地继承并发扬光荣的萨马拉骑兵师的战斗传统，这个师曾同白卫军和干涉军进行过英勇战斗。希望你们随时准备完成我们伟大祖国的战斗命令。"

全团报以欢呼"乌拉"。很显然，布柳赫尔热情的话语使战士们非常感动。

他那热诚的态度使我深受感动。这位同苏维埃共和国的敌人英勇斗争的无畏战士、传奇英雄布柳赫尔是我们许多人心目中的理想人物。我毫不隐瞒，我一直梦想成为像这位卓越的布尔什维克、坚定的同志和天才的统帅一样的人。

1924年7月底，加伊师长召见我，问我在充实自己知识方面做了些什么。我回答说，我读了许多书，并且分析了一些第一次世界大战的战例。另外还准备了不少材料给团的指挥干部上课。

加伊说："这一切都不错，都值得赞扬。但是还不够。军事在不断发展，我们的指挥员需要比较系统地学习一些军事问题。我认为，今年秋天你应当到列宁格勒高等骑兵学校学习。这对于你将来的事业大有益处。"

我表示感谢，并表示要尽一切努力，绝不辜负对我的信任。

回到团里后,我抓紧一切时间坐下来学习教材、条令、教令,并着手准备入学考试。入学考试很容易,可以说是形式,我名列前几名。当时一起入学学习的还有罗科索夫斯基、萨韦利耶夫、巴格拉米扬、叶廖缅科和其他许多团长。

像其他许多学员一样,我是第一次到列宁格勒。我们怀着浓厚的兴趣参观了该城的名胜古迹,走遍了十月革命时作战过的地方。当时我哪能想到,17年后我会指挥列宁格勒方面军,抗击法西斯军队,保卫列宁城!

高等骑兵学校的校长是普里马科夫,他是国内战争的传奇英雄,曾是光荣的契尔沃哥萨克骑兵第8师的师长,这个师在国内战争时期打得白卫军胆战心惊。他很结实,中等个子,有一头漂亮的头发,一双聪明的眼睛,一张讨人喜欢的脸。普里马科夫不久就赢得了学员的好感。他受过良好的教育,说话简洁,善于确切表达自己的思想。

过了一段时间以后,普里马科夫被调往乌克兰,担任一个哥萨克军的军长。继他之后任校长的是著名的骑兵理论家巴托尔斯基。我们都很高兴普里马科夫的提升,而且深信,凭他的才干,他可以成为一个杰出的指挥员。

不久我们高等骑兵学校改名为骑兵指挥员深造班,学习期限从两年缩短为一年。

课程相当繁重,上课以后还必须进行长时间的自修。现在,当上了年纪的时候,回想当时学习军事知识的那种坚韧不拔、狂热的顽强性,真有些吃惊。

记得有一次,军事科学学会让我做一个题为"影响军事学术理论的基本因素"的报告。现在这个题目没有什么困难,可是在当时,我简直不知道如何论述这个问题,不知道如何开始,如何结束。我们党组织的同志给了我帮助。这个报告甚至登载在为骑兵指挥员深造班学员所办的刊物上。

我清楚地记得,我们深造班的党组织和列宁格勒的党组织在社会政治工作中进行了密切的合作。列宁格勒各工厂的老工人——伟大十月革命的参加者常来我们这里做客。我们热情地听他们讲述会见列宁和冲击冬宫的情况。同时,我们也到他们工厂去,给工人们讲在国内战争前线上同外国干涉军和白卫军斗争的情况。我们中间许多人不久以前也是工人,所以我们彼此之间很容易了解,有着牢固的友谊。

我们经常举行骑马竞赛。在这种场合总有许多列宁格勒人来观看。

我们的特技骑乘、障碍跳跃、砍劈，以及夏季赛马，障碍赛跑特别受大家欢迎。这些竞赛每回必到的有罗科索夫斯基、萨韦利耶夫、巴格拉米扬和我，以及深造班的其他运动员。

秋季和冬季主要学习军事理论和政治课。我们常常通过沙盘作业和图上作业学习理论。另外还用不少时间学习骑术和调教术，这在当时是部队指挥员必须熟练掌握的。对于使用马刀和击剑术的练习也很重视，但这个课目是利用课余时间作为文体活动来进行。

1925年夏季，大部分时间是在深造班主任巴托尔斯基直接领导下进行野外战术训练。通过这段训练巴托尔斯基传给我们许多知识和经验。

骑兵指挥员深造班结束时进行了一次向沃尔霍夫河的强行军。在沃尔霍夫河我们学习了携马泅渡和强渡江河。

携马泅渡是一个相当困难的课目。因为不仅要能熟练地着装游泳，而且还必须学会控制游泳的马。在骑兵训练中是很重视掌握这套技术的。

我还记得在沃尔霍夫河训练时发生的一件有趣的事。当时作业已经结束了，我们班的学员、骑兵第42团团长米哈伊尔·萨韦利耶夫想显示一下自己高明的骑术。他提议，让他表演一次不湿衣服和装具站在马背上渡河的技术。

领导同意了他的建议，但命令准备两条急救船以防万一。萨韦利耶夫把马镫子搭在马鞍上，勇敢地骑上马向河里走去。马越过浅滩，向深水游去，萨韦利耶夫紧握缰绳很有把握地站在马鞍子上。起初一切顺利，大约到了河中间，马显然是疲乏了，开始烦躁起来。萨韦利耶夫竭尽全力也无法保持平衡，一头栽进水里，没入水中。幸好准备了急救的船只，否则就糟了。马单独游上了岸，不久，载着萨韦利耶夫的船也靠了岸，萨韦利耶夫像个落汤鸡一样。自然，大家都哈哈大笑，拿他取笑，可是他一点也笑不出，因为他渡河失败了，而且在水里把靴子弄丢了。靴子他渡河时是挂在脖子上的。这样一来，他不得不穿着袜子走回营房。

深造班结业后，萨韦利耶夫、阿斯特拉罕第37团的一个连长雷巴尔金和我决定不乘火车而骑马返回明斯克的工作地点。路程为963公里的田野道路。我们计划的行进路线要经过维捷布斯克、奥尔沙和鲍里索夫。

我们把计划呈送骑兵指挥员深造班领导，获得批准，但是很遗憾，沿途不能为我们组织检查站、保养和膳食。我们坚持不放弃原定决心，尽管我们事先清楚，我们会碰到很多困难，特别是寒冷多雨的秋天已经到来。963公里的路程我们计划走七昼夜。这种集体乘马远行无论在我们苏联，还是在其他国家都没有先例。如果情况顺利，我们准备创造一次集体乘马远行的世界纪录。

我们这次试验的主要目的就是检验一下我们所受的训练是否足以进行远距离的乘骑强行军。

1925年早秋的一个早上，我们的朋友和深造班领导人的代表聚集在列宁格勒郊区的莫斯科门，欢送我们启程。

上路以后我们决定不断变化步度，有时慢步，有时快步，偶尔跑步。第一天我们比计划的行程少走了10公里，因为我们发现马匹都很疲乏，特别是我那匹纯种的牝马"季拉"跛了。它已12岁，就马的岁数说，这已是老年。

我们都很累，迫切需要休息。农民热情地欢迎我们，帮我们喂马，也让我们饱饱地吃了一顿。

第二天一早我的情况仍然不妙，马还是跛的。我在马蹄扎破的洞里滴进蜡，然后用绷带把蹄子缠上，我决定牵着马走。很幸运，不久马就不跛了，我骑上去一试，不错，不跛了。快步走也不跛。为了减轻它受伤的右脚的负担，我决定只用慢步走或左跑步。

我的伙伴骑的是健康的马，当然轻松得多，而我常常得下来，牵马走很长距离，自然体力消耗就比较大。不过，我的伙伴在休息的地方负责找饲料、照管马匹。

第七天，我们已远远地走过了鲍里索夫，到达明斯克附近。在明斯克郊区，我们发现聚集了许多人，手举红旗和标语。原来这是我们团的一些战友和当地居民赶来欢迎我们。我们两脚一夹，用跑步驰向看台，向卫戍司令和市苏维埃主席报告，我们已顺利完成远距离骑乘。大家报以热烈的掌声和欢呼。

两天以后，我们进行了考核性的两公里障碍赛马、体检和过秤。结果良好。我们这次乘骑获得良好评价。经过7天乘骑，马匹减重8—12千克，人员减重5—6千克。

我们获得了政府的奖金和首长的嘉奖，并准许短期休假。我动身回乡里去看望妈妈和姐姐。

我发现妈妈在我不在她身边的这些年月里，苍老多了，但她还像从前一样辛勤劳动。姐姐已有两个孩子了，她也老多了。很显然，战后的年代和1921—1922年的饥饿把他们拖苦了。

我的两个小外甥很快与我搞熟了。他们毫不客气，打开我的箱子，见什么东西新鲜就往外掏。

村子很穷，老百姓衣衫破烂。牲畜数量大为减少，有许多人家在歉收的1921年以后，一头牲口也没有剩下。但是，令人惊讶的是，除极个别人以外，没有人抱怨。人民都能正确地理解战后的困难。

富农和商人并没有死心。很显然，他们还在梦想他们过去的好日子会卷土重来，特别是在宣布了新经济政策以后。在区的中心——乌戈德厂，饭铺和私人商店又开张了，新生的合作社商业必须同它们艰苦竞争。

回师以后，我发现编制有改变，师下辖4个团，而不是以前的6个团。原来我指挥的布祖卢克骑兵第39团已合并到第40团，而原骑兵第41和第42团则合编为新的梅列克斯—普加切夫骑兵第39团。

这一改变对于我和骑兵第42团团长萨韦利耶夫是关系切身利益的事。因为只能由我们中间的一个任新编的第39团的团长，另一个得调到其他师。当然，我们两个人都想留在原来的师，因为这个师就像我们的家一样，已经习惯了。

师长让我留下，而萨韦利耶夫另有任用。我知道萨韦利耶夫心里很难过，我们友好地分了手，我们后来见面时仍然是好朋友。

过去的骑兵团编制是4个骑兵连，根据军事改革的需要改编后的骑兵团编制上有6个骑兵连，每两个连编成一个骑兵营。此外，在团的编成内还有1个机枪连（16挺机枪）、1个团属炮兵连、1个独立通信排、1个独立工兵排、1个独立化学兵排和一个团属军士学校。

回来后，我和全团人员一起又热火朝天地干起来。

军事改革中一项极为重要的措施，就是在苏联武装力量中实际贯彻了单一首长制。单一首长制有两种主要形式。如果指挥员是共产党员，那么他通常同时兼政委，把对军事训练、行政管理工作和党政工作的领导集中在一人手中。给他配有一名管政治工作的助手。

这项巩固军队纪律和战备的重要措施在当时已完全能够贯彻了，因为指挥人员的情况已大为改善了。

如果指挥员是个非党人士，他只担负军事训练和行政管理工作，而党政工作由政治委员领导，政治委员和指挥员共同对部队的政治思想和战备状况负责。

当时革命军事委员会颁布的一项命令中曾提到这方面的问题：要牢记，苏维埃政权在建军方面的任务是确立单一首长的领导，政治委员一方面应当尽力使与之共同工作的指挥员接受共产主义思想；另一方面应当本身努力学习军事，以便以后担负指挥职务或行政职务。

我还记得，1925年春天，我们接到党中央给所有党组织的指示信《关于红军中的单一首长制》。信中说明，由于党和军事机关过去为巩固整个红军特别是指挥干部而进行的全部工作的结果，已形成了贯彻单一首长制原则的非常有利的条件。

当时有些同志，当然是少数同志认为，贯彻单一首长制可能削弱党在军队中的影响。但是，要知道，担任单一首长的是共产党员。因此，党的作用不仅不会削弱，相反会增大。指挥员的责任加重了，他应就军队生活的一切方面对党负责。在这种情况下，我们武装力量的纪律巩固了，战备加强了。

在实际工作中，指挥员同政治委员或政治工作人员的关系不断得到巩固和改善。我记得，后来在1928年，革命军事委员会曾根据党中央的指示，颁布了关于政治委员、单一首长指挥员和政治工作副职的条例。该条例规定，政治委员领导党和政治工作，对部队（兵团）的政治思想状况负责，完全解脱了政治委员的监督职责。

从骑兵指挥员深造班毕业回来以后，我觉得工作胜任多了。对于处理军政训练和团的指挥方面的问题，我感到很有信心，能应付自如。

这段时间我们团的工作搞得不错。1926年冬季，骑兵第3军政治委员克罗赫马尔和军长铁木辛哥（1925年2月任军长）召见我。

走进办公室后，我发现我们师的师长斯捷普诺伊－斯皮扎尔内伊，师政治委员什捷尔恩和政治处主任弗里德堡博恰罗夫也在那儿。

铁木辛哥说："我们叫你来是想让你除担任团长职务外同时兼任团政治委员的职务，也就是成为团的单一首长。师的领导和政治处都认为你有条件担任。你有什么意见？"

我沉默了一会儿，然后回答说，在师首长和政治处的大力帮助下，我希望能胜任新的职务。

几天以后，我被任命为团的单一首长。在骑兵第7师这是第一次类似的尝试，责任相当重。党组织书记和政治副团长在组织工作和思想工作方面，给了我帮助。当需要根据党的原则纠正我的缺点和提出忠告时，他们是毫不客气的。我对于新的工作毫无经验，初期自然不免犯了一些错误，同志们的帮助对工作很有益处。

为了能正确地领导政治教育，上级应比自己的部属在这方面有较高的修养。可是，在那些年代里，我们这些指挥干部在军事训练方面比马列主义基本理论方面懂得多些，学得也快些。

一个原因是我们中间的每一个人都担负了繁重的行政工作、军事训练和自修军事的任务；另一个原因是我们有些人没有能充分认识深入学习马克思列宁主义理论和军队中党的组织工作的必要性。当然，政治工作人员在这方面的修养比我们强得多。

不久，从乌克兰调来的施密特接替了师的指挥。新的师长在性格、经验和工作作风上都与前任师长斯捷普诺伊-斯皮扎尔内伊大不相同。前任师长瞎忙、话多，简直可以说是一个话匣子，而施密特是一个聪明人，善于简练地表达自己的意思，但很遗憾，工作不够细心、耐心。

1926年夏季，我们师出去野营。地点是在距明斯克约20公里的风景优美的日丹诺维奇地区。

野营时期进行了紧张的军事训练，主要着重在分队、指挥人员、司令部和整个部队的野外战术训练。应当承认，在所有军事课目中，我最喜欢战术，常常怀着特别喜爱的心情钻研它。

大家知道，军队是战争的工具。之所以需要它，是为了同祖国的敌人进行武装斗争，而在这场斗争中，它首先必须具备充分的战术训练。一支缺乏战术训练的部队就不得不在作战过程中付出不必要的代价来补课。

为了提高战术素养，我们团进行了许多次示范作业和示教作业，指挥员通过这些作业学习侦察、组织战斗和与其他技术兵器协同的技能。

大家知道，部队全部战术训练结束时要进行演习。从1925年开始，白俄罗斯军区每年在野营季节以后都进行演习。

骑兵第7师参加了所有这些演习。在战术训练方面我记得我们师还没有得过不及格的成绩。这在很大程度上是由于我们指挥员对战术作业认真对待的结果。应当承认，第7师的全部团长都很懂战术并且学习很努力。

当时骑兵第37团团长是沃尔斯基，他在1942年11月指挥过斯大林格勒方面军编成内的机械化军。这个机械化军协同第51集团军向卡拉奇方向实施了突击，并在卡拉奇同西南方面军的部队会合。骑兵第38团团长是加伊杜科夫，他在伟大卫国战争中指挥过军和其他兵团。这个师的其他部队也有经验丰富的指挥员。

我们也很重视体育和运动。我们这些过去的老兵比谁都清楚，只有经过锻炼的体格健壮的战士才能承受战争的艰苦。整个部队的胜利取决于对每个战士的训练。大家知道，在战争中不得不在任何气候条件下，在昼间和夜间，在有道路或没有道路的条件下，进行紧张快速的行军和强行军，在行进中展开成战斗队形向敌人实施猛烈冲击，并且常常需要在战斗后对敌人进行追击直至全歼敌人。在战斗结局不利的情况下，迅速撤出战斗并改变部署是非常重要的。所有这一切只有体力经过锻炼的部队才能完成。而体力没有经过锻炼的部队很快就会上气不接下气，不能及时赶到规定地点，还会遭受重大损失，有时甚至可能成为缺乏锻炼的牺牲品。

应当说，我们骑兵第39团在各项骑马运动中是白俄罗斯军区优秀骑兵部队得奖名次的主要竞争者。在团里我们组成了一个积极锻炼的运动员组，其中包括不少指挥员。我本身也经常参加各项骑马运动。

不过，我们团在各种武器的射击比赛方面稍差一点儿。骑兵第40团的特等射手队常打败我们，而在骑马运动方面则相反，我们总是把第40团抛在后面，不仅如此，还把军的其他部队抛在后面。

我们的对手对此非常恼火，他们不惜任何代价力图超过我们，甚至要诡计、采用非法手段。

记得在军区的一次骑马比赛中，骑兵第6师的一个指挥员想炫耀自己的骑术和自己马匹的特殊耐力。他在赛马路线中途的树林里事先藏了一匹马，这匹马同他在起跑线上所骑马的毛色很相像。赛跑的前一半路程他用最快的速度飞奔，到树林后，这位巧手把累得半死的马交给自己的传令兵，自己骑上藏在那儿的马，耀武扬威地跑完了全程。在观众的热烈欢呼声中，他获得了全军区的第一名。可惜，好景不长，这个诡计很快就被揭穿了，他得到了应有的处罚。可是，骑兵第6师里的这些竞争者们并不甘心，他们有时在赛马时有意拦阻自己的主要对手，有时在比赛砍劈时，给自己的运动员插上新鲜嫩树枝，而给我们插上干树枝，使我们砍起来困难，等等。

我记得布琼尼到我们团里来的情景。过去我没有见过布琼尼，但是我很熟习他在与白卫军和干涉军的斗争中为祖国作出的贡献，并且很想见到这位骑兵第1集团军的杰出的司令员。

大约在1927年春天的一个早上，师长施密特打来电话：

"布琼尼可能去你们团，你们准备欢迎。"

"什么时候来，我们应当怎样欢迎？"我问道。

"我说不出确切的时间。他先到第37团，然后去第38团，再就是你们第39团。至于如何欢迎，这由你决定，你是团长嘛！"

我懂得，师长不主张举行什么特别隆重的仪式，应按条令规定的迎接上级首长的仪式来迎接。

中午，第 38 团团长加伊杜科夫给我来电话：

"准备迎接客人，他们到你那儿去了。"

没有时间再说别的话了。我立即召集政治副团长弗罗尔科夫，团党组织书记谢拉科夫斯基，团军需主任马雷舍夫等几位主要助手，并一起到司令部门口等候。5 分钟以后，两辆小汽车开到门口。从第一辆走出布琼尼和铁木辛哥。按条令规定，我向布琼尼做了报告并向他介绍了我的助手。布琼尼一一问好。

我向布琼尼问道：

"首长有什么指示？"

"你说呢？"他反问我道。

"首长看看我们战士和指挥员是怎么生活和工作的吧。"

"好吧，不过我想先看看战士的伙食。"

在食堂和厨房，布琼尼仔细地了解了食物的质量和制作，在食堂的留言簿上写下了嘉奖炊事员和团给养主任的话。然后，又检查了部队军事训练的情况。接着他说道：

"怎么样，现在看看你们的马匹吧。"

我发出全团"接受检查"的信号。十分钟后，各连都站好队，开始检查马匹。全团马匹都保养得很好，马掌也钉得很好。

布琼尼夸奖了战士马匹保养得很好，然后，就到琼加尔第 6 师去了。

白俄罗斯军区司令员叶戈罗夫也到我们团里来过。从和他一起工作过的同志的口中，我了解到，叶戈罗夫出身于农民家庭，当过铁匠。他通过努力自学提高了文化，应征入沙皇军队后，住过军校，成为军官。在旧军队末期，他升为中校。1918 年 7 月，叶戈罗夫参加了布尔什维克党，直到死他一直是一个坚定的共产党员。

在国内战争时期，叶戈罗夫表现出是一个杰出的统帅。他曾指挥南线直至把邓尼金的白卫军彻底歼灭，后来他又指挥西南战线，抗击波兰白军。

国内战争胜利结束后，杰出的统帅叶戈罗夫曾连续领导过几个军区，1931 年被任命为工农红军参谋长。叶戈罗夫曾荣获四枚红旗勋章和荣誉革命武器。1935 年被授予苏联元帅军衔。

叶戈罗夫到我们团来我们事先并未得到通知。这事发生在 1927 年白俄罗斯共产党中央全会以后，叶戈罗夫参加了这次会议。当得到报告说司令员来了时，我正进行例行战术作业。

叶戈罗夫想看看我们的作业情况。我们作业的题目是"骑兵团隐蔽地前出到敌人翼侧和后方，并猛烈冲击敌人"。

一切进行很顺利，分队指挥员定下了大胆主动的决心。司令员很高兴，说了不少有趣的话，这缓和了所有在座的人的紧张情绪。

在我进行总结以后，叶戈罗夫提了几点意见和希望。我特别记得他提出的一点，他认为仅仅让指挥员学习战术是很不够的，他们还必须学习战役学；必须考虑到，祖国的敌人一旦挑起战争，就要求我们许多指挥员有战役学方面的知识。

在作业结束后，司令员问我：

"你们团的动员计划搞得怎么样？"

"我们下了很大功夫制订团的动员计划，不过我们提出了一些问题，上级还没有回答。"我回答说。

叶戈罗夫说："让我看看你们的动员计划和你们提出的问题。"

我和团参谋长大约用了一个小时的时间汇报了我们拟制动员计划的情况并回答了司令员提出的问题。然后他说道：

"不错，很不错，你们还有什么不清楚的地方？"

我说："我们离国境线很近，这使我们的处境很复杂。发出警报后，我们不得不在人员缺额很大的情况下开赴战场。此外，团还必须从现有人员中派出骨干去编组第二梯队。在缺额很大的情况下与敌人第一次交战，这可能会影响士气。"

"确实如此，"叶戈罗夫说，"但是我们没有别的办法。编组第二梯队部队是必须的。我们绝不能低估敌人。必须认真备战，做好同聪明、能干且强大的敌人作战的准备。如果敌人实际上并不是那样强大、聪明，那么，这样做只会使我方处于优势地位。"

叶戈罗夫对许多事都感兴趣，如紧急备用品的状况、士兵的宿舍和军官的住房等。我们报告说，指挥人员基本上住在居民家里，通常一家住一间房。

记得那个时候，我们大家都自动捐献个人财物以增加国家的黄金储备来建设工厂。叶戈罗夫对这事也很感兴趣。

他问道："团长自己捐了些什么？"

"我在骑乘比赛中得奖的四个银烟盒，我妻子的一个金戒指和一对耳环。"

说实话，当时大家都是这样做的。

司令员看了我们大家一眼，然后说道：

"很好，同志们，你们做得很对！"

如果我没有记错的话，1927年有个英国工人代表团来到我们师，希望对他们经常给以指导帮助。他们给我们送了红旗。从此后，骑兵第7师被命名为"英国无产阶级师"。

当我们师长施密特由骑兵第1集团军的一名出色的指挥员、塞尔维亚人谢尔基奇替换以后，师里的工作很有起色。谢尔基奇立即投入积极工作并赢得了部队指挥员的拥护。我特别喜欢他对部属有严格的要求、对部队军事训练和政治教育的不断提高深为关心。且谢尔基奇非常关怀党生活中的各项问题，是一个称职的单一首长。他在生活上非常俭朴。

在谢尔基奇的领导下，我们师所进行的一切野外演习和参加军区的各次演习都使我们很受教育，而且每次都给我们萨马拉骑兵第7师带来荣誉。我们都深深感到自己在战役战术方面很有提高，我们知道这一切在很大程度上，应归功于我们师长。一句话，他是一个称职的指挥员，一个杰出的教师。

1930年1月，罗科索夫斯基被任命为萨马拉骑兵第7师师长。过了一段时间，同年5月，我被任命为萨马拉骑兵第7师骑兵第2旅旅长。

前面已经说过，我同罗科索夫斯基于1924—1925年一起在列宁格勒的骑兵指挥员深造班学习，彼此非常了解。他对我非常客气，我也高度评价他渊博的军事知识，他在领导军事训练和人员教育方面的丰富经验。我欢迎他来担任师长，并且深信，他能成为有着优良传统的骑兵师的称职的指挥员。我的估计一点也没有错。

我指挥骑兵团近七年。

这一段时间是我学习和锻炼的好机会。在此期间，我参加过军区的演习，师和军的演习和军事导演，从中不仅得到实际锻炼，还学到丰富的理论知识和战役战术知识。作为一个单一首长，我深深理解了我们党在红军部队建设中和日常活动中的领导、组织作用。

当然，这一切得来不易，我在工作中也犯过一些错误。谁能不犯错误呢？难道那些呆板地按上级指示办事而本身毫无创造性、主动性的人就能不犯错误吗？我认为，主要的不在于是否犯错误，而在于是否能迅速地察觉并改正错误。

过去有人责备我对部属要求过于严厉，当时我认为这是一个布尔什维克指挥员必不可少的品质。回顾过去，现在我承认，过去我有时确实要求太严了，对于部属的一些行为有时不能容忍、原谅。部属在工作中或行为上的一些不良现象往往使我发火。有些人不能容忍我这一套，而我呢，很显然，对于别人的弱点太不宽容了。

当然，现在对这些缺点就看得更清楚了，生活的经验教给我许多东西。但是，现在我仍然认为，谁也没有权力把自己的享受建筑在别人的劳动上。认清这一点对军人来说尤其重要，因为军人必须上战场，必须不惜自己的生命，奋勇保卫祖国。

我领导的第2旅系由骑兵第39团和第40团两个团组成。我必须仔细研究骑兵第40团的情况，这个团当时由原沙皇军队的一个旧军官伊夫列夫领导。他是一个比较孤僻的人，不喜欢骑兵这一套，但是对射击训练很熟习，而且比较注意。所以，第40团在射击训练方面总是名列前茅。

可能由于我与骑兵第39团有多年的联系，人员熟悉、亲近，所以我总觉得第39团在军事训练和组织性方面较好。但是，我明白，骑兵第40团的指挥员和政工人员也很珍视该团的荣誉，如果我把第39团作为他们学习的榜样的话，他们会不高兴的，对他们应该一视同仁。

我努力发现骑兵第40团的一切优点，即使是很微小的地方，作为其他部队学习的榜样。我们常常组织这两个团的各种示范作业，如战术、射击、骑乘及政治教育方面的作业。这个方法很快就收到良好效果，第2旅成了萨马拉骑兵第7师的先进旅，不止一次受到表扬。这使我们大家都很高兴。

总之，我们大家齐心协力地努力工作。指挥员在工作中能依靠党组织，调动全体人员的积极性和主动性，以不断提高战备水平。

我可以举出许多例子来说明这种情况，但是我认为，这是不必要的。我只列举印象最深的一两个例子。

一天，第39团党组织书记找到我，建议在全旅范围内交流两个团的工作经验。

在两个团的党组织联席会议上，决定进行训练法指导课，以便示范如何向最后进的红军战士讲解党对待各种复杂问题的路线。

第一课由第39团一个政治副连长日穆罗夫进行，应该说这一课他讲得很出色。

然后，第40团的政治工作人员主动把一群最不守纪律的红军战士召集起来，准备通过开诚布公的谈话弄清他们犯错误的原因。结果发现，有相当数量的人之所以犯错误并不完全是由于他们本身的原因，而是因为他们的指挥员和政治工作人员不了解战士的性格和他们个人的特点，有时不能够公正对待他们的行为，结果领导丧失了威信。红军战士往往故意让这类首长为难。

应当承认,这样开诚布公的谈话无论对于红军战士还是首长都是非常有益的。

1929年年末,我被派往莫斯科,进高干深造班学习。我们住在中央红军之家招待所,在伏龙芝大街国防人民委员部大厦内上课,那里有教室和专修室。高干深造班的课程具有相当高的水平。我们小组的主任教员是布柳赫尔的副职桑古尔斯基,他是一个学识渊博的人。他所做的关于军事科学问题的讲演和报告都恰当地引用了第一次世界大战和国内战争中的战例。我们班的其他教员也都是在战术和战役学方面很有修养的专家。

高干深造班的全体学员都对军事理论很感兴趣,寻求每一本新书,收集我们所能得到的各种军事著作,以便带回部队去。当时苏维埃军事科学已开始形成,伏龙芝的著作在这方面占首位。

1929年出版的《伏龙芝选集》,阐述了未来战争中人与技术兵器的关系、未来战争的性质、各军种的协调发展,以及后方与前线的作用。伏龙芝坚持必须建立统一的军事学说,以便确定建军的特点、部队军事训练的方法,以及根据在我国占主导地位的军事观点来领导部队。伏龙芝深入地总结了国内战争的经验,提出一系列原则,这些原则后来成为编写我军条令、教令的基础。没有这些条令和教令苏联红军这支新型的军队就不可能存在。

20年代末,出版了沙波什尼科夫的巨著《军队的大脑》。在这本书中,沙波什尼科夫分析了大量历史资料,全面阐述了总参谋部的作用,提出了一些重要的军事战略原则。另外,他还写了《骑兵》《在维斯拉河》等著名的著作。

已经是过去的事了。但我认为无论是在当时还是现在"军队大脑"这个书名对红军来说是不确切的。红军的"大脑"从它存在之日起就是联共(布)中央委员会,因为对任何一个重大军事问题都是在中央委员会的参加下作出决定的。这个名称对旧沙皇军队非常合适,那里总参谋部是真正的"大脑"。

同时还出版了一些大型战史著作,其中包括叶戈罗夫的《消灭邓尼金》。

在这个时期,我们最有才干的军事理论家之一图哈切夫斯基开始出版他的著作。图哈切夫斯基对于未来战争的性质提出许多卓越的见解。他深入研究了新的理论原则和战略、战役、战术的新原则,提出了军队建设在理论和实践方面同国家的社会制度和生产力的不可分割的联系。

工农红军副参谋长特里安达菲洛夫的著作《现代军队的作战特点》一问世就获得广大读者的赞扬，在我们中间引起了热烈的讨论。在这本书中，特里安达菲洛夫对当时军队的状况和发展的远景提出了大胆、深刻的见解，指出了用技术装备军队和组织军队的基本途径。关于坦克在未来战争中的作用特里安达菲洛夫写道：

"对于坦克在未来战争中的巨大战术作用现在已无人怀疑。目前步兵中自动武器的增加，将来自动武器的进一步增加和改进，防御中人工障碍物的广泛运用，以及压制兵器（炮兵）落后于防御兵器，这一切将使坦克成为未来战争中一种威力强大的进攻兵器。"[①]

特里安达菲洛夫在其著作的第二部分，探讨了战役学问题，师、军、集团军和集团军群进攻和防御能力的数据，研究了向战场开进、战役的持续时间和纵深、进攻正面的宽度、防御战役等问题。特里安达菲洛夫过早地去世了，他是1931年在一次飞机失事中不幸死亡的。很可惜，他没能完成关于未来战争、关于苏维埃军事战略和战役学的极为重要的原则的论述。

每一个职业军人都可以在加米涅夫、科尔克、特里安达菲洛夫、亚基尔和其他军事领导人和理论家的著作中发现许多珍贵的值得注意的内容。一句话，对于我们来说，精神食粮已足够了，只是来不及消化……

在高干深造班的课堂上充满了有利于发扬创造精神的气氛，常常爆发激烈的争论。我记得同我争论最多的是戈尔巴托夫。当时他是骑兵第2军的一个旅长，是一个受过良好教育、具有渊博学识的指挥员，同他进行讨论是十分有益的。

在高干深造班里，学员们深入地研究了一系列极为重要的战役战术题目和专题，熟习了红军部队装备的新式技术和兵器。

当时红军的技术装备情况如何呢？在1920—1925年，我们基本上只能依靠旧沙皇军队遗留下来的很单薄、很落后的武器装备。当时的工业还不能供给红军以现代化的技术兵器。但是，我们采取了一切可能的措施来改善陆军和海军的武器装备状况。

在全苏苏维埃第三次代表大会上，专门讨论了建立巩固的苏联国防经济基础的问题和保障红军获得新的军事技术装备问题。当时根据党中央的指示，重新审查了旧式的步兵、炮兵和航空兵武器，以便选择其中

[①] 特里安达菲洛夫：《现代军队的作战特点》，1929年，俄文版，第19页。

较好的加以改进。增加了拨款以生产军队的技术装备，恢复了金属工业企业，其中包括国防企业。

党从一开始就把建立苏维埃空军和海军的工作变为全民的事业。早在1921年劳动国防委员会就通过了关于制定建设空军的最低纲领的特别决议。为发展空军投入了几千万金卢布的资金。1923年春季，建立了空军之友志愿协会，两年内募款六百万金卢布。利用这笔资金建造了300余架作战飞机。到1925年，已停止从国外购买飞机。

从1922年起共青团就是海军的赞助者。经过三次征召志愿人员，有8000名共青团员参加海军。进行了恢复和从组织上巩固海军的工作，当时的海军由波罗的海舰队和黑海舰队、巴伦支海分舰队、里海分舰队和白海分舰队，以及某些湖泊和江河区舰队组成。在波罗的海，对战列舰"十月革命"号（过去的"甘古特"号）和7艘驱逐舰进行了改装和大修，建完了巡洋舰"工会国际"号；在黑海，巡洋舰"红色乌克兰"号和近60艘修复的舰只和辅助船只编入现役。到1928年海军舰只的修复和改装基本结束。

为了建造本国的军事技术装备和研制现代化的新型武器，必须掀起设计创造活动的高潮。1924年苏联革命军事委员会批准了军事发明委员会条例及其组成。加米涅夫、图哈切夫斯基，温什利赫特等人参加了该委员会。另外，还成立了一系列科学研究和设计机构。一些杰出的科学家如克雷洛夫和恰普雷金成为炮兵特别试验委员会的顾问。在著名的中央气体动力研究所，试制了本国新型的飞机和航空发动机。在该研究所，有才干的设计师波利卡尔波夫、图波列夫等人设计出了试验型的歼击机和轰炸机，其中的重轰炸机，从飞行技术诸元来看，优越于国外同类型飞机。

齐奥尔科夫斯基和灿杰尔以其在喷气发动机和宇宙飞行方面的卓越著作丰富了苏联科学；天才发明家季霍米罗夫、托卡列夫和其他人的步兵武器研究工作也获得了大力支持。1927年杰格佳廖夫同费多罗夫共同设计的新型轻机枪在设计和战斗性能上优越于外国轻机枪。当时我们生产了国产团属76毫米火炮，后来又生产了高射炮。

但是，就整个而言，二十年代的红军技术装备水平当然是很低的。这是因为我国当时的经济情况还很困难，军事工业发展水平很低。当时我们深感重机枪，特别是轻机枪不足，我们还没有自动步枪，老式的7.62毫米步枪急需改进。我们的火炮构造陈旧，且已磨损。到二十年代末，我们只有7000门火炮，而且主要是轻型火炮。高射炮、坦克炮和反坦克炮完全没有。到 1928 年我们只有 1394 架军用飞机,大多是老式的,约有 100 辆坦克和装甲车。军队的摩托化能力很差。到 1928 年年末,军队只装备有 350 辆载重汽车、700 辆轻型汽车、67 辆履带式拖拉机。要知道,在 1928 年以前我国还没有汽车制造工业和拖拉机制造工业。

但是,在这一段时间里,帝国主义强国正大力扩张其军事力量。一旦发生战争,例如英国每月可生产 2500 辆坦克,法国可生产 1500 辆,它们的空军有几万架飞机,它们的部队正迅速实现摩托化。一句话,我们不久以前的(和潜在的)敌人同第一次世界大战时相比,在武器装备方面已远远跑在前面。

对比一下这些数字,反复想一想,我们同资本主义世界开始竞赛时,历史客观地给我们规定的起点,相差有多大的距离呀!于是,我们很自然地产生了强烈的爱国主义自豪感,我们为自己的社会制度感到自豪,依靠这种制度我们赶上并超过了,而且是在极短的时间内超过了在军事上最发达的世界列强,我们为我国的人民和军队感到自豪,他们后来打败了最强大的帝国主义敌人。

很清楚,只有建立起发达的工业才能供给红军和海军现代化的武器装备,只有工业化才能保障苏联的国防能力。技术应能决定一切。我们当时的军事领导人对这一点都有明确的认识,对未来战争的性质和特点都有清晰的概念。

早在 1925 年,伏龙芝在他向俄共(布)中央一月全会所做的关于军事改革总结的报告中曾指出:"我认为,我们许多同志,特别是那些在国内战争前线待过的同志,大概还持有我们国内战争时期所形成的看法。我坚定地认为,这种看法是非常危险的,因为未来的战争将不同于国内战争。当然,它将带有国内阶级战争的性质,从这个意义上讲,将有白卫分子站在敌人一方,而在我们敌人的阵营里又会有我们的同盟者。但是,从技术、作战方法上看,未来的战争将不同于我们国内战争。我们将同具有最新式技术装备的强大军队作战,如果我们的军队不具备这些新式技术装备,那么,前景对我们会是非常非常不利的。当我们决定国家对防御的全面准备这一问题时,必须考虑到这一点。"[①]

1930 年春,我们从高干深造班回到自己的部队。

我指挥骑兵第 2 旅一年多,应当承认,这一段工作使我学到许多新

[①]《伏龙芝选集》,1929 年,俄文版,第 1 卷,第 211 页。

东西，使我在理论和实践方面都增加了不少知识。

1930年年末，听到消息我可能被任命为工农红军骑兵监察部的助理。虽然骑兵监察部的工作当时在骑兵部队中享有很高的声誉，但是，我承认，听到这个消息我一点也不高兴。因为我和我们师相处太熟了，我认为我是这个和睦的萨马拉人家庭中的不可分离的一员。

但是任命已经决定，我必须收拾行李准备去莫斯科。说实话，所谓收拾也就是一件军大衣加上几套换洗衣服。我们全家的东西一只箱子就够装了。我们这些人当时也没有什么家什，这在当时看来是很正常的。

一天晚上，罗科索夫斯基打来电话，告诉我已接到莫斯科的调令。他问我：

"你得多少时间可以准备好？"

"两小时。"我回答说。

"我们不能就这样让你走"，罗科索夫斯基说，"要知道你是第7师的老兵，我们要好好欢送你一下。这是第2旅全体指挥员和政治工作人员的共同心愿"。

我听了，当然，很受感动。

几天以后骑兵第39团和第40团的全体指挥员和政治工作人员举行宴会，师首长也参加了。同志们对我说了许多热情赞扬的话，这些话都发自内心，使我终生难忘。

第二天一早，在我准备启程以前，我再一次到各分队同战士和指挥员告别。

我还到明斯克去了一下，这是我非常喜爱的城市。在这里我住了八年，我非常了解热爱劳动、善良的白俄罗斯人民。我眼看着白俄罗斯成功地治好了两次战争留下的累累伤痕。

晚上，我同妻子亚历山德拉·基耶鞭娜和两岁的女儿艾拉动身去莫斯科。

第五章

在红军骑兵监察部的岁月

当时的骑兵监察部在布琼尼领导之下。

我到新的工作岗位以后,立即去晋见部的首长。但是当时布琼尼不在部里。他的私人秘书别洛夫(就是后来在伟大卫国战争中很出名的那个别洛夫)告诉我,现在实际上布琼尼已不管部的事情,而是在军事学院的特别小组学习。部里的一切工作由第一副部长科索戈夫(军级)负责。

我晋见了科索戈夫,然后认识了骑兵监察部的几位助理韦尔霍夫斯基、热马季斯、索别尼科夫、秋列涅夫、特列伊曼。他们都是很能干的指挥员。

在初步认识以后,科索戈夫建议我负责骑兵军事训练,因为我在这方面有丰富的经验。

大约一个月以后,我就完全熟悉了新的工作。因为在下面常提到苏军领导机关的各级组织。在这里先把情况介绍一下。1925年伏龙芝去世后(终年40岁),伏罗希洛夫被任命为陆海军人民委员兼苏联革命军事委员会主席(苏联革命军事委员会行使人民委员部的职权)。苏联人民委员会下设以莫洛托夫为首的常设国防委员会。有关苏联武装力量建设和加强苏联国防方面的重要原则问题,都先由该委员会研究并制订方案,然后按法定程序提交劳动国防委员会审定批准。经验证明,国防委员会和苏联革命军事委员会在职责上相互重叠,所以1934年取消了革命军事委员会,而陆海军人民委员部改名为国防人民委员部。在人民委员部下面设立了军事委员会作为咨议机构,军事委员会的决议需经人民委员批准,并以人民委员的命令颁布生效。1937年苏联人民委员会取消了劳动国防委员会，把苏联人民委员会下辖的常设国防委员会改组为苏联国防委员会，委员会主席仍然是莫洛托夫，委员是斯大林、伏罗希洛夫等人。同时还组成了苏联海军人民委员部，人民委员是斯米尔诺夫。1938年在国防人民委员部下面组成了工农红军总军事委员会。该委员会中包括：伏罗希洛夫（主席）、布柳赫尔、布琼尼、库利克、梅赫利斯、斯大林、费季科、沙波什尼科夫、夏坚科。同时还组成了海军总军事委员会，其成员包括：斯米尔诺夫（主席）、加列尔、日丹诺夫、伊萨科夫、库兹涅佐夫、列夫琴科和其他人。这两个人民委员部的总军事委员会负责审查有关增强国防力量和陆海军建设的重大问题。[①] 下辖的各监察部和军训部共同召开了党员大会。会上我被选为党组织书记，副书记是秋列涅夫。

我们党组织的党员，尽管工作繁重，加班加点完成本职工作，仍能找出时间从事社会活动。通常采用的方法是到工厂以及其他民众团体和机关进行宣传。工人和机关职员都非常欢迎军队的党员，很愿意听他们讲话，特别愿意听他们讲国际形势、讲党和政府最近的决定。

20年代末和30年代初，国际形势日益紧张。一些帝国主义国家，首先是德国、日本、意大利的意图暴露得日益明显；它们的政府，秉承垄断集团的意志，加紧准备用重新瓜分世界的办法来解决经济危机。1931年，日本军队不宣而战侵入中国并占领了中国的东北。当然在当时日本政府的计划上，这只是开辟进攻苏联的基地。

1933年1月，从一开始就以夺取世界霸权为其方针的法西斯掌握了德国的政权。大概英国、美国、法国的人民绝没有想到，他们国内帝国主义势力积极帮助德国恢复重工业，是对他们本身多大的损害。德国垄断集团所获得的长期贷款的70%来自美国。在希特勒夺取政权以后，外国资本的"注射剂"仍继续增大。

德国、日本、意大利把他们的经济纳入了战争轨道。军事预算扩充到了最大限度。怀有侵略野心的欧洲国家采取的这种步伐，使他们在后来，在30年代后半期实际上已做好了大战的准备。德国武装力量的数目已超过100万人，同时在法西斯军事化组织中有近200万人。在发生战争的时候，法西斯德国的军队可迅速扩大4—5倍。意大利平时军队数量为40万，到战时可轻而易举地扩充4倍。

[①] 各军区、舰队和集团军也建立了军事委员会，这些委员会直接归苏联国防人民委员领导。——作者注

当然，在这种情况下必须采取坚决的措施来加强我国的国防力量。而且这不仅仅是，甚至主要不是一个数量问题。我国武装力量必须在质量上达到一个新水平。我国采取了许多措施来发展陆军和海军。关键的问题是技术装备。用现代化的技术装备来供给、武装我们苏联武装力量这项任务，只有工业化的途径才能解决。

1925年年末，在党的第十四次代表大会上确立了社会主义工业化的方针——在电气化的基础上全力发展重工业，对工业、运输业和农业进行技术革新和改造。两年后党的第十五次代表大会在有关制订第一个五年计划的指示中指出：

"考虑到资本主义国家对无产阶级国家军事进攻的可能性，在制订五年计划时必须以极大的注意力尽快发展整个国民经济中，特别是工业中那些在保障国防和在战时保证经济稳定方面起主要作用的部门。"①

在这里我想说两句题外的话。总的说来，世界各国人民都承认：将欧洲从法西斯瘟疫下拯救出来的主要是苏联的士兵、苏联的武器；粉碎希特勒德国是苏联人民最伟大的历史功绩。我认为，苏联人民根据党的号召着手自己国家的工业化时已为这个历史功绩奠定了基础。

我手头没有必要的资料，同时这也不是我的目的，来全面论证工业化对发展国民经济、提高人民福利、巩固集体农庄制等所起的重大作用。然而可以说，武装力量的命运和伟大卫国战争年代为了祖国的自由和独立而进行的斗争结果，是直接取决于工业化的速度和进行工业化的积极程度的。

当然我们也可以把这种大幅度提高重工业的做法推迟五至七年，更早、更多地供给人民日用品、轻工业产品（人民是完全有权利得到这一切的），这种想法确实很诱惑人。但是，如果我们真的这样做了，那么天知道，最艰苦的阶段（战争的初期）何日才能结束，天知道，在什么地方、在哪个城市、在哪条河流才能把法西斯军队挡住？！

党的智慧和远见（历史本身对此做了最后最高的评价）、国家发展的正确方针和人民的劳动英雄主义奠定了我们伟大卫国战争胜利的基础。

党的第十六次和第十七次代表大会，指出了日益增长的新战争的威胁，坚决要求集中人民的力量以加强红军和海军的威力。并特别发出指示，要求加快工业发展特别是冶金工业发展的速度，积累国家储备，并

---

① 《苏联共产党决议案》，俄文版，第2卷，第452页。

从根本上改造运输业。大会还规定了如下任务，即扩大整个国民经济动员能力，重新考虑工业企业的建设和配置问题，以便在爆发战争时能使工业迅速转入战时轨道并立即按动员计划展开。

我们这个党组织，除骑兵监察部的党员外，还包括步兵和射击训练监察部、炮兵监察部、通信兵监察部、工程兵监察部、工农红军军训部以及陆海军人民委员部下辖单位的党员。我们努力动员各部和各监察部全体人员完成党、政府和陆海军人民委员赋予的任务。当时陆海军人民委员部及其党的领导核心正研究处理许多重大的问题。下面列举其中的几个问题。

在红军和海军中，军事改革已经完成，军队的生活有了很大变化。军队训练和教育情况也有改善，纪律也加强了，军队从上至下的指挥已建立在单一首长制的基础上，并为军事干部的提高创建了条件。我们有可能不断前进。

1929年年中，党中央通过一项《关于我国国防状况》的决议，决议提出了对陆、海、空军进行彻底技术改造的方针。苏联革命军事委员会和陆海军人民委员部受命，在改进现有武器装备使之现代化的同时，在最短时间内设制出新式武器装备，然后将新式火炮、防化兵器、坦克和装甲车大量装备部队，并成批生产新型飞机和发动机。

这个决议是军队建设第一个五年计划的基础，这个计划还规定建立新的技术兵种，对老的兵种进行改造并使之摩托化，大量培养技术干部并使全体人员掌握新技术。1931年1月，苏联革命军事委员会确定了1931—1933年工农红军建设的计划，这样就完成了制订军队建设第一个五年计划的全部过程。①

由于新的任务，中央军事机关发生了一些重大的变化。比如，设置工农红军军械部长一职就起了重大作用，因为他负责军队技术装备更新的全部问题。在1931年以前，这个职位由乌博列维奇担任，继他之后由图哈切夫斯基担任。1929年在陆海军人民委员部下面，设立了工农红军机械化和摩托化部。这个部多年来由哈列布斯基和卡利诺夫斯基这样一些热心于坦克建设的专家担任。在各军区也成立了装甲坦克处。

在1929年以前，我们实际上还没有坦克制造工业，缺乏必要的坦克设计师和工程师。当时党和政府认识到坦克在未来战争中的重要作

---

① 完成这个计划后，陆军和海军受益很大。但全面技术改造的任务有待进一步完成，因为这要求大量的物质资源和更高的生产能力。——作者注

用，于是向军事部门下达了有关的任务。苏联革命军事委员会下达了专门指示，规定建造下列类型的战斗车辆：超轻型坦克、中型坦克、重型坦克和架桥坦克。并规定了它们的战术技术性能。在极短时间内，设计师设计出我国自己的新型坦克。1931—1935年红军装备了T-27型超轻型坦克、T-24和T-26轻型坦克、快速履带式BT型坦克、T-28中型坦克，后来是T-35重型坦克和T-37型水陆两用超轻型坦克。第一个五年计划期间，我国工业生产了近4000辆坦克、超轻型坦克。

苏联军事领导机关积极制订建设工农红军空军的新计划。1930年年初，苏联革命军事委员会批准了建造各种陆军和海军飞扎航空气球、航空照相机和仪表的计划，特别强调发展轰炸机和歼击机。两年以后，即着手实现建设工农红军空军组织的计划，计划中从遭到敌人袭击时防御国土的角度考虑了战略和战役、战术问题。远程轰炸机编成了能独立完成战役任务的大兵团。一年以后，重轰炸机航空队编成军。

工农红军骑兵监察部在工作中与红军军训部有密切联系。在军训部我第一次见到了华西列夫斯基，我与华西列夫斯基在伟大卫国战争年代里，曾作为最高统帅部的代表在前线一起工作。在我初见到他时，他就是第一流的专家，因为在他长期担任团长职务时，曾仔细地研究了军训的特点。在军训部华西列夫斯基很受尊重。当时的军训部长拉宾和他的继任者谢佳金在工作中都作出了出色的成绩。

1931年年中，苏共（布）中央通过了一项《关于工农红军的指挥人员和政工人员》的决议。决议中总结了军事干部的军事训练和政治教育的主要优、缺点。

决议中特别强调扩大技术训练的范围，增大中层以上的工程技术干部的数量，和改善军队中的政治教育。当时培养工农红军指挥干部的体系已基本形成。

至于正规军事学校，重点放在航空、装甲坦克、炮兵和技术等学校。1931年同1924年相比，学员的数量（1924年有近2.5万人）增加了一倍。为了扩大对职级较高人员的训练，决定在军事技术学院各系的基础上建立机械化、摩托化军事学院、炮兵学院、化学兵学院、军事电力工程学院、军事工程学院，创立新的军事运输学院，并大大扩大伏龙芝军事学院和军政学院的招生人数。这样一来，高等军事院校的数量增大近一倍，而学员人数1928年为3200人，至1932年增至1.65万人。

军训部在安排自己的工作时，是以党的最新指示为依据，并清楚地认识到：军队战斗力的增强首先取决于对新技术和复杂的现代战斗样式的掌握程度。为此，军训部拟定并采取了大量措施，以加强军事院校和各种深造班培养干部的工作和部队本身紧张的军事训练。

到这个时候，差不多百分之百的指挥人员都受过专门军事教育。每月在职干部的学习时间 1929 年为 6—8 小时，现在增至 42 小时。除战术训练和射击训练外，技术训练也开始占有重要地位。要求通过技术训练，掌握每个兵种和各级指挥人员所必须具备的基本技术知识。预备役指挥人员集训时，也学习新的技术装备和武器。

炮兵监察部在部长罗戈夫斯基的领导下进行了大量工作。罗戈夫斯基是炮兵专家，在部队中享有很高威信。军区司令员、兵团指挥员、军械工程师都很尊重罗戈夫斯基，乐于听取他的意见。

当时负责处理炮兵方面问题的人曾不得不解决一些棘手的问题：火炮严重磨损，在战术技术性能方面大大地落后了。我们的火炮基本上是从旧军队接收过来的。

但是，1929 年年中，苏联革命军事委员会就制订了准备在五年内改装工农红军炮兵装备的计划，改装后可增大火炮威力、射距、射速和准确性，并决定建立大口径火炮设计局。开始建立军械工厂，以便随后组织生产新型的、现代化的火炮和弹药；并着手培养熟练的工程师和技术人员。从 1928 年到 1933 年，军械工厂的产量增大了 5 倍，生产小口径火炮的产量增大了 34 倍。

我在国防人民委员部下属机关工作的最后一段时间，我们着手拟制 1934—1938 年工农红军建设第二个五年计划。党对这方面的主要指示是，完成业已开始的军队技术改造和用现代化的兵器武装军队的计划，用具有决定意义的兵器——飞机、坦克和火炮大量武装红军，保证其能抗击任何侵略。为了贯彻党的这一方针，劳动国防委员会通过了《1933—1938 年海军建设纲要》《关于工农红军第二个五年计划期间武器装备体系》的决议，并批准了空军 1935—1937 年的发展计划。

在谈到 30 年代初期国防人民委员部情况的时候，我不能不提到部的党委员会的工作，它创造性地领导着我们各级党组织，享有很高的威信。人民委员部下属的各部和红军各监察部工作很积极主动，生气勃勃。马克思列宁主义理论学习和群众性文化教育工作都组织得很好。党的会议都开得生动活泼并富有自我批评精神。

工农红军骑兵监察部当时在骑兵部队中享有很高威信，因为它除了进行检查工作外，还组织了有教育意义的首长—司令部导演、野外演习以及交流军事训练先进经验的各种集训和作业。

总的说来，工农红军骑兵部队在军事训练方面是名列前茅的，因此，当编成新兵种的部队，特别是坦克和机械化部队时，从骑兵部队派去优秀的指挥干部，这绝不是偶然的。

根据在监察部我所担负的职务，我参加了制定各兵种的勤务部门的条令和教令的工作。

应当承认，工农红军各个条令的内容具有极为重要的意义。每个条令都反映出军事科学的最新成就和现代技术发展的水平，并考虑到了军事行动性质的变化。1924—1925年出版了第一批条令，这些条令总结了第一次世界大战和国内战争的经验，反映了军事改革后军队的变化。它们大多为暂行条令，包括内务条令，海军舰艇条令，红军骑兵、炮兵和装甲兵的战斗条令。

这些条令中的一个要点（这一点在1929年出版的工农红军暂行野战条令第二部分正师、军中有最充分的反映）是要求把战斗看成诸兵种合同战斗，认为战斗的胜利取决于诸兵种的协同行动。条令还规定了使用坦克、组织对坦克防御、对空防御和对化学防御，以及使用航空兵和工程兵的方法。

现在又颁布了一系列新的条令、教令，以代替或补充1924—1925年的条令。这些新的条令、教令包括：工农红军军队伪装暂行教令、工农红军空军战斗条令、电话电报勤务教令、水雷使用教令等。

为了以后不再回到这一问题，我想提前在这里说一下，1926年的暂行野战条令获得大家很高的评价。这本条令研究并阐述了进行现代战斗的一些极为重要的问题。整个说来，30年代中期，红军已具备了先进合理的军事理论，这些理论在我们优秀的条令、教令中有充分的反映。

我在前面已说过，叶戈罗夫于1921年被任命为工农红军参谋长。骑兵监察部在工作上尽管同工农红军参谋部联系不多，但是我们都知道，大多数工作人员都衷心欢迎叶戈罗夫担任这一职务。

我们认为，第一副人民委员图哈切夫斯基、工农红军参谋长叶戈罗夫和工农红军副参谋长、天才的军事理论家特里安达菲洛夫，都将是人民委员伏罗希洛夫在工作上的得力助手。

在骑兵监察部工作期间，我有幸得以亲近地接近图哈切夫斯基。我在前面已经说过，我第一次见到图哈切夫斯基还是在1921年镇压安东诺夫叛乱的时期。他具有匀称的运动员的体格，给人留下深刻印象的仪表。早在那个时候，我们就发现，他是一个勇敢的人，他常随身只带少数人出没于暗藏匪徒的地区。

现在，图哈切夫斯基担任国防第一副人民委员，进行了大量的组织工作和创造性的学术研究工作。同他相处时，他对军事科学问题的广泛知识使我感到惊讶。他是一个聪明博学的职业军人，对战术和战略问题有深刻的研究。图哈切夫斯基对我国武装力量各个不同军种在现代战争中的作用十分了解，因此他能创造性地处理各种问题。

图哈切夫斯基在战略和战术方面得出的一切原则性结论，都是以国内外科学技术的迅速发展为依据的。他强调指出，科学技术的迅速发展对武装力量的组织和未来的作战方法有决定性影响。

早在30年代，图哈切夫斯基就曾提出警告，我们的头号敌人是德国，它正在加紧准备大规模战争，毫无疑问矛头首先是针对苏联。他在后来出版的著作中，一再指出，德国正在建立一支强大的侵略军，包括强大的空军、空降部队和快速部队，主要是机械化部队和装甲坦克部队。他曾指出德国显著增长的军事工业潜力，及其大规模生产作战飞机和坦克的能力。

1931年夏季，在骑兵第1军野营中，我在骑兵第1师的骑兵团长古谢夫和其他同志参加下，拟制了工农红军骑兵战斗条令草案（第一、第二部分）。秋天，该草案在监察部讨论后，提交图哈切夫斯基审查。

我同副部长科索戈夫不止一次曾坚持条令中的某些条文。但我承认，我们常常在图哈切夫的有分量的、说眼力很强的反对意见面前，不得不解除武装，并且对他为我们的条令草案所提出的卓越意见表示感谢。

经过图哈切夫斯基的修正，条令出版了，为骑兵部队提供了良好的战斗训练教材。

我最后一次见到图哈切夫斯基是在1931年党的积极分子大会上。在这次会上，他做了国际形势报告。图哈切夫斯基令人信服地谈到我国威力的增长，谈到我国社会主义经济、科学、技术的宽广前景和文化的繁荣。在谈到我们布尔什维克党对建设新的国家和军队的作用时，他激动地回忆起列宁，过去他曾多次见到过列宁，并和列宁一起工作过。

在这次积极分子大会上，图哈切夫斯基提到他正在写作的论述战争新课题的论文集中的一些观点。当时我们在军事科学方面修养很差，听得都入迷了。图哈切夫斯基是伟大的军事思想家，是红军优秀军事人员中的一颗灿烂的明星。

后来，在1936年苏联中央执行委员会第二次会议上，图哈切夫斯基在发言中再一次强调法西斯德国对我国的严重威胁。他在其生动的充满爱国主义精神的发言中，列举了德国军事力量的数字，认真地分析了德国的侵略野心。

骑兵监察部进行了大量工作，对骑兵部队和兵团的组织、武器装备和作战方法重新进行了研究。

经过部里长时间的讨论并与各骑兵兵团指挥员仔细商讨后，决定骑兵师编成内应有4个骑兵团、1个机械化团和1个炮兵团。骑兵团应由4个骑兵连、1个机枪连、1个团属炮兵连、1个独立防空排、1个独立通信排、1个独立工兵排、1个独立化学排和有关后勤机构组成。炮兵团编成内应有1个122毫米榴弹炮营和1个76毫米加农炮营。机械化团装备有BT-5式坦克。

这样一来，红军的骑兵装备了强大的技术兵器和火器，大大改变了骑兵的编制和作战方法。现在骑兵可以用编成内的火器和用坦克突击的方法为自己开辟前进的道路，以粉碎当面之敌。

骑兵监察部所编写的新的战斗条令和各种守则，都考虑到了实施纵深战役和纵深战斗的基本原则。

创立纵深进攻战役的理论是我国军事学术的重要成就。总的说来，纵深进攻战役的特点是大量使用坦克、航空兵、炮兵、空降兵，也就是说，使用现代化的、有良好技术装备的军队进行战斗。纵深战役的主要内容：第一项任务是对敌人的整个战术纵深同时实施突击，以突破敌人正面；第二项任务是立即将机械化部队投入突破口，该部队在空军协同下应向敌整个战役防御纵深进攻，直至全部消灭敌军集团为止。

同时还必须考虑到，整个战争将由数百万军队在广大空间进行，只有使用空军和炮兵摧毁敌整个防御纵深，加之对敌军集团的翼侧和后方实施坚决的行动以合围并歼灭敌人，才能保证纵深战役的胜利。

指导红军指挥干部行动的军事科学随着新式技术装备和新式武器的出现，随着国家条件的改善，当然也随着潜在敌人的战斗力水平的变化而发生变化。

党中央在用现代化兵器装备军队的同时，还帮助军事领导干部深入理解军事科学领域的变化。为此目的，政治局、总军事委员会曾系统地讨论了军事战略、战役学和陆海军技术改装方面的问题。这些会议通常都有各军区司令员、海军和空军司令员参加。会议得出的结论和观点照例通知陆、海、空军的全体领导干部。

我们这些在监察部工作的人认为，骑兵的改装、改编和掌握战斗条令具有重要的意义，因为大多数骑兵部队当时都驻在极为重要的战略方向上并靠近国境线，这种情况要求骑兵具有充分的战斗准备。

一天，骑兵监察部第一副部长科索戈夫找我去，告诉我。已向伏罗希洛夫同志推荐，准备任命我为骑兵第 4 师师长。

科索戈夫问我对这项任命有什么看法，是否愿意去白俄罗斯军区。我回答说，任命我担任这一著名的骑兵师的师长职务，我感到非常光荣。我熟悉白俄罗斯军区，我过去在那里工作了十年。我很熟悉骑兵第 3 军军长瓦伊涅夫，他是个能干的军事首长。

谈到这里，我与科索戈夫的谈话就结束了。告别时，他告诉我说，布琼尼要找我谈一次。

这次谈话是在几天以后，在人民委员已签署了我的任职命令以后。在谈话结束的时候，布琼尼激动地对我说：

"第 4 师过去一直是优秀的骑兵师，它将来也应当是优秀的骑兵师！"

我高兴地指出，布琼尼同志的这一殷切的期望终于实现了。然而，为了使这个师再度进入优秀者的行列，全师人员，特别是指挥员、政治工作人员和党组织付出了辛勤的努力。

在布琼尼的《光辉的路程》一书中，详尽地描述了骑兵第 4 师取得的辉煌胜利。在这里我只想谈一谈在我指挥这个光荣的师时我自己的几段回忆。

以伏罗希洛夫的名字命名的骑兵第 4 师是神奇的骑兵第 1 集团军的核心。在国内战争年代残酷的战斗中，这个师表现出惊人的勇敢和集体英雄主义精神。

1931 年以前，这个师在列宁格勒军区，驻在以前沙皇时期近卫骑兵部队所驻的地方（加契纳、彼得戈夫、杰茨科耶谢洛）。骑兵第 4 师像在国内战争年代一样，仍然是我们优秀的骑兵师之一。这个师的成员珍惜自己师的光荣战斗传统，他们成功地培养年轻的骑兵战士具有崇高的责任感、忠于自己的职责。

1932 年，这个师匆匆忙忙被调往白俄罗斯军区，驻在斯卢茨克城。后来我听说，这次变换驻地是因为紧迫的作战原因，但是在那个时期完全没有必要把这个师仓促调往一个毫无基础的地方。之所以特别强调这一点，是因为这个师后来用了一年半的时间自己建筑营房、马厩、司令部、住房、仓库和训练设备。因此，训练有素的优秀师变成了一支蹩脚的劳动部队。建筑材料不足、雨季和其他的不利条件使这个师未能及时做好过冬的准备。这对该师的总的状况和战备造成了极严重的影响。纪律松懈了，常出现病马。

第3军（骑兵第4师在其编成内）的领导对第4师不能提供任何帮助，因为该军编成内的其他部队也处于同样状态之下，都同样是仓促调到这个军区来的。

1933年春季，白俄罗斯军区司令员乌博列维奇到部队经过短期视察后发现第4师处于很糟的状态。应当指出，当时司令员在营房建筑方面也没有给该师以应有的帮助，也没有注意部队所处的条件，而现在他把该师处于不良状态的主要责任全部推到第4师师长克列特金的身上。

当然，作为师的单一首长，师长应对师的问题负责，但是，作为上级首长和老同志应当客观些。乌博列维奇性情急躁，他把骑兵第4师的情况报告了国防人民委员伏罗希洛夫并要求立即撤换克列特金师长。当然，该师有缺点，不过乌博列维奇渲染太过分了，他认为，这个师已没有战斗力并失去了优良的战斗传统。

接到乌博列维奇的报告后，伏罗希洛夫很不高兴，因为他与这个师多年来有密切的关系，他曾不止一次在这个师的队伍里冲锋陷阵。这个师培养出了一大批优秀的有才干的指挥员和政治工作人员。第4师也是骑兵监察部长布琼尼的宠儿，过去是布琼尼组成了这个师，率领它出生入死。

伏罗希洛夫把乌博列维奇报告给他的情况转告了布琼尼，要他物色一个新的师长。

这一天到来了，我和妻子、女儿坐上火车，又回到白俄罗斯我熟悉的地方。我熟悉白俄罗斯，我热爱白俄罗斯。白俄罗斯有优美的大自然，有奇异的森林，有湖泊、河流。我喜欢打猎、钓鱼，所以，非常高兴又回到这个风景如画的地方。我过去在白俄罗斯工作期间，曾研究过白俄罗斯的地形，从北端到南端。这对我后来的工作有多大的好处啊！但最主要的是，我在白俄罗斯军区有许多朋友，特别是在骑兵部队和兵团中。

确实，我对第4师了解很少。这个师我只在1931年去过一次，而且待的时间很短。师里的人，除了师长克列特金、政治副师长尤格、师参谋长韦尔托格拉德斯基、机械化团团长诺维科夫和其他几个指挥员以外，我几乎都不认识。不了解自己的部属，不了解他们的优、缺点，不了解干部的能力，根本不可能很好地领导部队，特别是领导大部队。

到斯卢茨克我们正碰上春季泥泞季节，车站上到处是泥，难以通行，在到达马车前，妻子的套鞋不止一次地陷在泥里。女儿艾拉坐在我肩膀上问道：

"这儿怎么没有人行道呢，像在索科利尼克我们家那儿一样？"

我回答说：

"这里也会有人行道和漂亮广场的，只是要等将来……"

我们一家人暂时被安顿在师化学兵主任德沃尔佐夫的一间八平方米的房间里。德沃尔佐夫非常客气，把这间房让给了我们，自己一家人住在一间小的房间里。我们大家都知道住房的困难，谁也没有要求更好的，更好的房子有待于我们自己来建造。

半小时以后，我来到师司令部，它就设在同一个院子里。师长克列特金不在司令部，他说他身体不舒服，不能迎接我。我当然理解他的心情，没有坚持立即见到他。

政治副师长尤格和师参谋韦尔托格拉德斯基把师里的情况详细地向我做了介绍。对他们及时而详尽的介绍我非常感激，但对我来说，主要的是必须亲自到部队和分队彻底了解情况，弄清缺点之所在，找出原因，并同指挥员和政治工作人员一起确定克服缺点的途径。

当天我来到马内奇骑兵第19团，这是师里第一个、也是最老的团，团长是科斯坚科，是个老骑兵。这个人过去我没有见过，但听说过许多关于这位善良的指挥员的事，他对于骑兵事业非常热心，经常参加当时在骑兵部队中很普遍的各种骑乘竞赛运动。

伟大卫国战争爆发后，科斯坚科被任命为第26集团军司令员，在乌克兰保卫国家边境。在他的指挥下，这个集团军的部队和兵团战斗非常顽强，在战争最初几天，法西斯军队付出重大代价也未能突入乌克兰内地。但非常可惜，科斯坚科没有能活到今天。他在哈尔科夫方向残酷的战斗中英勇牺牲了，当时他是西南方面军副司令员。他的长子彼得和他是同时牺牲的。彼得是一个非常可爱的孩子。我记得，彼得还完全是一个孩子的时候，就学习军事，他特别喜欢骑马和劈刺。科斯坚科为他有这样一个儿子而感到骄傲，他希望自己的儿子能成为一个真正的骑兵指挥员。他的希望终于实现了。

在去过第19团以后，我又仔细地了解了骑兵第20、第21、第23团，骑炮兵第4团和机械化第4团，以及师的独立骑兵连的情况。驻在距斯卢茨克城20公里科纽赫村的骑兵第20团的情况最为严重。该团的团长是克留科夫，后来，他在伟大卫国战争中指挥一个骑兵军，并且在最高统帅的命令中不止一次受到表扬。这个团驻扎在国境线附近，担任师的前卫。

尽管条件很恶劣，但全团人员的情绪却很高。甚至军官的老婆，她们放弃了列宁格勒附近舒适的住房，也毫无怨言，只是对一件事不满，没有学校，孩子没有地方上学。

骑兵第21团的团长是穆兹琴科。在独立骑兵第14旅时我认识了他，当时在国内战争时期他担任团的副政治委员。伟大卫国战争爆发时。他在乌克兰指挥第6集团军，司令部设在利沃夫。由于当时情况的变化，穆兹琴科在战争初期的遭遇是不佳的。在优势敌人的强攻下，他被迫向乌克兰腹地退却，途中受重伤被俘，整个战争是在德国的战俘营里度过的。

骑兵第21团在组织性、执勤和一般制度方面，给人留下了较好的印象。可以看出，团的指挥员、政治工作人员在组织工作方面做得不错。

骑兵第23团的团长是萨科维奇。这是一个无可指责的正直且纪律性很强的人，是我们党的忠诚儿子和勇敢的军人。萨科维奇1942年5月27日在哈尔科夫战役中牺牲了，当时他是骑兵第28师师长。

机械化第4团的团长是诺维科夫。在伟大卫国战争期间诺维科夫指挥过机械化军，不止一次在最高统帅的命令中受到表扬。诺维科夫是骑兵集团军的老兵，长期担任过骑兵第4师作战处长。机械化第4团的政治委员是杰出的布尔什维克津钦科，也是骑兵第1集团军的老战士，从该集团军成立之初，他就在它的旗帜下英勇战斗。在伟大卫国战争期间，津钦科曾担任过几个方面军大医院的政治委员。

从机械化第4团中培养出了不少优秀指挥员和政治工作人员，他们现在在总参谋部、国防部各部和部队中担任重要职务。过去他们是普通的工人和农民，而现在他们成了出色的军事专家、校官和将官。

机械化部队，特别是机械化军在伟大卫国战争中起了特殊的作用，可是在战前建立机械化军是相当不容易的。在这里我想讲几句机械化军产生的过程，建立机械化军这是我军的首创。

1929年苏联革命军事委员会（根据特里安达菲洛夫的报告）通过决议，决议中指出：

"由于装甲武器是一种新式武器，我们对它无论在战术使用上（单独使用或与步兵、骑兵协同使用）或是最有利的组织形式上都没有充分的研究，因此，有必要在1929—1930年组成常备试验机械化部队。"

根据这个决议，在1929年组成了试验机械化团。这个团当年就参加了在我们白俄罗斯军区举行的集团军演习。演习的领导是伏罗希洛夫、沙波什尼科夫和特里安达菲洛夫。

1930年这个团扩编为一个机械化旅,也立即参加了军区的演习。1932年组成了世界上第一批机械化军,每个军编成内包括2个机械化旅、1个步兵机枪旅和1个独立高炮营。每个军有500多辆坦克和200多辆装甲汽车。到1936年年初,已建成4个机械化军,6个独立机械化旅,6个独立坦克团,骑兵师内编有15个机械化团,在步兵师内编有80多个坦克营和坦克连。

我们建立了第一批机械化兵团并进行了试验,这为进一步发展我们大规模使用机械化军队的理论打下了良好的基础。

在视察机械化第4团时,我们一开始就发出战斗警报。当然,这是团的领导没有估计到的,因为这个团的最后几列车刚刚从列宁格勒军区到达这里。第一次见面就不得不向分队指挥员说明,机械化团的主要任务是能够迅速展开,熟习技术兵器,掌握装甲坦克武器射击的特殊技能。发出战斗警报是在雨夜,当然不出所料,发现了不少缺点,特别是在不熟习的地形上驾驶和射击方面存在着缺点。

到部队调查的同时,我也仔细了解了师司令部和分队指挥员、政治工作人员的情况。

在司令部和政治处对部队的具体领导方面也存在不少问题。例如,对于部队的军事训练缺乏必要的监督,对执行命令缺乏应有的严格要求。特别是未能及时研究、总结和推广军事训练中的先进经验。每个部队都是"闭门造车",曾出现过这样的事,某个部队经过巨大的努力"发现了"某项训练的较完整的新办法,可是这个办法在另一个部队早已是老办法了。

前面我已经说过,师参谋长是韦尔托格拉德斯基。他在军事上很有修养,过去是沙皇军队的军官。领导师政治处的是尤格,他是一个很有才能的政治工作人员。不久,他被提升为骑兵第3军政治副军长,调往明斯克。

同师的领导干部讨论了我视察的结果以后,我们决定,首先召开党的积极分子大会,分析师里存在的优、缺点。然后,准备召开扩大的全师各级领导干部大会,吸收司务长参加,因为司务长在组织全部内务勤务方面起着巨大的作用。

党的积极分子大会开得很成功。在党员的发言中反映出一种要求立即克服现存缺点的决心,并对那种把纪律松懈、军事训练差归罪于客观条件的情绪进行了严厉批评。

党的积极分子大会以后，可以清楚地看出，师之所以走下坡路是因为政治工作薄弱，军事训练没有抓紧。作业学习几乎全停了，因为全部力量投入了营房建设。应当立即按计划组织军事训练，全面展开党政工作，至于营房建设和其他事务性工作，按计划用专门规定的日子来完成。此外，我们希望军区领导能给我们更多的支援。

党的积极分子大会的意见和师领导的建议受到各级领导干部会议的欢迎和支持。

在军事训练方面，我们准备集中主要力量对各级指挥干部进行教学法训练。我们负责进行战术训练的一系列示范作业。射击训练的示范作业，我们委托第21团实施；骑术示范作业由第19团和骑术专家科斯坚科负责；队列训练和体育训练示范作业由克留科夫实施；对训练初级指挥人员的示教作业由第23团准备和实施；而骑炮兵第4团和机械化第4团则实施在进攻战斗中炮兵和坦克同骑兵协同动作的作业。

实施作业以前，还必须进行大量的组织工作和教学法研究工作，因为只有作业水平很高才能给观看的人留下深刻印象，这样的作业才能收到良好的效果。

在战术训练方面，我们把主要力量放在亲自对中上级指挥人员进行训练。根据我多年在实际工作中的经验，只有在战术上很有修养的指挥员在平时才能训练出能征善战的部队，在战时才能以最少的牺牲获取胜利。

我想再强调一次，我本人始终非常重视战术训练，认为战术训练是全部军事训练的最重要部分。我在长期的军队生活中，从普通士兵到国防部长，始终不倦地努力学习战术。

师大部分训练时间在野外，仔细研究在复杂条件下战斗的组织和实施。出发地位的急行军，以及紧急情况的处置，对领导干部的锻炼很有益处。我们不断培养指挥人员和政治工作人员善于在战斗中灵活指挥部队的本领，没有这种本领，在现代战斗情况急剧变化的条件下，就不可能消灭敌人。

骑兵在当时是地面部队中机动力最强的人数众多的兵种。骑兵适于用来迅速迂回：包围或对敌人翼侧和后方进行突击。在遭遇战条件下，它必须能迅速展开成战斗队形，迅速对敌人开火，主力迅速进入冲击出发地域并能不停顿地追击退却的敌人。

骑兵有了装甲武器的加强，骑炮团有了榴弹炮，不但能够摧垮敌人的抵抗，而且还能完成进攻战斗的任务实施顽强的防御。

当然，掌握新式技术兵器，特别是在作战中使用新式技术兵器不总是那么顺利。许多红军战士和指挥员文化水平不高是一个障碍，技术上常出事故、发生问题，加之不是所有人都理解技术知识的必要性，另外技术干部又很缺乏。必须改造旧的兵种，建立新的兵团，把一些步兵和骑兵指挥员训练成飞行员和坦克手，同时要经常保持军队的战斗准备以防遭受侵略。在进行上述工作的同时，还要进行军队的改编。

然而另一方面，新的技术兵器很有吸引力，开辟了新的天地，在部队指战员中激起了广泛的兴趣。通过印刷品、广播，借助于电影广泛地传播了军事技术知识。在党组织的领导下，红军战士和指挥员踊跃参加军事技术小组（当时在陆海军中有近5000个军事技术小组，仅我们军区1932年在这种小组和训练班中学习的占全体人员的80%）学习，听军事技术问题报告，参加各种技术和武器知识竞赛。

在部队里到处可以看见共青团组织的宣传技术知识的壁报、图片展览。部队中还经常组织简短的会议，讨论技术兵器的保管问题，讨论新出版的军事技术书籍，组织技术兵器的参观，开展争当优秀射手的群众运动。

在共青团中央和各种志愿国防协会的协助下，组织适龄青年学习军事技术。在1934—1935年，有150多万男女青年学习发动机技术达到合格标准，有100万男女青年学习防空和防化学达到合格标准。

一句话，当时党的号召"掌握技术！"成为军队党组织、工会组织、共青团组织、指挥员和政治工作人员活动中的主要内容。这样一来，指战员不仅掌握了技术，还进一步努力改革技术，仅我们军区1933年就实现4000多项改进技术的合理化建议。当然，这种活动受到了大力鼓励。

我们认为，训练指挥人员和参谋人员时的一项重要任务是使他们掌握突然遇到敌人时指挥部队的本领。在这种情况下，不能通过通常采用的书面命令、电话或一切有线通信工具进行指挥，只能采用无线电指挥，只能下达简短的战斗命令，像当时骑兵喜欢说的"在马鞍上指挥"。

在师团各级指挥人员的战术训练中，我们努力培养他们善于隐蔽部队和分队的行动，以保障对敌人进行突击时的突然性。

我直到现在也忘不了我们在1933年所进行的一次极有趣的对抗演习。

演习中，防御一方是穆兹琴科指挥的加强的骑兵第21团，这个团比进攻一方骑兵第20团早两天进入阵地，利用这两天时间在整个战术纵深内组织防御。骑兵第20团对于即将进行的演习一无所知，对于骑兵第21团已进入阵地组织防御也不知道，只在听到战斗警报后，进行紧急集合。

在集合地域给骑兵第20团加强了一个坦克连和一个骑兵榴弹炮兵营。在这里向团的领导介绍了战术情况，要求该团立即行动。骑兵第20团担任师的先遣支队必须立即进行46公里的行军，以便夺取登陆场，该地骑兵第21团已构筑防御工事。

日终时，骑兵第20团的先头分队与骑兵第21团的战斗警戒发生接触。天已黑了。骑兵第20团没有来得及在天黑以前对"敌人"防御进行侦察，团长克留科夫定下决心，在夜里对"敌人"进行侦察，拂晓开始进攻。当然，当时也不可能采取其他决心。

经验证明，战斗的结局归根到底取决于指挥员及司令部对进攻的准备是否充分，是否有坚定的目的性。在这一复杂的工作中，起首要作用的是侦察。弄清了敌人的部署、兵力和兵器，以及敌人所在地方的地形特点，就可以准确地判断敌人行动的方式。

根据经验，我深知仔细侦察的重要性。特别是要在拂晓向敌人防御发起进攻时，这一点尤其重要，因为在夜晚，敌人很容易在夜色掩护下变更战斗队形。在对付有经验的敌人时，仔细侦察显得特别必要。

骑兵第20团团长克留科夫自然在理论上也知道这一切，但在行动上表现出不能容忍的疏忽大意，他没有估计到他的"敌人"也有自己的战斗任务：阻止当面之"敌"突破，当条件有利时，消灭该"敌"。

骑兵第21团团长穆兹琴科决定：

1. 天黑之前，以前沿和炮兵的火力粉碎"敌人"突破防御阵地的企图，不使"敌人"楔入第一阵地；

2. 天黑以后，借战场枪炮声的掩护并采取严格的伪装隐蔽措施，将本团的战斗队形撤至预先构筑好的第二防御阵地；

3. 为了使"敌人"不致识破自己一方的机动，直至拂晓前才撤出团防御前沿第一道堑壕的部队，留下侦察群观察"敌人"的行动。

天黑以后，骑兵第20团团长向21团防御前沿派出加强的侦察群。侦察群遭到防御一方的射击，卧倒在铁丝网前，开始进行观察。这一夜骑兵第20团团长不断收到例行报告，证明"敌人"仍然待在第一道堑壕内并准备抓俘虏。第20团团长克留科夫相信，"敌人"在工事内，将利用已占领的阵地进行防御。

拂晓，经过炮火准备后，第20团团长感到胜利在望，发出了开始进攻的信号。炮兵火力加强，发起了勇猛的冲击。坦克快速地从行进中通过第一道堑壕，冲向第二道堑壕。第一道堑壕已被占领。可是发生了什么情况，为什么坦克停止前进了呢？

骑兵第 20 团团长向演习总导演报告说："师长同志，请允许我亲自到前面去看一看，为什么冲击部队都停下来了。"

"那好吧，眼见为实嘛，去看一看，弄清楚一下吧！"

克留科夫在第二道堑壕碰到了第 2 连连长布什。

"怎么回事，为什么停止前进？"

"团长同志，我正在同坦克连连长商量，我们下一步做什么。"

"做什么？粉碎'敌人'呗！"

"可是这里没有'敌人'。"

"没有'敌人'？那'敌人'到哪儿去啦？整个晚上侦察向我报告，'敌人'在此进行防御。"

任调理员的坦克手向团长报告说："请允许我报告，堑壕里一根棍子上挂着一个纸条，也许它能说明点问题。"

团长接过纸条，大声读道：

"向你们问好，来找我们吧，我们像风一样无影无踪啦。奉劝你们以后眼睛睁大点！"

听到这段话，在场的人茫然若失。骑兵第 21 团成功地进行了一次欺骗性的机动，使进攻一方把弹药倾泻在空地上，这使进攻者处于很窘的境地，何况现在他们也搞不清，"敌人"到哪儿去了呢？

骑兵第 20 团团长的调理员科斯坚科讽刺地说："这是穆兹琴科有意为你克留科夫安排的一幕喜剧。"

克留科夫看一看手中的地图，再看一看当面的地形，失声喊道："糟糕的还在后头呢！"就在这时，好像是证实他的话似的，调理员显示骑兵第 21 团的炮兵对骑兵第 20 团停止不前的战斗队形进行炮击。

第 20 团搞得狼狈不堪。

在演习结束后的讲评中，对双方的行动进行了仔细的分析，特别是对骑兵第 20 团的错误，也就是在侦察中表现出的不合容忍的消极被动的做法进行了分析。至于第 21 团的行动，他们被树为进行欺骗性行动的范例。

这次演习长时间给参加者留下了深刻的印象，后来又以不同的方案多次进行了这类演习。

在训练部队时，应特别注意培养部队善于在复杂的条件下确定目标和任务。为了达到这一目的，采取了哪些措施呢？

我通常对演习企图严格保密。对参加演习的团发出战斗警报，指定集合地域，在集合地域向团的领导说明战术情况，发出战斗命令，规定他们实施机动，通过难以通行的地域、沼泽地或森林地。行进路线应选择在必须花费相当力量来清理和敷设道路，使用就便器材构筑束柴路和渡河。在这种情况下，通常不加强任何工程器材，以便训练各级指挥员善于靠自己的力量、利用就便器材脱离困境。

实施这种演习在体力上消耗很大。有时部队需要连续行军好几天，不能睡觉，不能按时吃饭，有的人累得连站都站不稳。但是当部队完成了艰巨的任务，达到规定的目标时，指战员是何等高兴啊！一旦将来陷入困难境地时，他们会充满信心，相信自己能完成规定的任务。因为领导干部、司令部和全体人员已经获得了实际本领，能够顺利地摆脱任何困难境地。

在演习结束以后，由政治工作人员组织同志聚会，对于培养指战员的道德品质很有好处。聚会时，"战斗"的参加者可以谈谈自己的感想，可以批评不足之处，也可以对那些在困难面前无能为力或由于自己疏忽大意而增添麻烦的人善意地开开玩笑。

由于全师人员的努力，1935年师的营房建筑任务完成了。所有的部队都有了良好的营房和训练设备。全师马匹的状况有很大的改善。

到了这一年，我们师在政治教育和军事训练的各个方面，都取得了不坏的成绩。部队和分队在纪律、执勤和组织性方面，都达到了很高的指标。

1935年是我们师发生重大转折的一年。首先，在校阅中我师各部队都获得了很好的成绩，就是骑兵军事训练中最困难的课目射击训练也获得出色的成绩。其次，我们师由于学习和军事训练中的优异成绩获得了政府的最高奖励列宁勋章。

许多指挥员、军士和红军战士都荣获了勋章。我也荣获了列宁勋章。这一切使我深受感动。我认真思索，我们应做哪些工作进一步提高军事训练水平，改进师的工作。

这一年还发生了一件我们军人难忘的事情，党为了提高指挥干部的威信采取了又一措施，授予军衔。第一批荣获苏联元帅称号的有布柳赫尔、布琼尼、伏罗希洛夫、叶戈罗夫和图哈切夫斯基。

布琼尼到我们师来是我们师的荣誉。布琼尼仔细地检查了我们师的军事训练情况，特别是骑术、队列和战术训练。所有的检阅演习都进行得很出色,这些演习又一次证明了我们训练所达到的高度水平。

为了举行列宁勋章的授勋仪式,全师在城内一个操场上乘马列队。全师人员兴高采烈,在每个团的一侧都飘扬着他们的军旗,就在这些旗帜下,师的老战士同白卫军和波兰白匪进行过战斗。

欢迎曲奏完,报告词念毕后,布琼尼在庄严肃穆的气氛中登上检阅台。按照他的信号,我带领几名助手,举着师的军旗驰近检阅台。布琼尼把列宁勋章别在军旗上,我们举着军旗在队列前驰过。

经久不息的欢呼声、隆隆的礼炮声,这一切充分表达了全师人员对党和政府衷心的感谢。党和政府对师在平时军事训练和演习中作出的成绩给予了很高的奖励。

检阅以后,布琼尼对师作了简短的讲话。可以看出他非常激动。在这种场合,他怎能不激动呢,他培育的师获得了最高的奖励。应当说骑兵战士,特别是那些在国内战争时期同他一起度过艰苦岁月的人,对布琼尼非常尊敬。

在布琼尼作了热情洋溢的发言以后,由我讲话,我代表全师人员请求布琼尼转告党中央和政府,我们第4师将珍视并发扬光荣的战斗传统,我们随时准备完成祖国下达的任何命令。

最后,进行了隆重的阅兵式。阅兵以后,我举行宴会,在宴会上,布琼尼和一些老骑兵战士回忆起国内战争时期的故事和一些没有能活到今天的英雄的事迹。这一次讲得动听的是机械化第4团的团长诺维科夫,他有惊人的记忆力,对战斗生活中一些细节记得十分清楚。

后来,在我继续担任第4师师长的期间,布琼尼又到我们师来过三次。他每一次到来都使我们全师人员非常高兴。应当承认,布琼尼很善于同战士、指挥员谈话。不过他从没有和我们一起进行过作业、演习或司令部导演,但从没有人因此而责怪过他。

白俄罗斯军区司令员乌博列维奇也到我们师来过几次。他是一个真正的苏维埃军事将领,对战役学、战术都非常精通。他总是在没有预料他会来的时候,突然来到部队。每次他一到达,就发出战斗警报,把部队集合起来,然后进行战术演习或指挥员学习。

乌博列维奇第一次来到我们师还是1934年。相互问好后,他对我说,他是来看看我是如何训练部队的。我回答说,我非常高兴,但坦率地讲,我很激动。

"现在我给你四个小时,"乌博列维奇说,"你把骑兵第21团拉到野外,我要看看你们师的训练达到了什么样的水平。演习题目你自己定。

我在步兵第 4 师司令部等候你的通知。"

"组织战术演习的时间太少了,"我试着讨价还价,"我们甚至来不及训练调理员和显示'敌人'。"

"确实时间很少,"乌博列维奇同意地说,"但在战争中什么情况都可能出现。"

我明白,讲价钱毫无用处,应当立即行动。

我打电话给骑兵第 21 团团长穆兹琴科通知他演习警报的暗号及出发地位,我按图向他口述了简短的战术想定。在想定还未印出以前,师参谋长及其助手迅速准备好想定要图,亲自带到骑兵第 21 团交给指挥人员。到规定时刻一切准备就绪。

准确地在四个小时以后,乌博列维奇在我派去的副官的陪同下来到野外出发地位。

他向骑兵第 21 团团长打招呼后,命令团长报告情况和自己的决心。

穆兹琴科报告得很好。从司令员脸上的笑容,可以看出,演习开始阶段他很满意。

"好吧,上马,"司令员说,"让我们看看团的动作。"

演习进行五个小时。在这段时间里,司令员查看了担任"师先造支队"的团各分队的动作。他骑了 80 多公里的马,显然累了,命令演习停止。

我骑在马上,在队列前作了讲评。在我讲评以后,乌博列维奇对所有参加演习的人表示感谢。在和我们分手时,他说:

"你们的训练水平是符合现代要求的。祝你们成功。我不能再停留了,我得赶到国境线去,但在军区进行大演习以前,我还要来看你们。"

大家对于演习结果很满意,而且说实话,对于乌博列维奇没有时间继续留在师里也很满意。

1935 年骑兵第 4 师调出骑兵第 3 军,编入骑兵第 6 军。戈里亚切夫被任命为第 6 军军长。从 1936 年 4 月起,骑兵第 4 师改名为顿河哥萨克第 4 师并规定了哥萨克的制服。

我曾有机会多次参加军区的演习。但我是通过参加军区的大演习,才获得那些特别宝贵的战役战术经验的。应当感谢司令员乌博列维奇、军区参谋长博布罗夫、军区军训部长舒莫维奇及军区司令部,他们组织的演习很有教育意义,出色地推演双方的动作,做了很好的总结。

1936 年的演习给我留下了特别深刻的印象,其中包括强渡别列津纳河,这条河就是 1812 年拿破仑把从俄国撤退的大军的残余部分丧失殆尽的那条河。

当时大家都知道，这次演习，国防人民委员伏罗希洛夫及其他军事首长要到场。自然，参加演习的每一个部队，每一个兵团都希望能见到伏罗希洛夫。而我们顿河哥萨克第4师的指挥员认为，人民委员一定会到我们师来，这是理所当然的。但什么时候能来呢？我们希望能碰上一个好天气，那样，我们大家看起来也精神些、好看些。但事与愿违，那一天却是秋天常遇到的天气，雨下个没完。

我们把全师集中在渡河地域，妥善地隐蔽在距别列津纳河4—5公里的森林地带后，把指挥员召集到指挥所，准备给他们做关于强渡江河以后同友邻部队进行战术协同的口头指示。我们还没有来得及打开地图，几辆汽车已开到指挥所前。从第一辆汽车走出伏罗希洛夫、叶戈罗夫和乌博列维奇。我向人民委员报告了自己的职务和姓名以后，又简要地向他报告说，第4师已做好强渡江河的准备，现在各部队指挥员集合在这里听取最后的指示。

"很好，"人民委员说，"我们也听一听你的指示。"

伏罗希洛夫非常仔细地询问了强渡江河中坦克在超过自身高度的深水中行进的问题。机械化团团长做了仔细的说明，然后，伏罗希洛夫转向部队指挥员和政治委员中他过去在骑兵集团军中认识的人。

他说："我们的骑兵发生了多大的变化啊！在国内战争时期，我同布琼尼在整个骑兵集团军中只有几辆原始的装甲车，而现在呢，每一个骑兵师就有一整团出色的坦克，可以靠自己的力量通过复杂的江河障碍。怎么样，我的老朋友，你对坦克怎么看？"他问科斯坚科，"坦克不会使我们上当吧？也许马匹更可靠，嗯？"

"不，伏罗希洛夫同志，"科斯坚科说，"马匹、马刀和长矛我们目前还不能抛弃，我认为放弃骑兵现在还为时过早，它还能为祖国服务。但是我们应对坦克给予充分注意，它是新型的快速机动兵种。"

"你怎么看呢，政治委员？"他转而问津钦科，津钦科也是他在骑兵第1集团军的老相识。

"我认为科斯坚科的意见是对的，"津钦科回答说，然后他又补充道，"如果我对装甲坦克兵器的前途表示怀疑的话，那我就是一个可怜的、可以说是完全不合格的机械化团的政治委员了。我认为，应尽快地发展机械化部队，特别是坦克兵团，而目前我们还太少。"

"怎么样，叶戈罗夫同志，"伏罗希洛夫转向总参谋长说，"我们不打扰他们啦。祝你们大家一切顺利，我们还要见面的，以后再谈吧。"

我们明白，人民委员要亲自观看我们强渡江河，因为这些汽车已开往我们师即将行动的地域。在 30 分钟的炮火准备以后，本师各部队的先遣支队在宽大正面上接近河岸。一个中队的飞机沿河岸低低飞过，施放烟幕，成功地遮断了"敌人"的视线，掩护登陆兵第一梯队的行动。当烟幕开始消散时，先头分队已在对岸巩固下来。有的地方传来"乌拉"声、连续不断的枪声和隆隆的炮声。当烟幕完全消散时，可以清楚地看到，机械化团的 15 辆坦克已爬上"敌"岸，在行进中进行射击，迅速接近了在已夺取的登陆场上实施进攻的分队。不久，全师都到达对岸，击退了"敌人"，顺利地向前推进。

在讲评时，人民委员对我们师给了很高的评价，他热烈赞扬我们的渡河组织工作做得很好，赞扬坦克手的创新精神，他们敢于渡过像别列津纳河这样深的河流。

我们叫各团开会向战士、军士和指挥员传达了这一讲话。他们久久不肯散会，继续畅谈演习中的感想。

第二天一早，举行阅兵式。天气非常的好，太阳温暖了我们的心。所有参加军区大演习的部队站好了队，等待下达"立正"口令，欢迎国防人民委员。

我以为我们顿河哥萨克第 4 师各部队的指挥员会比其他人更为激动些。但是，不，士兵的脸上、指挥员的脸上，都很平静并充满了信心，一切都会很顺利的。下达了"立正！""向右看！"的口令，国防人民委员正向部队走来。

听取了军区司令员乌博列维奇的简短报告以后，人民委员开始检阅。检阅过步兵后，我们师的乐队奏起了欢迎曲。人民委员骑着一匹火红色的马，向我们师跑来。来到马内奇骑兵第 19 团旁边时，伏罗希洛夫第一次停下来，他曾不止一次同这支部队一起向白卫军和波兰白匪军冲锋陷阵。

"同志们，你们好！"他用一种特别亲切的声音向战士们问好，环视了战士一眼。

检阅过我们第 4 师以后，人民委员以同样的步伐驰向琼加尔哥萨克第 6 师。这个师在国内战争年代同样功勋卓著，这个师同我们师肩并肩地在骑兵第 1 集团军的旗帜下共同战斗。

然后，伏罗希洛夫登上检阅台，发表了讲话，他简要地讲了党在建设社会主义方面的政策和措施，分析了国际形势，强调进一步加强国防的必要性，并祝贺大家胜利地完成了秋季演习。讲话完毕后，在乐队响亮的乐曲声中，步兵踏步前进，在步兵后面行进的是骑兵。

在阅兵中呈分列式行进时，骑兵通常采用快步，而这一次我们得到司令员的允许，采用马场跑步。可是却出现了这样的情况，快接近人民委员站立的检阅台时，马场跑步变成了伸长跑步，而当机枪车的行列到来时，他们的步伐加快成了袭步。铁木辛哥开始不安了，他向我这边望了一眼，而我这时已无能为力了。机枪车像离弦的箭一样，飞快向前冲。当时我只担心一件事：机枪车的车轮可别脱落下来。在莫斯科的阅兵式就曾发生过这种事。我偷看了一眼人民委员，松了一口气，他在微笑，正向师的勇敢的机枪手们挥手致意。

在往后的几年里，我们师每年都参加军区的演习。每次去以前我们都有充分的准备，而且每次都获得上级的嘉奖。

我在这里想叙述一次在军区大演习以前我们进行的演习。这次演习是在军区司令员乌博列维奇和副司令员铁木辛哥亲自领导下在斯卢茨克附近举行的。

演习题目是"步兵师与骑兵师的遭遇战"。

当时的步兵师已是装备良好的战斗兵团。在十年以前，步兵师编制上是1.28万人，装备有54门火炮、189挺重机枪和81挺轻机枪，完全没有坦克和高射兵器，而1935年的步兵师，编制人员与过去大致相同，可是装备有57辆坦克、近100门火炮、180挺重机枪、350多挺轻机枪和18挺高射机枪。

演习是在九月的一个清晨开始的。那天天气很好，秋高气爽，战士们精神振奋、情绪饱满。我们在头天晚上向全体人员介绍了战术想定，整个一个晚上，全师做好了演习准备。我们第一个阶段的任务是夺取并通过隘路。

这个行动具有重要意义，对于先头部队来说尤其如此，因为越过大片沼泽地以后，是一片在战术上有重要意义的高地，那里有开阔的视界。地形本身就能保证本师部队沿宽大正面展开，而这一点在遭遇战条件下是相当重要的。我们决定派遣机械化第4团的部分兵力作为师的先遣支队，其中包括轻型坦克、装甲车、摩托化步兵和炮兵分队。这样一支机动力很强的先遣支队可以保障迅速夺取和通过隘路，下一步前出至极为重要的地区，可以使我们尽快地与"敌人"接触。

我们沿最近的距离，向前进方向上视界不好的地方派出了独立骑兵侦察群。根据刚收到的先遣支队发来的无线电信号，先头分队已通过隘路并前出至第一号地区，我们向师的主力发出无线电信号，命令他们立即开始按梯队通过隘路，以便前出至夺取主要地区的出发地域。

两小时以后，全部主力通过沼泽地，到达规定的方向。此时，师司令部和师的领导人位于师主力的中间。根据先遣支队及其侦察组的报告，我们得知，"敌人"分两路向我们开来：主要方向上的一路，有两个团和支援炮兵；另一路有一个团和加强炮兵。"敌人"的侦察群在其前卫前6—8公里。根据没有发现任何侦察飞机这一点来判断，我们深信，"敌人"目前还没有发现我们师的行动。

像往常一样，突然乌博列维奇（正集团军级）在铁木辛哥的陪同下，来到我们师司令部。

他问道："关于'敌人'你们得到一些什么情报？你师部队现在到了什么地方？"

我在自己的图上向他指出"敌人"的位置、我们师呈什么队形、到了什么地方，并报告了自己的决心。乌博列维奇让我在他的图上指明并标出我准备从什么地方攻击"敌人"，以及各团的突击方向。

我告诉他说："这是初步的决心，如果情况不发生大的变化的话。"

从铁木辛哥脸上的表情，我可以看出，他们很满意。这更增强了我的信心。

乌博列维奇又问道："你如何指挥各团？当接近敌人并发生战斗时，你在哪个部队？"

我回答说：

"师作战处长阿尔希波夫到右翼骑兵第20团，该团的任务是牵制'敌人'一个步兵团。加强有师炮兵和坦克连的骑兵第19团将从正面进攻'敌人'的主力。这里由副师长德列叶尔（旅级）指挥。我师的主力应从'敌人'翼侧迂回过去，从背后攻击'敌人'。这里由我亲自指挥。我一直随主力行动到战斗结束。我们现在就准备到部队去，同时用无线电向部队发出简短命令。"

"祝你们胜利。"乌博列维奇说，然后同铁木辛哥一起坐上汽车往"敌人"方面去了。

正如我们所估计的那样，我骑兵第19、第20团从正面与接近的"敌人"展开了激烈的战斗，这大大地有利于我师主力判明情况。

我们的"敌人"太疏忽大意了！我师主力迂回过去并在其背后展开，而他们毫无察觉。我们站在一个高地上，清楚地看到，"敌人"的一个步兵团正面向西正在与我骑兵第19团进行战斗，我第19团占领的射击地区很好。"敌人"的另一个团正跨过耕地进行迂回，显然是企图攻击我骑兵第19团的翼侧。"敌人"把第19团当成我们的主力了。

就在这个时候，我们的坦克从小树林中层开成战斗队形，向前推进，师的主力跟随在坦克后面，呈临战队形前进。坦克和炮兵开始猛烈射击。接着是震耳欲聋的"乌拉"声。像在遭遇战中常见的那样，后面的情况就难以弄清了。

究竟后来发生了一些什么情况呢？究竟哪一方动作较好、展开迅速、突击有力呢？我们只是在讲评中才知道的。讲评就在野外，由司令员乌博列维奇亲自进行。

乌博列维奇在指出步兵第4师的一系列严重缺点后，强调骑兵第4师给他留下很好的印象。

我们骑兵师当然很高兴听到司令员对我们的赞扬，但同时对步兵第4师的失利内心感到不安。我们师和他们师同驻在一个卫戍区，是很亲密的朋友。

在军区举行的大演习中，步兵第4师的领导又不走运。在特罗斯佳涅茨地域（距明斯克不远），步兵第4师同其他几个师陷入了合围。而且不仅如此，它根本无法突出重围。这一次它主要的"敌人"，就像在斯卢茨克地域的演习一样，恰恰又是我们骑兵第4师。

应当说，突围是一种最困难、最复杂的战斗行动。要想迅速突破敌人的正面，领导者必须具备高超的本领、坚强的毅力、严密的组织性，特别是卓越的指挥能力。

如果能做到：在突破地段隐蔽地重新部署部队，对敌战斗队形进行强大的炮兵和航空兵袭击、实施猛烈的突击，施放烟幕遮断敌炮兵的观察，这样才能保障突围的胜利。但很遗憾，该师的领导没有能做到这些。

乌博列维奇最后一次视察我们师是在1936年。

由于全师人员的共同努力，我师的情况非常好。师的政治教育、纪律性、组织性、经常的战备，都被评为"良好""优秀"。乌博列维奇是不轻易赞扬人的，这次他热烈地嘉奖全体人员并奖给许多人珍贵的礼品。

1937年6月，别洛夫（正集团军级）被任命为白俄罗斯军区司令员，他对战役方面的问题深有研究。参谋长是佩列梅托夫，集团军政委梅齐斯为军事委员会委员。

今天我回顾过去，应当承认，乌博列维奇是一个杰出的军区司令员。乌博列维奇和他所领导的军区司令部在提高兵团指挥员及其司令部的战役战术水平方面做了大量工作,这是任何一个军区司令员所无法比拟的。

我担任师长四年多,这些年里我只有一个信念:使我所指挥的师成为红军部队中最好的师、最先进的师。我对师的训练工作付出了大量的劳动、精力和心血,使它摆脱落后状态,教会指挥干部和司令部掌握现代战术,掌握组织和指挥分队、部队和师的方法。

我并不是说,我们当时一切都做好了。我们有错误、有漏洞、有失算的地方,但是我可以问心无愧地说,在师的训练方面,我们的指挥员和政治工作人员当时已做了他们所能做的一切,全部贡献了出来。

军队在1929—1936年这段时间里,主要是贯彻列宁的建设社会主义的纲领。在我国经济繁荣、科学技术获得很大成就的基础上,我们的陆、海、空军装备了新的兵器,健全了军队的组织编制,开展了干部的技术训练。由于社会主义的胜利而极大地巩固了的我国人民的社会政治和思想的统一,这对于培养军队的爱国主义精神起了良好的作用。

在这一章以及以前一些章节里,我有意不止一次地谈到各种演习。这是因为掌握新式技术兵器,掌握各种极为复杂的军事知识,在这几年是军队中的主要问题。

苏联革命军事委员会、国防人民委员部在中央和军区的各级组织、高中初级指挥干部、政治工作机关、党团组织、各兵种的战士,大家都顽强地、可以说是全力以赴地、热情地完成苏共(布)中央和国防人民委员部规定的掌握新技术和由此而产生的新战术的任务。许多飞行员相当出色地掌握了飞行技术,在地面部队的军事训练和政治教育中涌现出几千名成绩优秀者。

当然,并不是到处都百事如意。许多地方对部队在复杂条件下的训练较差,不少部队指挥很不得力,司令部还没有学会迅速而准确地组织各兵种在战斗中的协同动作。但是,总的来说,由于大家顽强地工作,最近几年来指挥员、司令部和部队在掌握军事学术方面有了很大的好转。

1936年,我们白俄罗斯军区为检查部队的军事训练情况而举行的秋季大演习就是这种好转的显著标志。这次大演习有装备着新式技术兵器的大兵团参加。指挥员和部队总的来说都表现出已善于在情况迅速变化的条件下指挥各兵种的协同作战。我们这次演习以及其他的各种演习都显示出红军不断增长的威力,红军已成为世界上第一流的军队。

我调任骑兵第3军军长以后,骑兵第21团团长穆兹琴科被提升为师长。

三十七年已经过去了,但是对于当时同我在顿河哥萨克第4师一起工作过的指挥员、战士仍在我脑子里保留着最美好的回忆。

第六章

在白俄罗斯军区

　　1937年到来了。苏维埃政权存在了20年，这20年是艰苦斗争、辉煌胜利的20年，经济和文化有了发展，社会主义建设的各条战线都取得成就，这一切证明十月革命思想的伟大。

　　在这短短的历史时期里，做了非常多的、空前多的事情。在我国工业化开始以前，我国的技术水平只相当于英国水平的四分之一，相当于德国的五分之一，相当于美国的十分之一。在我国第一个五年计划（1929—1932年）和第二个五年计划（1933—1937年）期间，涌现出许多新的工业，冶金工业、化学工业、动力工业、机器制造业都有了很大的发展。

　　1937年苏联全部工业的总产值几乎为1929年的4倍。如果拿1913年同战争发生前一年1940年相比，那么1940年机器制造业和金属加工工业的总产值为1913年的35倍。在战前几个五年计划期间，建立了近9000个大型工业企业，在我国的东部建立了新的强大的工业基地，这个工业基地在伟大卫国战争年代里，起了很大作用。总的来说，苏联在工业生产的数量方面，重新建立的企业的技术装备方面，一跃而居欧洲第一位，世界第二位。

　　当今天同青年人谈起这些问题的时候，我们发现，对这些数字他们没有什么强烈的反应。可能在某种程度上这也是很自然的事，因为时代变了，有了新的标准，人们所关心的、感兴趣的也随之变了。许多事情已经做过了，已经是现成的了，我们攀登的梯子的最初几级已看不见了。但是，对今天已50岁的人来说，特别是对于我们这些在革命前的年月里生活过的人来说，这些数字里包含着丰富的内容。这些数字我们研究过，背得出来，并为之自豪。这可能因为，首先它们是我们生活的一部分，其中包含了我们的劳动，在这种劳动中，我们是奋不顾身的，而且始终充满了这样一种朴素的信念：

自己的劳动将造福于集体……

我绝不是想向今天的青年人说教，也不抱怨他们，即使这在今天是很时髦的。我只想说一句，既然那已是很久以前的事啦，但愿我们青年一代只要能在道理上懂得（不要求像我们一样从心窝里体会到），战前我国发展的高速度是我们社会制度先进性的最生动的说明。历史学家、社会学家、哲学家、政论家还会一而再，再而三地提到过去的那段岁月，去描写并探索促使这种新的社会制度迅速发展的秘密和原因。

就这样，我们建立起了强大的国防基础。我们的军队经过战前几个五年计划的技术改装以后成了什么样子呢？

整个来看，它已从技术落后的军队变为进步的现代化的军队。从军种和兵种的比例，从组织编制和技术装备看，它已达到了发达的资本主义国家军队的水平。

几十个、几百个国防企业兴建起来。我们知道，在国内战争以后，我国还没有能生产坦克、飞机、飞机发动机、重型火炮、无线电通信器材及其他现代化技术装备的专门工厂，几乎一切都得从零开始。考虑到国际形势的复杂性，考虑到日益增长的帝国主义国家侵略的可能性，党规定在第一、第二个五年计划期间国防工业应以比其他工业更高的速度向前发展。

科学家、工程师、设计师面临的任务是建造出新型的不仅可以赶上外国而且在战斗性能方面可以超过外国的技术装备和武器。实际上每个军种、兵种都成立了庞大的设计局、实验室和科学研究机构。涌现出几十个有才能的富有工作热情的设计集体。

步兵武器发展的主要方向是结构简单、重量轻和射速快。俄国军队莫辛大尉设计的著名的7.62毫米步枪已得到改进。西蒙诺夫1936式自动步枪、1938式骑枪、杰格佳廖夫轻机枪及根据同样原理设计的各种机枪（坦克、高射和航空机枪）已开始成批生产。

1938年装备了第一批国产的杰格佳廖夫－什帕金大口径机枪，它的战斗性能很好。1939年装备了新的杰格佳廖夫重机枪。使用手枪子弹的杰格佳廖夫冲锋枪，特别是帕金设计的新型冲锋枪很受部队的欢迎。从1930—1938年，步枪和骑枪的产量从17.4万支增长至117.5万支，机枪的产量大概从4.1万挺增长至7.7万挺。到第二个五年计划末，从装备轻重机枪的数量来看，从每个战士每分钟所发射的子弹数量来看，红军已超过了当时的资本主义国家的军队。

坦克的产量增长很快。第一个五年计划生产5000辆，到第二个五年计划末，军队已装备了大小坦克1.5万辆。这些坦克火力强、速度快。当时在这两种性能方面，比我们预想的敌人同类型坦克要强得多。当然，它们的机动性能较差，易受炮火损伤，它们的技术战斗性能还处于较低水平，常常损坏。再者它们使用汽油，因而易着火，装甲厚度也不够。

坦克每年的产量1930—1931年为740辆，到1938年达到2271辆。

我们对坦克发展的重视在某种程度上导致了对炮兵的忽视。有些军事领导人甚至想把加农炮改为通用或半通用的火炮。联共（布）中央注意到这种错误倾向，规定了加农炮和榴弹炮的正确比例。从1937年年末，某些大型机器制造工厂转为生产新式火炮，而且现有工厂的生产能力也有很大提高。1930—1931年每年生产2000门火炮，而1938年则在1.25万门以上。1937年制成了152毫米榴弹加农炮，改进了122毫米加农炮，1938年出现了122毫米榴弹炮。

所有这些都是优良的武器。比如，1937式45毫米反坦克炮，它可以穿透当时资本主义国家装备的各种类型坦克的装甲。

1939年年初，军队中火炮的数量从1934年的1.7万门增长至近5.6万门。当然，军队装备中还长时间地保留了某种过时的火炮，军队中火炮装备的一系列问题当时还无法解决。

在第二个五年计划期间，步兵部队装备了50毫米迫击炮。一位很有才能的设计师沙维林在战争发生前很久就已制成了82毫米和120毫米迫击炮，但直到很晚我们才能把这种武器装备给部队。

我们的空军也进行了技术改装。我们的航空工业已能大量生产各种类型的国产飞机。空军飞行员获得了斯勃式双引擎快速轰炸机、特勃–3式重轰炸机、远程轰炸机、速度快机动能力高的伊–15和伊–16歼击机。

大家都还记得格罗莫夫、奇卡洛夫、科基纳基惊人的飞行，而他们完成这些飞行时所驾驶的都是国产飞机。1937年我们的飞行员在飞行距离、高度和速度方面创造了近30项世界纪录。看来当时我国航空业的技术水平不低于外国。但很遗憾，我国当时的经济能力还不允许我们大量生产上述各种优良的飞机。

我国现代化的航空工厂在1938年生产了近5500架飞机，而在1930年只能生产860架。

社会主义工业化的成就大大地提高了我们海军的技术水平和战斗力。1929—1937年建成了各种类型的战斗舰艇和辅助舰艇共500艘。1932年根据党中央的建议，建立了太平洋舰队，1933年建立了北方区舰队；并加强了里海、第聂伯河区舰队。建造了供海洋航行的大型舰只，大批生产潜艇、鱼雷艇、驱逐舰、"基洛夫"号轻巡洋舰和"恰巴耶夫"号重巡洋舰，建立了若干个海岸炮兵连，加强了海军航空兵。1937年年末，组成了造船工业人民委员部，制订了在下一个五年计划建立大型舰队的计划。

随着陆军、海军技术兵器的改装，很自然的结果就是必须由地区制和常备军制并存的局面过渡为单一的常备军制。新的技术兵器从根本上改变了作战方法，对各军兵种的战斗使用和在战斗中的协同动作提出了独特的复杂的任务。因此，短期集训是很不够的，必须进行较长时间的、连贯的、系统的军事训练。我国的经济能力已使我们有可能实现这种过渡（保持一支常备军必须有大得多的开支）。

联共（布）中央政治局和政府同意并批准了苏联革命军事委员会提出的关于大大增加常备军师的数目和增强保留下来的地区师中的骨干力量的建议。执行这个建议必然大大增加红军的数量。1933年红军为88.5万人，到1937年年末增加为150多万人。常备军师的数量增大9倍，到1939年军队经过补充改编最后完成了向常备军制的过渡。1938年年末，边境各军区的步兵师几乎全部转为常备军制。

军队转为常备军制还有其他原因。我们必须经常保持高度的战斗准备，地区制的军队不可能做到这一点。主要的帝国主义国家已开始大量扩充常备军，日益用更多的资金准备新的战争。日本军事拨款在国家预算中所占的比重1934年为43%，1938年则为70%；意大利1934年为20%，1938年则为52%；德国1934年为21%，1938年为61%，几乎增大两倍。

1935年法西斯意大利占领了阿比西尼亚，1936年德国和意大利武装干涉西班牙共和国。我们认为，已经开始的战争不完全是一些国家反对另一些国家的战争，而是反动的法西斯力量反对民主和社会主义力量的世界大战。

今天五十岁以上的人都还清楚地记得，为了履行我们的国际主义义务，我们用我们所能提供的一切——武器、粮食、药品——来支援西班牙共和国的合法政府和人民。具有崇高理想和革命热情的志愿人员——飞行员、坦克手、炮兵、普通士兵和有名望的军事将领被派往西班牙。

当时我们国家呈现出一派兴旺景象。

就全国来说，经济、文化都有很大发展，人民生活也有很大改善，几千名积极分子在工作中创造了劳动纪录。

部队里充满了浓厚的要求学习、希望掌握本行业务的气氛。部队的政治思想状况很好。这是党为了提高红军士兵群众的文化水平而进行了大量工作的结果，也是训练制度有了很大的改进、部队干部成分更新的结果。

1937年红军已成为一支有文化的军队。部队里吸收了大量的有各种专长的青年人，如拖拉机手、联合收割机手、司机，等等。每年花费两亿多卢布的资金，开展文化教育工作。军队图书馆藏书近2500万册，军人个人订阅了大量期刊，军队中的"红军之家"、无线电中心、电影放映组、流动电影队、俱乐部等大量增加。军队积极参与国家政治生活。

在75所军事院校中学习的均为受过七年以上教育的青年人。共青团现在已成为空军的赞助者，把几千名优秀的青年送进空军，他们被培养成优秀的飞行员、指挥员和政治工作人员。训练方法不断得到改善，训练计划中列入了有关在战斗中使用新式技术兵器的理论科目和实际作业。对于培养迅速成长的新的军种、兵种的干部给予了特别注意，关于这个问题党中央曾作出专门决议。高等军事教育也有进一步发展。到第二个五年计划末期，已建成十三所军事学院，一所军事专科学校并在地方院校中设立五个军事系。

军队的阶级成分有了很大变化。旧的军事专家中只有那些经过考验忠于苏维埃政权的人保留了下来，而新的专业干部都来自工农，经过国内战争的锻炼，或者在军校中受过技术训练和政治教育。到1937年，军队的指挥人员中工农出身的占70%，共产党员和共青团员占一半以上。

总之，一切进行得都很顺利。当然，苏联暂时还是单独一国建设新的社会，受到怀有敌意的资本主义国家的包围，外国间谍不惜人力和金钱企图扰乱我国人民的生活。但是，国家和军队一年比一年巩固，经济和政治发展的道路十分明确，为大家所欢迎和支持。群众中表现出极大的劳动热情。

但是在1937年发生了一件反常的、完全不符合我们社会制度实质的也不符合当时我国具体情况的事情，那就是进行了毫无道理的违反社会主义法制的军内大逮捕。

一些著名的军事领袖被捕，这自然不能不影响我们武装力量的发展及其战斗力。

1937年根据国防人民委员的命令，我担任了白俄罗斯军区骑兵第3军军长的职务。

不久，骑兵第6军军长戈里亚切夫被任命为基辅特别军区副司令员，我被推荐担任第6军军长。我欣然接受了这个职务，因为第6军的训练水平和部队总的状况比第3军强，最主要的是，顿河哥萨克第4师在第6军编成内。我指挥这个师有四年多，很自然我对这个师特别有感情。

继我之后任骑兵第3军军长的是有经验的老骑兵指挥员切列维琴科。

在骑兵第6军中我必须进行重大的战役研究工作。我们研究得最多的是骑兵机械化集团军中骑兵的战斗使用问题。这在当时是一个重要的待解决的问题。我们认为，由3—4个骑兵师、2—3个坦克旅、1个摩托步兵师所编成的骑兵机械化集团军在轰炸航空兵、歼击航空兵和空降部队的密切协同下，可以在方面军编成内完成极为重要的战役任务，促使战略企图的顺利实现。

显然，在未来战争中，在很大程度上要依靠坦克和机械化兵团，所以我们非常注意骑兵同坦克部队的协同问题及战斗和战役中对坦克防御的组织问题。

在第3军和第6军的各种野外演习中，实际上骑兵部队都是同独立坦克第21旅（旅长波塔波夫）或独立坦克第3旅（旅长诺维科夫）配合行动的。这两位旅长过去都是我的同事，我们在"战斗情况"中彼此非常容易理解。

骑兵第6军在战斗准备方面比其他部队要好得多。在这个军内除顿河哥萨克第4师外，琼格尔库班—捷列克哥萨克第6师也不错，它在训练方面，特别是战术、骑术和射击训练方面都很出色。这应感谢该师过去的师长瓦伊涅尔，他为了提高该师的战备水平耗费了不少心血。就是这些战斗力强的师组成了骑兵第1集团军的核心。

驻在奥西波维奇城的骑兵第29师较差。该师的师长是巴甫洛夫斯基（旅级），这个人从他的气质和性格来看都不适合于当骑兵，再则他各方面的修养也比其他指挥员差。

1937年秋季在白俄罗斯军区举行了军区规模的大演习，德国总参谋部的将官和军官作为客人被邀请参观了此次演习。国防人民委员伏罗希洛夫和总参谋长沙波什尼科夫也观看了演习。

军区来了一些新的干部，他们还缺乏足够的知识和指挥经验。他们还必须努力学习，才能成为称职的军事指挥员和合格的教育者。

在这里我不能不提起步兵军军长库佳科夫，我同他是多年的好友。我认识他有二十多年了，始终钦佩他这样一位出色的指挥员和意志坚强的人。库佳科夫过去是沙皇军队中的一名士兵。在他所在的团里，他享有很高的威信，在革命最初的几天被士兵推举为团长。被前线的士兵推选出来，这是巨大的荣誉。得到这种荣誉必须具备优秀的品质：处事成为同志们的表率，有清醒的头脑，有同情心，了解并热爱其他人，了解其他人的想法和需要。

在国内战争年代，库佳科夫指挥恰帕耶夫第25师的步兵旅。在恰巴耶夫去世后，库佳科夫被任命为师长。由于他在同白卫军的战斗中指挥出色，荣获了三枚红旗勋章、一枚花拉子模共和国红旗勋章，以及荣誉武器。1937年库佳科夫被提升为伏尔加军区副司令员。

在我担任第6军军长时，我下功夫研究战役战略问题，因为我知道，对这方面的知识我还很欠缺。我很清楚，一个现代化军队的军长必须知道许多东西，必须顽强地钻研军事科学。

我阅读战史材料、军事学术经典著作和各种回忆录，我努力对现代战争、战役和战斗的特点作出结论。在进行师军指挥员导演、首长—司令部演习、实兵演习时，我亲自制定战役战术想定，这使我得益最大。

通过每一次这类演习，我都觉得获得了更多的知识和经验，这不仅对我自己的成长，而且对培养所属的青年干部，都是完全必要的。当参加作业或演习的部队、司令部或军官感到有明显收获时，我感到非常愉快。我认为，这就是对所付劳动的最大奖励。如果参加者通过作业学不到任何新东西，下级从上级那里学不到什么知识，那么，我认为这样的作业是对指挥员良心的直接责备，是说明他很不称职。我不想掩盖这样的事实，我们确有不少指挥员，他们的知识水平并不比自己的部属高。

当时，我对于军事，无论在理论方面或实际方面，都是循序渐进地、仔细地、按部就班地学，可是对于马列主义理论，很遗憾，我没有做到系统地学习。

这在当时，不仅我是如此，许多指挥员都如此。确实，党尽一切可能来提高红军指挥人员的思想理论水平。在每一所高等院校中都设立了有丰富内容的马列主义课程，但是，我们在这方面努力很不够。我们中间当时只有少数人能幸运地进入托尔马切夫军事政治学院学习。

我懂得，作为一个军长我必须认真地学习党政问题，我有时阅读马列主义经典著作直至深夜。应当承认，阅读这些著作对我来说是很吃力的，特别是马克思的《资本论》和列宁的哲学著作。但是顽强学习就能收效。后来我很高兴，在困难面前我没有退缩，可以说是勇往直前继续学习。这对我很有好处，使我对我们武装力量的组织问题、我们党的对内对外政策问题有较深的理解。

我自己学习，也要求部属经常学习列宁的策略，否则就不可能很好地领导、训练和教育部队，也不可能在需要时率领部队为保卫祖国而战斗。

1938年，别洛夫和佩列梅托夫应召赴莫斯科。科瓦廖夫被任命为白俄罗斯军区司令员。科瓦廖夫我在国内战争时就认识。他好像是由军区副司令员晋升为军区司令员的。他是个非常热诚的人，他对战略、战役问题颇有研究，但对战术的理论和实践有更高的造诣。

普尔卡耶夫（军级）被任命为参谋长，他在卫国战争中表现很突出。

1938年年末，军区召开各兵团指挥员会议，总结过去的军事训练、讨论以后的军事训练任务。

在会上，军区司令员科瓦廖夫和军区军事委员苏赛科夫做了报告。科瓦廖夫的报告很受欢迎。他讲得有内容，但我们大家都很清楚，科瓦廖夫赶不上乌博列维奇。我们感到，他还需要下很大功夫才能成为像白俄罗斯军区这样一个大军区的当之无愧的司令员。

会议结束时，军区军事委员会作了一般指示。这同以前乌博列维奇任司令员时的情况完全不同。那时召开各种会议时，都要参观新式技术兵器，实施试验示范性的陆空军演习、战役导演，等等。

1938年，我们骑兵第6军的军事训练基本上进行得很正常，年终我们军达到了很好的指标。

1938年年底，我被推荐担任新的职务——白俄罗斯军区副司令员（主管骑兵）。库兹涅佐夫（军级）那时担任第一副司令员。战争初期，我指挥过西北方面军。我是接替阿帕纳先科任副司令员，后者被调到基辅军区任副司令员。

作为副司令员，在平时我的任务是领导军区骑兵部队的军事训练和按作战计划规定与骑兵部队共同行动的独立坦克旅的军事训练。战争爆发后，我应指挥由4—5个骑兵师、3—4个独立坦克旅和其他加强部队组成的骑兵机械化集群。

我不愿意离开我所熟悉的军，但是指挥一个大战役军团的前景是很有诱惑力的，所以我同意担任新的职务。叶廖缅科继我之后被任命为骑兵第6军军长。

向军的各级指挥员、政治工作人员告别后，我去到当时白俄罗斯军区司令部的所在地斯摩棱斯克，在那里我受到军区司令员科瓦廖夫的热情欢迎。

在骑兵第3军和第6军工作期间我学到很多知识和经验，对那些在工作中给我以帮助的人们、为了我国伟大的国防事业而辛勤劳动的人们，我始终怀着感激的心情。

第七章

不宣而战之役：哈勒欣河之战

1939年5月末，我作为白俄罗斯军区副司令员，正与几个助手在明斯克地域实施首长—司令部演习。参加演习的有军区的骑兵兵团和几个坦克兵团的指挥员、参谋长和作战参谋人员。

演习已结束，6月1日我们在位于明斯克的骑兵第3军司令部进行讲评。突然，军区军事委员苏赛科夫（师政委级）通知我，刚才莫斯科电话通知，令我立即动身，明天向国防人民委员报到。

我乘上受命后通过此地的第一趟列车前往莫斯科。6月2日清晨，我走进伏罗希洛夫的接待室。

在人民委员手下工作的赫梅利尼茨基奉命接待了我，他告诉我，伏罗希洛夫已在等我。他说：

"你进去吧，我马上去命令给你准备远行的行装。"

"什么远行？"

"进去吧，人民委员会告诉你一切的。"

进门后，我向人民委员报告我已奉命来到。伏罗希洛夫向我问好后，对我说：

"日军突然侵犯我友邻蒙古的边界。根据1936年3月12日的苏蒙条约，苏联政府有责任保卫蒙古不受任何外敌侵犯。这是入侵地区5月30日的情况图。"

我走近地图。

"在这一带，"人民委员指给我看，"日军长时间地对蒙古边防人员进行小规模的挑衅性袭击，而在这一带，日军的海拉尔警卫部队侵入蒙古人民共和国领土并袭击防卫哈勒欣河以东地区的蒙古边防部队。"

"我认为,"人民委员接着说,"这里孕育着严重的军事冒险。无论如何,事情并没有到此结束……你是否可以立即飞到那边去,而如果需要的话,把部队的指挥权接过来?"

"我马上可以起飞。"

"非常好,"人民委员说,"你乘坐的飞机16点可准备好,在中央机场。你到斯莫罗基诺夫那儿去,在他那里你可以拿到必要的材料,同时商量一下今后同总参谋部的联系问题。派给你几个专业军官,在飞机上等你。再见,祝你成功!"

和人民委员分手后,我去到总参谋部,会见了代副总参谋长斯莫罗基诺夫,我以前见过他。在他的桌子上也摊着一张与人民委员那里同样的图。斯莫罗基诺夫说,人民委员已经向我介绍了情况,他没有可补充的,因此我们只安排了一下今后的联系问题。

斯莫罗基诺夫说:"我请你到达目的地后,立即弄清当地的情况,然后,坦率地告诉我们你的意见。"

说完以后,我们就分手了。

不久我们的飞机起飞,向蒙古方向飞去。在离开国境以前,在国内停留的最后一站是赤塔。军区军事委员会邀请我们去军区向我们介绍情况。在军区司令部我们见到了军区司令雅科夫列夫和军事委员加帕诺维奇。他们告诉了我们最近的情况,新的情况就是日军飞机深入蒙古人民共和国境内,追逐我们的汽车,从空中对它们进行扫射。

6月5日晨,我们到达塔木察格布拉克。在第57特别军司令部我们见到了军长费克连科、军政委尼基舍夫(团政委级)、参谋长库谢夫(旅级)及其他人。

在汇报情况的时候,库谢夫急忙说明,对情况还没有进行充分的研究。

从汇报中可以清楚地看到,军的领导并不了解真实情况。我问费克连科,他是否认为可以从距战场120公里以外的地方指挥部队。

他回答说:"我们坐在这里,当然,是远了一点儿。可是,在发生冲突的地域我们在作战方面尚未做好准备。前面电话电报线路连一公里也没有铺设,也没有现成的指挥所和着陆场。"

"面对这种情况,准备怎么办呢?"

"我们准备派人去搞木料,然后着手构筑指挥所。"

很明显,军的领导人中,除了政委尼基舍夫以外,没有人到过发生冲突的地域。我建议军长立即到前边去,在那里仔细地研究一下情况。但是，他借口莫斯科随时可能来电话找他，他让尼基舍夫同志和我同去。

一路上，政委详细地向我介绍了军里的情况、军的战斗力、司令部，以及一些指挥员和政工人员的情况。他给我留下了很好的印象，他很称职，了解自己的部属，对他们的优、缺点很清楚。

通过对发生冲突地域内的地形的观察，与我军和蒙军的指挥员、政工人员及参谋人员的谈话，使我们对已发生的战事的性质和规模有了进一步的了解并对日军的作战能力有了概念。另外，也发现了我军和蒙军行动中的缺点，主要缺陷之一就是对日军缺乏周密侦察。

各种情况说明，这不是边境冲突，日军并未放弃其侵略我远东和蒙古人民共和国疆土的企图，必须估计到，不久会发生大规模的行动。

考虑了全面的情况，我们得出结论：我驻蒙古人民共和国的第57特别军的兵力无力阻止日军的军事冒险，特别是如果敌人同时在其他地域和从其他方向发动进攻的话，该军就更无能为力了。

返回指挥所，与军领导商讨之后，我们发出呈送国防人民委员的报告。在报告中我们简略地报告了苏蒙军队的行动计划：坚守哈勒欣河东岸的登陆场，同时准备从纵深进行反突击。第二天收到回答。人民委员完全同意我们对情况的判断和下一步行动计划。同一天收到人民委员的命令，解除费克连科第57特别军军长的职务并任命我为该军军长。

考虑到情况的复杂性，我要求国防人民委员加强我们的航空兵部队，增调不少于3个步兵师和1个坦克旅的兵力到作战地域，并要求大大加强我们炮兵的力量。我们认为，不加强这些力量，无法取得胜利。

又过了一天，接到总参谋部的通知，同意我们的要求。给我们增派了空军力量，还派来了二十一名荣获"苏联英雄"称号的飞行员，领队的是我在白俄罗斯军区已很熟悉的著名飞行员斯穆什克维奇。同时送来了新型飞机——现代化的伊–16和"鸥"型飞机。

荣获"苏联英雄"称号的飞行员在我们这里进行了大量的训练教育工作，他们把作战经验传授给新来的青年飞行员。不久这一工作即收到了显著效果。

6月22日，我们95架歼击机在蒙古人民共和国的领土上空与日军120架飞机进行了激烈的空战。有不少苏联英雄参加了此次空战，他们狠狠地教训了日本飞行员一顿。6月24日，日本空军再次进行密集袭击，也再次遭到痛击。失败后，日军指挥部极度混乱地将日机撤出战斗。

6月26日，近60架日机出现在"蒙古鱼"地域贝尔湖上空，与我方歼击机进行了激烈、残酷的空战。从各种迹象看，日军参加此次空战的已是较有经验的飞行员，但他们仍然未能取胜。后来证实，日军指挥部把在中国作战的所有部队中最优秀的空军力量调来参战。

从6月22日至26日的空战中，日军共损失64架飞机。

直至7月1日，空战虽然没有以前激烈，但几乎每天都有。通过这一系列的空战，我军飞行员提高了技能，锻炼了必胜的意志。

我常常怀着对士兵的感激心情怀念这些卓越的飞行员同志，如格里采韦茨、克拉夫琴科、扎巴卢耶夫、杰尼索夫、拉霍夫、斯科巴里欣、奥尔洛夫、库斯托夫、格拉西莫夫和其他许许多多的飞行员同志。他们的指挥员斯穆什克维奇是一个杰出的组织者，他是个飞机专家，具有精湛的飞行技能。他极为谦逊，是一个优秀的领导者，一个原则性很强的共产党员。所有的飞行员都真诚地热爱他。

日军飞机的活动日益加强绝不是偶然的。我们认为，很明显他们在追求这样一种目的：严重挫伤我空军力量并夺取制空权，以保障其部队将要进行的大规模进攻战役。

后来证实，日军6月份确实在哈勒欣河地域集中部队并正在进行准备以实施根据军事侵略计划制订的称之为"诺门罕事件第二阶段"的战役。战役的当前目标是：

——围歼哈勒欣河东岸全部苏蒙部队；

——镀过哈勒欣河，前出至河的西岸，以便消灭我方预备队；

——夺取并扩大哈勒欣河西岸之登陆场，以保障尔后的行动。

为了实施这一战役，敌人把原定在已展开的第6集团军编成内行动的部队从海拉尔调来。

日军指挥部打算，于7月上半月应完成这一进攻战役，以便在秋季到来之前结束蒙古人民共和国境内的全部军事行动。日军指挥部对日军的胜利十分有把握，他们甚至把一些外国新闻记者和武官邀请到作战地区，观看他们的胜利进军。在被邀请的客人中间有希特勒德国和法西斯意大利的新闻记者和武官。

7月3日拂晓前，蒙军的苏联总顾问阿福宁上校到巴英查岗山视察蒙军骑兵第6师的防御，但完全出乎意外，他发现那里有日军，日军乘夜暗偷渡了哈勒欣河，正向蒙军骑兵第6师进攻。日军由于数量上的优势，在7月3日拂晓前占领了巴英查岗山及其邻接地区。蒙军骑兵第6师退至巴英查岗山西北地区。

考虑到新形势的危险性，阿福宁上校立即来到苏军（不久以后，到7月15日第57军即扩编为第1集团军群）司令员的指挥所，报告了巴英查岗山的情况。很明显，在这个地域日军可以毫不受阻拦地对我军基本集团的翼侧和后方进行突击。

鉴于当时的情况，我们所有的预备队在接到战斗警报后立即出动，受命毫不迟延地向巴英查岗山方向前进并向敌人进攻。在雅科夫列夫旅长指挥下的坦克第11旅受命从行进间向敌人进攻。在费久宁斯基上校指挥下的摩托化步兵第24团加强了一个炮兵营，受命协同坦克第11旅向敌人进攻。在列索维伊上校指挥下的摩托化装甲第7旅受命从南面向敌人突击。同时蒙军骑兵第8师的装甲营也向这一方向开进。

7月3日清晨，苏军领导人来到巴英查岗山地域。命令炮兵第185团的重炮营向巴英查岗山派出观察所并对日军集团进行炮击。同时命令位于哈勒欣河东岸用以支援摩托化装甲第9旅的炮兵也向巴英查岗山上的日军进行射击。我方飞机在接到战斗警报后全部起飞。

上午7时，我方第一批轰炸机和歼击机飞抵巴英查岗山，开始对敌人进行轰炸和强击。在我方实施反突击的预备队到达以前，用航空兵的袭击和炮兵的火力把敌人钳制并阻止在巴英查岗山，这是非常重要的。

为了阻止敌人继续渡河和在巴英查岗山地域集中兵力，命令加强对哈勒欣河渡口的轰炸和炮击。

上午9时左右，坦克第11旅前卫营的先头分队进抵巴英查岗山地域。

双方直接在巴英查岗山地域的兵力对比如下：

敌人在巴英查岗山集中了一万余人，而苏军只有一千多人。日军拥有近100门火炮和60门反坦克炮，而我们只有五十几门火炮，其中还包括从哈勒欣河东岸进行支援的火炮。

但是，我方投入战斗的有英雄的坦克第11旅（近150辆坦克），有摩托化装甲第7旅（154辆装甲车辆），还有装备有45毫米加农炮的蒙军装甲第8营。

因此，我们的王牌是装甲坦克兵团，我们决定，立即使用它们从行进间歼灭刚渡河的日军，不允许敌人构筑工事和组织对坦克防御。对敌人的反突击绝不能拖延，因为，敌人在发现我坦克部队到达后，已迅速采取防御措施并开始对我坦克纵队进行轰炸。可是敌人无处隐蔽，因为周围几百里，完全是开阔地，甚至连灌木丛也没有。

9时15分，我们见到了坦克第11旅旅长雅科夫列夫，他随前卫营的主力前进，指挥该营的行动。我们分析了当时的情况，决定召唤全部航空兵，加速坦克和炮兵的运动，不迟于10时45分向敌人发起进攻。10时45分，坦克第11旅的主力展开，从行进间向日军发起进攻。

下面是一个日本士兵中村在他的日记中所写的关于7月3日的情况：

"几十辆坦克突然向我们冲来。我们当时惊慌失措；战马嘶叫，拖着火炮前车四处奔跑；汽车也四处乱窜。空中我军两架飞机被击落。官兵上下都胆战心惊。我们嘴里越来越常说的字眼是'可怕''可悲''心惊胆战''惊心动魄'。"

7月4日，白天晚上战斗都继续着，直至5日凌晨3时，敌人的抵抗最后被粉碎，日军开始仓皇向渡口退去。但是，他们自己的工兵，由于害怕我坦克的突破，已把渡口炸毁。日军军官全副武装跳入水中，我坦克兵亲眼看见他们溺死水中。

侵占巴英查岗山的日军残余部分全部被歼灭在哈勒欣河边巴英查岗山的东面斜坡上。几千具尸体，大量被击毙的马匹，一堆堆被击毁的火炮、迫击炮、机枪和车辆铺满了巴英查岗山。在这几天的空战中，日军损失飞机45架，其中包括20架俯冲飞机。

日军第6集团军司令官小松原道太郎①将军（曾任日本驻苏武官）看到战争的发展不妙，于7月3日夜里即率领作战组退至河对岸。关于日军司令官及其随从人员撤离战场的情景，其司令部的小谷上士在日记中是这样记述的：

"小松原道太郎将军的汽车缓慢地、谨慎地向前开。月亮把平原照得如白昼一般。夜是静悄悄的、紧张的，像我们这伙人一样。月光映照在河面上，河水反映着敌人投下的照明弹的光亮。多么可怕的夜景。我们终于找到了桥，顺利地渡过河。据说，我们的部队被敌人大量坦克围住，面临覆灭的危险。真要特别警惕。"

7月5日晨，巴英查岗山和哈勒欣河西岸已无枪声。这一带的战斗以日军主要集团被粉碎而结束。这一仗是红军积极防御行动的典范。这一仗以后，日军再也不敢冒险跨过哈勒欣河。

此时，在哈勒欣河东岸战斗仍然紧张地进行着。在巴英查岗山被击溃的敌人把残余部队调到河东岸，企图支援担任钳制任务的安冈部队，这支部队也遭到惨重损失，没有获得任何进展。

---

① 据查，当时日军第6集团军司令官是荻洲立兵，小松原道太郎是第23师团司令官。——译者注

我军粉碎了日军在巴英查岗山的重兵集团并守住了哈勒欣河东岸的防御阵地，这两个胜利大大鼓舞了我军和蒙军的斗志。部队的指战员真诚、热情地祝贺友邻和朋友的胜利。

在巴英查岗山这一仗中起重要作用的是坦克第 11 旅、摩托化装甲第 7 旅、蒙军装甲第 8 营及同上述部队协同作战的炮兵和空军。巴英查岗山的作战经验表明，一支善于同空军和机动炮兵协同作战的坦克摩托机械化部队是实施带坚决目的的快速作战行动的决定性武器。

现在，敌人只限于采取战斗侦察行动；但 8 月 12 日，一个加强有炮兵、装甲车和部分坦克的步兵团，在 22 架轰炸机的支援下，向蒙军骑兵第 22 团进攻并占领了战线南端的大沙高地。

敌人沿全线积极建立防御：运来木材、挖堑壕、构筑掩蔽部、进行工程作业加固阵地等。敌人空军在遭到严重损失后（从 7 月 23 日到 8 月 4 日被击落 116 架飞机），只限于对我方中央渡口，炮兵阵地和预备队进行侦察飞行和小规模轰炸。

苏蒙军指挥部仔细地进行总攻的准备工作。总攻预计不迟于 8 月 20 日，目的在于最后粉碎侵入蒙古人民共和国领土的日军。

为了进行总攻，根据第 1 集团军群军事委员会的要求，从苏联调来新的兵力兵器及物质技术器材。另增派 2 个步兵师、1 个坦克旅、2 个炮兵团和其他部队到这一线，并加强了轰炸航空兵和歼击航空兵。

为了进行这一极为复杂的战役，我们还必须从供应站沿长达 650 公里的土路把下列物资运到哈勒欣河：

——炮兵弹药 1.8 万吨；

——航空兵弹药 6500 吨；

——各种燃滑油料 1.5 万吨；

——各种食物 4000 吨；

——燃料 7500 吨；

——其他物质 4000 吨。

要在战役开始以前把上述物资运来，需要 3500 辆卡车和 1400 辆油槽车，而当时集团军群只有 1724 辆卡车和 912 辆油槽车。直到 8 月 14 日以后，才从苏联调来 1250 辆卡车和 375 辆油槽车，但这两种车辆还缺少几百辆。

运输的主要重担由部队的汽车和队列车辆（包括火炮牵引车）承担。我们之所以决定采取这种不得已的措施是因为：第一，没有别的出路；第二，我们深信我军的防御是相当坚固的。

我们的勇士——汽车司机做到了实际上不可能办到的事情。在热风灼人的条件下,往来一趟1200—1300公里要费5天的时间!

在组织运输、后勤工作方面,外贝加尔军区给了我们极大的帮助。没有他们的帮助和肯定,我们无法在极短期限内建立起战役所需要的物资技术器材储备。

我们认为,战役战术的突然性是决定这次战役胜败的决定因素。我们将以突然的行动使敌人既无法抵挡我方歼灭性的突击,也无法进行反击。当时我们特别注意到,日军没有良好的坦克兵团和摩托机械化部队,无法迅速从次要地段和从纵深调来部队抗击我方的突击集群(我突击集群的行动是突击敌防御阵地的两翼以达合围攻第6集团军的目的)。

为了隐蔽我方行动,使行动绝对保密,集团军群军事委员会在制订战役计划的同时,还拟制了在战役战术方面欺骗敌人的计划。该计划中包括:

——隐蔽运输和集中为加强集团军群从苏联调来的部队;

——隐蔽调动在哈勒欣河东岸进行防御的兵力兵器;

——部队和物资储备隐蔽地渡过哈勒欣河;

——对出发地域、部队的行动地段和方向进行现地勘察;

——加强此次战役的各兵种特别隐蔽地演练各种科目;

——各军种兵种隐蔽地实施补充侦察;

——发布假情报,欺骗敌人,使敌人弄不清我方的真实意图。

我们通过上述措施极力给敌人造成一种印象,似乎我们没有任何进攻性质的准备措施,使敌人认为,我们进行的大量工作是为了组织防御,也仅仅是为了组织防御。为了欺骗敌人,决定一切运动、集中、变更部署只在夜间进行,因为夜间敌人的航空侦察和目视观察都受到极大限制。

在8月17—18日以前,严禁部队进入出发地域(从该地发起突击,旨在使部队前出至敌军集团的翼侧和后方)。进行现地勘察的指挥人员必须穿着红军战士服装,只能乘坐货运卡车。

我们知道敌人会进行无线电侦察和窃听电话,为了制造假情报,我们拟制了全套无线电和电话通话计划。通话只涉及建立防御和秋冬战役的防御准备。无线电通话主要使用易于被破译的密码。

我方印制了几千张传单和一批战士防御须知,把它们投到敌方阵地,使敌人看到,苏蒙军队政治教育的重点是什么。

我方军队的集中(翼侧突击集群的集中)及进入进攻出发地域的时

间预定于 8 月 19 日夜间。20 日拂晓前，全部军队应隐蔽地进入沿岸树丛中预先构筑的隐蔽工事内。火炮、迫击炮、牵引工具及各种技术器材应小心地用就便器材制作的伪装网遮盖起来。坦克部队应在炮火准备和航空火力准备开始之前以小群为单位从不同方向进入出发地域。坦克部队的行进速度很快，因而容许他们这样做。

部队的夜间调动皆以各种嘈杂音响（飞机飞行，火炮、迫击炮、机枪及各种枪支的射击）掩护。各部队严格按照根据调动计划制订的时间表制造各种嘈杂声音。

为了伪装部队的运动，我们还使用了各种音响器材。这些器材能逼真地模拟打桩、飞机飞行、坦克运动等声音。在突击集团开始调动以前 12—15 天，我们就开始模拟各种音响，使敌人对之习以为常。起初日军把这种模拟的音响当成部队真正运动的声音，于是向发出音响的地方进行射击；可是后来，他们也许是习以为常，也许是知道是怎么一回事了，便对任何声音都不再注意。而这一点对于我们真正变更部署和进行集中时有极为重要的意义。

为使我方进行进攻战役的消息不至泄露出去，在集团军群司令部内，总攻计划由司令员、军事委员、政治部主任、参谋长和作战部长亲自拟制。各兵种司令员和首长、后勤部长只根据司令员批准的计划分别制订有关计划。战役计划、命令、战斗号令及其他作战文书的打印只由一名打字员负责。

随着进攻开始日期的迫近，从战斗行动开始前四天至前一天，逐次向各级指挥人员传达战役计划。在进攻前三小时向战士和军士下达战斗任务。

随后的情况及我们进攻战役的全过程都表明，我们所采取的各种专门的反情报和伪装措施，以及其他造成战役突然性的措施，起到了极为重要的作用，敌人确实被我们打了个措手不及。

在 8 月战役的准备过程中，我们特别重视对敌人进行仔细的侦察。许多指挥员、司令部和侦察机关在战斗行动开始时，表现出经验不足。侦察担负了过多的任务，有些任务是无法完成的，有些是没有多大意义的。结果，侦察机关的力量分散了，有损于对重要侦察任务的完成。侦察人员由于仅根据某种征兆和推论得出一些假定的结论，往往自己把领导人员引入歧途。

当然，在过去的战斗、交战和战役中，也确有类似的推论被证实是正确的，但我们不应把严肃的作战建立在可疑的情报上。在当前这一旨在合围并歼灭敌军的战役中，我们主要关心的是敌军确切的配置和数字。

由于作战地域内没有居民，这就更增加了获取敌人情报的困难（从居民口中多少能了解一些情况）。日军方面没有逃兵，而跑到我方来的呼伦贝尔人通常对日军部队及兵团的配置和数目一无所知。用火力侦察得来的情报算是最好的情报，但这些情报只能提供前沿和浅近的炮兵和迫击炮阵地的情况。

我们的侦察机可以给我们提供很好的有关敌人防御纵深情况的照片，但是，由于敌人通常广泛地布置模型并采取其他欺骗措施，所以我们在得出结论时，必须十分慎重，并须反复核对，以分辨真伪。

由于日军对其军队配置地域进行严密的观察，我方难以采取用小股侦察群潜入敌人防御纵深的办法。

可是，尽管存在上述种种不利情况，我们还是成功地组织了侦察并取得了一系列有价值的情报。

摩托化步兵第149团在侦察方面搞得很好。团长列米佐夫少校对侦察业务十分熟习，他亲自组织团的侦察。我见过列米佐夫少校上课的情况。他给侦察人员示范，如何灵活机智地设伏抓俘虏，如何利用夜暗通过敌人的战斗警戒。列米佐夫在侦察方面有杰出的才能。侦察兵都非常高兴他们敬爱的团长能和他们一起操练。列米佐夫由于在哈勒欣河战斗中表现出的英雄主义而荣获"苏联英雄"称号。

我们认为，日军部署最薄弱的地方是其防御翼侧，同时他们缺乏快速预备队。至于地形，对于进攻部队来说，到处都难以通行。

我们还根据具体任务，拟制了战役的党政保障计划。该计划分两个阶段，准备阶段和实施阶段。

在准备阶段主要规定：保障执行集团军群军事委员会为实施当前战役集中兵力兵器而采取的措施，对国内调来的军队进行工作，向他们传授战斗经验。为了完成这一极为重要的任务要求全体共产党员、政工人员和指挥员直接在班、排、连中积极工作。要特别重视后勤机关的工作，因为在战役中物资技术器材能否及时供给在很大程度上取决于这些机构。

苏联军队懂得，我们的无产阶级国际主义义务就在于在严峻的考验时刻援助兄弟的蒙古人民。

《英雄红军战士》报进行了大量的政治宣传工作。每一期上都宣传集团军群的战士和指挥员的战功及红军的战斗传统。战役一开始，编辑部全体人员主要从事印制并迅速散发传单，以供战士、指挥员阅读。

作家斯塔弗斯基、西蒙诺夫、斯拉温、拉宾、哈茨列温，还有无处不去的摄影记者贝恩施泰因和捷明等都积极地为该报撰稿。我特别想提一下斯塔弗斯基。他是一个杰出的作家、宣传工作者，一生都和战士生活在一起。我认为，他是一个杰出的战地记者。我同他的联系一直保持到1941年年末。在1941年8月初，他来到预备队方面军的第24集团军，当时我正在那里准备实施反突击，以歼灭叶利尼亚的敌军集团及铲除敌人在此地的桥头堡。

我们见面后，相互拥抱，回忆起在哈勒欣河渡过的充满英雄气概的日子。他没有在司令部逗留，立刻去到前沿，在那里部队正进行着激烈的战斗。第二天一早，他给战地报送去一篇通讯，同时给我一个便条，告诉我部队克服种种困难的情况。非常可惜，这位多才多艺的作家、战地画家牺牲了，于1943年在涅韦尔附近的战斗中像一名战士一样牺牲了。

《英雄红军战士》报主编是奥尔坚别尔格，是一位很有能力、有才干的人。他善于团结编辑和撰稿者，并能吸引大量的战士、指挥人员、党政工作人员积极参加报纸工作。在伟大卫国战争时期，奥尔坚别尔格是《红星报》编辑，在作战部队中我不止一次见到他……

现在让我们再回到哈勒欣河战斗。

1939年8月20日，苏蒙军队发起合围并歼灭日军的总攻战役。

这是一个星期日，天气暖和、平静。日军指挥部深信苏蒙军队不想进攻，也没有做好进攻的准备，因而允许其将官和校官星期日休假。其中不少人在这一天远离自己的部队，有人到海拉尔等地。我们认为这是一个相当重要的情况，决定就在星期日开始进攻。

5时45分，我方炮兵对敌人的高射炮和高射机枪开始进行突然猛烈的射击。部分火炮则对我航空兵要轰炸的目标发射烟幕弹。

在哈勒欣河地域，飞机由远而近，马达的隆隆声越来越响。在空中出现150架轰炸机和近100架歼击机。飞机的突击非常猛烈，战士和指挥员的情绪极为高涨。

8时15分，各种口径的火炮和迫击炮对敌人目标开始急袭射击，充分发挥了它们的威力。8时30分，我航空兵再一次飞临上空。通过各条电话线和无线电台发出预定的密码命令——15分钟以后，开始总攻。

8时45分整，当我航空兵对敌人进行突击，轰炸其炮兵时，空中升起红色信号弹，表示部队开始冲击。冲击部队在炮火掩护下，奋力向前猛冲。

我航空兵和炮兵的突击非常猛烈、非常成功，敌人在精神、体力方面都被压制住了，在一个半小时内敌人炮火无力进行还击。敌人的观察所、通信联系及炮兵阵地均被摧毁。

部队的冲击是准确地按照战役战斗计划进行的，只有坦克第 6 旅未能全部渡过哈勒欣河，它只有部分兵力参加了 8 月 20 日的战斗。该旅的渡河和集中到 20 日日终才全部结束。

21 日和 22 日进行了激烈的战斗，在大沙地域尤其激烈，敌人在这一带进行了比我们估计的要顽强得多的抵抗。为了弥补估计的错误，不得不从预备队中抽出摩托化装甲第 9 旅投入战斗，并加强以炮兵。

在粉碎了敌人的翼侧集团后，我装甲坦克部队和机械化部队，于 8 月 26 日日终前，完成了对日军全部第 6 集团军的合围。26 日以后，开始分割歼灭被围的敌军集团。

由于流沙、沙坑、沙丘，使战斗行动极为困难。

日军极为顽固，战至最后一人。但是士兵们逐渐识破了官方的所谓皇军是不可战胜的谎言，因为日军作战四个月遭到极大损失，可是没有胜过一仗。

某些日军士兵和军官所写的日记反映出他们当时的心情，读起来很有趣。

这是福田的日记：

1939 年 8 月 20 日。

从早天气就很好。敌人的歼击机和轰炸机 50 架，一群一群地出现在天空。6 时 30 分，敌人的炮兵全力进行射击。炮弹在我们头上呼啸。

炮弹遮天盖地打到我们近旁。真可怕。观察队使用一切力气和办法寻找敌人的炮兵，但毫无办法，因为轰炸机在轰炸，歼击机在扫射。敌人全线获胜。

7 时 45 分。

可怕。人们怨声载道，炮弹隆隆爆炸，简直像在地狱一般。形势十分困难，情况很糟，我们被围了。如果黑夜即将到来，全体人员应待在交通壕里，排成一行……士兵的心灵是悲哀的……我们的处境不好，很糟，乱七八糟。

8 时 30 分。

敌人火炮不停地向我军射击。躲到哪儿，都没有生路，到处是炮弹，只有在菩萨脚下才能得救。

14时40分。

残酷的战斗在继续着。我们不知道,有多少人死亡、多少人受伤……射击一直不停。

8月21日。

苏蒙空军大批飞机轰炸我们的阵地,火炮也不停地射击。在轰炸和炮击以后,敌人步兵投入冲击。死亡人数不断增大。晚上敌人的飞机轰炸我们的后方。

8月22日9时30分。

敌人步兵开始冲击,敌人机枪猛烈开火。我们处境极为危险,我们胆战心惊。士兵情绪糟透了。所有军官死光了,我被任命为连长。这事使我非常不安,一夜都睡不着……

就在这个时候,福田的日记中断了。

当时日军大力在士兵中灌输反对苏联红军的思想。我们的军队被说成技术落后,在作战方面相当于1904—1905年俄日战争时的旧沙皇军队的水平。因此,日军士兵看到在哈勒欣河战斗中,遭到我军坦克、飞机、炮兵和组织良好的步兵部队的突击时,完全出乎他们意料之外。

日军当局告诉士兵,他们当了俘虏也得被枪毙,而且在枪毙以前还得折磨个半死。应当承认,这类宣传在当时对士兵是起了作用的。

但是,事实粉碎了这些谎言。我记得8月里的一天,天刚亮,我在观察所,带来了一名已被蚊子咬得不像样子的日本俘虏兵。他是被费久宁斯基团的侦察兵在芦苇丛里抓到的。

我问他,是谁在什么地方把他搞成这个样子的。他回答说,他和另一个士兵昨天黄昏受命躲藏在芦苇里,暗中监视俄军的行动,但没有给他们防蚊用具。连长命令他们在芦苇中不许乱动,以免被发现。夜间蚊子袭来,他们咬紧牙关忍受着蚊子的叮咬,一动不动地直待到第二天早晨,生怕被发现。这个俘虏兵说:

"可是俄国人一喊话,端起了枪,我就举手投降,因为我再也忍受不住这种折磨了。"

我们非常需要了解他被俘的那个地区的日军情况。为了使他开口,我命令给他半杯伏特加酒。使我吃惊的是,他看了看这杯酒,然后说:

"请您先喝一口,我害怕中毒。我父亲只有我一个儿子,父亲开一个百货店,当然我是他唯一的继承人。"

我们的翻译说,根据日军当局发给士兵的"手册",士兵应当口喊"万岁"英勇死去。俘虏笑了笑说:

"父亲嘱咐我，要活着回去，而不是死了回去。"

1939年8月30日，侵入蒙古人民共和国边界的日军第6集团军被全部歼灭。乔巴山同志来到我们部队表示衷心感谢，他感谢苏联战士以自己的鲜血证实了他们对所承担义务的忠诚。苏蒙军队的毁灭性反击，日军一个集团军精锐部队遭到前所未见的全军覆没，迫使当时日本执政当局重新考虑对苏联武装力量威力、战斗力的估价，特别是对苏联军人政治上坚定性的估价。

国防人民委员伏罗希洛夫在1939年11月7日的命令中写道："哈勒欣河战斗的参加者——战士和指挥人员获得了真正的荣誉。参加哈勒欣河作战的军队，表现出英勇和自我牺牲精神，卓越地执行了战斗命令，应受到嘉奖。"

我们军人英勇行为的灵魂是共产党及其前线机构——军队党组织。共产党员以其英勇的表率作用鼓舞军人建立战斗功勋。

必须指出，有些指挥人员和政治工作人员，他们以其卓越的组织活动、党政措施、灵活的指挥，加速了对日军的粉碎，使苏联军队获得荣誉。

对尼基舍夫（师级政委）我怀着亲切的怀念。他是一个杰出的领导人、原则性很高的共产党员，他善于妥善处理军事委员会的工作，无论情况多么复杂、紧张，我们之间从未发生过争吵、分歧。所有我们这些参加过哈勒欣河作战的人，听到他在卫国战争初期阵亡的消息时，都万分悲痛。他死于乌克兰，当时担任西南方面军第5集团军军事委员的职务。

我们也绝不能忘记斯穆什克维奇、格里采韦茨、扎巴卢耶夫、克拉夫琴科、斯科巴里欣、拉霍夫及其他飞行员的功绩，他们树立了英勇、无畏的典范。

一次在追击日军机群的时候，歼击机飞行员苏联英雄格里采韦茨发现自己指挥员扎巴卢耶夫的飞机掉队了。格里采韦茨在向逃窜的敌机打了几个点射以后，暂停追击，开始寻找不知下落的飞机。他在最后一次进行攻击的地域的上空打圈子，他发现那架飞机坠落在日军范围内的草原上。

格里采韦茨向下飞，进行超低空飞行，他看见扎巴卢耶夫躺在飞机旁边。很明显，是飞机出事了。怎么办呢？格里采韦茨不顾在敌人后方降落的极大危险，毅然决定：无论如何也要救出自己的指挥员。正如我们在苏沃洛夫时代已确立的信条：宁肯牺牲自己，也要救出同伴。

这位勇敢并始终十分沉着的飞行员，熟练地将飞机降落在满是弹坑的场地上。他很快地滑行到扎巴卢耶夫的身旁，他把扎巴卢耶夫硬塞进单坐飞机的座舱里。然后，格里采韦茨在惊慌失措的敌军士兵面前，把带着双倍负载的飞机迎风飞上天空，并顺利地飞回机场。

在一次对日军的侦察性战斗中，卡斯佩罗维奇少校的支队里一辆嘎斯汽车被打坏。司机季莫欣列兵没有抛弃汽车，而是留在战场上，在中间地带，努力修车。日军发现我们这位战士大胆的行动，决定要活捉他。季莫欣像真正的苏联战士那样进行抵抗。他虽然身受重伤，仍然继续抵抗。

在这个时候，支队长卡斯佩罗维奇，不顾当时严重的情况，定下了一个冒险的决心，抢救自己的战士。他命令直接瞄准火炮对敌人的火力点集中射击，他将全连展开，向敌人进攻，而他乘坐的装甲车全速向季莫欣的汽车靠拢，将损坏的汽车挂在装甲车后面拖回；当把季莫欣拖回驻地后，季莫欣含着热泪感谢冒着生命危险把他从死亡中救回来的指挥员和同志。

在他被送进医院以前，他说："我毫不怀疑，你们是不会忘记我的，不会让我一个人遭受不幸。我亲爱的朋友，只要我稍加治疗，我就回来和你们在一起。"

飞行员、苏联英雄斯科巴里欣上尉在敌我悬殊的战斗中，援救了自己的战友武萨上尉，他大胆地冲撞日军歼击机并在击落该机后，又与另两架敌机作战。当这两架飞机的飞行员看出他们是在与什么样的人战斗时，他们转向自己的机场方向逃窜。斯科巴里欣，尽管飞机受重创，仍顺利地飞回机场。着陆后，在他飞机的机翼上发现有日军歼击机掉落的碎片。

在空战中表现特别突出的是苏联英雄拉霍夫上尉。7月29日，他单个遇见了一个极有作战经验的日军空军飞行员——竹尾。旋转几次以后，拉霍夫迫使敌人卷入战斗。在战斗过程中，日本飞行员竹尾使出其全副本领，但其飞机仍然被拉霍夫击毁了。这个日本人跳伞了，当他发现降落在蒙古领土上时，企图自杀，但被俘虏了。

当日本飞行员竹尾从惊慌中恢复过来，受到红军军官良好的待遇后，他要求见一见能如此巧妙地作战并击毁了他的飞机的那位飞行员。当拉霍夫走近他时，这个日本人向他深深地一鞠躬，向胜利者致敬。

我怀着感激的心情，回忆起当时和我一起工作的许多指挥员。在哈勒欣河地域战斗行动开始时，费久宁斯基是主管行政事务的副团长。当摩托化第24团需要指挥员时，第一个候选人的名字就是费久宁斯基。我们没有看错。在各种困难的情况下，他都能定下正确的决心，当我军发起总攻时，该团在他的指挥下，仗打得很漂亮。

在哈勒欣河战斗行动近结束时，费久宁斯基被任命为第82师师长。这个师在卫国战争第一阶段在莫扎伊斯克方向进行了极为顽强的防御战。少将费久宁斯基曾成功地指挥过西南方面军的一个步兵军，后来又指挥过列宁格勒附近的第42集团军。

波塔波夫（旅级）是我的副司令。他肩负着组织各兵团和各兵种协同动作的重担。当我们开始总攻时，波塔波夫受命指挥集团军群翼侧的主要集团。波塔波夫异常沉着，什么事情都不能使他惊慌失措。甚至在最困难最危险的情况下，他也能保持绝对镇定，这一点很受部队欢迎。他在卫国战争中，指挥西南方面军第5集团军时，也是如此。

通信联络在战斗和战役中起着决定性的作用，因此我想谈一谈列昂诺夫上校的功绩。他在任何情况下，均能保障对部队指挥所必需的不间断的通信联络。

党组织在完成战斗任务中作出了巨大的贡献。集团军群政治部主任戈罗霍夫（师政委级）、巴比丘克（团政委级）、特别军党委书记波莫盖洛和政委扎科沃罗特内都始终站在政治工作的最前列。

在兵团一级的政治工作人员中间，摩托化装甲第9旅的政委瑟切夫（团政委级）表现特别突出，过去他是乌拉尔的一个冶金工人。瑟切夫能很好地帮助旅长，往往能在困难的情况下掌握住自己的部队并能以本身的英勇行为激励部属建立战功。在卫国战争年代，他作为集团军的军事委员能以同样大无畏的精神完成所受领的任务。

医务工作人员在困难的野战条件下，夜以继日地辛勤劳动，他们救死扶伤，而且不仅对我们的指战员如此，他们还以极高度的人道主义精神对待被俘日军的伤病员。

我还记得很清楚，我与阿胡京教授一起工作的情况。有一次人们向我报告，阿胡京教授在连续完成几个手术已累得几乎站立不住的情况下，命令在他身上抽血输给一个受伤的指挥员。我打电话给他，劝他从较年轻的医生身上抽血。可是，阿胡京教授简短地回答说：

"我没有时间去寻找合适的血型"，他请求我不要阻拦他。他立即把自己的血献给了伤员。

阿胡京教授对后方医务体系的统一化考虑得很周到并组织得很好。他还对我们兄弟的蒙军医务工作人员给予了巨大的帮助。他每昼夜工作

15—18小时，但他对外科医生的训练和提高仍然非常注意。我认为，如果我说，凡是和阿胡京教授一起工作并向他学习过的人，都在外科手术方面有很高成就，这一点也不过分。当今著名的外科医生、科学院士维什涅夫斯基就是在他的指导下顺利开始工作的。

在哈勒欣河地域行动的蒙军与苏军配合得很好。

我们在前线怀着激动的心情读到蒙军给苏军战士的动人的信：

"亲爱的兄弟们，红军战士们！

"我们，在哈勒欣河地域作战的蒙古人民革命军的战士、指挥员和政治工作人员，以我们自己的名义，并代表全体蒙古劳动人民，向你们，抗击日本侵略者保卫我们祖国的战士们，致以热烈的敬意，并祝贺你们成功地围歼了践踏我国土地的侵略者。

"我国人民将把你们在哈勒欣河与日本匪徒英勇斗争的事迹用金字记入我国为自由独立而斗争的史册。如果没有你们兄弟般的无私的援助，就不可能存在独立、革命的蒙古国家。如果没有苏联的援助，我们就会面临中国的东北人民所遭遇的命运，日本侵略者就会粉碎并夺去我们的国土和劳动果实。但这一切没有实现，也绝不可能实现，因为苏联正帮助我们，把我们从日本的奴役下拯救出来。

"感谢你们，感谢苏联人民！"

蒙军战士为苏军的战功而欢欣鼓舞，我们，苏联军人也为蒙军指战员的英雄事迹而兴高采烈。

我有机会亲眼看到蒙军战士、指挥员树立的大量战功。我愿意举出有卓越表现的一些人的名字：战士奥尔沃，装甲车驾驶员哈扬希尔瓦，高射炮瞄准手丘尔捷马、甘鲍苏列纳，骑兵赫尔洛。以蒙古人民革命军副总司令勒霍格瓦苏伦（军政委级）为首的蒙古人民革命军司令部做了大量创造性的工作。

在为纪念哈勒欣河牺牲的英雄而树立的纪念碑上，刻有如下公正的词句：

"为捍卫热爱和平的蒙古人民的自由和独立，为保卫各国人民的和平和安全，为反对帝国主义侵略，在哈勒欣河地域与日寇作战中献身的苏军英雄战士和蒙古人民革命军英勇的战士，永垂不朽！"

苏联政府为了表彰苏联军人反日本侵略的卓越功勋，授予其中70人以"苏联英雄"称号。飞行员格里采韦茨、斯穆什克维奇、克拉夫琴科两次荣获"苏联英雄"金星奖章。我也荣获"苏联英雄"称号。1972年我因参加粉碎哈勒欣河地域日军的战役，按蒙古人民共和国大人民呼拉尔的命令被授予"蒙古人民共和国英雄"称号。

哈勒欣河战斗行动结束后，于 1939 年 10 月底，集团军群领导人和司令部回到蒙古人民共和国首都乌兰巴托。过去我对蒙古的了解只限于书本上和报纸上，现在我有机会亲自看看这个国家。

特别值得提到的是蒙古人民的纯朴、善良和对苏联的信任。无论我走到哪里，在帐篷里或是房子里、在机关里或是部队里，到处都可看到他们把列宁像挂在最庄严的地方，每一个蒙古人在谈到列宁时，都满怀崇敬的心情。

我们的战士常常拜访蒙古朋友，而蒙古同志也常参观我们的演习和作业，在这些场合我们总是努力把战斗经验传给他们。

蒙古人民十分尊敬和热爱乔巴山。八月份当他来到我们在哈马尔—达巴山土的指挥所时，我和他成了好朋友。他是一个杰出的非常热情的人，是苏联忠实的朋友。他是一个国际主义者，毕生同帝国主义和法西斯做斗争。最后一次我见到他是在伟大卫国战争时期，当时他给前线红军战士送来了蒙古人民赠送的礼物。

我们看到，泽登巴尔是一个有教养、很聪明的人，他与乔巴山和其他中央委员合作多年。在 1952 年乔巴山去世后，泽登巴尔任总理，现在他是蒙古人民革命党中央书记兼蒙古人民共和国部长会议主席。他为国内的社会主义建设贡献自己一切力量、知识和精力，为全世界的和平和民主而奋斗。

在尚未谈到卫国战争以前，我愿意先在这里说一说蒙古人民在我国进行反对法西斯德国的卫国战争时期给予苏联的援助。

仅在 1941 年，苏联军人就从蒙古人民共和国得到价值 6500 万图格里克[①]的 140 节车厢各种礼物。蒙古还通过对外贸易银行捐赠了 250 万图格里克、10 万美元及 300 千克黄金。利用上述资金特别购置了 53 辆坦克（其中有 32 辆 T-34 型）。在这些坦克的侧面均写上了苏赫巴托及其他蒙古人民共和国英雄的名字。这批坦克中的许多辆曾成功地与德军进行了战斗，并在近卫坦克第 1 集团军坦克第 112 旅的编成中一直打到柏林。

除了坦克以外，一个"蒙古牧民"航空兵大队交给了苏联空军。这一大队编入奥尔沙近卫航空兵第 2 团的编成内。这个大队在整个战争过程中取得了不少的胜利。

[①] 蒙古人民共和国货币单位。——译者注

1941—1942年蒙古送给苏联红军3.5万匹马，这一批马补充了苏军的骑兵部队。

在整个卫国战争期间，乔巴山、泽登巴尔和其他国务活动家常常率领蒙古人民共和国劳动人民代表团访问我们光荣的军队。他们每一次的到来都进一步巩固了苏联和蒙古人民之间的兄弟友情。

在哈勒欣河作战期间，泽登巴尔和苏联驻蒙古大使伊万诺夫做了大量工作。由于他们的关心，我们部队从来没有碰到过供应方面的困难。从那时起，泽登巴尔同苏联人民真诚地亲密合作，苏联人民通过他看到走社会主义道路的友爱的蒙古人民。伊万诺夫在蒙古人民中间，在蒙古国家和党的领导人中间享有很高的威信，他尽力用言语和行动帮助蒙古朋友。

我们的部队回到冬季营房后，进行战斗总结。我们高兴地看到，战士和指挥员的军事知识大大提高了。作战部队向那些没有直接参加战斗的部队派出了优秀的战士和指挥员，以传授与日军作战的经验。部队军事训练的政治保障也有了很大的改进。

所有这一切措施在部队的训练和战备方面都收到了显著的效果。1939—1940年在蒙古待过的兵团于1941年调至莫斯科附近与德军作战，博得极高的评价，这绝不是偶然的。

1945年，苏联政府同反希特勒同盟国达成协议，为了消除来自军国主义日本的军事危险，它掌有针对蒙古人民共和国和我国远东地区的百万关东军，对日本宣战了，我们的兄弟蒙古人民共和国也对日本宣战了。

蒙古人民革命党、乔巴山和泽登巴尔领导的蒙古军队加入普利耶夫将军指挥的苏蒙骑兵机械化兵集群的编成，在苏军的右翼作战。据我军战士、指挥人员和政工人员反映，蒙军部队作战勇敢、机智并能很好地同苏军协同行动。

蒙古人民共和国元帅乔巴山因战斗指挥出色，被苏联政府授予苏沃洛夫一级勋章。副总司令员——蒙古人民革命军政治部主任泽登巴尔因出色地指挥蒙古人民革命军作战并在战斗中表现英勇、果敢，被授予库图佐夫一级勋章。26人被授予红旗勋章，13人被授予光荣三级勋章，82人被授予"勇敢"奖章。1945年，苏联最高苏维埃总共奖励302人。

蒙古人民对苏联人民怀有真诚的友情。直到现在还保留着给自己的孩子起俄国人名字的习惯，如奥罗斯（俄罗斯）、赛赛尔（苏联）、沃洛佳（表示对列宁的尊敬）、尤拉（表示对加加林的尊敬），等等，这就是证明。

现在蒙古人民共和国已成为一个繁荣昌盛的社会主义国家。各种工业、农业、科学和先进技术在迅速发展。苏联及其他的兄弟社会主义国家在这方面对蒙古人民给予了大力援助。无论在和平时期，还是在同外国侵略者作战时期，起主导作用的是蒙古人民革命党及其中央委员会。

1940年5月初，我接到莫斯科的命令，去人民委员部另行分配工作。

当我到达莫斯科时，政府颁布决定，授予红军高级指挥人员将级军衔。我和其他同志一起被授予大将军衔。

几天以后，我被斯大林亲自接见并被任命为基辅特别军区司令员。我以前没有机会见到斯大林，在被接见时，我非常激动。

除斯大林以外，房间里还有加里宁、莫洛托夫和其他政治局委员。

斯大林同我问好以后，抽着烟斗，立即向我问道：

"你认为日军怎么样？"

"与我们在哈勒欣河作战的日军士兵训练不错，特别是近战，"我回答说，"他们守纪律，执行命令坚决，作战顽强，特别是防御战。下级指挥人员受过很好的训练，作战异常顽强。下级指挥人员一般不会投降，'剖腹'自杀时毫不迟疑。军官，特别是中高级军官，训练差，主动性差，习惯于墨守成规。

"至于日军的技术装备，我认为是落后的。日军的坦克相当于我们的MC-1式坦克，非常落后，武器很差，最大行程小。应当说，在战役初期，日军的空军比我们强。在我们还没有得到改装的'鸥'型和伊–16以前，他们的飞机比我们的优越。在以斯穆什克维奇为首的一队荣获'苏联英雄'称号的飞行员到来以后，制空权就很牢靠地掌握在我们手中。应当指出，与我们作战的是日本的精锐部队，是所谓的皇军。"

斯大林很注意地听我说的一切，然后他问道：

"我们的部队打得怎么样？"

"我们的正规部队打得很好。彼得罗夫指挥的摩托化步兵第36师和来自外贝加尔由加拉宁指挥的步兵第57师都打得很出色。由乌拉尔调来的步兵第82师开始打得不好。该师的战士和指挥员训练时间都很短。这个师在开赴蒙古以前不久才加以扩充，补充了刚应征入伍的新兵。

"我们的坦克部队打得很出色，特别是由苏联英雄雅科夫列夫旅长率领的第11旅表现突出，但两种坦克太容易起火。如果我没有这两个坦克旅和3个摩托化装甲旅，肯定不可能如此迅速地合围并歼灭日军第

6集团军。我认为，我们必须大大扩充装甲坦克部队和机械化部队。

"我们的炮兵在各个方面都比日军的优越，特别是在射击方面。我们的部队整个地说比日军强得多。

"蒙古部队从红军方面获得了经验，受到锻炼，得到支援，也打得很好，特别是他们的装甲营在巴英查岗山打得很好。应当承认，蒙古的骑兵易于遭受飞机袭击和炮火的杀伤，他们受到很大损失。"

斯大林又问："库利克、巴甫洛夫和沃罗诺夫是怎么帮助你的？"

"沃罗诺夫在计划炮兵火力和输送弹药方面给了我们很大帮助。至于库利克，我看不出他做了什么有益的工作。巴甫洛夫向我们的坦克手介绍了他在西班牙获得的经验，对他们很有帮助。"

我聚会神地望着斯大林，可以看出，他在很有兴趣地倾听我的讲述。于是我继续说：

"对于我们所有的部队、兵团指挥员、部队指挥员和我本人，哈勒欣河的战斗是一个学习战斗经验的好机会。我认为，日本方面如今对于红军的力量和作战能力也得出了一个比较正确的结论。"

"你谈一谈，我们的部队在哈勒欣河遇到些什么困难？"加里宁参加了谈话。

我回答说："主要的困难是物资技术保障方面的问题。我们必须从650—700公里以外运来作战和生活必需品。离我们最近的供应站在外贝加尔军区。甚至烧饭用的劈柴也得从600公里以外运来。车辆来往一趟是1300—1400公里，这要消耗大量汽油，而汽油也得从苏联运来。

在克服这类困难方面，外贝加尔军区军事委员会和什捷尔恩上将及其部属给了我们很大帮助。在哈勒欣河蚊子非常多，这使我们部队非常伤脑筋。一到晚上蚊子就毫不客气地咬我们。日本人有专门的防蚊设备，可是我们没有，一直到很晚才装备了这类用品。"

加里宁又问："你认为，日本政府组织入侵，它追求的主要目标是什么？"

"最近的目标是夺取哈勒欣河以西的蒙古人民共和国领土，然后沿哈勒欣河建立筑垒地区，以掩护其筹划修建的第二条战略铁路。这条铁路将从中东铁路的西面伸向我外贝加尔边界。"

斯大林说："现在你已经有作战经验了。你到基辅军区去，利用自己的经验训练部队。"

当我待在蒙古人民共和国的时候，我没有机会仔细研究德国与英法集团之间战斗行动的过程。利用这个机会，我问道：

"如何理解西方战争的极端消极性？下一步战事将会如何发展？"

斯大林笑着说：

"以达拉第为首的法国政府和以张伯伦为首的英国政府不愿认真对希特勒作战。他们仍然希望怂恿希特勒同苏联作战。1939年他们拒绝同我们建立反希特勒同盟，他们不想束缚住希特勒侵略苏联的手脚。但这对他们没有什么好处，他们自己得为这种近视的政策付出代价。"

我回到"莫斯科"旅馆后，久久不能入睡，这次谈话时的情景萦绕在我的脑际。

斯大林的外表，他那低沉的声音，对问题深刻和具体的分析，渊博的军事知识，听取报告时那样聚精会神，这一切都给我留下了深刻的印象。

第八章

在基辅特别军区

任命我担任苏联最大军区的司令员职务，我感到十分光荣，我要贡献自己的一切，绝不辜负党中央和政府对我的高度信任。

基辅特别军区是一个先进军区。当我1922—1939年在白俄罗斯军区工作时，我们非常尊重基辅军区的部队，高度评价该军区部队的战斗训练、其司令部及领导人的战役战术修养。

还有，在军区能和有丰富经验的领导干部和政治工作人员一起工作，也使我非常高兴。他们中间不少人我是认识的，有许多人是从其他军官和将官口里听说过的，而有些同志则是同我一起工作过多年的。

当时基辅特别军区的参谋长是普尔卡耶夫中将。我和普尔卡耶夫在白俄罗斯军区一起工作过，当时他是军区参谋长。他是一个有经验、精通本职工作的将军，他是一个很有教养、熟练的参谋人员。

军区炮兵司令员是雅科夫列夫将军，他在炮兵技术和战斗运用方面是个第一流的专家。分别指挥两个集团军的是穆兹琴科将军和科斯坚科将军，我和他们在顿河哥萨克第4师里一起工作了很长时间。军区司令部作战部部长是鲁布卓夫上校，他是我在国防人民委员部中央机关里工作时认识的。鲁布卓夫的职务不久就由巴格拉米扬上校接替了。巴格拉米扬是一个深思熟虑、安静、勤勉、精通本行业务的干部。军区的供给主任是我的老朋友别洛科斯科夫。

另外，我还想说两句赞美军区空军司令员普图欣将军的好话。他是一个出色的飞行员和指挥员，是我们党的忠实的儿子和富有同情心的同志。

短期内我熟悉了军区的其他领导干部。军区拥有一批能干、有教养的指挥人员。每次交给他们的任务，他们均能熟练、准确并富有创造精神地完成。

熟悉了军区的情况以后，我认为我有责任去拜访一次乌克兰党中央委员会书记。我向他们谈了我军在哈勒欣河粉碎日军第6集团军的情况及我对基辅军区的初步印象以后，请求他们在军区的物质生活保障方面给以帮助。我受到了热情的关怀，并且十分高兴，一切都做了妥善的安排。

在1940年6月份，我走遍了军区几乎所有的部队和兵团。然后我同军区司令部在捷尔诺波尔、利沃夫、弗拉基米尔—沃伦斯基、杜布诺地域进行了大规模的带通信工具的首长—司令部野外作业。就在这一带，一年以后即1941年，德国人根据"巴巴罗萨计划"对乌克兰实施了主要突击。

作业表明，担任集团军、兵团及其司令部的领导职务的是一批年轻有为的军官和将官。当然，他们还需要认真的战役战术训练，因为他们只是在不久前才从较低的职务提升上来的。领导上已注意到了这个问题。

1940年夏、秋两季，基辅特别军区的部队进行了紧张的战斗训练。部队学习了红军与芬兰军队作战和与日军在哈勒欣河作战所取得的战术经验。在训练中也考虑了法西斯德军进攻一系列欧洲国家时的作战经验。

当时第二次世界大战已在紧张地进行。早在1936年年底德国与意大利已签订协定，结成臭名昭著的"柏林—罗马轴心"，与日本签订《反共产国际协定》。这一协定表面是针对共产国际的，但实际上是侵略势力相互勾结以争夺世界霸权。1937年意大利也加入了这一协定。同时日本也再次发动战争，妄图吞并中国。1938年独立的奥地利被吞并了。与此同时，武装进攻捷克斯洛伐克已迫在眉睫。苏联政府向爱好和平的国家建议："如果所有的国家，特别是强国，对于集体拯救和平的问题采取坚定的而不是模棱两可的立场，现在还为时不晚，再拖延恐怕就来不及了。"

苏联的提议没有被采纳。

在1938年9月29—30日西方强国举行的臭名昭著的慕尼黑会议上，英国和法国同意把捷克斯洛伐克的苏台德地区让给德国，以便"拯救和平于最后一分钟"。捷克斯洛伐克代表团在紧闭的大门外等待着自己国家命运的决定。苏联则完全被排除在会谈之外。

我们已准备好支援捷克斯洛伐克。飞机和坦克已做好战斗准备。在苏联西部边界附近集中了近40个师。但是，当时的捷克斯洛伐克的统治集团拒绝我们的帮助，宁愿屈辱地投降。1939年3月15日，德国占领了布拉格。对希特勒的"绥靖政策"获得了自然的结果。

这样的转变（苏联不止一次地预言过这种转变）在英国和法国面前提出了一个问题：如果受他们唆使矛头指向东方的希特勒突然转向了西方呢？于是这些国家的政府开始了又一轮谈判、会见、会议，以达到用与苏联结成军事同盟的可能性来吓唬希特勒。这些国家的政府首脑达拉第和张伯伦要求苏联在他们的国家受到德国侵略时给予帮助，但他们却不愿意承担任何严肃的义务。谈判，其中包括英、法、苏三国军事代表团的谈判，陷入了僵局。

如果说到欧洲，一句话，就是希特勒不断施加压力，而英国和法国则不断退让。苏联为建立有效的集体安全体系而提出的许多措施和建议，在资产阶级国家领导人中间没有得到支持。当然，这是很自然的事。形势中出现的各种困难、矛盾和不幸，都来源于英法统治集团总希望德国和苏联之间直接发生冲突。

当炸弹还没有在他们自己家里爆炸以前，昔日在反对第一个社会主义国家的斗争中勾结在一起的同盟者，他们的阶级利益把他们引到这样一步——在希特勒的面前步步退让。达拉第和张伯伦以为，他们可以玩弄阴谋诡计，及时地躲开已经准备就绪的德国法西斯的军事行动，并且在最后时刻把军事行动的矛头引向苏联。甚至到9月1日，德国已进攻波兰，波兰的同盟者英国和法国虽对德国宣了战，实际上仍然按兵不动。

德军最高统帅部作战指挥部参谋长约德尔在纽伦堡审讯中承认："如果说在1939年我们没有遭到失败，这仅仅是因为，在我们对波兰作战时，待在西方的约110个法军和英军师面对着德军23个师，无所作为。"

地主老爷的波兰政府拒绝苏联的帮助。波兰政府"英明地"在东面设防线、筑工事，准备同苏联作战，但希特勒军队就在那个时候，从西面、北面、南面侵入波兰并迅速占领了武器库。尽管波兰的爱国者进行了英勇的斗争，但德军形成了一个大包围圈，把波兰军队围住。第二次世界大战以更大的规模展开了。

在这紧张的时刻，我们红军的情况又如何呢？

在第十八次党代表大会上（1939年3月）国防人民委员、苏联元帅伏罗希洛夫在其报告中指出，我们军队的数量与1934年相比增长了一倍，军队的摩托化装备为 1934 年的 260%。他列举了我步兵军火力的总数，该数字不低于德国或法国一个军的火力。我骑兵增长 50%，大大加强了骑兵中的火炮、轻重机枪和坦克（平均加强 35%）。坦克的总数增长近 1 倍，坦克的火力增长近 3 倍。火炮的射程增大了，火炮的射速，特别是反坦克火炮和坦克火炮的射速增大了。如果说 1934 年全部空军一次出动可携带 2000 吨航空炸弹，而现在其携带量增加了 208%。不仅是歼击机，甚至轰炸机也提高了速度，每小时超过 500 公里。

第十八次党代表大会关于联共（布）中央委员会工作的总结报告中，斯大林指出了新的帝国主义战争的危险性，他说，我国坚定不移地执行捍卫和平的政策，但与此同时，应极为认真地展开加强红军和海军的战备工作。实际上我们也是这样做的。

这里顺便提一下，我们常常发现，有些历史研究著作中不再引用一些极为重要的文件。结果，一些从间接材料和参考材料中得来的关于战前问题观点和见解，有时竟被当成十足的新发现，其实包含这类观点和事实的书籍可以很容易地从图书馆的书架上找到。

特别是战前各次党代表大会的文件包含着极为丰富的历史材料，反映出党和人民在各个领域所从事的巨大工作。再则，这些文件不是由个别人，而是由几百名几千名熟练的专家认真准备的，他们为了决定严肃的报告中的一个数字，往往要翻阅大量的事实材料。

当然，国防人民委员不可能在第十八次党代表大会上提出说明我军力量的绝对数字。但是，在 1939 年 8 月举行的苏联、英国和法国军事代表团的会谈中（当然这些会谈是秘密进行的），列举了具体数字。

这些会谈很有意义。它们清楚地反映出我国政府企图在欧洲建立集体安全的严肃负责精神，反映出我国为达此目的准备作出现实努力的决心。苏联政府直接委托自己派出的军事代表团签订关于英国、法国和苏联在欧洲组织反侵略军事防御的协定。

但是，英国和法国派来会谈的，坦率地说，是次要人物，而且是来试探和摸底的，并不真正关心军事合作的成功。英国政府在对英国军事代表团的秘密指示中，直截了当地说，英国政府"不愿承担任何明确的义务"，这些义务会"束缚英国的手脚"。该军事代表团受命"慢慢地"进行谈判，对俄国人要"留有余地"，对于军事协定要"力图限于尽可能一般的表达"。

下面是当时会议记录的一些摘录，这些摘录一方面说明我国当时准备在西部边界展开的军队的作战能力；另一方面明显地反映出西方强国对我国的敌意，他们想示意希特勒，当他向东进军时，英国和法国将不干涉。

1939年8月15日苏联、英国和法国军事代表团会议记录，

会议于10时零7分开始，

13时20分结束。

……沙波什尼科夫（集团军级）：在前几次军事代表团会议上，我们听取了法国军队在西部展开的计划。根据英法军事代表团的要求，苏联军事代表团委托我谈一谈苏联武装力量在苏联西部边界展开的计划。

为了反对对欧洲的侵略，红军在苏联欧洲部分展开的兵力有：

120个步兵师、16个骑兵师、5000门重炮（包括加农炮和榴弹炮）、0.9万—1万辆坦克、5000—5500架作战飞机，即轰炸机和歼击机（辅助飞机不计算在内）。

上列军队数字中，不包括筑垒地域内的部队、防空部队、海防部队、训练补充兵员的后备部队及后勤部队。

关于红军的编制不准备详述，我只简单说明一下：1个步兵师由3个步兵团和两个炮兵团组成。师的战时编制人数为1.9万人。

一个军由3个师组成，另有军属炮兵2个团。（德拉克海军上将问海伍德将军有没有人记录沙波什尼科夫所讲的内容，他得到了肯定的答复。）

各种编成的集团军（5—8个军）有自己的炮兵、航空兵和坦克。

筑垒地域的部队接到战斗警报后，4—6小时完成战斗准备。

苏联从北冰洋至黑海沿西部边界全线均有筑垒地域。

军队可于8—20天内集中完毕。铁道网的分布不仅允许按期把部队调往边界，而且可以进行横方向的机动。我们沿西部边界在300公里纵深内，有3—5条横向铁路。

现在我们有足够数量的大型机车，有比过去的车厢大一倍的货运车厢。我们列车的载运量比过去增加一倍，列车运行速度也大大增加。

我们有大量汽车运输工具和横向公路，可以实施汽车输送工具的横方向集中……

……我现在谈一谈，苏联军事代表团同意的，当欧洲受到侵略时，英、法、苏三国武装力量共同行动的三个方案。

第一个方案——这是当侵略集团向英国和法国进攻时采取的方案。在这种情况下，苏联所提供的武装力量将是英国和法国直接用于对付主要侵略者德国所使用之武装力量的70%。我解释一下。比如，英国和

法国提供 90 个步兵师直接对付德国，苏联则提供 63 个步兵师，6 个骑兵师及相应数量的炮兵、坦克、飞机，总数近 200 万人……

……苏联北海舰队可协同英法分舰队沿芬兰和挪威海岸，在其领海以外，进行巡逻……苏联波罗的海舰队可在东普鲁士和波美拉尼亚沿岸进行巡逻、派出潜艇及设置水雷。苏联波罗的海舰队的潜艇可阻挠从瑞典往主要侵略国家运送工业原料。

随着沙波什尼科夫（集团军级）对行动计划的说明，德拉克海军上将和海伍德将军在其略图上标上情况。

发生军事行动的第二个方案——这是当侵略指向波兰和罗马尼亚时采取的方案。

……只有当法国和英国已与波兰并尽可能与立陶宛及罗马尼亚谈妥，我们的部队可以通过维连斯基走廊，加利西亚及罗马尼亚并在那一带行动时，苏联才可能（才能实现）参战。

在这种情况下，苏联所提供的武装力量将是英国和法国直接用以对付德国的武装力量的 100%。例如，法国和英国提供 90 个步兵师对付德国，苏联则提供 90 个步兵师、12 个骑兵师及相应的炮兵、航空兵和坦克。

英国和法国舰队的任务，与第一方案中提出的相同……

……在南面苏联黑海舰队封锁多瑙河口，阻止侵略者的潜艇及其他可能的海上力量进入河口，封锁博斯普鲁斯，阻止敌人的水面分舰队及其潜水艇进入黑海。

第三个方案。这个方案所考虑的情况是主要侵略者利用芬兰、爱沙尼亚和拉脱维亚的领土向苏联入侵。在这种情况下，法国和英国应立即加入对侵略者或侵略集团的战争。

与英国和法国有条约协定的波兰亦应反对德国并允许我国军队根据英国、法国政府同波兰政府的协定通过维连斯基走廊和加利西亚。

前面已提到，苏联展开 120 个步兵师、16 个骑兵师、5000 门重炮、0.9 万至 1 万辆坦克、5000—5500 架飞机。在这种情况下，法国和英国所提供的武装力量应是上面刚列出的苏联武装力量的 70%，并立即开始积极行动以反对主要侵略者。

英法海军的行动应如第一方案所列……

1939 年 8 月 17 日苏联、英国和法国军事代表团会议记录，

会议于 10 时零 7 分开始，

13 时 43 分结束。

伏罗希洛夫元帅（担任会议主席）：军事代表团会议现在开会。

在今天的会议上我们将听到苏联空军情况的报告。如果没有其他问题，就请工农红军空军司令员洛克季奥诺夫（副集团军级）讲话。

洛克季奥诺夫（副集团军级）：红军参谋长沙波什尼科夫在这里的报告中提到，在西欧战场红军将展开 5000—5500 架战斗飞机。这是指第一线的飞机，不包括预备力量。

上述数量飞机中，现代化飞机占 80%。它们的飞行速度是：歼击机——465—575 公里/小时以上，轰炸机——460—550 公里/小时。轰炸机的飞行距离为 1800—4000 公里。载弹量为 600 千克（老式飞机）—2500 千克……

……轰炸航空兵、歼击航空兵和军队航空兵的比例是：轰炸航空兵占 55%，歼击航空兵占 40%，军队航空兵占 5%。

苏联的飞机工厂目前一般每日工作一班，只有少数工厂工作两班；平均每月生产 900—950 架战斗飞机，民用飞机和教练机除外。

由于欧洲和东方侵略势力的增长，我们的航空工业采取了必要的措施，以扩大生产，最大限度地满足战争需要……

……空军基本兵团接到战斗警报后 1—4 小时做好准备。值班部队经常保持战斗准备。

战争开始阶段，空军将根据总参谋部拟订的计划行动。空军行动的总原则的依据是：必须把各种兵器，包括地面兵器和空中兵器，集中于主要突击方向。因此，空军的行动应与战场上和战役纵深内的地面部队密切协同。

轰炸航空兵的目标将是：敌人的有生力量和一系列重要的军事目标。此外，轰炸航空兵还担负轰炸敌深远后方的军事目标的任务。苏联空军不担负轰炸和平居民的任务。

歼击航空兵的任务除保护重要军事目标、铁路和公路，掩护地面部队和空军的集中，与其他防空兵器（高射炮等）密切协同保护大城市外，应与敌空军做斗争，并同轰炸航空兵和强击航空兵密切协同，保障它们在战场上的战斗行动……

伏罗希洛夫元帅：别尔涅特元帅发言。

别尔涅特元帅：我代表法国和英国代表团向洛克季奥诺夫将军对其确切的讲述表示我们的感谢。苏联在建立其空军方面借以达到如此辉煌成就的那种力量和组织能力给我留下了强烈的印象……[1]

---

[1]《国际生活》杂志，1959 年，第 3 期。

历史家和回忆录作家爱提出这样的问题:"事情将会如何呢,如果说……"实际上,如果说英国政府和法国政府于1939年愿意将其军事力量与苏联联合反对侵略者,如我们所建议的那样,那么,欧洲的命运将会是另一个样子。

1940年3月联共(布)中央召开了政治局会议,这次会议对于进一步发展我们的武装力量有着重大的意义。在会议上讨论了与芬兰作战的总结。会议中讨论非常激烈,尖锐地批评了军队的军事训练和教育问题,提出了大大提高陆军和海军的作战能力问题。

四月中旬,根据中央政治局的建议,召开了总军事委员会扩大会议。会议邀请了苏芬战争的参加者、中央机关的领导人、各军区和集团军的领导人出席会议。这次会议决定了从当前需要出发,组织军队军事训练的极为重要的原则。根据联共(布)中央和政府的决定,组成以日丹诺夫和沃兹涅先斯基为首的专门委员会检查国防人民委员部的工作。委员会要求中央军事机关全体人员,为巩固陆军、空军和海军而积极工作。根据联共(布)中央的指示和总军事委员会的建议,国防人民委员颁布了"关于1940年夏季军队军事训练和政治教育"的命令。

党和政府1940年年中对我们武装力量提出的要求的要点是什么呢?考虑到苏芬战争的结果,最重要的是考虑到已开始的第二次世界大战战斗行动的性质,摆在军队面前的尖锐而繁重的任务是:今天要学会明天在战争中需要的东西。开始了改编各军种兵种的工作,并采取了重大措施,以巩固军队中的单一首长制、制度和纪律。

国防人民委员的命令,要求各级指挥员、首长及各级司令部,根据战争的要求来改进军队的军事训练和教育工作。应在接近实战条件下训练部队,应训练官兵承受长时间的体力辛劳,应在白昼和夜间、在各种气候条件下进行战术作业,也就是说考虑到突然性的因素,应当遵循这样一个原则:经常保持战斗准备。

命令要求诸兵种合成军队指挥员深入研究其他兵种的作战能力和特点,以便能在各种类型的高速度的现代战斗中与它们保持协同动作。

整个夏天我和军区军事委员鲍里索夫、训练部长和作战部长都是在部队中度过的。我们主要注意指挥人员、司令部和各兵种部队的野外训练。

1940年9月国防人民委员铁木辛哥来到军区,检查军区部队。(铁木辛哥1940年5月8日被任命为国防人民委员。)

9月22—24日,在俄罗斯拉瓦地域对步兵第41师进行了战术训练检阅。军区的航空兵也参加了这一对抗演习。步兵第 41 师的炮兵在演习中表现很好。

9 月 25—27 日，第 99 师进行了校阅演习。该师取得卓越成绩并获得红旗奖。师的炮兵被奖给红军炮兵流动红旗。

9 月 27 日—10 月 4 日，步兵第 37 军司令部、步兵第 6 军司令部、坦克第 36 旅司令部和步兵第 97 师司令部进行了校阅野外演习。各司令部表现出高度的组织能力和创造精神，保证首长能够在复杂和瞬息万变的情况下对部队实施不间断的指挥。步兵第 37 军司令部由于表现突出被授予了红军总参谋部的流动红旗，而军长孔德鲁谢夫和参谋长缅德罗夫被奖给金表。许多指挥员都得到珍贵礼品。

在这些演习以后不到一年，步兵第 37 军及步兵第 41、第 99 和第 97 师就投入了同法西斯精锐部队的战斗。这些兵团的指战员在战争最初的也是最困难的日子里，表现得十分英勇。

应当承认，在有高级军事将领在场的情况下实施校阅演习是极有教育意义和动员力量的。铁木辛哥很熟习且热心于战士、分队和部队的军事训练。他被任命为国防人民委员以后，正如党所要求的那样，部队的军事训练开始遵循着正确的方针——用战争中需要的东西训练部队。特别是，我们特别重视进攻和防御中的侦察和利用地形的训练。

我们不断教育战士、军士和指挥员，使他们懂得，只有当分队和部队的全体人员经过良好训练，分队和部队才能成为使敌人畏惧的力量。这里我怀着崇敬的心情怀念军区政治宣传部主任波日达耶夫（师政委级），他在军队教育方面做了许多有益的工作。

我在这里提到的只是国防人民委员铁木辛哥在军区实施的一次校阅。实际上这类演习军区领导在 1940 年曾实施了多次，因此在战争最初的日子里西南方面军的部队作战很出色、很英勇，给敌人以巨大的打击，这绝不是偶然的。

1940 年 9 月底，接到总参谋部的通知，根据党中央的指示，12 月于莫斯科召开高级指挥员会议。指定我在会上作题为"现代进攻战役的特点"的报告。此外，还要进行大规模的战役战略演习，指定我为演习中的"蓝"方。国防人民委员要求 11 月 1 日前交出报告草稿。

由于做报告的题目很复杂，会议的水平很高，我不得不花整整一个月的时间，每昼夜工作很多小时，来起草这一报告。军区司令部的作战部长巴格拉米扬在这方面给了我很大帮助。

按规定时间，报告草稿送交国防人民委员。两星期后，总参谋长梅列茨科夫打电话通知我，我的报告草稿领导上已经批准，要我做好发言的准备。

1940年12月底会议开始。参加会议的有各军区和各集团军司令员，各军区和各集团军军事委员和参谋长，各军事院校校长，教授和军事科学博士，各兵种监察部部长，各总部部长和总参谋部领导干部。联共（布）中央政治局委员自始至终参加了会议。

会议听了许多重要报告。秋列涅夫大将准备了论据充足的报告"现代防御战役的特点"。根据规定的课题他没有超出集团军防御的范围，没有论及战略防御的特点。

题目为"进攻战役中和夺取制空权斗争中的空军"的报告，是由红军空军司令员雷恰戈夫中将作的。雷恰戈夫在西班牙作战中表现很突出。这是一个内容十分丰富的报告。

斯米尔诺夫中将作了题为"步兵师的攻防战斗"的报告：

总参谋长梅列茨科夫大将做了关于红军部队战斗和战役训练的一般问题的报告。他特别指出了高级指挥人员和各级司令部缺乏训练的问题。在当时出现这种现象，在某种程度上，是因为把年轻的、在战役战术方面及司令部工作方面还缺乏足够训练的干部大量提升到高级负责岗位上的结果。

西部特别军区司令员巴甫洛夫上将的报告"关于机械化兵团在现代进攻战役中的使用"引起了普遍注意。这在当时是一个新的重大问题。在其论证充足的报告中，巴甫洛夫出色地说明了坦克军和机械化军具有巨大的机动力和突破力，而受炮兵和航空兵火力杀伤的机会却较其他兵种要小。

我的报告"现代进攻战役的特点"也获得好评。参加会议的人还做了一系列宝贵的补充和批评。

所有讨论时发言的人和国防人民委员致闭幕词时都一致表示，如果法西斯德国把战争强加在苏联身上，我们就得同西方最强大的军队作战。在会上还强调指出，这支军队装备有大量装甲坦克部队和摩托化部队及强大的空军，并且这支部队还具有组织和实施现代战争的丰富经验。

所有的发言均认为，今后必须继续组建坦克和机械化兵团（师、军），以便在兵力对比上与德军相等。许多人都谈到空军、防空和防坦克部队的改编和改装问题，提出炮兵必须采用机械牵引，以提高其机动力和越野通行能力（叶廖缅科在其《战争初期》一书中谈到斯大林在高级指挥干部会议的最后一次会议上所做的冗长发言的内容。叶廖缅科的回忆是错误的，实际上斯大林没有参加这次会议）。

整个儿来说，这次会议的工作表明，苏联军事理论思想基本上正确地决定了现代军事学术发展的主要方向。需要尽快把这一切变成事实。根据会议的结论，过了不久，就采取了进一步提高边境军区部队战斗准备、提高参谋业务水平的措施。各军区掀起了进行大规模战役战略演习的新高潮，制订了边境防御计划，并加强了部队的组织性。

会议结束后的第二天，原定进行一次大型演习，但出乎意外地被召集去见斯大林。

斯大林接见我们时相当冷淡。略微点头打了一个招呼，就让我们在桌子旁边坐下。

斯大林批评铁木辛哥，没有征求他关于国防人民委员闭幕词的意见，就让会议闭幕了。对这个批评，铁木辛哥解释说，他把发言草稿送给了他，以为他已了解发言的内容，没有什么意见。

斯大林问道："你们的演习什么时候开始？"

铁木辛哥回答说："明天早晨。"

"那好，你们进行吧。但是司令员们先不要走。谁充当'蓝'方，谁充当'红'方？"

"朱可夫大将充当'蓝'方（西方），巴甫洛夫上将充当'红'方（东方）。"

第二天一早就开始了大规模的战役战略演习。作为战略情况基础而假设的事件是在苏联遭到德国进攻时西部边界可能发生的情况。

演习由国防人民委员铁木辛哥和总参谋长梅列茨科夫领导。同时他们又"代表"西南战略方向。"蓝"方（德军）假设是进攻一方；"红"方（红军）假设是防御一方。

这一战略演习基本上完成了预定的目的——检查战争初期军队的掩护和行动计划中的主要措施是否可行、是否合适。

感谢总参谋部，他们为演习准备的全部文件材料反映了法西斯德军最近在欧洲的行动。

在西部战略方向的演习包括了从东普鲁士至波列西耶一线。双方兵力：西方（"蓝"方）60多个师、东方（"红"方）50多个师。地面部队的行动有强大空军的支援。

对东方来说，演习中充满了戏剧性情节。而这些情节与1941年6月22日苏联遭到法西斯德国进攻后所发生的一些情况在很多方面很相像。

演习结束后，国防人民委员命令巴甫洛夫和我进行局部讲评，指出演习参加者行动中的缺点和优点。

斯大林建议总讲评在克里姆林宫进行。国防人民委员部和总参谋部的领导人、各军区司令员及参谋长均被邀请到克里姆林宫。除斯大林外，出席讲评的还有政治局其他成员。

总参谋长梅列茨科夫大将报告了演习的经过。当他谈到双方力量对比的数字和"蓝"方在演习开始阶段的优势，特别是坦克和空军的优势时，斯大林（听到"红"方的失利感到气愤）打断他的话说：

"不要忘记，在战争中重要的不仅是数量上的优势，还有指挥员和军队的作战艺术。"

斯大林接着又提了几点意见，然后问道：

"谁还想谈谈？"

人民委员铁木辛哥发言。他强调了军区司令员和参谋长在战役战术素养方面的提高，强调了此次高级指挥干部会议和军事战略演习毫无疑问的好处。

铁木辛哥说："1941 训练年度，军队将有可能进行更有针对性、更有组织的训练。因为到那时，军队应当已在新的驻地配置就绪了。"

后来巴甫洛夫上将发言，他从评价此次会议谈起。

斯大林问道："'红'方部队行动失利的原因在哪儿呢？"

巴甫洛夫想用一句俏皮话支吾过去，他说演习中这是常有的事。斯大林显然很不爱听这句俏皮话。他说：

"军区司令员应掌握军事学术，应善于在任何情况下得出正确的结论。而你在这次演习中没有做到这点。谁还想发言？"

我请求发言。

我谈到，这类演习对于提高高级指挥人员的战役战略水平是很有价值的。我建议，尽管演习组织起来很复杂，还是应当常常举行这类演习。为了提高军区和集团军司令员及参谋人员的军事素养，必须在国防人民委员和总参谋部的领导下开始演练大规模的带通信器材的首长—司令部野外演习。

然后，我还谈到了白俄罗斯的筑垒地域的构筑问题：

"我认为，白俄罗斯现有的筑垒地区距离边界太近，并且它们的布局，特别是在比亚韦斯托克突出部，在作战中非常不利。敌人可以从布列斯特和苏瓦乌基地域突击我比亚韦斯托克军队的后方。同时，筑垒地区的纵深很小,不可能坚持很久,因为敌人的炮火可以达到全部纵深。我认为,必须在离边界较深远的地方构筑筑垒地区。"

巴甫洛夫问我道:"在乌克兰构筑筑垒地区的位置是否合适呢?"很显然,我批评了他的军区,他不满意。

"在乌克兰选择构筑筑垒地区位置的不是我。但是我认为,在乌克兰也应在距边界较远的地方构筑筑垒地区。"

伏罗希洛夫对此强烈不满,他说:"筑垒地域应根据总军事委员会批准的计划构筑,这个工作的具体领导则由副国防人民委员沙波什尼科夫元帅负责。"

因为引起了争论,我中止了发言,坐了下来。

接着还有几位将军针对一些问题做了发言。

红军空军司令员雷恰戈夫讲得很有条理。他坚持我们的空军必须加速装备最新型飞机,他认为必须改进飞行人员的军事训练。

负责武器装备事务的副国防人民委员库利克元帅的发言使人感到奇怪。他建议把步兵师的编制人数增加到1.6万—1.8万人,并赞成炮兵用马匹牵引。他从西班牙的作战经验中得出结论说,坦克部队应主要用以直接支援步兵,并应以连、营为单位使用。

库利克说:"组建坦克和机械化军,目前还不宜开始。"

这时国防人民委员铁木辛哥插了一句话:

"部队的领导干部都懂得部队尽快机械化的必要性,而只有库利克对这些问题还弄不清楚。"

斯大林打断了讨论,批评了库利克的落后观点。

斯大林说:"战争的胜利将属于握有更多的坦克和部队摩托化程度较高的一方。"

演习讲评后的第二天,斯大林叫我到他那里。

问过好以后,斯大林说:

"政治局决定解除梅列茨科夫总参谋长的职务,任命你接替他。"

这个决定完全出乎我意料,我不知道如何回答。沉默了一会儿,我说:

"我从没有在司令部工作过。我一直在部队里。总参谋长我干不了。"

"政治局决定任命你。"斯大林说,他把重音放在"决定"两个字上。

当我明白了任何反对都无济于事时,我感谢了其对我的信任,然后说:

"好吧,如果发现我不是一个称职的总参谋长时,我将请求再回部队。"

"好吧,我们谈妥了,明天中央颁布命令。"斯大林说。

一刻钟以后,我到国防人民委员那里。他微笑地对我说:

"我听说了,你拒绝担任总参谋长的职务。刚才斯大林同志给我打电话了。现在你回军区去,尽快到莫斯科来。基尔波诺斯上将受命接替你当军区司令员,但你不必等他,暂时让军区参谋长普尔卡耶夫代理司令员职务。"

我和基尔波诺斯没有一起工作过,但是,他过去的同事告诉我,他是一个很有经验的诸兵种合成军队指挥员,在旧军队工作过。他在1917年二月革命时期,被推选为团的士兵委员会主席。他于1918年5月入党。从1934年至1939年任鞑靼苏维埃社会主义自治共和国最高苏维埃喀山步兵学校校长。由于出色地指挥了步兵第70师的战斗,他被授予"苏联英雄"称号。1940年6月,基尔波诺斯被任命为列宁格勒军区司令员。

我很高兴,基辅特别军区委托这样一位能干的指挥员来领导。当然,他也像其他许多指挥员一样,还缺乏必要的知识和经验来领导这样一个大的边境军区,不过,他丰富的生活经验、勤奋及天赋的机智可以使他成为一个第一流的军区司令员。

当天晚上我动身去基辅,以便尽快回到莫斯科。说实话,一路上我心情很沉重。我一直很喜爱乌克兰和古老美丽的基辅。乌克兰人民对我很尊重、很信任,推选我为乌克兰最高苏维埃代表和苏联最高苏维埃代表。乌克兰党中央对军区部队的演习、教育和生活供应给了很大的帮助。

在我任军区司令员的这很短一段时间里,我对军区的领导干部,特别是巴格拉米扬、普图欣、雅科夫列夫、军区集团军司令员和兵团指挥员所表现出的劳动热情和创造精神十分钦佩。我对他们十分信任,我相信在战争考验的严峻时刻,他们是可以信赖的。后来的事实证明,我对他们的评价没有错。

国防人民委员从莫斯科几次打来电话,要我尽快结束军区的工作。

我在基辅没有待多久,1月31日就到了莫斯科。第二天,我接替了梅列茨科夫大将的工作,担任了总参谋长的职务。

第九章

山雨欲来：卫国战争的前夜

整个二月份都忙于仔细研究与总参谋部活动有直接关系的档案材料。每昼夜工作15—16个小时，常常在办公室过夜。不能说我立刻就熟悉了总参谋部的多方面的活动。这不是一下子做得到的。瓦图京、马兰金、华西列夫斯基、伊万诺夫、希莫纳耶夫、切特韦里科夫和总参谋部其他工作人员给了我很大帮助。

战争开始前我们做了些什么？国家有没有准备？军队有没有抵抗敌人的能力？

对于这个最重要的问题，要作出包括政治、经济、社会和军事各个方面的、考虑到全部主客观因素的详尽的回答，需要进行大量的研究工作。我深信，我们的学者、历史学家一定能够完成这个任务。

我打算首先从军事方面谈谈自己的意见，尽可能地回忆事情的全貌，并且详细谈谈1941年上半年那些令人不安的日子里的一些事件。

先从最主要的问题，即作为国防基础的我国经济和工业的发展谈起。

第三个五年计划（1938—1942）是第二个和第一个五年计划自然而然的继续。大家知道，前两个五年计划都超额完成了。工业在第一个五年计划的4年中增长了一倍，在第二个五年计划期间计划增长1.1倍，实际增长了1.2倍。联共（布）第十八次代表大会批准，工业产品的产量五年内应增长0.9倍，有没有根据认为这个计划是不现实的和完不成的呢？毫无根据。事情适得其反。

截至1941年6月，工业总产量已达1942年年底计划指标的86%，铁路货运量达1942年年底计划指标的90%。投产的新建工厂、电站、矿场和其他工业企业有 2900 个。

就投资额而言，计划用于新建和改建工业企业的投资是 1820 亿卢布，而第二个五年计划中此项投资是 1030 亿卢布，第一个五年计划中是 390 亿卢布。由此可见，正是由于近年来建设事业的发展，投产的生产设备比前两个五年计划加在一起还要多。

重工业，特别是国防工业的情况怎样呢？向联共（布）十八次代表大会所作的下一个发展国民经济计划的报告中指出，在执行前两个五年计划过程中，鉴于国际形势大大复杂化而不得不对重工业的发展计划作出重大修改，大大加速了国防工业的进度。按照第三个五年计划的要求，重工业和国防工业仍然得到了特别迅速的发展。

整个工业年产量虽然平均增加 13%，但是国防工业的年产量则增加了 39%。许多机器制造厂和其他大工厂转为生产国防技术装备，一批大型专业军事工厂开始建设。

党中央通过供应稀缺原料和最新式的生产设备，帮助生产新式军事技术装备的企业。为使国防大厂得到所需的一切和保证完成生产任务，派去了经验丰富的党的工作人员担任党组织的负责人，派去了著名的专家。应当指出，斯大林亲自为国防企业做了大量的工作，他认识几十个工厂经理、党组织的负责人和总工程师，常会见他们，以他固有的坚定不移精神要求他们完成预定计划。

因此，从经济观点来看，国防工业取得了不间断的、迅速的甚至可以说是突飞猛进的发展，这是事实。

这里不应忘记，第一，这样巨大的增长在很大程度上是靠群众极其紧张的劳动取得的，第二，这主要是靠削减直接为居民生产产品和商品的轻工业和其他生产部门而取得的。还应指出，重工业和国防工业的增长是在和平经济的条件下取得的，是在一个爱好和平的国家而不是一个黩武的国家中取得的。

所以再增加这方面的比重，实际上就是使国家从和平发展的轨道转到战时轨道，这就会改变国民经济的结构，造成国民经济军事化，直接损害劳动人民的利益。

自然，从战后年代的角度来看，对一种武器应当强调得多一点，而对另一种应当强调得少一点，那是容易的。但是即使如此，也不可能要求对战前经济作出根本的涉及整个经济的改变。

我还想说上几句。回想起我们军人在和平时期最后几个月里对工业提出的那些要求，可以看出我们有时并不完全了解国家现实的经济能力,尽管从本部门的角度来说我们也许是正确的。例如,国防人民委员关于大量增加最新式飞机、坦克、火炮牵引车、放重汽车、通信器材和其他军事技术装备的生产的建议,就受到了客观条件的限制。

当然,在工业和国防方面存在过不少缺点和困难,这一点下面还要谈到。由于建设事业规模巨大,熟练劳动力感到不足,制造和成批生产新式武器的经验不足,而对军事技术装备和武器的需求则急剧地提高再提高。

决定成批生产新式武器的过程是这样的。

新式武器首先要通过军事代表参加下的工厂试验,接着是部队试验,然后才由国防人民委员部作出结论。政府在国防人民委员、军事工业人民委员和总设计师参加下,审查所建议的新式武器和军事技术装备并作出是否生产的最后决定。

这个过程要花费很长时间,常常出现这样的情形,当一种新式技术装备还处在试制和试验阶段,而设计师又已经设计出新的更加完善的型号来了,很自然,在这种情况下,是否采用这种新式技术装备的问题,只有等到更新的型号完成试验以后才能决定。

整个说来,战前两个五年计划期间特别是临战前的三年中所建立的大量生产设备,保证了国防力量的基础。

从军事观点来看,党关于加速发展东部地区工业,建立机器制造、石油加工和化学等部门的第二套企业的方针,具有极其重大的意义。在这里建设的高炉占全部新建高炉的四分之三,在伏尔加河和乌拉尔之间建立了第二个巨大的石油基地,在外贝加尔、乌拉尔建立了冶金工厂,在中亚细亚建立了大型有色金属厂,在远东建立了重工业,建立了汽车装配厂、制铝联合厂、轧管厂和水电站。战争期间,这些企业加上迁来的企业,把我国东部变成为保证抵抗和粉碎敌人的工业基地。

我想简略地讲一讲关于战争前夕的物资储备问题。物资储备的目的,是为了保证经济转入战时轨道,和在经济还不能充分满足战争需要以前保证军队的供给。从1940年到1941年6月,国家物资储备总值由40亿卢布增加到76亿卢布。[①]

物资储备包括生产设备、燃料、原料、动力装备、黑色和有色金属,以及粮食储备。战争前夕积存起来的这批储备物资尽管数量很有

[①] 沃兹涅先斯基:《卫国战争期间的苏联军事经济》,苏联国家政治书籍出版社,1947年版,第154页。

限，却帮助国民经济在困难的 1941 年迅速获得必要的发展速度和规模，保证了战争的胜利进行。

就这样，重工业和国防工业的脉搏跳动得更快了，在临战前的年月里达到了最紧张、最充分的程度。整个国家的生活也变得更严格、更集中了。

1939 年 9 月举行的苏联最高苏维埃第四次特别会议，通过了《普遍义务兵役法》。根据新兵役法，应征年龄为 19 岁，中学毕业生的服役年龄为 18 岁。为了更好地学习军事，延长了服役期：陆空军的初级指挥人员由两年改为三年，空军士兵、边防部队的士兵和初级指挥人员延长到四年，海军部队和舰艇人员延长到五年。

为了完成第三个五年计划，特别是为了完成重工业和国防工业方面的任务，同时由于苏联受到军事进攻的威胁，这就要求增加国民经济部的工作时间。为此，苏联最高苏维埃主席团于 1940 年 6 月 26 日通过了《关于改行每天工作八小时、实行七日工作周和禁止企业、机关职工任意旷工的命令》。建立了在职业学校、铁路学校和工厂附设学校培训熟练劳动力的新制度，平均每年可以培训 80 万—100 万人。

与此同时，1940 年年中，苏联最高苏维埃主席团发布了《关于工业企业应对生产劣质产品和不遵守标准规格负责的命令》。采取了严格的措施，以改进企业领导，巩固纪律，加强责任心和维护秩序。

国家机关和工业领导部门也进行了重大改革，变得更加灵活，消除了重叠和过分集中的现象。国防工业人民委员部划分为四个新的人民委员部，即航空工业、造船工业、弹药、军械人民委员部；机器制造人民委员部分为重型机器制造、中型机器制造和通用机器制造人民委员部。

增设了同巩固国防有直接关系的新的人民委员部（汽车运输、建筑工程等）。改组了苏联人民委员会所属的经济委员会，在它的基础上建立了国防工业、冶金、燃料、机器制造等经济委员会。苏联人民委员会副主席沃兹涅先斯基、柯西金、马雷舍夫等国家高级领导人，被任命担任这几个经济委员会的主席。

实行所有这些变革的原因，都是由于工作范围的急剧扩大，由于要在与日俱增的侵略威胁下做好积极防御的准备。

根据形势的需要，根据实行新的《普遍义务兵役法》的需要，中央军事机关和地方军事领导机构也进行了改组。在各自治共和国、各州和各边区设立了军事人民委员部，颁布了新的军事人民委员部工作条例。

在国防人民委员部，重大问题都交由红军总军事委员会讨论。国防人民委员担任总军事委员会主席，副人民委员和一名联共（布）中央政治局委员为总军事委员会委员。而特别重大的问题则常常要在斯大林和联共（布）中央政治局其他委员的参与下决定。

党中央和苏联政府1941年3月8日的决定，明确规定了国防人民委员部的分工。

国防人民委员，通过总参谋部、副人民委员和各总部，实施对红军的领导。国防人民委员还直接领导装甲兵司令部、办公厅、财务部、干部部和制造发明局。

战争爆发前，国防人民委员部的内部分工如下：

副人民委员、总参谋长朱可夫大将负责领导通信部、油料部、防空总部、总参军事学院和伏龙芝军事学院。

第一副人民委员苏联元帅布琼尼负责领导总军需部、红军卫生和兽医部、物资储备处。

负责军械的副人民委员苏联元帅库利克领导军械部、防化部和炮兵学院。

副人民委员苏联元帅沙波什尼科夫负责领导工程兵司令部和国防工程建筑部。

负责军事训练的副人民委员梅列茨科夫大将领导诸兵种监察部、军校和军训部。

副人民委员空军中将雷恰戈夫领导红军空军司令部。

副人民委员扎波罗热茨（正集团军政委级）领导红军总政治宣传部、红军出版和文化机关、列宁军事政治学院、军法学院和军事政治学校。

我想提一下，红军总参谋长从1931年起由叶戈罗夫担任，从1937年起由苏联元帅沙波什尼科夫担任，从1940年8月到1941年2月由梅列茨科夫大将担任。

现在就来谈谈战争爆发前我们军队的情形。为了便于读者得出结论，最好分别谈谈哪些事是人民、党和政府已经做了的，哪些事是我们打算马上要做的，哪些事是来不及做或者做不到的。当然，所有的问题都只能用少量材料大概地说一说。

步兵部队于1941年4月实行战时编制。步兵师——红军基本的诸兵种合成兵团——编有三个步兵团、两个炮兵团、一个反坦克炮营、一个高炮营、一个侦察营、一个工兵营、一个通信营以及后勤部队和机关。按战时编制，一个师应有1.45万人、78门野炮、54门45毫米反坦克炮、12门高炮、66门82—120毫米迫击炮、16辆轻坦克、13辆装甲车、3000多匹马。满员师可以成为有足够机动能力的强大的作战兵团。

1939年、1940年和1941年上半年,部队得到10.5万多支轻重机枪和大口径机枪、10万多支自动枪。这是因为这个时期步兵武器和炮兵武器产量有所下降,因为旧式武器已停止生产,而新式武器由于比较复杂和结构上的特点,不那么容易组织大量生产。

1941年3月中旬,铁木辛哥和我请求斯大林批准征召预备役人员补充步兵师,以便根据现代要求加以重新训练。起初我们的请求遭到拒绝。他告诉我们说,这样大规模地征召预备役人员入伍,可能成为德国人挑起战争的口实。但是到3月底就获准征集50万士兵和军士,将其派往边境军区补充部队,使每个步兵师的人数至少达到8000人。

为了不再回到这个问题上来,我再说几句。就在几天以后,又获准征召30万名预备役专业人员补充筑垒地域、各军兵种、统帅部预备队炮兵、工程兵、通信兵、防空部队和空军后勤部队。这样,红军在战争前夕得到了约80万名补充兵员。征集工作计划在1941年5—10月进行。结果在战争前夕,各边境军区170个师零2个旅中有19个师达到每师5000—6000人,有17个骑兵师平均每师6000人,144个师每师各有8000—9000人。内地军区大多数师仍保持简编师的编制,而许多步兵师还刚刚在开始编组和训练。

装甲坦克兵我在前面谈到苏联坦克工业时,已经强调指出过它的发展速度很高和国产坦克构造优良。1938年同30年代初比较,坦克生产增加两倍。根据国防的新要求,联共(布)中央和苏联政府向坦克设计和制造人员提出了新任务,即制造装甲防护力更强、武器更有威力、机动性更高而又结实可靠的坦克。

有才能的设计人员,在科京领导下设计出KB重型坦克,科什金、莫罗佐夫和库切连科的设计局设计出优良的T-34中型坦克。发动机设计制造人员创造出大功率的B-2型柴油坦克发动机。KB和T-34坦克是战争前夕制成的坦克中最好的两种。在战争过程中,它们也保持着对敌军同类坦克的稳定优势。问题在于如何才能更快地组织这两种坦克的大量生产。

国防委员会根据联共(布)中央的指示,研究了新式坦克的生产情况以后,于1940年12月向中央做了报告。报告指出有些工厂没有完成计划,在掌握工艺过程方面存在很大困难,部队装备KB和T-34坦克的工作进展极其缓慢。政府采取了必要措施。党中央和人民委员会同时作出决定,要求在伏尔加河沿岸和乌拉尔大量生产坦克,这一决定对国防事业具有极大的意义。

从1939年1月到1941年6月22日,红军得到了7000多辆坦克,1941年工业部门提供了约5500辆各型坦克。至于KB和T-34坦克,各工厂在战争开始前总共只生产了1861辆。这当然很少。实际上坦克学校和边境军区部队从1940年下半年起才开始得到新式坦克。

除数量不足以外,组织方面也有困难。读者可能记得,我军在建立大的机械化兵团(旅和军)方面还处在幼年时期。但在西班牙的特定条件下使用这种兵团的经验,却得到不正确的估价。我军的机械化军被取消了。其实我们早在哈勒欣河作战中就由于使用坦克兵团而得到卓越的战果。德国在侵略欧洲各国的作战中广泛使用了坦克兵团。

必须立即重新着手组建大的装甲坦克兵团。

1940年开始组建新机械化军、坦克师和摩托化师。建立了9个机械化军。1941年2月,总参谋部提出了一个组建装甲坦克兵团的计划,这个计划比1940年政府决定中提出的计划还要大。

考虑到德军拥有大量装甲坦克部队,我和人民委员请求利用现有的坦克旅,甚至利用就其"机动性"而言最接近坦克兵的骑兵兵团,来组建机械化军。

斯大林当时对这个问题好像还没有肯定的意见,摇摇摆摆。时间在流逝,直到1941年3月才决定组建我们所要求的20个机械化军。

可是,我们没有考虑到我国坦克工业的客观可能性。要装备齐新建的机械化军,仅新式坦克就需要1.66万辆,总共需坦克3.2万辆左右。一年之内要生产这么多坦克,实际上是办不到的。同时,技术人员和指挥干部也不够。

因此,战争开始前我们所能装备起来的还不到计划编组的机械化军的一半。正好就是这些军,成了抗击敌人最初突击的主要力量。而那些刚刚开始组建的机械化军,只是到斯大林格勒反攻战役前才装备起来,并在该战役中起了决定性作用。

炮兵据可靠的档案材料,从1939年1月1日到1941年6月22日,工业为红军提供了29637门野炮,52407门迫击炮,火炮和迫击炮(连同坦克炮在内)总共92578门。其中绝大多数拨归属于部队和兵团编制的军队炮兵。各边境军区军队炮兵的火炮基本上达到了齐装。

战争爆发前夕,我们有统帅部预备队炮兵60个榴弹炮团和14个加农炮团。鉴于对德战争性质,我们所拥有的统帅部预备队炮兵是不够的。

1941年春天我们着手组建10个反坦克炮兵旅，但未能在6月份以前全部装备起来。加之，牵引工具通行能力不高，使其无法越野机动，而在秋季和冬季尤其如此。不过，反坦克炮兵旅在消灭敌坦克方面还是起了极大的作用。有时它是抗击敌人大量坦克冲击的唯一可靠的手段。

库利克元帅作为斯大林在军械方面的主要助手，却未能使斯大林正确了解某些火炮和迫击炮的效能。

战争开始前，他与总军械部对于BM-13（喀秋莎）这种强大的火箭武器估计不足。这种火箭炮1941年7月初试锋芒，便打得敌军狼狈逃窜。国防委员会直到6月才决定立即成批生产这种火箭炮。

我们军械部门职工的能力和富有创造性的劳动热忱，是令人钦佩的。他们全力以赴，在战争开始以后10—15天就把第一批这种强大武器送到军队。

在迫击炮方面本来也来得及做更多的事情。要求很明确，这就是1940年1月30日联共（布）中央政治局《关于扩大迫击炮和迫击炮弹生产的决定》所提的要求。但是军队直到战争爆发前才开始获得足够的82毫米和120毫米迫击炮。1941年6月我们的迫击炮在数量和质量方面都已大大超过德军。

斯大林认为火炮是最重要的作战工具，极其重视火炮的改进。那时，担任军械人民委员的是乌斯季诺夫，担任弹药人民委员的是万尼科夫。主要的火炮设计师是伊万诺夫将军和格拉宾将军。

所有这些人斯大林都很熟悉，常常接见他们，深信他们。

通信兵、工程兵。铁路、公路1940年年中成立的联共（布）中央和苏联人民委员会的工作组正确指出，工程兵平时的数量不能保证战时的正常需要。

在战争前夕，工程兵的常备部队实行了扩编，建立了新的部队；工程兵的一般训练和通信部队的组织机构和作战编组都得到了改进；兵团通信主任开始更多地学习组织战时通信联络；部队开始获得新的工程技术装备和通信器材。然而，我们来不及在战争开始以前把工程兵和通信兵中的所有缺点都克服掉。

2月底我和国防人民委员一起，对于国境沿线筑垒地域建设工作的进程，对于铁路、公路、土路和通信器材的状况，做了仔细的研究。

瓦图京将军、马兰金将军和华西列夫斯基将军详细地报告了情况。基本结论如下：

白俄罗斯西部和西乌克兰的公路网情况很糟。许多桥梁承受不住中型坦克和火炮的重量，乡间道路需要彻底翻修。

第一副总长瓦图京向国防人民委员详细报告了各边境军区铁路的状况。

瓦图京报告说："各边境铁路区很难适应卸载大量部队的要求。这一点可以从下列数字中得到证明。德国人通往立陶宛边境的铁路，其通行能力为每昼夜220列火车，而我们通往东普鲁士边境的立陶宛铁路，每昼夜只能通行84列火车。白俄罗斯西部和西乌克兰的情形也并不好些，这里我们的铁路线要比敌人的铁路线少一半。铁道兵和建筑部门在1941年内显然不可能完成需要做的工作。"

人民委员回答说，1940年交通人民委员部根据联共（布）中央交给的任务，制订了西部铁路技术改造的七年计划。但是，目前除了改铺铁轨，和根据装卸军队和武器装备的要求对铁路设施进行起码的改造工作外，什么也没有做。

西部军区司令帕夫洛夫，于1941年2月18日给斯大林、莫洛托夫和铁木辛哥呈送了一份第867号报告。他要求拨出大量器材，供修筑公路和土路之用，报告着重提道：

"我认为，西部战场务必在1941年内准备完毕，要使建设工作拖延几年之久是完全不可能的。"

红军通信兵主任加皮奇少将向我们报告，现代化通信器材不够，通信器材的动员储备品和应急储备品也感不足。

的确，总参谋部的无线电通信网只有39％的PAT型电台，而PAT型电台及其代用品AK型电台等占了60％，只有45％的充电装置。西部边境军区拥有的电台只有标准数的27％，基辅军区仅有30％，波罗的海沿岸军区仅有52％。其他无线和有线通信器材的情况也大致如此。

战前认为，一旦发生战争，对于各方面军、内地军区和统帅部预备队的领导，将主要依靠邮电人民委员部的通信工具和内务人民委员部的高频电话实施。统帅部、总参谋部和各方面军的通信枢纽部将从邮电人民委员部各地方机构得到所需的一切，但后来的情况表明，这些机构并没有做好在战争条件下工作的准备。

关于地方邮电部门的状况，我通过部队演习和首长司令部野外作业是有所了解的，那时借用过他们的通信工具。还在那时，我对于地方邮电部门有能力保证军队战时有可靠的通信联络这一点，就有过怀疑。

所有这些情况,导致了兵团和军团指挥员和司令部训练方面的一个主要缺陷,即缺乏在复杂的、变化迅速的战斗情况下善于指挥军队的能力。指挥员和司令部避免使用无线电通信,而宁愿使用有线通信。在战争最初日子里,由此而造成的后果是众所周知的。在根本不能使用有线通信的航空兵分队、机场网以及坦克分队和部队中,内部无线电通信也组织得不好。

供战役和战略机关使用的地下电缆网,根本就没有。

需要采取紧急措施来整顿电话电报网、无线和有线广播网。

同邮电人民委员部谈过这些问题,但是毫无结果。倒不是有谁认为这是多余的事,因为需要改善通信联络的组织,这一点是十分明显的。人民委员部实际上无力满足军队的要求。1940年年底到1941年年初为改进地方通信和某些城市同莫斯科的通信所做的工作,不可能解决全部问题。

铁木辛哥听完我们的报告以后说:"我同意你们对情况的估计。但是我想未必能采取什么重大步骤来马上消除所有这些缺陷。昨天我到过斯大林那里。他接到帕夫洛夫的电报后,命令转告他,虽然他的要求完全合理,但我们目前却不可能满足这些要求。"

空军我已经说过,党和政府对于苏联空军的发展,经常给予很大重视。1939年国防委员会作出决定,建立9个新的飞机制造厂和7个航空发动机厂,第二年再建7个,已经从国民经济其他部门的企业中转过来一部分生产航空工业产品,各企业装备着第一流的设备。1940年年底航空工业比1939年增长了70%以上。在从国民经济其他部门转归航空工业的企业里,同时兴建起新的航空发动机厂和航空仪器厂。

根据准确的档案材料,从1939年1月1日到1941年6月22日,工业部门为红军提供了17745架作战飞机,其中有3719架新式飞机。

空军的发展开始了一个新的阶段。茹科夫斯基中央气体动力学研究所实际上进行了彻底改组,新设立了军事航空设计局。有才干的设计师伊柳辛、米高扬、拉沃奇金、佩特利亚科夫、雅科夫列夫,和他们年轻的助手们一起,为空军提供了雅克–1、米格–3和拉格–3歼击机、伊尔–2强击机、佩–2俯冲轰炸机和其他许多飞机——共约20种型号的飞机。

1940年年底到1941年年初,展开了加速成批生产新式飞机的斗争。联共(布)中央和斯大林本人在飞机设计方面花费了许多时间和精力。可以说,空军在某种程度上受到斯大林的偏爱。

然而，工业还是来不及满足时代的要求。战争前夕空军中数量上占优势的还是旧式飞机。约占总数的 75%—80%，就其飞行技术性能而言，不如法西斯德国的同类飞机。新式飞机刚刚在生产，只有不到 21% 的空军部队改装了新式飞机。

诚然，空军兵团的数目本身有显著增长。到 1941 年 6 月，航空团的总数较 1939 年大大增加。歼击航空兵、强击航空兵和轰炸航空兵的最高战术兵团是师，师大多是混合编成，辖 4—5 个团。每个团编有 4—5 个大队。

空军采取这种组织系统，就能保证各种航空兵以及航空兵同地面部队在战斗中更好地实现协同动作。战争前夕空军各主要兵种所占的比重是：轰炸航空兵团占 45%，歼击航空兵团占 42%，强击、侦察及其他航空兵团占 13%。

1940 年年底，国防人民委员、总参同空军司令部一起制定并向联共（布）中央呈交了空军改编改装的建议。我们的建议很快得到审查和批准。

《关于改编红军空军的决定》要求组建新的部队（106 个团），扩大和巩固空军学校，用新式飞机改装作战兵团。到 1941 年 5 月底，只来得及组建 19 个齐装满员的团。

不久还采取了另一个巩固空军的步骤。1941 年 4 月 10 日联共（布）中央和苏联人民委员会通过了改组空军后勤系统的决定。决定按地区原则建立空军后勤，取消空军部队和兵团中的后勤机构，建立空军基地区和机场勤务营。

空军基地区是集团军空军、军区空军和方面军空军的后勤机构。基地区的编成包括若干基地（每个师一个基地），每个基地包括若干个机场勤务营（每个团一个机场勤务营）。侦察航空兵和军队航空兵仍保持本身的后勤机构。空军向新的更灵活的后勤过渡，预定在 1941 年 7 月进行。实际上一切都不得不在战争过程中完成。

未来作战的特点要求大力扩充空降兵。1941 年 4 月着手组建 5 个空降军。到 6 月 1 日人员配齐了，但技术兵器不足。所以战争初期空降兵的任务只能由编入新建空降军中的原来的空降旅来担负，而各新建兵团的大部分人员被当作步兵部队使用。

1941 年 2 月联共（布）中央和苏联人民委员会批准了修建机场的补充计划。在西部地区要求修建 190 个新机场。到战争爆发的时候，修建机场的工程虽然已全面展开，但绝大部分没有竣工。

整个说来,爆发战争时我们的空军正处在一个大规模改编、开始使用新式飞机和对飞行人员和技术人员实行重新训练的阶段。只有个别的兵团受过复杂条件下的飞行训练,而受过夜间飞行训练的飞行人员不超过15%。空军领导机关大力抓了训练飞行人员掌握新式飞机的工作,而对于旧式飞机的战备工作则稍有放松。

直到一年至一年半以后,我们的空军才真正成为一支焕然一新的强大的战斗力量。

防空军战前几年内苏联受到的空袭威胁显著增加。因此联共(布)中央提高了对防空的要求,制定了大力加强对空防御的具体措施。首先实行了重大的改组工作,因为建立于1932年的防空系统过于陈旧了。

全国按照当时各军区的界线,划分为若干防空区。

防空区编成内包括负责掩护该区城市和目标的兵团和部队。

各军区司令员对防空的责任加强了,而从军区空军拨出来担负防空任务的航空兵部队仍隶属于军区空军。当然,对全国防空实行统一领导和集中指挥也许更好些。这一点直到战争过程中,1941年11月才做到。

防空部队的装备情形怎样呢?到1941年6月,防空部队装备的中口径火炮约达85%,小口径火炮达90%。歼击机的缺额为40%,高射机枪的补充率为70%,阻塞气球和探照灯仅及一半。

西部边境地区以及莫斯科和列宁格勒的防空部队装备较好一些。西部各军区得到的新式装备,数量上比其他军区多,它们的高射炮补充到90%—95%,同时它们拥有新式对空侦察和观察器材。负责掩护莫斯科、列宁格勒和巴库的部队,占全部中口径高炮营的40%以上。在列宁格勒和莫斯科防空区,部署了30个雷达站。

联共(布)中央和苏联人民委员会根据我们的报告,决定组建歼击航空兵军以加强首都和列宁格勒的对空防御。大家知道,这些军在抗击法西斯空军对莫斯科和列宁格勒的空袭时,发挥了极其巨大的作用。

到战争开始时,新的防空作战体系没有最后完成,新式技术兵器的装备和训练工作刚刚开始。运输工作组织得不好。

海军战前,海军有独立的人民委员部。海军人民委员部根据总参谋部制订的作战和动员总计划决定海军的战役使用问题。

我担任总参谋长以来,由于时间短促,并且直接有关红军的工作极其繁忙,未能充分熟悉海军的情况。但是我知道,海军人员训练良好,舰队、分舰队的司令员及其司令部做好了战争准备。当时领导海军司令部的是富有才能和创造性的、意志坚强的伊萨科夫将军。

给海军提供装备的工作加快了。仅在 1940 年的 11 个月内，就有 100 艘性能优良的驱逐舰、潜艇、扫雷舰和鱼雷艇下水。1940 年，建造了将近 270 艘各级舰艇。修建了新的海军基地，进一步控制了波罗的海、巴伦支海和黑海的海域。

建设现代化海军是一件花钱很多的事。大型舰艇尤其是这样，同时大型舰艇又是空中攻击和鱼雷攻击的好靶子。苏联人民委员会所属国防委员会于 1939 年通过一项决定，缩减并于随后停止建造战列舰和重巡洋舰。建造这类舰艇花费巨大，要消耗大量金属，又需要大量工程技术人员和造船工人。

另一方面，对于海岸防御和对空防御，对于水雷和鱼雷武器，却缺乏应有的重视。对于肯定将要在战争中发挥最大作用的北方舰队重视不足，是海军人民委员部的严重缺点。

整个地说，战争前夕苏联海军给人以深刻的印象，完全足以迎击敌人。

库兹涅佐夫将军在他那本题名《前夜》的书中，谈到我被任命为总参谋长时写道："起初我想，只是我同朱可夫的关系处得不好，而他的同行海军参谋长伊萨科夫会同他谈得来。但是，伊萨科夫也毫无结果。"

我现在已经记不得，是这些同志找我"毫无结果"，还是我找他们"毫无结果"，这一点根本没有任何意义。[①] 是为了历史的真实性，我应当说在斯大林那里讨论海军问题时，无论是国防人民委员铁木辛哥还是总参谋长，根本就未被邀请参加。

1939—1941 年期间，党和政府在巩固国防方面采取了何等重大的措施，也可用我军数量的增加来说明。在此期间我军数量增长了 1.8 倍，新建了 125 个师，到 1941 年 1 月 1 日，陆军、空军、海军和防空军总共在 420 万人以上。

在本书的一章中，我已经提到过普遍军训的意义。公民，首先是青年，在入伍前接受保卫祖国的训练，这个传统在人民中间受到普遍的欢迎。从事群众性国防活动的是苏联支援国防和航空化学建设协会。到 1941 年 1 月 1 日，这个协会的成员在 1300 万人以上。每年有好几万飞

---

① 在许多回忆录、书籍和文章中，有着对我在伟大卫国战争中的活动的不同评价。对于说我好话的作者，我表示衷心的感谢。关于我的缺点和过错，这些在我和每个人一样都是存在的，我将在这本书中说到。至于批评，特别是一般性的感情用事的批评，如果不涉及那些讲得不对就会歪曲真相的大问题，我决定不加争辩。——作者注

行爱好者、跳伞员、射手和航空机械员，在300所以上的航空和汽车摩托俱乐部、航空学校和滑翔俱乐部学习专业知识。青年入伍前学到的这些技能后来在民兵和游击队发挥了多么重大的作用！

在各级指挥员的专业训练方面，有200所以上的军事学校、19所学院、10个附设于普通大学的军事系、7所高等海军学校，几十万人在这些院校中受过良好的教育。

根据我多次到我负责的总参军事学院所见到的情况，我更加相信，战争前夕在各军事教研室为学员们提供的现代军事理论，相当充分地吸取了已经开始的第二次世界大战的经验。强调指出了武装斗争的坚决性、残酷性和可能出现的长期性，以及动员全国人民的力量的必要性。

军事战略主要建立在这样一个正确的论断的基础上，即只有进攻才能粉碎侵略者。与此同时，其他的作战方法，诸如遭遇战、不得已的退却行动、被合围时的战斗、夜间作战等，则没有做认真的研究。

整个说来，那个时期的军事理论可以说是符合时代要求的。但是，实践在某种程度上落后于理论。

我研究过战役战略问题以后得出结论，在像我国这样一个大国的防御方面，存在许多严重的缺点。总参谋部的主要领导人员也有着同样的意见，据他们讲，我的几位前任也不止一次地提出过这样的意见。

大量德军集结在东普鲁士、波兰和巴尔干，引起了我们的极大不安。同时使我们不安的是，西部各军区的我军缺乏足够的战斗准备。

全面考虑过这些问题以后，我和瓦图京一起向国防人民委员详细报告了我军组织编制和战斗准备方面的缺点，以及动员储备品的情况，特别是炮弹和航空炸弹的情况。此外，还指出工业来不及完成我们的技术兵器的订货。

"所有这些问题领导上都很清楚。我想，目前国家无法给我们更多的东西。"铁木辛哥再次这样说。

有一次他把我叫去说："昨天我为火箭炮的问题到过斯大林同志那里。他问及你接替梅列茨科夫的工作没有，对新的工作感觉怎样，并且命令你去向他报告情况。"

我问："要准备些什么问题呢？"

"所有问题都要准备。但要注意，他不会听长篇报告。你向我讲几个钟头的东西，向他报告时要在十分钟内讲完。"人民委员回答说。

"十分钟我能报告什么呢？问题都很大，都需要严肃对待。须知要了解这些问题的重要性，要采取必要的措施。"

"你打算告诉他的东西，他基本上都知道，"国防人民委员说，"所以，你只要谈谈其中带关键性的问题。"

一个星期六的晚上，我随身带了一份准备汇报的问题清单，来到斯大林的别墅。铁木辛哥元帅和库利克元帅早已在那里。在场的还有几位政治局委员。斯大林同我打过招呼以后，问我见过火箭炮（喀秋莎）没有。

我回答说："只听说过，但没有见到。"

"哦，那么最近你应当同铁木辛哥、库利克和阿博连科夫去靶场看一看火箭炮射击。现在就请你向我们谈谈总参谋部的工作吧。"

我把向人民委员报告过的东西简要地重复了一遍。我说："鉴于复杂的军事和政治形势，必须采取紧急措施，及时克服西部边境防御和军队中存在的缺点。"

莫洛托夫打断我的话说：

"怎么，你认为我们很快要同德国人打仗吗？"

"等一等。"斯大林阻止他。

斯大林听完报告以后，请所有的人进餐。中断了的谈话又继续下去。斯大林问我对德国空军有什么看法。我讲了我的想法："德国人有一支不错的空军。他们的飞行人员在同陆军协同作战方面受过很好的实际锻炼。至于飞机，我们的新式歼击机和轰炸机丝毫不比德国人的差，甚至还要好一些。可惜的是这种飞机太少。"

"歼击机尤其少。"铁木辛哥补充说。

有人插话说："铁木辛哥同志考虑得更多的是防御飞机吧。"

人民委员没有回答。我想，他的听力不佳，根本就没有完全听明白。

晚餐很简单。第一道是乌克兰浓汤，第二道是烧得很考究的荞麦米饭和很多熟肉，第三道是煮水果和新鲜水果。斯大林兴致很高，有说有笑，喝着一种格鲁吉亚淡酒，并用这种酒招待客人，但多数人却宁愿喝白兰地。

末了，斯大林说，应当认真研究一下那些最急迫的问题，提交政府作出决定。但是应当依据我们的现实可能性，而不要去空想那些我们的物质条件暂时还不允许的东西。

当夜回到总参谋部以后，我记下了斯大林所讲的一切，并且写出了要优先解决的问题。这些建议交给了政府。

1941年2月15—20日召开了联共（布）第十八次代表会议，我有机会出席了这次会议。代表会议号召党组织认真注意工业、交通，特别是国防企业的需要。要求提高了。代表会议的决议指出，航空工业、化学工业、弹药工业、电子工业和国民经济中其他许多有国防意义的部门的领导人，应当从代表会议的批评中吸取教训，大力改进工作。否则就要被撤销领导职务。

代表会议通过的最后一个和平时期国民经济计划，要求国防工业在1941年有很大发展。

这次会议上，秋列涅夫、基尔波诺斯、尤马舍夫、特里布茨、奥克佳布里斯基等许多军人当选为候补中央委员和中央监察委员会委员。我受到了极大的信任，当选为候补中央委员。

战争开始前在总参谋部工作的是一个由知识渊博、经验丰富的将军和军官组成的团结友爱的集体。我只把其中的几位介绍一下。

担任第一副总长的是全国知名的瓦图京中将。他工作非常勤奋，很有战役战略头脑。负责组织编制的副总长索科洛夫斯基中将，于1941年初春由莫斯科军区参谋长调任此职。战争时期，索科洛夫斯基表现出有很高的天赋和作为一个高级军事首长的才能。领导作战部的是马兰金少将。他是一位很有教养、很有才能的领导人。

在那里工作的还有华西列夫斯基少将。战争时期华西列夫斯基成为我军一位杰出的军事首长。许多巨大的、出色的战役都是在他的指挥之下进行的。战争前夕华西列夫斯基在总参谋部负责西北和西部方向的作战计划。

除上面提到的以外，在总参谋部还有其他许多有才干的果断的军事首长，他们以创造性的劳动提高了总参谋部这个集体的工作效能。

总参谋部执行着繁重的作战、组织和动员工作，是国防人民委员的主要工作机关。

但是，总参谋部本身的工作中是有缺点的。例如，1941年春天研究工作情况时发现，没有为总参谋部，以及国防人民委员、各军兵种司令员构筑战时指挥所，作为指挥军队，迅速传达大本营指令，接受和研究军队报告之用。

战争爆发前几年中，构筑指挥所的时间错过了。当战争爆发以后，统帅部、总参谋部、各兵种司令部和各总部，不得不在和平时期的办公室实施领导，使工作大大复杂化。

战争开始前，有关统帅部大本营的机构问题，如大本营的组织结构、人选、位置、保障机关及物质技术器材等问题，没有得到解决。

战前五年里，换了四个总参谋长。这样频繁地更换总参的领导，便不可能完全掌握国防情况，也不可能深入地全面考虑未来战争的一切方面。

总参谋部在战前几个月对哪些基本问题做过准备呢？

现在一些战争回忆录的作者说，战前我们没有军队动员计划和战役战略展开计划。

实际上，关于军队作战计划和动员计划在总参谋部当然都是有的。这些计划的制订和修改工作从来没有间断过。计划修订以后立即上报国家领导人，批准以后马上下达各军区。战前在制订和修改作战计划和动员计划方面，作战部马兰金将军、华西列夫斯基将军、阿尼索夫将军等人，做了大量工作。我到总参以前，制订计划总的领导由苏联元帅沙波什尼科夫，后来由梅列茨科夫大将和瓦图京中将负责。

还在1940年秋天，就对原来的作战计划做过一次重大的修改，使之更加符合一旦遭到袭击时必须完成的任务。但计划存在有战略上的错误，这是由一个不正确的论点造成的。

当时认为最危险的战略方向是西南方向的乌克兰，而不是西部方向的白俄罗斯。而1941年6月希特勒统帅部正是在白俄罗斯方向集中使用了最强大的陆军和空军集团。正是白俄罗斯方向距离我国首都莫斯科最近。

由于这一错误，不得不在战争的头几天里，就把早先集中在乌克兰和后来调往那里的第19集团军全部和第16集团军的许多部队和兵团，转移到西部方向，加入西部方面军的编成内从行进间进入交战。毫无疑问，这个情况对于西部方向的防御作战进程是有影响的。

1941年春天（2—4月）修订作战计划时，我们没有完全纠正这个错误，没有在西部方向部署更多的兵力。

斯大林认为，希特勒匪徒在对苏战争中首先是力图占领乌克兰和顿涅茨河流域，以夺取我国最重要的经济地区，掠夺乌克兰的粮食、顿涅茨克的煤，然后是高加索的石油。斯大林在1941年春天审查作战计划时说："没有这些最重要的资源，德国法西斯就不可能进行长期的大规模的战争。"

在我们所有的人当中，斯大林享有崇高的威望。当时，任何人都没有想到去怀疑斯大林的意见和他对形势的分析。但是斯大林在判断敌人的主要突击方向上犯了错误。

1941年2月批准了军队动员计划（组织问题和物质问题）的最后一个方案，称为"41号计划"。这个计划下发各军区，并指示在1941年5

月1日以前完成原动员计划的修改。

1940年通过了一个决定，立即将西部各军区的部队部署到重新合并到苏联的西部领土的新地区。这些地区虽然还没有防御工事，但在那里部署了西部各军区部队的第一梯队。

这里我想说一说新老筑垒地域的命运。西部国境新的筑垒地域，是从1940年年初开始构筑的。构筑筑垒地域的方案，是斯大林根据伏罗希洛夫和沙波什尼科夫的报告批准的。

筑垒地域的构筑工程到1941年6月没有完成。

战争开始前建成的钢筋混凝土工事约有2500个，其中1000个装备有要塞炮，其余的1500个只装备有机枪。

在乌克兰，俄罗斯拉瓦和佩列梅什利筑垒地域，在1941年6月间保持着最高度的战斗准备。这两个筑垒地域在战争初期起过极其有益的作用，这一点下面还要说到。

现在我想澄清一下从老的筑垒地域拆除火炮的问题。

1941年2—3月红军总军事委员会，就如何加速完成新筑垒地域的构筑和武装问题，进行过两次讨论。我对会上发生的激烈争论记得很清楚。但是争来争去，却找不到加快生产要塞炮和保障必需的要塞设备的实际办法。

这时负责军械的副人民委员库利克元帅和负责筑垒地域的副人民委员沙波什尼科夫元帅，还有总军事委员会委员日丹诺夫，建议从某些旧筑垒地域拆下一部分要塞炮，来装备新建的筑垒地域。国防人民委员铁木辛哥元帅和我没有同意这个意见，指出旧筑垒地域还有用。而且旧筑垒地域的火炮，在炮的构造上也不适于新的永备发射点。

由于在总军事委员会内部发生了分歧，便把问题报告了斯大林。斯大林同意库利克、沙波什尼科夫和日丹诺夫的意见，下令从次要地段拆下部分火炮，送往西部方向和西南方向，使这种老式构造的火炮临时用于新的工事。

老的筑垒地域是在1929—1935年期间筑成的。永备发射点装备的基本上是机枪。1938—1939年许多永备发射点得到了火炮的加强。根据红军总军事委员会1939年11月15日的决定，老筑垒地域部队的编制人数缩减了三分之一以上。而现在又要从某些地段拆除火炮。

但是，在再次报告斯大林之后，我们获准在被拆除武器的地段保留部分火炮。

1941年4月8日，总参谋部就1938—1939年开始构筑的筑垒地域问题，给西部军区和基辅特别军区发出如下内容的训令：

在得到特别指示以前，斯卢茨克、谢别日、舍佩托夫卡、伊贾斯拉夫、旧康斯坦丁诺夫、奥斯特罗波尔筑垒地域予以保存。

为了在战时使用上述筑垒地域，应准备和采取以下措施：

1. 建立各筑垒地域指挥部的骨干；

2. 为了完成每个防御枢纽部和支撑点的火炮、机枪火力配系，应在土木工事或混凝土工事内构筑发射座。此种发射座应于战争开始后10天内使用野战部队的力量筑成；

3. 根据红军国防工程建筑部的设计和技术指示，计算出武器和简单内部设备的需要量；

4. 计算兵力兵器和制订作业计划时，应将1938—1939年在列季切夫、莫吉廖夫、扬波尔、沃伦斯基新城、明斯克、波洛茨克和莫济里筑垒地域修筑的钢筋混凝土工事计算在内。

国防工程建筑部部长应拟定在1938—1939年防御工事中安装武器和简单内部设备的技术指示，并在1941年5月1日前将其下达到军区。

旧国境线上筑垒地域永备发射点和土木发射点内武器做好战斗准备的时间搞错了。总参谋部的训令要求这些武器于战争开始后10天内做好战斗准备。而实际上许多筑垒地区早在这个期限之前就已被敌人占领。

旧国境线上的筑垒地域，并不像某些回忆录和历史著作中说的那样，被平毁和全部拆除了武器。所有重要地段和方向上的筑垒地域基本上都被保存下来，并考虑另外予以加强。但是战争初期军事行动的进程不允许完全实现预先考虑好的措施，不允许适当地利用旧的筑垒地域。

关于新的筑垒地域，国防人民委员和总参曾多次指示各军区加速构筑。每年有将近14万人在新国境线上构筑工事。

现将总参谋部1941年4月14日就这个问题的一个训令摘录于下：

"红军总参谋部虽三令五申，但永备工事安装武器和做好战斗准备的进度，仍迟缓得令人不能容忍。

国防人民委员命令：

1. 军区所有用于筑垒地域的武器，应立即安装到工事中，并使工事做好战斗准备。

2. 如缺乏专用武器，应暂时（经过简单改造）在射孔内安装带野战枪架的机枪，可能时安装火炮。

3. 在对工事做战斗准备时，即使缺乏其他制式的设备，也必须安装装甲的金属栅门。

4. 对工事内武器应妥善保养，保持完好无损。

5. 红军国防工程建筑部部长应立即将在钢筋混凝土工事内安装暂用武器的技术指示下达到各军区。

各军区应于1941年4月25日前将所采取的措施报告红军总参谋部。

红军总参谋长大将朱可夫（签名）

红军总参谋部筑垒地域处处长少将希利亚耶夫（签名）"

1941年3月总参谋部完成了工业转为战时军事生产的动员计划的拟制。这个计划由我和副总参谋长索科洛夫斯基将军向苏联人民委员会所属国防委员会主席做了报告。

总参谋部向中央和苏联人民委员会写了一个关于弹药问题的特别报告。报告完全是关于炮兵弹药保障问题。我们谈了炮弹和迫击炮弹方面极其严重的情况。榴弹、高射炮弹和反坦克炮弹均感缺乏。新式火炮的弹药情况更糟。

斯大林委托我审查这个报告，并会同弹药人民委员部和国防人民委员部向他报告确定需要和可能采取的措施。

沃兹涅先斯基和其他同志认为我们的要求太高，并报告斯大林说，1941年的申请量最多只应满足20%。这个建议得到批准。

但是再次报告过斯大林以后，斯大林责成作出专门决定，大大增加1941年下半年到1942年年初的弹药生产量。

1941年春天，国防人民委员部中央供应部门，在用国家储备的燃料、粮食和被服扩大西部边境军区的应急储备品这方面做了大量工作。军区所属军械仓库从国防人民委员部的基地补充了大量弹药。

国防人民委员、总参谋部和我认为，在即将到来的战争中，必须使物质技术器材更加靠近部队。乍看起来这个决定是正确的，可是最初几周战争的进程证明在这个问题上我们犯了错误。战争爆发后，敌人迅速突破了我军防线，很快夺取了军区的物质储备品，给军队供应和组建预备部队的工作带来了极大困难。

1941年春天修订作战计划时，对于现代战争初期的作战特点，实际上并没有加以充分考虑。国防人民委员和总参谋部认为，像德国和苏联这样的大国之间的战争，应该还像从前那样开始：先在边境交战几天以后双方主力才进入交战。认为法西斯德国在集中和展开的时间方面将和我们一样。事实上，无论是兵力还是条件相差都很悬殊。

德国在进攻苏联时经济力量如何呢？

大家知道，德国在夺取了欧洲几乎所有的经济和战略资源之后，很好地装备了自己的军队，使他们拥有现代化的武器、技术兵器和充足的器材。由于当时在西欧没有积极抵抗的力量，希特勒匪徒得以集中全力对付苏联。

战争前夕，德国同被它占领的国家一起生产钢3180万吨。它本身采煤25740万吨，连同仆从国一起采煤43900万吨。苏联钢产量为1830万吨，煤产量16590万吨。德国的弱点在石油开采方面，但这方面由于从罗马尼亚输入石油，依靠已建立的储备品和合成油料的生产，而得到某种程度的弥补。

希特勒当局毫不留情地推翻了《凡尔赛和约》规定的种种限制以后，为了保证实现他的侵略计划，全部经济政策从属于蓄谋已久的侵略战争的利益。德国工业已全部转入战时经济的轨道。其他一切都退居次要地位了。

德国建立了强大的军事经济潜力，在较短时间内建成300个以上的大军事工厂，军事生产1940年比1939年增加三分之二，比1932年增加21倍。1941年德国工业生产了1.1万多架飞机，5200辆坦克和装甲车，7000多门75毫米以上口径的火炮，约170万支骑枪、步枪和自动枪。此外还有掠夺来的大量武器，以及仆从国和被占领国的生产能力。

1941年3月底，苏联政府已知道日本外务大臣松冈洋右在柏林与法西斯德国的里宾特洛甫和军界首脑进行极为秘密的谈判。

他们谈判的内容是不难猜到的。希特勒试图建立德日联盟，形成对苏联的军事包围。后来才知道，在这些谈判中双方对一切问题都已商定。而且，里宾特洛甫曾意味深长地向松冈洋右宣称，德国已经赢得这场战争。他说："到年底，全世界就会明白这一点。"[1]

这实际上就意味着，我们必须进行两线作战。

保卫苏联远东的安全问题，是一个特别重要的问题，其理由就在这里。

1941年4月，我不记得是几号了，斯大林给我打电话说：

"日本外务大臣洋右访问德国回国途经这里，你要亲切地接待他（'亲切'二字说得特别重）。"

"有什么指示？"

---

[1]《苏联对外政策史》，第1部，1966年，俄文版，第380—381页。——作者注

"松冈洋右只是想同你认识认识。"

我不由得猜想，显然，松冈洋右对哈勒欣河事件记忆犹新。

过了几天，国防人民委员部外事处主任告诉我，两小时后松冈洋右带着翻译将来会我。

在预定的时间，门准时地开了，松冈洋右进来，深深地一鞠躬。

我亲切地欢迎他，问候他健康，旅途是否劳累。他含糊地回答说："我喜欢长途旅行。我是第一次到欧洲。您去过欧洲各国吗？"他反过来问我。

我回答说："很遗憾，没有去过。在方便的时候，一定设法去。我读了很多有关德国、意大利和英国的书，但是，即使一本最好的书也不能使人了解一个国家的全貌。只有亲身访问和接触一个国家，才能更好地了解它，了解它的人民、风俗习惯。"

谈话一直在这种气氛中进行。我们不涉及尖锐的政治问题。松冈洋右给我的印象是友好的，不愿开诚布公地交谈。可以看出，他宁愿多听，而不愿多说。

会见后，我立即给斯大林打电话，报告会见的情况和我对松冈洋右的印象。我感到，斯大林对这次会见很满意。最后，他说："日本政府同意签订中立条约了。"

《苏日中立条约》于1941年4月13日签订。条约为期5年。条约规定："双方应维持两国间的和平友好关系，并互相尊重领土完整和不可侵犯。"条约的专门一条指出，缔约一方成为第三国或第三国家集团的军事行动对象时，缔约另一方应守中立。

苏联政府知道，《苏日中立条约》能减少日本进攻我国、迫使我国两线作战的危险，但不能完全保证法西斯德国的盟国——日本军国主义遵守所签订的条约。因此，在卫国战争期间，我们不得不在远东保持大量的兵力。由于国际形势尖锐，这个条约使我们赢得了一些喘息的时间。

当时关于德国用于进攻苏联的军队，我们知道些什么呢？

根据戈利科夫将军领导的总参情报部的情报，从1941年1月底起德军开始向东普鲁士、波兰和罗马尼亚增调部队。侦察部门认为，2—3月两个月内敌军兵力增加到9个师，波罗的海沿岸军区当面有3个步兵师，西部军区当面有2个步兵师和1个坦克师，基辅军区当面有1个步兵师和3个坦克团。

我们将情报部长戈利科夫将军提供的情报，立即报告了斯大林。我不知道，戈利科夫将军本人根据情报材料向斯大林报告了什么。他没有向国防人民委员和总参谋长报告。他不止一次地做这种报告。这自然会影响到对情况的全面分析。到1941年4月4日，根据戈利科夫将军的情报，从波罗的海到斯洛伐克，德军共增加5个步兵师和6个坦克师。准备对苏作战的部队共有72—73个师。此外还应加上驻罗马尼亚的9个步兵师和1个摩托化师的德军。

到1941年5月5日，根据戈利科夫将军的报告，准备进攻苏联的德军总数已达103—107个师，包括部署在但泽和波兹南地区的6个步兵师和芬兰的5个步兵师。这些师的分布是：东普鲁士有23—24个师；西部军区当面的波兰领土有29个师；基辅军区当面的波兰领土有31—34个师；罗马尼亚和匈牙利有14—15个师。

敌人做了大量战场准备工作：在斯洛伐克和罗马尼亚铺设第二条铁路线；扩大机场和降落场网，加紧建筑军用仓库。在城市和工业区组织防空演习，构筑防空工事，进行动员演习。

匈牙利军队有4个军部署在外喀尔巴阡山乌克兰地区，罗马尼亚军队有相当大的一部分部署在喀尔巴阡山一带。

在芬兰，德军在奥布（图尔库）港登陆，从4月10日到29日登陆的有2.2万人，然后前往罗瓦涅米和希尔克内斯。戈利科夫将军认为，德军由于从南斯拉夫抽出军队，不久可能继续得到加强。

1941年春天，希特勒匪徒由于不担心西面敌人会采取什么重大行动，就集中德军主力于波罗的海到黑海全线。

到1941年6月1日，根据情报部的情报，准备进攻苏联的德军已有120个师。

截至1941年6月，德国军队比1940年增加355万人，总数达850万人，即214个师。我们到6月份，连同征召的补充兵员在内，共有500多万人。

希特勒认为，进攻苏联的有利时刻来到了。

希特勒统帅部向东部大量运兵，是从1941年5月25日开始的。这个时期德国人在铁路部门实行了最大限度运行计划。从5月25日到6月中旬，向靠近苏联的边界总共运送47个德军师，其中包括28个坦克师和摩托化师。

我们则做了下面这些事。1941年的整个3月份和4月份，总参谋部为了进一步确定西部国境掩护计划和战时动员计划而进行了紧张的工作。在确定掩护计划时，我们向斯大林报告：根据计算，波罗的海沿岸军区、西部军区、基辅军区和敖德萨军区的现有部队,不足以抵抗德军的突击。必须从内地军区紧急动员若干个集团军,并且无论如何应于5月初到达波罗的海沿岸、白俄罗斯和乌克兰地区。

经过数次报告,我们最终得到批准用野营集训的名义往乌克兰和白俄罗斯各增调两个简编的合成集团军。特别要求我们极其谨慎,并采取战役伪装措施。

与此同时,斯大林指示内务人民委员部全力加强主要机场和野战机场网的修建工作。但只许在春播结束后调用劳动力。

有一次在我们谈话结束时,斯大林问到征召预备人员的工作进展情况。

国防人民委员回答他,征召预备人员的工作进展正常。四月底,被征召的人员将到达边境军区。五月初开始在部队里对他们加以训练。

5月13日总参谋部下令,从内地军区向西部调派部队。第22集团军从乌拉尔调往大卢基地区。第21集团军从伏尔加河沿岸军区调往戈梅利地区。第19集团军从北高加索军区调往白采尔科维地区。步兵第25军从哈尔科夫军区调往西德维纳一线。第16集团军从外贝加尔调往乌克兰的舍佩托夫卡地区。

5月份从内地军区调往西部边境的军队,共计有28个步兵师和4个集团军指挥机关。遗憾的是,这些师只编有8000—9000人,而且没有完全配备编制规定的技术兵器。

5月底总参指示各边境军区司令员立即着手准备指挥所,而于6月中旬下令方面军指挥机关进入指挥所:西北方面军在帕涅韦日斯地区,西方方面军在奥布兹列斯内地区,西南方面军在捷尔诺波尔地区。敖德萨军区改为集团军,其指挥部设在蒂拉斯波尔地区。各方面军和集团军野战指挥部,应于6月21—22日进入上述各地区。

在国境线上有47个陆军边防总队、6个海军边防总队、9个独立边防大队,内务人民委员部作战部队的11个团,以及靠近边境但未展开成战斗队形的各军区担任掩护的集团军第一梯队步兵师。

在西部边境军区和舰队中,共有290万人,1500架新式飞机和大量旧式飞机,将近3.8万门火炮和迫击炮,1475辆KB型和T-34型新式坦克,以及相当一部分旧式的发动机寿命较短的轻型坦克,其中部分坦克需要修理[①]。

---

① 《第二次世界大战史(1939—1945年)》,1981年,中文版,第4卷,第36页。

各边境军区部队的战斗素养是各不相同的，是由许多因素决定的。现在很难详细描述这些军区所发生的一切，很难描绘战争发生时它们所处的环境。

我还记得，刚到总参工作时，使我难以忘怀的是刚刚离开的基辅特别军区。那里的情况如何，在做些什么？

因此，我想在这里引几段当时的基辅特别军区上校作战处长巴格拉米扬元帅的回忆录。我认为，他的话如实地反映了部队战前最后几个月的困难情况。下面就是他的回忆。

"我们刚刚把前去参加第十八次党代表会议的司令员送走，随即接到总参谋部的指示：由军区参谋长率领参与制订国境掩护计划的人员立即赶赴莫斯科……

到莫斯科后才明白，是要我们参加审查军区的作战方案。

……我们的工作正在继续进行，忽然命令我们立即返回基辅执行本身的职务。回到这里首先要审查集团军的国境掩护计划，这些计划是各集团军司令部根据军区首长的指示制定的。令人高兴的是，集团军的计划不需要作重大变动，而只要略加修改。

但是在法西斯开始侵占南斯拉夫后不久，总参谋部指示要对国境掩护计划做许多重要的修改。军区首长接到命令要大大扩大直接担负国境掩护的部队的编成……

基尔波诺斯将军对于在他看来明显地削弱他的预备兵力而用过多的部队担任消极防御，感到忧虑。但是命令终归是命令。4月18日我们给各集团军下达了相应的指示，要求他们对计划进行如上修改……

各集团军参谋长和参与制订计划的人员，再次被召集到军区司令部。全部从头来过一遍。影响工作进度的最大困难是，制订计划的将军和军官们，不得不从头到尾亲自动手来写……

修订计划的工作应于5月10日前完成。幸而这是最后一次的重大补充，不然的话到法西斯强盗入侵开始以前，计划始终完成不了。

4月下半月，红军领导机关明显地加紧采取措施加强各边境军区的力量。记得4月26日，我们军区接到莫斯科的命令，要求在6月1日前组建5个快速反坦克炮兵旅和1个空降军。4个步兵师改编成山地步兵师。军区首长得到通知，到5月25日前，步兵第31军的指挥机关将从远东调来归他指挥。

春季的最后一个月，绝没有给国际关系的气氛带来温暖。斯大林突然被任命为人民委员会主席一事，军区司令部所有的人都把它看成国际形势复杂化的证据。苏维埃政权建立以来还是第一次把党的最高领导和国家最高领导集中在一个人手中。还有其他的征候说明威胁正在迅速增长。

5月下半月,我们接到总参谋部的训令,要求军区首长接收和配置从北高加索军区调来的步兵第34军的指挥机关及其直属部队,4个编制人数为1.2万人的步兵师和1个山地步兵师。

为了指挥这部分部队,将由北高加索军区第一副司令列伊捷尔率一个作战组到这里来……从训令中还了解到,部队于5月20日开始到达。这个训令对军区首长虽然看来不那么突然,但还是使他感到担心,因为要在很短的期间配置几乎整整一个集团军。由于忙于这些突如其来的新的紧急措施,我们就不得不把原定5月下半月举行的各集团军首长司令部演习推迟了。

5月底,一列接着一列的火车开始到达军区。作战处好像成了调度所,关于来自北高加索军区的部队的移动和状况的消息一齐涌向这里。记得有这样一件事。派往这些部队的指挥员,报告这些部队的战斗力时强调指出,所有兵团都是平时编制,因此不但指战员缺额很大,而且缺少技术装备,首先是缺少运输工具和通信器材,而这些是各师自宣布动员之日起就应当得到的。

看来,严守同法西斯德国的条约这个意图,在这个问题上也有不小的影响。

应当指出,后来当战争爆发时,这些师匆忙地转移到了西部战略方向,并被迫从行进间投入战斗。

北高加索军区的5个师还没有来得及在我们军区境内集结完毕,6月初总参谋部又通知,国防人民委员命令建立第19集团军指挥机关,并于6月10日前派往切尔卡瑟。北高加索军区步兵第34军的5个师全部和步兵第25军的3个师都包括在这个集团军的编成之内……新的集团军由北高加索军区司令员科涅夫中将指挥。

一天以后总参谋部通知军区首长,准备再接受和配置一个集团军,即从外贝加尔调来的卢金中将指挥的第16集团军。计划规定,卢金将军的部队从6月15日到7月10日在基辅特别军区境内集结完毕。

就这样,我们必须在极短时间内把第二个集团军接受下来并配置在我们军区。这是令人高兴的事。关于一旦发生战争时我们纵深缺少部队的那种担心,自然而然地消除了。现在很清楚,国防人民委员和总参下令军区所有部队准备前移到国境时,是考虑到了这一点的。①

现在让我们来谈谈当时一个重大的错误,这个错误自然地导致了其他许多错误,这就是在判断德国法西斯军队可能发起对苏进攻的时间上的错误。

1940年作战计划经过修改后于1941年付诸实施,其中规定,一旦遭到军事威胁时必须:

——使全部武装力量进入高度战备状态;

——立即在全国进行军队动员;

——根据动员计划按战时编制扩充军队;

——根据边境军区和统帅部计划,将完成动员的军队集中和展开在西部边境地区。

作战计划和动员计划规定的措施,只有根据政府的特别决定,才能付诸实施。而这个特别决定,直到1941年6月21日夜间才作出,而且没有完全实现。战前最后几个月里,领导机关没有规定军事威胁特别严重时期采取所应采取的一切必要措施。

这就自然而然产生了一个问题:为什么以斯大林为首的领导机关没有完成由他批准的作战计划所规定的措施呢?

对于这些错误和失算,人们经常责怪斯大林。当然,斯大林无疑是有错误的。但不能离开客观历史进程和现象,不能离开一系列经济和政治因素孤立地去看待错误的原因。

再没有比这样做更容易的了,那就是当一切结果都很清楚时,再来对事件发生以前的做法发表各种各样的评论。也再没有比这样做更困难的了,那就是在事件发生的那个历史时刻,立即就对所有的问题,各种各样的斗争,许许多多互相矛盾的意见、消息和事实做出正确的判断。

经过对照和分析斯大林当我在场时对他身边的人的谈话,我坚信:斯大林的一切想法和做法都贯串着一个愿望,即避免战争或推迟战争爆发的时间,并且相信他会成功。

斯大林清楚地知道,同法西斯德国这样一个强大的有经验的敌人作战,将给苏联人民带来多么深重的灾难。所以他和我们全党、政府一样,竭尽全力以争取时间。

现在我们所看到的,是关于警告德国正在准备进攻苏联,军队正在

---

① 巴格拉米扬:《作战处长的日记》。见《军事历史杂志》,1967年,第1期第60页。

我国国境线上集结等方面的事实。但是正如在法西斯德国被粉碎后发现的文件表明，当时斯大林接到的许多报告则完全是另一回事。下面就是例证之一。

根据希特勒在1941年2月3日会议上发出的指示，德军最高统帅部参谋长凯特尔元帅于1941年2月15日下达了《制造假情报欺骗敌人的命令》。为了隐蔽按照"巴巴罗萨"计划实施的战役的准备工作，德军总参谋部情报处和反间谍处，策划并进行了许多散布谣言和假情报的活动。军队的东移，被说成"为了隐蔽入侵英国的最后准备工作而采取的有史以来最大的佯动"。

大量出版了英国地图。军队配备了英语翻译。在英吉利海峡、加来海峡的海岸和挪威"圈定"若干地区，到处流传着那个不存在的空降军的消息。海岸上配置假火箭炮连。军队流传一种说法是，他们正在进行入侵英国以前的休整，另一种说法是军队将经过苏联进攻印度。为了使人相信登陆英国之说，制订了暗号为"鲨鱼"和"鱼叉"的特别作战计划。宣传完全是针对英国的，中止了往常那种对苏联的攻击。外交等部门也参加了这方面的工作。

此类情报，加上军队战备方面的缺点，使得斯大林在采取作战和动员计划规定的反侵略准备的基本措施时，表现得格外谨慎小心。

如前所述，斯大林还考虑一个情况，即由于军队由地区制改为常备军制，部队、兵团和军团年轻的指挥干部和政工干部，还没有具备与其职务相称的战役战术素养。

遵照第十八次党代会的决议及后来党中央关于选拔、训练和教育领导干部的指示，各集团军首长、党政机关，在1941年夏季以前进行了很大规模的训练教育工作，以提高军队各类干部的一般理论水平和实际工作能力。

但是，军队指挥干部问题，在1941年仍然是一个尖锐问题。大量提升年轻干部担任高级职务，在一定时间内降低了军队的战斗力。战争前夕在采取重大组织措施时，就曾感到熟练的指挥干部、坦克和炮兵专业人员、飞行技术人员数量不足，这是由于我军数量大量增加的结果。所有这些问题，本来指望在1941年年底基本上得到解决。

斯大林希望保持和平这一在苏联建设社会主义的决定性条件，所以他认为，英国及其他西方国家的政府正竭尽全力怂恿德国对苏联作战，认为他们正处于严重军事形势之下，为了避免本身的覆灭，非常希望德国进攻苏联。这就是他对西方国家政府提供的德国准备进攻苏联的消息深表怀疑的原因所在。

这里只讲一个足以使斯大林大大增加对上述消息的怀疑的事实。这就是在英法同苏联进行军事谈判（我在上面已经谈过）的1939年这同一年，他们在伦敦同法西斯德国也举行了秘密谈判。

英国外交部门提议同希特勒达成划分世界势力范围的协议。英国贸易大臣哈桑同戈林的密友、德国高级文官沃尔塔谈判时说，两国面前有便于经济活动的三个广阔的领域，这就是大英帝国、中国和俄国。他们讨论了政治和军事问题，以及德国掠夺原料等问题。参加谈判的还有其他人士。德国驻伦敦大使狄克逊报告柏林说："此间政府人士中建设性政策的倾向正在加强。"

我想顺便指出，当希特勒打算提议和苏联共同考虑划分世界势力范围时，遭到苏联方面断然的、毫不含糊的拒绝。苏联甚至连这个题目也不愿谈论。这个事实可以从莫洛托夫1940年11月访问柏林的文件和参加者那里得到证明。

大家知道，丘吉尔于1941年4月底给斯大林写了一封信。信中说："我从可靠方面获得确实消息，当德国人断定南斯拉夫已落入他们掌心以后，即2月20日，便开始将驻罗马尼亚5个装甲坦克师中的3个师调往波兰南方。而当他们获悉塞尔维亚发生革命时，又取消了这一调动。阁下会很容易明白这些事实的意义。"

斯大林是不相信这封信的。1940年世界报刊上传说，英国和法国的军队准备进攻北高加索，轰炸巴库、格罗兹尼和迈科普。随后又出现了证明这个传说的文件。总之，不但丘吉尔的从来不加掩饰的反苏反共的言论和行动，而且当时外交方面许多具体事实，都提醒斯大林小心谨慎地对待来自西方帝国主义集团的消息。

1941年春天，西方国家盛传苏联对德国进行大规模军事准备的挑拨性消息。德国报刊大肆渲染这类消息，并且抱怨说，这些消息使苏德关系受到损害。

"你看，"斯大林说，"用德国人吓唬我们，用苏联吓唬德国人，有人就唆使我们互相敌对。"

关于对1939年同德国签订的互不侵犯条约的看法问题，当我国可能受到德国和日本两面进攻的时期，说斯大林指靠这个条约是毫无根据的。联共（布）中央和苏联政府认为，条约不能使苏联避免法西斯侵略的威胁，但能够赢得时间巩固国防，阻碍反苏统一战线的建立。无论如何，我没有听斯大林说过有了互不侵犯条约就可以心安理得的话。

1941年5月5日，斯大林在红军学院毕业招待会上，向该院学生发表了演说。

斯大林首先祝贺毕业生结束学业，接着谈到军队近年来发生的变化。

他说，同志们，你们在3—4年前离开部队，现在回去将认不出军队的面目了。红军远不是几年前那个样子。我们建成了一支新的军队，装备了现代的军事技术。我们的坦克、飞机、火炮已经改观了。你们回到军队时，将会看到许多新的东西。

斯大林接着介绍了各军种兵种的变化。

斯大林继续说，你们从首都回到部队。红军指战员会问你们：现在情况怎样？法国为什么失败？英国为什么打败仗，而德国却取得了胜利？德国军队真的不可战胜吗？

德军的军事思想在前进。军队装备了最新技术兵器，掌握了新的作战方法，取得了丰富的经验。德国有一支技术上、编制上都很好的军队，这是事实。但是德国人认为他们的军队是一支理想的、不可战胜的军队，这却是没有根据的。不可战胜的军队是没有的。德国在进行侵略和掠夺战争的口号下，在征服其他国家，奴役其他民族和国家的口号下，是不会取得胜利的。

谈到德国在欧洲取得军事胜利的原因时，斯大林提到某些国家对军队的态度问题，那里对军队缺乏应有的关心，对军队缺乏道义上的支持。这样就出现了一种腐蚀着军队的新风气。军人被人瞧不起。而军队是应当受到人民和政府极大的关心和热爱的，这就是军队最大的精神力量所在。对军队应当爱护备至。

军事学校必须而且只能广泛运用现代战争的经验，以新式技术来训练指挥干部。斯大林扼要叙述了炮兵、坦克兵、航空兵、骑兵、通信兵和步兵在战争中的任务以后，强调指出必须改造我们的宣传鼓动和出版工作。为了做好战备，不但要有一支现代化的军队，还要做好政治方面的准备。

那么，从上面列举的事实中可以得出哪些结论呢？对于在巩固国防方面在战前已经做了的，即将要做的，以及来不及做或者做不到的事情，应当怎样估价呢？尤其是在经历过所有这一切之后的今天，怎样批判地同时又是设身处地置身于伟大卫国战争前夕来对以往的一切加以估价呢？

我想，国防事业从基本的主要的方面来看是进行得很正确的。多年以来在经济和社会方面做了力所能及的一切或几乎是一切。至于从1939

年到 1941 年年中这个时期，那么党和人民为巩固国防作出了特殊的努力，付出了全部人力和物力。

发达的工业，集体农庄制度，文化的普及，各民族的统一和团结，社会主义国家的物质力量和精神力量，人民无比的爱国主义精神，把前线和后方连成一体的列宁党的领导，这是我们这个伟大国家防御能力的雄厚基础，是我们在同法西斯做斗争中取得辉煌胜利的首要原因。

苏联工业尽管遇到了巨大困难，遭到了巨大损失，自 1941 年 7 月 1 日至 1945 年 9 月 1 日仍然生产了大量武器：82.5 万多门火炮和迫击炮，将近 10.3 万辆坦克和自行火炮，13.7 万架以上作战飞机。这就说明，从军事和国防观点来看我们国家的经济适时地奠定了一个良好而牢固的基础[①]。

回顾从国内战争时期以来的苏军建军过程，应当说，我们在这方面所走的道路也是正确的。苏联军事学说，训练教育军队的原则，陆海军的武器装备，指挥干部的培养，军队的编制结构，都在不断地趋于完善。经常保持着极高的士气和政治觉悟。

当然，如果能够把走过的道路从头再走一遍，那么某些事是应当不做的，某些事应当修正。但我说不出，我们在军队建设中有哪一条重大的原则方针要加以勾销、弃置和取消。整个说来，从 1939—1941 年年中这个时期实行的种种改革，给苏维埃国家提供了一支极其优良的军队，使其做好了防御准备。

我为这一点进行辩护，并不是为了推卸我在这个时期内由于疏忽而应负的责任。老实说，每一个有思考能力的人都懂得，即使是处在总参谋长这样高的岗位上，也不可能在四个半月内什么都做到。我所犯的错误有的已经讲过，有的下面要讲。对我来说，重要的是另外一点，那就是帮助读者，尤其青年了解事物的本来面目。

历史给予我们的和平时期的确太短，不能把一切都安排好。许多事我们有了一个正确的开端，许多事还没有来得及完成。估计法西斯德国进攻时间方面的错误，是有影响的。抗击敌人最初突击的准备工作中的不足是和这个错误有关的。

我提到的那些积极因素，在整个战争过程中经常在起作用，其作用越来越广，越来越大。正是这些因素导致了胜利。对时间判断错误这个消极因素，其作用逐渐减弱，但极大地增强了敌人客观上的优势，加强

---

① 见《苏联军事百科全书》"伟大卫国战争"。

了他们暂时的优势，造成了我们在战争初期的严重情况。

1940年，党和政府采取了一系列进一步加强国防的措施，但是经济力量不允许在这么短的时间内，把给军队规定的组织措施和其他措施全部实现。战争爆发时，国家正处在改组改装军队，重新训练军队，建立必要的动员储备品和国家后备力量的阶段。苏联人民不想进行战争并力求避免战争，把基本人力、物力用来完成和平时期的国民经济计划。

当战争危险日益临近时，我们这些军事将领，看来没有尽一切力量说服斯大林，使他相信苏德战争不可避免地要在最近爆发，因此必须将作战和动员计划规定的紧急措施早一点付诸实施。

当然，这些措施也许不能保证在抗击敌人进攻中获得完全胜利，因为双方的力量过于悬殊。但我军可以更好地组织进入战斗，从而使敌人遭到大得多的损失。弗拉基米尔—沃伦斯基、俄罗斯拉瓦、佩列梅什利地区以及西南方向各地段的部队和兵团实施的胜利的防御战斗，就证明了这一点。

关于我们是否知道战争开始的具体日期和战争计划的问题，现在有各种各样的说法。

我不能肯定，斯大林有没有获得正确的情报，确实向他报告过战争开始的日子没有。这一类重要情报，可能交给斯大林本人，他没有告诉过我和国防人民委员。

的确有一次，他对我说："有个人给我们送来一份关于希特勒政府的意图的非常重要的情报，但是我们有些怀疑……"

他讲的可能是在德国驻日使馆工作的左尔格，这个人我是在战后知道的。

国防人民委员部的军事侦察领导机关能不能及时地发现，敌军向苏联边境开进——直接向出发地域开进以便从那里开始6月22日的入侵呢？在当时条件下，要做到这一点是极其困难的。

加之，后来从缴获的地图和文件中知道，德军统帅部是在最后时刻才在边境线上实施集中的，它的坦克部队配置在很远的地方，直到6月21日夜间才进入出发地域。

遗憾的是，甚至从已有的情报中也往往不能得出正确的结论，以帮助高级领导机关准确而可靠地判断情况。下面是为了说明这一点而从档案材料中找出来的几份文件。

1941年3月20日，情报部长戈利科夫将军送补了一个报告，包括有很重要的情报。

这个文件讲到德国法西斯军队进攻苏联军队可能的突击方向的几个方案。后来查明，这些方案依次反映了德军统帅部"巴巴罗萨"计划的制订过程，其中之一实际上反映了这个计划的基本内容。

报告写道："从可能的对苏作战行动中，值得注意的有以下各点：

第三方案，根据 1941 年 2 月……的情报：'……为了进攻苏联，将建立 3 个集团军群：第 1 集团军群由博克元帅指挥，向彼得格勒方向实施突击；第 2 集团军群由龙德施泰特元帅指挥，向莫斯科方向实施突击；第 3 集团军群由莱布元帅指挥，向基辅方向实施突击。开始进攻苏联的时间，大约在 5 月 20 日。'"

报告接着写道："据我国武官 3 月 14 日报告，德军一少校称：'我们全部改变了我们的计划。我们要东进，到苏联去。我们要从苏联夺取面包、煤炭和石油。那时我们就将是不可战胜的，我们就能继续同英、美进行战争……'"

这个文件最后援引一位武官从柏林报告说："对苏战争将在 1941 年 5 月 15 日到 6 月 15 日开始。"

但是，从报告列举的材料中得出的结论，实际上否定了这些材料的全部意义，使斯大林产生错误认识。戈利科夫将军在报告末尾写道：

"1. 根据上述言论和今春可能的作战方案，我认为发动对苏战争最可能的时间，是在战胜英国以后，或在德国缔结光荣的对英和约以后。

"2. 关于今春对苏战争不可避免的传说和文件，必须看作英国甚至可能是德国情报机关散布的假情报。"

1941 年 5 月 6 日，海军人民委员库兹涅佐夫海军上将给斯大林的一份报告中写道："驻柏林海军武官沃龙佐夫上校报告：……据希特勒统帅部一个德国军官说，德军准备在 5 月 14 日从芬兰、波罗的海沿岸和罗马尼亚进攻苏联。与此同时，将对莫斯科和列宁格勒实行猛烈空袭，并派伞兵在边境城市实施空降……"

这个文件中的情报，同样有重大价值。但库兹涅佐夫海军上将得出的结论，却与他列举的事实不符，以虚假情报迷惑斯大林。

他写道："我认为这个情况是不真实的，是专门用来试探苏联对此作出的反映的。"

苏联驻德大使杰卡诺佐夫也报送了这种性质的情报。他不仅通过有关机关把没有进攻威胁的情报呈报了斯大林，而且在战争的前夕允许全权代表处和商务代表处许多工作人员的家属来柏林（他们于 6 月 21 日夜被逮捕）。斯大林相信了有关机关呈送的假情报。

国防人民委员部和总参谋部的领导是否知道斯大林从这个渠道得到的情报呢？铁木辛哥元帅战后对我说，他本人一点也不知道。我是总参谋长，也不知道这方面的情报。

从战后的最初几年直到现在，在一些报刊上常有一种说法，好像战争前夕我们已经知道"巴巴罗萨"计划、德军的主要突击方向、展开正面宽度、兵力和装备。并引用著名的苏联谍报人员佐尔格，以及瑞士、英国等一些国家的其他很多人员，他们事先已报告了这些情报。但是，我们的政治领导人和军事领导人不仅没有深入研究这些情报的实质，而且把它们否定了。

我可以完全负责地说，这纯系臆造。据我所知，苏联政府、国防人民委员和总参谋部都没有这样详细的情报。

紧张形势一天天加剧。而战争威胁越迫近，国防人民委员部领导人员的工作也越紧张。国防人民委员部和总参谋部的领导人，特别是铁木辛哥元帅，那个时期一昼夜工作 18—19 小时，常常通宵达旦待在办公室里。

6月13日铁木辛哥当我的面打电话给斯大林，要求批准下令边境军区部队进入战斗准备，并根据掩护计划展开第一梯队。

斯大林回答说："让我们再考虑一下。"

第二天我们到斯大林那里，向他报告不安心情，请求必须使部队进入一级战备状态。

斯大林说："你们要进行全国动员，立即把部队调往西部边境吗？这就是战争！你们懂不懂？"

后来，斯大林到底还是提问说："我们在波罗的海沿岸军区、西部军区、基辅军区和敖德萨军区部署了多少个师？"

我们向他报告，截至6月1日，西部边境4个军区总共有149个师零1个独立步兵旅。其中：波罗的海沿岸军区有19个步兵师，4个坦克师，2个摩托化师，1个独立旅；西部军区有24个步兵师，12个坦克师，6个摩托化师，2个骑兵师；基辅军区有32个步兵师，16个坦克师，8个摩托化师，2个骑兵师；敖德萨军区有13个步兵师，4个坦克师，2个摩托化师，3个骑兵师。

"你看，难道还少吗？根据我们的情报，德国人还没有这么多的部队。"斯大林说。

我说，根据情报，德国师是按战时编制齐装满员的。一个师编有1.4万到1.6万人。而我们的师，还是8000人的师，人数实际上比德国师少一半。

斯大林说:"不能完全相信侦察……"

当我们同斯大林谈话的时候,他的秘书波斯克列贝舍夫走进办公室向他报告:赫鲁晓夫从基辅打来电话。斯大林拿过话筒讲话。我们从他的回答中听出,谈的是农业问题。

"很好。"斯大林微笑着说。

看来,赫鲁晓夫在愉快地向他报告今年丰收在望。

我们心情沉重地离开克里姆林宫。

我决定步行一会儿。我的心情很不舒畅。一群孩子在克里姆林宫旁亚历山德罗夫花园里无拘无束地嬉闹着。我想起了自己的女儿,特别深切地感到,我们对所有的孩子,对他们的未来,对整个国家,肩负着多么重大的责任啊。

每个和平时期都有它的特点、特色和魅力。但是我愿赞美临战前那个时期。那个时期的特点是,它充满了特殊的奔放的感情、乐观主义和某种崇高的精神,同时在人们交往中又充满了精明实干和谦恭朴实的态度。我们正在开始的生活多么美好啊!

有哪一位经济学家、哲学家或作家能够完美地描绘出我国今天的繁荣昌盛,描绘出我们前进了多远,如果战前年代那股宏大而和平的巨流不被战争打断的话……

我已经讲过,为了不给德国以挑动战争的借口而采取了一些什么样的措施。国防人民委员、总参谋部和各边境军区司令员得到警告,要亲自对我军行动不慎可能引起的后果负责。不经斯大林亲自批准,绝对不能将军队按掩护计划向前线做任何移动。

国防人民委员铁木辛哥向各军区司令员建议,向边境方向举行兵团战术演习,使军队向掩护计划规定的展开地域靠近。这个建议各个军区都实行了,但有一个重大的缺陷,就是大部分炮兵都未参加此次演习。

原因是1941年年初,师属和军属炮兵、高射炮兵还没有完成射击训练,还没有做好完成战斗任务的准备。因此,各军区司令员决定将部分炮兵派往靶场打靶。结果,掩护部队中有些师和军,在法西斯德国进攻时,处在大部分炮兵都不在的情况之下。

6月21日晚上,基辅军区参谋长普尔卡耶夫中将用电话向我报告,有一个德军司务长向我边防部队投诚,据他供称,德军正在进入出发地域,将在22日晨发动进攻。

我立即把普尔卡耶夫讲的内容向国防人民委员和斯大林做了报告。

斯大林说："你同国防人民委员到克里姆林宫来吧。"我带上给部队的命令草稿，同国防人民委员和瓦图京中将一起前往克里姆林宫。我们在路上商定，无论如何也要作出使部队进入战斗准备的决定。

斯大林一个人接见我们。他显然很忧虑。

他问道："这个投诚者不会是德国将军为了挑起冲突而派来的吧！"

铁木辛哥回答说："不是。我认为投诚者说的是实话。"

这时，政治局委员们走进斯大林办公室里。斯大林简要地向他们说明了情况。

斯大林问："我们该怎么办呢？"

没有人回答他。

"应该立即命令边境军区所有部队进入一级战斗准备。"国防人民委员说。

斯大林说："把命令读一下！"

我把命令草稿读了一遍。斯大林说："现在下达这样的命令还太早，也许问题还可以和平解决。命令要简短，指出袭击可能从德军的挑衅行动开始。边境军区部队不要受任何挑衅的影响，以免问题复杂化。"

为了抓紧时间，我和瓦图京到另一个房间，迅速起草了国防人民委员的命令草稿。然后回到办公室请求报告。

斯大林听完报告草稿后，又亲自读过一遍，做了某些改动，然后交给国防人民委员签字。

由于这个命令特别重要，现将命令全文抄录于下：

"列宁格勒军区、波罗的海沿岸特别军区、西部特别军区、基辅特别军区、敖德萨军区军事委员会：

抄送：海军人民委员

1. 1941年6月22—23日德军可能在列宁格勒军区、波罗的海沿岸特别军区、西部特别军区、基辅特别军区、敖德萨军区正面实施突然袭击。袭击可能从挑衅行动开始。

2. 我军的任务是：不受任何挑衅行动的影响，以免使问题复杂化。与此同时，列宁格勒、波罗的海沿岸、西部、基辅、敖德萨各军区部队进入一级战斗准备，以防德军或其盟军可能的突然袭击。

3. 兹命令：

（1）1941年6月21日夜间，隐蔽占领国境筑垒地域各发射点；

（2）1941年6月22日拂晓前，将全部飞机包括陆军航空兵的飞机，分散到各野战机场，并加以周密伪装；

(3)所有部队进入战斗准备。军队应分散、伪装；

(4)防空部队不待补充兵员到达，立即进入战斗准备。城市和目标地区应采取灯火管制的一切措施；

(5)在没有特别命令的情况下，不得采取任何其他措施。

铁木辛哥、朱可夫

1941年6月21日"

瓦图京随即带上这份命令回总参谋部，马上向各军区转发。1941年6月22日零时30分命令下达完毕。命令还抄送给了海军人民委员。

我和铁木辛哥怀着一种复杂的矛盾心情，从斯大林那里回来。

一方面，似乎做到了我们应做的一切，以便用最充分的准备迎接迫近的战争威胁：采取了一系列重大的动员和作战方面的组织措施；尽可能地巩固那些必将最先投入战斗的西部各军区；终于在今天批准了各边境军区部队进入战斗准备的命令。

但另一方面，德军明天早上就可能转入进攻，而我们还有许多最重要的措施没有完成。这就可能使这场与有经验的强大的敌人的战争极端复杂化。总参谋部刚才给各军区下达的命令，可能为时过晚。

天老早就黑了。6月21日这一天即将过去。我和铁木辛哥来到国防人民委员部的门口。谁也没有作声，但我感到国防人民委员也有着同样一些不安的心情。走下汽车后，我们商定十分钟以后在他的办公室里见面。

第十章

战争爆发

1941年6月21日夜间，总参谋部和国防人民委员部全体工作人员奉命留在工作岗位上。必须尽快给各军区下达使边境部队进入战斗准备的命令。这时我和国防人民委员，不断同各军区司令员和参谋长通话，他们报告说国境外面嘈杂的声音越来越大。这些消息是他们从边防部队和掩护部队的先头部队得来的。

大约在6月21日24时，基辅军区司令员基尔波诺斯从设在捷尔诺波尔的指挥所通过高频电话报告，除了普尔卡耶夫将军报告过的那个投诚者外，又有一个德国兵投向我军，他是步兵第74师步兵第222团的士兵。这个德军士兵渡河向我边防部队报告，德军将于4时开始进攻。我命令基尔波诺斯尽快把做好战斗准备的命令转发各部队。

一切都说明，德军正在向边境逼近。我们于夜间零点30分向斯大林报告了这件事。斯大林询问命令是否向各军区下达了。我给了他肯定的回答。

斯大林去世以后出现一些说法，说6月21日夜间有些司令员和司令部毫无戒备，在睡大觉，或者在无忧无虑地玩乐。这是不符合事实的。和平时期的最后一个夜晚完全是另外一种样子。正像我前面说的，我和国防人民委员从克里姆林宫回来后，不止一次地通过高频电话同军区司令库兹涅佐夫、帕夫洛夫和基尔波诺斯，以及他们的参谋长进行了交谈，他们都在自己的指挥所内。

6月22日凌晨，国防人民委员铁木辛哥、瓦图京和我都在国防人民委员的办公室里。

3时零7分，黑海舰队司令奥克佳布里斯基海军上将通过高频电话向我报告:"据舰队对空情报部门报告,大量来历不明的飞机正向我岸接近;舰队已做好充分战斗准备。请给予指示。"

我问他:"你的决心是什么?"

"决心只有一个:用舰队防空火力截击来犯机群。"

我同铁木辛哥交换了一下意见,然后答复他说:"执行吧,并请向海军人民委员报告一下。"

3时30分,西部军区参谋长克利莫夫斯基赫将军报告,德国飞机空袭白俄罗斯的城市。3分钟以后,基辅军区参谋长普尔卡耶夫将军报告,乌克兰的城市遭到空袭。3时40分,波罗的海沿岸军区司令库兹涅佐夫将军报告,敌机空袭考那斯和其他城市。

国防人民委员命令我给斯大林打电话。电话要通了,但没有人接。我不断地打,终于听到了一位保卫部值班将军带着睡意的声音。

"你是哪里?"

"总参谋长朱可夫。请你立即去请斯大林同志来接电话。"

"什么?现在?!斯大林同志在睡觉。"警卫长惊异地说。

"请立即去,德国人轰炸我们的城市了!"

沉默了一会儿。最后,耳机里听到:

"请等一等。"

3分钟以后,斯大林来到电话机旁。

我向他报告了情况,请求允许开始还击。斯大林沉默不语。我只听到他的呼吸声。

"你听懂了我的意思吗?"

仍然是沉默。

最后,斯大林才问道:"国防人民委员在哪里?"

"在同基辅军区通电话。"

"你和铁木辛哥到克里姆林宫来一趟。告诉波斯克列贝舍夫一声,让他召集全体政治局委员。"

4时,我再一次同奥克佳布里斯基通了电话。他镇静地向我报告:"敌机已击退。攻击我舰艇的企图被粉碎,但城市受到了破坏。"

应当指出,奥克佳布里斯基海军上将领导的黑海舰队,是第一批实行了有组织的抵抗的军团之一。

4时10分,西部特别军区和波罗的海沿岸特别军区报告,敌人开始在各该军区的地段内采取地面行动。

晨4时30分,我和铁木辛哥来到克里姆林宫。全体政治局委员已到齐。我和国防人民委员被邀请去办公室。

斯大林脸色苍白,坐在桌旁,手里握着装满了烟草的烟斗。他说:"应当立刻给德国使馆打个电话。"

使馆答复说,大使冯·舒伦布格勋爵要求接见,他带来紧急通知。

接见大使的事,指定由莫洛托夫负责。

这时,第一副总长瓦图京将军转告我们,经过猛烈的炮击以后,德国陆军已在西部和西北方向许多地段向我进攻。

过了不久,莫洛托夫匆匆走进办公室说:"德国政府已向我国宣战。"

斯大林默默地坐到椅子上并且沉思起来。

一阵长时间的难以忍受的沉寂。

我打破沉默,建议立即用各边境军区所有兵力猛烈还击突入的敌军,制止其继续前进。

"不是制止,而是歼灭。"铁木辛哥补充说。

"下命令吧。"斯大林说。

6月22日7时15分,给各军区发布了国防人民委员的第2号命令。但是根据力量对比和已经出现的情况,这个命令是不现实的,因此未被执行。

我同铁木辛哥回到国防人民委员部之后,我们得知,6月22日拂晓所有西部边境军区同部队的有线通信都遭到了破坏,各军区和各集团军司令部无法迅速传达命令。德国人预先投撒在我国领土上的破坏小组在多处破坏有线通信,杀害联络人员,袭击我军指挥人员。至于无线通信,我在前面说过,边境军区的大部分部队还没有这种装备。因此,与部队的通信使用空中和有线通信器材实施。

各军区司令部开始从各种来源得到极其矛盾的、往往还带有挑拨性的情报。

总参谋部也就不可能从各军区司令部和部队获得正确的情报,当然这不能不在一定时期使统帅部和总参谋部处于困难境地。

6月22日晨8时,总参谋部查明了以下情况:

——敌轰炸机猛烈袭击了西部、基辅和波罗的海沿岸三个特别军区的许多机场,首先是来不及起飞和分散在各个野战机场的飞机受到了严重损失;

——波罗的海沿岸地区、白俄罗斯和乌克兰的许多城市和铁路枢纽,以及塞瓦斯托波尔和波罗的海沿岸的海军基地,遭到了轰炸;

——在我国西部边境全线，同德国地面部队展开了激烈战斗。在许多地段，德军已开始同红军先头部队交战；

——担任掩护的第一梯队各步兵部队，接到战斗警报后，来不及占领预先构筑的阵地，从行进间加入战斗；

——列宁格勒军区管辖地段暂时是平静的，敌人毫无动作。

大约9时，铁木辛哥打电话给斯大林，要求去克里姆林宫向他报告苏联最高苏维埃主席团关于实行全国动员和成立统帅部的命令草稿，以及其他许多问题。

到克里姆林宫的短短路程，国防人民委员的汽车和我的汽车以最大车速行驶。第一副总长瓦图京带着战略情况图同我一同前往。我按照事必自己检查的习惯，逐个思考了所带的几份文件，其中包括关于成立统帅部——领导军队作战的最高机构的决定草案。这个草案是由总参谋部预先拟定，国防人民委员赞同的。

波斯克列贝舍夫迎接我们，并立即把我们带到斯大林办公室。政治局委员已在那里。形势紧急。大家默不作声。

斯大林手里拿着未吸完的烟斗，默默地在办公室里踱来踱去。

"好，请吧！你们有什么事要报告？"他说。

铁木辛哥报告了关于成立统帅部的草案。斯大林看了草案，但不做决定，而是把草案放到桌上，简单地说："政治局讨论一下。"

询问了情况以后，他说："12点钟莫洛托夫要发表广播讲话。"

斯大林把实行动员的命令草稿读了一遍，对总参提出的动员范围做了某些压缩，然后把命令交给波斯克列贝舍夫送最高苏维埃主席团批准。命令宣布，从6月23日起，在14个军区，即除中亚、外贝加尔和远东军区以外的几乎所有军区，对1905—1918年出生的有服兵役义务的人实行动员，并在我国欧洲部分实行军事管制。实行军事管制的地区内，国家政权机关在国防、保持社会秩序、保证国家安全方面的全部职能，都交军事当局掌握。军事当局有权调派居民及一切交通工具，去完成国防工程和保卫最重要的军事和经济目标。

6月22日，波罗的海沿岸特别军区、西部特别军区和基辅特别军区，相应地改组为西北方面军、西方方面军和西南方面军。

大约在13时，斯大林打电话给我说："我们各个方面军司令员缺乏足够的作战指挥经验；看来有点发慌。政治局决定派你到西南方面军担任统帅部代表。还准备派沙波什尼科夫和库利克去西方方面军。他二人已到我这里接受指示。你必须马上飞往基辅，会同赫鲁晓夫到设在捷尔诺波尔的方面军司令部去。"

我问他:"在目前这样复杂的情况下,由谁来领导总参谋部呢?"

斯大林答道:"把瓦图京留下吧。"

然后稍微带点怒气地补充说:"请你抓紧时间。我们这里好歹可以对付。"

我给家里打了一个电话,叫他们不要等我,40分钟以后飞机就起飞了,这时才想起来,我从昨天起没有吃任何东西。飞行员帮了大忙,他们招待我喝浓茶、吃面包。

日终前,我到了基辅乌克兰共产党(布)中央委员会,赫鲁晓夫在这里等我。他说,再往前飞有危险,德国飞行员追逐运输机,应当坐车去。我们用电话向瓦图京询问了最新情况,然后乘车到捷尔诺波尔去,当时西南方面军司令员基尔波诺斯上将的指挥所就设在那里。

到达指挥所时已是深夜,我立刻就同瓦图京通了电话。

瓦图京告诉我:"到今日日终,尽管采取了有力措施,总参谋部仍无法从各方面军、集团军和空军司令部获得关于我军和敌人的准确情报。关于敌人突入我国领土的深度的消息,矛盾百出。空军和地面部队受到的损失,没有准确的报告。只知道西方方面军航空兵受到极大的损失。总参谋部和国防人民委员无法同方面军司令员库兹涅佐夫和帕夫洛夫取得联系,他们也没有向国防人民委员报告一声,就跑到某个部队去了。这两个方面军司令部也不知道他们的司令员目前在什么地方。

据空中侦察获得的情报,战斗在我国境线筑垒地域进行,局部地区敌军已深入我国土15—20公里。各方面军司令部企图直接与部队取得联系,但没有成功,因为同大多数集团军和独立军之间,既没有有线通信联络,也没有无线电通信联络。"

然后瓦图京将军说,斯大林同意了国防人民委员第3号命令草稿,并叫签上我的名字。

我问道:"是个什么命令?"

"这个命令要求我军转入反攻,粉碎主要方向上的敌人,并向敌国领土挺进。"

"可是,我们还不确切地知道敌人在什么地方以多少兵力实施突击,"我不以为然地说,"天亮以前先把前线发生的情况弄清楚,然后再定下必要的决心,是不是更好一些。"

"我同意你的观点,但问题已经决定下来。"

"好吧,签上我的名吧。"我回答他。

这个命令大约于24时到达西南方面军司令员手里。不出所料，这个命令引起了方面军参谋长普尔卡耶夫的激烈反对，他认为方面军缺乏执行这个命令所需的兵力兵器。

方面军军事委员会对当前情况进行了详尽的讨论。我建议基尔波诺斯立即下达预先号令，集中机械化军对突入索卡利地区的敌人"南方"集团军群的主要集团，实施反突击。反突击应有全部方面军航空兵和部分统帅部远程轰炸航空兵参加。方面军首长和司令部很快编写出预先号令，并将其下达给各集团军和各军。

应当指出，方面军参谋长普尔卡耶夫和作战处长巴格拉米扬，在第一天这种复杂情况下表现了高度的精力和非凡的组织能力。

6月23日晨9时，我们来到机械化第8军军长里亚贝舍夫中将的指挥所。早在基辅特别军区工作时我就很熟悉他。从这位军长及其参谋人员的外表就不难看出，他们经过了艰难的跋涉。他们很快就从德罗戈贝奇地区到达布罗德地区，情绪高涨。看到里亚贝舍夫及其参谋人员，使我想起了光荣的坦克第11旅和它勇敢的旅长雅科夫列夫，想起了这个旅的战士1939年在哈勒欣河巴英查岗山英勇地粉碎敌人的情形。

"是的，这些人将来和现在打起仗来不会比他们差，"我想，"要紧的是，反突击不要发动过晚……"

里亚贝舍夫在图上指明了他的军的位置和部署方法，扼要地报告了部队的状况。他说："我们军需要一昼夜的时间，用来进行全部集中、维修武器和补充储备品。同时还要在这段时间内进行战斗侦察，组织指挥。因此，我们军要到6月24日晨才能全部投入战斗。"

"好吧，"我回答说，"当然，这次反突击最好是和机械化第9、第19、第22军共同实施，可惜这三个军进入出发地区迟了。情况不允许我们把几个军全部集中起来。机械化第8军实施的反突击，可能遇到敌人猛烈的坦克和反坦克炮火抗击。考虑到这种情况，必须对地形和敌情进行周密的侦察。"

里亚贝舍夫刚想对我说什么，外面就传来了"空袭！"口令。

"真他妈倒霉，"里亚贝舍夫若无其事地说，"我们还没有来得及挖防空壕哩。这样吧，大将同志，就当我们已经躲在防空壕里好啦。"

"里亚贝舍夫同志，你刚才想说什么吧？"

"我想提议，现在我们也许该吃点东西了吧？"

"你这个意见很好。我的汽车里好像还有点吃的东西。"

军参谋长和参谋人员走进帐篷。他们刚想自我介绍，就立即传来一阵德国俯冲轰炸机特有的尖叫声和随之而来的炸弹爆炸声。我看了看里亚贝舍夫和在场的军官们。看到的只是他们在全神贯注地工作着,就像在野外演习时一样。

"真是好样的,"我想,"有了这些人,我们是不会打输的……"

我们就一些原则性问题同军长谈妥以后,傍晚回到了捷尔诺波尔的方面军指挥所。

方面军参谋长普尔卡耶夫中将和司令员基尔波诺斯上将报告说,战斗在所有的地段进行,而以布罗德、杜布诺、弗拉基米尔—沃伦斯基地区战事最激烈。机械化第9军和第19军将于6月25日到达罗夫诺地区森林中。方面军司令员说:"我们的决心是:不等所有的军全部集中,即于6月24日向克列瓦尼和杜布诺开始反突击。第5集团军司令员除了协调机械化第22军的行动以外,还应协调机械化第9军和第19军的行动,给这两个军以必要的帮助。"

方面军司令员的决心是合理的。我表示同意,但建议他检查一下各个军同方面军航空兵之间协同动作的保障。

6月24日,里亚贝舍夫指挥的机械化第8军在别列斯捷奇科方向转入进攻。我们对这个军寄于很大希望。这个军装备有比其他各军都要好的最新式坦克,而且训练有素。卡尔佩佐将军指挥的机械化第15军,在拉杰霍夫以东进攻。这两个军给予德军的打击,特别是机械化第8军的顺利行动,很快引起了敌人的重视。特别是当负责掩护克莱斯特集群第48摩托化军右翼的敌步兵第57师被歼之后,尤其是这样。

德军第48摩托化军在这天陷入了非常危急的境地,希特勒匪徒不得不用全部空军来抗击我军的反突击,这样才使这个军仅免于被粉碎。敌人不得不增派第44军及其他部队,以对抗苏军部队的反突击。

德国陆军总参谋长哈尔德上将在这一天的工作日记中写下了下面一段话:"敌人不断地从纵深增调生力军来对付我们的坦克楔子……不出所料,敌人以大量坦克兵力在第1坦克集群的南翼转入进攻。个别地段发现有部队移动。"

就这样,西南方面军胜利地实施了对法西斯德军最初的一次反突击。要是方面军司令员手里有更多的航空兵用来与机械化军协同动作,要是再多1—2个步兵军,那么反突击可能会更加强大有力。

我们位于方面军指挥所内,把主要注意力集中在杜布诺方向,乌克兰境内的主要战事在那里进行。

我从第6集团军司令员穆济琴科将军、第26集团军司令员科斯坚科将军的电话谈话中了解到，实施进攻的敌第17集团军将其主要突击指向利沃夫方向。

现将1941年6月25日10时30—55分我与科斯坚科中将电话谈话的记录抄录如下：

"我是科斯坚科。

朱可夫：我有几个问题问你。你与左翼步兵第97师还保持着联系吗？

科斯坚科：昨天晚上我派遣一个小队，在亚沃鲁夫地区与该师联系上了。第6军司令部也在那里。

朱可夫：右翼步兵第99师现在在哪里？

科斯坚科：右翼现在退缩至古萨库以东。

朱可夫：你们的预备队在哪里？有多少兵力？

科斯坚科：有2个团。1个团是从前线撤回的，将于6月25日11时开到多布罗米尔；第2个团也是从前线撤回的，正在向桑博尔地区运动，将开进到黑罗夫。我的1个预备营和12辆坦克正向桑博尔开进，其任务是从北方掩护桑博尔和在莫斯齐斯卡方向实施侦察。

朱可夫：佩列梅什利现在在谁手里？

科斯坚科：在我们手里。

朱可夫：你认为，在你当面的敌军有多少？

科斯坚科：第99师的当面约有敌2个步兵师和1个摩托车部队，约有200辆摩托车。在其余正面上约有敌2个师，其中有山地部队。

朱可夫：好，全明白了。我现在在基尔波诺斯同志的指挥所。同你握手！祝你成功。你还有什么问题？

科斯坚科：请求方面军司令员能给我加强1个坦克团。急需！

朱可夫：知道了。坦克的问题我们想办法。

科斯坚科：集团军司令部连1架通信飞机也没有。

朱可夫：好。我们想办法解决。你了解情况吗？

科斯坚科：了解。我同第6集团军保持着有线通信联络。

朱可夫：很好。再见！"

可以看出，科斯坚科始终是信心十足地完成他所肩负的事业，并为此付出自己全部的精力和才干，如有需要，直至生命。

德军俘虏供称，德军指挥部打算占领俄罗斯拉瓦以后，将摩托化第14军投入战斗。俄罗斯拉瓦筑垒地域，从战争爆发时起，就由第35和第140独立机枪营、米库舍夫少将指挥的步兵第41师以及马雷少校指挥的边防总队负责防守。

德军第 17 集团军指挥部，在这一地段使用了 5 个步兵师。敌军尽管实施了猛烈的炮击、空袭和不断的攻击，仍未能夺取俄罗斯拉瓦筑垒地域和摧垮步兵第 41 师的抵抗。6 月 22 日下午，原来就有两个炮兵团的第 41 师，又得到了军属炮兵第 209 团的加强，这个团装备有 152 毫米火炮。敌军在这一天中遭受了严重损失，没有得逞。

佩列梅什利筑垒地域由第 52 和第 150 独立机枪营以及第 92 边防总队防守。筑垒地域的部队到 6 月 22 日晨 6 时占领工事，同边防部队和职工武装队伍一起，第一批迎击了敌人的火力和攻击。

英勇的城市保卫者，对优势敌人的进攻抵抗了几个小时，然后根据第 92 边防总队队长的命令撤往城外，继续阻截敌人。这就为杰缅季耶夫上校指挥的步兵第 99 师赶到佩列梅什利创造了条件。6 月 23 日，该师同混编的边防营一起发动反冲击，将德军逐出城外。

6 月 23 日德军重新开始进攻，在俄罗斯拉瓦方向攻势更为激烈。有的地方敌军成功地揳入了第 41 师的防御，但依靠米库舍夫将军的坚强领导，敌军再次被我军的反冲击赶回到出发地位。

但是到这一天的结束时，德军找到了薄弱环节。他们对步兵第 97 师和第 159 师防守的俄罗斯拉瓦和佩列梅什利的接合部，实施猛烈突击。步兵第 159 师尚处在扩编阶段，有大量没有受过训练的士兵。这个师因抵挡不住敌人的攻击而开始退却，使友邻部队陷入了严峻的境地。第 6 集团军司令员穆济琴科将军采取的补救措施未能挽回局势，到 24 日结束时防御在这里出现了宽达 40 公里的缺口。

俄罗斯拉瓦和佩列梅什利筑垒地域继续在胜利地抵抗敌人的进攻。第 99 师没有丢失一寸阵地，却给敌人以重创。这个师由于英勇作战而获得了红旗勋章。

步兵第 41 师的作战行动也很顺利。仅仅由于在 159 师地段上揳入了大量敌军，由于筑垒地域在 6 月 26 日夜间有被迂回的威胁，方面军首长才将其撤往后方地域。

步兵第 99 师从 6 月 23—28 日期间一直控制着佩列梅什利，直到 29 日晨才根据上级命令放弃城市。

6 月 25—26 日，战斗行动不断扩大。敌人投入了大量作战飞机，空中和地面都展开了残酷的战斗，双方损失严重。德国航空兵往往抵挡不住我国飞行员的勇敢攻击，逃回自己的机场。

由于敌先头部队到达杜布诺地区，里亚贝舍夫将军奉命率第 8 军转向这里。机械化第 15 军的主力以别列斯捷奇科为总方向，然后也指向杜布诺。正在向杜布诺前进的还有步兵第 36 军和机械化第 19 军。杜布诺地区从 6 月 27 日起开始了残酷的战斗。

德军很快得到了第 55 军的加强，使它的杜布诺集团避免了被全部歼灭。敌人遭受了重大损失，不得不从其他方向把部队调到杜布诺方面。

我军虽未能全歼敌军并停止其进攻，但达到了主要目的，这就是将指向乌克兰首府的敌突击集团阻止在布罗德—杜布诺地区并加以削弱。

6 月 24 日 17 时，我同第 5 集团军司令员波塔波夫将军通过"博多"式电报机做了交谈。

在叙述这次谈话内容以前，我想指出，波塔波夫是一位经验丰富的将军，在哈勒欣河作战中得到过很好的实际锻炼。他是一个勇敢而又精明的集团军司令员，无怪乎德军统帅部很熟悉第 5 集团军，他们多次遭到过它的沉重打击。

这次谈话是战争最初几天中很有代表性的一次谈话，现在简述如下：

"我是波塔波夫。

朱可夫：请你报告一下情况。

波塔波夫：在弗拉多瓦—乌斯季卢格一线约有 5 个步兵师和将近 2000 辆坦克[①]。敌主要坦克集团在杜宾卡—戈罗德洛一线。从乌斯季卢格到索卡利有将近 6 个步兵师，此外还有第 14 装甲坦克师。该装甲坦克师的主要突击方向，是弗拉基米尔—沃伦斯基—卢茨克。第 5 集团军和第 6 集团军的接合部有兵力不详的机械化部队。敌人的主要突击方向是弗拉基米尔—沃伦斯基—卢茨克，辅助方向是从布列斯特—利托夫斯克指向科韦利。

现在报告本集团军各部队 1941 年 6 月 24 日 14 时 20 分的态势：

费久宁斯基占领普列梅茨—库斯尼希—维什涅夫—尼基季奇一线。所属步兵第 87 师以两个团占领乌斯季卢格筑垒地域，已被包围，正在进行战斗。该师感到弹药不足。

124 师从昨天起没有消息。

坦克第 41 师在马采尤夫—旧科沙雷地区已结束战斗，正在维修武器。

第 135 师从 14 时起，在坦克第 19 师和步兵第 87 师一个团的协同下，

[①] 坦克数字被过分夸大了。——作者注

在反坦克炮兵第 1 旅和整个军属炮兵的支援下，向弗拉基米尔—沃伦斯基方向攻击。

卢茨克构筑了环形防御，但防御薄弱。我担心的重要问题是，敌坦克部队从南面向卢茨克方向实施突击，这将给我们造成两面作战的危险。

要在南面实施突击来顶住敌人，我完全没有这个力量……

我请求用轰炸航空兵加强我们，制止坦克部队在杜宾卡—戈罗德洛一线渡河，阻止坦克部队从布列斯特—利托夫斯克方向前进，用强击航空兵和歼击航空兵协助消灭敌军弗拉基米尔—沃伦斯基集团。

我已完全没有预备队。机械化第 9 军要在两昼夜以后才能在奥累卡地区集中，它有将近 200 辆旧坦克。

电话通信到处遭到破坏，刚刚恢复起来，敌人又用空军加以破坏。同各步兵军保持着稳定的无线电通信……

请对下一步的行动给予指示。

朱可夫：第一，右邻在鲁鲁扎内—戈罗杰茨地区进行战斗。

部分敌军从布列斯特向科韦利突进，是科罗布科夫对作战行动组织不周的结果。

你应使翼侧部队转向布列斯特—利托夫斯克方向，并堵塞通往科韦利的道路。

第二，穆济琴科在卡缅卡—斯特鲁米洛夫斯卡亚、俄罗斯拉瓦以北直到国境，顺利作战。敌人投入强大坦克集团，割裂了第 5 集团军和第 6 集团军之间的接合部，并力图夺取布罗德。

第三，卡尔佩佐和里亚贝舍夫正向下列方向实施反突击：卡尔佩佐经布罗德向西北方向实施反突击，目前主要战斗在布罗德西北约 15 公里处进行；里亚贝舍夫在他的左面向正北方向实施反突击。上述机动将给你以援助。

反突击的目的是，粉碎布罗德—克雷斯特诺波尔地区的敌军，并继续向北前进，使你有可能整顿部队和组织稳定的正面……我们将把机械化第 19 军、第 9 军和两个步兵军，派往卢茨克以北和以南地区，以加强你的部署。

在航空兵方面我们将采取措施。

同你们的无线电通信，什么也接收不到，密码无法翻译。

你应派一名专家乘飞机出发，负责查明收发报方面的技术故障和译电方面的问题。

我再重复一下：要牢牢堵住从北面通往科韦利的道路，没有坦克的配合不要把步兵师投入反冲击，因为这样做将一无所获。应设法给步兵第87师运去炮弹和其他弹药。请你考虑一下，能不能在夜间把这个师撤出合围圈。

你那里的KB式和其他坦克情况如何？能不能打穿德国坦克的装甲？在你们那里敌人大约损失了多少坦克？

波塔波夫：航空兵第14师归我指挥，到今天早晨该师有41架飞机。方面军的命令说，轰炸航空兵第62和第18师负责掩护我们。但我不知道他们在什么地方，我无法同他们联系。

大型KB式坦克有30辆，但全都没有152毫米炮弹。

我有T-26式坦克，主要是旧的，有的还是双炮塔的。

敌坦克被消灭约一百辆。

你的命令我明白了。我担心来不及把费久宁斯基的右翼掉转过来，从北面牢牢堵住接近路。因为敌人的坦克现在已到达拉特诺地区。但无论如何我马上采取一切措施，来执行你的命令。

朱可夫：KB坦克的152火炮可以发射09—30年式炮弹，请你下令立即将09—30年式混凝土破坏弹发给他们使用。你们要尽全力狠揍敌人的坦克。其他方面我们将给予帮助。我坚信你和尼基舍夫一定成功。今晚或者明天早晨我要到你那里去。再见！"

为了继续基辅方向的进攻，德军统帅部被迫从战略预备队中抽出相当数量的部队和成百辆坦克以加强冯·克莱斯特的部队。

如果西南方面军的地面和空中侦察组织得更好一些，如果军队的协同动作和指挥组织得更好一些，反突击的效果也许更大一些。

此次作战中表现得最为出色的有：孔德鲁谢夫少将指挥的机械化第22军、第5集团军所属步兵第27军（由阿尔乔缅科少将指挥），以及里亚贝舍夫指挥的机械化第8军。

而如果不是机械化第8军军长把这个军分成两部分，并把一部分交给缺乏指挥大规模作战能力的波佩尔（旅政委级）的话，这个军本来是可以发挥更大作用的。

卡尔佩佐将军的机械化第15军虽然完成了本身的任务，可惜没有充分发挥出它当时拥有的相当大的作战能力。

我国的历史文献谈到对德战争初期这一最伟大的边境会战时，只是笼统地一笔带过。而对于在这里使用几个机械化军对突入敌主要集团实施反突击在战役上的必要性，以及反突击本身的组织，本来是应当详加研究的。正是由于我军在乌克兰的这一行动，使敌人迅速突进到基辅的计划，一开始就遭到破产。敌人遭到严重损失，认识到准备战斗到最后一滴血的苏军战士是顽强不屈的。

颇为有趣的是，前德军第3坦克集群司令霍特将军在他的回忆录中对这次会战所作的估价。他写道："'南方'集群处境最为困难。在我左翼兵团当面防御之敌，虽被从国境击退，但很快就从遭受突然袭击中恢复过来，用预备队和配置在纵深的坦克部队实施反冲击，阻止了德军前进。配属于第6集团军的第1坦克集群的战役突破，到6月28日为止迄未奏效。敌人强大的反突击是德国部队进攻道路上最大的障碍。"

我从这几天同瓦图京将军的电话谈话中了解到，西方方面军和西北方面军司令员、司令部至今仍没有同各集团军司令员建立稳定的通信联络。各师和各军不得不彼此孤立地同敌人作战，缺乏同友邻部队、同航空兵的协同动作，缺乏上级的适当领导。我从瓦图京所谈的情况中知道，西方方面军和西北方面军的情况极为严重。

瓦图京说，斯大林焦急不安，认为一切都怨西方方面军首长和司令部，责怪库利克元帅毫无作为。沙波什尼科夫元帅从西方方面军司令部报告说，库利克6月23日在第3集团军司令部，但同他的联络中断了。

过了一些时候以后，总参谋部依靠各种来源的情报终于查明，敌军大量装甲坦克部队和摩托化部队已在这两个方面军的许多地段上完成了突破，并在白俄罗斯和波罗的海沿岸地区迅速推进。

苏联人民开始经受严酷的考验。

近年来人们常常责怪统帅部，说它没有下令从纵深调派我军主力还击敌人。我不打算断言如果这样做了的话将会产生什么结果，是好一些还是更糟。很可能出现的情况是：我军由于反坦克和防空武器不足，机动能力较敌人差，因而抵挡不住德装甲部队强大的分割突击，陷入边境军区一些集团军已陷入过的那种困难境地。而且还不知道，在那种情况下莫斯科、列宁格勒和南方的形势后来将如何发展。这里需要指出，希特勒德国统帅部极其期许我们前线的主力靠近国境线，以便在这里予以围歼。这是战争初期"巴巴罗萨"计划的主要目的。

6月26日晨，瓦图京将军往塔尔诺波尔指挥所给我打电话报告："波罗的海沿岸地区和白俄罗斯的情况很糟。西北方面军所属第8集团军正在向里加退却，第11集团军向波洛茨克方向退却；已经把莫斯科军区的机械化第21军派去加强该方面军。

"斯大林同志命令组成预备队方面军，并在苏谢沃、涅韦利、维捷布斯克、莫吉廖夫、日洛宾、戈梅利、切尔尼戈夫、杰斯纳河、第聂伯河一线展开。预备队方面军编有第19、第20、第21和第22集团军。"

这基本上就是本年5月我同国防人民委员铁木辛哥率领部分总参人员勘察过的那条线，曾计划在此进行首长司令部演习，以检验我们对组织战役规模军队指挥的设想。

那几天里，方面军首长、统帅部和总参，始终没有得到关于各方面军当面之敌的完整的情报。总参从各方面军得到的关于坦克、飞机和摩托化部队的情报，显然是夸大了的。现在当我们掌握了关于双方部署的较详细的材料的时候，为了对战争最初几天的情况有个完整的了解，应当谈谈边境军区我军的配置，然后再谈谈当时侵入我国的德军的部署。

关于这个问题人们写过不少的文章和书，但很多情况下都有某种偏见，并且不了解情况。

在这些书刊里说，战争前夕我军在北起巴伦支海南至黑海，宽达4500公里，纵深400公里的广大地区，配置了170个师，在各个主要方向上没有建立抗击敌人所需的密度。

这种说法不完全对。从巴伦支海到黑海全长4500公里，是把5个边境军区的陆地边境线和全部海岸线都计算在内的，而所有的海岸线都只是靠海岸防御和海军负责掩护。从塔林到列宁格勒的芬兰湾海岸上根本就没有军队。所以我们170个师实际上只占领3375公里防线，而不是4500公里。在整个陆地边界线上的苏军的部署密度，根据地形条件和各个地段战役战术的重要性是极不相同的。

例如，在宽达1275公里的北线（列宁格勒军区），共部署了21个师和1个步兵旅，平均每个师的正面宽达61公里。

波罗的海沿岸特别军区、西部特别军区、基辅特别军区和敖德萨军区的陆地边境线长达2100公里，部署了149个师和1个旅。在这个最重要的地段上，平均每个师的正面仅14公里多一点儿。这是实际情况。

战争前夕这些部队的部署如下：

波罗的海沿岸特别军区——司令员库兹涅佐夫上将、军事委员季布罗瓦亡军（政委级）、参谋长克列诺夫少将有25个师（其中包括4个坦克师、2个摩托化师）和1个步兵旅。

西部特别军区——司令员帕夫洛夫大将、军事委员弗米内赫（军政委级）、参谋长克利莫夫斯基赫少将有24个步兵师、12个坦克师、6个摩托化师和2个骑兵师。

基辅特别军区——司令员基尔波诺斯上将、军事委员雷科夫（师政委级）、参谋长普尔卡耶夫中将有32个步兵师、16个坦克师、8个摩托化师和2个骑兵师。

敖德萨军区——司令员切列维琴科中将、军事委员科洛比亚科夫（军政委级）、参谋长扎哈罗夫少将有13个步兵师、4个坦克师、2个摩托化师和3个骑兵师。

由此可见，我军最强大的集团，配置在西南方向（基辅特别军区和敖德萨军区），共计有45个步兵师、20个坦克师、10个摩托化师和5个骑兵师。

4个西部边境军区总共149个师零1个旅的兵力中，有48个师编在担任掩护的集团军的第一梯队，配置在离国境线10—50公里的距离上（步兵师较近，坦克师较远）。各边境军区的主力，配置在离国境80—300公里处。

濒海军区的翼侧，由海军和岸防部队负责掩护。海岸防御主要由炮兵组成。

内务人民委员部的边防部队，直接配置在国境线上。

前面我已经谈到过造成战争初期我军失利的一些原因，以后还要谈到这方面的另一些事实。但现在我想指出，领导所犯的错误，不能抵消各级军事首长对其错误和失算应负的责任。

每个犯了错误的军事首长，都无权逃避责任而把责任推给上级。军队及其指挥员在任何情况下，按照条令规定都应随时准备完成战斗任务。但是战争前夕，甚至在6月21日晚上，有些负责掩护边境的兵团和军团指挥员，尽管已经听到边境外面摩托和履带的响声，但直到最后时刻仍在等待上级的指示，而不让部队做好应有的战斗准备。

德军统帅部一举投入作战的有153个战编师。其中：波罗的海沿岸军区当面有29个师，西部特别军区当面有50个师（其中15个坦克师），基辅特别军区当面有33个师（其中9个坦克师和摩托化师），敖德萨军区当面有12个师，芬兰有5个师。24个师组成预备队，并在主要战略方向上推进。

这些情报我们是在战争初期主要靠审问战俘和从缴获的文件中获得的。战争前夕，斯大林、国防人民委员和总参谋部，根据侦察情报认为，希特勒统帅部将要在西方和被占领的国家保持50%的陆军和空军。

事实上对苏战争开始时，希特勒统帅部在那里只留下不到三分之一的兵力，而且还是一些次等的师，不久又进一步减少了。

敌"北方""中央"和"南方"集团军群拥有坦克和强击火炮近

4300辆（门）。陆军得到4980架作战飞机的支援。入侵部队在炮兵方面比我军多一倍，火炮牵引已基本机械化。

我不止一次地思索过战争最初几天的情况，力求弄明白我们军人，即国防人民委员、总参谋部和各军区首长本身，在战争前夕和战争初期所犯的战略战役性错误。

对于敌人一下子就把他预先展开在各重要战略方向上的全部兵力，投入这样大规模的突然进攻，也就是对于此次进攻的性质，我们是没有完全预料到的。不论是国防人民委员和我，还是我的前任沙波什尼科夫和梅列茨科夫，还是总参的领导人员，都没有估计到，敌人会集中这么多装甲坦克和摩托化部队，第一天就以强大而密集的部署把它们投到所有战略方向上，以实施毁灭性的分割突击。

其次，战争前夕西部军区第10集团军和其他许多部队配置在伸向敌方的比亚韦斯托克突出部。第10集团军的部署非常不利。该集团军作出这样的部署，就有使两翼受到突击而被从格罗德诺和布列斯特两个方面迂回和包围的危险。加之方面军在格罗德诺—苏伐乌基方向和布列斯特方向的部署没有足够的纵深和强大的力量，不足以制止敌人在这里突破并包围比亚韦斯托克的军队。

这种错误部署是1940年作出的，但直到战争开始并未得到纠正。当敌军主力击溃掩护部队两翼并在格罗德诺和布列斯特完成突破时，本来应当将受到合围威胁的第10集团军、第3集团军左翼和第4集团军右翼撤往后方地区受威胁的地段。他们能大大加强那里作战部队的抵抗力。但当时没有这样做。

西南方面军各集团军也犯过类似性质的错误，他们也是受到合围威胁时撤出太晚。

所有这一切，都是由于我们那时全都缺乏足够的经验，缺乏在广大地区实施大规模作战的复杂情况下指挥军队的经验。

应当指出，统帅部和总参还犯有一个错误，关于这个错误我已经部分地谈到过。这就是根据第3号命令进行反攻的问题。

统帅部规定反攻任务时，并不了解6月22日日终时的实际情况。各方面军首长也不了解当时实际情况。统帅部作出自己的决定时，不是依据对实际情况的分析和可靠的计算，而是从一种不问军队能力但求积极行动的直觉和愿望出发的。这种做法在武装斗争的重要时刻，无论如何都是不能允许的。

根据当时的情况，唯一正确的做法只能是使用机械化军对敌人装甲坦克部队形成的楔子实施反突击。反突击虽已实施，但大多组织得不好，缺乏应有的协同动作，因而没有达到目的。

还有一个情况也在最初几天的作战中起了不好的作用。有些集团军司令员不在自己的指挥所组织坚强的指挥，并保持同友邻、方面军司令部和空军的联系，而是跑到部队去，在不了解方面军各集团军其他地段情况的条件下下达指示。这样就使部队和兵团的指挥员处于困难的境地。他们由于缺少同上级首长的可靠联系，而不得不自行其是，结果往往使友邻受到损害。

例如，第3集团军由格罗德诺地区和第4集团军由布列斯特地区无组织的退却，使戈卢别夫少将指挥的第10集团军处境急剧恶化。那时第10集团军还没有感受到敌人的强大压力，仍然以奥萨韦茨筑垒地域为依托继续战斗。

西方方面军副司令员博尔金中将来到这里，负责指挥由第6和第11两个机械化军和骑兵第6军各兵团组成的骑兵机械化群。

6月23日从苏伐乌基突出部向突入之敌的翼侧实施了反突击，但未取得胜利，因为博尔金未能在需要的地域把所有兵团集中起来实施反突击。其原因是各兵团相隔太远，通信联络没有组织好。

这一天，这里实际上只有莫斯托文科少将指挥的机械化第11军积极行动。哈茨基列维奇少将指挥的机械化第6军，在第10集团军编成内依托纳雷夫河进行防御，不可能适时集中用于反突击。当它还在撤出战斗和集中时，时机已经丧失。尼基京少将指挥的骑兵第6军不断遭到敌机的袭击，损失惨重，被阻于行军途中。

6月24日，激战在格罗德诺地区展开。

敌人虽然拥有空中优势，在格罗德诺地区处境仍很困难。"中央"集团军群指挥部不得不给这里再增加两个军，并使第3坦克群的一些部队掉过头来。

25日血战仍在继续，但由于缺乏必要的物资供应，反突击集团无法进行有效的进攻作战。他们在战斗过程中损失惨重并开始退却。坦克手由于油料不够而未能把坦克全部撤出战斗。

哈茨基列维奇也在此次作战中牺牲了。他是一位优秀的指挥员，一个无畏的人。从30年代初在骑兵监察部工作时期起，就开始了我们之间的多年的友谊。尼基京也在此次战斗中牺牲，他是一位聪明、坚毅、勇敢的骑兵军长。

我国西部战略方向上最强大的德国陆军和空军集团的矛头是直指莫

斯科的。我西方方面军当面之敌为"中央"集团军群，它的编成内包括两个野战集团军（第4和第9集团军）和两个坦克集群（第2和第3坦克集群）。"中央"集团军群得到第2航空队的支援，第2航空队编有一个俯冲轰炸机军。"中央"集团军群配备有统帅部炮兵、摩托化部队、工程建筑部队和强大的辅助机械。

这里，德军在所有的主要突击方向上都拥有5—6倍的优势。主力的作战行动，不断得到空中支援。

布列斯特地区的形势严重。但敌人想摧毁布列斯特堡垒守军抵抗的企图未能得逞，被围困的英雄们进行了顽强抗击。布列斯特的英雄业绩，完全不是德国人所能预料到的。德军古德里安集群的坦克部队和第4野战集团军，不得不绕过该城和堡垒。

敌人对我第4集团军（司令员为科罗布科夫少将）实施突击的兵力，并不少于在格罗德诺地区进攻第3集团军（司令员为库兹涅佐夫中将）的兵力。但第4集团军首长掌握有英雄的布列斯特城及其附近的坦克第22师、步兵第6、第42、第49和第75师部队，因此能够更加有组织地进行防御。可惜的是，集团军首长甚至在得到了机械化第14军的加强以后，也没有这样做。

这几天中在明斯克的远接近地情况如何呢？

方面军司令员帕夫洛夫大将，既不确切知道第3、第4和第10集团军的情况，又不完全了解突入的敌坦克集团的情况，往往定下不符合情况的决心。

第3、第4和第10集团军，在边境战斗中遭受重大损失后，一面英勇抗击逼近的敌人，一面向东退却。英勇地抵抗敌人进攻的还有第13集团军的4个师，6月26日和27日他们在明斯克筑垒地域进行战斗。

帕夫洛夫大将根据统帅部指示，命令第3和第10集团军向东退却，并在利达—斯洛尼姆—平斯克一线占领防御阵地。但这是无论如何也做不到的，因为这两个集团军处于半被合围状态，精疲力竭，是在德国空军和装甲坦克部队的不断袭击之下苦战后撤。

6月26日，敌第39摩托化军抵近明斯克筑垒地域，同派往这里的尤什克维奇将军指挥的步兵第44军部队发生冲突。

为了从莫洛杰奇诺方面加强明斯克的防御，叶尔马科夫少将指挥的步兵第2军被紧急派往该城西北面的接近地。步兵第2军编成内包括步兵第100师和步兵第161师。

但是当占德里安坦克集群所属第47摩托化军到达明斯克西南接近

地时，守军的态势便急剧恶化。

敌人对明斯克进行狂轰滥炸，城市一片火海。有成千的和平居民被炸死。无辜被炸死的人们，临死前都在咒骂那些残暴的法西斯飞行员。

在明斯克近接近地上进行着顽强的战斗。步兵第 64 师、第 100 师、第 161 师的部队打得尤其出色。他们消灭了一百多辆坦克和几千个法西斯匪徒。

6 月 26 日斯大林往捷尔诺波尔西南方面军指挥所给我打电话说："西方方面军形势严重。敌人逼近了明斯克。我不明白帕夫洛夫是怎么啦。库利克元帅不知道在哪儿。沙波什尼科夫元帅生病了。你能不能马上飞到莫斯科来？"

我回答说："我马上就去同基尔波诺斯和普尔卡耶夫谈谈下一步的行动，然后动身去机场。"

6 月 26 日深夜我飞抵莫斯科，从飞机场直接去见斯大林。在斯大林的办公室里，笔直站着国防人民委员铁木辛哥和第一副总长瓦图京中将。他们两人苍白而瘦削，眼睛由于失眠充满了血丝。斯大林也并不比他们好些。

斯大林同我点头问好以后，说：

"请你一起来考虑一下，并且请你谈谈在目前情况下能够做些什么？"随手把一张西方方面军的地图撂到桌上。

"我们需要 40 分钟，把情况研究一下。"我说。

"好吧，40 分钟以后再向我报告。"

我们走进隔壁一个房间，开始讨论西方方面军的形势和我军的能力。

那里的形势的确非常严峻。第 3 集团军和第 10 集团军余部被合围于明斯克以西，进行力量悬殊的战斗，牵制住敌人很大部分兵力。第 4 集团军的某些部队已退入普里皮亚特森林中。一些在前几天战斗中遭到严重损失的散乱的兵团，从多克希齐—斯莫列维奇—斯卢茨克—平斯克一线向别列津纳河撤退。这支疲弱的部队，受到强大敌军集团的追击。

我们讨论过形势以后，除了建议使用第 13、第 19、第 20、第 21 和第 22 集团军，立即在西德维纳—波洛茨克—维捷布斯克—奥尔沙—莫吉廖夫—莫济里一线占领防御以外，拿不出任何更好的办法。另外，应当使用统帅部预备队的第 24 和第 28 集团军，立即着手在后方地域沿谢利扎罗沃—斯莫棱斯克—罗斯拉夫利—戈梅利一线构筑防御。除此以外，我们建议立即由莫斯科民兵师再组建 2—3 个集团军。

所有这些建议都得到斯大林的批准,并立即发出了相应的命令。

我们的这些建议都从一个总任务出发,即在通往莫斯科的道路上建立纵深梯次防御,以疲惫敌人,将其阻止在某一防御地区,然后集中必需的兵力(一部分从远东抽调,主要靠组建新部队),组织反攻。

将敌人阻止在哪里?哪里是合适的反攻出发地区?有多少部队用于反攻?这些我们当时还是不知道的。暂时这只不过是一种设想。

6月27日10时零5分,我通过"博多"式电报机向西方方面军参谋长克利莫夫斯基赫将军传达了统帅部如下内容的命令:

朱可夫:请接受统帅部命令。

你的任务是:

第一,迅速找到所有的部队,同指挥员取得联系,向他们说明情况和敌我态势,应特别详细说明敌先头机械化部队进抵的地点。给部队指示我军油料、弹药和粮秣的基地,使部队从这些基地取得一切作战必需品。

给各部队规定任务,是进行战斗还是集结在森林地区。如果是后一种情况,则应规定道路和部署。

第二,查明需要给哪些部队空运油料和弹药,以免他们丢掉贵重技术兵器,特别是重坦克和重炮。

第三,将留在敌人后方的部队集中到以下三个方向:

——经多克希齐和波洛茨克,集中到列佩利筑垒地域和波洛茨克筑垒地域;

——明斯克方向,将部队集中到明斯克筑垒地域;

——第三个方向是格卢沙森林和博布鲁伊斯克。

第四,请注意,敌机械化第一梯队已经脱离自己的步兵很远,这在目前是敌人的弱点,不管对机械化梯队还是没有坦克掩护的步兵都是如此。你部下指挥员只要能掌握到部队,特别是坦克部队,就可实施歼灭性的突击,以粉碎敌第一梯队及没有坦克的步兵。如能成功,应首先对指向明斯克和博布鲁伊斯克的敌机械化第一梯队的后方实施强大突击,然后乘胜掉头打击敌步兵。

这种大胆行动将给西部军区的部队增光。如能对敌机械化部队实行夜间进攻,必将取得特别重大的胜利。

第五,将骑兵撤进平斯克森林,以平斯克和卢尼涅茨为依托,对敌军及其后方机关展开大胆广泛的袭击。应组成独立的小群骑兵,由忠诚勇敢的中级指挥员负责指挥,派往所有的道路上。

6月27日夜间两点，我同克利莫夫斯基赫将军通过直通电话做了进一步的交谈。下面是谈话内容的一部分。

我是朱可夫，请你报告有关第3、第4和第10集团军的消息，明斯克在谁手里？敌人到了哪里？

克利莫夫斯基赫：明斯克仍然是我们的。据报告，敌人在明斯克和斯莫列维奇地区实施了空降。步兵第44军消灭了明斯克地区的空降部队。

敌机对从鲍里索夫到奥尔沙的铁路几乎轰炸了一整天。车站和区间受到破坏。同第3集团军的无线电通信联络仍未沟通。

据最新报告，敌人已出现在筑垒地域的前面。

巴拉诺维奇、博布鲁伊斯克和普霍维奇，到昨天为止还在我们手里。

朱可夫：库利克、波尔金和科罗布科夫在哪里？机械化军和骑兵军在哪里？

克利莫夫斯基赫：库利克和波尔金没有消息。同科罗布科夫取过联系，他在博布鲁伊斯克以东的指挥所。

哈茨基列维奇的兵团开始向巴拉诺维奇集中，阿赫柳斯京的兵团开始向斯托尔布齐集中。

朱可夫：哈茨基列维奇和阿赫柳斯京的兵团什么时候开始集中的？

克利莫夫斯基赫：26日日终开始向以上两地集中。昨天19时左右副军长斯韦特利岑前往该地。明天打算派伞兵给库兹涅佐夫和戈卢别夫传达命令。

朱可夫：步兵第21军已安全到达莫洛杰奇诺—维列依卡地区，你知道不知道？

克利莫夫斯基赫：我们得到过关于步兵第21军打算退往莫洛杰奇诺方向的消息，但这个消息未经证实。

朱可夫：重炮兵在哪儿？

克利莫夫斯基赫：大部分重炮兵在我们手里。关于375毫米榴炮团和120毫米榴炮团没有消息。

朱可夫：骑兵在哪儿？机械化第13、第14和第17军在哪儿？

克利莫夫斯基赫：机械化第13军在斯托尔布齐，机械化第14军的坦克所剩无几，已合并到位于巴拉诺维奇的机械化第17军。关于骑兵所在地点迄无消息。

科罗布科夫已将第6师、第42师和第75师的残余部队撤出。我们有理由认为步兵第49师在比亚沃维扎森林中。为了核实这一点并将其撤出,拂晓将派出专门的伞兵。库兹涅佐夫将沿涅曼河两岸退却。

朱可夫:今天在明斯克筑垒地域前同敌机械化军作战的是哪个部队?昨天在斯卢茨克和在明斯克筑垒地域前的敌军部队现在在什么地方?

克利莫夫斯基赫:在明斯克筑垒地域同敌机械化军作战的是步兵第64师。斯卢茨克的敌人已向博布鲁伊斯克前进,但傍晚时博布鲁伊斯克还未被占领。

朱可夫:"还未被占领"是什么意思?

克利莫夫斯基赫:我们认为,敌军企图紧跟着退却部队突入博布鲁伊斯克。这件事没有做到。

朱可夫:要注意不让敌人从北面绕过明斯克筑垒地域。要堵住洛戈伊斯克—津宾—普列谢尼齐等方向,否则敌人将绕过筑垒地域在你们之前到达鲍里索夫。我的话完了。再见。

虽然指战员表现了集体英雄主义,虽然各级首长表现了坚忍不拔的精神,西方方面军所有地段的形势仍继续恶化。6月28日傍晚,我军撤离了明斯克。

敌军进入明斯克以后,开始野蛮屠杀居民,焚毁和破坏我国的文化古迹。

统帅部和总参谋部以十分沉痛的心情收到了关于我军放弃白俄罗斯首都的消息。我们全都明白,来不及撤往东部的居民将有多么悲惨的命运。

6月29日,斯大林两次来到国防人民委员部和统帅部,两次都对西部战略方向的形势表示强烈不满。

6月30日6时45分,我根据国防人民委员铁木辛哥的指示,通过"博多"式电报机同方面军司令员帕夫洛夫大将进行了交谈。从谈话中看出,司令员本人对情况也了解得很差。

现将我们的谈话摘引如下:

朱可夫:我们不了解明斯克、博布鲁伊斯克和斯卢茨克发生的情况,因此做不出任何有关西线的决定。

请你报告一下实质性问题。

帕夫洛夫:明斯克地区,步兵第44军在莫吉廖夫公路以南退却;指定的防线是斯塔霍夫—切尔文。

斯卢茨克地区,根据空中侦察,摩托化步兵第210师昨天在希舍齐地区进行战斗。

博布鲁伊斯克地区，今天4时敌人架了一座桥，通过了12辆坦克。

朱可夫：德国人广播说，他们在比亚韦斯托克以东包围了我军两个集团军。看来这则广播有一定的真实性。为什么你的司令部不派联络员去寻找部队？库利克、波尔金和库兹涅佐夫在哪里？骑兵军在哪里？飞机不可能看不见骑兵。

帕夫洛夫：是的，真实性很大。我们知道，6月25日和26日，部队在夏拉河进行战斗，同占领夏拉河东岸的敌人争夺渡口。第3集团军力图沿夏拉河两岸撤退。步兵第21军在利达地区。我们同这个军保持有无线电联系，但从昨天起联系中断。这个军正在向指定的方向突围。飞机无法找到骑兵和机械化部队，因为他们为了不被敌机发现，都严密地隐蔽在森林中。我们派出了一个小组，并携有电台，任务是寻找库利克和我军部队。这个小组暂时还没有音信。波尔金和库兹涅佐夫，还有戈卢别夫，6月26日以前都在部队里。

朱可夫：你的基本任务是，尽快找到部队并将其撤退到别列津纳河以东。这件事你必须亲自抓，并应挑选能干的指挥员完成此项任务。

统帅部要求你在最短期间把方面军所有部队集中起来加以整顿恢复。

无论如何不得允许敌军在博布鲁伊斯克地区和鲍里索夫地区突破。无论如何不得让敌人破坏我军在奥尔沙—莫吉廖夫—日洛宾—罗加切夫地区完成集结。

为了便于指挥战斗，为了使你知道博布鲁伊斯克发生的情况，应派你的副司令员率一个指挥小组，带上电台到那里去。仓库要马上后撤，以免落入敌人手里。等情况一弄清楚，立即向我们报告所有的问题。

帕夫洛夫：我将使用所有的部队，甚至使用军校学员去扼守博布鲁伊斯克和鲍里索夫。

但是形势仍未好转。6月30日斯大林给总参谋部打电话，命令我召回西方方面军司令员帕夫洛夫大将。

第二天帕夫洛夫将军就回来了。我好不容易才认出他来，他在8天战争中改变很大。他当天就被解除了方面军指挥职务，不久即被送交法庭。根据西方方面军军事委员会建议，与他同时送交法庭审判的有参谋长克利莫夫斯基赫将军、通信兵主任格里戈里耶夫将军、炮兵主任克利奇将军以及方面军司令部的另外几位将军。

国防人民委员铁木辛哥被任命为西方方面军司令员，叶廖缅科中将为副司令。为了加强西方方面军，又编入了预备队方面军的几个集团军。

西北方面军的情况继续在急剧恶化。

由于方面军领导未加以应有的组织，摆脱了合围的第8集团军和第11集团军向不同方向退却，受到很大损失。

为了掩护普斯科夫—列宁格勒方向，统帅部命令机械化第21军军长列柳申科将军由奥波奇卡—伊德里察地区前出到陶格夫匹尔斯地区，阻止敌人强渡西德维纳河。

但是这一任务是根本无法完成的，因为敌人在6月26日就以大批兵力强渡了西德维纳河并占领了陶格夫匹尔斯。而机械化第21军还是大胆地转入进攻，对德军摩托化第56军实施突击，制止了它的前进。

当时指挥摩托化第56军的冯·曼斯泰因元帅，在他的《失去的胜利》一书中回忆此次战役时写道：

"很快我们就不得不在德维纳河北岸转入防御，抗击得到1个坦克师支援的敌军的攻击。有些地段上形势急转直下。"

但是机械化第21军在敌人优势兵力和空袭的压迫下，不得不退却并转入防御，抗击敌人的冲击，一直坚持到7月2日。此后，机械化第21军被编入别尔扎林少将指挥的第27集团军。别尔扎林在战争结束时曾指挥白俄罗斯第1方面军编成内英雄的第5突击集团军勇敢地突入柏林，并担任了柏林首任卫戍司令。

我也很高兴指出机械化第21军所属坦克第46师的辉煌战绩，这个师是由哈勒欣河的英雄科普佐夫上校指挥的。

6月底，斯大林又一次改组军事领导。6月30日任命瓦图京中将为西北方面军参谋长。

7月2日，第27集团军在敌军压力下开始退却。整个这一时期，该集团军都在宽大正面上作战，没有建立纵深梯次防御所需的兵力兵器。

由于我们的预备队到达韦利卡亚河为时太晚，敌人从行进间占领了普斯科夫城。西北方面军所属第8集团军丧失了与其他部队的联系，往北退却。

这样，在战争头18天内，西北方面军就丧失了立陶宛、拉脱维亚和俄罗斯联邦的部分领土。从而造成敌人经卢加进逼列宁格勒的威胁，而在通往列宁格勒的接近地上尚无足够的防御工事和掩护部队。

整个这一时期，总参谋部没有从西北方面军司令部得到过关于我军态势、敌军部署及其坦克和摩托化兵团位置的明确而详细的报告。有时不得不凭猜想来判定事态的发展，而大家知道，这种做法是难以避免错误的。

在西线（维捷布斯克、奥尔沙、莫吉廖夫和博布鲁伊斯克方向），7月头几天的战斗，是在装甲坦克部队和空军占压倒优势的情况下进行的。我军由于连续战斗而疲惫不堪，向东退却，但仍一直竭力给敌人以最大杀伤并尽可能长时间地阻滞敌人前进。

在别列津纳河，我军在炮里索夫城地区的战斗特别顽强。在这里作战的是苏赛科夫（军政委级）领导的鲍里索夫坦克学校，克列伊泽尔少将指挥的莫斯科摩托化步兵第1师也在此时到达这里。这个师人员达到战时编制，训练良好，装备着TT-34式坦克，克列伊泽尔将军同时指挥着鲍里索夫坦克学校，把敌人加强的坦克第18师阻滞了两昼夜以上。这在当时具有重大意义。此敌战斗中克列伊泽尔将军表现得十分出色。

在南线，德国和罗马尼亚合队从罗马尼亚开始进攻，将主要突击指向莫吉廖夫—波多利斯基—日梅林卡方向，威胁着西南方面军所属第6、第12、第26集团军的翼侧和后方。

敌人经过头6昼夜紧张战斗，突破了南方方面军部队的防御，推进了大约60公里，西南方面军的态势大为恶化，因为这时德军经过几次努力以后终于在罗夫诺—杜布诺—克列梅涅茨地区击破我方防御，并向突破口疾进。

7月4日德军部队进抵沃伦斯基新城筑垒地域，在这里敌军的攻击多次被击退，且损失惨重。敌装甲坦克部队被阻于此将近3昼夜之久、敌人欲进不能，便转向沃伦斯基新城以南，7月7日攻占别尔季切夫，7月9日夺取日托米尔。

别尔季切夫和日托米尔失陷，德军和罗军部队继续向莫吉廖夫－波多利斯基方向的进攻，增加了西南方面军第6、第12、第26集团军被包围的危险，这几个集团军一面抗击着进逼的敌人，一面缓缓向东退却。

当时为了解除被包围的实际威胁，西南方面军首长于7月9日组织了对别尔季切夫的反突击。参加反突击的有机械化第4、第15和第16军，第5集团军则在日托米尔地区从北面继续进行反冲击。

与此同时，西南方面军从科罗斯坚筑垒地域对敌第1坦克集群的翼侧，实施了强大的反突击。

从7月9日开始的别尔季切夫—日托米尔地区的战斗，持续到7月16日为止。德军"南方"集团军群指挥部由于受到严重损失，又担心它的主要集团的翼侧遭到来自北面的突击，暂时停止了在日托米尔地区的进攻。

这个情况，使西南方面军首长得以把第6和第12集团军的主要兵力从被包围的威胁下最后撤出，并大大加强了基辅的防御。

就这样，敌人包围西南方面军部队的企图又一次失败了。德军被迫一直进行着伤亡惨重的正面作战。克列斯特集群的装甲坦克和机械化兵团始终未能完成突破，进到宽广的作战地区。

在北线，进攻行动开始于6月29日，战斗带有地区性，对于总的战略形势没有发生重大影响。

我们的海军在战争初期也没有同德国海军进行过重大战斗，主要是抗击着敌机的空袭。但波罗的海舰队陷入了严重处境。主要海军基地情况尤其严重，在那里集中了波罗的海舰队所有的主要舰艇和物资储备品。

由于西北方面军第8集团军战斗失利，塔林基地和塔林城失去了陆地屏障。波罗的海红旗舰队的所有兵力以及城市工人武装队伍，投入了保卫爱沙尼亚首都的战斗。在塔林的接近地上匆忙构筑防御地域，设置工程障碍，市区目标构筑防御工事。

敌人想从行进间夺取城市和海军基地的企图，由于第8集团军步兵第10军、海军步兵部队、舰队的舰艇炮兵和塔林民兵武装队伍的英勇抵抗而被粉碎。

7月底和几乎整个8月份，都在继续进行争夺塔林和主要海军基地的战斗。8月底，鉴于我军受到严重削弱而敌军有了加强，统帅部决定将基地的舰艇撤往喀琅施塔得和列宁格勒港，并放弃塔林。

舰队航空兵积极地直接地参加了坚守塔林登陆场的战斗，对进攻之敌实施突击。波罗的海舰队的水兵也是值得称赞的，他们在陆地、在舰上作战都非常英勇。

北方舰队这一期间同北方方面军部队协同作战，并以潜艇部队攻击由佩特萨莫载运镍矿石的德国运输舰。黑海舰队主要为濒海集团军运送人员和弹药，并在敌人交通线上进行战斗，破坏向罗马尼亚和保加利亚港口的运输。

黑海舰队舰群协同航空兵，对康斯坦察的罗马尼亚海军基地实施了突击。黑海舰队航空兵对罗马尼亚的油田和铁路枢纽进行了不间断的轰炸。

对于海军的战斗行动，我有意识地不做详细介绍，因为这件事由海军将军和军官做起来会比我更好，更加饶有趣味。但是应当指出，如果在战争爆发的前几年中对于海岸防御和海军基地防御的问题解决得更好些，那么各濒海方面军同海军的协同作战就可能取得更大的效果。可惜的是，海军司令部、国防人民委员和总参谋部对这方面的问题抓得太晚。

自从法西斯德国撕毁互不侵犯条约，派兵入侵我国以来，差不多过去三周了。在这一期间，希特勒军队已经丧失将近10万人、1000多架飞机、近一半参战的坦克。

苏联武装力量，特别是西方方面军部队，遭受了重大损失，这对以后的战事有严重影响。苏德战场上的兵力兵器对比，变得更加对敌人有利。敌人深入我国腹地500—600公里，夺取了重要的经济地区和战略要地。

所有这一切对于苏联人民及其军队部是极其突然的。但是在那些严峻的日子里，苏联人民更显示了思想政治上的团结一致。从最初一刻起，党就开展并日益加强了巨大的组织和政治活动。这些活动，完全为着一个目的——动员人民以全部力量抵抗敌人。

预先制订的动员计划，特别是弹药生产计划，早在6月23日就已开始生效。各人民委员部得到增加坦克、火炮、飞机和其他各种技术兵器的生产指示。一周以后，政府撤销了已开始执行的1941年第三季度计划，并批准了第三季度国民经济动员计划，规定使技术兵器生产增加四分之一以上。

但是，事实表明，这还不够。这时，一个以沃兹涅先斯基为主席的委员会，制订了新的、要求更高的1941年第四季度军事经济计划。根据战前建立的预备生产力，政府制订了1942年加速发展伏尔加河沿岸、乌拉尔、西西伯利亚、哈萨克斯坦和中亚细亚等地区的计划。在使全部国民经济转入战时轨道的工作中，这些地区后来起了极大的作用。

党依据列宁的指示，要认真地进行战争，就必须有巩固的、有组织的后方，必须不间断地、充分地供给前线有训练的预备兵力、装备和给养，要为了战争的需要改组国民经济。

为了满足战争的需要，开始了工业和运输的改组，物质资源和人力资源的重新分配，以及农业的动员。成千家工厂，昨天还在生产平时需要的产品，今天就转而生产弹药和技术兵器了。

机器制造工厂和机床厂立即转而生产飞机和坦克，冶金工厂设法大量生产装甲用钢板、炮弹毛坯和优质钢。坦克发动机和发电机、扫雷器、测音器、雷达装备现在由无线电和电子工业企业制造。航空汽油、坦克和舰艇油料成为炼油厂的主要产品。生产钟表仪器的工厂改制炮弹引信。铁路工厂修理被打坏的装甲列车。

敌人夺取了最重要的经济地区，使不少军区的动员工作陷入瘫痪：千百万苏联人和大量贵重物资遗弃在敌人后方。生铁、钢、钢材、电力等战略物资的生产急剧下降。新的工业中心受到了威胁。

必须采取某种非常措施，拆下尚存的工厂。迁往东部，同那里的企业合并，然后以这部分国土为依托，猛烈进攻敌人，阻止并打败他们。

一项就其规模和性质而论都是史无前例的工作开始了。6月24日联共（布）中央和苏联人民委员会决定建立疏散委员会，任命书尔尼克为该委员会主席，柯西金和别尔乌辛为副主席。各人民委员部都建立疏散局或委员会。1500多个企业，主要是大型的军事企业，在最短期间（从1941年7月到11月）被迁走，并迅速恢复了生产。与此同时，昼夜不停地往西部和西南部运送军队和武器。

甚至30多年后的今天，也很难想象，为了打败敌人，国家的全部生活转为战时轨道曾使我国人民付出多少力量，经历多少艰难，表现出多大的英雄气概。

资本主义制度的卫士们不能理解，我国政府怎么会成功地完成如此大规模的搬迁和大型经济设施的重建任务。建立在社会公有制基础上的社会主义制度的优越性，就是对"俄国奇迹"之谜的答案。直至现在，我们意识形态上的敌对者，还在努力解决这个谜。

发展乌拉尔、西伯利亚、扎沃尔日耶等我国东部地区的军事经济，采用了两种办法：全力加速建成那些战前已开工但未完工的工厂企业；加速安装搬迁来的工厂企业。

斯维尔德洛夫斯克、库尔干、彼尔姆、车里雅宾斯克等州的大型企业，在党组织的领导下进行了巨大的工作。

在2—3个月内就建立了大量企业。工厂还未建成，坦克、飞机、火炮、迫击炮、炮弹及很多其他技术装备的军工产品就从工厂直运前线。人们全力以赴，使生产水平不仅没有下降，反而不断提高。这里反映了战前党的教育工作的成效，特别是企业里党组织创造性的巨大工作。难怪戈培尔1943年1月说："看来有点神奇，从俄国广阔的荒原涌出一批又一批人群和技术装备，好像有个大魔术师能够用乌拉尔的黏土塑造任何数量的布尔什维克人员和技术装备。"

例如，联共（布）车里雅宾斯克州委在第一书记帕托利切夫领导下进行了巨大的组织工作。帕托利切夫是一个精力充沛、有很高的组织能力的领导人，为该州工业的改组及其密切协作的组织工作，贡献了很多力量和创造性劳动。他在完成党所赋予的任务时不知疲倦的精神，曾不止一次地受到政府的表扬，被斯大林树为其他州领导人的典型。

车里雅宾斯克拖拉机厂（由列宁格勒迁来的普季洛沃厂分厂并到该厂）创造了高水平的指标。坦克设计师科京和杜霍夫，能够在列宁格勒运来的设备安装后一个月就向前线提供第一批 T-34，尔后又设计出 HC 重型坦克。这种重型坦克比德国的"虎"式坦克有很大的优越性。

国防委员会特别重视坦克部队的作用，决定高尔基的索尔莫沃造船厂也进行坦克的生产。我记得，战争爆发第一周的周末，国防委员会就派坦克工业人民委员、人民委员会副主席马雷舍夫去高尔基，其任务是立即组织"红索尔莫沃"造船厂生产 T-34 型坦克。在高尔基州委、市委的大力支援下，依靠造船厂的集体，这一任务在最短时间内就解决了。

1941 年 10 月，当我受命组织保卫莫斯科的战役时，我们就开始接到索尔莫沃工厂最初生产的 T-34 坦克。这一援助很及时，在莫斯科会战中起了重大作用。以后，"红索尔莫沃"工厂提高了坦克生产速度，改进了坦克质量。

1944 年 11 月初，工厂改进坦克构造，采用了整形铸造炮塔和设计师格拉宾设计的坦克炮。这种新设计的坦克，在索尔莫沃工厂生产之后，其他工厂也开始生产了。

这种例子还可以列举出很多。

我想，我党和苏联人民生活中这一英勇的片段，还没有被充分地阐述。战争年代党和人民在经济方面所做的一切，至今还没有得到应有的宣扬。社会主义制度的特征及其巨大的能力，正是在那个困难时期从如此伟大的事件中才最明显地表现出来。

人民在战时拆迁和恢复生产中建立的劳动功勋，党在这一工作中进行的伟大组织工作，就其规模及对祖国命运所具有的意义而言，可以同第二次世界大战中那些最伟大的战役相媲美。

如果我记得不错的话，战争头几天内就有 50 多名联共（布）中央委员和候补中央委员，100 多名加盟共和国党中央、党的边区委员会和州委会的书记，以及一些有名望有经验的国务活动家，根据联共（布）中央政治局的决定，被派去直接担负军事工作。党立即采取了一系列实际措施，以加强国家生活和军队作战行动的各个方面的集中领导。中央委员会的机关进行了改组，中央委员进行了分工，分别领导着军事工作、经济工作和政治工作的一些最重要的部门。

我们党已具有把全国变成一个统一军营的经验。这一点我在本书开头部分已经讲过。这个经验从战争第一天起，就被根据全部新的条件加以运用。当国家受到致命威胁的时候，这个经验所依据的列宁主义原则，列宁主义的办事原则，成为共产党员在前线和后方从事一切活动的基础。人民相信，党将从目前困难处境中找到出路，它能够组织人民粉碎德国法西斯军队的事业。需要的只是时间。

战争初期遭受的严重损失和失利，使斗争过程更加复杂化。军队向内地且战且退。党中央和地方党组织、国防委员会采取了必要措施，向全国人民解释被迫暂时退却的情况。

尽管情况极端复杂，乌克兰、白俄罗斯和波罗的海沿岸各共和国的党组织和苏维埃机关，进行了有效的工作来动员苏联人民积极同敌人做斗争。为此目的在暂时放弃的地区建立了大量地下党团组织，成立了基干游击队，其中有突围出来的部队的战士、指挥员和政工人员参加。

德国法西斯匪徒踏上我国土地以后，不久就不但感觉到了苏联人民对他们的仇恨，而且遭到了地下斗争的沉重打击。

那个时期，苏联统帅部除了实行战略防御外，别无良策。既没有兵力，也没有兵器来组织进攻战役，特别是大规模的战役。需要组建大量战略预备部队，给它提供优良的武器装备，以便以优势兵力从敌人手中夺回主动权，然后转入进攻，开始把敌人逐出苏联国土。

所有这一切都做了，但是是在以后做的。

我军是在被迫退却的过程中转入战略防御的。我军不得不在不利的战役战术部署下作战，并且由于缺乏兵力兵器，不能建立纵深防御，特别是建立防御骨干——对坦克防御。

不能不指出我国对空防御中高射武器不足以及缺少应有的空中掩护的情况。战争初期制空权掌握在敌人手里，这就大大损害了我军的战斗稳定性。

我们虽然有不少错误，有时军队本身抵抗不力，但是战略防御基本上还是组织了，并产生了良好结果。

我们知道，在战争的第二和第三两个阶段中，当希特勒匪徒尝到在整个苏联战场败退的苦头时，他们没有能建立起这种防御，从而导致惨败。

当时我们实行战略防御最主要的目的是：

——把敌人尽可能长时间地阻滞在各个防御地区内，赢得尽可能多的时间，以便从内地调集兵力和建立新的预备队，派往前方，在最重要的方向上展开；

——使敌人遭到最大限度的损失，疲惫和削弱敌人，借以造成敌我力量的某种平衡；

——保证党和政府内迁居民和工业措施的执行，争取时间，使工业转入生产战时所需的物资；

——集中尽可能多的兵力转入反攻，不仅粉碎希特勒的战争计划，而且打败法西斯德国及其仆从国。

我军实施防御战斗，不仅击退了陆地、空中和海上的敌人，更重要的是在许多场合对敌人实施了强大的反突击。红军和游击队在一切可能的地方英勇作战，使法西斯侵略者受到极大的损失。

从战争第五天起，根据党中央的决定开始动员共产党员和共青团员上前线，其中有些起着政治战士的作用。他们是军队党组织的支柱。

战争前夜，红军和海军中共有56.3万多名共产党员，共青团员占全军人数三分之一。[①] 而仅在战争头6个月内，就有110万以上共产党员奔赴前线。

我不止一次地同派往军队的政治战士谈过话。这些人具有某种特殊的、毫不动摇的取胜信念。他们说"顶得住！"而我感到这不是普通的一句话，这是一种精神面貌，这是真正的苏维埃爱国主义。他们以其坚定的乐观主义，使开始丧失信心的人们重新振作起来。

7月3日，斯大林代表党中央发表广播演说，说明前线的情况，号召全国人民立即重新安排全部生活和国家经济，以适应同强大、狡猾而残酷的敌人作战的要求。斯大林号召党和人民起来同敌人进行神圣的斗争，抛弃无忧无虑的思想，百倍提高警惕。

作为斯大林这篇值得纪念的讲话的基础的，是1941年6月29日苏联人民委员会和联共（布）中央向靠近前线各州所有党组织和苏维埃组织发布的命令。在这个号召书中谈到了苏联人民及其军队在伟大卫国战争中的基本任务：

斯大林的讲话，以及党和政府向苏联人民发布的命令，像一声洪亮的警钟，从中可以听到列宁的一个著名号召："社会主义祖国在危急中！"使人感到，直到法西斯侵略者被打垮，这个愤怒的呼声都不会

[①]《第二次世界大战史（1939—1945年）》，1981年，上海译文出版社，第3卷第739页、第4卷第87页。

沉寂。

在任何一个国家生活中的危难时期，在遭到内部或外部敌人进攻的时候，一个能反映共同努力的目的、把所有的人联合起来的号召，具有极其伟大的意义。党和人民把自己的命运交给了它，应当善于立即把所有的阶级和阶层动员起来，明确指出他们的目标和敌人。我们列宁的党出色地掌握着这种艺术。

当时，党用"一切为了前线！一切为了胜利！"这个口号，使每个苏联人看到危险。具有各种不同观点和习惯的人们、军人和非军人、男人和女人、不同年龄和出身的人们，都在这个口号下团结起来。

我国各民族，都为着一个最崇高的爱国主义的目标——保卫自己的祖国，站起来了。这种团结一致的精神，极大地加强了物质的力量和武器的威力。

为了加强党的政治工作，巩固党在军队中的影响，根据党中央的决定，7月间改组了军队中的政治宣传机关，重新实行了军事委员制度。

从战争第一天起，所有群众团体的活动都为前线的利益服务。全苏工会中央理事会和共青团中央根据党中央的建议采取了实际措施：全力支援前线，巩固劳动纪律，提高劳动生产率，慰劳伤兵优待军属，训练预备士兵，动员群众积极参加地方防空组织。

不论前线和后方，我国男女青年都树立了苏维埃爱国主义的典范，随时准备为祖国而献身。

我同一些被派往敌后执行侦察和破坏任务的共青团员在他们出发以前谈过话。可惜我没有记下他们的姓名，但同他们的见面却未能忘怀。

现在我来讲一个片段。

七月上旬，正是敌人占领了明斯克并进逼别列津纳河的时候，决定向敌后明斯克地区空投一个侦察破坏小组。小组由两个姑娘和两个小伙子组成，都是共青团员，操着很好的德语。如果我记得不错的话，这两个姑娘是外语学院的学生。从谈话中知道，他们是莫斯科人。我问他们飞往敌后怕不怕，他们交换了一下眼色，微笑着回答说："当然有点害怕。如果我们在着陆时被抓住，那就糟糕了。而如果那个时候不被抓住，那就一切都会好的。"

他们都非常年轻漂亮。祖国召唤他们，他们从事着危险而困难的工作。他们的命运怎样，我不得而知。如果这个小组有谁还活着，他可能会记得我们1941年7月在莫斯科伏龙芝大街总参谋部那次见面。

由于军队和武器方面遭到巨大损失，必须采取一系列组织措施，以加强军队的指挥，提高兵团和部队的战斗力。暂时解散了军级指挥机构，编余的干部和通信器材用以加强集团军级和师级指挥。每个集团军由原来的9—12个师改编为6个师。师代替军成为高级战术兵团。空军师、团的飞机，数量减少一半。广泛展开了组建统帅部预备队的工作。

国防委员会和党中央要求军事首长和政治部门，采取一切措施巩固军队的纪律。为此目的，政治部主任和国防人民委员发布了一系列命令。

7月份各个方向上的形势都更加恶化。我们虽然把大量来自内地军区的兵团投入战斗，但仍无法建立稳定的抗击敌人的正面。敌人虽然遭到重大损失，仍然在决定性方向上拥有3—4倍于我的兵力优势，更不必说他们的坦克优势了。

由于种种原因，我军的铁路输送时断时续。运到前线的军队往往无法全部集中就投入战斗，这对部队的士气和稳定性产生了不利的影响。

我军的弱点还在于，由于缺乏快速越野牵引车，炮兵不能广泛实施机动，以便在必要时协助击退敌人坦克的冲击。方面军和集团军内只剩下很少的坦克部队和兵团。就是在这种条件下，展开了争夺斯摩棱斯克的激战。

叶尔沙科夫中将指挥的第22集团军在斯摩棱斯克方向的西北面实施防御。在该集团军左翼稍后处，由科涅夫中将指挥第19集团军防守。从维捷布斯克到奥尔沙这一地段，由库罗奇金中将指挥第20集团军占领防御。往南沿第聂伯河左岸到罗加乔夫，由列梅佐夫中将指挥第13集团军防守。

卢金中将指挥的第16集团军，集结在斯摩棱斯克地区担任方面军预备队。在西方方面军左翼行动的，是格拉西缅科中将（后来是库兹涅佐夫上将）指挥的第21集团军。

敌人的企图是，以强大的突击集团分割我西方方面军，将其主要兵力合围于斯摩棱斯克地区，打开通往莫斯科的道路，在这个曾经成为拿破仑军队通往莫斯科道路上的可怕障碍的俄罗斯古城之下，展开了残酷的战斗。

在西方方面军当面，担任第一梯队实施进攻的是德国"中央"集团军群的第2和第3坦克集群。第2坦克集群由什克洛夫地区实施主要突击，从西南面迂回斯摩棱斯克，它所属的摩托化第24军则从贝霍夫向克里切夫和叶利尼亚前进。第3坦克集群在第5军和第6军协同下实施突击，从西北面迂回斯摩棱斯克。敌人拥有很大的兵力优势。

进攻开始不久，敌人就在波洛茨克、维捷布斯克、莫吉廖夫以北和以南地区深深揳入了防御。西方方面军右翼部队被迫向涅韦耳退却。

德军 4 个步兵师、1 个坦克师、"大日耳曼"团及其他部队进攻莫吉廖夫。顽强防守莫吉廖夫的第 13 集团军的兵团陷入合围。

巴库宁将军指挥的第 61 军，在该城建立了环形防御。在保卫莫吉廖夫战斗中，表现得最为出色的是罗曼诺夫少将指挥的步兵第 172 师。莫吉廖夫居民有将近 4.5 万人参加修建防御工事。英勇的城市保卫者不断击退敌人的攻击，坚持了两周之久。他们同在莫吉廖夫南面实施反冲击的第 21 集团军的右翼师一起，钳制了德军第 2 坦克集群的摩托化第 46 军和第 24 军的部分兵力，并使其遭受很大损失。

正当敌人自第聂伯河向东进攻的时候，第 21 集团军（司令员是库兹涅佐夫将军）的部队于 7 月 13 日强渡第聂伯河，解放了罗加乔夫和日洛宾，并向西北方向博布鲁伊斯克且战且进。担任主要突击的是彼得罗夫斯基将军指挥的步兵第 63 军。几天以后他英勇牺牲了。我很熟悉彼得罗夫斯基，他是一位很有才干的优秀指挥员。我想他如果不是死得太早，他一定会成为一个高级指挥人才。

第 21 集团军这次反突击，牵制了德军 8 个师。这在当时具有极大的意义。

第 13 集团军在莫吉廖夫地区的顽强防御，以及第 21 集团军在博布鲁伊斯克附近的进攻，大大阻滞了敌人在罗斯拉夫利方向的前进。德军"中央"集团军群指挥部，不得不从其他地段抽调几个师投入第 21 集团军行动的地区。

在防线中央，同急欲攻占斯摩棱斯克的敌主要集团继续进行着顽强战斗。第 20 集团军的部队不断向敌人发起冲击，在宽大正面上实施防御，终于抵抗不住德军第 9 集团军的攻击，该集团军绕过我军，突入斯摩棱斯克的南部。

1941 年 7 月 16 日，斯摩棱斯克几乎全部被敌军占领。第 16 和第 20 集团军在城市的北部陷入合围，但是他们没有缴械，仍继续抵抗达 10 天之久，从而阻止了德军在莫斯科方向的进攻。

国防委员会，特别是斯大林本人，以沉重的心情得知了斯摩棱斯克的丧失。他怒不可遏，斯大林的怒气都发泄在我们这些军事指挥人员身上。然而斯摩棱斯克地区的战斗不但没有停止下来，相反更加激烈。统帅部迅速在西方方面军后方，建立了新的防御正面。

在斯摩棱斯克接近地战斗期间，7月14日由预备队集团军组成了一个新的方面军，编成内包括第24、第28、第29、第30、第31和第32集团军，这个方面军由波格丹诺夫中将指挥，它的大部分部队后来都转隶给了西方方面军，这个方面军所属各集团军展开在旧鲁萨—奥斯塔什科夫—别雷—叶利尼亚—布良斯克一线，为了掩护莫斯科，7月18日作出新的决定，在莫斯科远接近地建立一个新的方面军防守莫扎伊斯克防线，准备编入该方面军的有正在建立的第32、第33、第34集团军。

在保卫斯摩棱斯克的交战中，为了摆脱已经出现的危险处境，统帅部决定把该方面军中预备队集团军的20个步兵师拨归西方方面军司令员铁木辛哥元帅指挥。这些师编为5个军队集群，分别由罗科索夫斯基少将、霍缅科少将、加里宁中将、卡恰洛夫中将和马斯连尼科夫中将指挥。

铁木辛哥元帅根据统帅部的指示。给上述各军队集群规定的任务是：从别雷—亚尔采沃—罗斯拉夫利地区向斯摩棱斯克总方向实施反突击，肃清突入的敌军，同在斯摩棱斯克地区合围圈内顽强战斗的方面军主力会合。

7月下半月，斯摩棱斯克及其以东地区的战斗极其激烈。敌人遇到了红军部队全线的积极抵抗。

7月23日，第28军队集群从罗斯拉夫利地区开始进攻。7月24日和25日，第24和第30军队集群在罗科索夫斯基将军的指挥下从别雷—亚尔采沃地区开始进攻。第16和第20集团军开始从南北两面迂回斯摩棱斯克。敌人立即向斯摩棱斯克地区派出了增援部队，并企图消灭已被合围的第16集团军和第20集团军的部队。会战具有极其残酷的性质。7月26日，第16集团军和第20集团军的大部分部队，由于罗科索夫斯基部队（其编成内包括有坦克部队）的支援，得以在亚尔采沃以南突围，到达第聂伯河东岸，在那里同方面军的主力会合并转入防御。

卡恰洛夫指挥的军队集群由3个师组成，从罗斯拉夫利向斯摩棱斯克前进。敌人有9个师来迎击他们，其中有1个摩托化军，敌人一举夺取了罗斯拉夫利并合围了卡恰洛夫集团军。

这里的兵力对比也是很悬殊的。卡恰洛夫军队集群处境困难，没有多少部队突围出来与自己的部队会合，司令员卡恰洛夫将军在战斗中英勇牺牲。

敌摩托化第46军夺取了叶利尼亚，并企图向多罗戈布日进攻。但被我预备队方面军所属第24集团军所阻。

为了在戈梅利方向实施防御，统帅部建立了中央方面军，其中包括在谢夏、普罗波伊斯克、往南沿第聂伯河一线作战的西方方面军第4、第13和第21等集团军。

斯摩棱斯克会战在1941年夏季各次战役中占有重要地位。我军虽未能像统帅部要求的那样粉碎敌人，但却使敌人的突击集团受到了严重削弱和疲惫，据德国将军承认，德军在斯摩棱斯克会战中损失官兵25万人。

7月30日，希特勒统帅部下令"中央"集团军群转入防御。苏军在大卢基—亚尔采沃—克里切夫—日洛宾一线巩固下来。

斯摩棱斯克会战过程中，红军部队、城市及其郊区的居民。展现了无与伦比的英勇顽强。每一所房屋、每一条街道、每一个居民点，都经过残酷的争夺战。制止敌人在斯摩棱斯克地区的进攻是一个重大的战略胜利。由于这一胜利，我们赢得了准备战略预备队和在莫斯科方向采取防御措施所需的时间。1941年7月14日在这里的奥尔沙战斗中，弗廖罗夫大尉指挥的炮兵连第一次使用了"喀秋莎"火箭炮。

铁木辛哥元帅是值得称赞的。在战争最初那几个月的艰难日子里，他做了大工作，坚定地领导着部队，动员所有力量抗击敌人的进攻和组织防御。

希特勒军事政治领导当局、指挥机关和军队本身，对于苏军士兵的英勇无畏和集体英雄主义都感到信服。现在他们懂得：战争愈向苏联腹地推进，对他们的困难就愈大。

7月底，波斯克列贝舍夫打电话问我："铁木辛哥在哪儿？"

"铁木辛哥元帅在总参谋部里，我们正在讨论前线的形势。"

"斯大林同志命令你和铁木辛哥马上到他的别墅去见他。"波斯克列贝舍夫说。

我们以为，斯大林是想同我们研究下一步的行动。结果召见却是为着另外的目的。

当我们走进屋子的时候，几乎全部政治局委员都坐在那里。斯大林穿着一件旧上衣，站在屋子中央，手里拿着已经熄灭的烟斗——这是他心情不好的可靠征候。

"是这样的，"斯大林说，"政治局讨论了铁木辛哥担任西方方面军司令员期间的工作，决定解除他的职务。有人提议由朱可夫担任这一职务。你们有什么意见？"斯大林转身朝着我和铁木辛哥询问。

铁木辛哥默不作声。

"斯大林同志",我说,"我认为更换方面军司令员会严重影响战役的进程。司令员还没有来得及熟悉情况,就不得不指挥困难的战役。铁木辛哥元帅指挥方面军还不到4个星期。在斯摩棱斯克会战过程中他熟悉了部队,了解他们的能力。他做了处在他的地位所能做的一切,使敌人被阻在斯摩棱斯克地区将近一个月。我想,其他任何人也无法做更多的事。部队信任铁木辛哥,而这是主要的一条。我认为,现在解除他的方面军指挥职务是不公正的,也是不适当的"。

加里宁仔细听了我的话以后说:"是的,说得对呀。"

斯大林缓慢地吸着烟斗,看了看其他的政治局委员,然后说:"也许,我们可以同意朱可夫的意见?"

"你说得对,斯大林同志",好几个声音说,"铁木辛哥还可以胜任"。

铁木辛哥接受了立即返回前线的指示以后,我们就回来了。

自然,这些指责使铁木辛哥感到很难过。但是战争中什么事情都会有的。在解决重大问题的时候,并非经常能照顾到个人情绪的。

斯摩棱斯克激战以后,西线暂趋沉寂。双方都在休整部队,准备下一步的行动。只有叶利尼亚地区的战斗仍未停止。被德军夺占的叶利尼亚突出部,是进攻莫斯科非常有利的桥头堡。德军不惜一切想把它控制在自己手里。

在列宁格勒方向上,敌人继续实施进攻,敌人虽然取得了胜利,却未能一举突破苏军的防御,到达列宁格勒的近接近地。

在斯摩棱斯克会战期间,德军"北方"集团军群试图经卢加进趋列宁格勒。7月12日,敌摩托化第41军沿列宁格勒公路向卢加前进,随即受阻。但是当敌人侦知金吉谢普—伊万诺夫斯科耶地区防御薄弱,就把它的第4坦克集群由卢加地区迅速调到这里并突破了我军防御,但为赶来的预备队所阻。

另一部敌军试图进至诺夫哥罗德,然后到达丘多沃,但遇到了顽强抵抗,未取得胜利。在索利齐地区,敌进攻的一个摩托化军,遭到了第11集团军所部的攻击。第11集团军的反突击组织良好,并得到航空兵的支援。敌军由于受到意外的攻击,掉头仓皇退却。第11集团军部队乘胜追击,重创逃敌。如果不是德第16集团军赶来增援,曼施泰因的机械化第56军早已被歼。由于敌增援部队的到达,西北方面军所属第11和第27集团军被迫退到旧鲁萨—霍尔姆一线。

以2个集团军和1个坦克集群的兵力实施进攻的敌"北方"集团军群,在卢加筑垒地域、在德诺地区、在旧鲁萨—霍尔姆一线,以及在金吉谢普—锡韦尔斯基地区，遇到顽强抵抗，受到很大损失，没有进一步的加强已无力进攻列宁格勒。

斯摩棱斯克会战的结果，以北方方面军、西北方面军、波罗的海舰队和航空兵抵抗的加强，表明"巴巴罗萨"计划受到严重挫折。

正在乌克兰地区进行着残酷的防御战的西南方面军部队，这个时期的情况如何呢？

夺取乌克兰对于德国人具有特别重要的意义。希特勒匪徒力图尽快地夺取乌克兰，以便使苏联失去最大的工业和农业基地，同时使德国获得克里沃罗日耶的矿产、顿涅茨克的煤、尼科波尔的锰和乌克兰的粮食，以加强自己的经济。

从战略观点来看，占领乌克兰就能保障从南面支援德军的中央集团，以完成夺取莫斯科这个最主要的任务。

从战争第一天起，乌克兰的战事就不是像希特勒闪击战计划规定的那样发展。在德军打击下撤退的红军部队，仍然英勇抵抗。

表现得非常顽强、机智和勇敢的有：波塔波夫将军指挥的第 5 集团军、科斯坚科将军指挥的第 26 集团军和穆济琴科将军指挥的第 6 集团军。

我特别愿意提到这几位杰出的指挥员，还因为他们都曾经是神话般的骑兵第 1 集团军第 4 顿河哥萨克师的团长。

德军由于在基辅筑垒地域遇到顽强抵抗，便急剧转向南面，目的在于进至我自别尔季切夫—旧康斯坦丁诺夫—普罗斯库罗夫一线退却的第 6、第 12 集团军的后方。部分敌军到达基辅以南第 26 集团军的地段。但这一行动并无很大意义，因为敌"南方"集团军群的主要集团正继续南下。我第 6 和第 12 集团军，面临一场同进到他们后方的敌军的极严峻的战斗。

德军第 11 集团军突破南方方面军防御以后，经由莫吉廖夫—波多利斯基实施突击，并到达这 3 个集团军的翼侧和后方。这就使形势更加严重起来。

西南方面军部队在南方方面军协同下，试图以反突击阻止敌军前进。他们虽然重创了敌人，却未能阻止其前进。德军调整部署以后，重新对正在退却的第 6 和第 12 集团军发动进攻。这使得这两个集团军陷入了极大的困境。

由于距离太远造成指挥困难，西南方面军请求把这两个集团军交给南方方面军首长指挥。统帅部同意了这个要求，第 6 集团军和第 12 集团军就被转隶给当时秋列涅夫大将指挥的南方方面军。

正在退却的这两个集团军所属各兵团的大部分，当转交给南方方面军时已经被围。第6集团军司令员穆济琴科将军受重伤被俘。第12集团军司令员波涅杰林将军也没有逃脱被俘的命运。这个时期，南方方面军的形势也非常严重。这个方面军的第9集团军一面退却，一面在半被合围的状态下进行战斗，该集团军的部分兵力退到了因古列茨河。

敌军进抵第聂伯河，向扎波罗日耶、第聂伯罗彼德罗夫斯克和敖德萨突破，使整个西南方向上的苏军的处境严重恶化。但是德军为这一胜利也付出了高昂的代价。他们精疲力竭，受到重大损失。

上面这些事件是我从西南方面军返回莫斯科以后发生的，是我从总参谋长的岗位上看到的，同时我正是以这种身份参与了这些事件，分担作为统帅部成员应负的责任，分担我军失利的痛苦，也分享我军偶然获胜的喜悦。因此，我想首先专门谈谈最高统帅部的工作，并在可能的范围内说明它的作用、组织机构和战争期间指挥军队方面的特点。

由于完全可以理解的原因，我将不涉及那些有损于国防的问题。除了下面专门的一章，最高统帅部组织与实施战役、战局的工作，以及最高统帅斯大林的活动，在本书的其他章节里也不止一次地谈到。

第十一章

在最高统帅部

最高统帅部建立于1941年6月23日。它的组成同国防人民委员部提出的方案有一些不同。它包括的成员有：铁木辛哥（主席）、总参谋长朱可夫、斯大林、莫洛托夫、伏罗希洛夫、布琼尼、库兹涅佐夫。

按理说，应当采纳我们提出的任命斯大林为最高统帅的方案。因为根据惯例，离开斯大林，国防人民委员铁木辛哥无论如何是不可能单独作出任何重大决定的。结果出现了两个最高统帅：一个是国防人民委员铁木辛哥，这是法定的，是根据决议任命的；另一个是斯大林，他是实际上的最高统帅。这就给军队指挥造成了困难，而且势必会在准备决心和下达命令方面浪费时间。

我们还曾建议吸收第一副总参谋长瓦图京参加最高统帅部的工作，但斯大林没有同意。

最高统帅部曾设立过一个研究各种问题的顾问组。实际上这个组是有名无实的，因为所有的顾问很快都接受了其他的任命，同时又没有另外的人来接替他们的职务。

整个战争期间，最高统帅部一直在莫斯科，这有着巨大的精神作用。7月初，鉴于敌空袭的威胁，最高统帅部自克里姆林宫转移到了基洛夫门街区一家不大的院子里。那里有安全的工作场所和通信联络设施。一个月之后，作为最高统帅部工作机构的总参谋部的作战指挥人员，也迁到了离这个院子不远的地铁基洛夫车站站台工作。

1941年6月30日，根据联共（布）中央政治局的决定，按照外国军事干涉和内战时期列宁工农国防委员会的大体形势建立了以斯大林为首的国防委员会这一非常机关。

国防委员会成了集中全部权力的有权威的国防领导机关。各人民团体、党的组织和苏维埃组织都必须执行它的一切决定和命令。为了检查决定和命令的执行情况，在各边区、各州、各军事工业人民委员部、各主要企业和基建工程单位，国防委员会都派有自己的代表。

国防委员会通常是在克里姆林宫或斯大林的别墅里随时召开会议，讨论并决定各种最重要的问题。各次军事行动计划是由党中央政治局和国防委员会共同审议的，开会时并邀请负责战役保障的人民委员参加。这使我们一有机会就能在最重要的方向上集中巨大的物质力量，在战略领导上执行统一的方针，同时通过有组织的后方支援，把军队的战斗活动同全国的力量结合在一起。

在国防委员会的会议上，经常出现一些针锋相对的争论，而且意见又往往提得很肯定、很尖锐。如果达不成一致的意见，则马上由争论的双方派出代表组成专门的委员会，负责在下一次会议上提出经过协商一致的建议。

整个战争期间，国防委员会通过了将近一万项有关军事和经济方面的决定和决议。这些决议和命令得到了严格而坚决的执行。围绕着这些决议和命令，人们展开了紧张的工作，以保证党领导国家生活的统一方针能在这一艰难的时期得到贯彻执行。

1941年7月10日，为了改善对军队的领导，根据国防委员会的决定，统帅部改组为总统帅部，而8月8日，总统帅部又改组为最高统帅部[①]。从那时开始到战争结束，斯大林一直担任最高统帅。

由于国防委员会和最高统帅部的领导都是同一个人——联共（布）中央总书记和人民委员会主席，因而随着国防委员会的组成和最高统帅部的建立，也就完成了国家系统和军事系统战争领导机构的组建。党中央委员会则负责保证党、国家、军事和经济机构的统一行动。

这时，我开始直接同斯大林在一起工作。过去我没有同他这样接近过，因此，开始阶段，当他在的时候，我感到有些拘束。加上我在战略问题上又缺乏足够的经验，对自己提出的一些估计是否准确也没有把握。

[①] 战争期间参加过最高统帅部工作的总参谋长依次有：沙波什尼科夫、华西列夫斯基、安东诺夫。最后一次变动发生于1945年2月17日，当时国防委员会通过一项决议，确定最高统帅部由斯大林、朱可夫、华西列夫斯基、安东诺夫、布尔加宁和库兹涅佐夫组成。——作者注

最初，斯大林很少跟我谈话。可以感觉到，他正在仔细地观察我，当时他对我这个总参谋长还没有形成固定的看法。

可是后来，随着我逐步积累了经验并变得比较大胆而自信地谈论自己的见解时，我发现，斯大林也就开始越来越注意听取我所发表的意见了。

1941年7月19日，苏联最高苏维埃主席团又发布命令，任命斯大林为国防人民委员。

应当说，自从斯大林被任命为国防委员会主席、最高统帅和国防人民委员之后，在总参谋部、国防人民委员部下属的中央各部、苏联国家计划委员会以及政府和国民经济的其他机关便立即感觉到了他那坚强而有力的领导。

国防委员会的每一个委员都受领有具体任务，并对国民经济计划的执行情况严格负责。有的负责坦克生产，有的负责炮兵装备生产，有的负责飞机生产，有的负责弹药、给养和服装的供给，等等。斯大林亲自责成各兵种司令员直接同国防委员会的各委员联系，以帮助他们保质按时地完成一定的军工生产计划。

由于党的政治工作发挥了作用，军队指挥的艺术有了提高，同时又积累了一定的武装斗争经验，因此，对敌人的抵抗得到了加强。各军兵种的指战员在战斗中都表现得英勇顽强、奋不顾身，军队的纪律有了明显的加强。

可是，不管最高统帅部和各方面军指挥部采取多么坚决的措施，各条战线的情况却仍在继续恶化。在敌人优势兵力的逼迫下，我军退入了本国腹地。前面我已经说过，在战争最初的几个月里，西部方向和西北方向的情况最为严重。苏军的战略防御是在战况发展不利于我国的条件下形成的，这种防御的特点是积极防御和顽强斗争。

联共（布）中央委员会和国防委员会对我国国土防空的状况极为关心，因为德国法西斯的空军活动得很疯狂。敌人对其空军曾寄予了极大希望。他们指望用大量飞机的突击来破坏我国西部地区的动员，打乱我浅近后方、运输和国家机关的工作，摧毁我人民的抵抗意志。希特勒对这批空中强盗及其首领戈林倍加宠信，大肆奖赏。

最高统帅分析了当时的情况并考虑到国家要地防空状况的不利前景便精力充沛地着手加强对空防御。他请来了一批防空部门的领导干部，限他们在两天之内提出关于加强防空兵力兵器、改进防空系统的组织结构和指挥的原则性意见。红军炮兵主任沃罗诺夫将军，以及格罗马金将军、茹拉夫廖夫将军、日加列夫将军、雅科夫列夫将军等人曾给斯大林提出了大量有用的意见。

当时对空防御最主要的任务是：掩护莫斯科、列宁格勒和其他那些生产坦克、飞机、炮兵装备，开采石油，有重要铁路交通干线通过，以及拥有动力和通信设施的大工业中心。

防空兵力兵器配备得最强的是莫斯科。7月份，莫斯科就已经拥有585架歼击机、964门高射炮、166挺大口径高射机枪、近一千具探照灯和大量的拦阻气球。

莫斯科的这样一种防空体系是十分有效的。实施密集空袭的法西斯空军遭受了极大损失，但仍然没有能成批地突入莫斯科。他们参加空袭的轰炸机加在一起有好几千架，但能够蹿入城市上空的飞机却是屈指可数的（约占百分之二或百分之三），而且就是这些少数的飞机也都不得不把它们携带的杀人武器盲目地到处乱扔。

在敌航空兵袭击莫斯科的时候，最高统帅不止一次地来到首都防空指挥所的地下工事，亲自观察抗击敌空军的工作。茹拉夫廖夫将军在这里冷静沉着而有条不紊地指挥作战。空袭以后，斯大林通常还要再待一会儿，并同指挥所的军官谈话，询问他们，要使对空防御能完成本身的任务，首先是能掩护好莫斯科，大本营还应该做些什么。

在战争的后几年，对空防御一直在继续不断改进，并在消灭希特勒侵略者的共同事业中作出了应有的贡献。

我到现在还是怀着十分尊敬和感激的心情回想起列宁格勒城和波罗的海舰队的防空人员，这些部队的战士和军官英勇巧妙地抗击了敌航空兵对城市和舰队几乎每天都在进行的大规模空袭。

当然，建立苏联战略领导机构曾花费了一定的时间，经历了一系列大的变动，这些变动是由战争进程和当时军事战略形势的特点所造成的。但是，随着时间的推移，苏联军事科学根据早在伟大卫国战争之前就已积累的武装斗争经验，在军队指挥问题上取得了相当大的成就。

战役战略一级的指挥和政工干部以及参谋人员基本上都是挑选得好的，而且都是从年轻的、精力充沛的、能力强的军官和将军中挑选的。他们工作热情高，经常注意提高自己在战略和战役学方面的知识。总参谋部、海军总司令部、国防人民委员部下属各机关、各方面军、海军舰队、各军区的司令员和他们的司令部，在使军队保持最大战斗力和赢得胜利方面做了许多工作。

可是，由于我们在法西斯德国发动进攻的时刻缺乏像最高统帅部这样一种最高军事领导机关，因而在一开始不能不影响到军队的指挥，不能不影响到初期战役的结果和总的战役战略态势。何况敌人已经在欧洲取得了不少关于组织战争、以突击兵力突然入侵他国的经验。应当承认，各方向总指挥部和各方面军首长在战争初期的军队指挥方面是有重大缺点的。这也对武装斗争的结果产生了不良影响。

人们有时候问我，为什么与法西斯德国开战前，我们实际上没有完全准备好对战争的领导和对各方面军军队的指挥呢？

首先我想公正地指出，当时的国防人民委员部和总参谋部的许多领导人过于迷信第一次世界大战的经验。大部分战役战略一级的指挥人员，其中包括总参谋部的领导干部，理论上都已懂得，第二次世界大战在作战特点和作战方法上都已经发生了变化，但实际上他们却按老框框准备战争。他们错误地认为，大的战争与过去一样从边境交战开始，然后敌人的主要兵力才开始进攻。但是这次战争却出乎预料，希特勒德国的所有陆军和空军从一开始就立即采取了进攻行动。

同样应当承认的是，国防人民委员和国防人民委员部的负责人对于军队战前准备工作中的缺点是负有一定责任的。而我，作为当时的总参谋长和国防人民委员最亲密的助手，对这些缺点也有不可推诿的责任。

最后，还有一个起重要作用的情况是，斯大林直到最后时刻，即直到希特勒开始进攻苏联之前，还没有放弃推迟战争的希望。这在某种程度上也束缚了国防人民委员，使他直到1941年春都没有能向斯大林提出建立统帅部的方案。

在这一年的春末，我只得又一次而且是坚决地要求国防人民委员向斯大林报告，说明有必要研究一下总参谋部起草的有关组建统帅部的计划方案，同时请求批准组织一次大规模的首长司令部演习来实际检验这一设想。这一次，向斯大林做了报告，而且斯大林同意进行这样一次演习，只是距国境线要远一些，提出要在瓦尔代—奥尔沙—戈梅利—普肖尔河一线进行，然后再向他呈报关于统帅部的编制、职权范围和工作机构的设想方案。

1941年5月，对演习地区进行了勘察，但演习却没有能进行。由于没有时间，再加上其他的一些原因，实际筹备统帅部及其机关的措施也没有得到研究。

在我这本书的许多章节中还将谈到军队指挥方面的错误，特别是战争第一阶段（直到斯大林格勒反攻战役开始）的错误。当然，在我们这一最艰苦的阶段中，也不全都是错误。就在这一阶段中，我们准备并实施了一些大型战役，取得了一些胜利；我们还打破了敌人夺占列宁格勒的计划，并在莫斯科城下粉碎了法西斯德军。这一些和另一些战斗和交战使指挥人员学到了许多东西。我们的军队在成长，军队的领导工作在改进。克服了第一阶段的困难之后，最高统帅部和各方面军首长对武装斗争的领导就大为改进了。

从最高统帅部这个高度可以看得特别清楚，在战争中，错误同错误不尽相同：一些错误是可以改正的，而另一些错误则很难改正。一切都决定于错误的性质及其涉及的范围大小。战术范围的错误，从以往的经验看，上级领导可以很快纠正。但战役范围的错误，改起来就要困难得多，特别是当领导上不掌握必要的兵力兵器或时间以便在需要的地点和时刻投入战场时，更是这样。

为了纠正最高统帅部和某些方面军在1942年夏季所造成的战役战略性错误（这一错误使希特勒的军队得以前出到斯大林格勒地域和北高加索），需要全国作出极大的努力。

回顾以往，我可以说，没有任何一个别国的军事政治领导能经得起类似的考验，能从当时所面临的极端不利的处境中找到出路。

众所周知，战略完全取决于政治，全国范围的军事政治性错误是很难纠正的。这样的错误只有那些进行正义战争并拥有必要的军事力量和物质条件的国家才有可能纠正。相反，如果战争的目的不符合人民的切身利益，那么，这样的错误通常就会导致彻底垮台的后果。

但也有根本无法纠正的错误。如像希特勒德国法西斯当局决定冒险进攻苏联的错误。这一错误之所以出现，原因在于他们离奇地过高估计自己的力量，而对苏联这样一个存在着社会主义制度，军队、人民、党和政府一致的国家的潜在能力却估计不足。

希特勒及其周围的军政官员们，由于被以往那些轻易取得的胜利冲昏了头脑，竟认为他们的军队将势如破竹地踏遍苏维埃国家，就像他们过去在西欧所经历过的那样。但没有出现这种结果。按冒险主义、民族主义的法西斯思想行事的希特勒分子，没有能力搞清楚决定战争结局的各种问题。这些问题都是在准备战争时就需要懂得，就需要根据研究社会和战争的科学冷静地加以解决的。

苏联共产党和苏联政府清醒地分析了1942年我方战役失利的原因，依靠社会主义社会和国家制度无可争辩的优越性，出色地动员了全国的力量奋起抗击敌寇。由于人民忘我的支援，苏联最高统帅部找到了最适合于当时情况的斗争方式和方法，终于从敌人的手中夺取了主动权，然后使战争进程发生了有利于我方的转变。

斯大林格勒战役以后，苏军各级指挥机构，直到最高统帅部在领导军事行动方面都达到了高度完善的地步。大部分方面军和集团军司令员在这方面的表现都很好。希特勒统帅部，由于丧失了主动权，无法克服在组织和实施战役过程中所出现的困难，这就大大加速了他们的彻底失败。这也是法西斯德国总崩溃的开端。

在战争过程中，苏联共产党中央委员会和苏联政府十分重视领导武装力量的问题。战争期间，联共（布）中央政治局、党中央委员会组织部和书记处共召开了200多次会议。会议通过的关于外交政策、经济和战略等问题的决定则分别由苏联最高苏维埃主席团、苏联人民委员会、国防委员会或最高统帅部负责贯彻执行。

最高统帅部工作所遵循的基本原则是列宁关于集中指挥军队的原则。最高统帅部领导了武装力量在地面、海上和空中的一切作战活动，并通过使用预备队和游击队的力量在武装斗争过程中增强战略力量。最高统帅部的工作机关，前面已经说过，是总参谋部。

当然，新的作战样式和方法要求军队指挥系统做某些组织上的调整。通过采取一定措施，总参谋部把一部分职能交给了其他部。总参谋部本身的工作涉及所有军兵种，即陆军、海军、空军等。它的主要注意力集中在战役和战略问题上，集中在全面深入地研究情况，集中在分析最高统帅部所定下的决心，并从组织上保障其贯彻执行。

由于进行了改组，总参谋部变成了一个更为得力、更加精干的机关，从而能够在整个战争期间更有成效地完成所受领的任务。当然，在改组之后，工作中也曾出现过一些缺点，但这只是一些个别情况，而且是由于碰到了某些复杂的问题。

为了改进对各方面军的指挥，1941年7月10日，国防委员会建立了三个方向总指挥部，即：

西北方向总指挥部（总司令为伏罗希洛夫元帅，军事委员为日丹诺夫，参谋长为扎哈罗夫）；

西方向总指挥部（总司令为铁木辛哥元帅，军事委员为布尔加宁，参谋长为马兰金）；

西南方向总指挥部（总司令为布琼尼元帅，军事委员为赫鲁晓夫，参谋长为波克罗夫斯基）。

国防委员会原打算通过建立方向总指挥部来协助最高统帅部更好地指挥部队，更好地组织各方面军以及空、海军之间的协同动作。原先设想，方向军事委员会应比方面军首长更善于利用当地的人力、物力来支援武装斗争。

可是，方向总指挥部建立以后不几个月，就表明它起不了这种作用。最高统帅部仍像过去一样直接领导各方面军。在当时的实际情况下，方向总司令并不掌握用于影响军事行动进程的预备兵力和物质器材。没有最高统帅部的同意，他们就不能作出任何重大决定。这样，方向总指挥部便成了一级单纯的转达机构，终于在1942年撤销了。

最高统帅部只得重新指挥在广阔地区展开的众多方面军的作战。这当然困难很多，特别是在协调比邻作战的几个方面军时，更是如此。于是人们开始探索新的指挥方法，并且终于找到了一种能使战略领导机构直接影响各方面军活动的有效方式。这样就出现了一种非常独特的战略领导制度，即向最重要地段派出最高统帅部代表的制度。

军事史上有过这种先例。比如，第一次世界大战期间最高统帅机构也曾把自己的代表直接派往前线，给予战役进程以重大影响。在伟大卫国战争的头几个月里，鉴于当时的情况，一些苏军将军也曾受最高统帅部委托，到作战部队去工作，他们运用上级赋予的权力，促成了战场形势的好转。而在经历了一年战争的现在，在前线特定地段工作的最高统帅部代表，他的活动的目的更加明确。从这时开始，最高统帅部开始只向当时负有主要任务（如决定最重要战役或战局的进程）的方面军或方面军群派出代表。

担任最高统帅部代表的都是最有军事素养的军事首长。他们对情况了如指掌，而且通常都直接参与制订当前战役的企图和计划。最高统帅部始终要求自己的代表对战役实施领导，要求他们对战役的实施情况负起全部责任，并且为此授给他们以全权。为了说明这个问题，我想援引1942年5月斯大林拍给派往克里木方面军的最高统帅部代表梅赫利斯的一份电报。

当斯大林从梅赫利斯的电报中发现他企图推脱他对苏军在刻赤半岛招致重大失利所应负的责任时，向他指出：

"你所采取的是一种对克里木方面军的行动不负责任的、旁观者的奇怪立场。采取这样的立场十分方便，但却是极其恶劣的。你在克里木方面军不是一个旁观者，而是最高统帅部的负责的代表，对方面军的一切成败负有责任，你有义务纠正方面军领导的错误。你应当和方面军领导共同对方面军左翼不堪一击的状况负责。如果整个'情况表明，敌人一早将要进攻'！你不采取各种措施来组织抗击，只是消极地进行批评，那对你就更糟。这就是说，你还没有懂得，派你到克里木方面军去，不是当监察员，而是当最高统帅部的负责代表。"

对于这样一份把最高统帅部代表的责任规定得极其清楚的文件，未必还需要做什么解释了。

随着苏军进攻战役规模的扩大，最高统帅部代表的责任也有所改变。例如，在1944年的夏季战局中，我军在西部战略方向执行"巴格拉季昂"计划。根据这个由最高统帅部、总参谋部和各方面军军事委员会共同制订的计划，我四个方面军、远程航空兵和游击队同时对敌人实施突击，任务是粉碎法西斯德国主要军队集团即"中央"集团军群。

客观形势当时要求扩大最高统帅部代表的职权。在白俄罗斯战役中，赋予最高统帅部代表的权力是直接领导数个方面军作战。我个人当时就受领了领导白俄罗斯第2、第1方面军和乌克兰第1方面军的任务。而同我们协同作战的亚历山大·米哈伊洛维奇·华西列夫斯基，则负责领导波罗的海沿岸第2、第1方面军和白俄罗斯第3方面军的进攻。

我认为，最高统帅部采取的这种措施，在当时使它的代表得到了广泛的主动权，因此能够灵活自如地指挥军队。各部队受领的任务完成得很顺利，红军解放了苏联的白俄罗斯全境、立陶宛和拉脱维亚的大部、乌克兰的西部各州和波兰的东南部地区。

最高统帅部派出过哪些人到作战部队去充当自己的主要代表呢？

首先是最高统帅部的成员，其中包括：伏罗希洛夫、朱可夫和铁木辛哥。最高统帅部在部队的常驻代表则是总参谋长华西列夫斯基。

除去这些主要代表外，最高统帅部还向部队派出过沃罗诺夫将军、安东诺夫将军、什捷缅科将军、梅赫利斯将军等。

除了负责直接在现地贯彻最高统帅部某个战役的决心的全权代表之外，最高统帅部还派出过军兵种代表。他们到部队去的任务是帮助部队领导人和最高统帅部主要代表组织不同军兵种作战。

战争期间，我个人以最高统帅部代表的身份去作战部队工作不少于15次。

亚历山大·米哈伊洛维奇·华西列夫斯基也同样多次到过各方面军。我们曾不止一次地一同出发去作战地区参加像斯大林格勒战役、库尔斯克弧形地带会战、进攻乌克兰第聂伯河右岸地区和解放白俄罗斯等大规模战役的准备工作和组织实施。凡是同华西列夫斯基一起工作过的人，总要谈到他渊博的知识和精确而清晰的思维能力。华西列夫斯基不能容忍工作上的敷衍塞责现象和"碰运气，想当然"的作风，而总是要求准备战役的参谋人员提供高度准确的情报资料和说理充分的分析意见。我经常十分满意地回忆我们在组织和实施各次战役中融洽友好的工作经历。

最高统帅部代表不直接指挥各方面军。这一权力仍掌握在各方面军司令员手里。但最高统帅部代表却可利用上级赋予的巨大职权去影响所在地区激烈战事的进程，及时纠正方面军领导和集团军领导的错误，并具体帮助他们向中央索取物质技术器材。在我的记忆中，拒绝执行最高统帅部代表建议的情况是没有的。

当然，应当说，远不是所有的最高统帅部代表都具备同样的工作条件。许多最高统帅部代表不掌握像我和华西列夫斯基所拥有的那种权力。他们同最高统帅没有直接联系，也没有必要的参谋机构和通信器材，等等。这使得他们只得去利用方面军和集团军里那些本身已忙得不可开交的参谋人员和通信器材。

最高统帅要求最高统帅部代表每天向他口头报告或书面汇报战役的准备情况和实施进程。一些特别重要的情况判断和有关组织新战役的建议，根据斯大林的指示，要手抄一份，由波斯克列贝舍夫转送给他。如果最高统帅部代表因某种原因未能在24小时内把报告送到，那最高统帅就会亲自用载波电话机问你："你怎么啦，今天没有可报告的情况吗？"

我记得曾经有过这么一件事。那是在1942年的9月底，最高统帅把我和马林科夫从斯大林格勒地区叫到了最高统帅部。在我汇报完情况之后，斯大林严厉地问马林科夫：

"为什么你，马林科夫同志，三个星期来不向我们报告有关斯大林格勒地区的情况呢？"

"斯大林同志，我每天都在朱可夫呈送给您的报告上签了字。"马林科夫回答。

"我们派你去不是当朱可夫的政委，而是当国防委员会的代表，因此你必须向我们报告情况。"斯大林严厉地说。

指派最高统帅部代表的制度几乎一直沿用到战争结束。只是在进行最后一次战局时，这种做法才失去了意义。单单这一事实已足以雄辩地证明，在战略领导体系中保持这样一级指挥机构不但非常必要，而且无疑是有用的。

只是在整个战略战线已缩短一半以上，方面军一级的军团数量已有所减少的情况下，最高统帅部代表才变得再无必要。这时，各方面军司令员均已成长为出色的统帅，而他们的司令部也已取得了组织领导大规模战役的经验。

因此，1945年最后战局中各次战役的准备和实施就再没有最高统帅部代表参加了。在东普鲁士、维斯瓦河—奥得河等战役中，各方面军的行动是直接由最高统帅部从莫斯科指挥的。而整个战争的最后一次会战——柏林战役的情况也是这样。在这次会战中，最高统帅亲自承担了对各方面军的指挥。只有铁木辛哥元帅一直留在乌克兰第2和第4方面军工作到欧洲战争结束。

最高统帅部是一个对武装力量的军事行动实行集体领导的机构。委员制和单一首长制的合理结合构成了最高统帅部的工作基础。最后决定权在一切情况下均属于最高统帅。

各次战略性战役和战局的企图和计划通常是在作为最高统帅部工作机构的总参谋部准备，并有最高统帅部的有关成员参加。在此之前，政治局和国防委员会需要进行大量的工作：要讨论当时的国际形势，研究参战国家潜在的政治力量和军事能力。只是在对所有共同性问题进行了研究和讨论之后，人们才作出有关的政治和军事判断。最高统帅部所遵循的政略和战略就是通过这一系列的复杂工作产生出来的。

每当组织准备一次新战役时，斯大林总是把总参谋长和副总参谋长叫到身边，同他们一起仔细地研究整个苏德战线的战役—战略情况：各方面军部队的状况、各种情报资料以及各兵种预备队的准备情况。

然后，斯大林又把红军总后勤部长、各兵种司令和国防人民委员部负责保障当前战役的各主要部的首长叫到最高统帅部来。

接着，最高统帅、副最高统帅和总参谋长讨论我军的战役—战略能力。总参谋长和副最高统帅还负责考虑和计算我军在即将实施的这一或那一战役中的作战能力。通常，最高统帅给我们考虑和计算的时间为四至五天。经过四五天的考虑和计算即可定下预先决心。然后最高统帅让总参谋长征求各方面军军事委员会对当前战役的意见。

当方面军的首长和司令部进行工作时，总参谋部的工作也十分繁重而又带有创造性，它要拟制战役计划和组织各方面军之间协同动作。总参谋部还要给各侦察机关、远程航空兵、敌后游击队以及负责调运补充兵员、最高统帅部预备队和各种储备物资的军事交通部门明确任务。

最后，要规定各方面军司令员来最高统帅部汇报方面军战役划的日期。通常最高统帅听取他们汇报时，有总参谋长、副最高统帅和国防委员会的某些委员参加。

在对各方面军司令员的报告进行仔细研究之后，斯大林批准战役计划和实施时间，并指出那些需要特别注意的问题；然后确定专人充当最高统帅部代表以协调各方面军之间的行动，并规定具体人选；以检查部队的物质技术保障和督促各部队以及最高统帅部预备队及时地变更部署。

当然，所有这些在战役或战局准备阶段所必须解决的问题远不是最高统帅部的全部活动。最高统帅部活动的内容及其复杂性在很大程度上取决于实施战役的地点、时间、作战对象及使用的兵力兵器。

最高统帅部的决定以最高统帅和总参谋长签署训令的方式下达到各执行人。有时，训令也由斯大林和他的副手签署。自1943年开始，最高统帅部的训令由斯大林和安东诺夫共同签发，因为这一阶段，副最高统帅和总参谋长经常在部队活动。在准备一些规模不大的战役时，通常各方面军司令员不到最高统帅部来，而是根据最高统帅部的要求书面汇报各自对组织实施战役的意见。

关于物质技术保障的总计划，通常是先在总参谋部、在红军总后勤部长赫鲁廖夫、总军械部长雅科夫列夫以及国防人民委员部下属各主要总部首长参加下拟制，然后呈报最高统帅部或国防人民委员会。准备参加当前战役的各方面军在受领作战训令的同时得到有关物质技术供给的指示。

我们已经说过，最高统帅部和总参谋部整个战争期间都在莫斯科。当德军逼近首都时，总参谋部曾一分为二。一部分由第一副总参谋长华西列夫斯基率领留在莫斯科同最高统帅部在一起；另一部分由沙波什尼科夫①率领，临时转移到设有预备指挥部的地区，可是后来这一部分很快又回到了莫斯科。

斯大林在战争期间一人身兼五职。除最高统帅外，他还保留着联共（布）中央总书记的职务，同时他又是苏联人民委员会主席、国防委员会主席和国防人民委员。他经常紧张地工作，每昼夜达十五六小时。斯大林高度评价总参谋部的工作，并且给予完全信任。通常在事先没有听取总参对情况的分析意见和没有研究总参提出的建议前，他是不会作出重要决定的。

在一般情况下，分析从研究敌情开始。战争的经验表明，领导机关善于组织对敌侦察、迅速分析所获得的资料并作出正确结论的能力具有

---

① 当时的总参谋长。——译者注

头等重要的意义。应当说，最高统帅部在整个战争期间，除初期的某些时候外，一直正确地领导了各种侦察活动。我们的侦察机关及时而又高质量地执行着自己受领的任务，并学会了很好地分析情况。

最高统帅部对各方面军的情况掌握得十分清楚，一有变化，马上就能作出反应。它通过总参谋部细心地注视着战役进程，不断对部队的行动作出必要的改变，并根据新出现的情况给部队明确或提出新的任务。必要时，最高统帅部为达成战役目的和完成下达的任务，也变更原兵力兵器部署，而在某些特殊场合甚至中断战役进程。

最高统帅规定了一套严格的制度，要求总参谋部每昼夜向他呈报两次标有各方面军情况变化的地图，图上并附有总参谋长的简短说明。

在总参谋部机关系统，除作战部的一些主要工作人员，即所谓方向参谋外，还有个特殊的总参谋部军官团，他们是总参谋部机关系统的重要组成部分。他们直接在部队包括在进行战斗的地区做了大量的工作。总参谋部这个军官团的数量相当庞大，从而保证了每个方面军、集团军、军和师都有总参的常驻代表。

总参谋部这些参谋的忘我而有益的劳动在我们的军事历史文献里还没有得到应有的反映。这都是一些熟悉本行业务、坚定勇敢的军官。其中有许多人为了胜利而献出了生命。这些在战争中勤勤恳恳工作的人值得我们永远感激和深切怀念。

总参谋部派到部队工作的参谋以及在总参谋部机关工作的方向参谋，都是最高统帅部尊敬而又得力的助手。

前面我们已经说过，最高统帅部和总参谋部领导部队工作的一个特点是：实施每次战局和战略性战役事先都有周密的计划。

关于这个问题，我想就我军最高统帅部所定企图和决心的效果谈点看法。大家都知道，任何一项计划，如果不是建立在对战役可能进程、对部队赖以达成作战目的的武装斗争方式方法的科学预见的基础之上，那么，这一计划就是空中楼阁。苏军最高统帅部比希特勒的战略领导机构看得更远、更准。苏军最高统帅部首先懂得依据马克思列宁主义得出的战争总规律；其次，它比敌人更了解前线决定战事进程的具体情况。因此，通常我军最高统帅部对德国法西斯头目们的可能行动总是十分清楚，并经常采取各种措施粉碎他们的企图，达成自己的目的，所有这一切就保证了我军作战计划的高度效能。

当然，最高统帅部的活动不可能局限于只领导武装斗争的主要战役。战争要求最高统帅部能够坚强地领导整个战略战线，即能照顾到陆上、水上和空中。而实施各主要战役的兵力又需要次要方向上协同作战部队的支援。例如，在进行斯大林格勒反攻战役时，苏军就曾在其他战线准备和组织了一系列进攻战役。组织这些战役的目的在于牵制或消灭希特勒统帅部可能用以增援决定性战役地段的兵力兵器，因为敌人在那里连遭失利，急需预备队。在我国南方，1942年年底和1943年年初，西方面军和加里宁方面军的情况就是这样；1943年1月，突破德军对列宁格勒的封锁也是这种情况。

通常，次要方向的战役不是按照事先拟订好的战局计划，而是根据整个形势的发展、临时按最高统帅部的指示进行的。这些战役的准备时间有限，规模较小。它们同主要战役合在一起构成整个战局。

要对预定战役作出计划并做好准备，这是一件非常复杂、涉及面很广的事情，它不仅要求有足够的时间，而且还要求有大批干部——首先是最高统帅部本身的以及总参谋部和各方面军领导机关的干部——去紧张地认真准备和组织力量。担负这项工作的人，对人民负有十分重大的责任。

例如，为了进行库尔斯克弧形地带会战并发展这一战役，我们在1943年春天就花了3个月时间进行计划准备工作。后来的每次战局也都是在进攻开始前的两三个月就动手进行计划准备。

在战局准备阶段，最高统帅部虽对战局的核心内容保密，但它必须给各方面军司令员下达从属于当前总作战企图的具体任务。各方面军司令员则根据接到的指示进行准备，然后将本人对制订方面军战役计划的意见报告总参谋部。总参谋部对提出的计划还要进行研究，分析和修改，然后同方面军领导一起向最高统帅部汇报。

在许多情况下，最高统帅部在考虑当前战役的武装斗争的进程时，不只是研究解决战役—战略问题，而且还研究解决重要的战术问题，如各兵团战斗队形的编成、炮兵和坦克的使用方法等。有时甚至还要解决某些直接与方面军、集团军、军、师关键地点上战斗行动有关的战术问题，例如，在斯大林格勒防御战以及尔后的反攻作战中都曾有过这种情况。

战前的计划工作是建立在及时充分占有侦察资料的基础之上的。这就使最高统帅部能够准确掌握敌人的意图和情况。

正确地分析总的军事态势和我军本身的力量及可能也十分重要。作战军队、人力资源和物质器材的后备情况是最高军事领导经常首先要考虑的问题。此外，苏联进行的是联盟战争，因此，对反希特勒联盟中各同盟国的企图和行动也要考虑。

苏联军事领导对战争进程深刻的科学预见是正确制订各次战局和战略性战役计划的根本条件。根据这种预见，最高统帅部正确地规定了必要的兵力兵器，做到既保证能在战役中迅速歼敌，又能为尔后的行动创造有利条件。

关于苏军事先周密组织计划战役的情况，可通过1943年的战事予以说明。1943年，苏军在斯大林格勒会战取得辉煌胜利后，从北高加索赶走了敌军，接着又成功地在奥斯特罗戈日斯克和沃罗涅日附近进行了另两次战役，前出到库尔斯克弧形地带。这样，就使莫斯科方向上的战线全线拉平，而这在当时是十分重要的。

由于我们在希特勒统帅部寄予很大希望的库尔斯克会战中粉碎了法西斯德军的突击集团，我们在1943年尔后的各次夏秋战役中就在整个苏德战线为自己创造了有利条件。在所有这些战役中，德军在人员、武器装备和技术兵器上都遭到了极其巨大而又无法补偿的损失，其中最主要的则是法西斯德军的士气大为下降。

尽管欧洲没有开辟第二战场，但苏军却使法西斯德国面临着彻底崩溃。为了使德军的彻底崩溃成为事实，需要组织和实施一系列新的毁灭性的打击。大家都知道，最高统帅部组织了这些打击，并出色地实施了这些打击。

苏军的行动对第二次世界大战其他战场的军事态势影响甚大。正是由于苏军取得了胜利，反希特勒联盟中苏联的盟国才得以在这一时期顺利地实施了西西里岛战役和南意大利战役。

德军在1943年夏秋战局中遭受的失败彻底动摇了法西斯德国各仆从国对希特勒制度的信任。于是法西斯集团开始瓦解。这就为苏军创造了更为有利的战略形势。最高统帅部巧妙地利用这一形势为1944年的战役进行了准备。

这一时期，已经没有一个法西斯德国的盟国和中立国相信希特勒制度能够避免彻底崩溃。但是，最主要的问题还在于，甚至连德国那些曾经把希特勒捧上了台，并在以后多年千方百计给予支持的人物，都对希特勒的统治丧失了信心。德国许多被战争初期轻易的胜利冲昏头脑的人现在已经懂得：他们在整个法西斯统治时期犯了致命错误，德国是不能够同得到反希特勒联盟加强的苏联武装力量相抗衡的。

最高统帅参加德黑兰会议回来后说：

"罗斯福已明确表示将于1944年在法国广泛采取行动。我想，他是会履行自己的诺言的。"

同往常一样，斯大林在心情好的时候，总是不慌不忙用"黑塞哥维那弗洛尔"牌的烟叶装满烟斗吧嗒吧嗒地抽起来，吐出一团又一团的烟云，同时在办公室的长条地毯上踱来踱去。

"如果他不履行自己的诺言，"斯大林大声接着说，"那我们靠自身的力量也足够彻底打垮希特勒德国。"

在斯大林这次谈话之后，1943年12月在他的办公室召开了联共（布）中央政治局、国防委员会和最高统帅部部分成员的联席会议。会上全面研究了我国的军事政治形势。为此，把我和华西列夫斯基从前线叫了回来，当时我们在部队担任最高统帅部代表。最高统帅确定由华西列夫斯基和他的第一副总参谋长安东诺夫做关于前线形势的报告。

在这次会议上得出的主要结论是：苏联人民在党的领导下已取得对敌的军事经济优势。我方的优势现在决定着尔后的战争进程。因此，我们必须确定利用这一优势的最有效方法。

最高统帅部和总参谋部计算了我军的全部能力，深刻地分析了从巴伦支海到黑海一线整个战略纵深敌军的状况。通过分析表明，战争进程的转折为我们开辟了广阔的前景。

兵力兵器方面的对敌优势，苏军手中的主动权，军队的有利配置，巨大的人力和物力后备以及其他有利因素使我们有可能在现在按一种新的方式来解决苏德战线的战略任务。苏联后方顽强而不间断的工作，保障了对作战部队一切必需物资的计划供应。现在我们已能够不仅在一两个方向上，而且在整个战略战线连续准备和实施大规模的战役。与此同时，敌人抗击我军这些突击的能力却大大减少了。

后来，斯大林又在他的办公室召集了少数几个人，提出了有关实施1944年战局新样式的问题。事先他已分别征求了这些同志的意见。

这次会议，像往常一样，是不做什么记录的。大家讨论的问题是：为了进一步摧毁敌基本力量和彻底粉碎法西斯集团，究竟应当把兵力兵器集中到哪里。结果，这样的地区在整个战略战线共有十处。讨论结束后，最高统帅命令总参谋部作出有关在这十个地区实施突击的初步设想。

只要每次战役的基本企图一经确定以及初步计算出所需的兵力兵器，最高统帅部像往常一样，就逐个征求那些准备参加1943—1944年冬季战局有关战役的各方面军司令员的意见。总参谋部在搜集到各方面军司令员的意见后，立即大力展开各次战役的准备工作。与此同时，预备队的组建、训练和装备工作也在全力进行。为此，国防人民委员部下属各总部首长和红军总后勤部长曾作出了巨大贡献。

最高统帅不断在检查1944年各次战役的准备情况。他精力充沛，经常注视所作决议的全面贯彻执行情况，而且特别重视坦克部队、空军、炮兵和前后方的党政工作。

战争的每一阶段和每次大规模战役都有其明显特点。1944年战役的明显特点是，我军在战略战线各个不同地区实施的突击，既威力巨大又出其不意。我们的作战行动所力求达到的是：尽管敌人机动兵力兵器，但它却到处赶不上需要；敌人减少兵力的地方，正是我们下次突击的目标。应当说，最高统帅部的预见经常是十分准确的。

在1944年战局的准备工作中，各类侦察机关担负着特别复杂的任务。它们圆满地完成了自己的任务，对敌情的介绍是相当全面的。

对希特勒德军的第一次突击是1944年1月在列宁格勒和诺夫哥罗德地区进行的。由于我军在这次突击中取得了胜利，法西斯德军对列宁格勒地区的封锁便随之彻底解除。苏军解放了列宁格勒州和加里宁州的一部分，并进入了爱沙尼亚领土。

第二次突击是在乌克兰第聂伯河右岸地区进行的。这次突击很复杂，包括许多作战行动，主要是1944年2—3月在科尔松—舍甫琴柯夫斯基和南布格河地区进行的一系列大规模进攻战役。结果德军遭到了粉碎，并被驱逐到德涅斯特河的西岸。由于进行了这次突击，整个乌克兰第聂伯河右岸地区获得了解放。苏军前出到一片有利的地区，从而可以进一步向东南欧和巴尔干发动深远的进攻，以解放当时尚由安东尼斯库法西斯独裁政权统治的罗马尼亚和霍尔蒂掌权的匈牙利，并消灭其他敌对力量。

1944年的4—5月间，红军在敖德萨和克里木地区进行了第三次突击。通过这次突击，苏军从希特勒的占领下解放了敖德萨、塞瓦斯托波尔和整个克里木半岛。

在卡累利阿地峡和拉多加湖与奥涅加湖地区进行的第四次突击导致了苏联卡累利阿大部地区的解放，并促成了芬兰退出追随德国的战争。这就使得位于北极圈内的法西斯德军处于极其不利的态势之中。

第五次突击于1944年6—8月在白俄罗斯地区进行。突击对象是德军负责掩护通往德国各主要的和最短道路的"中央"集团军群。我军先在维捷布斯克、莫吉廖夫、博布鲁伊斯克地区沉重地打击了德军，然后在明斯克以东围歼了德军20多个师。苏军在追击过程中解放了白俄罗斯、波兰东部的大片地区和立陶宛苏维埃社会主义共和国的大部分。德军把这些遭遇看作他们在白俄罗斯地区"巴格拉季昂"战役中的彻底失败。

第六次突击由乌克兰第 1 方面军于利沃夫地区进行。红军部队强渡了维斯瓦河,并在该河的对岸桑多梅日以西建立了大片桥头堡。与此同时,白俄罗斯第 1 方面军在华沙以南也建立了两个桥头堡:一个在莫马努谢夫地区,另一个在普瓦维地区。这时,苏军各方面军已具备发起决定性突击——进攻柏林的有利条件。

第七次突击导致了德国和罗马尼亚军队在基什尼奥夫—雅西地区遭到围歼。这次突击的结果是,消灭了敌军约 22 个师,我军前出到罗马尼亚中部地区。这次突击解放了摩尔达维亚苏维埃社会主义共和国,导致了罗马尼亚退出战争,并转向法西斯德国宣战。接着,我乌克兰第 3 方面军和黑海舰队的兵力进入保加利亚。保加利亚在 1944 年 9 月 9 日发生了人民革命,从而站到了反希特勒联盟一边对德作战。

第八次突击是 1944 年秋在波罗的海沿岸地区进行的。爱沙尼亚苏维埃社会主义共和国的全部和拉脱维亚苏维埃社会主义共和国的大部分得到解放。溃败的德军残部被压缩到波罗的海岸边的库尔兰。9 月 19 日,芬兰签署了停战协定。

1944 年 10—12 月,苏军在匈牙利境内的蒂萨河和多瑙河之间展开了第九次突击的进攻战役。这次突击使德国实际上失去了它最后的一个盟国——匈牙利。红军直接帮助南斯拉夫解放了首都贝尔格莱德。

第十次突击发生于 1944 年 10 月苏德战线最北部的地段上。这次突击使苏联北极地区和挪威东北部的法西斯德军遭到粉碎和驱逐。

苏军在 1944 年取得的巨大胜利,充分说明那一阶段最高统帅部在计划战略行动时所采取的方法是正确的,也雄辩地证明了我最高军事领导人的远见卓识。敌人的主力遭到了最惨重的失败,苏军则前出到有利于实施欧洲最终战局的出发地区。

在整个战争期间,作战的方法不断得到改进,最高统帅部用以影响战事进程的手段不断增多。兵力兵器部署的变更越来越巧妙,各方面军之间、陆军同空海军之间的协同动作也组织得越来越好。我军作战指挥干部学会了给部队规定目标,确定合理的分界线和在必要时改变这些分界线。

在整个战争期间,最高统帅部预备队始终是出敌意外地从根本上改变战役战略形势的主要手段。读者可以在本书有关介绍英勇的莫斯科保卫战、斯大林格勒和库尔斯克会战、白俄罗斯"巴格拉季昂"战役的各章中和其他的一些章节中读到关于使用战略预备队具体情节的描述，读者还将发现预备队通常都是在主要方向上集中地投入交战的。因为这样可以保证取得巨大的战果。

要知道，不管标在图上的企图和计划多么好，如果没有相应的兵力兵器保证，那仍然是一纸空文。战局和战役的胜利直接取决于部队在预备队、武器装备、弹药、燃料以及其他物质器材方面的保障程度，取决于医治伤员和归队工作的好坏。

预备队的组建和训练远不是一件轻而易举的事情。为了领导和检查督促组建预备队及后备部队和教导部队的工作，为了训练开赴前线的补充兵员，1941年成立了以正集团军政委级的夏坚科为部长的红军编练总部。在内战时期，夏坚科是骑兵第1和第2集团军革命军事委员会的委员。他是一位要求很严格的人和能干的组织者。

编练总部负责解决的问题有：补充和建立经过训练的各兵种预备队以及检查督促为各方面军作战部队从后备部队和教导部队提供补充兵员的工作。

给部队保障物质器材的工作由总后勤部负责。红军总后勤部长是安德烈·瓦西利耶维奇·赫鲁廖夫大将。后勤工作的组织者和指挥者的活动值得广泛宣传。这些活动既是艰巨的，而又不是经常能够看得出来的，但是后勤在苏联武装力量取得胜利方面所做的贡献是巨大的，并赢得了苏联人民的深切感谢。

1941年7月3日斯大林向苏联人民发表了广播演说，1941年7月中旬联共（布）中央委员会又作出了《关于在德军后方开展斗争》的特别决定，在此之后，凡是法西斯军队侵入的地方到处都有由地方党组织建立和领导的游击队积极展开活动。早在1941年，在敌占区开展工作的就有18个地下州委，260多个地委、市委、区委和其他一些地下党的机构，以及300多个共青团的市委员会和区委员会[1]。人民复仇者的战斗活动和地下工作的秘密战线成了具有巨大军事政治意义的因素，应当善于运用这些因素来削弱和消灭敌人。

如果说战争头一年在游击运动的领导方面还缺乏应有的组织计划性和集中统一指挥的话，那么，在以后的几年，最高统帅部指挥敌后的军事行动时就显得既自信又坚定。这是因为1942年5月30日最高统帅部

---

[1]《第二次世界大战史（1939—1945年）》，1981年，中文版，第4卷，第221页。

建立了以白俄罗斯共产党（布尔什维克）中央委员会书记波诺马连科为首的游击运动总司令部。

我很早就认识波诺马连科。他是一个坚定的共产党人。他没有辜负党对他的信任，成了一位组织人民复仇者活动的真正领导者。

除了总司令部，一些共和国和州都建立有游击运动司令部，而在各方面军司令部则设有游击武装联络处。这样，我们就真正有可能去使整个游击队积极地配合军队活动，并协调好游击队同各方面军战役之间的关系。

游击队的总任务由联共（布）中央委员会和最高统帅部赋予。这些总任务再由各党组织和游击运动的领导机关在现地根据情况加以具体执行。

游击运动的任务基本上可归结为：给希特勒军队造成无法忍受的处境，消灭敌人的有生力量、技术兵器和物质器材，打乱其后方工作，破坏法西斯占领军军事政权和行政机关所采取的措施。游击队的行动增强了那些暂时处于被占领土上的苏联人的信心，从而使他们也能在我国最后战胜敌人的事业中积极展开对侵略者的斗争。

游击队的作战行动给敌人带来了巨大损失，挫伤了他们的士气，破坏了敌军的运输和机动，这一切给德国法西斯统帅部组织的战役造成了特别严重的后果。虽然，为了消灭游击队，德军采取了种种凶残的手段，但人民复仇者的力量却在日益壮大和巩固，苏联人民对敌人的深仇大恨和尽快消灭希特勒侵略者的意志却在不断增长。

游击队的上述任务及其重要性，说明游击队只能有组织地、整个兵团、整个支队地进行活动。所有的游击队和人民复仇者的地下组织都曾参加执行过这些任务。

各地平常对游击武装的领导由我党的地下组织负责。这些地下党组织的工作，意义非常重大。地下共青团组织是党的积极助手。我们的年青一代必须了解过去那些由共产党员和共青团员所从事过的英勇活动，他们组织和鼓舞了暂时处于希特勒分子统治下的苏联人起来同敌人做斗争。

游击运动总司令部一直存在到 1943 年年底。1944 年年初，苏联大部分领土获得解放，游击运动总司令部随之撤销，游击武装的领导全部转由共和国和州的党组织负责。

在研究对战争的政治领导和军事战略领导时，应当特别谈一谈像红军总政治部、海军总政治部、各方面军和各舰队的军事委员会和政治部这样一类重要的党的集体领导机关。这些机关在伟大卫国战争时期，在保证战胜德国法西斯方面所起的作用跟所有的党政机关一样，是巨大的。值得专门详细地加以分析研究。

最近，这一任务在一系列的军事历史著述中正在获得解决。可是，编写一些有重大价值的科学著作的必要性早已成熟，这些著作要能够对战争时期政治机关多方面的活动做一些全面的探索。总政的工作，自1942年年中党和国家的著名活动家、政治局候补委员、联共（布）中央委员会书记和莫斯科市委书记亚历山大·谢尔盖耶维奇·谢尔巴科夫担任主任职务以来，成绩特别显著。

斯大林很尊敬和信任亚历山大·谢尔盖耶维奇。直到1945年，谢尔巴科夫还同时兼任苏联情报局局长。在1941年英勇的莫斯科保卫战时期，谢尔巴科夫属于那种善于在首都保卫者的心中燃起对法西斯匪徒炽烈的仇恨之火的人，法西斯匪徒曾不惜任何代价力图攻占莫斯科。

军队的整个政治工作、党对广大战士的领导和影响是通过政治机关和党团组织直接在部队和分队实现的。部队的司令员和各级指挥员广泛地依靠这一普遍的党政工作系统来进行工作。各政治机关、党团组织对每一部队的状况及其战斗力负有特殊的责任。它们力求做到，使共产党员和共青团员在艰难复杂的情况下带领广大战士前进，并坚决同惊慌失措和无组织的现象进行斗争。党政机关经常推广战斗经验，推广英勇、主动、机智以及在战斗中互相支援的先进事例。部队的政治工作不断地改进，曾起到较好效果，这对取得胜利具有重大意义。

最高统帅部的活动是与斯大林的名字分不开的。战争时期，我经常同他见面。在大多数场合，同他见面都是为解决战争指导问题而安排的正式会见。可是，甚至简单地请去吃一顿午饭，我们也总是用来谈论有关这方面的问题。使我深感满意的是，斯大林的工作中没有一点形式主义。凡是按最高统帅部和国防委员会由他安排的工作，他总是要求这两个高级机关作出的决定马上得到贯彻执行，决定执行情况则由他本人认真地亲自检查，或由他指定另一些领导干部或机关检查。

国防委员会和最高统帅部是在战争期间根据苏联最高苏维埃主席团、联共（布）中央委员会和苏联人民委员会的决定而建立的两个独立的非常机关。但是，由于斯大林既领导国防委员会又领导最高统帅部，因此，通常不讲究形式上的那套东西。国防委员会开会时经常请最高统帅部的成员参加，同样，最高统帅部在研究某些重要问题时也有国防委员会的委员参加。两个单位经常在一起工作，好处很多：不会在研究贯彻执行各项任务时浪费时间,而且还可使这两个国家机构中的人经常掌握情况。

当然,最高统帅部和国防委员会的这样一种工作方法对于这两个机构的成员来讲,实际是负担很重的。但是,当战争正在进行时,谁也没有去想这些,因为每一个人都是全力以赴地在进行工作。大家都在看着斯大林,而斯大林尽管上了年纪,但却总是精力充沛不知疲倦。当战争结束和出现了比较平静的劳动生活时,斯大林却不知怎么地一下子老了起来,他开始变得不再那么活跃,更不爱讲话,老是在思考问题。过去的这场战争和所有与这场战争有关的因素,对斯大林的影响是很大的,也是很明显的。

我这本书第一版的读者不止一次地问我,最高统帅部和作为最高统帅的斯大林在工作中是否有过错误?

在本书分析战争具体情节的那些章节中,我谈了关于领导武装力量工作中发生过的某些错误和失策。前面我已经说过,随着作战经验的日益增多,错误和失策都得到了成功的纠正和弥补,并变得越来越少。

斯大林在战胜法西斯德国及其同盟者的事业中作出了巨大的个人贡献。他的威望是极高的。因此,任命斯大林为最高统帅是得到人民和军队热烈拥护的。

诚然,在战争初期直到斯大林格勒会战之前,最高统帅也有过错误。这些错误正像人们所熟知的那样,在每个人身上都可能发生。他深深地思考过这些错误,不仅深感痛心,而且极力从中吸取经验教训,避免以后重犯。

依靠党中央的全力支持、地方党的组织工作以及同法西斯奋战的苏联人民的强烈的爱国主义精神,最高统帅成功地履行了他在这个最高职位上所担负的职责。

米哈伊尔·萧洛霍夫在战胜法西斯德国25周年的日子里对来访的《共青团真理报》记者说得好:"不能把那一时期斯大林的活动说得一塌糊涂,并加以贬低。第一,这样做不正派;第二,这对国家、对苏联人都是不好的。之所以不好,倒不是因为人们对胜利者不应该指责,而首先是因为'打倒'就不符合实际情况。"

对萧洛霍夫的这些话未必能再做任何补充。这些话是真实而又公正的。最高统帅为使最高统帅部及其工作机构——总参谋部、各方面军军事委员会成为党在战胜法西斯德国的事业中真正杰出而能干的军事助手,为此尽了自己的一切努力。

斯大林通常是在克里姆林宫自己的办公室里办公。这是一间宽敞而又光线充足的房子，四壁镶有染色的柞木板。室内陈放着一张覆盖着绿色呢绒的长桌。墙上挂着马克思、恩格斯和列宁的像。战争期间，还增挂了苏沃洛夫和库图佐夫的像。再就是几张黄色的椅子。此外，就没有任何多余的陈设了。隔壁的一间房子里放着一个大地球仪，旁边有一张桌子，墙上挂着各色各样的世界地图。

在办公室最里边靠着关闭着的窗边放着斯大林的写字台。上面经常堆满文件、纸张和地图。这里还放着载波电话机和克里姆林宫的内部电话机，以及一筒削尖的各色铅笔。斯大林通常用蓝色铅笔写字，字写得很快，笔画清晰易辨。

在进入斯大林的办公室之前需要先通过波斯克列贝舍夫工作的外间和最高统帅私人卫士长的一间小房。办公室后面是一间不大的休息室。在电话间里备有同各方面军司令员和最高统帅部代表通话的电话机。

总参的工作人员和最高统帅部代表常常就是把地图摊在那张大桌上，站着向最高统帅汇报各方面军的情况，偶尔看看笔记。斯大林通常是一面听着，一面迈着大步在办公室里缓慢地来回走着。他不时地走近那张大桌子，弯下身子，凝视着打开的地图。有时，他回到自己的办公桌边，拿起"黑塞哥维那弗洛尔"牌的烟盒，抽出几支烟卷，捏得粉碎，并把烟丝慢慢地装进烟斗。

斯大林的工作作风一般都是实事求是的，不感情用事，准许大家把自己的意见全都讲出来。最高统帅对谁都一样严格而又非常严肃。他善于听取那些有真知灼见的报告。他自己讲话不多，也不爱别人多讲，他经常用"讲短点！""讲清楚点！"一类的插话打断对方的发言。他主持开会时，从不讲开场白一类的话。他的发言声音轻、口齿好，能抓住问题实质，言简意赅，表达思想清晰。

根据在战争时期的长期观察，我深信斯大林完全不是那种不允许别人提出尖锐问题，不允许别人同他争论以至坚持己见的人。如果有谁得出相反的结论，我就要直截了当地对他说，他的结论是错误的。

斯大林要求每天向他报告各方面军的情况。在去向最高统帅汇报之前，必须很好进行准备。如果说，带去的地图上留有某些"空白点"，汇报的都是些笼统甚至夸大的情况，那是通不过的。他不允许想当然的回答，他要求详尽而又明确。

最高统帅对报告和文件中的弱点特别敏感，他很快就能发现这些弱点，并严厉批评当事人。他具有惊人的记忆力，对讲过的东西记得很牢，他不放过机会严厉申斥那些丢三落四的人。因此，我们在拟制司令部文书时总是根据战时条件尽可能做得认真仔细些。

正当前线形势极其严重（特别是战争初期）、战时条件下的生活秩序尚未最后建立的时候，感谢总参的领导成员，他们很快便在整个总参谋部里建立了一种实事求是和富有创造性的气氛，尽管当时的工作紧张到了极点。

整个战争期间，我既没有失去过同总参谋部的个人联系，也没有失去同它的工作联系，它对我在前线准备和实施各次战役有过很大帮助。总参谋部通常总是熟练而迅速地起草最高统帅部的各种训令，严格注视着最高统帅部指示的执行情况，它还领导着各军兵种司令部的工作，说理充分地向最高统帅部报告重大问题。

斯大林在重要问题上的意见，很大程度是根据派往部队的最高统帅部代表的报告得出的，是根据总参谋部的结论、各方面军司令员的意见、建议和专门报告得出的。

我同斯大林的直接接触开始于1941年2月，当时我刚担任总参谋长的职务。关于斯大林的外表，人们已经描写过不止一次了。斯大林身材不高、外貌平常，但谈起话来却给人以深刻印象。他从不装腔作势，而是使交谈者感到平易近人。斯大林那种无拘无束的谈吐、明确表达思想的能力、善于分析的头脑、渊博的学识和罕见的记忆力，使得甚至一些有经验的知名的人物同他谈起话来也要集中精力、全神贯注。

斯大林不喜欢坐着，谈话时他总是在房间里走来走去，并不时停下来，走近交谈者，直视着对方的眼睛。他的目光明亮而锐利。他说话声音很低，一句一顿分得非常清楚，几乎不借助手势。手里经常捏着烟斗，甚至捏着已经熄灭的烟斗，并喜欢以烟斗压理短须。他讲话时格鲁吉亚口音很重，但他精通俄语，并喜欢运用各种生动的对比、文学典故和隐喻。

斯大林不常发笑，而笑起来也很轻，几乎听不见声音。可是，他说话幽默，爱开玩笑、说笑话。他的视力很好，在任何时间看东西从不戴眼镜。写东西常常亲自动手。他书读得很多，知识十分渊博。他有惊人的工作能力和迅速抓住要领的本事，所以能在一天中阅读和掌握大量各方面的材料，而这是平常人做不到的。

很难说出他具有哪一种性格特征。斯大林是一个有着多方面的才能和天赋的人，但他不够平稳。他具有坚强的意志，性情深沉而又容易冲动。他在一般情况下是冷静而理智的，但有时就激动起来。出现那种情况时，他就会丧失客观态度，眼看着完全变成了另一个样子，脸色更加苍白，目光也变得迟钝而严峻。能够经受得住斯大林的怒斥并给予回敬的大胆人物我是知道得不多的。

斯大林的作息时间是有些与众不同的。他主要是在晚上和夜间工作。他起床的时间不早于中午12点。为了适应斯大林的作息时间，党中央委员会、人民委员会、各人民委员部和各主要国家机关及计划部门都要工作到深夜。这就大大增加了人们的疲劳。

在战前时期，我很难对斯大林在军事科学领域、在战略和战役学方面掌握知识的深度和能力作出评价。我已经说过，当时我到政治局或斯大林个人那里去，主要是研究一些关于组织方面、动员方面和物质技术保障方面的问题。

我只能重复一点，即使在战前，斯大林也曾十分关心武器装备和技术兵器的问题。他经常把飞机、火炮和坦克总设计师请去，详细询问他们国内外有关上述各种技术兵器的构造情况。应该承认，他在各类主要武器装备的质量上懂得不少。

斯大林要求总设计师和军工厂厂长（他认识其中许多人）在规定期限内生产出各式飞机、坦克、火炮和其他重要技术装备，并且在质量上不仅要达到，而且要超过外国的水平。

正如我已经指出的那样，没有斯大林的批准同意，任何型号的武器装备都不可能列入部队装备或从部队装备中取消。这种做法，一方面束缚了国防人民委员及主管红军武器装备的副国防人民委员的主动性；但另一方面应当承认，这种做法在许多情况下却促进了新设计的各种技术兵器的尽快投产。

经常有人问我，斯大林究竟是不是军队建设方面的杰出的军事思想家和通晓战略战役问题的军事家？

我可以肯定地说，斯大林通晓组织方面军和方面军群战役的基本原则，并且熟练地指挥了这类战役，他精通重大的战略问题。最高统帅斯大林的这方面的才能，从斯大林格勒会战开始表现尤为突出。

有一种流行的说法，认为最高统帅是凭地球仪来研究情况和定下决心的，这与事实不符。当然，他不去研究战术要图，而且这对他也无必要，但他对战役情况图却是很熟悉的。

斯大林在领导整个武装斗争方面得力于他的天赋的智慧、政治领导经验、巨大的洞察力和渊博的知识。他善于从战略情况中找出主要环节，并抓住这个环节，采取对策，组织相应的进攻战役。毫无疑问，他是当之无愧的最高统帅。

当然，斯大林不去研究那些需要由部队和各级首长在周密准备集团军、方面军或方面军群战役时必须仔细研究的全部问题，这对最高统帅来说，也不一定就有必要。遇到这种情况，他自然要同最高统帅部成员、总参谋部以及炮兵、坦克兵、空军、海军、后勤供应问题专家商量。

有人把军事科学方面的一系列基本原则的制订，包括炮兵进攻的方法、夺取制空权的方法、合围敌人的方法、分割被围敌军集团并加以各个歼灭的方法，都归功于斯大林个人。

事情不是这样，所有这些最重要的问题，都是同敌人作战过程中，部队广大军事指挥员深思熟虑和总结经验的成果。

斯大林的功绩就在于他迅速而正确地采纳军事专家的意见，加以充实和提高，然后以概括的形式——守则、指令、教令——立即推广到部队中去，指导实践。

此外，在战役保障方面、在建立战略预备队方面、在组织技术兵器生产方面，总之在为前线提供一切必需品方面，我坦率地说，最高统帅是一位杰出的组织家。如果我们不承认这一点，那是不正确的。

当然，我们首先应当衷心感谢苏联人民，他们为了完成党所提出的战胜敌人的任务，什么都可以放弃，他们废寝忘食，尽了自己的一切努力。

结合叙述自己经历的各次战局和战役，我还将多次谈到最高统帅部及其各工作机关的活动情况。这里我认为有必要再指出一点，即每一具体战役都有其本身的特点。这些特点与作战目的、部队任务和敌人的特征（它的意图、编成、战斗力、兵力兵器配置、机动性以及突袭我军的能力）有关。

各次战役都有其本身的规模，如进攻战役中军队行动地带的宽度、突击的纵深和进攻的速度等，因而各不相同。

我们的每一次战局或战役都要求做到深思熟虑，这包括周密地制定战役企图，准确地规定参战部队的总目标和各阶段目标、他们的任务以及与目标及任务相适应的战役布势和战斗队形。

在组织战役时，最高统帅部特别重视搞好各方面军和集团军之间以及各军兵种之间的密切协同动作。一切有关协同动作的规定事项，包括兵力兵器数量，首先均标示在总参谋部和各参战方面军的地图上。但这还不够。

在最重要的时刻，最高统帅部代表亲临作战地域，不仅在图上，而且还到现场去就各项任务、具体时间和地区、兵力兵器以及各军兵种的行动方法进行协调，以便充分发挥它们的作用，做到万无一失。最高统帅部根据其代表每天关于执行任务情况的报告可以准确地判断战役准备的程度。

需要进行全面分析研究的主要问题还有：夺取制空权的方法，组织各种侦察，准备情况资料。

军队的指挥受到了重视。显然，斯大林已认识到战争初期在这一问题上所犯的错误，他在派我和华西列夫斯基去前线充当最高统帅部代表时，不止一次地要我们细心观察各司令员指挥军队的情况。

应当说，我军务方面军和集团军司令员有一点是值得赞扬的：他们经常牢记自己对祖国、对党应尽的天职，不断顽强地学习复杂的统帅艺术，并逐渐成为精通这门艺术的专家。

我从来没有见到最高统帅部召开过全会。甚至在讨论有三四个方面军参加的极重要的战役和战局时，参加最高统帅部工作的也只有最高统帅约请过的那几名委员或某些在当前战役中负有特殊任务的人。

最高统帅对待最高统帅部的各个委员远不是一样的。例如，他对苏联元帅鲍利斯·米哈伊洛维奇·沙波什尼科夫就十分尊重：他称呼沙波什尼科夫只用其名字和父名①，而且在跟沙谈话时从不提高嗓门儿，即使不同意沙所做的汇报，也是这样。沙波什尼科夫是斯大林准许在他的办公室里抽烟的唯一的一个人。

这样对待沙波什尼科夫是完全应该的。鲍利斯·米哈伊洛维奇是我国军事学识最渊博的学者之一，他既有军事科学的理论知识，又在战略战役问题方面有丰富的实际工作经验。在第二次世界大战已经展开的情况下，解除沙波什尼科夫红军总参谋长的职务，任命他为负责修建筑垒地域的副国防人民委员，我个人认为是错误的。

1941年7月30日，当我被任命为预备队方面军司令员时，沙波什尼科夫又重新当上了总参谋长。他十分熟悉总参业务，迅速采取了一系列组织措施，从而改进了最高统帅部下属的这一主要工作机关的工作。沙波什尼科夫本人热爱劳动，善于和群众一起工作，这大大促进了作战军队指挥艺术的提高。特别是促进了总参谋部指挥军队艺术的提高。

遗憾的是，年龄、工作重担，特别是疾病使得他未能做到整个战争期间都在总参谋部工作。1942年5月，他把职务交给了他的非常称职的

---

① 这是尊敬对方的一种称呼方式。——译者注

第一副手华西列夫斯基,他对华西列夫斯基的评价是很高的。1943年6月,沙波什尼科夫被任命为伏罗希洛夫高等军事学院院长。

斯大林对华西列夫斯基特别尊重,华西列夫斯基对战略战役情况的判断总是准确无误。正是因为这一点,斯大林常派他到苏德战线的重要地段上去充当最高统帅部代表。在战争期间,他作为高级军事首长和深湛的军事思想家的才能得到了充分的发挥。在斯大林不同意他的意见的情况下,华西列夫斯基能够以有力的论据使最高统帅确信,在当时情况下,除了采纳他的建议,就不可能有其他选择。

莫洛托夫也曾受到斯大林很大的信任。当最高统帅部研究战略战役问题和其他重要问题时,他几乎总是出席的。在他们之间经常出现分歧意见和激烈的争论,通过争论最后才得出正确的决定。

最高统帅十分重视安东诺夫的意见,甚至在他还不是最高统帅部成员、只临时代理总参谋长职务时,就已是如此。在最高统帅部颁发的一些训令上,经常在斯大林的签名之后也有安东诺夫的签名。

我想不妨在这里再谈一谈最高统帅对各方面军司令员和参谋长的看法。据我观察,斯大林最看得中的方面军司令员有苏联元帅罗科索夫斯基、戈沃罗夫、科涅夫和瓦图京大将。最高统帅最注意的集团军司令员有格列奇科和莫斯卡连科(现均为苏联元帅),坦克兵元帅雷巴尔科、罗特米斯特罗夫、列柳申科大将、费久宁斯基大将。

在方面军参谋长中,最高统帅特别欣赏的有战后成了苏联元帅的索科洛夫斯基和扎哈罗夫,以及马利宁大将。

得到斯大林好评的还有远程航空兵司令戈洛瓦诺夫空军主帅,红军炮兵司令沃罗诺夫炮兵主帅。一些重要任务,他都是亲自赋予他们的。

在海军将领中,斯大林对苏联海军上将伊萨科夫的评价是很高的。

这里我还不能不说几句关于赫鲁廖夫的好话。最高统帅很重视赫鲁廖夫的意见,经常就部队广泛的供应问题同他商量。

不可能把所有得到斯大林信任的人全都列举出来。我想说明的只有一点,即他对这些人都有直接深刻的了解,并且很珍惜这些人的知识和对党事业的忠诚,因此,每当出现特别重要的任务时,首先总是交给这些人去完成。

从战争开始的头几天起,到战争结束的最后几天为止,我曾经有机会参加最高统帅部的工作,看到了总参谋部和国防人民委员部的工作,并且同国防委员会的工作有过直接接触。可以肯定地说,苏联的军事战略领导是具有极高水平的。

在战争过程中，我们的最高统帅部以较短的时间克服了战争初期出现的巨大困难，苏联的武装力量保卫了列宁格勒，在莫斯科和斯大林格勒城下、库尔斯克弧形地带、白俄罗斯和乌克兰粉碎了德国法西斯军队，并从敌人那里夺取了战略主动权，以便尔后以毁灭性的打击使战争胜利结束。

所有这一切都说明，建立在马克思列宁主义科学基础之上的苏联军事学术比德国法西斯的战略、战役和战术优越。我最高统帅部深刻分析当前的战略战役形势，准备和采取克服困难的有效措施，并把前后方的力量，整个人民的力量组织在一起，以便最后战胜敌人。希特勒及其同伙们背信弃义地对苏联发起了进攻，他们所碰到的是一支新型的军队，是一支以苏联爱国主义和无产阶级国际主义精神教育出来的，具有明确的奋斗目标——保卫第一个社会主义国家的军队。苏联士兵的特征在于他们对本身负有的解放使命具有高度的觉悟，他们随时准备为了自由和祖国的独立，为了社会主义作出自我牺牲。

说到这里，我认为有必要也来谈一谈自己对于法西斯德军最高统帅部的看法。正像前面已经指出过的那样，希特勒军政领导集团在夺占了欧洲大部分地区以后，自以为是地认为，法西斯德国的军事学术已达到了登峰造极的地步。这种极端盲目的自信不是偶然的。它是建立在人种优越这一法西斯思想体系之上的，是建立在已不止一次把德国拉向了灾难边缘的普鲁士军国主义的传统基础之上的。希特勒及其将军们动员的不只是德国而且实际是整个欧洲的全部军事工业，他们把自己的赌注全都压在通过闪击打垮苏联这张王牌之上。他们过高地估计了自己的力量和能力，过低地估计了苏维埃国家的人力、物力和潜在能力。

希特勒把"巴巴罗萨"计划破产和其他各次战役失败的全部过错全都推到了他手下的那些元帅和将军的身上。他说，他们这样平庸无能，实际上无法实现他的"天才的"计划。

希特勒死后，整个情况全都倒转了过来：被指责的人成了指责者。现在他们公开宣称：造成这次战争中德国失败的罪魁祸首是希特勒，他们对自己积极参与对苏战争的行径却"谦虚地"一字不提，而他们其中的许多人却是苏联土地上法西斯德军暴行的直接参与者。

但不管是希特勒制度也好，希特勒的将军们也罢，鉴于他们所犯的罪行，人民的法庭将永远把他们判钉在历史的耻辱柱上。

希特勒统帅部在为实现第三帝国的战略企图而制订对苏战争和战役计划时，非常关心这些措施的严格保密。应当承认，这项任务德军统帅部是完成得不错的。由凯特尔和约德尔领导制订的"恒情报计划"的实现对德国并不是没有好处的，这一计划的目的在于造成一种似乎德军正准备入侵英国的假象。在战争开始时，德军的这种做法使得我们当面的整个情况变得十分复杂。

但是，人们很快就已看清，从整个来说，"巴巴罗萨"计划是难以实现的。这一计划的基本思想，据我们所知，在于包围和歼灭配置在边境军区的红军主力。敌人原指望，只要消灭上述兵力，苏军最高统帅部就再也没有力量来保卫莫斯科、列宁格勒、顿巴斯和高加索了。但是，这些任务，法西斯德军统帅部未能实现。

法西斯德国政府和纳粹军事领导原来错误地指望苏联不堪一击。他们万万没有想到，苏联人民在生死攸关的危急时刻，紧密地团结在共产党的周围，以一种不可抗拒的力量奋起抵抗。这一点，他们很快就在所有的战略方向上感觉到了。

希特勒领导集团竟毫无根据地认为，红军是抵挡不住法西斯德军的，因为领导红军的都是一些现代战争阅历不足的年轻将领。

使希特勒匪军完全感到意外的是，他们在苏联国土上碰到了一场可以说是在两条战线展开的战争：一方面要同红军的正规部队作战；另一方面还得对付后方有组织的游击队武装。

在斯大林格勒地域和北高加索的法西斯德军遭到粉碎之后，希特勒最高统帅部已无力应付前线出现的情况。由于主动权业已丧失，德军最高统帅部采取的一些愚蠢的决心，只能加速第三帝国的最后崩溃。

建立在社会主义社会制度和国家制度的优越性基础之上的苏联军事科学是保障战胜法西斯德国的极其重要的因素。在卫国战争期间，军事科学有了很大发展，并为战术，战役学和战略范畴的极宝贵经验所丰富。迄今为止，它一直忠实地服务于并将服务于苏军的训练工作和我们伟大祖国国防的巩固。

列宁曾经指出，只要帝国主义存在，就存在着战争危险：我们的党牢记列宁这一教导，特别重视武装力量的建设和武装斗争方式方法的研究，以便经常使陆海军处于高度战备状态。与此同时，也运用以往战争的经验。我们这些苏军的老战士，伟大卫国战争的参加者高兴地看到，我们的知识和经验，即使在火箭、无线电和原子时代，对于社会主义祖国也是需要的和有用的。

现在我们再回过来谈论伟大卫国战争的严峻事态。

第十二章
肃清叶利尼亚突出部

战争进入了第二个月，被大肆宣扬的希特勒要在最短期间消灭红军、夺取莫斯科和进抵伏尔加的诺言成了泡影。

但这绝不说明国家面临的危险有任何缓和。不，敌人还在长驱直入，节节胜利。整个苏德战场的斗争很激烈。

斯摩棱斯克会战的结局，对战争的尔后进程产生了重要的影响。虽然斯摩棱斯克城市已于7月16日沦入敌手，但是西方方面军的防御阵地并没有崩溃，仍屹立在通往首都的道路上。希特勒的那些惯于在西欧轻易取胜的军官、将军乃至士兵，这时开始产生疑虑和失望的情绪。

而我军的士气则日益高涨。红军总政治部在根据联共（布）中央的指示于7月中旬向部队下达的两项重要训令中，分析了三周以来的战争形势，要求共产党员和共青团员在作战中，在执行命令中发挥先锋作用。

敌军虽然在莫斯科和基辅方向遭受挫折，但这暂时还不能证明它的虚弱。它的装甲坦克兵团、航空兵以及步兵，还完全能够实施密集突击，使我军遭受严重损失。但敌人此时已不得不谨慎从事，而且已无力在所有的战略方向上实施突击：苏军最高统帅部在这一阶段的任务是，密切注视敌人重要突击的准备和方向，并以我之机动对付敌人的机动。

我同总参作战部长兹洛宾将军、他的副手华西列夫斯基将军以及其他负责人一起讨论了当时前线的形势以后，得出一个总的结论，认为敌人未必敢冒险在近期内进攻莫斯科。敌人没有做好这一进攻战役的准备，因为他们没有具备足够数量和质量的突击兵力。

此外，敌"中央"集团军群两翼所处的危险的战役态势也不能不影响战事进程。因为敌军占领的地区呈一条长长的斜线，从叶利尼亚一直延伸到罗加乔夫和日洛宾，而这正是我新近组建的中央方面军部署的地带。诚然，如前所述，该方面军还比较薄弱，总共只有两个集团军（第13和第21集团军），但是，它的南翼与防守基辅及其接近地的西南方面军相毗连。

我中央方面军因处于对"中央"集团军群威胁甚大的这种态势，所以可用来对该敌集团的翼侧和后方实施突击。

敌人在基辅以南多处进逼第聂伯河，但暂时未能渡过该河。敌主要集团正力图占领克列缅丘格地区。

我们认真地研究了敌人在该地段可能采取的各种行动方案，得出了我们认为唯一正确的结论，即希特勒当局看来不能也不敢置"中央"集团军群的危险地段右翼于不顾，他们将力图在短期内消灭我中央方面军。

如果敌人得逞，他们就会进至我西南方面军的翼侧和后方，粉碎该方面军，然后占领基辅，取得在乌克兰第聂伯河左岸地区作战的主动权。因此，敌人只有在消除西南方向对其中央集团翼侧的威胁之后，才可能开始对莫斯科进攻。

至于西北方向，我们认为，敌人将大力加强"北方"集团军群，以便在短期内夺取列宁格勒，同芬军会合，然后也挥师指向莫斯科，从东北方向实施迂回。希特勒当局将力图通过此战役消除我对其莫斯科方向突击集团左翼的威胁。

通过对战场总形势的分析，我们得出了有关法西斯德军当前作战趋势的上述结论。

我经过对所有情况和我军兵力兵器的再三衡量和计算，深信我们的预见是正确的，于是决定立即报告最高统帅。行动一定要快。我们一致认为，准备和实行反措施方面的任何一点延误，都会被握有战役战略主动权的敌人所利用。

7月29日，我打电话给斯大林请求接见，有紧急事情向他报告。最高统帅说："你来吧。"

我带着一张战略形势图、一张德军部署图，以及关于我军状况、各方面军的和中央的物质技术储备的材料，来到接待室。波斯克列贝舍夫在那里，我请他通报一声。他说："请坐，叫等一等梅赫利斯。"

10分钟以后，我见到了斯大林。梅赫利斯已经在那里。

"来吧，报告你的想法吧。"斯大林说。

我把带来的地图摊在桌上，详细地报告情况，从西北方向一直讲到西南方向。我列举了各个方面军基本损失的数字，报告了编组预备队的进程，详细指明了敌军的位置及其部署，分析了敌人近期可能采取的行动。

斯大林仔细听着。他停止踱步，来到桌前微微俯身仔细察看地图和图上的各种细小注记。

"你从哪里知道德军将如何行动的？"梅赫利斯突然生硬地插了这么一句话。

"我不知道德军的行动计划，"我回答说，"但是根据对情况的分析，他们只能这样，而不会有别的做法。我们的推测是根据对敌重兵集团首先是装甲坦克和机械化部队的状况和部署的分析作出的。"

"继续讲下去吧。"斯大林说。

"莫斯科战略方向上的德军，看来，最近期间不可能实施大规模进攻战役，因为他们损失太大。他们现在缺少大量预备队来补充各集团军和保障'中央'集团军群的左右两翼。

"我们认为，在乌克兰，主要战斗可能在第聂伯罗彼得罗夫斯克、克列缅丘格地区某地展开，因为敌'南方'集团军群装甲坦克部队主力已到达该地区。

"我军防御最薄弱和最危险的地段是中央方面军。掩护乌涅恰和戈梅利方向的第13和第21集团军人员很少，装备也不足。德军可能利用这个薄弱点，向扼守基辅地域的西南方面军的翼侧和后方实施突击。"

"你的建议是什么？"斯大林警觉起来。

"首先加强中央方面军，至少给它增加3个得到炮兵加强的集团军：从西部方向抽调1个集团军，从西南方面军抽调1个集团军，从统帅部预备队抽调1个集团军。委派一位经验丰富的能干的方面军司令员。具体地说，我建议瓦图京担任。"

"怎么啦，你认为可以削弱莫斯科方向吗？"斯大林问。

"不，不是这样。我们认为，这个方向的敌人暂时不会前进，而12—15天以后，我们能从远东抽调至少8个战斗力很强的师，其中包括1个坦克师。这样就不是削弱而是加强莫斯科方向。"

"那么把远东送给日本人？"梅赫利斯挖苦地说。

我没有回答他，继续讲下去："西南方面军必须立即全部撤过第聂伯河。在中央方面军和西南方面军的接合部后面，应集中不少于5个加强师的预备队。它将成为我们的拳头，好伺机打出去。"

"基辅怎么办？"斯大林凝视着我问道。

我明白，"放弃基辅"这几个字对于所有的苏联人，包括对于斯大林意味着什么。但是我不能感情用事。作为总参谋长，我有责任建议采取在总参谋部和我本人看来当前唯一可能的、唯一正确的战略决定。

"基辅不得不放弃。"我断然回答。

一阵难堪的沉寂……我努力控制住自己，继续汇报：

"在西部方向需要马上组织反突击以夺回敌方的叶利尼亚突出部。敌人将来可能利用这个桥头堡来进攻莫斯科。"

"哪里还有什么反突击？真是胡说八道。"斯大林发火了，他突然高声说：

"把基辅交给敌人，亏你想得出来。"

我忍耐不住，回答说："如果你认为我这个总参谋长只会胡说八道，那么还要他干什么。我请求解除我的总参谋长职务，把我派到前线去，我在那里可能对祖国更有好处一些。"

又是一阵难堪的沉寂。

"请你冷静些，"斯大林说，"再说……如果你这样提出问题，那么我们缺了你也能行……"

"我是一个军人，准备执行最高统帅部的任何决定。但是，我对形势和作战方法有清醒的看法，相信这个看法是正确的。而且，我和总参谋部是怎么想的，我就怎么汇报。"

斯大林没有打断我的话，但已经息怒了，他十分平静地说："你去工作吧，我们一会儿叫你来。"

我收起地图，怀着沉重的心情离开办公室。大约半小时以后，我被叫到最高统帅那里。

"是这样，"斯大林说，"我们商量了一下，决定解除你的总参谋长职务。由沙波什尼科夫接任。他的身体确实不太好，但没有关系，我们可以帮助他。"

"我们想叫你去担任实际工作。你有在实战条件下指挥部队的丰富经验。在作战部队你肯定会发挥作用。当然，你仍然是副国防人民委员和最高统帅部的成员。"

"命令我到什么地方去？"

"你愿意到哪里？"

"我可以做任何工作，可以指挥一个师、一个军、一个集团军、一个方面军。"

"冷静些,冷静些!你刚才汇报说要在叶利尼亚附近组织一次战役,那就请你负责这件事吧。"

停顿了一下,斯大林又说:

"必须把勒热夫—维亚济马防线上各预备队集团军的行动统一起来。我们任命你担任预备队方面军司令员。你什么时候可以动身?"

"一个小时以后。"

"沙波什尼科夫很快就去总参谋部,你把工作交给他以后就可以动身。"

"我可以走了吗?"

"再坐一会儿,我们一起喝会儿茶,我们还可以谈谈别的。"斯大林说,脸上已经露出笑容。

我们坐下来喝茶,但是再也没有谈到别的。

第二天,发布了最高统帅部命令。

上前线的准备时间不长,不久沙波什尼科夫就来到总参谋部。我把总参谋长的工作交给他后,就动身到了预备队方面军司令部所在地格扎茨克。各集团军补充人员和装备的工作刚刚结束,方面军补充器材计算表已调制出来。

我早就认识并且熟悉预备队方面军参谋长利亚平少将和方面军炮兵司令员戈沃罗夫少将。他们都是精通军事的行家。能同他们一起共事,我感到高兴。

在方面军司令部停留的时间不长。利亚平和他的助手们汇报了方面军的作战情况和敌情。我们特别仔细地研究了影响准备和实施旨在消灭敌集团的当前这个战役的各种条件。当天,我同戈沃罗夫和其他军官一起动身去第24集团军司令部。该集团军的部队正在和敌人进行对射。一路上,亚尔采沃、叶利尼亚附近和维亚济马以西等地的大火映得夜空一片通红。

不知道是什么着了火,但大火使人心情沉重。大火吞噬着人民的财富,吞噬着苏联人民长期劳动的果实。我不禁自问:法西斯匪徒欠下的血债,苏联人民应当怎样和用什么来回答呢?用剑,只有用剑来无情地消灭凶恶的敌人——这就是唯一的回答。

我们很晚才来到第24集团军司令部。迎接我们的有集团军司令员拉库京和所属各兵种司令员。我过去不认识拉库京。他在报告本集团军的情况和部署时,给我的印象很好。但是我感到,他的战役战术素养显然较差,他同以前在内务人民委员部边防军工作过的许多军官和将军一样，有共同的缺陷，几乎没有机会在战役学方面得到深造。

第二天清早，我同拉库京一起前往叶利尼亚地区进行现地勘察。那里正在同敌人进行火力战。我们来到阵地前沿，同部队和兵团指挥员研究了情况。最后我们确信，德军的防御构筑得很好，看来有一场硬仗要打。德军在防御前沿和纵深把坦克、强击火炮和其他火炮都配置在掩体内，叶利尼亚突出部成了一个独特的筑垒地域。

通过现在的情况研究，我们还发现，德军防御的火力配系还远远没有查清。因此，我们的部队主要不是对准已查明的敌真实的火力点，而是对准自己推测的火力点实施炮兵和迫击炮射击。这样的射击，效果通常很小，非但不能消灭敌人的火器，反倒消耗大量弹药。至于实施反突击的兵力兵器，第24集团军显然也不够。

情况逐渐明朗了，需要坐下来进行计算。

我们同集团军司令员和各兵种司令员交换意见之后得出结论，对这次战役的准备来说，还有大量的各个方面的工作需要做。必须增调2—3个师和炮兵部队，更深入地研究敌整个防御配系，前送物质技术保障器材。为此至少需要10—12天的时间。因此，进攻不会早于8月下半月。

为了不使敌人觉察我们的意图和破坏我们的战役，必须对这次突击的准备工作严守秘密。这就是说，在进攻开始前不应改变我们防御行动的方式。还要继续用过去的方式给敌人造成损失，主要是用火炮、迫击炮和步机枪的不间断射击疲惫敌人。同时，秘密地为坚决的行动变更兵力兵器的部署。

8月12日，我审问了俘虏米特曼。他19岁，父亲是纳粹党徒，本人加入了"少年队"①。他随他所在的师到法国、比利时、荷兰和南斯拉夫打过仗。

在审问时他供认："我们师的大多数士兵都在19—20岁之间。加入本师的人要经过特别挑选。我们师是随坦克第10师之后来到叶利尼亚地区的。"

米特曼把叶利尼亚地区看成继续向苏联内地进攻的前进阵地。他认为德军在叶利尼亚地区受阻3周之久并转入防御，是因为德军统帅部想要赢得时间，向前线调集预备队和增援兵力。

俘虏说："坦克集群司令古德里安将军的特别命令解释说：'我们前进得太远，应当等预备队靠近以后再继续前进。'"

---

① 法西斯德国的纳粹少年组织。——译者注

这是他们向德军士兵解释前进受阻和转入防御的一种奇妙的办法。真是所谓打肿了脸充胖子。

"我们'德意志'团在叶利尼亚地区进行防御，"俘虏接着说，"我团曾经被撤出进行休整，后来由于其他部队遭到损失和防御战斗失利便又被调到前进阵地。各团的损失都很大，以致步兵分队补充的尽是后勤人员。苏军炮兵给德军造成的损失最大。俄国大炮打得很厉害，使德国士兵十分沮丧。"

米特曼从上级关于占领地区游击活动的通报中得知，森林里有不少苏联部队和平民，他们搞伏击，对德军猛烈开火，破坏其后方的交通线。在审讯结束时米特曼说，他们师的领导和各团团长，由于最近在叶利尼亚的失败和挫折，已被撤换。

最高统帅部催促我们加速进攻的准备。预备队方面军在8月中旬以部分兵力转入进攻，夺取了一些地区，重创了敌人。敌人被迫把两个打得七零八落的坦克师、一个摩托化师和一个摩托化旅调走，换上步兵兵团。

后来得知，"中央"集团军群指挥部曾因损失惨重请求希特勒准许放弃叶利尼亚突出部，但遭到拒绝，因为在希特勒当局看来，叶利尼亚地区是下一步向莫斯科进攻时实施突击的有利的桥头堡。

叶利尼亚地区的战斗，对于我军正确认识敌人的防御战术很有效益。现已清楚，德国法西斯部队首先在居民点周围构筑防御，把居民点变成强有力的支撑点。支撑点体系主要设置在防御的前沿，但德军在纵深内的防御却不够完善。每个支撑点均可实施多方向的射击，因此适合于环形防御。这种支撑点体系能使单个目标的防御具有很大的独立性，据德国人看来，因而也就能提高整个防御的稳定性。一个这样的支撑点失守，可以用附近目标和地段的火器顶替。

因此，我们在进攻支撑点时，必须可靠地保障自己的两翼，并压制其相邻支撑点的火器。否则，进攻的部队就有钻进火袋的危险。

我记得，曾发生过这样的事情。我军一个步兵团（可惜番号忘了）在进攻叶利尼亚接近地的一个地区时，占领了敌支撑点维德里诺村。由于友邻部队前进迟缓，该团两翼村子附近地区的敌人没有肃清。这种情况迅速影响到团的态势。敌人利用这个机会，向该村集中附近各支撑点的所有迫击炮火力。结果进攻受阻。

但是，团长没有惊慌失措。他与支援炮兵联系，交给他们一项任务——压制阻碍部队前进的敌支撑点。只是在这项任务完成之后，该团才得以继续进攻。

我们还发现了敌人的弱点。我军的反冲击,暴露了法西斯德军步兵的动摇性。德军士兵在我军炮火的重创下,往往不进行瞄准射击。他们在慌乱之中钻进掩体,从那里漫无目标地射击,力图以此震撼进攻者。他们给进攻者造成的损失当然不大。我军战士很快就不再理睬这种人为的喧闹,顺利地消灭敌人。

我指示方面军司令部总结8月份叶利尼亚附近战斗的经验,并迅速向各级指挥员传达。我们要求部队和兵团指挥员深入研究德军的防御兵力和防御配系,要求他们不是"一般地"而是具体地进行侦察,要查明敌支撑点的火器和工程构筑的性质。

由于采取了加强侦察的措施,方面军首长和司令部很快就掌握了有关敌人及其火力和工程配系的完整情报。

这些情报和许多俘虏的口供,使我们有可能周密地、详尽地制订炮兵射击计划和航空兵突击计划,给各部队和兵团规定了全歼敌人的具体任务。

精通炮兵业务的戈沃罗夫少将在这方面做了大量工作。他不仅仅精通炮兵业务,对战役战术问题也很熟悉。

虽然叶利尼亚地区的战事非常激烈,当前进攻战役的准备工作也十分繁忙,我还是时常回想起7月29日在统帅部同斯大林的那次谈话。我们在总参谋部所作的战略预测对不对呢?

现在,关于最高统帅部、总参谋部、西南方向指挥部和西南方面军军事委员会对基辅防御和将部队从合围威胁下撤往普肖尔河问题所持的立场,有许多不同的说法。所以我认为,应该在这里摘引一段1941年8月8日斯大林同西南方面军司令员基尔波诺斯的谈话。它证明,最高统帅和西南方面军军事委员会的意见是一致的,他们都反对把苏军撤出基辅。

斯大林:我们得到消息说,由于防守基辅的兵力不足,方面军决定轻易地放弃基辅。这个消息确实吗?

基尔波诺斯:你好,斯大林同志!你得的这个消息是不确实的。我和方面军军事委员会正在采取一切措施,无论如何不放弃基辅。敌军以3个步兵师的兵力向筑垒地域南面展开进攻,在空军支援下突破了筑垒地域,揳入纵深达4公里。敌人昨天一天伤亡达4000人。我方昨天一天伤亡1200人。战斗很激烈,个别的居民点已反复争夺了好几次。昨天和今天已派出两个空降旅,去加强筑垒地域部队。此外,今天还派出了 30 辆坦克，任务是消灭突入筑垒地域的敌军，并恢复原来态势。还给航空兵规定了配合地面部队作战的任务。

斯大林：你能不能有把握地说，已经采取了一切措施，肯定能恢复筑垒地域南段的态势？

基尔波诺斯：我想，我所掌握的现有兵力兵器可以保证完成交给筑垒地域的任务。同时也要向你报告，我在这个方向上已经再也没有预备队了。

斯大林：可以从其他方向抽调兵力加强基辅的防御嘛。我想，等穆济琴科突围以后，你在那个方向上的进攻，意义就不大了。那么，你在那个方向上也就能腾出一些部队。也许能够用腾出来的部队去加强基辅以北或基辅以西的地区。

国防委员会和最高统帅部强烈要求你采取一切可能的和不可能的措施保卫基辅。两周以后情况将要好转，因为那时我们能派精锐兵力支援你，而在这两周之内你必须不惜一切守住基辅。

基尔波诺斯：斯大林同志，我和军事委员会将全力以赴，不让基辅落到敌人手里。我们将把我们所掌握的一切用来保卫基辅，完成交给我们的任务。

斯大林：那很好。热烈地和你握手。祝你成功！我讲完了。

基尔波诺斯：我讲完了。再见，感谢你的祝愿。

8月下半月，根据对整个战略形势和西部方向上敌人行动特点的反复分析，我再一次断定，我在7月29日向斯大林做的报告中关于希特勒统帅部最近可能采取的行动的预测是正确的。因此，我认为我作为最高统帅部的成员，有责任再次向最高统帅提出关于德军必然向中央方面军尔后向西南方面军翼侧和后方实施突击的看法。

我们抓到的俘虏关于敌"中央"集团军群在莫斯科方向暂时转入防御的供词，更坚定了我的看法。敌人在这里放弃进攻，这一点具有十分重要的意义。据我所知，这是德军第二次世界大战以来第一次被迫在主要战略方向上转入防御。所有这一切，再一次证明我们以前所做的（读者已经知道的）预测是正确的。

因此，我于8月19日向斯大林发了一封电报。

"敌人确信我军已在通往莫斯科的道路上集结大批兵力，并把中央方面军和大基卢基集团部署在两翼，所以暂时放弃了对莫斯科的进攻，转入对我西方方面军和预备队方面军的积极防御，而把所有的快速突击力量和坦克部队用来对中央方面军、西南方面军和南方方面军作战。

"敌人的企图可能是：粉碎中央方面军，进抵切尔尼戈夫—科诺托普—普里卢基地区，从后方实施突击以粉碎西南方面军。然后绕过布良斯克森林向莫斯科实施主要突击，并向顿巴斯突击。"

为了粉碎希特勒统帅部这个险恶的企图，我建议斯大林最好能尽快在格卢霍夫—切尔尼戈夫—科诺托普地区建立一个强大的突击集团，用以在敌人一旦想实现他的企图时，对敌人的翼侧实施突击。突击集团必须包括10个步兵师、3—4个骑兵师、不少于1000辆坦克和400—500架飞机。这部分兵力可从远东方面军、莫斯科防区和防空区，以及内地军区抽调。

就在8月19日当天，我收到了最高统帅部的复电：

"你关于德军可能向切尔尼戈夫、科诺托普、普里卢基方向挺进的意见，我们认为是正确的。德军的挺进意味着从第聂伯河东岸对我基辅集团的迂回，和对我第3及第21集团军的包围。为了预防和制止这种复杂情况的发生，已组成以叶廖缅科为首的布良斯克方面军，并正在采取其他措施（另行通知）。我们相信能够阻止德军的前进。斯大林。沙波什尼科夫。"

遗憾的是，关于新方面军的战斗力和"其他措施"，电报中未做任何说明。

对中央方面军和西南方面军命运的担忧，始终萦回在我的脑海。两天以后，我决定给总参谋长沙波什尼科夫打个电话。想问明白最高统帅部采取了哪些具体措施，以免中央方面军和西南方面军陷入困境。

沙波什尼科夫向我谈了这几个地段的情况，以及最高统帅部为了对付古德里安坦克集群和"中央"集团军群右翼部队的机动所采取的措施。

他告诉我说，最高统帅已经同意把西南方面军右翼一部分军队撤到第聂伯河东岸。我基辅集团仍留在原地防守基辅接近地，对基辅决定竭尽全力加以防守。

沙波什尼科夫接着说："我个人认为，新建的布良斯克方面军无力阻止敌中央集团可能发动的进攻。虽然叶廖缅科中将同斯大林谈话时保证过要粉碎中央方面军当面之敌，不让敌人到达西南方面军的翼侧和后方。"

对于匆忙建立起来的布良斯克方面军具有什么样的战斗力这一点，我是了解的。所以我感到很有必要通过载波电话再一次向最高统帅坚决要求尽快把西南方面军整个右翼部队撤到第聂伯河东岸。

我这一次的建议还是毫无作用。斯大林说，他刚刚又同赫鲁晓夫和基尔波诺斯商量过，他们两人使他相信，无论如何不应放弃基辅。他本人也相信，布良斯克方面军即便不能粉碎敌人，无论如何也可以阻止敌人前进。

大家知道，由于没有认真分析形势而定下的这些决心，使西南方面军后来付出了高昂的代价。敌人没有被阻住。布良斯克方面军地带上的诺夫哥罗德—谢韦尔斯基—科诺托普地段出现了十分危险的突破口。不得不从西南方面军火速调来骑兵，而该方面军本身也处于十分困难的境地。

我在这里摘引一段此后不久，即1941年9月10日6时45分，总参谋长沙波什尼科夫元帅同西南方向总司令布琼尼元帅的谈话：

接谈者：布琼尼。

谈话者：沙波什尼科夫。

沙波什尼科夫：你好，谢苗·米哈伊洛维奇！最高统帅要我向你传达下述命令：火速派遣骑兵第2军到普季夫利地区，到那里归布良斯克方面军司令叶廖缅科指挥。它的任务是必须封闭西南方面军和布良斯克方面军之间在科诺托普—诺夫哥罗德—谢韦尔斯基地段的突破口。执行情况请上报。

布琼尼：你好，鲍里斯·米哈伊洛维奇！骑兵第2军是南方方面军司令员在第聂伯罗彼得罗夫斯克—哈尔科夫方向上的唯一力量。你知道，敌人正力图向我战役地区推进。而我在佩列沃洛奇纳亚—第聂伯罗彼得罗夫斯克地段60公里的地区内仅有一个步兵第273师。敌人正从北面包围西南方面军的右翼。如果把第2军派到那里，那为什么又要转隶给叶廖缅科呢？我认为第2军面临的将是同第21集团军一样的遭遇。

我请你注意叶廖缅科的行动。他本来应该把这股敌人消灭掉，可是实际上他却一事无成。如果你们准确地了解了西南方面军和南方方面军的处境，并且不顾哪一个方面军也没有预备队这一情况，仍然决定把第2军调归布良斯克方面军，那么，我也只好下达让该军行动的命令。

我想简略地报告一下形势。

西南方面军。第5集团军步兵第4师在切尔尼戈夫附近陷入合围。敌人在切尔尼戈夫以东以及奥库尼诺沃方向渡过了杰斯纳河。在克列缅丘格及其东南地区渡过了第聂伯河。西南方面军右翼的态势你已经知道了。基尔波诺斯一点预备队也没有。

南方方面军。我已经报告过，8月25日起在第聂伯罗彼得罗夫斯克附近的我岸发生了激烈的战斗。卡霍夫卡地区的局势仍然很糟：敌人至少投入了3个师，而我方没有绵亘的正面。

沙波什尼科夫：这些情况我都清楚，谢苗·米哈伊洛维奇。但是，为了使西南方面军能够继续战斗，必须封闭诺夫哥罗德—谢韦尔斯基—科诺托普地段的突破口。骑兵第2军必须行动。最高统帅已经责成叶廖缅科负责这次战役。请你立即把第2军派到普季夫利去。

布琼尼：好吧！我已给南方方面军参谋长挂电话，马上就给他下达骑兵军行动的命令。请把我的意见，特别是关于布良斯克方面军行动的意见报告最高统帅。再见！

沙波什尼科夫：我一定报告。祝你一切顺利！

从那以后，多少岁月过去了，可是每当想起这件往事，我就抑制不住自己的激动。我认为，最高统帅当时要求西南方面军竭尽全力扼守第聂伯河以西和基辅以西的防御正面，是不正确的。至于它的后果，我上面已讲过了。

当然，在当时哪怕是想一想基辅可能丢失，也会深深地刺痛每个苏联人的心。但是在决定乌克兰首府的命运时，需要的是从军事政治的全局出发考虑问题。战争毕竟是战争嘛，如果是出于必要，如果我重兵集团面临着被合围和覆灭的威胁，那么就应当尽快地把它从敌人的突击下撤出，以避免重大的失败和无谓的损失。

我一谈到叶利尼亚的战事，就不由得回想起我在那艰难岁月里的亲身感受。叶利尼亚战役，是我独立指挥的第一个战役，是对我在对德大规模战争中战役战略能力的第一次检验。每个人都会体会到，我是怀着多么激动的心情，如何慎重而又细致地着手组织和实施这次战役的。

我们很快就收到了最高统帅部的训令。训令的第二点是：

"预备队方面军在以主力继续扼守奥斯塔什科夫—谢利扎罗沃—奥列尼诺—第聂伯河（维亚济马以西）—斯帕斯杰缅斯克—基洛夫一线的同时，应于8月30日以其左翼的第24和第43集团军转入进攻，任务是粉碎敌叶利尼亚集团，夺取叶利尼亚，然后在波奇诺克和罗斯拉夫利方向上实施突击，于1941年9月8日前进至多尔吉尼维—希斯拉维奇—彼得罗维奇一线……"

最高统帅部的指示，与我们向莫斯科上报的建议一致。由于敌人的阵地是一个面向我方的大突出部，我们就决定对敌突出部两边的根部，同时实施两个指向叶利尼亚以西的向心突击，拔掉这个钉子。另外我们获悉，由于古德里安坦克第2集群的主力已向南运动，敌防御纵深内没有大量的快速预备队。为了使德军统帅部无法在我决定性的方向上集中力量，我们决定以次要兵力在其他一些地段上对整个叶利尼亚突出部发起进攻。

8月30日拂晓，经过短时间的炮火准备，预备队方面军转入坚决的进攻。拉库京少将率领的第24集团军实施主要突击。该集团军的部队从东北方向对叶利尼亚发起进攻。第43集团军的几个兵团从东南方向进攻与第24集团军的部队会师。

正当叶利尼亚战役进行的时候，不出所料，古德里安坦克第2集群的主力果然掉头指向科诺托普。希特勒统帅部正在遂行合围并消灭我基辅集团的计划。因此，对希特勒统帅部来说，最重要的是坚守叶利尼亚附近的防御，不让我预备队方面军前出到"中央"集团军群防御的翼侧和后方。

整个战线的战斗十分激烈残酷。敌人用组织得很好的密集炮火阻止我军前进。我们也使用了全部飞机、坦克、火炮和火箭炮。

我军使用了所有的战斗技术装备，并把火力与巧妙的机动结合起来。步兵、炮兵、航空兵和坦克兵密切协同，对敌实施猛烈的突击，打得敌人昼夜不得安宁。敌坦克第10师、摩托化第17师和步兵第15师均被我军彻底粉碎。

希特勒统帅部对匆匆调到叶利尼亚的精锐的摩托化"帝国"党卫师（其编成内脊"德意志""元首""埃尔弗"三个精锐团）寄以很大的希望。在这个师的防御地段，我们捡到了德国最高统帅部的许多传单，传单吹嘘德国士兵的所谓勇敢精神，表示相信他们能稳操胜券。

希特勒的奢望是注定要落空的。在我军的毁灭性打击下，党卫师和防守突出部的其他部队同样一败涂地。

1941年9月1日，波斯克列贝舍夫打电话找我。

接谈者：朱可夫大将。

谈话者：波斯克列贝舍夫。

波斯克列贝舍夫：你好！我向你传达斯大林同志的指示。你能否马上到莫斯科来？如果能来的话，请你把工作暂时交给拉库京或波格丹诺夫，然后动身。

朱可夫：刚刚接到在罗斯拉夫利地区作战的第211师的坏消息。该师后退了5—6公里，使步兵第149师陷入了不利的境地。由于情况复杂，我想在夜间去211师地段收拾局面。所以我请求，如果可能的话把行期推迟，要是不行，我马上动身。

叶利尼亚一带的情况不错……我军现已推进到叶利尼亚至斯摩棱斯克的铁路。如果命令我走的话，我就把工作交给副手波格丹诺夫，让波格丹诺夫把罗斯拉夫利方向的军队交给索宾尼科夫指挥。我等候斯大林同志的指示。

斯大林：你好，朱可夫同志！在这种情况下你可以推迟来莫斯科的行期，到阵地上去。

朱可夫：你好，斯大林同志！我是做好准备在近两天内到统帅部呢，还是按我的计划行事？

斯大林：你可以按自己的计划行事。

朱可夫：明白了。再见！

但是敌人不甘心投降，他们利用每一个高地、每一个有利的地形做垂死挣扎。敌军统帅部又投入了新锐的步兵第157、第178、第268和第292师。但是这些增援部队也抵挡不住苏军的进攻锐气。我军不给敌人以固守的机会，从两翼包围敌人，切断敌人的退路。叶利尼亚突出部的咽喉被我军的铁钳越夹越紧，敌军在咽喉部的情况越来越糟。

在同希特勒匪军激烈的战斗中，苏军士兵、指挥员和政工人员作出了英勇战斗的榜样。鲁西亚诺夫少将指挥的步兵第100师表现英勇顽强、富有组织性。该师受领的任务是从北面实施突击，在6公里宽的地段突破防御，粉碎当面之敌，切断敌集团从叶利尼亚地区向西逃窜的退路。

我很了解鲁西亚诺夫将军。1933年我们曾在白俄罗斯的斯卢茨克卫戍区共过事，当时他指挥一个步兵团。这是个精明能干的指挥员，他的团总是名列前茅。

第100师于8月22—29日进行了进攻准备。侦察了预定作战地带的敌情和地形。8月23日，鲁西亚诺夫将军同各团长、营长和连长一起进行了现地勘察，明确了战斗任务，组织了步兵与炮兵的协同。进攻开始前和战斗中部队和分队的政治工作贯彻始终，保障了所担负战斗任务的完成。

我在进攻准备过程中不止一次地到过这些部队，因此我完全相信胜利在握。

8月30日晨，第100师同第24集团军其他部队一起转入进攻。敌人拼命顽抗。步兵第85团打得很顺利，经过夜战突破了敌人的防御。为了达到主要方向上的目的，师长于9月2日夜间把左邻的步兵第335团全部投入第85团的地带。

第 100 师于 9 月 5 日日终前克服了敌人的顽强抵抗，深深地揳入敌人的防御，并前出到敌军集团的后方路上，从而配合集团军其他兵团占领了城市。

为了表彰该第 100 师在同德国法西斯占领者的战斗中建立的战斗功勋和表现出的组织性和军事技能，步兵第 100 师改名为近卫步兵第 1 师。

在夺取叶利尼亚的战斗中作战英勇的，还有阿基缅科上校的步兵第 127 师，加根少将的步兵第 153 师，莫斯克维京上校的步兵第 161 师。这些师也随之依次改名为近卫步兵第 2、第 3 和第 4 师。

国防人民委员 1941 年 9 月 18 日在有关这次改名的第 308 号命令中说：

"步兵第 100、第 127、第 153 和第 161 师在捍卫苏维埃祖国，抗击法西斯匪帮的多次战斗中表现得英勇顽强、富有组织性。在艰难的战斗条件下，这几个师不止一次地重创法西斯德军，打得敌人胆战心惊、狼狈而逃。

我们的这些步兵师为什么能成功地打击敌人，并迫使嚣张一时的德军节节败退呢？其原因是：

第一，它们在进攻中不是盲目地、莽撞地向前推进，而是在每次推进前都周密地侦察，认真地准备，摸清敌人的薄弱点，加强两翼侧的警戒。

第二，它们在突破敌人的正面后不是只照直前进，而是向敌人的浅近后方和突破口的左右两侧突击，努力扩大突破口。

第三，它们在夺取敌人占领的地区后，立即巩固既得地区，在新的地点构筑工事，同时加强夜间警戒，并向前方派出有力的侦察，再次摸清退却之敌的情况。

第四，它们在占领防御阵地后不是消极防御，而是积极防御；它们不是坐等敌人来突击和进逼，而是主动转入反冲击，以摸清敌人的薄弱点，改善自己的阵地，同时也使各团在反冲击的过程中受到锻炼，做好进攻的准备。

第五，当敌人的进攻压力很大时。它们就有组织地以突击来回敬敌人的突击。

最后，这几个师的师长和政委都是勇敢、严格要求的首长，善于督促下级执行命令，并能大胆惩戒违抗命令和违反纪律的人。"

随着"第一批近卫军人"的诞生，红军中出现了许许多多苏联近卫军。这是新型的真正的人民近卫军。它继承了我国各族人民最优秀的传统。在苏联近卫军的旗帜下战斗的还有许多国际主义战士，如西班牙人鲁宾·伊巴鲁里（多洛雷斯·伊巴鲁里之子）、捷克人奥塔卡尔·稚罗什等等。

米罗诺夫上校的步兵第 107 师在叶利尼亚打得很英勇。早在和平时期，该师就曾因军政训练成绩卓著得过流动红旗。战士们在战场上没有辜负这一崇高的奖励。他们消灭了敌人步兵近 5 个团，包括"帝国"党卫师的"元首"团。

我曾从师长的观察所目睹了涅克拉索夫中校指挥的该师步兵第 586 团的激烈战斗。

该团以迅速的突击占领了沃洛斯科沃村，但不料陷入包围。涅克拉索夫中校尽管受了震伤，仍继续指挥战斗。战斗持续了三天三夜。在第 107 师其他部队以及炮兵和航空兵的支援下，这个团不但突破了包围，而且击溃了当面敌军，夺占了火车站这个重要支撑点。该团科津（现为少将）指挥的营，打得特别机智。我后来在别尔哥罗德和柏林的战斗中，也曾看到过他高度的战术素养和个人勇敢。

在那些日子里表现出这种真正的英雄主义的事例，真是不胜枚举！

敌军残部利用夜晚从尚未被堵死的咽喉部撤出了叶利尼亚地区，丢下大量尸体、伤员、打坏的坦克和重武器。敌人在叶利尼亚地区的战斗中共计损失了近 5 个师，死伤 4.5 万—4.7 万人。敌人为了守住叶利尼亚突出部付出了高昂的代价。

我军于 9 月 6 日晨进入叶利尼亚。躲避德军的居民很快就拥上了大街小巷。

我把叶利尼亚战役的进程和结果扼要地报告了斯大林。我汇报了表现英勇的兵团、部队及其指挥员，汇报了德军的损失。据俘虏供称，有些部队已根本没有迫击炮和火炮了。后一阶段敌人把坦克和飞机编成独立群使用，而且只用来在最重要的地段抗击我军冲击。看来敌人把坦克和飞机调到其他方向上去了。

我们的炮兵，甚至新编师的炮兵部打得很好。火箭炮弹能轰平大片地区。我察看了射击地区，看到那里的防御工事被完全摧毁。敌人的主要防御枢纽——乌沙科沃遭到火箭炮的齐射后被完全摧毁，掩蔽部被炸毁和夷平。

我军追击敌人，于 9 月 7 日进抵斯特里亚纳河，渡过了该河并奉命协同索宾尼科夫将军的西方方面军军队集群继续发展进攻。

由于粉碎敌叶利尼亚集团的战役获胜，军队的士气提高了，胜利的信心增强了。各部队更有信心地抗击敌人的冲击，以火力杀伤敌人，并协同一致地转入反冲击。尽管我军未能合围和俘虏敌叶利尼亚集团（因为我们缺少足够的力量，特别是坦克），但是9月8日前的形势对我们是有利的：在第24集团军左翼的对我们威胁很大的敌叶利尼亚突出部被铲除了。

当然并不是一切都顺利。我想谈一件令人懊丧的事情。第43集团军的一个步兵师，受领了在斯特里亚纳河西岸夺取登陆场的任务。该师渡河后没有采取措施保障自己的左翼，没有进行必要的侦察，就匆忙前进了。经验不足的年轻师长由于没有采取必要的战斗保障措施而铸成了大错。敌人立即利用这一错误。他们以坦克的反冲击打乱了该师的战斗队形。苏军士兵们顽强战斗，勇敢地击退了敌人的突击，使敌遭到很大损失。我军的反坦克炮兵和师属炮兵使敌人坦克部队遭到了尤其重大的损失。

现在很难评断究竟哪一方损失大。敌人的反冲击被击退了，但我们在这个地段上也被迫停止了进攻：这就是由于这个师的师长考虑不周而付出的代价。我不得不和师长在观察所一直忙到9月9日傍晚，以纠正所犯的错误。

白天，忽然接到沙波什尼科夫的电报，最高统帅要我在当天20点以前赶到最高统帅部。

电报没有谈到更多的内容，召我回去的原因令人莫测。应当动身。但是形势却需要我留下，把集团军左翼整顿好。而且我还要对集团军司令员下达一系列其他的战斗号令。再说，到莫斯科的路程也不近。算了算时间，我可能迟到。

斯大林对应召迟到是从来不容许的。可是怎么办呢？战场局势是不会迁就司令员的脾气的。需要的是正确地判定，哪个更重要——是把自己在战场上的任务彻底完成呢，还是不顾客观情况，在指定时间应召来到上级身边？

我认为，谁不能正确地解决这一问题，他就不能担任司令员。我略微考虑了一下，给总参谋长发了如下一份电报："请报告最高统帅：由于这里的形势，我将迟到一个小时。"

坦率地说，我在去莫斯科的途中一直在考虑，怎样向斯大林确切说明第24集团军左翼的情况，使他正确理解我迟到的原因。

我在黑暗中驱车来到克里姆林宫。突然，一道刺眼的手电筒光束照到我的脸上，汽车停下了。我认出是卫队长弗拉西克将军，我们互相问了好。

"最高统帅命令我接你并送你到他的宿舍。"

我下了汽车,跟在他的后面。

我没有向他打听情况,因为我知道反正也不会从他那儿得到我想知道的消息。

我上楼来到二层楼斯大林的宿舍,还没有想好怎样解释我迟到的原因。

我走进餐厅,斯大林、莫洛托夫、谢尔巴科夫和其他政治局委员都在座。我说:"斯大林同志,我迟到了一个小时。"

斯大林看看自己的表说:

"一个小时零五分钟,"又说,"请坐,如果饿的话,请吃点东西。"

最高统帅全神贯注地看着列宁格勒形势图。人们默不作声地坐着。我没有吃东西,也默默地坐着。斯大林终于离开地图,对我说:

"我们再次研究了列宁格勒的局势。敌人占领了施吕瑟尔堡,而且在9月8日轰炸了巴达耶夫食品库,毁坏了大量食品储备。我们同列宁格勒的陆上联系已被切断。居民的处境很困难。芬军正从北面进攻卡累利阿地峡,得到坦克第4集群加强的德军'北方'集团军群正从南面向城市进攻。"

最高统帅说完,又转向地图。

一位国防委员会委员说:

"我们刚才报告了斯大林同志,列宁格勒方面军的首长恐怕不能扭转那里的局势。"

斯大林不满意地看了说话人一眼,但仍然沉默着,聚精会神地看着地图,他突然问道:

"朱可夫同志,你对莫斯科方向的形势有什么看法?"

我明白他的意思,是要通盘考虑各方面军的形势。但我没有马上回答。

"我认为,德国人目前肯定要大力补充自己的军队。据从'中央'集团军群捉来的俘虏供称,敌人伤亡很大。有些部队,损失达50%。此外,德国人如果不结束列宁格勒战役,不与芬军会合,未必能够在莫斯科方向上展开进攻……当然,这只是我个人的意见。希特勒当局可能会有另外的打算和计划。但不管怎样,我们在莫斯科方向上必须随时准备进行顽强的防御。"

斯大林满意地点点头,紧接着又问:

"那么，第 24 集团军打得怎么样？"

"打得很好，斯大林同志"，我回答说，"特别是步兵第 100、第 127、第 153 和第 161 师"。

"而你，朱可夫同志，对这几个师的胜利和集团军指挥人员和政工人员的才能有什么看法呢？"

我谈了自己的看法。斯大林留神地听我讲了 15 分钟，在自己的笔记本上记了几笔，然后说：

"好样的！这正是我们所需要的。"

接着，他突然直截了当地对我说：

"你到列宁格勒去，接替伏罗希洛夫指挥方面军和波罗的海舰队。"

斯大林的话完全出乎我的意料之外，然而我还是回答说，准备完成这个任务。

"这就很好。"斯大林说。

"不过请你注意"，斯大林继续说，"你要飞过战线或者德国空军控制的拉多加湖才能到达列宁格勒"。

说完，最高统帅默默地拿起放在桌上的便条本，用奔放有力的笔迹在上面写了几个字。他折起便条，交给我说：

"你把这个便条亲手交给伏罗希洛夫同志。"

便条上写着："请将方面军交给朱可夫指挥，然后立即飞回莫斯科。"斯大林又补充说：

"最高统帅部关于你任职的命令，等你到了列宁格勒之后再下达。"

我明白，在这句话里包含着对我的旅途的担心。

临行前，我请求最高统帅允许我带两三位将军一起去，到那里任用。

"你愿意带谁就带谁去吧。"斯大林说。

稍稍停顿了一会儿以后，他又说：

"西南方向的情况很糟糕。我们决定改组那里的总指挥部。你认为应当派谁去那里？"

"铁木辛哥元帅最近一个时期在组织作战方面受到了很大锻炼，而且他对乌克兰又很熟悉，我建议派他去。"我回答道。

"看来你是对的。那么让谁接替铁木辛哥指挥西方方面军呢？"

"第 19 集团军司令员科涅夫中将。"

斯大林表示同意，并立即电话指示沙波什尼科夫召回铁木辛哥元帅，任命科涅夫接任西方方面军司令员。

当我正要告别的时候,斯大林问道:

"关于敌人下一步的计划和可能性,你有什么看法?"

于是,我又一次有机会提请最高统帅部重视乌克兰的危险局势。

"当前,除列宁格勒以外,对我们来说最危险的地段是西南方面军。"我说,"我认为,不久那里可能出现严重的形势。'中央'集团军群进抵切尔尼戈夫—诺夫哥罗德—谢韦尔斯基地区以后,可能击溃第21集团军而突进到西南方面军的后方。我相信在克列缅丘格地区占领了桥头堡的'南方'集团军群,将同古德里安所部协同作战。西南方面军面临严重的威胁,我再次建议立刻把全部基辅集团撤回到第聂伯河东岸,用以在科诺托普地区某处建立预备队?"

"基辅怎么办?"

"斯大林同志,无论多么令人痛心,基辅也必须放弃。我们别无其他出路。"

斯大林摘下听筒给沙波什尼科夫打电话。

"我们对基辅集团怎么办?"他问道:"朱可夫坚持建议要他们立即撤退?"

我没有听见沙波什尼科夫的回答,但斯大林最后说:

"铁木辛哥明天回来,你同他研究研究这个问题,晚上我们同方面军军事委员会商量一下。"

两天以后,9月11日,最高统帅部同西南方面军军事委员会进行了这次谈话,内容如下:

接谈者:基尔波诺斯、布尔米斯坚科、图皮科夫。

谈话人:斯大林、沙波什尼科夫、铁木辛哥。

斯大林:你们关于把军队撤到你们知道的那条河一线的建议,我看是危险的……

在第聂伯河东岸的目前情况下,你们建议我军撤退,将意味着我军被合围,因为敌人不但将从科诺托普方面,即从北面向你们进攻,而且将从南面,即从克列缅丘格方面,和从西面进攻。因为一旦我军撤离第聂伯河,敌军将立即占领第聂伯河东岸并开始进攻。如果敌军科诺托普集团同克列缅丘格集团会合,你们就将被包围。

看来,你们关于立即撤退军队的建议必须具备以下两个条件:第一,你们应预先在普肖尔河构筑防御地区;第二,协同布良斯克方面军对敌军科诺托普集团实行猛烈进攻。我重复一遍,如不具备这两个条件,撤退军队的建议就是危险的,并可能招致惨败。出路何在呢?可能的出路是：

第一，立即重新部署兵力（哪怕是从基辅筑垒地域和其他部队中抽调也行），在叶廖缅科协同下，并集中十分之九的航空兵，对敌军科诺托普集团发动猛烈攻击。我们已向叶廖缅科下达了相应的指示。我们今天也已命令彼得罗夫航空兵群转场到哈尔科夫，并接受西南方面军的指挥。

第二，立即在普肖尔河或这一线的其他地点建立防御地区，面向北和面向西配置大量炮兵，拨出5—6个师防守这一地区。

第三，在组成了对付敌科诺托普集团的突击集团之后，在普肖尔河建立了防御地区以后，一句话，即完成了这一切之后，再开始从基辅撤退。应仔细做好炸毁桥梁的准备。

第聂伯河上不得留下任何渡河器材，一律予以破坏。撤出基辅后应固守第聂伯河东岸，不许敌人突入东岸。

最后，应停止寻找退却地区，而要找出抵抗的办法，只能是抵抗的办法。

基尔波诺斯：我们在得到就军队东撤提出意见并指明撤退地区的建议以前，甚至没有撤退军队的想法，而只有一个要求，由于我们的正面已加宽到800余公里，请派预备队加强我方面军。

根据9月10日夜间收到的最高统帅部的指示，正从科斯坚科集团军抽出两个步兵师和炮兵，由铁路运往科诺托普方向，任务是同波德拉斯集团军和库兹涅佐夫集团军一起，歼灭在罗姆内方向突入的敌摩托机械化群。我们认为，目前不宜再从基辅筑垒地域抽调部队，因为已经从那里抽调了两个半步兵师给切尔尼戈夫方向。从基辅筑垒地域只能抽调一部分炮兵。

最高统帅部刚才给我们的指示，我们立即执行。我的话完了。

斯大林：第一，关于从西南方面军撤退军队的建议是你和西南方向总司令布琼尼提出的。这里引一段布琼尼的报告：

"沙波什尼科夫指出，最高统帅部认为，目前东撤西南方面军的部队还为时过早……如果最高统帅部不能在目前集中这样强大的军队集群，那么西南方面军的撤退就是完全无法避免的了。"

很明显，沙波什尼科夫反对撤退，而总司令赞成撤退，西南方面军也赞成立即撤退。

第二，关于组成对付敌科诺托普集团的突击集团，以及在那个地区准备防线的措施，请经常向我们报告。

第三，未经最高统帅部许可，不得放弃基辅和炸桥。

再见。

在我飞往列宁格勒之前告别时，最高统帅对我说：

"我们是信任你的。"

我去看望了华西列夫斯基，他这时已担任第一副总长。华西列夫斯基负责西南方向的问题。我问他对西南方向的形势有什么看法，他答道：

"我想，我们把军队撤过德涅伯河，为时已经太晚了。"

我来到沙波什尼科夫处，同他讲好用现有的电话线路和无线电保持个人联系。我问他对当前战局和近期形势有什么看法。他很乐意地同我交换了意见。

我至今还以十分感激的心情怀念着沙波什尼科夫，就是他常向我提出很有见地的主意。

沙波什尼科夫对列宁格勒的形势持乐观态度。

这里我想打断一下叙述。战争最严重的头两个半月过去了。我们损失巨大。仅在战争第一天，各边境军区的空军就损失了约1200架飞机。敌人的坦克兵团和摩托化兵团，在强大空军的支援下，继续前进，突入我军的接合部，对我军集团翼侧实施突击，破坏通信枢纽和通信线路。成千上万的苏联军人和平民丧失了生命。

与此同时，从一开始，一切就不是按照德军统帅部的计划发展的。历史学家们还需要研究，在似乎是对德国法西斯有利的总的胜利形势下，希特勒当局的企图是怎样一个接一个地遭到破产的。所有这一切具有深远的影响，这一点我们以后还要说到。

德国法西斯军队刚一踏上我国领土就遇到了什么呢？妨碍他们以惯常的速度前进的首先是什么呢？可以肯定地说，主要是我军的集体英雄主义，是他们猛烈的抵抗和顽强不屈，是军队和人民的最伟大的爱国主义精神。

历史上有不少这样的例子：军队一旦丧失精良的武器，很快就会失去抵抗力，简单地说，就会逃跑。谁也无法把武器装备本身的作用同军队士气的意义确切地区别开来。但是无可争辩的是，当其他条件相同时，赢得大规模会战乃至整个战争胜利的是这样的军队，他们具有不屈不挠的夺取胜利的意志，了解作战的目的。意志坚定，忠于指引他们战斗的旗帜。

在这方面听听我们在伟大卫国战争中的敌人说些什么，看来是适宜的。引用的资料大部分是战争初期的,而不是后几年的,后几年里它们的作者可能受到政治的、宣传的以及个人的利益的影响。同时还要指出,在进攻苏联以前几年里,法西斯报纸、广播和文件所使用的语言,自然而然充满着胜利的调子。在这些资料中提到的军队在哪个战场作战或由谁指挥等,都无关紧要。重要的是,正当我们遭到失败和遇到难以想象的困难的时候,在估计形势和战事发展,谈到士兵和军官的行为时表现出的总的倾向。

当然,还有许多事情要做。苏联人民懂得,他们面临着旷日持久的战争,法西斯德国将把越来越多的兵力投到东线,直到它们消耗殆尽。但是,读者将会看到,德国人在东线遭到初次战役战术失利后,他们那种胜利的调子是如何慢慢沉寂下去,而代之以惊异和失望的。

请看我们的敌人是怎么说的吧。

德军少将冯·希特拉尔在其《俄罗斯战争》[1]一文中写道:

"第6集团军受领的任务是:在科韦利以南地区突破俄军的边防工事,以保证坦克第1集群能进抵宽战役地区……

'中央'集团军群各部队在取得某些初步胜利以后,便遇上了在既设阵地上进行防御的大量敌军。这些阵地有些地方并筑有混凝土发射点。敌人在扼守这些阵地的战斗中,投入了大量的坦克兵力,并对进攻的德军实施了一系列的反突击。

经过持续数日的激烈战斗以后,我们才得以在利沃夫、俄罗斯拉瓦一线以西突破敌军坚固的防线,强渡斯特里河,迫使进行顽抗和不时转入反冲击的敌军东撤……

由于俄军的顽强抵抗,德军在战斗的头几天内在人员和武器方面的损失,就已大大地超过了他们在波兰和在西线作战时的损失。现已十分明白,敌人的作战方法和士气,以及该国的地理条件,与德国人在过去的威震全球的'闪击战'中所遇到的是截然不同的。"

下面再从德国陆军总参谋长弗·哈尔德上将的工作日记中摘引几段[2]:

"1941年6月26日(战争的第5天)

由6月25日晚总结报告和6月26日晨报告得知:

'南方'集团军群正在缓慢地前进,遗憾的是损失较大。'南方'集

---

[1] 摘自《1939—1945年的世界大战》一书,莫斯科外文出版社,1957年版。
[2] 见《作战日记》第3卷第1册,莫斯科军事出版社,1971年版。

团军群当面之敌，指挥坚强有力。敌人不断地从纵深调遣新锐力量，前来阻止我坦克楔入。不仅在该集团军群正面中央地段有敌预备队开来（这个以前已经说过），就是在其右翼也有敌预备队开来。

1941年6月29日（星期日，战争的第8天）

……前线消息证实，俄国人到处硬拼，哪怕只剩下一个人……

步兵少将奥特报告自己对格罗德诺地区战斗的感想说，俄军的顽强抵抗迫使我们完全按照我军战斗条令的规则作战。而在波兰和在西线，我们却掌握着一定的自由，可以不拘泥于条令规定的原则。现在这就不许可了。

看来，敌空军对我军的影响很小……

晚间情况：……利沃夫地区的敌人一边顽强战斗，一边缓慢地向东退却。这里首次发现敌人大规模地破坏桥梁。

1941年7月4日（战争的第13天）

……在我各集团军前进过程中，敌人的所有抵抗企图，显然都要被迅速粉碎。那时，接踵而来的就是占领列宁格勒和莫斯科的问题。我们将要看看，斯大林动员全国劳动者对我们进行人民战争的号召，是否能成功。这一点将决定我们用什么手段和力量去扫荡将要占领的广大的工业区。

1941年7月7日（战争的第16日）

'南方'集团军群情况：第11集团军司令官的情绪已由乐观变成了失望。第11军的进攻又受阻。其原因不明。第17集团军进展顺利，并已集中其先遣支队，准备在普罗斯库罗夫方向上实施突击。

1941年7月8日（战争的第17天）

'中央'集团军群情况：坦克第2集群正在同向第聂伯方向不断实施反冲击的敌人进行战斗。敌人以其步兵和坦克在奥尔沙方向上对我坦克第2集群左翼实施了特别猛烈的反冲击。坦克第3集群前卫已在几个地方强渡了西德维纳河，并企图击退敌军北面的反冲击，以便在维捷布斯克方向上发展突破……

敌人甚至在最重要的方向上也已无力构成绵密的正面。看来，红军统帅部现在将对自己提出如下的任务：将全部现有的预备队投入战斗，实施反冲击，以便尽量疲惫德军，并尽可能在较西的地方阻止德军的进攻……

敌人组建新的兵团（尤其是大规模地组建）的计划，由于缺少军官、专业人员、火炮等，肯定是要失败的。

12点30分，元首听取汇报（在其大本营）。

首先是陆军总司令冯·布劳希奇报告前线的最近战况。然后由我报告敌情，并对我军态势作出战役判断……

最后讨论了所涉及的问题。

结论：

1. 元首认为最合乎愿望的理想的决心是：

'中央'集团军群应以两面钳击，合围并歼灭当面的敌军集团，从而粉碎敌人在其漫长的战线上的最后的有组织的抵抗，打开通往莫斯科的道路。当两个坦克集群到达在战略展开指令中规定的地区以后，可暂时留下霍特坦克集群（目的在于用它来支援'北方'集团军群或用以向东继续进攻，但将不是用来直接进攻莫斯科本身，而是用来包围它）。古德里安坦克集群到达指定地区后，应在第聂伯河以东向南或东南方向前进，以支援'南方'集团军群的进攻。

2. 元首的不可动摇的决心是将莫斯科和列宁格勒夷为平地，以彻底摆脱这两座城市居民的麻烦，否则我们以后将不得不在整个冬季负责喂养他们。

1941年7月11日（战争的第20天）

'北方'集团军群情况：赫普诺尔坦克集群击退了敌人的冲击，并集中主力于右翼，继续准备向列宁格勒东南地区发展进攻。

……奥克斯涅尔上校报告他去古德里安和霍特两个坦克集群的情况。值得指出的有以下三点：

1. 俄军航空兵对维捷布斯克西南西德维纳河上的渡口进行袭击；

2. 敌军统帅部指挥坚决而巧妙。敌人打得非常激烈而疯狂；

3. 我坦克兵团的人员和武器损失很大。部队很疲劳……

1941年7月……在辽阔的苏德战场上，战斗的规模和紧张激烈程度与日俱增。"

哈尔德也不得不承认，苏军意外强大的抵抗已使德国法西斯统帅部不能完成"巴巴罗萨"计划的基本目的——以速决战在第聂伯河一线以西合围并歼灭红军主力，使之不能退向本国内地。

1941年7月26日，哈尔德写道："向元首报告各集团军群的作战企图。从18点至20点15分，就丧失包围敌人的战机的问题辩论很久，争论得很激烈。"

7月30日德军总参谋长在日记中写到，德军最高统帅部已就东线下一步的作战定下了新的决心，即："应在战场中部转入防御……"

这样，由于受到红军顽强抵抗的影响，许多德国法西斯的军事领导人甚至高级领导人，露出了信心不足的征候和明显的不安。

在战争的第29天，哈尔德写道："我各独立行动的快速兵团进行的战斗十分激烈……加之，部队从战争一开始就不断进行长途行军和顽强的流血战斗，感到极度疲劳——所有这一切，使我各级指挥官的士气变得比较低落。这特别明显地表现在情绪十分低沉的陆军总司令的身上。"

直到7月底，德国法西斯军队仍未取得决定性的战果。还在1941年7月18日哈尔德就在日记中写道：

"'南方'集团军群进行的战役，越来越不像原来的样子了。科罗斯坚正面地段仍需以大量兵力加以扼守。敌人大批新锐兵力自北面开到基辅地区，迫使我们把几个步兵师调到那里，以改善摩托化第3军各坦克兵团的态势，然后替换它们。结果，'南方'集团军群的北段被牵制的兵力比我们希望的要多得多。"

哈尔德对于"北方"集团军群的战果更为不满。

他在7月22日写道："统帅部又在为'北方'集团军群担忧。它已经再没有突击力量了，并且老犯错误。确实，'北方'集团军群正面，与东线其他地段相比，并不是一切都搞得很好的。"

德军高级将领在关于尔后的各次战役的目的和主要突击方向等问题上意见不一。在给部队下达的任务上，也可看出前后矛盾。例如7月26日，希特勒要求"以新建的冯·克卢格集群实施进攻，消灭敌戈梅利集团"。7月30日约德尔却通知哈尔德德军最高统帅部的另一决定："战线南段暂不进攻戈梅利。"

敌人战略领导上的这种朝令夕改，是红军进行空前顽强的抵抗的结果。

从哈尔德日记中可以看出，德军早在苏德战场作战的头几个星期内，即已遭到很大的损失。试举数例说明：

1941年7月20日，陆军总参谋部向最高当局报告："各坦克兵团的战斗实力如下：坦克第16师不到编制额的40%；坦克第11师约40%；坦克第13、第14师的情况稍好些。"还列举了其他一些类似情况的部队。

还可以从英国著名军事作家约翰·弗·富勒的著作中摘引几段。他在其《1939—1945年第二次世界大战》一书中引用了法西斯德国报刊的一些报道。这些报道同样能说明问题。

"早在 6 月 29 日《国民观察报》就有篇文章指出：

'俄国士兵视死如归的精神超过了我们西线的敌人。他们沉着镇定，听天由命，只要他们不战死在战壕里，不丧生在刺刀下，他们就一直打到底！'

7 月 6 日《法兰克福报》也刊有类似的文章，其中写道：'德军的闪击战通常在西线造成的精神上的瘫痪，在东线从来没有达到过这种程度；在大多数情况下，敌人不仅没有丧失作战能力，反而企图包围实施钳形攻势的德军。'

这是一种新的战术和战法，对德军来说，这是完全出乎意料的和伤脑筋的。

就像文章作者所说的那样，'德军士兵遇上了这样的敌人，他们以疯狂的顽强精神为自己的政治信念而战，并对德国的闪电攻势进行全面抵抗。'

原来，俄国人并没有像德国人所想象的那样把全部军队部署在国境线上。而且很快还发现德军自己在判断俄军预备队兵力方面犯有严重的错误。在对俄战争开始前，德国情报工作主要是依靠'第五纵队'来做的。但在俄国，虽然也有不满分子，却无'第五纵队'……"①

这是德国法西斯统帅部在苏德战场作战的头一个来月所遇到的真实情况。确实，这完全不是希特勒统治集团原先指望的那种情况！以上各段引语已经非常清楚地阐明了这种看法。现在再补充若干事例。

仅仅在对苏战争的头两个月中，德国陆军已损失约 40 万人。顺便指出，从 1941 年 6—12 月，法西斯德国侵略军在苏德战场以外的其他地方，总共只损失了约 9000 人。当夏季秋季战局结束时，敌军精锐部队和兵团在苏德战场上共伤亡近 80 万人。

然而，所有这一切都是在战争初期对我极端不利的条件下取得的。要知道，敌人的作战经验比我们丰富，因为它已作战多年。主动权也在它手里。敌人在主要方向上的军队和技术兵器的数量超过我们，因为它进行了长时间的战争准备，几年前就对侵略军加速进行现代化和机械化。用以进行首次突击的经济和资源也很丰富，因为欧洲的几乎全部军事潜力均已落入它的手中。

还必须看到另一个情况，就是希特勒统治集团在全速开动它的战争

---

① 约翰·弗·查·富勒：《1939—1945 年第二次世界大战》，莫斯科外文出版社，1956 年版。

机器时，还远远没有用完原先为侵占欧洲所准备的一切。于是，这些巨大的潜在力量就被用来投入对苏作战。

当然——关于这一点我们也已经谈过了——我们还面临着艰苦的斗争，我们还需要进行几十倍的努力，以击退敌人的进攻，夺取主动权，摧毁其暂时的优势，并在各个方面超过它，把它赶出我们祖国的领土，然后帮助欧洲各国人民砸碎法西斯主义的枷锁。

但是，在这一伟大的事业中，苏军在战争头几个月给予优势敌人的英勇抵抗（首先是佩列梅什利、斯摩棱斯克和叶利尼亚地区的激烈会战，以及在基辅远接近地和近接近地的会战）起到了它的历史作用。在这些会战中，希特勒德国的与战争进程直接有关的各项计划和打算未能实现。更重要的是，在法西斯主义的经济、意识形态、宣传和政策，它的整个万恶的社会制度面前，出现了许多希特勒德国在这场对苏战争中无法解决的问题。

1941年9月10日，我遵照国防委员会的决定启程去列宁格勒。行前，我在笔记本上写道：

"铲除叶利尼亚突出部的进攻战役的组织和成功实施，战争头五周担任总参谋长期间异常复杂的工作，对于我提高战役战略指挥能力和掌握各种实施战役的方法，是非常有益的。

现在我更清楚地认识到，一个司令员，要顺利完成所赋予的任务，究竟需要掌握哪些东西。我深刻体会到，谁能对所属部队进行良好的政治教育，善于向部队讲明战争和当前战役的目的，善于提高军队的士气，英勇作战，不畏艰险，信任部属，谁就能打胜仗。

及时地掌握敌军及其指挥官的弱点，看来也是获得战斗或战役胜利的一个至关重要的条件。我们通过审问俘虏得知，德军指挥官和军队特别墨守成规，缺乏主动性，只知道盲目服从命令。因此，一旦情况变了，它们就束手无策，表现得十分消极，坐等上级指示，而在战斗条件下，并不总是能及时得到上级指示的。

通过对战斗过程和我军行动的亲眼观察，我确信，凡是不单纯防守，一有可能就在昼间和夜间对敌人发动反冲击的军队，几乎都能取胜，特别是在夜间。因为德国人在夜暗条件下动作非常迟疑，应该说，打得很糟。

我通过实施初期战役的实践得出结论，不亲临部队即将作战的现场，只凭地图研究地形和下达书面命令的司令员，往往要打败仗。指挥员在完成战斗任务前，一定要熟知地形和敌人的战斗队形，这样才能利用敌人部署上的弱点并对其实施主要突击。

军事首长不对所获得的情报进行详细核查，不考虑提供情况人员的素质（军事知识、经验、自制力和冷静程度）就仓促定下决心，这样做对战役和战斗的进程危害甚大。

不论在战役军团，还是在战术兵团，各军兵种在现地（或至少在沙盘上）认真研练协同动作，对于获得任何规模的胜利都具有重大意义。"

第十三章

列宁格勒保卫战

1941年9月10日晨，天气阴沉、凉爽。我来到首都中央机场，准备飞往被围的列宁格勒。停在跑道上的飞机旁站着3个人，高个的是霍津中将，稍矮一些的是费久宁斯基少将，以及飞机机长。我和斯大林已经说好，让这两位将军和我同行。

机长报告说，全体机组人员已做好飞行准备。我们大家不约而同地看了看天空，心中暗自预测着航线上的天气。天空乌云密布，云层很低。

机长微笑着说："我们能钻过去！在敌军上空飞行，这样的天气最合适。"

飞机立即起飞。前面是列宁格勒，我们的心早已飞到那里。

当时我们谁也没有预料到，我们所去的城市，将是一个同敌人和饥饿进行九百天无比英勇斗争的城市。

列宁格勒！它是无产阶级革命的摇篮。每个苏联人都特别珍视它。在这里，列宁领导我党为世界第一个社会主义国家奠定了基础。从苏维埃政权建立的最初日子起，就幅员和人口来说是苏联第二大城市的列宁格勒，在我们祖国的政治、经济和文化发展中，起着极其重要的作用。

列宁格勒！它是世界上最美丽的城市之一。城市的建筑物。色彩画、雕塑品、名胜古迹、美丽的花园、公园和博物馆，都是我国的骄傲。

希特勒统帅部认为，夺取苏联这一重工业中心和海港具有特殊意义。占领涅瓦河上的这座城市，能使法西斯德国在政治、经济和精神上得到很多好处。

从政治上和军事战略上看，占领列宁格勒并同芬兰军队会合，可使法西斯同盟更加巩固，迫使其他一些仍在动摇的国家加入反苏战争。

迅速夺取列宁格勒，希特勒就能把在那里作战的德军，包括为顺利实施"台风"战役①所必需的第4坦克集群编成内的所有坦克和机械化兵团解脱出来。

在精神上和心理上，法西斯首脑为了提高本国及其盟国军民的士气，保持他们对实现反苏战争计划的信心，也需要夺取涅瓦河上的这座城市。因为希特勒吹嘘的"闪击战"遭到了惨败，德国统帅部的计划被打乱了，东线遭受了严重损失，这就引起人们十分怀疑能否顺利而迅速地结束对苏战争。

对于我们来说，失掉列宁格勒，在各方面都会使战争形势严重复杂化。如果敌人攻占该城，并且德、芬军队在此会合，那么，我们就必须从北面建立保卫莫斯科的新战线，并消耗掉最高统帅部准备用于保卫首都的战略预备队。此外，我们将不可避免地失掉强大的波罗的海舰队。

对于敌人来说，占领列宁格勒就意味着，在卡累利阿地峡作战的"北方"集团军群和芬军能轻而易举地同在斯维里河地域的德、芬军队会合，并切断我方通向卡累利阿和摩尔曼斯克的交通线。总之，所有这些因素都决定了争夺列宁格勒斗争的极端残酷性和紧张性。

希特勒统帅部为了夺取波罗的海和列宁格勒，将其大量军队——冯·莱布陆军元帅指挥的"北方"集团军群投入进攻，在1941年7—8月的西北方向作战中，敌人占领了列宁格勒州的大部分地区。

1941年9月8日，敌人攻占施吕瑟尔堡后，切断了我们的最后一条陆路交通线，并封锁了列宁格勒。在这里，我们的防线是沿涅瓦河西岸设置的。宽阔而水深的河流成了阻挡法西斯军队的巨大障碍。然而，由于德国精锐部队已进至施吕瑟尔堡和拉多加湖，所以还应组织涅瓦河防御。

敌人切断了我第54集团军与列宁格勒方面军主力的联系，但该集团军未让法西斯军队向东推进，将敌阻止在利普卡—8号工人村—盖托洛沃一线。从这时起，该集团军就不隶属于方面军，而直接隶属于最高统帅部。

原在爱沙尼亚苏维埃社会主义共和国境内作战的列宁格勒方面军第8集团军，经过激战退守彼得戈夫—乌斯季鲁季齐以南—克尔诺沃地区

---

① 进攻莫斯科的战役代号。——作者注

芬兰湾沿岸一线。从此时起，该集团军只能从水上和空中同列宁格勒保持联系。

在卡累利阿地峡，芬军已前出到我国原来的国境线，企图继续向前推进，但在那里受阻。此刻，他们等待着从北面猛攻列宁格勒的有利时机。

自9月8日起，列宁格勒的局势变得极端危急。它与外界的联系只能在我空军掩护下，通过拉多加湖或从空中进行。对城市的轰炸和野蛮的炮击开始了。希特勒军队从四面八方逼近，其中，有大群的坦克和机械化兵团集中到了通向乌里茨克、普尔科沃高地、斯卢茨克的接近地上。所有这一切都说明，敌人正准备进行一次决定性进攻。

局势变得一天比一天紧张。

我们向列宁格勒的飞行，从莫斯科到拉多加湖是在下雨、云层低的"良好"气象条件下完成的。这样的天气不便于敌人歼击机起飞，我们也就可以安心地无须掩护地飞行。但在飞抵拉多加湖附近时，天气转好了，因而不得不用一个歼击机中队掩护飞行。在湖的上空，我们遭到两架"美塞什密特"式飞机的追击，因而采用超低空飞行。不久，我们在市内要塞机场安全着陆。当时没有时间去打听，为什么我们的掩护中队没有把敌机赶跑。我们急着赶往列宁格勒方面军司令部所在地——斯莫尔尼宫。

在斯莫尔尼宫进口处，门卫挡住我们，索取通行证，可我们谁也没有。我说出了自己的姓名，但也无用，公事公办嘛。

"将军同志，您只好等一下。"卫兵说后去找卫队长。等了约一刻钟，司令部卫队长才允许我们进入斯莫尔尼宫。

在门口，司令员办公室的一位工作人员接待了我们。

"伏罗希洛夫同志在哪里？"我问。

"大将同志，他正在举行方面军军事委员会会议。"

"都有谁参加？"

"几个集团军司令员和兵种主任、波罗的海舰队司令员，以及国家重点保护单位的负责人。"

我们走进二楼司令员办公室。在一间大屋里，十来个人坐在一张铺有红呢绒的桌旁。同伏罗希洛夫、日丹诺夫相互问候后，我们经允许列席会议。过了一会儿，我将斯大林的短信交给伏罗希洛夫。必须承认，我是带着焦急的心情交出这封信的。元帅默默地读完了信，轻轻点点头，将信递给日丹诺夫，继续开会。

方面军军事委员会讨论的问题是：一旦扼守不住列宁格勒，应采取哪些措施。大家简短而冷静地发表了意见。提出的措施，包括破坏一些重要的军事、工业及其他目标。现在，从30多年以后的今天来看，这些计划是难以置信的。而当时呢？当时局势危急。但是还有一些未被使用的力量。讨论的结果是，决心保卫列宁格勒，直到流尽最后一滴血。

在作出这一决定的时刻，大概每一个参加会议的人都特别强烈地感到，要胜利完成联共（布）中央政治局和国防委员会赋予我们的任务，责任十分重大。

介绍过指挥人员以后，我感到高兴，因为我同方面军、波罗的海舰队的许多指挥员、党政工作人员过去都共过事，了解应该派谁去干什么。特别令人兴奋的是，联共（布）党中央委员会书记安德烈·亚历山德罗维奇·日丹诺夫主持列宁格勒党的工作，并担任方面军军事委员会委员。他是一位深受列宁格勒人、方面军和舰队敬重的卓越组织家，一个可敬而热诚的人。

9月10日日终，在没有公布正式命令以前，遵照最高统帅的亲笔信，我就任了列宁格勒方面军司令员①。

9月10日晚至11日晨，我同日丹诺夫、伏罗希洛夫、海军上将伊萨科夫、方面军参谋长和方面军务兵种司令员彻夜讨论了局势和保卫列宁格勒的补充措施。

我曾在这里学习过，进过骑兵指挥员进修班，因此，对列宁格勒及其近郊非常熟悉。当然，从那时到现在，情况已发生了很大变化，但作战地域还完全保留着原状。

在我到达的那天，局势变得更加紧张了。希特勒军队向第42集团军防御地段进行极其猛烈的攻击。敌坦克曾突入乌里茨克，又被我反坦克炮兵击退到原来的位置。在坦克、航空兵和炮兵的支援下，敌步兵不顾极大伤亡，向普尔科沃高地、普希金城、科尔皮诺连续攻击。在这些激烈的交战中，第42集团军司令员用尽了自己的预备队。

在列宁格勒东南接近地进行防御的是拉托列夫将军指挥的编成很小的第55集团军，其兵力显然不足。科尔皮诺城郊战线已接近伊若拉工

---

① 最高统帅部关于任命我为列宁格勒方面军司令员的命令，在我向斯大林报告到达列宁格勒后，于1941年9月11日签发、命令的第三点指出："伏罗希洛夫同志交出方面军的工作，朱可夫同志于到达列宁格勒之后24小时内接管列宁格勒方面军。"——作者注

厂,该厂正在为前线完成军工生产任务。在党组织号召下,工厂党、团员带头参军。德国法西斯军队要在该地域突破列宁格勒城的整个企图都以失败而告终,伊若拉人死守着阵地。

经查明,在方面军各个地段上都感到反坦克炮严重缺乏。于是,我们决定用能穿透坦克装甲的高射炮代替反坦克炮。为此需要立即从城市防空部队中抽调部分高射炮,并将其配置到最危险的地段。

方面军军事委员会一致认为,必须在各个易受攻击的方向上立即组织纵深梯次配置的、健全的防御,在通向城市的要道上密集布雷,敷设部分带电网的障碍物,并特别注意普尔科沃高地。

但是,需要火速予以加强的,首先是普尔科沃高地—乌里茨克地区的防御。为此,从卡累利阿地峡(芬军在这里受阻)抽调第 23 集团军的部分兵力给第 42 集团军。除方面军火器外,决定将波罗的海舰队所有的舰炮火力集中支援这里。

同时以波罗的海舰队水兵、列宁格勒各院校人员组建 5—6 个独立步兵旅,限 6—8 天内完成。

上述措施,从 9 月 11 日清晨开始执行。

军事委员会的成员,除日丹诺夫,库兹涅佐夫和我外,还有列宁格勒州委书记什特科夫,州执行委员会主席索洛维约夫,市执行委员会主席波普科夫。大家在工作中都很齐心协力,有创造性,干劲十足,从不计较时间和不顾疲劳。这些同志现在都已去世。但我应当说,他们都是我们党和国家的卓越活动家。为了保卫面临致命危险的列宁城,他们做了他们所能做到的一切。列宁格勒人很了解他们,对他们的英勇行为和夺取胜利的不屈不挠意志都很敬重。

每个市民都奋不顾身地战斗在自己的岗位上,履行着自己的职责。当务之急是给军队供应武器、弹药和军事技术装备。所有这些工作都是由他们在敌人不断地炮击和轰炸情况下完成的。

生产 KB 重型坦克的基洛夫工厂(厂长扎尔茨曼)变成了城市防御的大型支撑点。许多工人参加了民兵。少年、妇女和退休工人顶替他们生产。大部分工人被安排住在市政和其他工厂建筑物里,这些地方都成了工人的营房。车间面向前线的窗户,由于离前线较近,不得不用铁板和沙袋挡上。在空袭和炮击时,工作也没有停止。休班工人扑灭燃烧弹,医务工作者救护伤员。

法西斯分子按其精心制订的计划,对重要目标——工厂、大专院校、车站、医院、中小学校、商业中心进行炮击和轰炸。遭到炮击的,主要是那些繁华的街道和地区。

步兵第170师炮兵第240团9连的俘虏洛夫诺·鲁道夫后来供述：

"对列宁格勒的炮击是早晨8—9时、中午11—12时、晚上17—18时，随后是20—22时。炮击的基本任务是，杀伤市民，破坏工厂和重要建筑物，震撼列宁格勒人的精神。"

法西斯匪徒不顾一切地进攻。在顿斯科伊上校指挥的内务人民委员部边防部队步兵第21师防守的施吕瑟尔堡地域内，法西斯部队企图在波罗什—涅瓦杜布罗夫卡—英斯科杜布罗夫卡地段渡过涅瓦河。他们按照希特勒统帅部的命令，驱赶附近居民地的苏联妇女、儿童和老人走在德国部队的前面。为了不伤害自己人，苏军必须特别准确地对战斗队形深处的敌人进行迫击炮和炮兵射击。

敌人逼近到了列宁格勒城市附近。9月11日拂晓，敌人重新开始进攻，并且不断加强着自己的突击集团，终于在日终前占领了杜杰尔戈弗。

次日，迫于敌人的兵力优势，我军不得不放弃红谢洛。防守普希金城和斯卢茨克的我军也处境危急。

希特勒德国陆军总参谋长弗·哈尔德将军在他的日记中记录了当时的情况：

"机械化第41军和步兵第38军向列宁格勒的进攻，发展十分顺利，战果巨大。"

进行了约一周残酷的流血战斗。哈尔德又一次在日记中写道：

"在'北方'集团军群正面上已显示出进攻列宁格勒的重大胜利，赖因哈特军[①]地带内的敌人抵抗已开始减弱。"

形势要求采取有效而坚决的行动。哪怕最小的可能性，也要日夜连续反击敌人、疲惫敌人，消耗其有生力量和技术兵器，破坏其进攻措施。必须在部队中建立严格的秩序和纪律，大大改进军队指挥。9月11日，霍津将军被任命为方面军参谋长，9月14日方面军军事委员会任命费久宁斯基将军为第42集团军司令员。

在坚守普希金城和斯卢茨克的战斗中，邦达列夫上校的步兵第168师表现得特别突出。这个红军基干师曾在芬兰边界、卡累利阿森林、拉多加湖西北英勇作战45天。该师为完成统帅部命令，在极其艰难的条件下进行了后卫掩护战，然后撤向瓦拉姆岛，再从那里调往列宁格勒。

---

① 即机械化第41军。——作者注

战士们几乎把师的全部技术兵器都保存下来了，其中包括一个榴弹炮团和一个加农炮团。该师得到列宁格勒的共产党员、政治工作者的补充后，又像在边界那样，在新利辛、斯卢茨克、普希金城附近同敌人顽强作战。该师的军人们在科尔皮诺地区以极其顽强的精神同敌人进行战斗。

稳定列宁格勒局势的措施，要在非常复杂的情况下实施。敌人不断加强自己的压力，特别是在普尔科沃方向的第42集团军防御地带。不应当忽略其他方向——施吕瑟尔堡和奥拉宁包姆，尽管敌人在那里实施次要突击，也不应当忽视，因为这样会使情况更加复杂。

应当特别感谢空军司令员诺维科夫上将，他指挥舰队和方面军的航空兵有效地支援地面部队击退敌军猛烈的攻击。

伊萨科夫海军上将是我在波罗的海舰队的海军代理人。我深信，伊萨科夫是一位最有能力和才干的苏联海军舰队指挥员。在他领导下，波罗的海舰队司令部和炮兵，短期内组建了6个海军陆战队独立旅，将其转交给了列宁格勒方面军。他同方面军炮兵司令员斯维里多夫一起，很快就组织好了舰队和方面军的协同动作，建立了强大的与敌炮兵做斗争的远战炮兵群。

希特勒催促"北方"集团军群司令冯·莱布陆军元帅加速夺取列宁格勒，尽快把第4坦克集群的机动兵团解脱出来，调给莫斯科方向的"中央"集团军群。

9月13日清晨，敌人以2个步兵师、1个坦克师和1个机械化师的兵力，开始向乌里茨克总方向进攻。敌人突破了防御，占领了康斯坦丁诺夫卡、索斯诺夫卡、芬兰科伊洛沃，并向乌里茨克推进。

哈尔德在当天日记中写道："从西面进攻列宁格勒，打开了一个很深的缺口。"晚上又写道："在列宁格勒附近取得了重大胜利。我军向'城堡内防线'的突进，可以说是完成了。"

方面军军事委员会清楚地认识到，列宁格勒的防御形势非常危急。为了消除严重威胁，决心将方面军的最后一个预备队——步兵第10师投入战斗。这是最后一个了！决心本身含有巨大的冒险性，但当时，舍此别无他法。

9月14日晨，在短促而猛烈的炮火准备之后，步兵第10师与友邻兵团协同，在航空兵支援下，对敌人实施迅猛的突击。紧张战斗的结果，使防御恢复了原态势，敌人遭到重大损失，放弃了索斯诺夫卡和芬兰科伊洛沃。

我们分析研究了当时的情况，力求首先查明敌人的可能动向，摸清其统帅部的意图，判明包围列宁格勒的敌军的强点和弱点。必须确定用多大兵力、兵器和何种作战方法抗击突向列宁格勒的敌人，粉碎其企图。

在考虑保卫列宁格勒的计划时，首先应注意到敌人在进攻中已处于被动，部队在宽大正面上分成3个集团。主要兵力——坦克和步兵从南面指向列宁城。显然，冯·莱布深信，正是在这里他可以从战线中央一举突入列宁格勒。然而，由于郊区建筑物密集并有大片森林，敌人只能沿道路进攻。我们可以利用这一情况，用炮兵和迫击炮火力严密封锁所有道路；以航空兵的轰炸破坏道路；用工程障碍物加强防御。

作战经验表明，敌人对我防御中表现出的每一种主动性都非常敏感。反突击和反冲击都迫使敌人减缓了进攻速度。德国统帅部不是最大限度地把突击力量用在主要方向上，而常常是局限于采取应付措施。这就为我们组织积极的反机动措施赢得了必要的时间。

苏军在形势发展过程中形成的部署，也有助于我军在防御中发挥积极性。第8集团军坚守在奥拉宁包姆登陆场上。由于得到舰队和第42集团军的适时支援，该集团军能够对敌军集团的翼侧和后方实施突击，因此，吸引了进攻列宁格勒的部分兵力。

库利克元帅指挥的第54集团军也有许多作为。该集团军位于施吕瑟尔堡—姆加这一狭窄走廊的东侧，可以组织对敌兵团的突击，这样，就保证了列宁格勒方面军的前进道路。这实质上是援助了列宁格勒的防御，并把"北方"集团军群的部分兵力从主要的普尔科沃地段吸引开了。

显然，斗争的成效将取决于方面军在主要地段上行动的积极性。我们一来到列宁格勒就认识到这点了，并把这一情况报告给最高统帅部。

强城市防御所制定的补充措施如下：

——在部队和居民中加强党的政治工作，加强纪律性和树立战胜敌人的信心；

——继续以陆、空、海军的所有兵力、兵器最大限度地杀伤敌突击集团，使其无力突破我防御；

——9月18日前，再组建并装备5个步兵旅、2个步兵师。这些军队的主要部分加强给第42集团军，以建立集团军第四道防御地区；

——为了把敌人兵力从列宁格勒城下调开，第8集团军继续向敌人翼侧和后方实施突击；

——方面军部队的行动应同第54集团军的行动相互配合,收复姆加—施吕瑟尔堡地域;

——给活动在列宁格勒以南的地下党组织和游击队下达更积极的任务。

由此可见,注意了两个极重要的问题:坚定军民的必胜信念,以及建立预备队,以增大方面军防御纵深。以第8集团军的兵力对敌实施的突然突击应立见成效。

我们清楚,应特别重视处于最危险方向的第42集团军。规定在这里组织的防御要能粉碎敌人以正面突击夺取列宁格勒的一切企图。我们认为舰队和海岸炮兵的行动具有很大作用,战线愈靠近海,它们的行动就愈加重要。

后来的事态发展表明,这一计划是行之有效的。

从9月14日起,我可以通过电报同沙波什尼科夫交谈当时列宁格勒的概况和商讨组织防御所采取的措施。

沙波什尼科夫:你好,格奥尔吉·康斯坦丁诺维奇!请报告一下你们方面军的情况,你们将采取什么措施恢复局势。

朱可夫:你好,鲍里斯·米哈伊洛维奇!方面军南段的情况,要比总参谋部预计的复杂得多。今天日终前,敌人以3—4个步兵师发展突破,大约2个坦克师投入战斗,已前出到新苏济(普尔科沃以南2公里)—芬兰科伊罗沃(北郊)—康斯坦丁诺夫卡—戈列洛沃—阿尼诺—科波尔斯科耶—罗普沙—格列季诺一线,并向北发展进攻……克拉斯诺格瓦尔杰伊嘶克及其通往普尔科沃的公路,也被敌占领。

这样一来,方面军这一地段的情况就十分复杂了。更严重的是,方面军在列宁格勒地域已没有任何预备队。现在我们不得不用偶尔得到的支队、独立团和新组建的工人师去阻止敌人的进攻和扩大突破口。

沙波什尼科夫:采取了什么措施?

朱可夫:今日日终前,我们在敌人前进道路上组织了炮兵(其中包括海军炮、高射炮及其他种类炮兵)的火力配系。我们正在集中迫击炮,我想,拂晓时我们能够在主要方向上准备密集的拦阻火力,以便同日终前已部署在上述地区的步兵协同行动。我们将动用方面军和波罗的海舰队的全部航空兵。此外,还收集上百辆坦克。

我们把内务人民委员部边防部队的一个师直接展开在列宁格勒南郊的米亚索科姆比纳特—雷巴茨科耶—莫尔斯克港一线。先给该师加强100门火炮,我们计算过,能够紧接着集中的就是100多门火炮。关于列宁城的情况目前我能报告的就这些。

在第 8 集团军正面上，我们将组织一次突击，目的是前出到金吉谢普公路，以便对敌翼侧和后方实施突击，将敌军集团的部分兵力从列宁格勒城下吸引开和以后同第 55、第 42 集团军协同歼灭敌红谢洛集群。我们计划第 55、第 42 集团军转入进攻的时间不早于 9 月 17 日。过早是不可能的，因为目前还没有这种兵力。我想让阿斯塔宁的集群突围①，用以加强这部分兵力。如果阿斯塔宁近两天内能顺利突围，我可以集中 5 个师，如果他突围不成功，哪怕集中 3 个师也是好的。

我准备同库利克协同实施突击，但也只能在我们肃清敌红谢洛集团之后实施。

我在列宁格勒方面军控制的飞机共有 268 架，其中完好的只有 163 架，轰炸机、强击机很差。现有佩－2 飞机 6 架，伊尔－2 飞机 2 架，炮侦－2 飞机 2 架，轻型侦察飞机 11 架。这个数量不能保障完成任务。恳请最高统帅部至少调给一个团的佩－2 飞机和 1 个团的伊尔－2 飞机。

沙波什尼科夫：我认为你首先组织炮兵弹幕射击的决定是非常正确的。列宁格勒方面军有那么多炮兵，建立这样的弹幕射击是完全可能的。

朱可夫：完全明白。只是请你注意，从克拉斯诺格瓦尔杰伊斯克到伊诺拉河这一地区，以及通过克拉斯诺格瓦尔杰伊斯克北去的所有道路，都已被敌人占领了，这一点我已向你报告过……现在必须采取紧急措施，并在部队中建立应有的秩序……我想，我们近日内就能整顿好……如有必要，将不惜采取一切可能的措施。

请你给库利克加强 2—3 个师，让他能够实施强大突击。这是当前对我方面军最大的支援。我用"博多"式电报机同库利克保持联系。

沙波什尼科夫：我认为，克拉斯诺格瓦尔杰伊斯克封锁着北去的道路，虽然敌人已从西面迂回过去了……现在注意的中心仍然是封闭红谢洛突破口，尔后再与库利克配合行动……我想，在方面军后方和各院校还能找到一些人员和武器。最高统帅部要求你经常用有线或无线电通信工具向我们报告前线的情况。你有关加强轰炸机的请求，我将立即报告斯大林同志。完了。②

———————
① 阿斯塔宁少将是卢加战役集群司令员。1941 年 8 月底，他的部队在锡韦尔斯卡亚—姆申斯卡亚车站和诺温卡地域被合围。——作者注

② 见苏联国防部档案馆档案。

应当选择突围地域。我们认为选在敌人占领的姆加突出部最适宜。该突出部正面宽 15—20 公里。这里是森林沼泽地，有大片的泥炭开采区。不大的高地控制着周围的平原，便于实施坚固而有效的防御。我们认为这里是最有利的突围地段。

我到列宁格勒后不久，沙波什尼科夫就通报了最高统帅部试图以第 54 集团军从东面突击，解除对列宁格勒的封锁。他要求我指派部队进行接应。遗憾的是，方面军不能这么做，因为我们已把所有的部队用到主要方向，要从这里调走任何一支部队，都意味着将城市让给敌人。因此，决定以 1 个师和涅瓦河战役集群一个旅的兵力同第 54 集团军相向进攻。

这些部队要在涅瓦杜布罗夫卡附近，在敌人连续不断的火力下，强渡水势汹涌、宽达 800 米的涅瓦河，尔后穿过沼泽地和森林向敌人冲击。这一任务是非常艰巨的，可以说是难以胜任的。

1941 年 9 月，为了解除列宁格勒的封锁，形势要求第 54 集团军更坚决地行动，并同列宁格勒方面军的部队密切协同。但我们没有按形势的要求解决共同行动问题。于是我于 1941 年 9 月 14 日夜间同库利克元帅通了电报。电报原文略有删减。

库利克和朱可夫都守在自己电台旁。

朱可夫：你好，格里戈里·伊万诺维奇！我已到达这里接替伏罗希洛夫的职务。你知道吗？我很想尽快和你一起为收复失地而紧张工作，希望在收复的国土上相见，并在那里组织列宁格勒战线的后方。请你简单报告一下情况。我现在通报一下列宁格勒的情况：

一、敌人占领红谢洛后，正在利戈沃方向上对普尔科沃进行猛烈攻击。斯芦茨克东南的另一个要点是费多罗夫斯科耶地域，敌人以 8 个团的兵力从该地域向普希金城总方向进攻，力求在普希金—普尔科沃地域会合。

二、方面军其他地段情况照旧……编有 4 个师的阿斯塔宁南方集群正在采取突围措施。

三、我们正在方面军各个地段上组织积极行动。我们对你寄予很大希望。现在我要讲的话完了。请简要报告一下你地段的情况。

库利克：你好，格奥尔吉·康斯坦丁诺维奇！非常高兴能同你一起完成列宁格勒解围的光荣任务，同样急切地盼望着相见的时刻。我将这里的情况报告如下：

一、最近两三天，我正在自己的左翼沃罗诺沃地域，也就是将与你会合的集团左翼组织战斗。敌人最近两三天在我主要集团当面集中了如下几个师。因为我想了解在你当面还有没有其余的团,所以我准备一个团一个团地向你汇报,从右起:1号工人村地域发现原不在我正面上的步兵第126师第424团。该师的其他团均未发现。它们可能在施吕瑟尔堡,也可能沿涅瓦河向西对你行动,也可能在施吕瑟尔堡地域担任预备队。

二、机械化第20师在锡尼亚维诺及其以南地域行动,同该师一起行动的还发现有坦克第12师的坦克。

三、步兵第21师已在锡戈洛沃—图雷什基诺正面上展开,坦克第15师也在该地域同它一起向斯拉维扬卡—沃罗诺沃方向进犯。近3天来,敌人从柳班地域向沙普基—图雷什基诺—索洛古博夫卡频繁调动机械化部队和坦克。今天16时30分在索洛古博夫卡地域发现50余辆坦克向锡戈洛沃运动,在锡戈洛沃以东和图雷什基诺东北的森林里有大量军队集结。此外,在该地域还发现有重型炮兵。今天我这儿进行了沃罗诺沃争夺战,这是为行将开始的进攻进行的一次局部战役,未能完成任务。的确,当时只有少量兵团参战。我是有意这样做的,因为我不想让大量的兵力参加这次战役;现在我这儿正给部队补充人员。

第54集团军占领的战线是利普卡—8号工人村—7号工人村—爱沙尼亚村—托尔托洛沃—梅什基诺二波列奇耶—米哈列沃。

敌人在我右翼集中了一个相当强大的集团……我正等它明天转入进攻。我已采取粉碎敌进攻的措施,打算击退敌人的进攻后立即转入反攻。近三四天来,我们至少击毁70辆坦克……9月13日下午,在戈尔诺沃汉德罗沃地域进行了一场激烈战斗,击毁敌坦克28辆,歼灭一个步兵营,但敌人始终是,尤其是从今天起表现出很大的积极性。完了。

从库利克的通报中可以看出,他的集团军不打算近几天内实施进攻。这对我们很不利,因为列宁格勒的情况已十分危急。我打算,除了第54集团军的直接行动外,还要求该集团军的航空兵参加对列宁格勒接近地上重要地域的突击。

这一点要向我的友邻讲清楚。

朱可夫:谢谢你的通报,格里戈里·伊万诺维奇。我对你有个坚决的请求——不要等待敌人进攻,而要立即组织炮火准备,并向姆加总方向转入进攻。

库利克:明白。我想,在16—17日开始。

朱可夫:16—17日,太晚了!敌人是有机动力的,应先敌进攻。我深信,如果你展开进攻,就是重大胜利的标志。如果你明天还不能进攻,就请集中你所有的航空兵歼灭波多洛沃—科尔杰列沃—黑列奇卡—安诺洛沃地域之敌,所有这些地点都在斯卢茨克东南 4—5 公里的伊若拉河沿岸。必须用一整天时间向这里突击,为了不让敌人抬起头来,哪怕是小批次突击也是好的。但这是作为非常措施。请你务必向敌人进攻,并尽快向敌后派遣骑兵部队。我要讲的完了。

库利克:明天我不能转入进攻,因为还没有调来炮兵,还没有到现场组织协同,也不是所有部队都到达了出发地位。我刚接到报告,敌人已于 23 时在施吕瑟尔堡—利普卡—锡尼亚维诺—贡托瓦亚利普卡地域转入进攻。进攻已被击退。如果敌人明天不转入总攻,我将按你指定的地点完成你对航空兵行动的要求。

我也掌握了施吕瑟尔堡的这些情报。然而库利克搞错了,敌人的行动不过是试图以威力侦察查明我防御情况。库利克显然是不清楚,或者是不想去弄清列宁格勒的极端紧张局势。

我再也掩饰不住自己的激动,说:

"敌人不是转入进攻,而是进行夜间战斗侦察!遗憾的是,有些人竟把敌人的每次侦察或小规模行动,都当成了进攻。

"显然,你首先关心的是第 54 集团军的安全,对列宁格勒出现的情况,看来是不怎么关心的。你应该明白,不等到去现场组织协同动作,我就得从工厂直接抽调人员去迎击敌人。我清楚,我不能寄希望于你的积极行动。我自己能完成任务。应当指出,你的集团军缺乏同方面军的协同,使我感到吃惊。我看,如果苏沃洛夫处于你的地位,绝不会这么做。原谅我直言,但我已顾不得外交辞令了。祝你一切顺利!"[①]

尽管采取了措施,列宁格勒的形势还是继续恶化。敌人变得更加积极了。冯·莱布元帅如此卖命,看来是要不惜任何代价实现希特勒的命令——在德军开始进攻莫斯科之前,结束列宁格勒战役。

9 月 15 日清晨,敌人在第 42 集团军地带内再度发起进攻。敌人加强有坦克的 4 个师,在空中密集突击的支援下连续向前突进,以巨大伤亡为代价,将我步兵第 10、第 11 师击退到沃洛达尔斯科耶和乌里茨克镇南郊。在其他防御地段,该集团军击退了敌人的冲击。

为了防止敌人通过乌里茨克突入列宁格勒,我们将重新组建的内务人民委员部边防部队步兵第 21 师、民兵第 6 师和由水兵及各防空部队

---

① 见苏联国防部档案馆档案。

人员组成的两个步兵旅加强给第42集团军。这些兵团奉命占领从芬兰湾海岸起经利戈沃、米亚索科姆比纳特、雷巴茨科耶到涅瓦河一线城市筑垒地区的外廓。

由于采取这一措施，第42集团军建立了强大的第二梯队，构成了防御的战术纵深。这一点特别有利于提高防御的稳定性和牢不可破性。

必须指出，当敌人进抵沃洛达尔斯科耶镇和乌里茨克后，其突击集团的左翼拉得过长。我们决心利用这一有利条件，以第8集团军的兵力对敌实施反突击。

第8集团军司令员奉命放弃在克尔诺沃—捷连季耶沃地段上的掩护任务，将海军陆战队第5旅调至预有工程准备的科瓦西河沿岸防御地区，而将步兵第191、第281师和民兵第2师集中于自己的左翼，在利比齐—沃洛达尔斯科耶镇地段向红谢洛方向实施反突击。根据这一命令，将第42集团军应参加反突击的步兵第10、第11师和民兵第3师转隶给第8集团军。同时，第8集团军的步兵第125、第268师调作方面军预备队。

这一决定使我们建立了第8集团军突击集团，用于对敌人实施反突击，同时重新组建方面军预备队，用以应付各种突然情况。后来的事态发展证明，这一决定是及时而正确的。

在我向最高统帅部报告自己的决心时，没有隐瞒同库利克的交谈情况。斯大林同意采取的措施。9月16日晚，最高统帅给库利克打了电报，提出"不要拖延进攻准备，要实施坚决的进攻，以便同朱可夫建立联系"。

斯大林提醒说："朱可夫在9月15日同你交谈中已述说了方面军的情况，你们的战役再也不能拖延了。"

然而这一次，第54集团军的进攻还是拖延了几天。

9月17日列宁格勒城下的战斗已达到高度紧张状态。这天，敌人的6个师在"北方"集团军群大批航空兵支援下，企图从南面突入列宁格勒。城市保卫者顽强捍卫着每一寸土地，不断地反击敌人。方面军和波罗的海舰队的炮兵对敌进攻部队进行了猛烈炮击，航空兵适时地给予防御部队以有力的支援。

方面军军事委员会认为当前局势极为危险，于9月17日向第42、第55集团军军事委员会发出了极其严厉的命令。命令说：

"利戈沃—基斯基诺—上科伊罗沃—普尔科沃高地—莫斯科斯拉维扬卡地域—舒沙雷和科尔皮诺地区，对于保卫列宁格勒具有极为重要的意义。因此在任何情况下也不能放弃。"

我们英雄的军队是值得称赞的。他们准确地理解并极其认真地执行了这一命令。方面军军队以强大的火力和不间断的反冲击迫使敌人由进攻转入防御。在击退敌人通过利戈沃突向列宁格勒的战斗中，潘琴科上校的步兵第 21 师，西诺奇金上校的海军陆战队第 6 旅和安东诺夫上校的歼击航空兵军表现尤其突出。第 42 集团军的炮兵表现得特别英勇。常常是整个炮兵营，有时甚至整个炮兵团推进到暴露的发射阵地，以直接瞄准射击消灭近逼之敌。仅在利戈沃—普尔科沃地段用于直接瞄准射击的火炮就有 500 余门。

在粉碎敌人由乌里茨克突向列宁格勒的计划中，第 8 集团军的反突击起了非常重要的作用。该集团军以 4 个步兵师组成的突击集群，于 9 月 19 日凌晨转入向红谢洛总方向的进攻。虽然这一进攻未能恢复这里的防御态势，但却迫使敌人将部分兵力从对我威胁最大的乌里茨克—列宁格勒方向调往彼得戈夫方向，这正是我们所希望的。

敌人在继续猛烈攻击普尔科沃高地的同时，企图在我防御的其他地段寻找薄弱部位。从 9 月 18 日晨开始，敌人向第 42 集团军与第 55 集团军接合部实施突击，攻占普希金城后企图从左面迂回普尔科沃高地，从右面迂回科尔皮诺，从而突入列宁格勒。然而，希特勒军队在这里却未能粉碎人数虽少但作战英勇的苏军抵抗。

在争夺普尔科沃和普希金城的激烈战斗中，敌人对列宁格勒进行了一次最猛烈的炮兵和航空兵突击，企图以此摧毁列宁格勒人和城市保卫者的意志。9 月 19 日城市遭到 18 个小时的炮击（从 1 时 5 分至 19 时），同时德国航空兵对城市进行 6 次空袭。敌人 276 架轰炸机突入列宁格勒。

为了压制或消灭我强大的海军炮兵，阻止他们对"北方"集团军群进攻军队进行歼灭性炮击，德国法西斯统帅部于 9 月 21—23 日对我军舰和喀琅施塔得连续实施密集空袭。同时有几百架轰炸机参加这些空袭。苏联高射炮兵的强大火力和歼击机的坚决行动粉碎了敌人的阴谋，舰队没有遭到严重损失。

9 月 23—26 日，敌人不止一次地试图向普尔科沃高地、彼得戈夫和奥拉宁包姆进攻。但敌人的每次攻击都被炮兵、迫击炮和机枪的火力，以及航空兵的突击击退了。同时，我们以步兵部队和兵团对敌实施了有力的反突击。

为了加强乌里茨克和普尔科沃高地的防御，从位于卡累利阿地峡的第 23 集团军调来了预备队。因为这一地域的局势比较平静。芬军有时射击一阵,我军也进行还击。这就使方面军首长能够调出整个集团军预备队,甚至一些步兵师的一部分团。

在彼得戈夫地区,为了配合濒海战役集群的作战,向敌军后方派遣了一支海军登陆队。水兵们的行动不仅勇猛,而且极为果敢。不知敌人怎么发现了登陆队从海上的接近,便对水上的登陆队进行射击。敌人的火力并未使水兵们惊慌失措,他们仍然上了岸。德军逃跑了。在这以前,他们已经很好地领教过这些"水鬼"(他们这样称呼我海军陆战队)是些什么人。

水兵们为初步胜利所吸引,追击逃跑的敌人,但拂晓时,他们同海上的联系被切断了。他们大部分英勇牺牲。英雄的登陆队队长安德烈·特罗菲莫维奇·沃罗日罗夫上校也没有回来。

由伊万诺夫指挥的内务人民委员部边防部队第20师的边防军人和水兵组成的登陆队,曾不止一次被派往敌人后方。他们到处都创造出英勇顽强的奇迹。在9月作战中,由波罗的海舰队水兵编成的步兵旅也打得很出色。

9月20日,最高统帅部再次催促第54集团军司令员库利克元帅组织决定性进攻。最高统帅在电报中,坚决要求库利克立即行动:

"21日和22日这两天,必须在敌人正面上打开一个缺口,并同列宁格勒方面军会合,再推迟就晚了。你太拖延了。必须弥补失去的时间。如果你再拖延,德国人就会把每个村庄都变成要塞,而你也就永远不能同列宁格勒人会合了。"

然而这一命令并没有得到执行。

9月29日最高统帅部将第54集团军拨归列宁格勒方面军指挥。库利克元帅被免职。我不得不指派方面军参谋长霍津将军任第54集团军司令员。

现已清楚,希特勒分子曾同样地催促自己的军队前进。德军"北方"集团军群司令官冯·莱布急切要求能尽快粉碎列宁格勒保卫者的抵抗,以便同芬军卡累利阿集团会合。然而,无论采取何种威胁、利诱手段,法西斯德军都不能打垮苏军列宁格勒集团。由于列宁格勒方面军极其主动而顽强的防守,及其群众性的英勇精神,德军企图由红谢洛—乌里茨克—斯卢茨克—普希金城向列宁格勒实施的突破,遭到了彻底的失败。

希特勒气得发疯。他懂得,时间不利于德国,而有利于苏联,苏联可以利用它克服巨大的困难,成功地动员人民力量,组建新的武装部队和制造强大的武器。夏秋季战局已结束,在战略目的方面没有取得明显成果。冬季临近了,希特勒军队根本没有过冬准备。

10月初,前线侦察报告,德国人在挖地窖掩体,给掩蔽部增设防塞设备,用地雷和其他工程器材加强前沿。侦察兵作出了正确判断:敌人在准备过冬。俘虏也证实了这一推断。几天来,我们第一次真正认识到,方面军完成了自己防守城市接近地的任务:阻止住了希特勒军队的进攻。列宁格勒南方接近地上的防线已趋于稳定,而且一直到1943年1月没有发生什么重大变化。在这之前,双方在斯维尔河畔的阵地也稳定了。

1941年秋列宁格勒会战防守阶段的特点和基本结论是什么呢?德国法西斯军队进攻失败的原因又是什么呢?

列宁格勒防御战最重要的军事政治意义就在于,粉碎了希特勒统帅部庞大的阴谋计划。列宁格勒方面军和波罗的海舰队以自己英勇顽强的精神和积极的行动削弱、疲惫和牢牢牵制住德国法西斯重兵集团于列宁格勒方向,使希特勒统帅部不能把第4坦克集群的快速兵团适时调往莫斯科方向。第4坦克集群来不及在"台风"战役开始前修复损坏的装备,就投入了莫斯科方向的交战。这一情况有利于胜利地保卫莫斯科和歼灭我们祖国首都接近地上的敌军。

1941年9月列宁格勒会战是在极其复杂而多变的情况下进行的。敌人使用了大量坦克、机械化部队和航空兵,这就要求苏联统帅部对形势的变化迅速而果断地作出反应,不断改进作战的样式和方法。

在9月会战中,列宁格勒附近的战斗特别紧张而激烈,敌人的力量已严重削弱,而苏军的抵抗力量却不断增强。敌人进攻速度的降低就是证明。如果说7月份敌人前进的速度是每昼夜5公里,那么到了9月份每昼夜只前进1—2公里,而且也只能是在个别方向上。

由于方面军首长采取了一系列措施,到9月底,在列宁格勒南、北接近地和东南接近地已建立巩固的、纵深梯次配置的、牢不可破的防御。事实表明,在列宁格勒附近的态势稳定时,最主要方向上的防御已由两个地带组成。装备有良好反坦克兵器的步兵师,在这里,其防御地带正面宽度通常不超过10—12公里。

此外,我军防御之所以牢不可破,还由于建立了健全的工事网和组织良好的集团军、方面军和舰队的炮兵火力配系。地面部队和航空兵之间周密的协同动作,组织良好的、严密的军队防空和城市防空,也起了重要作用。

列宁格勒接近地防御战的胜利，是各军、兵种在列宁格勒人英勇的支援下经过共同努力取得的。这些共同努力的基础是苏军高昂的士气、坚定的胜利信念、高度的爱国主义精神和对法西斯侵略者的仇恨。

列宁格勒保卫者所表现出来的那种集体英雄主义和勇敢精神，劳动和战斗中的忘我精神，是前所未有的范例。这里有列宁格勒州、市党组织的巨大功绩，他们巧妙、高效率的组织工作，在市民和军队中享有崇高的威望。在战争的最初3个月内，这里就组建了10个民兵师，16个独立机炮营，数十个用以补充民兵部队的后备分队，大量的地方防空队。培训了几万名医务工作者，开设了大量医院，采取了一系列保障军队作战和市民的其他重要措施。

在组建民兵部队和作战部队的同时，列宁格勒州、市党委遵照联共（布）中央的指示，于1941年组建了近400支游击队，总计1.4万多人。这些游击队分别被派往普斯科夫、格多夫、纳尔瓦、卢加等地区。按照党的动员，向列宁格勒方面军输送了1.2万多名共产党员，他们都是党的最优秀分子。1万人成了政治战士。他们以党的号召和个人模范作用激励军人们去英勇地履行对祖国应尽的义务。

无论是大量的牺牲，还是长期过度紧张的战斗，都没有摧毁列宁格勒保卫者的士气和英雄气概。列宁格勒人、方面军和舰队的军人们宁可在同敌人的斗争中死去，也决不把城市交给敌人。

列宁城工人阶级在劳动中表现出来的忘我精神，很难用笔墨来表述。人们以极大的热忱冒着炮击和轰炸，废寝忘食地工作着。基洛夫工厂、伊若尔斯基工厂、"俄罗斯内燃机"工厂、"布尔什维克"工厂、肉品联合厂、杜布罗夫电站、阿德米拉尔捷伊斯基工厂、"五一"工厂和其他许多重要企业和设施都遭到了严重破坏和损失。

但是，无论德国法西斯军队的行为多么野蛮，列宁格勒工厂的劳动者还是英勇地完成了所受领的任务。例如，1941年7月至年底，他们制造了713辆坦克，480辆装甲车，58辆装甲列车，3000余门团属加农炮和反坦克炮，约1万门迫击炮，300多万发炮弹和迫击炮弹，8万余发火箭炮弹和炸弹。弹药的产量，1941年下半年比上半年增长9倍。

应当指出，1941年10—12月，列宁格勒生产的很大一部分重要军工产品，用飞机运送给保卫莫斯科的我军了。仅1941年第四季度，也就是莫斯科防御战最紧张的时候，列宁格勒人给保卫我们祖国首都的英雄们送去了一千多门团属加农炮和迫击炮。

这时我已调任在莫斯科接近地作战的西方方面军司令员。记得，当知道处于饥饿和贫困之中仍意志刚强、士气高昂的列宁格勒人给予我们这种援助的消息时,我万分激动。

战前列宁格勒有310.3万人,另有郊区人口338.5万人。按照人民委员会决定,从1941年6月29日至1943年3月31日共疏散了1743029人,其中包括儿童414148人。

康斯坦丁负责监察政府关于向新的地区疏散和安置人员、工厂设备的决议执行情况。虽然疏散条件极其艰难,把所有疏散的人员、设备安置到扎沃尔日耶、乌拉尔、西伯利亚、哈萨克斯坦等地区非常困难,政府下达的任务还是在规定的期限内完成了。由联共(布)中央委派执行这一极为重要工作的阿列克谢·尼古拉耶维奇·柯西金和其他一些同志,显示了非凡的组织才能。

党中央密切注视着列宁格勒的局势,动员一切人力、物力支援城市居民。用越野汽车、马车以及一切能用的工具,将食品、弹药、服装和药品通过拉多加湖冰道,运到列宁格勒。

帕夫洛夫很值得赞扬。他作为国防委员会的全权代表,在为列宁格勒饥饿的市民和列宁格勒方面军部队运送必要的粮食方面,贡献出极大的精力,甚至可以说创造力。

我感到无上光荣的是,在最危难的时刻,委任我指挥保卫列宁城的所有军队。在被封锁的条件下,组织同兵力兵器占极大优势之敌的斗争,这对于我后来作为方面军司令员和副最高统帅的整个工作,都是非常有益的。1941年9月是我永生难忘的。

***

1942年年底,各战线的形势都变得对我们比较有利了。由于苏联人民忘我的劳动和党的巨大组织工作,苏军获得了越来越多的最好的技术兵器,在国家的后方建立了强大的统帅部预备队。相反,敌人却越来越丧失了他在战争初期所拥有的技术装备和军队数量上的优势。

武装斗争的性质也发生了根本的变化。法西斯德国武装力量在斯大林格勒会战中遭到失败后,丧失了主动权,被迫转入战略防御。红军已经掌握了主动权。

最高统帅部在几个最重要的战役战略方向上展开进攻。在1942—1943年冬季战局中的主要战役都发生在苏德战场的南翼。

苏军在粉碎斯大林格勒地域、科捷利尼科夫附近和北高加索的德军之后,向顿巴斯和哈尔科夫总方向发展进攻,德军统帅部不得不把自己大部分预备队调到这里。

同时我西北方面军、加里宁方面军和西方方面军分别在杰米扬斯克、大卢基和勒热夫转入进攻。为了应付这些战役和增援在杰米扬斯克陷入包围的第 16 集团军，德军"北方"集团军群司令部不得不用上自己所有预备队并从列宁格勒地区抽调约 7 个师的兵力。

苏联最高统帅部鉴于列宁格勒方向上的有利形势，决心在拉多加湖地域实施进攻战役，以突破对列宁格勒的封锁。这一战役代号"火花"。

突破封锁的位置还是选择在施吕瑟尔堡—锡尼亚维诺地域的姆加—施吕瑟尔堡突出部。

参加突击的有列宁格勒方面军的加强第 67 集团军（司令员杜哈诺夫中将，军事委员秋尔金）和沃尔霍夫方面军的加强第 2 突击集团军（司令员罗曼诺夫斯基中将，军事委员库兹涅佐夫将军）。第 13、第 14 空军集团军的基本兵力以及波罗的海舰队和拉多加湖区舰队的大部分炮兵都用来保障突击集团的作战行动。

最高统帅部 1942 年 12 月 8 日的命令规定了列宁格勒方面军和沃尔霍夫方面军突破列宁格勒封锁的具体任务。

"沃尔霍夫方面军和列宁格勒方面军应合力歼灭利普卡—盖托洛沃—莫斯科杜布罗夫卡—施吕瑟尔堡地域的敌军集团，以粉碎敌人对列宁格勒的包围。1943 年 1 月底以前结束战役。

在莫伊卡河—米哈伊洛夫斯基镇—托尔托洛沃一线建立稳定可靠的防御，保障列宁格勒方面军的交通线。尔后，军队进行 10 天休整。

准备于 1943 年 2 月上半月实施歼灭姆加地域之敌的战役，肃清基洛夫铁路沿线之敌，前出到沃罗诺沃—西戈洛沃—沃伊托洛沃—沃斯克列先斯克一线。

姆加战役一结束，军队就转移到冬季营地。

此命令传达到团长。

清查收并报告执行情况。

最高统帅部

斯大林

朱可夫

1942 年 12 月 8 日 22 时 15 分

第 170703 号"

必须强调指出，我军是在极端复杂的条件下进行"火花"战役的。德军在列宁格勒城下的数月内，已将其占领的阵地，变成了强大的筑垒地域，构筑有纵横交错的混凝土野战工事体系和大量防坦克、防步兵障碍物。而且，敌人的防御是依托 8 个有利高地和其他自然地区组织的。

敌人在涅瓦河左岸的防御尤其强大。德军固守这里，前面有宽达 800 米的开阔水区。河水即使冰封，也是一个巨大的屏障，因为冰上没有任何遮蔽物。在我突破地段上，敌人占领的陡峭河岸高达 5—12 米，便于对河面进行观察和射击。德军还用密集的铁丝网、地雷场加强了这一天然屏障。

突破如此坚固的天然屏障是一项艰巨的战斗任务，需要全体人员付出巨大的努力，具有高超的军事技能和大无畏的战斗精神。

因此，尽管总参谋部已适时研究，最高统帅部也审批了列宁格勒方面军和沃尔霍夫方面军首长上报的作战计划，但由于考虑到以往的教训，最高统帅对战役的结局还是不止一次地表示不安。

1942 年 12 月，各方面军都对面临的进攻进行了周密准备。在最高统帅部规定的日期——1943 年 1 月 1 日，完成了一切准备工作。然而，由于气候条件极其不利（已开始解冻，涅瓦河上的冰层已不够坚固，沼泽地已难以通行），开始进攻是极其不利的。两个方面军首长于 12 月底报请最高统帅部将战役开始时间推迟到 1 月 10—12 日。这一请求得到了批准。

1943 年 1 月初，由于要进行奥斯特罗戈日斯克—罗索什进攻战役的准备工作，我来到沃罗涅日方面军司令部。斯大林给我打来电话，直截了当地说：

"伏罗希洛夫作为最高统帅部代表现正在列宁格勒。国防委员会认为，你也必须赶到那里。需要现地看一看，'火花'战役的准备工作是不是全都进行得顺利。你还有时间，请你来莫斯科一趟，我们需要商讨一个问题。"

"既然奥斯特罗戈日斯克和罗索什附近的战役也是最高统帅部战略计划中极重要的一环，请问，沃罗涅日方面军的进攻准备工作怎么办？"

"你有什么建议吗？"斯大林反问道。

"华西列夫斯基熟悉情况，让他来这儿完成已开始的工作，在斯大林格勒地域有沃罗诺夫就行了。"

"我同意，请你立即飞回莫斯科。"

在斯大林的办公室里，我遇见了航空工业人民委员沙胡林和几位飞机设计师。可想而知，他们的谈话大部分是有关进一步改进一些飞机设计和增产轰炸机的问题。显然，这方面的情况十分令人满意，斯大林的情绪很好。

讨论结束后，他对大家说："好，可以走了。开始吧。"

当走在最后面的人关上门的时候，最高统帅赞许地说："这就是党培养的人才。"

"谈谈吧，"斯大林转向我。接着说："'火花'战役开始前，你还有点时间，所以我想让你用两天工夫去一趟第3突击集团军。该集团军现正在大卢基—新索科利尼基—波列奇耶地域同被包围的敌军集团进行激烈战斗。你去看看，那里的情况怎么样。"

"好，我今天就去。"

我之所以这么说，是因为在大卢基及其附近地域进行的战役，对于突破列宁格勒封锁也有着非常重要的意义。在这里进攻的军队牵制住了很多列宁格勒附近的敌人兵力，从而有助于"火花"战役的胜利。我作为副最高统帅，不断收到总参谋部关于各战线最详细情况的通报。我十分了解这一战役的实施计划。

到达第3突击集团军后，我到现场了解了爱沙尼亚第8军的行动情况。当时指挥该军的是经验丰富、精力充沛的佩尔恩少将，一位爱沙尼亚人。尔后，我来到近卫第5军，该军是由当今荣获两次"苏联英雄"称号、我们著名的活动家、军事首长——别洛博罗多夫大将所指挥的。

亚历山大·利沃维奇·克罗尼克指挥步兵第357师。1922年他是我所指挥的骑兵连的司务长。老战友相逢自然十分高兴。而且，当我详细了解到该师卓有成效的作战行动和制订得极其周密的计划后，倍加欣慰。

第3突击集团军的工作搞得挺好。司令员加利茨基将军和集团军军事委员利特维诺夫给我留下了良好印象。我把这一切报告给斯大林，并在得到了他的"允许"后，于1月8日夜间乘火车去沃尔霍夫方面军。

对于我们这些最高统帅部在各方面军的代表来说，乘坐火车的机会是极少的。一般都是在紧急情况下乘飞机去作战地区。一走进舒适而暖和的车厢，我就吩咐不要叫醒我，躺下睡觉。为了到达目的地后能立即开始工作，我需要适当地休息。

由于列车突然减速，我醒了。窗外是一片漆黑，没有一点光亮。看看表，已经是夜间两点了。

我迅速起来，穿上衣服。火车停了，门口出现了值班将军的身影。他报告说："日丹诺夫和伏罗希洛夫同志已经从列宁格勒赶来了，他们正在自己的车厢里等您。"

我立刻就去了。列宁格勒和沃尔霍夫方面军的司令员和军事委员们已在伏罗希洛夫的车厢里等着。

伏罗希洛夫和日丹诺夫热情地同我打招呼。

"斯大林打来了电话,"伏罗希洛夫说,"事先通知说你要来。"

"我们马上开始工作吧。"

我们立即开始讨论"火花"战役的问题。

像往常一样,我们是从确定各方面军任务和研究当前行动计划着手的。早在1942年12月8日最高统帅部就给列宁格勒方面军和沃尔霍夫方面军下达命令:消灭利普卡—盖托洛沃—莫斯科杜布罗夫卡—施吕瑟尔堡地域的德军集团,并在上述地区突破封锁。

突破封锁的企图很单纯,就是以沃尔霍夫方面军和列宁格勒方面军的两个突击集团在5号工人村(锡尼亚维诺以北5公里)方向上实施强大的相向突击,突破敌人在施吕瑟尔堡—姆加突出部的防御。同时,为了不让敌人机动兵力兵器,计划在主要方向以南和以北的其他地段实施辅助突击。

当那些我在1941年9月就熟悉了的居民地地名出现在我面前的前线作战地图上时,必须承认,我是十分激动的。

莫斯科杜布罗夫卡!这个在封锁的第一个月攻占的"五个戈比"登陆场,直到现在还被英勇地扼守着。现在,这个"五个戈比"登陆场已是列宁格勒方面军的一个辅助突击方向。

当然,在战线的其他地段也发生了许多变化。现在从列宁格勒方向进攻的已不是像1941年那样1个师,而是杜哈诺夫将军指挥的整个第67集团军。在该集团军的编成内有几个著名的师——当年守卫汉科半岛的西蒙年科将军的第136师,克拉斯诺夫将军的近卫第45师和特鲁巴乔夫上校的第86师。参加战役的还有波罗的海舰队的炮兵和航空兵,雷巴利琴科的第13空军集团军和拉多加湖区舰队的部分炮兵。

罗曼诺夫斯基将军的第2突击集团军担任沃尔霍夫方面军的主攻任务,而在从盖托洛沃以南的辅助方向上,则由斯塔里科夫将军的第8集团军的部分兵力实施进攻。由于伏罗希洛夫返回列宁格勒协调列宁格勒方面军部队的行动,在战役发起前我曾同他一起工作了两天。茹拉夫廖夫将军的第14空军集团军负责沃尔霍夫方面军战役的空中保障。

在审查战役计划时决定对计划做一些修改,特别是炮兵进攻的组织。

会议结束后,伏罗希洛夫、戈沃罗夫和日丹诺夫就去列宁格勒了,我则留下继续工作。我同沃尔霍夫方面军司令员梅列茨科夫、军事委员梅赫利斯、参谋长沙罗欣将军和方面军炮兵司令员杰格佳廖夫将军交换了意见。尔后，会见各集团军司令员，审查他们定下的决心和制订的战役计划。之后，详细了解军队的物资技术保障情况，与主攻方向右翼行动的步兵第 128 师师长帕尔霍缅科将军一起仔细研究当前战斗的决心。

在沃尔霍夫方面军停留的每一天，都向最高统帅部详细汇报工作。在汇报中，我报告了为弥补暴露的缺陷而采取了哪些措施，同时，就一些必须由总参谋部和其他中央指挥机关解决的问题提出建议。这里，仅列举我到达方面军后第一天向最高统帅呈送的一份报告。

"瓦西里耶夫同志（斯大林的化名）。

今天我在罗曼诺夫斯基和斯塔里科夫的指挥所。同他们详细研究了情况和定下的决心。还同步兵第 128 师师长进一步判明情况，审查了他的突破决心。

我认为他们的决心和战役保障上的主要缺点是：

1. 向 8 号工人村总方向进攻以迂回锡尼亚维诺抵抗枢纽的各师，没有坦克；对 8 号工人村支撑点没有集中足够的火器。缺少坦克，火器数量不足，不能保证突破的成功。

2. 各集团军、兵团和部队接合部上的协同动作研究得不够。

3. 各师预备队在战斗队形中的位置太靠前了，实质上变成了第二梯队。它们距离第一梯队才 1—1.5 公里，这会造成重大损失。

此外，还有一些战术、技术方面的小问题。

对发现的各种缺点，已向阿法纳西耶夫（梅列茨科夫的化名）和各集团军司令员们详尽指出。

阿法纳西耶夫那里，由于地形条件所限，炮兵观测条件很差，而且随着我军在多林地区向前推进，条件将更差。为了不致白白浪费炮弹，必须尽快给方面军调配一个航空气球队和 1—2 个校射机中队。

在战役第二阶段，需要给沃尔霍夫方面军补充以下数量的弹药：122 毫米榴弹炮炮弹 2 万发；152 毫米加榴炮炮弹 1.5 万发；120 毫米迫击炮炮弹 6 万发；M–30 火箭炮弹 15 万发，M–20 火箭炮弹 3000 发；M–13 火箭炮弹 3500 发。这些弹药必须于 1943 年 1 月 18—20 日期间送到。

自 1 月 11 日晨起，我将在各师。

叶夫列莫夫（伏罗希洛夫的化名）现在列昂尼多夫（戈沃罗夫的化名）那里。

康斯坦丁诺夫（朱可夫的化名）

43年1月11日2时"

最后，一切战役准备工作都完成了。1943年1月12日晨到来了。天气晴朗、寒冷。我和罗曼诺夫斯基将军一起来到第二突击集团军观察所。观察所离前沿很近，从这里可以清楚地看到敌人防御的浅近纵深。在德国法西斯军队的阵地上高高升起许多烟雾。正如通常所见，这是夜间执勤的士兵准备休息而在取暖。

此刻，整个前沿一片寂静。这是不寻常的寂静，一次具有历史意义的大规模进攻前的寂静。

我们在这次战役中成功地达成了战术突然性，尽管敌人已知道我们在准备突破封锁，甚至还可能猜到苏军将在哪里实施突击，因为方面军的部署已表明了这一点。德国人天天在预想的突破地段上加修越来越多的防御工事，调来精锐部队，向16个月中修筑的抵抗枢纽不断增加火器。但究竟在什么时候，何日何时，我们将以多大兵力发起战役，德国统帅部是不知道的。

正如俘虏们后来证实的那样，虽然希特勒匪徒们整整等了一年，但苏军那天的突击仍使他们感到意外，尤其是对突击的兵力和技能感到意外。

9时30分整，炮火准备的第一次齐射打破了清晨寒冷天气的寂静。

两个方面军的几千门火炮和迫击炮在敌人防御的施吕瑟尔堡—姆加走廊的东西两面同时开火。

猛烈的炮火在苏军主要和辅助突击方向的敌人阵地上持续了两个小时。列宁格勒方面军和沃尔霍夫方面军的炮声汇集成一个强大的轰鸣，以至于很难分清是谁，从哪里开的炮。前方高高涌起炮弹爆炸掀起的黑烟，树木被炸得东倒西歪，敌人掩蔽部的圆木飞上了天。大地到处是灰色的、在严寒中迅速凝结的烟云，这是沼泽地受到炮轰后蒸发出的气体。在突破地段的每一平方米土地上落有2—3发炮弹。

经过良好准备的进攻取得了预期的战果。两个方面军的突击集团粉碎了敌人的抵抗，摧毁了敌人的防御，尽管遇到一些困难，仍然顽强地相向突进。

在敌防御纵深内，昼夜不停地激战了7昼夜。希特勒部队在每一个高地、每一片丛林和每一个居民地进行顽抗，但他们的防御还是在密切协同的苏军各兵种部队的共同努力下被摧毁了。

进攻的结果，我军占领了施吕瑟尔堡和其他一系列被敌人构筑成坚强抵抗枢纽的居民地。1月18日，两个方面军的进攻部队在5号工人村和 1 号工人村地区会师了。对列宁格勒的封锁被打破了！

在战役过程中，我所在的第 2 突击集团军司令员观察所转移到了 1 号工人村地区。我看到突破了封锁的两个方面军战士们会师时是多么高兴。战士们不顾敌人从锡尼亚维诺高地方向的炮击，兄弟般地紧紧拥抱在一起。这真正是饱经忧患后的欢乐啊！

突破列宁格勒封锁是二个重大的军事政治事件。希特勒妄图用饥饿扼杀列宁格勒人的计划破产了。

1 月 18 日，在完成了突破封锁这一天，苏联最高苏维埃主席团发布命令，授予我苏联元帅军衔。1 月 20 日，我与伏罗希洛夫在列宁格勒会面。使我们深受感动的是，在交谈时，没有一个人抱怨封锁造成的艰难。大家所谈论的是如何尽快组织向列宁格勒运送物资技术器材，以便生产和修复我军作战所需要的技术兵器……这表现了由列宁的党所培育的苏联人民是如何坚强有力，这是任何敌人都不能战胜的人民。

列宁格勒人所经受的苦难，除了苏联人民外，是其他任何人也承受不了的。列宁城的居民们表现出了最伟大的英勇顽强精神。一回忆起这些，我们这些还活着的人就以十分崇敬的心情，怀念起那些为了列宁城的生存，为了苏维埃祖国，为了我们孩子们的未来而献身的人们……

在突破列宁格勒封锁的许多事件中，一件有趣的事始终留在我的记忆中。

那是在 1943 年 1 月 14 日，我们得到报告，我们的炮兵在 5 号和 6 号工人村之间击毁了一辆坦克，从这辆坦克的外形看，与我们所熟习的坦克型号都不大一样。而且，希特勒匪徒千方百计地想把它从"中立地带"拖走。

我们对这一报告很感兴趣，命令由一个步兵排和 4 辆坦克组成一个专门小分队，负责缴获敌人坦克，把它拖到我军阵地，以便尔后进行详细研究。小分队由强大的炮兵火力掩护。

1 月 16 日夜间，小分队在科萨列夫大尉率领下开始执行这一战斗任务。敌人不断向被击毁的坦克所在地射击。然而，坦克还是被拖回来了。就连坦克履历簿也从雪地上捡回来了。

坦克的构造确实不寻常。经查明它是"虎 – I"型新式重型坦克的试验样品，是希特勒统帅部送到沃尔霍夫前线进行试验的。

对缴获的坦克进行了全面的研究。专家们用试验的办法查明了它的易损部位。研究结果很快传达到苏军所有部队。因此，以后德国人在斯大林格勒和库尔斯克战役中使用"虎 – I"型坦克时，我们的坦克手和炮手已敢于同它进行单独斗争了。

1943年1月突破对列宁格勒的封锁具有重大的军事政治意义，它是具有历史意义的列宁格勒战役的转折点。

城市同内地的陆路运输线修复了，这大大改善了城市居民、方面军和舰队的状况。我们的胜利彻底消除了德军和芬军在列宁格勒地区会合的危险性。德国法西斯统帅部妄图以饥饿扼杀城市保卫者的计划彻底破产了。法西斯德国的威信遭到无可挽回的打击。

列宁格勒和沃尔霍夫两个方面军进行的战役，显示了苏军及其统帅部掌握了成熟的军事学术。在现代战争史上，这是第一次采用外部突击与被围地区有力的突击相结合的方法，粉碎了长期围困大城市的敌人。根据这一计划实施的进攻，是由最高统帅部经过全面周密的准备并胜利完成的。

苏军1943年1月在列宁格勒取得的胜利充分证实了我国军事经济的增长。在列宁格勒和沃尔霍夫方面军突击集团编成内（第2突击集团军和第67集团军）共有4000余门火炮和迫击炮。1943年1—3月，仅列宁格勒方面军就消耗了约3000车皮的弹药。被敌人封锁一年多的列宁格勒人能为方面军提供这么多弹药这一事实，就证明敌人未能摧毁城市英雄儿女们的战斗意志，也未能使工业瘫痪。

突破封锁显示了苏联政治上一致和各民族团结的伟大力量。在列宁格勒战斗的有苏联各民族的代表，他们表现出无比的勇敢和集体英雄主义。列宁格勒方面军和沃尔霍夫方面军、红旗波罗的海舰队和列宁格勒防空集团军约有2.3万余名军人，因在突破封锁作战中英勇顽强，而被授予战斗勋章和奖章，特别突出的被授予崇高的"苏联英雄"称号。

在提到苏联军人在防御交战和突破封锁战役中所表现出的集体英雄主义时，我作为一个亲身参加者，不能回避下面这件事。

1969年英国出版了加里森·索尔兹伯里的巨著《围困列宁格勒》（该书在美国出版时名《900天》）。

该书表面上具有许多科学性的特征：事实和数字引自历史文献，仅索引目录就有小字密排14页。在该书引用的约500本书刊中，有230本是苏联作家的著作，还有192本是我们出版的期刊。

但是，只要对索尔兹伯里的书稍加深入的研究，就会发现它是一个不客观、存有偏见的典型。它的反苏主义倾向是很明显的。

作者精心挑选并有意描绘了一些最阴暗的困苦的反面事例。最终是要给人们一种印象：列宁格勒居民和列宁格勒方面军为胜利所承受的牺牲是毫无意义的、没有必要的。该书实质上没有介绍这一胜利，也没有说明列宁格勒英勇防御的900天对整个战争的意义。

索尔兹伯里先生从公开发表的苏联历史文献中摘引一些众所周知的事实，在西方读者面前装作他是首先发现者。这样一来，不了解情况的人就可能会认为，是该书第一次公布了封锁给列宁格勒居民带来的苦难、死亡人数等。

索尔兹伯里以极不诚实的态度阐述了有关损失的报道。他断言，似乎是"苏联领导故意缩小了饿死的人数"。

这里，索尔兹伯里显然企图欺骗读者。我们根本不打算掩盖德国法西斯罪行所造成的死亡人数。这一点我们永远也不会忘记！要想在战争结束后立即确定围困造成的死亡人数，不是一件容易的事。在1941年那个可怕的被围困的冬季，谁也没有详尽统计过饿死的人数。后来，查证德国法西斯强盗暴行的国家特别委员会查明，在列宁格勒被封锁期间约有64.2万人死于饥饿、2.1万人死于法西斯的空袭和炮击。

索尔兹伯里先生的"发现"是什么呢？很明显，他那个关于列宁格勒居民的伪造的真实损失的"深刻"论断是一文不值的。

这类书籍的作者们是无法改变历史事实的。列宁格勒人的伟大功绩像镜子一样反映了苏维埃精神的崇高、苏联人民的英勇和顽强、他们对社会主义理想的忠诚和苏联军事学术比希特勒德国军事学术优越。不承认这个论断，既不能理解也不能解释整个第二次世界大战的进程，以及像列宁格勒保卫战这样主要的历史性战役的进程。

关于列宁格勒英勇保卫战已有人写得很多了。但我总觉得，关于列宁格勒，同样地，关于我国所有的其他英雄城市，还应该写得更多，应当出版一套专门的长篇著作，要有较多的插图、精致的印刷，要引用大量事实和准确的文献材料，要写得真实而又公正。

我想，在每一个苏联人的家里都会找到一个地方来存放这样的书籍的。让我们的青年人能透过现代城市的新建街区、广场和大道看到当年战争中洒遍鲜血的街巷、倒塌和烧黑的墙壁、被炸翻的土地，而残暴的敌人就是从这样的土地上被苏联人民、青年人的祖辈和父母用自己的双手扫除掉的。当这段伟大历史时期的英雄业绩的目睹者和参加者还活着的时候，编撰一册这样的书是很值得做的。

如果认为应尽快地从地面上消除战争所遗留下来的痕迹，以免它们在活着的人的生活上投下阴影是正确的话，那就同样必须将我们英雄年代的面貌和精神传给子孙后代。

第十四章

"我们的身后就是莫斯科"

1941年10月5日，最高统帅部转告："斯大林同志将同方面军司令员直接通话。"

我在列宁格勒方面军司令部电话室用"博多"机通知最高统帅部："朱可夫在听电话。"

最高统帅部回答："请等一下。"

过了还不到两分钟，最高统帅部守机员说："斯大林同志在这里。"

斯大林："你好！"

朱可夫："您好！"

斯大林："朱可夫同志，你能不能立即乘飞机来莫斯科？鉴于尤赫诺夫地区的预备队方面军左翼情况复杂，最高统帅部想和你商谈一下。让谁代替你呢！让霍津代替你吧。"

朱可夫："请允许我10月6日早晨起飞。"

斯大林："好。明天我们在莫斯科等你。"

但是，由于第54集团军地段上出现了某些重要的情况，10月6日我未能起飞，并报告了最高统帅。

傍晚，斯大林又向列宁格勒打电话问："你们那里情况怎样？敌人有些什么新的行动？"

我报告说："德军的攻击减弱了。据俘虏的供词，德军在9月的战斗中遭受严重损失后，在列宁格勒附近转入防御。现在敌人用炮兵和飞机对城市进行射击和轰炸。我航空侦察查明，敌人摩托化纵队和坦克纵队正在从列宁格勒地区向南大规模运动。看来，可能调往莫斯科方向。"

报告情况后，我问最高统帅，关于飞往莫斯科的指示是否仍然有效。

斯大林回答说："有效！留下霍津或费久宁斯基将军代替你，你自己明天迅速乘飞机来莫斯科一趟。"

告别列宁格勒方面军军事委员会委员后，我飞往莫斯科。因为必须紧急把霍津将军派往第54集团军去，列宁格勒方面军的临时指挥就转交给了费久宁斯基将军。

到了莫斯科，卫队长迎接我并通知我说，最高统帅病了，在他住所里工作。于是，我们立即到那里去。

斯大林感冒了，面色不好，冷淡地接待我，点头表示回答我的问候，然后走到地图跟前指着维亚济马地区说：

"你看，这里的情况很严重。我无法从西方方面军和预备队方面军得到有关真实情况的详细报告。由于不了解敌人进攻的地点和部署以及我军的状况，我们不能定下任何决心。现在请你到西方方面军司令部去一趟，详细弄清那里的情况，并随时给我来电话，我将等着。"

告别前，斯大林问："你认为德国人最近期间会再次进攻列宁勒吗？"

"我想不会。敌人损失惨重，又把坦克和摩托化部队从列宁格勒地区调到了中央方向某地。敌人无力以列宁格勒地区现有的部队实施一次新的进攻战役。"

"你认为希特勒将把从列宁格勒地区调出的坦克和摩托化部队用在哪里？"

"显然，用在莫斯科方向。自然是在补充人员和维修兵器之后。"

谈话时，斯大林站在桌旁。桌上放着标有西方方面军、预备队方面军和布良斯克方面军情况的地图。他看着西方方面军的地图说："看来，他们已经在这个方向上行动了。"

告别了最高统帅，我到总参谋长沙波什尼科夫那里去，向他详细报告了列宁格勒地区12月6日的情况。

他说："最高统帅刚打电话来，命令给你准备好西部方向的地图。地图马上就准备好。西方方面军首长就在8月份叶利尼亚战役时预备队方面军司令部驻过的那个地方。"

沙波什尼科夫向我详细介绍了莫斯科方向的情况。他向我传达了最高统帅部的命令：

"预备队方面军司令员

西方方面军司令员

根据最高统帅部的命令,兹派朱可夫大将到预备队方面军作战地区为最高统帅部代表。

最高统帅部希望你们向朱可夫同志介绍情况。今后,朱可夫同志有关各方面军部队使用和指挥问题的一切决定,必须执行。

受最高统帅部的委托

总参谋长沙波什尼科夫

1941年10月6日19时30分

编号2684"

在我们等待地图时,沙波什尼科夫用浓茶招待我。他说,疲倦了。真的,他显得很疲倦。离开沙波什尼科夫那里,我直接乘车到西方方面军司令部去了。

途中在手电筒光下,我研究了前线的情况和敌我双方的行动。想睡觉,但为了不打瞌睡,我不得不时常将车子停下来,进行短距离的跑步。

我到西方方面军司令部时已是夜间。值班员报告说,所有的领导人员都在司令员那里开会。司令员屋子点着蜡烛,有点昏暗。桌子旁边坐着科涅夫、索科洛夫斯基、布尔加宁、马兰金。每一个人都是极疲劳的样子。我说,我受最高统帅的委托来了解情况,而且要直接从这里用电话向他汇报。

方面军作战部长马兰金中将所谈的一些最新情况,使现有的材料更加充实和明确了。

西部方向发生了什么情况呢?

到德国法西斯军队在莫斯科附近开始进攻的时候,担任首都远接近地防御的有三个方面军:西方方面军(司令员是科涅夫上将)、预备队方面军(司令员是布琼尼元帅)、布良斯克方面军(司令员是叶廖缅科中将)。截至9月底,三个方面军的作战部队总共约有125万人,990辆坦克,7600门火炮和迫击炮,677架飞机。其中以西方方面军的兵力和兵器为最多。[①]

敌人调整了莫斯科方向上的兵力部署后,其兵力超过了我三个方面军的总和,军队超过0.4倍,坦克超过0.7倍,各种火炮和迫击炮超过

[①]《第二次世界大战史(1939—1945年)》,第4卷,上册,中文1981年版,第158页。

0.8 倍，飞机超过 1 倍。①

9 月 30 日，德军根据代号为"台风"的战役计划，以古德里安的坦克集群和第 2 集团军向茹科夫卡至绍斯特卡地段的布良斯克方面军的部队实施突击而开始了进攻。10 月 2 日，敌人向我西方方面军和预备队方面军实施猛烈突击。接着，敌人又从杜霍夫希纳以北和罗斯拉夫利以东地区实施了特别有力的突击。敌人突破了我军防线。敌人的突击集团急速地向前推进，从南北两面包围我西方方面军和预备队方面军在维亚济马的所有部队。

布良斯克以南的情况也极其严重，布良斯克方面军的第 3 和第 13 集团军面临被合围的危险。古德里安的部队未遇到严重抵抗而向奥廖尔突进，这里我们没有力量来击退敌人的进攻。

根据最高统帅部的指示，10 月 2 日建立了列柳申科少将指挥的加强的近卫步兵第 1 军。军的任务是滞止敌军前进，保障布良斯克方面军部队后撤。

古德里安的部队继续进攻，于 10 月 3 日占领了预有防御准备的奥廖尔，摩托化第 24 军前出到了布良斯克方面军的后方。近卫步兵第 1 军在姆岑斯克地区展开后，进入与敌摩托化和坦克集团的战斗。敌军在此被阻达数日之久，兵力兵器遭受重大损失。第 4 和第 11 旅的坦克兵首次使用设伏的方法击毁敌坦克。布良斯克方面军的部队利用近卫步兵第 1 军的胜利，退到了指定地区。

德军坦克第 2 集团军司令古德里安将军在回忆这里的战斗时写道："10 月 2 日……在坦克第 24 军的作战地区姆岑斯克附近、奥廖尔东北同时展开了激烈战斗。坦克第 4 师投入了战斗……俄国的大量 T-34 坦克参战，使我军坦克遭受巨大损失。我坦克部队以前享有的兵器上的优越性，从此丧失了，现在敌人占优势了。因此，迅速的不断取胜的前景消失了。"

他进而说："预定迅速向图拉的进攻不得不暂时拖延。"

事实正是如此！古德里安不仅推迟了迅速对图拉的进攻，而且总的讲未能占领它。然而布良斯克方面军被分割了。方面军的部队受到很大损失，边战边向东撤退。图拉方向也出现了危险情况。

按照西方方面军司令员科涅夫上将的命令，在维亚济马以北对迂回

---

① 《第二次世界大战史（1939—1945 年）》，第 4 卷，上册，中文 1981 年版，第 158 页。

我军的敌北部集团进行了反突击。可惜，这次反突击未能成功。10月6日日终时，西方方面军和预备队方面军的相当一部分部队在维亚济马以西地区被合围。

通过在西方方面军司令部的座谈和对情况的分析，我的印象是，维亚济马地区的惨重失败本来是可以避免的。尽管敌人在有生力量和技术兵器上占优势，但是我军还是可以避免被合围的。为此需要及时而正确地判定敌人的主要突击方向，并从次要地段抽调兵力，集中我主力对付敌人的突击。但当时没有这样做，致使我军的防御未能抵挡住敌人的集中突击。当出现了缺口时，因指挥员没有控制预备队而无法予以封闭。

10月8日2点30分钟，我给斯大林打了电话，他当时还在工作。我向他汇报了西部战线情况。我说：

"现在主要的危险是莫扎伊斯克防线的掩护兵力薄弱。因而敌人的装甲坦克兵有可能突然出现在莫斯科附近。应尽快设法从别处抽调部队增强莫扎伊斯克防线。"

斯大林问我：

"西方方面军的第19和第20集团军以及博尔金指挥的集群在什么地方？预备队方面军的第24和第32集团军又在哪里？"

我回答说："被合围在维亚济马以西和西南地区。"

"你打算做些什么？"

"现在我要去找布琼尼。"

"你知道预备队方面军的司令部在什么地方吗？"

"我到小雅罗斯拉韦茨地区某个地方去找。"

"好，你去找布琼尼，并从他那里立即打电话给我。"

下着小雨，大雾弥漫，能见度很差。10月8日早晨，来到奥博连斯科耶车站，我们看见两个从普罗特瓦河桥的一侧拉着电线的通信兵。我问他们：

"同志们，你们给哪里拉线？"

一个大个子战士毫不在意地回答说："命令我们给哪里拉就给哪里拉。"

我不得不说出自己的姓名，并讲我们要找预备队方面军司令部。

还是那个拉电线的战士回答我说：

"大将同志请原谅，我们不认识您，因此那样回答了您。您已经走过了方面军司令部。它在两小时前从这里已经转移到森林的小屋子里去了，你看就在那里山上。在那里警卫人员会告诉您往那里走。"

汽车向后掉了头。我很快来到了最高统帅部代表梅赫利斯（正集团军政委级）的屋子里，方面军参谋长阿尼索夫少将也在那里。梅赫利斯在电话上严厉地申斥某个人。

我问司令员在哪里。参谋长回答说：

"不清楚。白天他到第43集团军去过。我担心布琼尼会发生什么不幸的事情。"

"你没有设法去找他吗？"

"是的，已派出联络军官去找，他们还没有回来。"

梅赫利斯转向我问道：

"你来我们这里有哪些任务？"

"我是作为最高统帅部成员受最高统帅的委托来了解情况的。"

"你看，这就是我们所处的状况。现在，我正在收拢无组织地退却的人员。我们将在集合地点给他们补充武器并编成新的部队。"

从同梅赫利斯和阿尼索夫的谈话中，我对于预备队方面军和敌人的具体情况知道得很少。于是，我乘车去尤赫诺夫方向，希望在现地迅速查明部队情况。

在经过普罗特瓦河时，我想起了自己的童年时代。我对这个地区的全部地形都非常熟悉，因为在青年时代这一带我纵横都走遍了。在距离预备队方面军司令部所在地奥布宁斯克10公里远的地方，是我的故乡斯特列尔科夫卡村。现在我的母亲、姐姐和她的四个孩子还留在那里。他们怎样？能否乘车去一趟？不，不能去，时间不允许。如果法西斯来了，他们会怎样呢？如果法西斯知道他们是红军将军的亲属，又会怎样对待他们呢？大概会枪毙他们。一有可能，一定要把他们送到莫斯科。

两星期后，斯特列尔科夫卡村和整个乌戈德斯科—扎沃德区都被德军占领。幸而我已把母亲、姐姐和她的孩子送到莫斯科。

我的同乡们对敌人进行了坚决抵抗。在该地区组织了一支游击队。队长是边防军人共青团员维克多·卡拉谢夫。他是一位保卫祖国的英勇战士和聪明的组织者。游击队的政委是联共（布）乌戈德斯科—扎沃德区委书记亚历山大·库尔巴托夫。英勇无畏的人民复仇者——乌戈德斯科—扎沃德区执行委员会主席古里亚诺夫也在这支游击队里。

乌戈德斯科—扎沃德游击队对德军的司令部、后勤机关和独立分队进行了多次大胆的袭击。

1941年11月，共产党员古里亚诺夫被俘，德军野兽般地拷打他并对他处以绞刑。我的同乡们永远怀念着无畏的英雄。德军退却时烧了斯特列尔科夫卡村和许多其他村庄，我母亲的房子也被烧掉了。

在这个地区活动的另一支强大的游击队，是扎博指挥的游击队。这支游击队在对德军准备进攻莫斯科的第12军部队的作战中，起了重要作用。1941年11月29日，苏联新闻局对其中的一次作战报道说：

"据悉，某地区的游击队取得了重大战果。11月24日，数支游击队袭击了一个大居民点①。摧毁德军的军司令部。缴获了一些重要文件。"

扎博1909年生于顿涅茨克。他是一位基于边防军官，非常英勇果敢。人们向我介绍说他是一个执行任务坚决的指挥员。我亲自接见了他。我喜欢他随时准备执行任何重大任务的精神。我是游击队活动地区出生的人，很了解敌12军兵团配置地区的地形，对如何更好地完成受领的任务向他提了一些建议。作战任务胜利完成了。1943年8月8日，扎博在奥廖尔州霍特涅茨区杜布罗沃村附近的战斗中英勇牺牲，当时他是近卫机械化第6军机械化第49旅旅长。

1941年12月，谢蒙尼奥夫将军指挥的步兵第17师解放了乌戈德斯克—扎沃德地区。

1941年先是预备队方面军司令部所在地，以后又是西方方面军司令部所在地的皮亚特基诺村（德军撤退时也烧了该村），战后变成了奥布宁斯克市。该市在国内外都是众所周知的。在这里建成了第一座原子能发电站。现在奥布宁斯克市成了规模巨大的科学研究中心。

现在我们再回头来谈谈当时的情况。

当我到达小雅罗斯拉韦茨市中心时，没有碰到一个人。城市好像荒废了的样子。在区执行委员会大楼附近，我看到两辆小汽车。

我把司机叫醒后问道："这是谁的汽车？"

"大将同志，这是布琼尼元帅的汽车。"

"布琼尼在什么地方？"

"在区执行委员会的办公室里。"

"你们在这里很久了吗？"

"我们待了三小时。"

我走进区执行委员会，见到了布琼尼，他正在看地图。

我同布琼尼互相亲热地问好。看来，在这些艰难的日子里，他老多了。

布琼尼问我："你从哪里来？"

---

① 是指乌戈德斯科—扎沃德。——作者注

"从科涅夫那儿来。"

"他那里的情况怎样？我两天多同他没有任何联系了。昨天我到第43集团军司令部去了，方面军司令部在我不在时已经转移，现在不知道在什么地方。"

"我找到了方面军司令部。它设在森林左边、普罗特瓦河铁路桥的后面。他们在那里等着你。遗憾的是，西方方面军有相当大一部分军队被敌人合围。"

布琼尼对我说："我们这里的情况也不比其他地方好，第24和第32集团军已被切断。昨天我在尤赫诺夫和维亚济马之间差一点落到敌人手里。敌人向维亚济马方向调集了大量坦克和摩托化部队，看来是想从东面迂回包围该城。"

"尤赫诺夫现在在谁手里？"

"现在不知道。在乌格拉河附近发现敌人约有两个步兵团的兵力，但没有炮兵。我想尤赫诺夫现在已落入敌人手里。"

"谁担负掩护从尤赫诺夫到小雅罗斯拉韦茨的道路？"

"当我来这里时，除了在梅登看到三个民警外，路上没有遇见一个人。地方政权机关已从梅登撤走。"

我对布琼尼说："你去方面军司令部弄清情况，并报告最高统帅部。我继续往前去。请将我们的会见情况报告最高统帅，并说我去尤赫诺夫地区，尔后去卡卢加，因为需要弄清那里发生了什么事情。"

我在梅登真的没有看到一个人。只有一位老太太在被炸弹炸毁的房屋废墟中寻找什么东西。

我问她："老太太你在那里找什么？"

她抬起头来，用两只睁大的、迷惘的眼睛毫无表情地看了我一下。

"老太太，你怎么啦？"

她什么也没有回答，就又重新去挖。从废墟后面什么地方又来了一位妇女，手里提着半袋子什么东西。

"请不要问她。她因为悲伤而发疯了。前天德国飞机袭击了这个城市，从飞机上轰炸和扫射。这位老太太和几个孙子就住在这个房子里。敌人空袭时，她站在井边打水，亲眼看到炸弹落到了房子上。孩子死了。我家的房子也被炸毁了。想尽快离开这里，因此在废墟下面寻找东西，也许能找回点鞋袜衣服之类的东西。"

她的面颊上淌着眼泪。

我带着沉重的心情前往尤赫诺夫。我不得不时常将车停下来仔细地观察，以免车开到敌占区去。

走了 10—12 公里后，突然从森林出来几个身穿工作服，头戴坦克帽的武装士兵阻止我前进。其中一个走到我汽车跟前。

他说："不许再往前走，你是谁？"

我说了自己的姓名，问他们的部队在哪里。

"坦克旅的司令部在相距 100 米的森林里。"

"很好，你把我带到旅司令部去。"

坦克旅在这里，我很高兴。前来迎接我的是一位身材不高、外表整洁身穿蓝色工作服、头戴坦克帽的坦克兵。我立刻想到在什么地方见过这个人。

"最高统帅部预备队坦克旅旅长特罗茨基上校向您报告。"

"特罗茨基！我真没有想到在这里会遇到你！"

我想起了在哈勒欣河见过特罗茨基。他在那里担任坦克第 11 旅参谋长，就是苏联英雄雅科夫列夫指挥的旅。当时日本人很害怕这个旅。

"大将同志，我也没有想到在这里会见到您。我知道您在指挥列宁格勒方面军，可是没有听说你从那儿回来。"

"你报告一下你们现在在做什么。首先谈一下敌人在什么位置？"

特罗茨基上校说：

"敌人占领了尤赫诺夫。他的先头部队占领了乌格拉河桥。我已向卡卢加方向派出侦察。城里暂时还没有敌人，但在卡卢加地区正在进行激烈的战斗。在那里作战的有步兵第 5 师和第 43 集团军的一些撤退的部队。我所指挥的旅归最高统帅部预备队。我在这里已第二天了，尚未得到任何指示。"

"派联络参谋到奥布宁斯克车站地区预备队方面军司令部去。方面军司令部位于普罗特瓦河那边皮亚特基诺村。向布琼尼通报情况。将坦克旅展开，组织防御，以掩护去梅登的方向。通过预备队方面军司令部将我给你的命令报告总参谋部，并说我要到卡卢加步兵第 5 师去。"

后来我才知道，乌格拉河上的桥梁被西方方面军伞降勤务主任斯塔尔恰科少校指挥的支队炸毁了。这个 400 人的支队是于 10 月 4 日根据斯塔尔恰科的倡议由那些准备在敌后作战的边防战士编成的。

在炸毁桥梁以后，斯塔尔恰科指挥的支队在乌格拉河一线占领了防御阵地。该支队很快就得到了马姆奇科上尉和罗西科夫大尉所指挥的波多利斯克军事学校学员支队的支援。敌军强渡乌格拉河和向梅登推进的企图被这些支队的英勇作战粉碎了。

经过5天的激烈战斗，支队人员死伤惨重，但是他们以英雄主义的自我牺牲精神打破了敌人企图迅速占领小雅罗斯拉韦茨的计划，并为我军在莫斯科接近地上组织防御赢得了必要的时间。在此期间，在小雅罗斯拉韦茨的筑垒地区上开进并展开了波多利斯克炮兵学校和步机枪学校的学员队。

方面军司令部的联络参谋在卡卢加地区找到了我，并交给我一份总参谋长来的电话记录，最高统帅命令我于10月10日赶到西方方面军司令部去。

10月8日日终前，我又回到预备队方面军司令部。

迎接我的方面军参谋长报告说，已接到最高统帅部的命令，召回布琼尼，任命我为预备队方面军司令员。可是很快又把10月10日到达西方方面军司令部的命令给了我。

我给沙波什尼科夫打电话，问究竟执行哪个命令。沙波什尼科夫回答说：

"事情是这样的：国防委员会现在准备撤销预备队方面军，把它的部队和防御地段交给西方方面军。准备任命你为西方方面军司令员。10月10日前你要弄清预备队方面军的情况，并尽一切力量不让敌人突破莫扎伊斯克—小雅罗斯拉韦茨地区以及谢尔普霍夫方向的阿列克辛地区。"

10月10日我来到位于克拉斯诺维多夫的西方方面军司令部后，斯大林给我打来电话说：

"最高统帅部决定任命你为西方方面军司令员，科涅夫做你的助手，你有什么不同意见吗？"

"没有什么不同意见！我想，应让科涅夫去指挥加里宁方向的军队集团。这个方向离得太远，那里应该有方面军的辅助指挥机关。"

斯大林同志说："好！预备队方面军的剩余部队和莫扎伊斯克战线上的部队也归你指挥。赶快把一切都抓起来干吧！命令我已签发方面军。"

"我着手执行你的指示，但请求赶快把较大的预备队调到这里来，因为最近希特勒军队可能增强对莫斯科的突击。"

很快我就接到了最高统帅部的如下命令：

"直发西方方面军军事委员会、预备队方面军军事委员会、预备队方面军司令员朱可夫同志、莫洛托夫同志、伏罗希洛夫同志。

为了统一指挥西部方向的军队，最高统帅部于1941年10月10日

17时命令：

1. 西方方面军和预备队方面军合并为西方方面军。

2. 任命朱可夫同志为西方方面军司令员。

3. 任命科涅夫同志为西方方面军副司令员。

4. 任命布尔加宁同志、霍赫洛夫同志和克鲁格洛夫同志为西方方面军军事委员会委员。

5. 朱可夫同志于1941年10月11日18时开始指挥西方方面军。

6. 撤销预备队方面军指挥机关，用以补充西方方面军和莫斯科战线的预备队。

接到命令后报告。

最高统帅部

斯大林

沙波什尼科夫

第2844号"

同科涅夫讨论完情况后，我们首先决定将方面军司令部转移到阿拉比诺；科涅夫携带必要的指挥工具和几名指挥员立即前去协调在加里宁方向上军队的行动。方面军军事委员会要到莫扎伊斯克去找莫扎伊斯克筑垒地域司令波格丹诺夫上校，以便在现地弄清该方向上的情况。

方面军司令部向阿拉比诺转移，我同军事委员会委员布尔加宁两小时后来到了莫扎伊斯克。在这里炮声和炸弹的爆炸声听得很清楚。波格丹诺夫报告说，在博罗季诺附近，我加强有炮兵和坦克的步兵第32师正在同敌人先头摩托化部队和坦克部队进行战斗。指挥该师的是一位有经验的指挥员波洛苏欣上校。这个师是可以信赖的。

我们给波格丹诺夫做了必要的指示后，出发去方面军司令部。

方面军司令部临时设在几个帐篷里，并立即投入了战役的组织工作。工作是很多的。

应该立即在沃洛科拉姆斯克—莫扎伊斯克—小雅罗斯拉韦茨—卡卢加一线建立牢固的防御。必须加大防御纵深，建立第二梯队和方面军预备队，以便实施机动来加强薄弱的防御地段。必须组织地面侦察和空中侦察，加强对方面军务部队的指挥；必须安排好军队的物质技术保障。主要的是需要展开政治工作，提高军队的士气，增强对自己力量的信心和在莫斯科附近一定能够粉碎敌人的信念。

军队日日夜夜在紧张地工作。由于疲乏和缺少睡眠，人们几乎站都站不稳了。但是，在对莫斯科命运和对祖国命运的个人责任感推动下，完成了大量的工作，以期在莫斯科附近建立方面军稳定的防御。

1941年夏、秋两季，党中央、国防委员会和最高统帅部采取了一系列重大措施来加强首都的防御，组建了大量预备队，给作战的集团军补充了新的部队、兵团和技术兵器。为了阻止住敌人，现在又采取了一些补充措施。

10月7日开始从最高统帅部预备队和友邻方面军向莫扎伊斯克防线调动部队。调到这里来的共有14个步兵师、16个坦克旅、40多个炮兵团和其他部队。重新组建了第5、第16、第43和第49集团军。到10月中旬大约已有9万人。当然，如要建立一道绵密而坚固的防御，这些兵力显然是不够的。但是最高统帅部已无能为力，而从远东和其他较远地区调遣部队，由于一系列原因而耽搁了。因此，我们决定首先占领沃洛科拉姆斯克、莫扎伊斯克、小雅罗斯拉韦茨和卡卢加等几个最主要的方向。炮兵和防坦克兵器的主力也集中在这些方向上。

我们派以罗科索夫斯基、洛巴切夫和马利宁为首的第16集团军司令部和首长去沃洛科拉姆斯克方向。第16集团军的编成内编有新的兵团，因为它的转隶给第20集团军的各师已在维亚济马以西地区被敌人包围。列柳申科少将指挥的（他负伤后由戈沃罗夫将军指挥）第5集团军向莫扎伊斯克方向集中；第33集团军集中在纳罗福明斯克地区，叶夫列姆中将很快被任命为该集团军的司令员。戈卢别夫少将所指挥的第43集团军在小雅罗斯拉韦茨方向展开。扎哈尔金中将所指挥的第49集团军在卡卢加方向集中。

我们很熟悉这些司令员，他们都是很有经验的军事首长，是完全可以信任的。我们知道，他们及其所指挥的军队将竭尽全力阻止敌人向莫斯科逼近。

我应当指出，由索科洛夫斯基中将和作战部长马兰金中将领导的方面军司令部的工作组织得很好，方面军通信兵主任普苏尔采夫少将为了保障同方面军部队有顺畅的通信联络也做了很大的努力。

为了增大防御纵深，在西方方面军第一梯队的后方完成了大量的工程作业，在所有坦克危险方向上设置了防坦克障碍物。方面军预备队也调到了主要方向上。

方面军司令部很快就转移到了佩尔胡什科沃，并由此地向方面军地面部队和空军部队架设了电话电报线。最高统帅部的电话线也拉到了该处。

这样一来，实质上重建了西方方面军。它担负的历史使命是防守祖国的首都。

在党中央委员会的领导下进行了大量的工作,以说明所形成的严重局势和莫斯科所面临的直接危险。党号召苏联人民光荣地完成自己对祖国所担负的义务,不许敌人闯进莫斯科。

在敌军后方维亚济马以西和西北地区,我被围部队这时仍然在英勇地与敌人搏斗,企图突围与红军会合,但未获成功。方面军首长和最高统帅部为了援助被围部队,对德军战斗队形进行轰炸,并用飞机空投粮食和弹药。但是,方面军和最高统帅部当时想要采取更多的措施也是不可能的,因为没有掌握足够的兵力和兵器。

我被围各部队在敌人后方没有放下武器,而是继续英勇战斗,钳制了敌人大量兵力,使其无法向莫斯科方向发展进攻。

10月10日和12日,我们两次向被围各部队司令员发了无线电报。电报里扼要地通报了敌情,规定了突围的任务,并委派第19集团军司令员卢金担任总指挥。我们要求他们迅速将突围的计划和军队的部署情况通知我们,申请在什么地段需要组织方面军航空兵的支援。但是,我们的两份电报都没有得到答复。可能是电报到了被围部队手里已经晚了。看样子,军队已失去指挥,不得不以单独的集群进行突围。

前骑兵第45师师长斯图琴科后来告诉我说:

"我们与师的剩余部队努力突围以便同方面军会合。我们在一切可能的地方消灭德军,共消灭敌人一千多。10月中旬,几乎没有一天不同敌人进行激烈的白刃格斗。战斗中,有许多优秀的战士、指挥员和政治工作人员牺牲了。"

斯图琴科在谈到师政委波列欣英勇牺牲时心情很激动。波列欣政委不顾生命的危险,亲自负责侦察。

"虽然我师大部分指战员牺牲了,但剩下的人仍然坚持战斗。我们那时只有一个想法,就是尽快同方面军部队会合,为保卫莫斯科共同战斗。当我们突围出来、重新加入方面军队伍,对敌人予以回击的时候,那是最幸福的日子。"

由于在维亚济马地区被围的我军部队的坚忍不拔和不屈不挠的战斗精神,我们赢得了宝贵的时间来组织莫扎伊斯克战线的防御。被围部队的流血牺牲是有意义的。在维亚济马附近英勇作战,从而为保卫莫斯科的共同事业作出伟大贡献的苏联军人的功绩,应当得到应有的评价。

从10月13日起,在通向莫斯科的所有重要作战方向上都开始了激烈的战斗。

在这些严酷的日子里，党中央和国防委员会决定将部分中央机关和所有外交使团从莫斯科紧急疏散到古比雪夫，同时从首都把那些特别重要的国家贵重物品运走。

敌人对莫斯科的狂轰滥炸日甚一日。几乎每夜都有空袭警报。但是，在此以前党已做了大量工作来加强地方对空防御。千百万公民积极参加了防空训练。"燃烧弹"对莫斯科人来说已不再是可怕的了。

最高统帅部在莫斯科地区集中了大批的歼击航空兵、强击航空兵和轰炸航空兵。

根据国防委员会的决定，从 10 月 20 日开始，在莫斯科及其附近地区宣布戒严。在保卫首都的所有部队中都规定了非常严格的制度。对任何严重破坏纪律的行为都必采取坚决的措施。莫斯科居民回击了敌人的帮凶——惊惶失措者。

苏联首都勇敢地迎接了面临的危险。党中央委员会和莫斯科市委员会发出的保卫苏联首都和消灭敌人的号召，为每一个莫斯科人、每一个军人和全体苏联人所理解。莫斯科人把首都及其接近地变成了不可逾越的堡垒，而把莫斯科保卫战绘成了一部英雄的诗篇。

当我们谈到莫斯科保卫战中的英勇战绩时，我们所指的不仅仅是我军英雄的战士、指挥员和政治工作人员的战绩。10 月份在西方方面军以及在尔后各次战役中之所以能取得胜利，完全是首都及莫斯科州军民团结一致和共同努力的结果，是全国、全体苏联人民对军队和首都保卫者进行有效支援的结果。

还在 7 月初，就在市党组织的领导下建立了 12 个民兵师。参加民兵师的有各种专业人员：工人、工程师、技师、学者和艺术工作者。当然，这些人员不是都具有军事技能，很多东西必须在战斗过程中才能熟悉。但是，他们有一个共同的特点，就是具有高度的爱国主义、不屈不挠的精神和必胜的信念。很多自动编成的民兵在取得必要的战斗经验以后组成为出色的战斗兵团，难道这是偶然的吗？

民兵组成了侦察、滑雪等很多专业分队的核心，并积极参加游击队的行动。西方方面军在作战中依靠了莫斯科居民的这种宝贵支援。

几十万莫斯科人不分昼夜地构筑环绕首都的防御工事。10 月和 11 月，仅构筑防御内线就有约 25 万人参加，其中四分之三是妇女和少年。他（她）们构筑纵长 7.2 万米的防坦克壕、约 8 万米的崖壁和断崖，设置 5.25 万米桩砦和许多其他障碍物，挖掘纵长近 12.8 万米的战壕和交通壕。这些人用自己的双手挖出了 300 万多立方米的土！

留在莫斯科工厂里的工人和工程师表现了英勇无畏和自我牺牲精神。他们用旧的设备生产，因为全部贵重设备都搬迁走了。人员少，而军工产品需在最短期限内完成。莫斯科汽车厂生产什帕金 7.62 毫米冲锋枪。这种枪的枪机则由第一轴承厂和奥尔忠尼启则厂生产。

12 月份，要求这些工厂生产的产品比 11 月份多 34 倍。任务完成了！第二钟表厂生产地雷的引信。列宁格勒区的无轨电车修理厂制造手榴弹。"镰刀与锤子"工厂和"红色无产者"工厂修理坦克，还生产弹药。

汽车修理厂修理战斗车辆。"罗特—弗龙特"糖果点心厂生产浓缩食品。原生产居民服饰用品的小厂，现在为前线生产反坦克手榴弹和炮弹引信。

前线指战员知道，全国都在保卫首都。这种全民的支援是我们取得莫斯科保卫战胜利的鼓舞力量和可靠支柱。

为了响应联共（布）中央的号召，莫斯科及其他城市的数千名共产党员和共青团员作为政治战士来到了前线，他们以自己的模范行动提高了军队的战斗力。

在 1941 年 10 月艰难的日子里，西方方面军军事委员会发出了告军队书，其中写道：

"同志们！在我国面临危险的严酷时刻，每一个军人的生命应该属于祖国。祖国要求我们每一个人贡献出最大的力量，发扬英勇顽强、英雄主义和坚忍不拔的精神。祖国号召我们要成为无法摧毁的铜墙铁壁，堵住法西斯匪帮去莫斯科的道路。现在比以往任何时候都需要加强警惕性、铁的纪律、组织性、坚决果断的行动、必胜的信心和随时准备自我牺牲的精神。"

具有决定意义的时刻来到了。

由于沃洛科拉姆斯克—莫扎伊斯克—小雅罗斯拉韦茨—谢尔普霍夫防线我军的兵力薄弱和个别地方被敌人占领，方面军军事委员会选定诺沃扎维多夫斯基—克林—伊斯特拉水库—伊斯特拉—红帕赫拉—谢尔普霍夫—阿列克辛一线作为主要防线。

鉴于战线拉得太长和不便于对加里宁集团实施指挥，西方方面军军事委员会请求最高统帅部缩短方面军战线并把该军队集团转隶给其他方面军指挥。最高统帅部 10 月 17 日命令将第 22、第 29 和第 30 集团军划归重新组建的加里宁方面军指挥。科涅夫上将被任命为加里宁方面军司令员，列昂诺夫（军政委级）被任命为军事委员会委员，伊万诺夫少将被任命为参谋长。加里宁方面军的组成缩短了西方方面军的防御地带，并且便于对军队实施指挥。

叶廖缅科中将指挥的布良斯克方面军的处境也极端困难。方面军的大部分部队被围，艰难地向东突围。经过英勇奋战，直到10月23日他们才突破了包围。尾追布良斯克方面军剩余部队的敌古德里安集团军的先头部队占领奥廖尔后，于10月29日逼近图拉。

10月间，图拉除了第50集团军正在组建的后勤机关外，没有能防守该市的部队。在10月下半月，有3个遭受严重损失的步兵师撤退到图拉地区。这些兵团仅有500—1500名士兵，炮兵团总共剩下4门火炮。撤出的部队已精疲力竭。

图拉市的居民大力帮助我军赶制被服，修理武器和技术兵器。在市党组织领导下，他们日日夜夜地辛勤劳动，以便使我部队恢复战斗力。

州委书记扎沃龙科夫领导的城防委员会在短期内就组建了工人队伍，并给他们装备了武器。这些工人队伍同布良斯克方面军第50集团军的部队一起在图拉的近接近地上英勇战斗，阻挡住了敌人向该市推进。

戈尔什科夫大尉和阿格耶夫政委领导的图拉市工人团表现得特别顽强和勇敢。该团同撤出的部队一起在科萨亚戈拉地区占领了防线。为了在城市接近地上消灭德军的坦克，图拉防御司令员波波夫将军还使用了高射炮团。所有防御图拉的部队同敌人打得非常顽强。

古德里安打算一举攻占图拉，尔后从南面迂回莫斯科。但他的这个企图未能得逞。敌人10月30日发起的进攻，被图拉的保卫者所击退，并受到严重损失。

11月10日，最高统帅部决定撤销布良斯克方面军，把图拉的防御任务交给西方方面军。

敌人无论怎样企图在1941年11月份占领图拉，从而打开通往首都的道路，但未能得逞。图拉市像一个无法攻克的堡垒一样屹立着！图拉捆住了德军整个右翼集团的手脚。当时敌人决定迂回图拉，但为此不得不把自己军队的部署拉长，因而使古德里安集团军失去了应有的战役战术密度。

在歼灭莫斯科附近的德军过程中，图拉及其居民起了卓越的作用。

我想没有必要重复叙述战斗行动的整个过程，因为在许多历史著作中已不止一次地详细谈过了。莫斯科附近10月防御战的战果是众所周知的。在一个月的浴血搏斗中，德国法西斯军队总共前进了230—250

公里。然而，希特勒统帅部打算在10月中旬攻占莫斯科的计划破产了。敌人被拖得精疲力尽，其突击集团也拖得很散。

敌人的进攻能力一天天在消失。截至10月底，敌人的进攻被阻止在图尔吉诺沃、沃洛科拉姆斯克、多罗霍沃、纳罗福明斯克、谢尔普霍夫以西和阿列克辛地区。这时，加里宁方面军在加里宁地区的防御也得以稳定。

1941年10月保卫首都过程中涌现的英雄人物的名字简直是数不胜数。不仅是个别军人，而且是整个兵团表现出集体英雄主义精神，以自己的丰功伟绩为祖国博得了战斗荣誉。在各个战斗地段，都有这样的部队和兵团。

在沃洛科拉姆斯克方向上，敌人先是加强的第5军后又增加2个摩托化军实施进攻。筑垒地域各分队和重新组建的第16集团军各部队进行了顽强的防御。潘菲洛夫少将指挥的步兵第316师表现得特别突出。

由莫斯科步兵指挥学校学员组成的混编步兵团调到第16集团军最重要的防御地段。该团的行动由3个反坦克炮兵团支援。

学员开往指定的防御地区前，校长兼团长姆拉坚采夫对他们说：

"凶恶的敌人要闯入我们祖国的首都莫斯科。我们应该阻断它的道路，保卫可爱的首都。我们的职责是，像我们老大哥、光荣的克里姆林宫学员那样战斗。现在没有时间进行你们的毕业考试了。你们将在前线，在与敌人的战斗中经受考验。我相信，你们每个人都会光荣地通过这次考试。"

该团从索尔涅奇诺戈尔斯克出发，急行军85公里，于10月7日晚到达沃洛科拉姆斯克地区。校长没有看错自己的学员。他们不怕危险、不怕牺牲，牢固地扼守着他们所防守的地段。该团的友邻是潘菲洛夫的步兵第316师。这个师由于在莫斯科保卫战中表现出的集体英雄主义精神，以后改编为近卫步兵第8师。

由于总的兵力兵器不足，营防御地域正面宽达7—10公里，纵深达3公里。在整个沃洛科拉姆斯克地区，当时还未建立绵亘的防御。仅构筑有支撑点，支撑点之间的间隙地由炮兵火力，有些地方还由远射机枪火力控制。

在莫扎伊斯克方向上，波洛苏欣上校指挥的步兵第32师同敌人由空军支援的摩托化第40军作战，打得特别英勇顽强。自1812年卫国战争以来近130年后的今天，在博罗季诺平原上——在这已成为俄国军人获得不朽荣誉的纪念碑的地方，又爆发了激烈战斗。

在小雅罗斯拉韦茨方向进攻的是敌人步兵第12军和摩托化第57军。在小雅罗斯拉韦茨接近地上，瑙莫夫上校指挥的步兵第312师以及波多利斯克步校和炮校的学员进行了英勇的搏斗。在梅登地区，我已谈过的特罗伊茨基上校的坦克兵死守着阵地。在古老的俄国城市博罗夫斯克附近，步兵第110师和摩托化步兵第151旅的指战员使他们的战斗旗帜增添了光荣。坦克第127营的坦克手同他们肩并肩地打退了敌人的攻击。敌人以很大的代价才把我部队击退到普罗特瓦河边，然后到纳拉河边，但它再未能继续前进。

第33集团军在纳罗福明斯克地区，在第5和第43集团军之间占领防御阵地。第43集团军在纳罗福明斯克以南，沿纳拉河东岸占领防御阵地，第49集团军在谢尔普霍夫以西——塔鲁萨以东、阿列克辛一线占领防御阵地。

方面军部队在这一线修好工事后，决心迎击敌人的冲击。

我方面军的部队在3个星期的十月会战中学会了很多东西。部队中开展了大量的政治教育工作，其中心是推广好的歼敌方法，提倡个人的和集体的英雄主义以及部队和分队的英勇战斗精神。

我想特别强调指出西方方面军政治部主任（师级）、优秀的共产党员、英勇无畏的军人列斯捷夫在安排军队政治工作上所起的重大作用。

1941年11月1日，我被召回最高统帅部。斯大林对我说："今年十月革命节，除了开庆祝大会外，我们还想在莫斯科举行阅兵式，你认为怎样？前线的形势允许我们这样做吗？"

我回答说：

"敌人在最近几天内不会发动大规模的进攻。在前一阶段的作战中，敌人遭到了严重损失，不得不重新补充兵力和调整部署。为了防备敌人可能进行的空袭，需要加强对空防御，把歼击航空兵从友邻方面军调到莫斯科来。"

众所周知，节日前夕在首都"马雅科夫斯基"地下铁道车站举行了纪念伟大的十月社会主义革命24周年庆祝大会，11月7日在红场上举行了传统的阅兵式。战士们直接从红场开赴前线。

这件事对于巩固军队和苏联人民的士气起到了巨大作用，并具有重大的国际意义。斯大林的演说重申了党和政府有信心一定能够消灭德国法西斯侵略者。

同时，在受威胁的地段上设置了纵深梯次配置的对坦克防御，构筑了防坦克支撑点和防坦克地域。军队补充了人员、武器弹药、通信工具、工程器材和其他物质技术器材。从11月1—15日，西方方面军共补充了10万名官兵、300辆坦克和2000门火炮。

这些从内地调来的步兵和坦克补充兵团是最高统帅部组建的预备队，集中使用在最危险的方向上。其中大部分集中使用在敌人装甲坦克集团可能实施主要突击的沃洛科拉姆斯克—克林方向和伊斯特拉方向。向图拉—谢尔普霍夫地区也调来了预备队：在这里德军坦克第2集团军和第4野战集团军可能实施再次突击。

11月初，我同最高统帅做了一次不很愉快的通话。

斯大林问我："敌人现在情况怎样？"

"敌人突击集团的集中接近完成，看来很快就会转入进攻。"

"你认为敌人会在什么地方实施主要突击？"

"从沃洛科拉姆斯克地区。古德里安坦克集群看来可能绕过图拉向卡希拉实施突击。"

"我同沙波什尼科夫认为，应先敌进行反突击以粉碎敌人正在准备的突击。应向沃洛科拉姆斯克地区实施一次反突击，从谢尔普霍夫地区向德军第4集团军的翼侧实施另一次反突击。看来，敌人在那里集结大量兵力，准备向莫斯科突击。"

"最高统帅同志，我们使用哪些兵力实施这些反突击呢？西方方面军没有机动的兵力。我们仅仅有防御的兵力。"

"在沃洛科拉姆斯克地区可以使用罗科索夫斯基集团军的右翼各兵团，以及坦克师和多瓦托尔指挥的骑兵军。在谢尔普霍夫地区可以使用别洛夫的骑兵军，格特曼的坦克师和第49集团军的部分兵力。"

"我认为现在不能这样做。我们不能把方面军最后的预备队投入到没有把握取胜的反突击中去。当敌人的突击集团转入进攻时，我们将无法巩固各集团军的防御阵地。"

"你方面军有6个集团军，难道这还少吗？"

"但是，要知道西方方面军的整个防线大大加长了，加上弯曲部目前长达600多公里。我们的纵深内，特别是防线中央的预备队很少。"

斯大林生气地说："关于反突击问题就这样决定了。今晚就将计划通知下去。"

15分钟后，布尔加宁来到我这里，并且一进门就说：

"刚才我受到了斥责。"

"什么斥责？"

"斯大林说：'你同朱可夫骄傲了。但我们将设法管束你们！'他要求我立刻来找你,迅速组织反突击。"

"请坐下,我们把索科洛夫斯基叫来,并预先通知集团军司令员罗科索夫斯基和扎哈尔金。"

两小时后,方面军司令部命令第16、第49集团军司令员和各兵团指挥员实施反突击,我们把这个情况报告了最高统帅部。但是,这些主要由骑兵实施的反突击,未能取得最高统帅所预期的效果。敌人兵力还相当强大,他的进攻气焰还很嚣张。我们只在阿列克辛地区取得了较大的效果:敌第4集团军的部队在这里遭到了巨大损失,未能参加对莫斯科的总攻。

为了继续向莫斯科进攻,希特勒统帅部增调了新的部队。截至11月15日,在西方方面军正面集中了51个齐装满员的师,其中31个步兵师、13个坦克师和7个摩托化师。

在沃洛科拉姆斯克—克林方向和伊斯特拉方向,罗科索夫斯基集团军的正面上,敌人集中了第3和第4坦克群(编有7个坦克师、3个摩托化师和4个步兵师),并有将近2000门火炮和强大的航空兵群支援。

在图拉—卡希拉方向,第50集团军正面上,敌军突击集群由摩托化第24、第47军和步兵第53、第43军编成,总兵力为12个师(其中4个坦克师和3个摩托化师)。它们还得到强大的机群支援。

由6个军编成的敌第4野战集团军展开在兹韦尼戈罗德、库宾卡、纳罗福明斯克、波多利斯克、谢尔普霍夫等方向上。该集团军奉命实施正面突击以牵制和削弱西方方面军的防御部队,尔后向防线中央莫斯科方向实施突击。

德军统帅部于11月15日向我加里宁方面军的第30集团军(该集团军在伏尔加河水库以南的防御阵地很薄弱)实施了突击,从而开始了进攻莫斯科的第二阶段。与此同时,敌人还向西方方面军部队,即向绍沙河以南罗科索夫斯基集团军的右翼实施了突击。敌人向该集团军地带内的捷里亚耶瓦—斯洛博达地区实施了辅助突击。

敌人投入了300多辆坦克来进攻加里宁方面军第30集团军,而该集团军总共只有56辆武器较差的轻型坦克。防御抗击不了敌人攻击,很快被突破了。

从11月16日早晨起,敌军开始从沃洛科拉姆斯克地区向克林急速发展进攻。我们在这个地区没有预备队,因为预备队按照最高统帅部的命令已调到沃洛科拉姆斯克地区实施反突击,并在那里被敌人牵制住了。

在同一天，德国法西斯军队在沃洛科拉姆斯克地区实施了强有力的突击。在伊斯特拉方向上，敌人2个坦克师和2个步兵师实施进攻。敌人为了对付我150辆轻型坦克而投入了400辆中型坦克。双方展开了激烈的战斗。我第16集团军的各步兵师（即潘菲洛夫将军的第316师，别洛博罗多夫上校的第78师，切尔内绍夫将军的第18师，姆拉坚采夫的独立学员团，近卫步兵第1师，独立坦克第23、第27、第28旅和多瓦托尔少将的骑兵集群）打得特别顽强。

11月17日23时，最高统帅部命令把加里宁方面军第30集团军转隶给西方方面军，因此方面军的防线又重新向北伸延到伏尔加河水库。列柳申科少将被任命为第30集团军司令员。

11月16—18日的战斗，对我们来说是很困难的。敌人不顾一切，不惜一切代价，用坦克在先头开路，妄图冲进莫斯科。

但是，我纵深梯次配置的炮兵和对坦克防御，以及组织良好的各兵种的协同动作，使敌人无法突破第16集团军的战斗队形。该集团军缓慢地但很有秩序地撤退到事先准备好的并为我炮兵所占领的地区，在那里又重新英勇顽强地战斗，打退了希特勒匪帮的冲击。

编入第16集团军的近卫坦克第1旅在作战中表现得无比英勇。在10月，该旅（当时为坦克第4旅）曾在奥廖尔和姆岑斯克附近英勇战斗，为此得到了崇高的荣誉，被命名为近卫坦克第1旅。现在，在11月保卫莫斯科接近地的战斗中，近卫坦克兵又以新的功绩更进一步提高了自己光荣的战斗声誉。

国防委员会、党中央和人民委员会的部分领导人员仍留在莫斯科。莫斯科的工人们为保证保卫莫斯科的部队得到武器、弹药和技术兵器，每天劳动12—18小时。

然而对首都的威胁并未消失。敌人虽是缓慢地，却是日益逼近莫斯科。

我已记不清是哪一天了，当德军在加里宁方面军的第30集团军的地段取得了战术突破后不久，斯大林打电话问我：

"你坚信我们能够守住莫斯科吗？我怀着内心的痛苦在问你这个问题，希望你作为共产党员诚实地回答。"

"毫无疑问，我们能够守住莫斯科。但是至少还需要增加2个集团军和200辆坦克。"

"你能有这样的信心，这不错。你打电话到总参谋部去接洽一下，看把你所要的2个预备队集团军集中到哪里。它们在11月底将准备好，但是坦克现在还不能给。"

经过半小时后,我同华西列夫斯基已商量好,第 1 突击集团军和第 10 集团军,以及第 20 集团军的所有兵团将转隶西方方面军。新编成的第 1 突击集团军将集中于亚赫罗马地区,第 10 集团军将集中于梁赞地区。

在图拉—莫斯科战役方向上,敌人于 11 月 18 日转入了进攻。在第 50 集团军步兵第 413 和第 299 师担任防御的韦尼奥夫方向上,敌人坦克第 3、第 4 和第 17 师实施进攻。该集团突破我防线后,占领了博洛霍沃—杰季洛沃地区。为了抵抗敌人,我们将步兵第 239 师和骑兵第 41 师仓促调到乌兹洛瓦亚地区。在这里激烈的战斗日夜不停,我军表现了集体英雄主义。步兵第 413 师各部队打得特别顽强。但是,11 月 21 日,乌兹洛瓦亚和斯大林诺戈尔斯克被古德里安坦克集团军的主力所占领。在米哈伊洛夫方向上,敌人摩托化第 47 军实施进攻。在图拉地区造成了非常复杂的情况。

在此种条件下,方面军军事委员会决定用格特曼上校(现为大将)指挥的坦克第 112 师加强卡希拉战斗地段;用坦克旅和其他部队加强梁赞战斗地段;用坦克第 9 旅、独立坦克第 35 和第 127 营加强扎赖斯克地段;用步兵第 510 团及 1 个坦克连加强拉普捷沃地段。

11 月 26 日,敌人坦克第 3 师迫使我军后撤,并在图拉以北地区截断了图拉—莫斯科铁路和公路。但是,在卡希拉地区的别洛夫将军指挥的近卫骑兵第 1 军、坦克第 112 师以及方面军其他许多部队,阻止了敌人在该地段继续前进。为了支援在那里作战的部队,我们又增调了步兵第 173 师和火箭炮第 15 团。

11 月 27 日,别洛夫骑兵军在坦克第 112 师、步兵第 173 师和其他部队协同下,向敌古德里安部队实施了迅猛的反突击,在韦尼奥夫方向把敌人向南击退了 10—15 公里。

11 月 30 日以前,在莫尔德韦斯以南的这一地区进行了激烈的战斗。敌人在这里未取得胜利。德军坦克第 2 集团军司令官古德里安确信在卡希拉—图拉地区不可能粉碎苏军的顽强抵抗和从这里冲向莫斯科。希特勒匪帮被迫在该地段转入防御。

在这一地区作战的苏军,打退了敌人的所有突击,使敌人受到了很大损失,阻止住了敌人向莫斯科推进。

在方面军右翼伊斯特拉、克林、索尔涅奇诺戈尔斯克地区情况仍很糟。

11月23日，敌人坦克冲进了克林。为了不使我军部队有被围的威胁，在23日夜里不得不把它们撤到下一个后方地区。第16集团军经过激烈的战斗后，撤出克林。由于失去了克林，在第16和第30集团军之间就形成了一个缺口，这个缺口仅由我军一个薄弱的集团掩护。

11月25日，第16集团军又从索尔涅奇诺戈尔斯克撤退了。这里出现了极严重的局势。方面军军事委员会从方面军其他地段向这里抽调了一切可能的力量。独立的坦克群、防坦克枪组、炮兵连和从防空司令员格罗马金将军那里抽调的高炮营，都调到索尔涅奇诺戈尔斯克地区。无论如何必须把敌人阻止在这个危险地段上，直到谢尔普霍夫地区的近卫步兵第7师和最高统帅部预备队的2个坦克旅及2个反坦克炮团开到这里为止。

我军的防线弯曲成了弓形，出现了很多薄弱的地方，似乎可能发生无法补救的事件。但是没有！军队死守阵地，而在得到增援部队后又重新建立了敌人无法攻破的防线。

11月29日傍晚，敌人坦克部队利用我亚赫罗马地区莫斯科伏尔加运河桥上的防御薄弱，攻占了桥梁，越过了运河。在这里敌人的坦克部队被库兹涅佐夫中将所指挥的第1突击集团军开来的先头部队所阻止，经过激战后被击退到运河那边去了。

前线的状况确实非常复杂。因此有时发生一些事情只能用局势太紧张来加以解释。下面我们举一个例子。

最高统帅不知通过什么途径获得的情报说，我军放弃了纳哈宾诺西北的杰多夫斯克城。这里离莫斯科非常近。

斯大林自然对这样的消息感到非常不安，因为11月28日和29日，别洛博罗多夫少将指挥的近卫步兵第9师还是比较顺利地打退了敌人在伊斯特拉地区多次疯狂的冲击。可是只过了一昼夜，杰多夫斯克据说落入了希特勒匪帮的手中。

最高统帅打电话问我：

"你是否知道杰多夫斯克被敌人占领了？"

"斯大林同志，不知道。"

斯大林立刻生气地说："司令员应当知道在他的前线发生了什么事情。你赶快到现场去亲自组织反冲击，收复杰多夫斯克。"

我试图予以反驳说："在这样紧张的情况下，离开方面军司令部未必慎重。"

"不要紧，我们会想办法应付，在这期间由索科洛夫斯基暂时代替你。"

放下听筒后,我马上同罗科索夫斯基联系,要求他说明为什么方面军司令部对于放弃杰多夫斯克一点都不知道。但立刻就弄清楚了,杰多夫斯克城未被敌人占领,可能指的是杰多沃村。在霍万斯科耶—杰多沃—斯尼吉里及其以南地区,近卫步兵第9师正在进行防御战斗,不让敌人沿沃洛科拉姆斯克公路向杰多夫斯克和纳哈宾诺实施突破。

我决定给最高统帅打电话说明是弄错了。斯大林大发雷霆。他要求我立刻出发去罗科索夫斯基那里,并设法把这个最不幸的居民地一定从敌人手里夺回来。还命令我带上第5集团军司令员戈沃罗夫,并说:"他是炮兵,让他帮助罗科索夫斯基组织炮兵火力,以支援第16集团军。"

在这种情形下,反对已没有意义。当我把戈沃罗夫叫来并给他规定了任务时,他完全有理由地试图证明没有必要去这一趟:第16集团军有自己的炮兵主任卡扎科夫炮兵少将,集团军司令员罗科索夫斯基也知道做什么和如何做,为什么在这样紧急的时刻让戈沃罗夫离开自己的集团军?

为了不再对这个问题进行争辩,我不得不向戈沃罗夫将军解释说,这是最高统帅的命令。

我们去罗科索夫斯基那里,然后又同他一起去到别洛博罗多夫的师。师长对于我们来到他部队驻地未必高兴。因为他当时正急得要命,又不得不向我们说明关于敌人占领杰多沃村深谷那边几幢房子的情况。

别洛博罗多夫汇报了情况,并令人十分信服地说明了,从战术考虑夺回这几幢房子是不合适的。可惜我不能告诉他,在这种情况下我绝对不能根据战术上的考虑来行动。因此我命令别洛博罗多夫派1个步兵连和2辆坦克把占领那几幢房子的德军一个排驱逐出去。这一任务完成了。

现在我们再回过头来谈谈一些严重的事情。

12月1日,德军突然在战线中央,在第5和第33集团军接合部突破了我军防线,并沿公路向库宾卡推进。但是,在阿库洛沃村附近,步兵第32师挡住它的去路。该师以炮兵火力消灭了敌人部分坦克。敌人不少坦克在地雷场被炸毁。

当敌坦克部队遭受重大损失撤回到戈利齐诺后,在这里被方面军预备队及第5和第33集团军开来的部队彻底粉碎。12月4日,敌人的这次突破已被全部粉碎。在战场上,敌人丢下了1万多具尸体、50辆被击毁的坦克和许多其他技术兵器。

12月底，根据德军各个集团行动的特点和突击的力量判断，敌人已精疲力竭，已再没有力量来实施进攻行动。

在莫斯科会战过程中，敌人将各突击集团展开在宽大的正面上，并以装甲坦克部队作为拳头实施深远的突破，从而使自己军队的正面铺得太宽，以致在莫斯科近接近地的最后战斗中失去了突破能力。希特勒统帅部没有料到会遭受如此重大的损失，而且无法弥补这些损失和加强自己在莫斯科附近的军队集团。

从俘虏的供词中察明，敌人某些连队仅剩下20—30人，德军的士气急剧下降，对攻占莫斯科已失去了信心。

西方方面军的部队也蒙受了很大损失，精疲力竭，但仍坚守防御阵地，而且由于得到预备队的加强，在同敌人的战斗中成十倍地增加了自己的力量。

在进攻莫斯科第二阶段的20天中，德军伤亡15.5万官兵，损失约800辆坦克、数百门火炮和大量飞机。严重的损失和战略计划的破产，使广大德军士兵对整个战争的结局发生了怀疑。在世界舆论中，德军不可战胜的神话破灭了。

前希特勒的将军和元帅们企图把攻占莫斯科计划的破产以及整个战争计划的破产归罪于希特勒，似乎希特勒没有听他们的建议，在八月份停止了"中央"集团军群向莫斯科挺进，而将其部分军队调回到乌克兰。

例如德国将军梅伦丁写道："对莫斯科的突击，古德里安是赞成的，可是八月份却停止了这一突击，决定首先攻占乌克兰。如果它始终被看成决定整个战争结局的主要突击的话，可能已经取得了决定性的胜利。俄国的心脏会受到创伤。"[①]

古德里安将军、霍特将军以及其他人认为，除了希特勒的错误外，他们军队在莫斯科附近失败的主要原因是俄国的气候寒冷。

当然，天气和自然条件在任何军事行动中都起作用。所有这些虽然都在同样程度上对作战双方起作用。但希特勒匪徒身上穿着从居民那里抢来的御寒衣服，脚上穿着简陋的自制稻草套靴。短皮大衣、毡靴、棉背心、防寒衬衣，所有这一切也都是武器！我们国家保证自己的战士穿得很暖和。而德军却没有过冬的准备。

---

① 梅伦丁：《1939—1945年的坦克会战》，1957年，俄文版，第140页。

这是由于希特勒统帅部打算轻装走遍俄国,计划在几个星期或几个月内就结束整个战争。就是说,问题不在于天气,而在于法西斯上层领导集团政略和战略上的过失。

另一些将军和资产阶级历史学家把一切都归罪于道路泥泞。这种说法并不新奇。断送了80万军队的拿破仑也归罪于俄国的天气。

但我亲眼看到,在同样的道路泥泞中,成千上万的莫斯科人,主要是妇女进行他们并不习惯的艰苦的工程作业,挖防坦克壕、堑壕,设置桩砦,修筑障碍物,搬运沙袋。泥泞粘住了他们的脚和运土的手推车的轮子,使本来对妇女不适用的铁锹大大加重了。

我还想对那些企图用天气不好来掩盖在莫斯科附近失败的真正原因的人补充说一句,1941年10月,道路泥泞时期是比较短的。11月最初几天比较冷,下了雪,道路到处畅通无阻。在希特勒军队发起"总攻"的11月份,在莫斯科方向作战地区内,气温稳定在零下7℃—10℃。大家知道,在这样天气条件下,是不会有泥泞的。

不!不是雨和雪在莫斯科附近阻住了法西斯军队,而是受到苏联人民、首都和祖国支持的苏军的不屈不挠、坚忍不拔的精神和英雄主义打败了德军百万以上精锐部队。

至于谈到暂时不进攻莫斯科和将部分兵力调到乌克兰的问题,可以说,如果不进行这次战役,德军"中央"集团的情况会更糟。因为,在9月被用以填补西南方向上缺口的最高统帅部预备队,在12月反攻时,可以在敌人"中央"集团军群进攻莫斯科时用来向其翼侧和后方实施猛烈的突击。

由于第二阶段进攻莫斯科的完全失败和闪击战计划的破产而发疯的希特勒,为自己找到了"替罪羊",撤销了陆军总司令布劳希齐元帅、"中央"团军群司令冯·博克元帅、坦克第2集团军司令古德里安将军和几十名其他将军的职务。而在一个半到两个月前,希特勒还慷慨地授予这些人以十字勋章。希特勒宣布自己为陆军总司令,看来,他认为这样就可以对军队起到魔术般的作用。

1941年12月11日,希特勒德国政府宣布对美国作战。显然,希特勒想以此达到两个目的:第一,他想表明,德国虽然遭受了损失,仍然是强大的,不仅能够同苏联、英国作战,而且能够同美国作战。第二,他想加速推动日本对美作战,以避免美国在欧洲参加对德战争。斯大林得知这一消息后,笑道:

"有意思,希特勒德国准备用什么力量同美国作战?它既没有能进行这种战争的远程航空兵，也没有相应的海上兵力。"

有人不止一次地问我，苏军在莫斯科附近怎样粉碎了强大的德国法西斯军队以及如何把敌人残部赶到西边去的？

关于在莫斯科附近粉碎德军的问题已有过不少记载，而且在我看来基本上是正确的。但是，曾作为西方方面军司令员的我也想对这个问题谈谈自己的意见。

众所周知，法西斯德军统帅部在莫斯科方向上实施代号为"台风"的战役，企图在维亚济马—莫斯科方向和布良斯克—莫斯科方向上消灭苏军，然后从南北两面迂回莫斯科，在尽可能短的时间内占领莫斯科。敌人打算用两次包围的方法逐次达到这一战略目的。首先计划在布良斯克和维亚济马两地区内实施第一次包围，消灭苏军；为了实施第二次包围和攻占莫斯科，敌人企图用装甲坦克部队经克林和加里宁从西北，经图拉和卡希拉从南面对莫斯科做纵深迂回，以求在诺金斯克地区完成战略合围。

但是，希特勒最高统帅部在计划实施这样复杂的战略性战役时，在兵力和兵器的估计上犯了很大错误。它过低地估计了红军的力量，而过高地估计了自己的力量。

法西斯德军统帅部集结的兵力只能够在维亚济马和布良斯克地区突破我军防线，把西方方面军和加里宁方面军部队击退到加里宁—亚赫罗马—红波利亚纳—克留科沃—纳拉河和奥卡河—图拉—卡希拉一线。

因此，在10月初，敌人达到其当前目标后，不可能开始"台风"战役的第二阶段。

为了实施"台风"战役的第二阶段而建立突击集团时，敌人同样犯了严重的错误。敌人的翼侧集团，特别是在图拉地区作战的翼侧集团，力量很薄弱，其编成内没有足够数量的诸兵种合成兵团。在那种条件下，对装甲坦克兵团的指望落空了。它们受到很大损失，丧失了突破能力。德军统帅部未能同时向西方方面军的战线中央实施突击，尽管他在那里有足够的兵力。这样就使我们有可能从次要地段上把所有的预备队（包括师的预备队）自由地从中央调往两翼，来抗击敌人的突击集团。

某些军事历史著作断言，莫斯科会战的战役中不包括西方方面军、预备队方面军和布良斯克方面军10月份进行的战斗；说什么敌人起初在莫扎伊斯克防线完全受阻，尔后希特勒统帅部似乎才不得不准备新的"总攻战役"。

以上所谈的关于"台风"战役破产的情况，就驳倒了这种说法。关于德军在 11 月份大量补充兵员、物质器材和对其左翼坦克兵团的部署做某些调整的引证，同样是不能令人信服的。众所周知，在每一次战略性进攻战役中，通常都采取这些措施，因而也不能成为决定此次战役开始和结束的因素。

主要的是，11 月初，我们成功地及时察明了敌人突击集团向我防线的两翼集中，因而正确地判定了敌人的主要突击方向。为了对付敌人的突击，我们建立了拥有大量反坦克兵器和工程器材的纵深梯次配置的防御。在这里，在最危险的方向上，集中了我们全部坦克部队的主力。

敌人长达 1000 公里以上的交通线经常受到游击队的破坏。游击队经常以自己的英勇行动破坏敌军的供应及其指挥机关的工作。

希特勒军队的严重损失，"台风"战役的旷日持久，苏军的顽强抵抗，所有这些都大大地削弱了德国法西斯军队的战斗力，使之张皇失措，丧失了胜利信心。

在莫斯科会战过程中，苏军同样受到很大损失，但他们直到防御战役结束时仍然保持着应有的战斗力和必胜的信心。最困难的时期过去了。

红军粉碎了希特勒企图攻占列宁格勒并使德国法西斯军队同芬兰军队会合的计划。红军在季赫温地区转入反攻，消灭了敌人，占领了城市。与此同时，南方方面军也转入反攻，占领了顿河畔的罗斯托夫。

在此条件下准备了莫斯科附近的反攻。这一反攻的思想早在 11 月就有了。它是在防御战役的过程中最后形成的，是苏联最高统帅部一切企图和计算中最重要的一个不变要素。

由于当时情况极其复杂，不可能为组织实施反攻创造比较有利的条件，我们不得不在艰难的防御战役过程中准备反攻，其实施的方法是在一切征候表明希特勒军队已不能抗击我军反突击时才最后确定的。为防御战斗的胜利所鼓舞的我军，没有任何间歇地转入了反攻。

11 月 29 日，我给最高统帅打电话，汇报情况，请求他下令开始反攻。

斯大林很认真地听，然后问我：

"你确信敌人已接近危机状态而没有可能投入新的重兵集团吗？"

"敌人已极端虚弱。但是。如果我们现在不消除敌人揳入的危险，敌人将来可能从其'北方'集团和'南方'集团抽调强大的预备队来加强在莫斯科地区的军队，那时局势可能严重复杂化。"

斯大林说，他同总参谋部商量一下。

我请方面军参谋长索科洛夫斯基（他也认为，是把各预备队集团军投入战斗的时候了）打电话同总参谋部联系，说明我们的建议：立即开始反攻是合适的。

11月29日晚上，我们接到通知，最高统帅部已决定开始反攻，并要我们呈报反攻战役计划。11月30日晨，我们把方面军军事委员会关于反攻计划的意见，标绘在地图上附以最必要的说明，报告了最高统帅部。我们没有必要详细报告，因为所有主要内容早已亲自与斯大林、沙波什尼科夫和华西列夫斯基商量过了。我呈送计划时只给华西列夫斯基一封简短的便函："请急速向国防人民委员斯大林同志报告西方方面军的反攻计划并下达训令，以便开始准备战役，否则，可能延误战役准备的时间。"

计划图的说明首先指出，根据情况，方面军内各集团军不能同时转入反攻。进攻的时间规定如下：

"进攻开始的时间，根据部队卸载、集中和补充武器的时间，规定为：第1突击集团军、第16集团军、第20集团军和戈利科夫集团军——自12月3日晨至4日；第30集团军——12月5—6日。"

在说明的最后一点规定，各集团军的编成与最高统帅部的训令完全符合。我们规定西方方面军的任务是：

"当前任务：向克林、索尔涅奇诺戈尔斯克和伊斯特拉方向实施突击，粉碎方面军右翼的敌军主要集团，向乌兹洛瓦亚和博戈罗季茨克古德里安集团的翼侧和后方实施突击，粉碎方面军左翼的敌人。

为了在其余战线上牵制住敌人兵力，使其不能机动部队，方面军第5、第33、第43、第49和第50集团军于12月4—5日转入进攻，完成有限的任务。

航空兵主要集团（四分之三）用来与右翼突击集团协同动作，其余部分用来与左翼戈利科夫中将集团军的协同动作。"

斯大林在计划上简单地写"同意"，并签了字。

至于西方方面军编成内各集团军部队的任务，规定如下：

库兹涅佐夫中将指挥的第1突击集团军应在德米特罗夫—亚赫罗马地区展开自己的全部兵力，并在第20和第30集团军协同下向克林方向实施突击，尔后向捷里亚耶瓦—斯洛博达的总方向进攻；

第20集团军从红波利亚纳—白拉斯特地区出发，与第1突击集团军和第16集团军协同，向索耳涅奇诺戈尔斯克总方向实施突击，从南面迂回该市，尔后向沃洛科拉姆斯克实施突击，此外，第16集团军应以其右翼向克留科沃实施突击，尔后依据情况行动；

第10集团军与第50集团军协同，向斯大林诺戈尔斯克—博戈罗季茨克方向实施突击，尔后继续向乌帕河以南进攻。

因此，完成在西方方面军两翼反攻的当前任务后，我们就可以粉碎敌"中央"集团军群的突击集团，排除对莫斯科的直接威胁。要想给方面军部队规定比较长远的和决定性的目标，当时我们还没有力量。我们只是想把敌人击退到距莫斯科尽可能远的地方，并使之遭受尽可能大的损失。

尽管给我们增调了3个集团军，但西方方面军在数量上并没有对敌人占优势（除航空兵外）。在坦克和炮兵上，敌方占优势。这是我军在莫斯科附近反攻的一个主要特点。

1941年11月30日夜，最高统帅部在全面分析了加里宁方面军战斗的进程和结果之后，得出结论：该方面军11月27—29日在各个方向实施的局部进攻的方法，在此具体情况下是无效的。

最高统帅部命令加里宁方面军在近2—3天内集中兵力不少于5—6个师的突击集团，向图尔吉诺沃实施突击，前出到敌人克林集团的后方，以协助西方方面军部队歼灭该集团。

方面军司令员科涅夫将军接到最高统帅部的命令后，报告说，他因兵力不足、缺少坦克不能执行这一命令。他建议，实施夺回加里宁的局部战役，以代替最高统帅部预定的深远而强大的突击。

最高统帅部完全正确地指出，加里宁方面军司令员的建议不仅不符合，而且直接违背在莫斯科附近实施坚决的反攻这一总目的。

斯大林委托副总参谋长华西列夫斯基将军（他与斯大林共同签发了上述建立加里宁方面军突击集团的训令）与科涅夫将军谈谈，说明他的错误和事情的实质。华西列夫斯基出色地完成了这一使命。他详细地了解了方面军的战役态势、编成和能力后，于12月1日通过"博多"机告诉科涅夫：

"只有积极的行动和坚决的目的才能破坏德军向莫斯科的进攻，从而不仅解救莫斯科，而且为重创敌人奠定基础。如果我们近日内不这样做，那就会延误战机。加里宁方面军在达成这一目的上占有极为有利的战役态势，不能袖手旁观。你必须集中一切力量打击敌人，你当面的敌人是不强的。请相信，胜利是有保证的。"

然后，华西列夫斯基详细地了解了方面军的兵力，建议从哪里抽调哪些师，如何用方面军预备队的炮兵加强这些师。

他强调说:"现在每一小时都是宝贵的,所以,必须采取一切措施,不迟于4日晨开始战役。"

方面军司令员只好承认最高统帅部的计算正确,并保证他将集中一切可能的力量实施突击。科涅夫在最后却说:"我冒险去干。"

12月4日深夜,最高统帅打电话问我:

"除了已给你们的以外,方面军还需要什么?"

我回答说:"需要得到最高统帅部预备队航空兵和国土防空军航空兵的支援。此外,还需要至少200辆坦克。方面军没有坦克就不能迅速地扩大反攻的战果。"

又同上次谈话一样,斯大林说:"现在没有坦克,不能给你们,航空兵可以。请你同总参谋部接洽一下,我立刻打电话去。我们已下令12月5日加里宁方面军转入进攻。12月6日西南方面军的右翼战役集群在叶利齐地区转入进攻。"

从总参谋部进一步明确:

"加里宁方面军的部队协助西方方面军反攻。其任务是,在西南方向上实施突击,前出到敌克林—索尔涅奇诺戈尔斯克集团的后方,以协助西方方面军部队消灭该集团。

西南方面军对敌叶利齐集团实施突击,协助西方方面军消灭莫斯科西南的敌军。"

12月初下的一场大雪给军队的集中、变更部署和前进到所准备的战役出发地区带来了一些困难。在克服这些困难后,各兵种于12月6日清晨前已做好转入反攻的一切准备。

1941年12月6日晨到来。西方方面军的部队从首都南北两面开始了反攻。在加里宁和叶利齐地区友邻方面军也向前推进。敌我双方展开了大规模的战斗。

进攻的第一天,加里宁方面军就突破了敌人防御前沿,但未能击退敌人。只是经过10天的顽强战斗和改变进攻战术后,方面军部队才开始向前推进。这发生在西方方面军右翼消灭了罗加切沃—索耳涅奇诺戈尔斯克地区德军集团并包围了克林以后。

12月13日,西方方面军列柳申科指挥的第30集团军和第1突击集团军部分兵力逼近克林。苏军从四面包围了该城,并攻入市内,经过激战,于12月14日夜肃清了克林之敌。

第16和第20集团军的进攻很顺利。12月9日日终前,第20集团军粉碎了敌人的顽强抵抗,逼近索耳涅奇诺戈尔斯克,并于12月12日将敌人驱逐出城。第16集团军12月8日解放了克留科沃,并向伊斯特拉水库发起进攻。

戈沃罗夫将军指挥的第5集团军右翼部队也在向前推进。第5集团军的推进在很大程度上促进了第16集团军的胜利。

我们解放克林后,英国外交大臣安东尼·艾登到了那里。

12月底,我们在《真理报》上看到了艾登返回伦敦后的声明。他在谈到访苏的印象时说:"我有幸看到了俄国军队的某些功绩,真正伟大的功绩。"

12月19日,近卫骑兵第2军军长多瓦托尔少将和骑兵第20师师长塔夫利耶夫中校在帕拉什基诺村地区(鲁扎西北12公里处)阵亡,对我们是很大的损失。根据方面军军事委员会的建议,追授多瓦托尔以"苏联英雄"称号。

西方方面军右翼的反攻一直在不间断地进行,他们得到方面军航空兵、国土防空军航空兵和戈洛瓦诺夫将军指挥的远程航空兵的积极支援。航空兵对敌人炮兵阵地、坦克部队和指挥所实施了强大的突击,而当希特勒军队开始退却时,还对敌步兵、装甲坦克和汽车运输纵队进行了扫射和轰炸。结果,敌人撤退后,往西去的全部道路被他们的技术兵器和汽车所堵塞。

方面军首长向敌人后方派出了滑雪部队、骑兵和空降兵,以消灭退却的敌人。游击队同各方面军军事委员会配合行动,也展开了对敌斗争。它们的行动使德军统帅部的处境更加严重了。

12月3日,在方面军的左翼,第50集团军和别洛夫将军指挥的骑兵军开始消灭图拉地区敌古德里安坦克集团军。古德里安集团军的坦克第3和第17师以及摩托化第29师损失了70辆坦克后,向韦尼奥夫方向仓皇败退。

12月6日,第10集团军在米哈伊洛夫地区投入战斗,该地区的敌人企图固守防御阵地,以掩护正在退却的坦克第2集团军的翼侧。12月8日,第50集团军的其余部队也从图拉地区转入进攻,使敌人从韦尼奥夫和米哈伊洛夫撤退的道路有被切断的威胁。

方面军和最高统帅部航空兵不间断地支援第10和第50集团军的行动以及别洛夫将军指挥的骑兵军的突击。

古德里安集团军被从两翼深深包围,没有力量击退西方方面军和西南方面军战役集群的反攻,开始向乌兹洛瓦亚、博戈罗季茨克、苏希尼奇总方向仓皇撤退,丢弃了重武器、汽车、牵引车和坦克。

经过 10 天战斗，西方方面军左翼部队使古德里安坦克第 2 集团军遭到了严重损失，并向前推进了 130 公里。

在西方方面军左侧，重建的布良斯克方面军各兵团也在顺利地向前推进。当我军进抵奥列什基—斯塔里察—拉马河和鲁扎河—小雅罗斯拉韦茨—吉洪诺瓦普斯滕—卡卢加—莫萨利斯克—苏希尼奇—别廖夫—姆岑斯克—诺沃西利一线后，苏军在莫斯科附近反攻的第一阶段即告结束。

对图拉的威胁被最后解除了。在反攻中，格特曼的坦克师和别洛夫的骑兵军起了主要作用。波波夫中将指挥的第 50 集团军快速战役集群在解放卡卢加城时对敌实施了决定性的突击。

在战斗中极度削弱和疲惫不堪的德军遭受了重大损失，并在我军压力下向西败退。我们认为，对于西部方向（西方方面军、加里宁方面军和布良斯克方面军方向），反攻的下一阶段应当是加强以相应的兵力兵器，继续进行反攻，直到取得完全胜利。也就是说恢复这些方面军在德国法西斯军队开始进攻战役之前所占领的态势。

如果当时我们能从最高统帅部得到 4 个集团军的加强（加里宁方面军和布良斯克方面军各加强 1 个集团军，西方方面军加强 2 个集团军），那么我们就有实际可能对敌人实施更强有力的突击，把他们驱逐到离莫斯科更远的地方，甚至有可能进抵维捷布斯克—斯摩棱斯克—布良斯克一线。

苏军 12 月份在中央战略方向上反攻所取得的胜利，具有很大的意义。德军"中央"集团军群的突击集团损失惨重，并向后退却。

但是，从整个来说，敌人仍然是有力量的。在我战略战线的中段，敌人进行了顽强抵抗。我军在罗斯托夫和季赫温附近顺利开始的进攻战役也未取得预期的战果，而处于僵持状态。

但是，由于受到在莫斯科附近歼灭德国法西斯军队以及在反攻中取得胜利的影响，最高统帅过于乐观，认为德军在其他战线上也将抵挡不住红军的突击，只需组织对其防御的突破就行了，因此产生了在全线（从拉多加湖至黑海）尽快开始总攻的思想。

1942 年 1 月 5 日晚，我作为最高统帅部的成员被召到最高统帅那里商讨红军的总攻计划草案。

在沙波什尼科夫通报了前线情况和谈了计划草案以后，斯大林说：

"德军由于在莫斯科附近的失败而惊慌失措，而且他们过冬的准备很差。现在正是转入总攻的最好时机。敌人企图把我们的进攻推迟到明年春季，以便他春季集中力量再转入积极行动。他想赢得时间，获得喘息的机会。"

根据我的记忆，在座的人没有反对的意见。斯大林进一步发挥自己思想。他像往常一样在办公室里走来走去，继续说："我们的任务是，不给德军喘息的机会，不停顿地把它向西驱赶，迫使它在春季以前就消耗尽自己的预备队。"

他特别强调"春季前"三字。停了一下，他解释说："到那时，我们将有新的预备队，而德国人将不会有更多的预备队了。"

最高统帅谈过战争可能的前景之后，转入各个方面军的实际行动。

最高统帅部的企图是这样：考虑到西线各方面军反攻的顺利进展，总攻的目的是消灭各个战线的敌军。

计划向敌人"中央"集团军群实施主要突击。预定粉碎该部敌人的方法是，以西北方面军左翼部队、加里宁方面军和西方方面军从两面迂回并随后围歼勒热夫、维亚济马和斯摩棱斯克地区敌人主力。

列宁格勒方面军和沃尔霍夫方面军部队、西北方面军右翼部队的任务是：粉碎"北方"集团军群。

西南方面军和南方方面军的任务是粉碎敌人的"南方"集团军群，解放顿巴斯，而高加索方面军和黑海舰队的任务是解放克里木。

预定在最短时期内转入总攻。

说明计划草案后，斯大林让在座的人员发表意见。

我报告说："在西线，这里条件比较有利，敌人还未来得及恢复部队的战斗力，应当继续进攻。但是，为了取得进攻的胜利，必须补充人员和技术兵器，增加预备队首先是坦克部队。如果得不到补充和加强，进攻就不可能胜利。

"至于谈到我军在列宁格勒附近和西南方向上的进攻，我军将遇到敌人顽强的防御。没有强大的炮兵支援，他们不可能突破敌人防线，而本身会弄得疲惫不堪，遭受不应有的重大损失。我主张加强西线各方面军，在这里实施强大的进攻。"

沃兹涅先斯基支持我的意见说："我们现在还没有掌握足以保障各个方面军同时进攻用的物资。"

斯大林说："我同铁木辛哥商量过，他主张还在西南方向进攻。应当尽快消灭德军，使之不能在春季进攻。谁还想讲话？"

没有人回答。对最高统帅的意见也就没有讨论下去。

走出办公室后，沙波什尼科夫对我说：

"你的意见白提。这个问题最高统帅早已决定了。"

"那为什么当时还要征求我们的意见呢？"

沙波什尼科夫说："不知道，不知道，老兄！"并深深地叹了一口气。

1942年1月7日，西方方面军司令部接到进攻的训令。为了执行这一训令，军事委员会给方面军部队规定了以下继续反攻的补充任务：

方面军右翼部队（第1突击集团军、第16和第20集团军）继续向瑟切夫卡总方向进攻，并在加里宁方面军协同下粉碎瑟切夫卡—勒热夫集团；

中线部队（第5和第33集团军）向莫扎伊斯克—格扎茨克的总方向进攻；第43、第49和第50集团军向尤赫诺夫实施突击，粉碎敌人尤赫诺夫—孔德罗沃集团，向维亚济马发展进攻；

别洛夫将军指挥的加强骑兵军向维亚济马地区前进，同索科洛夫少将指挥的骑兵第11军（属加里宁方面军）会合，以便共同对敌人维亚济马集团实施突击（在同一时期，在维亚济马地区积极行动的还有强大的游击队）；

第10集团军向基洛夫进攻，并掩护方面军的左翼。

右邻加里宁方面军的任务如上所述，是向瑟切夫卡、维亚济马的总方向进攻，并以部分兵力迂回勒热夫；其第22集团军应向别雷发展进攻。

西北方面军应向两个不同的方向实施进攻。普尔卡耶夫中将指挥的第3突击集团军向大卢基总方向进攻；叶廖缅科上将指挥的第4突击集团军向托罗佩茨—韦利日展开进攻。

西南方面军右翼集团军和布良斯克方面军各集团军的任务是钳制当面之敌，不让他把部队调往中线和顿巴斯。

西南方向的军队应攻占哈尔科夫，夺取第聂伯罗彼德罗夫斯克和扎波罗热两地区内的登陆场。

总攻的计划很大，然而在许多方向上，其中包括主要的西部方向上的兵力兵器却没有足够的保证。最高统帅当然非常了解这一情况。但他认为，如果严格执行把兵力集中用于突击集团的原则，善于实施炮兵进攻，就是用各方面军现有的能力才能摧毁德国法西斯军队的防线。

1月10日，各方面军司令员和集团军司令员接到最高统帅的指示信，其中包括斯大林1942年1月5日在上述会议上讲的对军事形势的判断，以及对各方面军建立突击集团和组织炮兵进攻的具体指示。

现摘引指示信中最重要的段落如下：

"为了取得1942年的胜利，我军必须学会突破敌人的防线，学会组织对敌防御全纵深的突破，从而给我们的步兵、坦克兵和骑兵开辟前进道路。德军不是只有一道防线，他们正在构筑并很快建成第二道和第三道防线。如果我军不学会迅速而准确地摧毁和突破敌人防线的本领，我们就不可能前进。"

尔后，指出斯大林所说的取得战斗胜利必须遵守的两个条件：

第一个条件是以突击集团进攻。"我军通常是以独立的师或旅沿正面成一线进攻。显然，这种组织进攻的方法是不会有效果的，因为它不能在某一地段造成兵力优势。这样进攻必遭失败。只有在某一地段上形成巨大的对敌兵力优势，进攻才能取得应有的效果。为此，就必须在担负突破敌人防御的每个集团军内建立一个由3—4个师组成的突击集团，集中在某一地段实施突击。这是集团军首长的首要任务，因为，只有这样才能保证在一定地段上造成巨大的兵力优势和突破敌防御的胜利。"

第二个条件是关于"炮兵进攻"的指示。"我们常常让步兵在没有炮兵、没有任何炮兵支援的情况下进攻敌人的防线，尔后又埋怨步兵不去攻击预有防御准备的占领阵地的敌人。显然，这样的'进攻'不会取得预期的结果的。这不是进攻，而是一种犯罪行为，对祖国、对遭受无谓牺牲的军队的犯罪行为。

"这就是说，第一，炮兵不能只限于进攻前1—2小时内的一次行动，而应与步兵一起进攻，应在整个进攻期间不断地进行射击，直至突破敌防线的全纵深。

"这就是说，第二，步兵进攻不是在炮兵射击停止后，即常说的'炮火准备'之后，而应同炮兵进攻一起，即在炮兵射击的轰鸣中、炮火的乐曲下进行。

"这就是说，第三，炮兵不应是分散地，而是集中地行动，它不是集中用于战线的任何一个地方，而应集中用于集团军、方面军突击集团行动地域，而且只能集中于这一地域，因为没有这个条件，炮兵进攻就没有意义了。"

最高统帅部的指示应无条件地执行。但是，我想再次说明，1942年冬季我们还不具有足够的兵力兵器，来实现所有这些总的看来都正确的广泛进攻的思想。而没有兵力，军队就不能建立必要的突击集团，不能实施有效的炮兵进攻，在1942年粉碎像希特勒德国这样强大的有经验的敌人。

事实证明这种看法是对的。只有西北方面军前进比较顺利,因为敌人在那里没有绵密的防线。

1942年2月初,该方面军第3和第4突击集团军前进到大卢基、杰米多夫和韦利日附近,推进了约250公里。这时加里宁方面军第22集团军正在为夺取别雷市而战斗,而骑兵第11军已前进到维亚济马西北地区。加里宁方面军第29和第39集团军在勒热夫以西进展迟缓。加里宁方面军左翼部队未获胜利,因为他们遇到了敌人坚固的防御。

这个时期敌人作战总的特点是由希特勒1942年1月3日的命令决定的。命令中特别强调说:"要死守住每一个居民地,绝不许后退一步,要一直防守到最后一颗子弹和最后一枚手榴弹,这就是当前形势向我们提出的要求。"

德军步兵第23师师长在命令中写道:"诸位指挥官先生!总的作战情况庄严地要求我部队停止向拉马河一线的迅速退却,并要求我师占领坚固的防御阵地。拉马河一线的阵地必须防守到最后一个人。这是关系到我们生与死的问题。"

希特勒统帅部要求自己军队坚决守住拉马河一线是为了什么?

它考虑在那里有苏军在10—11月份构筑的防御阵地,可以凭借这些阵地暂时固守一阵。这些阵地位于拉马河两岸,自北向南与鲁扎河和纳拉河岸的阵地相衔接。

在1941年12月中旬,敌人从后方调来了各种各样的师、混成师、预备师以及从其他占领国新运来的师,加修这些阵地,使之适于防御。因此,到执行上述命令时,这些防御地区已能局部地为德军撤退的部队占领。

我认为有必要扼要地向读者介绍一下1942年年初苏军在莫斯科附近进攻的过程。

1942年1月10日,西方方面军部队(第20集团军、第1突击集团军部分兵力、普利耶夫指挥的近卫骑兵第2军、坦克第22旅和5个滑雪营)经过一个半小时炮火准备后开始进攻,以求突破沃洛科拉姆斯克地区的防线。经过两天的激战,终于突破了敌人的防御。普利耶夫少将指挥的骑兵军同5个滑雪营和坦克第22旅进入了突破口。

1月16日和17日,方面军右翼部队在游击队的协助下占领了洛托希诺和沙霍夫斯卡亚,并切断了莫斯科到勒热夫的铁路。看来正是需要在这里增加兵力,以扩大战果。但结果却相反。

1月19日,最高统帅命令我们把第1突击集团军撤出战斗,编入最高统帅部预备队。我和索科洛夫斯基都请求总参谋部把第1突击集团军留下。但回答只有一个，这是最高统帅的命令。

我直接给斯大林打电话，申述说，撤出该集团军会削弱突击集团。

回答是："无条件地撤出。你那里军队很多，算算有多少集团军。"

我试图反驳说："最高统帅同志，我们的正面很宽，在所有方向上都正在进行激战，没有可能变更部署，因此请求在已开始的进攻结束前不要把第1突击集团军从西方方面军右翼调走，以免减弱在这一地段上对敌人的压力。"

斯大林没有回答而放下了电话。同沙波什尼科夫在电话上商谈同样没有结果。

沙波什尼科夫说："老兄！我什么办法也没有，这是最高统帅亲自决定的。"

结果我们只好加宽第20集团军的进攻正面。由于我西方方面军的右翼被削弱，当逼近格扎茨克时就被敌人的防御所阻挡，不能继续向前推进。

1月20日前，在中线进攻的第5集团军和第33集团军解放了鲁扎、多罗霍沃、莫扎伊斯克和韦列亚。第43和第49集团军前进到多马诺夫地区，并同敌人尤赫诺夫集团打响了。

这里我想比较详细地谈谈我军在维亚济马地区的行动。从1月18日到22日，我们向维亚济马以南40公里处（热拉尼耶地区）空投了空降兵第201旅的2个营和空降兵第250团，以截断敌人的后勤补给线。叶夫列莫夫中将指挥的第33集团军奉命扩大突破口，并在别洛夫指挥的近卫骑兵第1军、空降兵、游击队和加里宁方面军骑兵第11军的协同下攻占维亚济马。

1月27日，别洛夫将军指挥的骑兵军在尤赫诺夫西南35公里处突过了华沙公路，经过3天后在维亚济马以南同空降兵和游击队会合。2月1日，第33集团军的3个步兵师（第113、第338和第160师）在叶夫列莫夫中将亲自指挥下前进到该地区，并在维亚济马的接近地进入战斗。为了加强别洛夫将军指挥的近卫骑兵第1军和同加里宁方面军骑兵第11军保持协同，最高统帅部命令把空降兵第4军空投到奥泽列奇尼亚地区。然而，由于缺乏运输机，实际上只空投了空降兵第8旅，共2000人。

第33集团军从纳罗福明斯克地区向维亚济马的总方向发展进攻，于1月最后一天迅速到达尚斯基扎沃德和多马诺夫地区，这里敌人防御存在很大的无法填补的缺口。敌人没有绵密的正面使我们有理由认为，德军在该方向没有足够的兵力来可靠地防守维亚济马。因此我们决定：在敌人调来预备队之前，从行进间攻占维亚济马，那时敌人全部维亚济马集团将陷入极为不利的境地。

叶夫列莫夫中将决定亲自率领集团军突击群，向维亚济马急速推进。

2月3—4日，当这个突击群的主力3个师到达维亚济马附近时，敌人向我突破口根部实施突击，切断了突击群，并沿马格拉河一线恢复了防御阵地。这时集团军第二梯队被阻滞在尚斯基扎沃德地区，而左邻第43集团军被阻滞在梅登地区。第43集团军未能及时完成方面军司令部赋予的援助叶夫列莫夫将军指挥的突击群的任务。

在维亚济马方向作战的别洛夫骑兵军，到达维亚济马地区并与叶夫列莫夫指挥的军队会合后，自己的后方道路却被敌人切断了。

这时德军统帅部从法国和其他战线抽调了大量预备队到维亚济马地区来，从而得以稳定那里的防御，使我们无法突破。

因此，我们不得不把我军的这个集团留在敌后维亚济马西南的森林地区，在那里驻有很多游击队。

在敌后时，别洛夫指挥的骑兵军、叶夫列莫夫指挥的突击群和空降兵部队同游击队一起，在两个月当中给敌人以致命的打击，歼灭了敌人的有生力量和技术兵器。

2月10日，空降兵第8旅和游击队占领了莫尔尚诺沃—佳吉列沃地区，消灭了德军坦克第5师司令部，同时缴获了大量战利品。当天我们就将这一情况告诉了别洛夫将军和叶夫列莫夫将军，命令他们同该旅旅长协调自己的行动。空降兵旅司令部位于佳吉列沃。

方面军首长同别洛夫和叶夫列莫夫建立了无线电通信联络，并在可能范围内安排了向其部队空投弹药、药品和给养的工作。大量伤员由空中运出。方面军作战部部长戈卢什克维奇少将以及联络军官曾多次飞往该部队。

4月初，维亚济马地区的情况大大复杂化。敌人集结了大量兵力，开始扫荡该突击群，企图在春季到来之前消灭这个危险的"刺"。4月底的解冻天气，使突击群无法进行机动和同游击区保持联系，而他们的粮秣也同样是从那里得来的。

根据别洛夫将军和叶夫列莫夫将军的请求，方面军首长允许他们突围同我主力部队会合。同时严格规定他们从维亚济马地区经过游击区和森林向基洛夫的总方向突围，在那里第 10 集团军将在敌人防线中打开突破口，因为该处敌人防御比较薄弱。

别洛夫将军指挥的骑兵军和空降兵部队准确地执行了命令，在走完了马蹄形的长途路程后，于 1942 年 7 月 18 日到达第 10 集团军地段。他们巧妙地绕过敌人重兵集团，消灭途中的小股敌人，大部分部队经过第 10 集团军打开的突破口而到达方面军的配置地域。在敌后作战时期，有很大一部分重武器和技术兵器失掉了。但大部分人员仍然归队了。从敌后突围出来的人和从正面保证他们突围的人的会师是多么令人高兴啊！战士和指挥员不禁热泪盈眶，但这是欢乐的眼泪，生活中最真诚的友爱的眼泪。

遗憾的是，不是所有部队都突围成功。叶夫列莫夫中将当时认为，经基洛夫的路线对于他那疲惫不堪的突击群来说是太长了，因此他直接用无线电向总参谋部请求允许他沿最短的路线——经过乌格拉河突围。

斯大林打电话问我是否同意叶夫列莫夫的建议，我的回答是绝对不同意。但最高统帅说，叶夫列莫夫是一位有经验的集团军司令员，应当同意他的建议。最高统帅部命令方面军组织相向突击。第 43 集团军准备并实施了这一突击，但叶夫列莫夫将军指挥的突击群方面却没有实施突击。

后来才知道，在向乌格拉河运动时德军发现并打散了突围部队。叶夫列莫夫司令员英勇作战，负了重伤，但他不愿落入敌人手中而自杀了。这位天才的、果敢的军事首长的生命就这样悲惨地结束了，同他一起牺牲的还有一批英雄战士。

叶夫列莫夫中将是 1941 年 10 月 25 日担任第 33 集团军指挥工作的，当时德军正在向莫斯科逼近。在莫斯科会战中，他所指挥的集团军打得很英勇顽强，没有让敌人通过自己的防线。由于在莫斯科会战中作战勇敢，叶夫列莫夫将军被授予红旗勋章。

同叶夫列莫夫一起牺牲的还有集团军炮兵司令员阿夫罗西莫夫少将（他胸怀开阔，是一位很有才干的炮兵指挥员）以及其他很多在保卫莫斯科战斗中立过功的指挥员和政治工作人员。

现在在批判地评价 1942 年的这些事件时，我认为我们当时在估计维亚济马地区的情况上犯了错误。我们过高地估计了自己军队的能力，而过低地估计了敌人。这个"胡桃"比我们事先设想的还要坚硬……

1942 年 2 月和 3 月，最高统帅部要求在西部方向上加强进攻行动，但这时各方面军的兵力和兵器已大大地消耗了。

总的来说，当时我国的资源极其有限。军队的需要尚得不到满足，距任务和形势的要求差得很远。事情竟弄到这种地步，每当我们被召回最高统帅部时，我们就央求最高统帅发给我们反坦克枪、莫辛甘纳式自动步枪、10—15门反坦克炮以及最低需要数量的炮弹和迫击炮弹。我们把通过这种方式所得到的一切，立即装上汽车，运往最需要的集团军。

弹药的供应情况尤为糟糕。例如，1月上旬，同计划的弹药供应量相比较，我们西方方面军实际得到的供应量是：82毫米迫击炮弹为1%，炮弹为20%—30%。而在整个1月份，50毫米迫击炮弹为2.7%，120毫米迫击炮弹为36%，82毫米迫击炮弹为55%，炮弹为44%。2月份的供应计划一点也没有完成。2月上旬原计划提供316节车皮作战物资，结果一节车皮的物资也没有得到。由于火箭炮兵缺乏弹药，因此不得不把部分火箭炮兵撤往后方。

也许，很难使人相信，但当时我们不得不规定弹药的消耗标准是：每门炮一昼夜为1—2发。请注意，这还是在进攻阶段！方面军1942年2月14日向最高统帅的报告中说道：

"正如战斗的经验表明，缺乏炮弹就不可能实施炮兵进攻。结果敌人的火力配系没有被消灭，而我军在向未被很好压制的敌人防御阵地冲击时就受到很大损失，不能取得应有的战果。"

1942年2月底到3月初，最高统帅部决定加强西线作战的各方面军的兵力和兵器，但是已经迟了。因形势发展弄得惶惶不安的敌人已经大大加强了其维亚济马集团，并凭借预先构筑的阵地，开始对我西方方面军和加里宁方面军采取积极行动。

部队虽已精疲力竭和大大削弱，但仍然不得不艰难地克服敌人的抵抗。我们不止一次地报告和建议停止进攻，巩固已夺得的地区，但这些报告和建议都被最高统帅部拒绝了。相反，1942年3月20日，最高统帅又发出训令，要求我们竭力去完成先前交给的任务。

3月底到4月初，西线诸方面军努力执行这一训令，粉碎敌人勒热夫—维亚济马集团，但是我们的努力未能奏效。

最后，最高统帅部不得不接受我们的建议，在大卢基—韦利日—杰米多夫—别雷—杜霍夫希纳—第聂伯河—涅利多沃—勒热夫—波戈列洛耶戈罗季谢—格扎茨克—乌格拉河—斯帕斯杰缅斯克—基洛夫—柳季诺沃—霍尔米希—奥卡河一线转入防御。

西方方面军在冬季进攻中仅向前推进70—100公里，但已在一定程度上改变了西部方向上的战役战略总态势。

伟大的莫斯科会战总的结果如何？

德国将军韦斯特法尔在描写莫斯科会战时被迫承认说："以前认为不可战胜的德军处于灭亡的边缘。"希特勒军队的其他将军如蒂佩尔斯基尔希、布吕曼特里特、拜耶尔林、曼托菲尔以及其他很多人也承认这一点。

在莫斯科会战中，德军总共损失了50多万人、1300辆坦克、2500门火炮、1.5万多辆汽车和很多其他技术装备。德军被从莫斯科向西击退了150—300公里。

1941—1942年的冬季反攻是在复杂的条件下进行的，特别是如我所述在兵力上不占优势的条件下进行的。此外，各方面军都没有掌握真正有用的坦克和机械化兵团，而战争的实践证明，没有它们，要想实施坚决和规模巨大的进攻战役是不可能的。要超过敌人的机动能力，迅速迂回到敌人翼侧，切断其后勤补给线，包围和割裂敌军集团，这些都只能借助于强大的坦克和机械化兵团。

红军在莫斯科会战中，在战争的6个月中第一次使希特勒军队的主要集团遭到巨大失败。在这以前，苏军已进行了一系列重要的战役，减缓了德国法西斯军队在其三个主要突击方向上前进的速度。但是，这些战役无论就其规模或战果而言，都不能与伟大的莫斯科会战相比拟。

巧妙地进行防御战，顺利地实施反突击，迅速地转入反攻，这一切使苏联军事学术的内容更加丰富了，表明苏联军事首长在战略上和战役战术上不断成熟，说明苏联军人军事技能的提高。

莫斯科会战的结局和红军的冬季进攻都表明，如果前线情况复杂，德军就不能取胜。

在莫斯科附近粉碎希特勒军队具有重大的国际意义。在反希特勒同盟各国中，人民群众怀着很大的热情迎接苏军这一辉煌胜利的消息。进步人类把自己摆脱法西斯奴役的希望也同这一胜利联系在一起了。

德军在列宁格勒、罗斯托夫和季赫温地区的失利以及莫斯科会战，对日本和土耳其反动集团也起到了清醒作用，迫使它们对苏联奉行比较谨慎的政策。

德国法西斯军队转入了防御。为了恢复军队的战斗力，希特勒的军政首脑被迫采取了一系列全面的措施，从法国和其他被占领国把大量部队调往苏德战场。他们不得不向仆从国政府施加压力，要求它们向苏德战场输送新的兵团和补充物资，从而使这些国家的内政情况更加恶化。

在莫斯科附近粉碎德军后，不仅德军的士兵，而且德军的许多军官和将军都确信苏维埃国家的强大,确信苏军是希特勒军事当局达成其既定目的的不可逾越的障碍。

人们经常向我提出关于斯大林在莫斯科会战期间的作用问题。

在整个会战期间,斯大林一直在莫斯科组织人力和物力,以粉碎敌人。应该给他以应有的评价。他领导了国防委员会并依靠了各人民委员部的领导成员,在组织必需的战略预备队和物质技术器材以保障莫斯科附近的反攻方面做了巨大工作。由于他要求非常严,所以他使得几乎做不到的事情都做到了。

每当有人问我以往战争中记忆最深的是什么,我总是回答:"莫斯科会战。"

在严酷的、往往是极其复杂和困难的条件下,我军锻炼得更加壮大,积累了经验,在掌握了最低限度所必需的技术兵器和物质器材后就由退却的、防御的力量变成了强大的进攻的力量。知恩的子孙后代任何时候都不应忘记党在这一最困难时期的巨大组织工作、苏联人民劳动的英雄业绩和军人们(不仅是单个军人,而且是整个兵团)的战功。

我谨向所有参加莫斯科会战还活着的人表示深深的感谢,向那些宁肯站着死而不让敌人逼近我们祖国的心脏、首都、英雄城市莫斯科的死难者致哀。我们所有的人都无法报答他们的恩情。

共产党和苏联政府对那些在严峻的 1941 年与强大敌人进行残酷战斗并取得历史性胜利的人们的功绩,给予高度的评价。

在莫斯科附近的反攻和红军冬季进攻期间,3.6 万名指战员因战功授予勋章和奖章。在莫斯科会战中 110 名战功突出的军人被授予"苏联英雄"称号。100 多万人授予"保卫莫斯科"奖章。

为表彰我们的这一伟大胜利,苏联最高苏维埃主席团 1965 年 5 月 8 日发布命令,授予莫斯科城以"英雄城市"的光荣称号,并授予列宁勋章和"金星"奖章。在保卫首都时牺牲的无名战士的遗骨现在仍埋在灰白色的克里姆林宫墙旁。墓石上刻着:

"你的名字无人知道

你的功绩永垂不朽"

在保卫首都中牺牲的英雄们的光辉永存。它将永远使我们记着苏联人民奋不顾身保卫自己社会主义祖国时的英勇精神和集体英雄主义。

第十五章

1942 年，艰苦的对峙阶段

1942 年，由于很多原因，我国不得不重新经受严峻的考验。但是，就像 1941 年在莫斯科会战中一样，由列宁的党所领导的苏联人民及其武装力量英勇地克服了种种困难，粉碎了德军在顿河和伏尔加河之间的庞大战略集团，为从我国国土上驱逐出德国法西斯军队奠定了基础。

为了使读者较深入地了解在我国南部发生的事件，必须简要地介绍一下 1942 年夏初的军事政治情况。

1942 年春末，苏联的国际和国内形势都有所改善。反法西斯阵线在继续扩大和巩固。1 月份签订了 26 国宣言。签字国一致同意全力反对进行侵略的国家，并同意不和这些国家单独媾和或单独签订停战协定。和美国及英国达成了 1942 年在欧洲开辟第二战场的协议。所有这些和其他各种情况，尤其是莫斯科附近德军的惨败，希特勒对苏联发动闪击战计划的破产，大大地鼓舞了各国的反法西斯力量。

在苏德战场上出现了暂时的沉寂。双方都转入防御。位于防御阵地上的部队挖掘掩壕、构筑掩体，在前沿接近地上敷设地雷、设置铁丝网和实施其他防御作业。我军各级指挥人员和司令部研练火力配系、各兵种协同动作等问题。

最高统帅部、总参谋部和各部队对前一阶段作战进行了总结，探讨和研究了我方成功的和失利的行动，深入地研究了敌人的军事学术，敌人的强点和弱点。

苏联人民受到红军在莫斯科地区所获得的重大胜利（这一胜利是战争转折的起点）的鼓舞，顺利地实现了把国民经济转入战时轨道。在苏军的装备中开始越来越多地补充了新式坦克、飞机、火炮、火箭炮及弹药。

但冬季总的进攻结束后，苏联武装力量在数量和技术装备上还远远不如敌人。当时我们还没有训练好的预备队和巨大的物质资源。因此必须在我国后方组建新的诸兵种战略预备队。我国坦克工业和火炮工业的成就使最高统帅部能够开始组建由当时最新式的技术兵器装备的坦克军和坦克集团军。

部队装备和改装了的45毫米反坦克炮、新式76毫米加农炮。组建了新的炮兵部队和兵团。在军队防空和国土防空的组织方面采取了很多措施。我空军部队已有可能着手组建空军集团军。到6月份，我们已建立了8个空军集团军。远程空军兵团开始得到大规模补充。我军作战部队的兵力增至560万人，坦克达到3882辆，火炮和迫击炮达到4900门（2.14万门50毫米的迫击炮未计在内），作战飞机达到2221架。在部队中广泛展开了战斗训练，全面熟悉和掌握作战经验及新式技术兵器。

依然将东线作为其主要战场的德国法西斯统帅部，也在进行着夏季战局的准备。希特勒统帅部不断将其新锐部队派往东线。法西斯德国及其盟国在由巴伦支海到黑海这条战线上共有217个师和20个旅，其中178个师、8个旅和4个航空队全部由德军组成。由于还不存在第二战场，德国在其他战线和被占领各国保留了不超过其全部武装力量的20%的兵力。

到1942年5月，在苏德战场上，敌人约有600余万人（其中仆从军有81万），3229辆坦克和强击火炮，5.7万门火炮和迫击炮，3395架作战飞机。德军在数量上仍占优势。我方在坦克数量上虽稍占优势，但在质量方面，相当大一部分坦克，仍然落后于敌人。

总的说来，希特勒统帅部在1942年初期的政治和军事战略的目标是粉碎我南方部队，攻占高加索地区，进到伏尔加河，夺取斯大林格勒和阿斯特拉罕，从而创造将苏联作为一个国家加以消灭的条件。

德军统帅部计划1942年夏季的进攻行动时，虽然在兵力数量上对苏军占有优势，但已经不可能像1941年的"巴巴罗萨"计划那样，在所有战略方向上同时发起进攻。

到1942年春，德军已分布在由巴伦支海到黑海的漫长战线上，因而急剧地降低了其军队的战役密度。

希特勒统帅部由于采取了一系列全面的措施，得以大量补充其"南方"集团军群，集中了数量上大大超过我西南方向上部队的兵力。

希特勒于1942年4月5日发布的第41号训令规定要抢夺苏联富足

的工农业区，获取补充的经济资源（首先是高加索的石油）并占领有利的战略地位，以实现其军事政治目标。

希特勒及其亲信希望，一俟德军在我国南方得手，就将在其他战略方向上实施突击，并重新对列宁格勒和莫斯科发起进攻。

在莫斯科战略方向上，1942年德军只准备实施局部进攻战役，粉碎楔入其防御纵深的苏军。以此达到下述两个目的：第一，改善德军的战役态势；第二，吸引苏军统帅部对德军准备实施主要突击的南部战略方向的注意。

希特勒统帅部妄图夺取高加索和伏尔加河地区，使苏联失去与反希特勒联盟国家的南方交通线。

1942年春，我经常在最高统帅部，参加过最高统帅主持的很多重大战略问题的讨论，因而十分了解他对于当时情况和1942年战争前景的估计。

十分明显，最高统帅并不完全相信丘吉尔和罗斯福关于在欧洲开辟第二战场的保证，但他仍然希望他们在其他地区能多多少少采取点行动。斯大林对罗斯福的信任多一些，对丘吉尔则少一些。

最高统帅认为，1942年夏季德军能在两个战略方向上同时实施大规模进攻战役，这两个方向很可能是莫斯科和我国南方。至于北方和西北方，斯大林说，预计德军会实施规模不大的进攻行动。很可能德军会力图切去我防线上的突出部并改善其部队的部署。

对于斯大林认为敌人可能实施战略性进攻战役的这两个方向，他最担心的是莫斯科方向，该方向上德军有70多个师。

关于1942年春季和夏初的我方行动计划，斯大林认为，目前我方还没有足够的兵力兵器展开大规模的进攻战役。在近期内，他认为应限于进行积极的战略防御，但同时必须在克里木、哈尔科夫地区、利戈夫—库尔斯克方向、斯摩棱斯克方向以及列宁格勒和杰米扬斯克地域可实施一系列进攻战役。

我已经知道，沙波什尼科夫主张只进行积极的战略防御，在夏初消耗和疲惫敌人，然后，积蓄了足够预备队后，夏季转入广泛的反攻行动。我支持沙波什尼科夫的意见，但我主张在西方方向上我军应在夏初就粉碎敌勒热夫—维亚济马集团，该处德军控制着一个广阔的屯兵场并有一支庞大的部队。

经补充研究情况后，最高统帅部和总参谋部得出结论，认为奥廖尔—图拉方向和库尔斯克—沃罗涅日方向是两个特别危险的方向，敌人可能从这两个方向突击莫斯科，即从西南对首都进行迂回。正是基于这种考虑，决定将最高统帅部预备队的大部分兵力于春末集中在布良斯克方面军地域，以便从西南方向上保卫莫斯科。这里集中了大量的兵力、兵器。到 5 月中旬，布良斯克方面军的编成内有 4 个坦克军、7 个步兵师、11 个独立步兵旅、4 个独立坦克旅及大量炮兵。此外，最高统帅部预备队的坦克第 5 集团军在布良斯克方面军的后方展开，准备当敌人在这一地带发起进攻时，实施强有力的反突击。

我基本上同意最高统帅的战役战略设想，但在我军预定实施的方面军进攻战役的次数方面，我不能同意。我认为这些进攻战役会大量消耗我方预备队，并使我军尔后总的进攻的准备复杂化起来。

我汇报了自己的想法，建议斯大林以及总参谋部像我上面提到的那样，首先在西方战略方向上实施强有力的突击，以粉碎敌勒热夫—维亚济马集团。这些突击应由西方方面军、加里宁方面军和邻近的各方面军以及最高统帅部航空兵和莫斯科防空部队航空兵实施。

在西方方向上粉碎敌人，必然会急剧地削弱敌人的力量，迫使其至少在最近时期不能发动大规模的进攻战役。

当然，今天回顾起来，这个结论并不是毫无问题的，但在当时缺乏充分的敌情资料的情况下，我深信自己的看法是合理的。

由于问题复杂，斯大林命令再次召开会议讨论整个情况及我军在夏季战局中各种可能的行动方案。

对西南方向指挥部建议用布良斯克方面军、西南方面军和南方方面军的兵力进行重大进攻战役的意见特别重视。这一战役的目的是，粉碎南翼的敌人，我军前出到戈梅利、基辅、切尔卡瑟、五一城、尼古拉耶夫一线。

3 月底国防委员会召开了会议，参加会议的有伏罗希洛夫、铁木辛哥、沙波什尼科夫、华西列夫斯基和我。

沙波什尼科夫做了基本上符合斯大林推断的极为详尽的报告。但是，由于敌人在数量上占优势而且欧洲还没有开辟第二战场，沙波什尼科夫建议，在最近期间我军应限于实施积极防御，绝大部分战略预备队不赋予具体任务，而是集中在中央方向上，一部分集中在沃罗涅日地域，总参谋部认为，这一带是 1942 年夏季可能展开主要行动的地区。

审议西南方向指挥部提出的进攻战役计划时，沙波什尼科夫元帅表示总参谋部不同意这一计划并企图指出组织该战役的困难，没有进行战役所需要的预备队。但最高统帅打断他的话说道：

"我们岂能坐等德军首先突击！必须在宽大正面上先敌实施一系列突击和摸清敌人的准备情况。朱可夫建议在西方方向上展开进攻，在其他方向上实施防御。我认为这是个治标的办法。"

铁木辛哥接着发言。他汇报了西南方向的情况后，说道：

"这个方向上的部队现在能够，而且毫无疑问也必须对西南方向上的德军实施先敌突击，打乱敌人对我南方方面军和西南方面军的进攻计划，否则就会重演战争初期的情况。至于在西方方向上转入进攻的问题，我支持朱可夫的意见。这会牵制住敌人的兵力。"

伏罗希洛夫支持铁木辛哥的意见。

我再次汇报了自己不同意同时展开数个进攻战役的意见。但这个意见未受到重视，却作出了模棱两可的决定。一方面，最高统帅同意总参谋部的坚决反对苏联方面军群在哈尔科夫附近实施重大进攻战役的意见。另一方面，他又批准铁木辛哥以西南方向的兵力实施局部进攻战役，从沃尔昌斯克地区和巴尔文科沃突出部实施突击，以消灭敌哈尔科夫集团，占领哈尔科夫，为解放顿巴斯创造条件。

请看直接参加这次会议的华西列夫斯基是怎样回忆这件事的：

"沙波什尼科夫考虑到从巴尔文科沃突出部这一袋形地带进攻对实施这次战役的西南方面军来说是冒险的，因而建议不要进行这次战役。但是，西南方向首长坚持自己的意见，并向斯大林保证战役必获全胜。斯大林批准了实施这一战役，下令让总参谋部把此次战役看成是该方向的内部事务而不要干预有关这一战役的任何问题。"①

5月和6月的战事发展证明这个决定是一个重大的失算。4月底我军在克里木的进攻以失利而告终。科兹洛夫中将统率的克里木方面军部队未能达到目的，遭受了巨大的损失。最高统帅部命令方面军领导人转入顽强的防御。

敌人在克里木方面军正面上集中突击集群并投入了大量航空兵，于5月8日，突破了方面军的防御。我军陷入困境，被迫弃守刻赤。

在刻赤地区的失利大大恶化了从1941年10月份就顽强据守的塞瓦斯托波尔的我军态势。德军占领刻赤后，即全力围攻塞瓦斯托波尔。

7月4日，在被围困九个月之后，在使我海、陆军战士获得了不朽声誉的多少个日夜的浴血战斗之后，我军放弃了塞瓦斯托波尔。克里木全部陷落了。这对我军来说，在相当大的程度上进一步恶化了总的形

---

① 1977年，中文版，第241页。

势，而对敌人来说，自然是有利的，因为这样就使敌人能腾出一个有作战能力的集团军和相当数量的加强兵器。

5月3日，西北方面军在杰米扬斯克地域对德军第16集团军的部队发起进攻。交战持续了整整一个月，我军未能获胜。当然，敌人遭受了重大损失。

最高统帅有一次在电话上和我谈到克里木方面军和西南方向的情况时说：

"瞧，这就是防御的结果……我们必须对科兹洛夫、梅赫利斯和库利克的疏忽大意进行严厉的处分，以使其他人不敢再粗心大意。铁木辛哥很快就要开始行动。"

5月12日，西南方面军在哈尔科夫方向上转入进攻，预计实施两个突击：一个由沃尔昌斯克地域实施，一个由巴尔文科沃突出部实施。

进攻开始时发展顺利。我军突破了敌人的防御，并于3昼夜内前进了25—50公里。斯大林很满意。据华西列夫斯基回忆说，这使最高统帅有了谴责总参谋部的理由，说他险些因为总参的坚持而取消了一次进展如此顺利的战役。

但情况很快就有了变化。在洛佐瓦亚—巴尔文科沃—斯拉维扬斯克地段上的战役，由南方方面军（司令员是马利诺夫斯基上将）负责保障。该方面军的首长没有足够重视克拉马尔斯克方向的威胁。该处德国已集中一个强大的装甲坦克和摩托化军队进攻集团。

5月17日晨，德军"克莱斯特"集团军群编成内的11个师由斯拉维扬斯克—克拉马托尔斯克地域，对我南方方面军的第9、第57集团军转入进攻。敌人突破我军防御，两昼夜内前出到彼得罗夫斯基地域西南方面军左翼部队的翼侧。

5月17日晚，华西列夫斯基（这时因沙波什尼科夫生病而暂时代理总参谋长职务）与第57集团军参谋长阿尼索夫将军通了电话，询问前线情况。后者报告说，他们那里的局势危急。

华西列夫斯基立即汇报最高统帅，并建议停止西南方面军的进攻，将其突击集团的一部分兵力调去消除克拉马托尔斯克方向敌军的威胁。没有挽救局势的其他办法了，因为方面军在这一地区已没有任何最高统帅部预备队了。

斯大林不喜欢改变自己的决定。他和铁木辛哥交谈后，向总参谋长宣布说："该方向首长正在采取的措施完全能够击退敌人对南方方面军的突击，所以西南方面军仍将继续进攻。"5月18日，西南方面军的形势急剧恶化。总参谋部再次表示，要停止我军在哈尔科夫的进攻战役。建议调转巴尔文科沃突击集团的主要兵力消除敌人的突破口并恢复南方方面军第9集团军的态势。

这一天，我在最高统帅部参加了斯大林与西南方面军司令员的一次谈话，清楚记得，最高统帅当时对敌人在克拉马托尔斯克地区的胜利，向铁木辛哥明确地表示严重不安。

5月18日晚上，最高统帅又就这个问题与西南方面军军事委员赫鲁晓夫进行了谈话。后者表达了西南方面军司令员同样的见解：尽管敌人克拉马托尔斯克集团的危险在增大，但没有理由中止正在进行的战役。

最高统帅以西南方面军军事委员会提出的必须继续进攻的报告为理由，拒绝了总参谋部的意见。有一种说法，说什么南方方面军和西南方面军军事委员会曾向最高统帅提出过告急的报告，这是不符合实际情况的。我可以证明这件事，因为我亲自参加了最高统帅的谈话。

5月19日，西南方向的情况急剧恶化。敌突击集团已突入苏军后方。只是在这时才下令停止我军向哈尔科夫的进攻，并掉转巴尔文科沃突击群的主力对付克莱斯特的军队。但为时已晚。

5月23日，第6、第57集团军、第9集团军的部分部队和博布金将军指挥的战役集群陷入重围。很多部队突围了，但有些部队未能成功。他们宁愿战斗到最后一滴血，也不愿放下武器。在战斗中牺牲的有方面军副司令员科斯坚科将军（国内战争和卫国战争的英雄，曾任顿河哥萨克第4师马内奇第19团团长），勇敢的第57集团军司令员波德拉斯将军和战役集群司令员博布金将军。波德拉斯和博布金将军曾和我一起在高级指挥人员深造班学习过。他们都是优秀的指挥员，我党、我国的忠实儿子。

分析哈尔科夫战役的进程时，不难了解，我们失败的基本原因是对潜伏在西南战略方向上的严重危险估计不足。在该方向上没有集中必要的最高统帅部预备队。

如果在西南方向上的战役后方地区有最高统帅部预备队的数个有战斗力的集团军，那就不会出现这样严重的失败。

6月份，激烈的交战继续在整个西南方向上进行着。我军在敌人优势兵力突击下遭受了重大损失，被迫退往奥斯科尔河，企图固守后方地区。

6月28日，敌人开始了更加广泛的进攻行动。敌人由库尔斯克地域向沃罗涅日方向对布良斯克方面军的第13和第40集团军进行了突击。

6月30日，德军第6集团军由沃尔昌斯克地域向奥斯特罗戈日斯克方向转入进攻，突破我第21和第28集团军的防御。我军在沃罗涅日方向上的态势急剧恶化。部分部队陷入合围。

苏联元帅华西列夫斯基在其回忆文章中，对这段情况是这样描述的：

"到7月2日日终，沃罗涅日方向的局势已严重恶化。布良斯克方面军和西南方面军接合部的防御被突破深达80公里。该方向所有的方面军预备队都投入了交战。敌突击集团很可能冲到顿河并攻占沃罗涅日。为防止这点，最高统帅部从自己预备队中抽调了2个诸兵种合成集团军交给布良斯克方面军司令员戈利科夫中将指挥，命令将它们在顿河右岸扎顿斯克—巴甫洛夫斯克地段上展开，并要求戈利科夫担负起指挥沃罗涅日地域作战的责任。

"同时，还把坦克第5集团军转归该方面军指挥。这个坦克集团军应同方面军各坦克兵兵团一起对向沃罗涅日进攻的德国法西斯军队集团的翼侧和后方实施反突击。7月2日夜间，坦克第5集团军所属各军在叶利齐以南集中完毕。如果它们立即坚决对冲向沃罗涅日的敌军实施突击，局势就会骤然发生对我方有利的变化，何况，这个法西斯集团的主力已经遭到相当大的损失，而且战线拉得过长，当时正在忙于同我方部队作战。

"但是，坦克集团军没有从方面军首长接到任何任务。我受最高统帅部委托火速赶往叶利齐地域，以使坦克集团军尽快投入交战。我预先用电报向集团军司令员和布良斯克方面军首长传达了立即着手准备反突击的命令。"[1]

尽管最高统帅部和总参谋部给予很大的帮助，布良斯克方面军的情况还是越来越困难。由于方面军和集团军这两级的军队指挥上存在的缺陷，在相当大的程度上也加深了这种困难。为此，最高统帅部采取了组织措施，将布良斯克方面军划为两个方面军。瓦图京被任命为新成立的沃罗涅日方面军司令员，罗科索夫斯基则接替戈利科夫担任布良斯克方面军司令员。

在沃罗涅日地域，最高统帅部转隶的诸兵种合成第6和第60集团军及坦克第5集团军参加了战斗行动。这虽然稍许巩固了防御的稳定性，但并没有消除敌人突过顿河和沿顿河向斯大林格勒方向突击的严重危险。

---

[1] 1977年，中文版，第249页。

由于我军丧失了克里木，在巴尔文科沃地域遭到失败，敌人在顿巴斯和沃罗涅日附近重新夺得了战略主动权。在调来新锐预备队后，敌人开始向伏尔加河地区和高加索地区迅猛推进。7月中旬，敌人将我军由沃罗涅日到克列茨卡亚地段、由苏罗维基诺到罗斯托夫地段赶过了顿河后，即在顿河弯曲处与我军展开战斗，力图突向斯大林格勒。

由于我军被迫后退，顿河和顿巴斯的最富饶的地区陷入敌手。这样一来，就出现了敌人可能进入伏尔加和北高加索地区的直接威胁，出现了丧失库班和通往高加索的全部道路的危险，丧失供应军队和工业石油的最重要经济地域的危险。

国防人民委员斯大林于1942年7月28日发布了第227号命令。这个命令贯彻了与惊慌失措者和破坏纪律者做斗争的强硬措施，坚决地谴责了"退却"情绪。命令中说，"不得后退一步"的要求必须成为作战部队的铁的法规。由于加强了政治工作，这项命令就更加有力了。

1942年6月份，党中央委员会研究了红军中政治工作的总的状况并制定了进一步改善的措施。中央委员会要求政治机关在部队中更广泛地开展思想政治工作。要求所有指挥员和政工人员，其中也包括高级指挥员和政工人员都亲自在军人中进行宣传鼓动工作。加强了部队政治工作经验的交流。

加强了对整个这项重要而又困难的工作的领导。联共（布）中央政治局候补委员、中央委员会书记兼莫斯科市委书记谢尔巴科夫接替梅赫利斯担任工农红军总政治部主任。将在作战部队中表现出色的、能干的政工人员调进工农红军总政治部。召开了陆海军军事委员和政治部门首长的会议，党中央委员会书记加里宁、雅罗斯拉夫斯基、马努伊利斯基和其他许多有名的党和国家活动家在会上讲了话。

中央委员会要求方面军和集团军军事委员会改进在士兵和指挥员中的工作，以便提高纪律性，加强部队的顽强精神和战斗力。对共产党员和共青团员进行了专门的动员工作。大量共产党员加入作战部队大大巩固了我们的武装力量。重要的宣传工作人员经常去正在进行最紧张战斗的部队。

首先必须挡住德军进到伏尔加河的道路。最高统帅部建立了新的斯大林格勒方面军，其中编有科尔帕克奇少将指挥的第62集团军、库兹涅佐夫中将指挥的第63集团军、崔可夫中将指挥的第64集团军以及由丹尼洛夫少将指挥的已撤销的西南方面军的第21集团军。

原西南方面军军事委员会原封不动地接管了新组建的斯大林格勒方

面军。为了加强该方面军,转隶给它组建好的坦克第1和坦克第4集团军和第28、第38及第57集团军中未受到损失的部队。伏尔加河区舰队也划归该方面军首长指挥。

在通往斯大林格勒的接近地上展开了构筑防御地区和筑垒地区的工作。如同防御莫斯科时一样,千万名居民参加了构筑防御地区的工作并奋不顾身地进行着城市防御准备。

斯大林格勒州党委和市党委在组织和训练民兵、工人自卫队方面,在改组生产以适应前线需要方面,在疏散城市儿童、老人和国家贵重物资方面,进行了大量的组织工作。

7月17日前,斯大林格勒方面军占领了如下防线:由顿河畔的巴甫洛夫斯克沿顿河左岸至谢拉菲莫维奇,继而经克列茨卡亚、苏罗维基诺,直到上库尔莫亚尔斯卡亚。

南方方面军在撤退时遭受了巨大的损失。全部4个集团军只剩下10万多人。为了巩固对北高加索方向上的部队的领导,最高统帅部撤销了南方方面军并将其剩余的全部部队编入北高加索方面军。北高加索方面军司令员由苏联元帅布琼尼担任。

北高加索方面军的第12和第37集团军受领了掩护斯塔夫罗波尔方向的任务,第18、第56和第47集团军则受领了掩护克拉斯诺达尔方向的任务。

7月底至8月初,在北高加索方向上,战事的发展明显地对我不利。兵力上占优势的敌人顽强地向前推进。很快,敌军进抵库班河。

8月,在迈科普方向上,交战也激烈起来。8月10日,敌军攻占了迈科普,11日又攻占了克拉斯诺达尔。

8月中旬,敌人占领了莫兹多克,前出到捷列克河。到9月9日,法西斯德军将我第46集团军击退后,占领了几乎全部山口。苏呼米面临着严重的危险。

在这些严峻考验的日子里,高加索的各族人民没有动摇,没有失去对苏联多民族国家团结一致强大威力的信赖。

格鲁吉亚、亚美尼亚和阿塞拜疆的党组织担负起对作战部队供应和为作战部队服务的任务,组建了人民武装队,很多志愿入伍的人员参加了红军。这些措施使正在作战的部队得以加强。希特勒匪徒指望法西斯德军的进军会使高加索各个民族离开苏联。这个企图遭到了破产。

在对敌斗争中,由熟悉当地地形(山垭口和山路)的英勇的高加索各族人民编成的游击队给了作战部队很大帮助。他们英勇果敢的袭击使敌人惊慌不安，给敌人造成相当大的损失。

到 7 月 22 日，在斯大林格勒方面军的编成内共有 38 个师。其中只有 16 个师（第 62 和第 63 集团军部队、第 64 集团军的 2 个师、坦克第 4 和第 1 集团军各 1 个师）能够占领主要地带的防御阵地。其当面之敌为德军第 6 集团军，当时该集团军编有 18 个齐装满员的师。兵力对比有利于敌人：人员 1.2∶1；坦克 2∶1；飞机 3.6∶1。只有火炮和迫击炮，力量大致相等。①

后来，由于我军在斯大林格勒接近地上的顽强抵抗，敌人被迫由高加索方向调来坦克第 4 集团军，用以从科捷利尼科夫斯基对我实施突击，并且增调了仆从国军队的部分兵力。

根据德国最高统帅部 1942 年 7 月 23 日的第 45 号训令，从北面掩护顿河中游地区（在该处连续展开的有匈牙利、意大利和罗马尼亚部队）的德军"B"集团军群力图在短期内攻下斯大林格勒、阿斯特拉罕，并在伏尔加河地区牢牢地巩固下来，以切断高加索与苏联中部地区的联系。为保障这项任务的完成，派出了德军第 4 航空队（有 1200 架作战飞机）的主力。

7 月 26 日，德军装甲坦克和摩托化部队突破了我第 62 集团军的防御，进至卡缅斯基地域。为了阻止敌人突破，最高统帅部命令正在组建的、总共只有 240 辆坦克的坦克第 1 和第 4 集团军及两个步兵师立即进入战斗。它们虽没能阻止住敌人的突破，但也在一定程度上迟滞了敌人的前进。

当然，把处在组建阶段的部队投入战斗不能认为是正确的，但在当时斯大林格勒附近掩护力量十分薄弱的情况下，最高统帅部舍此就别无出路了。

在第 64 集团军的地段上也展开了艰苦的交战，但是即使在这里敌人也未能不停顿地突往斯大林格勒。

8 月上半月，在通往市区的接近地上进行了激烈的交战。我军依托筑垒地域英勇地捍卫着每一寸土地，实施了反突击，疲惫和削弱了向斯大林格勒突进的敌军。

由于斯大林格勒方面军的部队分布在 700 公里长的战线上，使部队指挥产生了困难，最高统帅部决定将该方面军分为斯大林格勒和东南两个方面军。这项工作于 8 月 5 日完成。

---

① 《第二次世界大战史（1939—1945 年）》，第 5 卷，1982 年，中文版，第 272 页。

斯大林格勒方面军司令员由戈尔多夫中将继续担任（他在前一阶段接替了苏联元帅铁木辛哥任司令员），参谋长则由尼基舍夫少将担任。在方面军编成内有第 21、第 62、第 63 集团军、坦克第 4 集团军及鲁坚科少将指挥的组建中的空军第 16 集团军。

东南方面军编有第 51、第 57、第 64 集团军，近卫第 1 集团军和空军第 8 集团军。方面军司令员由叶廖缅科上将担任。

为了协调斯大林格勒附近各部队的行动，国防委员会于 8 月 12 日将总参谋长华西列夫斯基上将派往该处。斯大林格勒方面军在作战方面归东南方面军司令员指挥。

经过多日激烈交战，敌坦克第 14 军于 8 月 23 日突入维尔佳奇地域，把斯大林格勒的防御分割为两部分，并在拉托申卡—雷诺克地域逼近了伏尔加河。我第 62 集团军与斯大林格勒方面军主力的联系被切断，因而将其编入东南方面军。

德军轰炸航空兵对斯大林格勒进行了狂轰滥炸，使整个城市变成了一片废墟。和平居民被炸死，工业企业和文化珍品被摧毁。

8 月 24 日晨，敌坦克第 14 军的部分部队在拖拉机厂方向转入进攻，但未能得逞。斯大林格勒各工厂的武装工人参加了这里的激烈战斗。

与此同时，撤到西北方向上的斯大林格勒方面军的部队由北向南对敌发起冲击，迫使敌人将其预定用于夺取斯大林格勒的大部分兵力展开。这个行动，大大削弱了敌人对斯大林格勒的突击力量，并切断了其坦克第 14 军与后方的联系，因而该军有数天不得不靠空中补给。

敌人将其主力渡过顿河后，在其航空兵强大突击的支援下，发起了强有力的进攻。

8 月 30 日前，东南方面军的部队在敌人优势兵力的压迫下，先是撤往斯大林格勒外围廓，后来又撤到内围廓。第 62 和第 64 集团军在雷诺克、奥尔洛夫卡、古姆拉克、佩斯昌卡、伊万诺夫卡一线占领了防御。当时，第 62 集团军由洛帕京中将指挥。他履行了对军人职责提出的所有要求，而在数量上占优势的敌军进攻面前，甚至履行了超过要求的职责。从 1942 年 9 月 10 日起，崔可夫中将开始指挥第 62 集团军。

在斯大林格勒处于困难的这个时间，最高统帅部命令在西方方向上实施局部进攻战役，以牵制敌人的预备队，使之不能投入斯大林格勒地域。

在当时由我指挥的西方方面军战场上，战事的发展情况是这样的：在方面军的左翼上，第 10、第 16 和第 61 集团军于 7 月初由基洛夫、博尔霍夫地区向布良斯克方面发起进攻；在右翼上，得到加强的第20集团军，在加里宁方面军左翼协同下，于8月份在波戈列洛耶戈罗季谢地域实施了旨在粉碎瑟切夫卡、勒热夫地域敌人的胜利的进攻。

突破德军防御并前出到勒热夫—维亚济马铁路沿线后，西方方面军部队的进攻就停止了，加里宁方面军的部队未能占领勒热夫，因而勒热夫仍在敌人手中。

在波戈列洛耶戈罗季谢、瑟切夫卡地域，敌人遭受了惨重的损失。为了阻止西方方面军部队的顺利突击，德军统帅部不得不仓促将其预定在斯大林格勒和高加索方向上发展进攻用的相当数量的师调到该处。

对这个问题，德国的蒂佩尔斯基尔希将军是这样描述的："只有把已准备投入南部战线的3个坦克师和数个步兵师留下来和投入战斗，才防止了突破。最初这些师用于阻止突破，后来用于实施反突击。"[①]

如果在我们支配下有一两个集团军，那么与科涅夫将军指挥的加里宁方面军协同，不仅能够粉碎敌勒热夫集团，而且可以粉碎德军的整个勒热夫—维亚济马集团并大大改善整个西方战略方向的作战态势。可惜，最高统帅部放过了这个宝贵的机会。

一般应当说，最高统帅了解，1942年夏季所形成的不利局面和他个人在批准我军1942年夏季战局中行动计划时所犯的过错有关。因此，他并没有责怪最高统帅部和总参谋部的任何其他领导人。

1942年8月27日，波斯克列贝舍夫给我打来电话。当时我在波戈列洛耶戈罗季谢地域，部队正在实施进攻战役。他通知我说，昨日（8月26日）国防委员会研究了我国南部的局势，通过了任命我为副最高统帅的决定。

波斯克列贝舍夫要我14点时务必在指挥所等候斯大林的电话。一般说，波斯克列贝舍夫讲起话来都极为简短，这次对我提出的各种问题也回答说："我不知道。这些情况，显然斯大林自己会说的。"但即使从这几句话中，我也了解到，国防委员会对斯大林格勒地区的斗争结局十分担心。

很快，最高统帅用高频电话和我讲话。询问了西方方面军的态势后，他说：

"你必须尽快到最高统帅部来。留下参谋长代理你的工作。请考虑

[①] K. 蒂佩尔斯基尔希：《第二次世界大战史》，莫斯科外国书籍出版社，1956年版，第241页。

一下，任命谁来接替你担任方面军司令员。"

通话就这样结束了。斯大林没有谈任命我为副最高统帅的事。显然，他想在和我见面时当面宣布这件事。最高统帅在电话上一般只谈当时急需谈的问题。他要求我们打电话时十分注意，尤其在没有通话保密设备的部队作战地区打电话时更是这样。

我往莫斯科去以前，没有到方面军司令部去。

当天天黑以后我到了克里姆林宫。斯大林正在他的办公室里。国防委员会有几位委员也在那里。

最高统帅说，南方情况进展对我方不利，德军有可能占领斯大林格勒。在北高加索，形势也不太好。他宣布，国防委员会已决定任命我为副最高统帅并派往斯大林格勒地域。目前在斯大林格勒的有华西列夫斯基、马林科夫和马雷舍夫。

"马林科夫留下和你一起工作，华西列夫斯基应飞回莫斯科。你何时可以起程？"最高统帅问我。

我回答说，我需要用一昼夜的时间研究情况，29日才能飞往斯大林格勒。

"那好！"斯大林突然问我说：

"你不饿吗？不妨稍稍吃一点儿。"

有人送来了茶和十份夹肉面包。在喝茶的时候，斯大林简略地向我介绍了8月27日20时战场的情况。他简要地叙述了斯大林格勒附近发生的情况后说，最高统帅部决定把第24集团军、近卫第1集团军和第66集团军拨给斯大林格勒方面军。

最高统帅说："由于斯大林格勒形势困难，我们已命令火速将莫斯卡连科指挥的近卫第1集团军调到洛兹诺耶地域，并于9月2日晨由该集团军及斯大林格勒方面军其他部队对突至伏尔加河的敌军集团实施反突击，与第62集团军会合。同时，马利诺夫斯基将军的第66集团军和科兹洛夫将军的第24集团军均拨归斯大林格勒方面军。

"你必须采取措施，使莫斯卡连科将军的近卫第1集团军能在9月2日实施反突击，并在其掩护下使第24和第66集团军进入出发地域。（斯大林朝着我说）这两个集团军必须迅速进入战斗，否则我们就会丢掉斯大林格勒。"

已经很清楚了，当前的会战具有极为重大的军事和政治意义。如果斯大林格勒陷入敌手，敌统帅部就有可能切断我国南部与中部的联系。我们就可能失去由伏尔加沿岸和高加索向北运送大量物资的伏尔加河这条最重要的水路交通命脉。

最高统帅部正把一切能够动用的力量都派往斯大林格勒地域。只有新组建的准备用于尔后斗争的战略预备队暂不动用。还采取了紧急措施增加飞机、坦克、火炮、弹药和其他物资的生产，以便及时用于粉碎进入斯大林格勒地域的敌军集团。

8月29日，我由莫斯科中央机场起飞，4小时后就坐在伏尔加河上的卡梅申地域的野战帐篷中。华西列夫斯基迎接了我，并当场给我介绍了最新情况。经过简短的交谈后，我们驱车前往设在小伊万诺夫卡的斯大林格勒方面军司令部。

大约12点，我们到达方面军司令部。

戈尔多夫中将在前沿阵地上。参谋长尼基舍夫和作战部长鲁赫列汇报了情况。听他们汇报时，我觉得他们并不完全相信在斯大林格勒地域能阻止住敌人。

我给近卫第1集团军司令部打了电话，当时戈尔多夫在那里。我要他在莫斯卡连科集团军司令员的司令部中等我们，我和华西列夫斯基就要到那里去。

在近卫第1集团军的指挥所里，我们遇到了戈尔多夫和莫斯卡连科。他们的汇报和他们的言谈举动使我们很高兴。可以感觉得到，他们二人都很清楚敌人的力量和我军的能力。

我们在讨论了情况和我军的状态后得出结论，正在集中的各集团军部队直到9月6日才能做好反突击的准备。我由该处通过高频电话向最高统帅做了汇报。他听了我的汇报后说，他没有意见。

因为华西列夫斯基奉命要限期返回莫斯科，如果我没有记错，他于9月1日即飞离斯大林格勒。

近卫第1集团军进攻的时间最高统帅部规定为9月2日。但它未能在这一天实施。因为编入该集团军的部队缺乏燃料和在途中迟延，直至9月2日晨仍未进入出发地域。根据集团军司令员莫斯卡连科的请求，冲击的时间由我改到了9月3日。对此，我报告了最高统帅部。我的报告中说：

"近卫第1集团军未能于9月2日转入进攻，因为该集团军的部队没有来得及进入出发地位，没有来得及前送弹药、燃料和组织战斗。为了不致使部队无组织地进入战斗和因此而遭受无谓的损失，经过我在现场亲自检查后，将进攻时间改在9月3日5时。

"第24和第66集团军的进攻时间，我规定在9月5—6日。现全体指挥人员正在详细研练任务，我们也正在采取战役的物质保障措施。"

9月3日晨，经过炮火准备后，近卫第1集团军的部队转入进攻，但在斯大林格勒方向上总共前进了数公里，给敌人造成不大的损失。由于遭到敌航空兵不间断的突击和敌坦克与步兵在炮火支援下由斯大林格勒地域所实施的反冲击，近卫第1集团军继续前进受阻。

9月3日，我收到了一份由斯大林签署的、下述内容的电报：

"斯大林格勒的形势恶化了。敌人距斯大林格勒3俄里[①]。如果北部集团部队不立即援助，斯大林格勒可能在今天或明天被攻占。应要求位于斯大林格勒以北和西北的各部队司令员立即突击敌人和援助斯大林格勒的军民。不得有任何迟延。现在迟延就等于犯罪。应将全部飞机都用于援助斯大林格勒。斯大林格勒剩下的飞机很少了。"

我当即给最高统帅打电话报告说，我可以下令在明天一早就发起进攻，但所有3个集团军的部队将不得不在几乎没有弹药的情况下开始战斗，因为最早要到9月4日黄昏才能把弹药送到炮兵阵地上。此外，在9月4日黄昏以前，我们不可能组织好各部队与炮兵、坦克和航空兵的协同动作，而没有协同动作是什么也搞不成的。

"你是不是以为敌人会等你慢腾腾地弄好了再干？叶廖缅科断定，如果你们不立即由北面实施突击，敌人只要用第一次猛攻就可以拿下斯大林格勒。"

我回答说，我不同意这个观点，请求准予按原定时间5日发起进攻。至于航空兵。我现在就下令全力轰炸敌人。

最高统帅同意说："那好吧！如果敌人对市区发起总攻时，你应不待部队做好准备就迅速向敌人冲击。你的主要任务是把德军的兵力由斯大林格勒引开，如果办得到，还应消除隔开斯大林格勒方面军和东南方面军的德军走廊。"

在9月5日早晨以前，如同我们所估计的那样，斯大林格勒附近并没发生特殊事件。9月5日凌晨3点，最高统帅打电话给马林科夫询问斯大林格勒方面军部队完成转入进攻的准备情况。当他确信他的命令正在贯彻时，就没有再要我听电话了。

9月5日拂晓，在第24集团军、近卫第1集团军和第66集团军的全正面上开始了炮火和航空火力准备。但甚至在各集团军的主突方向上，炮火的密度也不大，因此没有取得必要的效果。

[①] 1俄里等于1.06公里。——译者

"喀秋莎"齐射后,发起了冲击。我由近卫第1集团军司令员的指挥所里进行观察。从敌人抗击我冲击部队的火力强度来看,显然炮火准备没有达到应有的效果,我进攻部队也不可能推进很远。

大约过了一个半到两个小时后,从各部队司令员的报告中得知,在很多地段上敌人以火力阻止了我军前进,并以步兵和坦克实施反冲击。航空侦察查明,敌人大量的坦克、炮兵和摩托化步兵集群正由古姆拉克、奥尔洛夫卡、大罗索什卡地域向北移动。敌航空兵开始轰炸我战斗队形。下半天,敌新的部队进入战斗并在某些地段上将我军挤回到出发地区。

持续了一整天的火力战到傍晚时几乎沉寂了。我们进行了小结。在一天的交战中,我军前进了总共只有2—4公里,第24集团军几乎仍在出发阵地上。

傍晚时,给部队补充了炮弹、迫击炮弹和其他弹药。根据昼间战斗中查明的敌情,决定在夜间做好新的冲击准备,并在可能范围实施必要的变更部署。

天黑以后,最高统帅给我打来电话。

"情况怎么样?"

我报告说:"整天进行了艰苦的交战。敌人被迫由古姆拉克地域向斯大林格勒以北调动新的部队投入战斗。"

"这就不错。这可以把敌人的力量从斯大林格勒引开。"

我继续报告说:

"我军稍有进展,但在不少地方仍停留在出发地区。"

"怎么回事?"

"由于时间不够,我军没有来得及做好进攻准备,没有很好地进行炮兵侦察和查明敌人的火力配系,自然就不能将其压制住。当我军转入进攻时,敌人就以其火力和反冲击阻止住我军进攻。此外,敌航空兵整天都掌握着制空权,并对我军进行轰炸。"

斯大林命令说:"继续冲击。你们的主要任务是把尽可能多的敌人调开斯大林格勒。"

第2天,战斗更加激烈了。我航空兵于5日整个夜间轰炸敌人。除前线航空兵外,戈洛瓦诺夫中将指挥的远程航空兵也参加了轰炸。

白天我们再次发起冲击,这一次又被击退了。9月6日这一天,敌人由斯大林格勒地域调来新的部队。在许多制高点上敌人设置了预伏坦克和强击火炮并可靠地组织了支撑点。只有使用威力强大的炮兵火力才能摧毁这些防御设施。可是当时我们只有很少数的这种炮兵。

9月7日下午，斯大林格勒方面军作战部鲁赫列对我说：

"最高统帅询问，要消灭敌人，我们的力量够不够？"

我们希望，从瓦图京的沃罗涅日方面军抽调一定数量的军队可能使情况好转，并向最高统帅回答说：

"要消灭敌人，斯大林格勒方面军现有力量显然是不够的。必须补调一个集团军，而且要在最短期限对敌进行更强大的突击。"

但最高统帅部关于补调几个师的决定一直也没有下达。

交战的第3天和第4天，主要是各种火器对射和空战。

9月10日，我再次巡视各个集团军的部队和兵团后，我最终坚决地认为，以现有的兵力和部署是不可能突破敌人的战斗队形并消除其走廊的。戈尔多夫、莫斯卡连科、马利诺夫斯基和科兹洛夫将军都表示了同样的看法。

这天，我用高频电话向最高统帅报告说：

"以斯大林格勒方面军现有的兵力，我们不能够突破敌人的走廊并与东南方面军的部队在市区会师。由于从斯大林格勒附近新调来部队，敌人的防御正面相当强固了。以现有的兵力和部署继续冲击是没有用的，而且部队必然要遭受重大的损失。需要补充部队和调整部署的时间，以实施较为集中的方面军突击。集团军突击不能打败敌人。"

最高统帅回答说，如果我能飞到莫斯科去亲自汇报这些问题，可能更好一些。

9月12日白天，我飞往莫斯科，4个小时后就到了克里姆林宫，华西列夫斯基总参谋长也被叫去了。

华西列夫斯基汇报了敌人由科捷利尼科夫斯基地域调到斯大林格勒地域新的部队的情况，汇报了新罗西斯克地域交战的进程，以及在格罗兹尼方向上的战斗情况。

最高统帅仔细听取了华西列夫斯基的汇报后，归纳说：

"他们不惜一切代价要夺取格罗兹尼的石油。好，现在听朱可夫的汇报。"

我复述了两天前电话上汇报过的内容，说，9月5—11日参加进攻的第24、近卫第1和第66集团军，证明是有战斗力的部队。他们的基本弱点是没有足够的加强兵器，直接支援步兵所必需的榴弹炮兵和坦克也很少。

在斯大林格勒方面军地段上的地形极不利于我军进攻：地形开阔，

有供敌人防备我火力的峡谷。敌人占领了很多制高点，可以进行较远的炮兵观察，并能向所有方向机动火力。此外，敌人还可以由库兹米奇、阿卡托夫卡、"试验田"国营农场地域实施远程炮兵射击。在这种情况下，斯大林格勒方面军的第24、近卫第1和第66集团军是不能突破敌人防御正面的。

斯大林问道：

"要消除敌人的走廊并与东南方面军会师，斯大林格勒方面军需要些什么？"

"至少还需要1个新锐的诸兵种合成集团军、1个坦克军、3个坦克旅和400门以上榴弹炮。此外，在作战过程中必须补充集中至少1个空军集团军。"

华西列夫斯基完全支持我的计算。

最高统帅拿出他的最高统帅部预备队配置图来，长时间聚精会神地看着。我和华西列夫斯基走到离桌子稍远的地方非常低声地谈论说，显然需要找个什么别的解决办法。

斯大林突然抬起头来问道：

"有什么别的解决办法？"

我从来没有想到斯大林有这么锐敏的听力。我们走到桌子跟前。

他继续说："这样吧，你们到总参谋部去，好好想想在斯大林格勒地域应采取什么措施，可以由哪里调什么部队去加强斯大林格勒的部署，同时也想想高加索方面军的问题。明晚9时在这里集合。"

第二天整天，我和华西列夫斯基在总参谋部进行了仔细研究。我和华西列夫斯基把全部注意力集中在有无实现一次大规模战役的可能性，以免把我们正在编组和已经编组好的预备队消耗在局部性战役中。10月份我们可编组好战略预备队。当时，我国工业已大大增加了新式飞机和炮兵弹药的生产。

我们考虑了各种可能方案后，决定向斯大林提出如下行动计划建议：第一，继续以积极防御疲惫敌人；第二，着手准备反攻，对斯大林格勒地域的敌人，务必实施坚决的突击，以便能够急剧改变我国南部的战略形势，使之有利于我方。

至于具体反攻计划，当然我们在一天之内不可能作出详尽的计算来。但是有一点我们是明确的，即应对罗马尼亚军队所掩护的敌斯大林格勒集团的翼侧实施主要突击。

根据我们的概略计算看来，11月中旬以前不可能准备好反攻所必需的兵力和兵器。判断敌情时,我们的出发点是,法西斯德国已经没有力量完成其1942年的战略计划了。德国在1942年秋季所拥有的兵力和兵器,对于完成其在北高加索或顿河与伏尔加河地域的任务来说,都是不够的。

德国统帅部在高加索和斯大林格勒地域可使用的全部兵力在相当大的程度上已经疲惫不堪了。德国人显然没有更多的力量可投入我国南部,因而敌人将会像在莫斯科附近遭到粉碎后那样,不得不在所有各个方向上转入防御。

我们知道,德军最有战斗力的保卢斯第6集团军和霍特坦克第4集团军,被拖入斯大林格勒地域的消耗兵力的战斗后,已经没有能力完成夺取城市的战役,而陷入了绝境。

苏军在斯大林格勒的接近地上、以后又在市内与敌人进行了殊死的搏斗,遭受了极其沉重的损失,所以用现有兵力不可能粉碎敌人。但是我们正在完成组建拥有最新武器和最新技术兵器的庞大的战略预备队的工作。到11月份,最高统帅部就将拥有用战斗力大、机动力高的T-34坦克装备起来的机械化兵团和坦克兵团。因而我们就能够给部队下达更为复杂的任务。

加之,我军高级指挥干部在战争第一阶段已经学会了很多东西,懂得了很多东西,而且经过与强大敌人斗争的艰苦锻炼,已经成了指挥战役和战术的能手。指挥干部、政工干部和红军战士,根据与敌军无数次激烈搏斗的经验,已经充分掌握了在任何情况下作战的方式和方法。

总参谋部根据各方面军的情报资料,研究了德国、匈牙利、意大利和罗马尼亚军队的强点和弱点。各仆从国的军队与德军比较起来,装备差、经验少甚至在防御中都缺乏战斗力。而最主要的是,这些军队的士兵和许多军官都不愿意被希特勒、墨索里尼、安东尼斯库、霍尔蒂和其他法西斯头子派到遥远的俄罗斯土地上为外国干涉者送死。

使敌人处境更加恶化的还有,在伏尔加和顿河地域只有很少部队担任战役预备队,兵力总共不超过6个师,而且分散在宽大的正面上。把它们集中起来形成拳头,在短时间内是不可能的。敌人整个战线的战役布势对我方也是有利的,我军处于包围敌人的态势,因而能够比较容易地在谢拉菲莫维奇和克列茨卡亚地域的登陆场上展开。

分析了上述情况后,我们就做好了向斯大林汇报的准备。

傍晚时,华西列夫斯基给斯大林打电话说,根据指示,我们准备于21点前往。斯大林说,这个时间他有事,22点时接见我们。

22点，我们到达最高统帅的办公室。

斯大林向我们打了招呼后，气愤地说：

"千百万苏联人在与法西斯斗争中献出了自己的生命，丘吉尔却为20架'飓风式'战斗机讨价还价。他们的那些'飓风式'是无用的东西，我们的飞行员不喜欢这种飞机。"以后就以十分平静的语调继续说，"好吧，你们考虑了些什么问题？谁来汇报？"

华西列夫斯基回答说："您下命令吧，我们的意见是一致的。"

最高统帅走到我们的地图跟前说：

"你们带的这是什么东西？"

华西列夫斯基解释说："这是斯大林格勒地域反攻计划的初步草案。"

"谢拉菲莫维奇地域的这个军队集团是怎么回事？"

"这是新的方面军。需要建立这个方面军，以便对斯大林格勒地域的敌人集团的战役后方实施猛烈的突击。"

"现在有足够力量实施这样大规模的战役吗？"

我汇报说，根据我们的计算，过45天后，战役可得到必要的兵力和兵器保障，而且能够充分准备完毕。

斯大林问道："只限于沿顿河由北向南和由南向北突击，是不是更好？"

我说，那样德军能够迅速将其装甲坦克师由斯大林格勒附近转过来，抗击我军的突击。我军在顿河以西实施突击，就使敌人由于河流障碍而不能迅速机动，并以其预备队抗击我军。

"突击集团调动的距离不过远吗？"

我和华西列夫斯基解释说，战役分为两个主要阶段：1. 突破防御，合围德军斯大林格勒集团并建立牢固的对外正面，以隔绝该集团与外部敌人的联系；2. 歼灭被围敌人并制止敌人解围的企图。

最高统帅说："对计划需要再考虑一下，而且要计算一下我方资源。现在的主要任务是守住斯大林格勒和不让敌人向卡梅申方向推进。"

波斯克列贝舍夫走进来报告说，叶廖缅科打来电话。

最高统帅接完电话后，说：

"叶廖缅科报告，敌人正向市区调动坦克部队。明天必然有新的突击。请现在就下达指示，迅速把罗季姆采夫的近卫第13师调过伏尔加河来，再看看还有什么部队可以在明天调到那里。"斯大林这是对华西列夫斯基说的。

最高统帅转过来给我下命令说：

"给戈尔多夫和戈洛瓦诺夫打电话，让航空兵立即采取行动。戈尔多夫从拂晓就要发起冲击，牵制住敌人。你自己要飞回斯大林格勒方面军去，并要着手研究克列茨卡亚和谢拉菲莫维奇地域的情况。几天以后，华西列夫斯基应飞往东南方面军叶廖缅科那里研究其左翼的情况。关于计划，以后我们再继续谈。在这里讨论过的问题，除我们三个人外，目前不要让任何人知道。"

一小时后我飞往斯大林格勒方面军司令部。

9月13日、14日、15日三天，对斯大林格勒保卫者来说，是艰巨的日子，十分艰巨的日子。敌人不顾一切，一步步通过市内的废墟，愈来愈逼近伏尔加河。似乎，斯大林格勒保卫者要支持不住了。但是只要敌人一向前推进，我第62和第64集团军的英勇战士就加以阻击。市内古老建筑物的废墟变成了堡垒。然而兵力却每时每刻在减少着。

在艰巨而一时看来似乎是最后的时刻，罗季姆采夫的近卫第13师起了转折作用。该师一渡过伏尔加河进入斯大林格勒后，立即就对敌人实施反冲击。该师的突击是全然出敌意外的。9月16日，罗季姆采夫师夺回了马马耶夫岗。戈洛瓦诺夫和鲁坚科指挥的航空兵的突击，以及斯大林格勒方面军部队由北面对德军第8军各部队所进行的冲击和炮击，援助了斯大林格勒的保卫者。

必须对斯大林格勒方面军的第24、近卫第1和第66集团军的官兵、空军第16集团军和远程航空兵的飞行员的作用作出应有的评价。他们不惜一切牺牲，对东南方面军的第62和第64集团军固守斯大林格勒给了无可估价的帮助。

我郑重声明，如果没有斯大林格勒方面军部队顽强的反突击，没有航空兵的不断攻击，那斯大林格勒的情况可能会更加恶化。

我们引用保卢斯集团军的一个德国军官对这段情景的描述，未尝不是有趣的事。他写道："我们军的各个部队在9月份抗击敌人企图由北面突破我斜切阵地的猛烈冲击时，也遭受了惨重的损失。在这个地段上的各师虚弱不堪，一个连一般只剩下30—40人。"①

在战事暂时沉寂时，叶廖缅科和赫鲁晓夫根据最高统帅的命令来到近卫第1集团军指挥所。戈洛瓦诺夫和我都在那里。叶廖缅科说，他想了解情况并商讨斯大林格勒的态势。戈尔多夫和莫斯卡连科向叶廖缅科

---

① 维德尔：《伏尔加河上的惨祸》，莫斯科，1965年，俄文版，第52页。

介绍了全部详细情况和自己的想法。

由于最高统帅要我对所设想的大规模反攻计划极端保密，所以谈话时主要谈了东南方面军和斯大林格勒方面军部队的加强问题。对于叶廖缅科提出的关于更有力的反突击计划问题，我并没有避而不答，我说，最高统帅部将来要实施相当强有力的反突击，但目前既没有兵力也没有兵器来实施这样的计划。

9月底，斯大林又把我叫到莫斯科更具体讨论反攻计划。这时，在东南方面军左翼各集团军研究反攻条件的华西列夫斯基也回到了莫斯科。

去最高统帅部以前，我和华西列夫斯基见了面，以便交换意见。

讨论斯大林格勒方面军地段的情况时，最高统帅问我对戈尔多夫将军的看法。我汇报说，戈尔多夫在作战方面是一位成熟的将军，但和参谋人员及指挥人员有点不和。

斯大林说，在这种情况下，应当任命另一位司令员担任方面军领导。罗科索夫斯基中将被提名为这个职务的候选人。华西列夫斯基支持我的意见。当时决定：斯大林格勒方面军改称顿河方面军，东南方面军则改称斯大林格勒方面军。顿河方面军司令员由罗科索夫斯基担任，参谋长由马利宁担任。

新组建的西南方面军的司令员职务，预定由瓦图京中将担任。决定以近卫第1集团军司令部为基本核心扩建成西南方面军司令部。该集团军司令员莫斯卡连科调任第40集团军司令员。

详细讨论了关于反攻战役计划的问题后，最高统帅转过头来对我说：

"请飞回前线去。要采取各种措施，更多地消耗和疲惫敌人。要再去看一看计划中规定的预备队集中地域和西南方面军及斯大林格勒方面军右翼的出发地域，尤其在谢拉菲莫维奇和克列茨卡亚地域。华西列夫斯基同志也应该以同样的目的再去一次东南方面军的左翼，并在那里研究计划中规定的所有问题。"

在现地详细研究了准备反攻的所有条件后，我和华西列夫斯基回到了最高统帅部，再一次讨论了反攻计划，随即就批准了计划。

反攻计划图由朱可夫和华西列夫斯基签署，最高统帅签字批准。

斯大林对华西列夫斯基说：

"不要暴露我们计划的企图，应该征询各方面军司令员对他们以后行动的意见。"

我奉命亲自去给顿河方面军军事委员会阐明该方面军部队的行动对全面帮助斯大林格勒的意义和作用。我清楚地记得，9月29日在斯大林格勒以北的一个小山沟中的掩蔽部（集团军司令员莫斯卡连科的指挥所）内的谈话。

为了使敌人不能由顿河方面军地段上抽调兵力和兵器去攻击斯大林格勒，我指示顿河方面军部队不断实施积极行动。对于我的指示，罗科索夫斯基说，方面军的兵力和兵器极少，而且我们在这里也不会取得什么重大的战果。当然他是对的，我也有同样的看法，但如果不积极帮助东南方面军（即现在的斯大林格勒方面军），他们就不可能守住斯大林格勒。

10月1日我返回莫斯科，进一步拟制反攻计划。由斯大林格勒到莫斯科是乘坐由戈洛瓦诺夫亲自驾驶的飞机。我满意地和这位优秀的驾驶员并排坐在驾驶舱内。

快到莫斯科时，我觉得飞机突然转弯和下降。我认为，我们显然偏离了航线。但是过了几分钟后，戈洛瓦诺夫把飞机降落在我不认识的地方。我们顺利地着了陆。我问戈洛瓦诺夫说：

"你为什么要在这里着陆？"

"这已经很不错了，我们紧挨着机场，要不就出事了。"

"怎么回事？"

"飞机结上冰了。"

正在我们说话的时候，跟在我们后面的我的飞机也着陆滑行到我们跟前。我改乘这架?飞机飞到莫斯科中央机场。当然，在复杂条件下飞行时，急着飞行并不是经常都安全。

我还记得另一次差点送了命的"飞机事故"。那次也是由斯大林格勒飞往莫斯科。那天下雨，是不能飞行的坏天气。莫斯科通知说，城市上空有雾，能见度有限。但必须起飞，最高统帅叫去。

到莫斯科以前，飞得并不坏，接近莫斯科时，能见度不超过100米。空军航行处通过电台给飞行员发来飞往预备机场的命令。这样，我们就肯定不能准时到达克里姆林宫了，而最高统帅却在等着。

我承担起全部责任，命令飞行员斯米尔诺夫在中央机场降落，我并进入飞行员座舱。我们在莫斯科上空盘旋，突然看见离飞机左翼10—15米处出现一个工厂烟囱口。我瞧了一眼飞行员，他真所谓是镇静自如，把飞机稍稍提高了一点儿，过了两三分钟，就着陆了。飞机着陆后，我说：

"好险，我们幸运地避免了一场'烟囱'事故！"

他笑了笑回答说：

"如果飞行人员不注意天气条件，在空中什么情况都可能发生。"

我紧紧握着飞行员的手回答说："这是我的过错。"

斯米尔诺夫是一位可爱的人、很有经验的飞行员。我坐他的飞机和他飞过130小时以上。

10月份，根据最高统帅部的决定，有6个以上满员的师经伏尔加河调入斯大林格勒，因为原第62集团军编成内，除后勤和司令部门外，实际上什么部队也没有了。顿河方面军也得到了一些加强。最高统帅部和总参谋部对新建的西南方面军特别关心。

10月份，在斯大林格勒市内和附近地区，继续进行了最激烈的交战。希特勒要求其"B"集团军群指挥官和第6集团军司令保卢斯在最近期间拿下斯大林格勒。

我已经说过，德军统帅部为了实施决定性的突击，早在9月份，就将防守翼侧的德军撤了下来，换上了罗马尼亚军队，从而急剧地削弱了其在谢拉菲莫维奇和斯大林格勒以南地域的战斗力。

10月中旬，敌人发起了新的进攻，妄图一举结束斯大林格勒的战斗。但和先前一样，敌人又遇到了苏军的顽强防御。罗季姆采夫的近卫第13师、戈里什尼的第95师、若卢杰夫的近卫第37师、叶尔莫尔金的第112师、戈罗霍夫的战役集群、柳德尼科夫的第138师及别雷的坦克第84旅特别勇猛善战。

日日夜夜，战斗不停地在街道上、建筑物内、工厂内、伏尔加河岸上，到处进行着。我军各个部队遭到了重大伤亡，据守在斯大林格勒的许多不大的"岛"上。

为了援助斯大林格勒保卫者，顿河方面军各部队于10月19日转入进攻。这次也像以往各次一样，德军被迫从突击斯大林格勒的部队中抽调了大部分航空兵、炮兵和坦克来抵御顿河方面军的进攻。

与此同时，第64集团军在库波罗斯诺耶、绿草地地域由南向敌进攻部队的翼侧实施了反突击。顿河方面军的进攻和第64集团军的反突击减轻了第62集团军的困难处境，并粉碎了敌人攻占斯大林格勒的企图。如果没有顿河方面军和第64集团军的援助，第62集团军就会支持不住，斯大林格勒也可能陷入敌手。

11月初，敌人数次企图消灭市内的各个防御基点，11月11日，当我方已充分做好反攻准备时，敌人又一次企图进攻，但均未得逞。

这时，敌人已精疲力竭。从俘虏口供中证实，敌部队和兵团的人数极少，不仅士兵，而且军官的士气也急剧低落了，很少有谁相信，能够活着离开这个令人非常苦恼的数个月交战的地狱。

从7月到11月期间，敌人在顿河、伏尔加河地域和斯大林格勒的交战中，损失近70万人、1000余辆坦克、2000余门火炮和迫击炮、1400架飞机。德军在伏尔加河地域的总的战役态势也复杂化了。上面已经提到，没有师和军预备队，在"B"集团军群两翼上是战斗力不足的军队，他们已经开始懂得了自己毫无前途的岌岌可危的处境。

苏军在顿河上占领着可以保障西南方面军和顿河方面军的反攻出发地位的有利阵地。在斯大林格勒以南，第51集团军以局部反突击把敌人驱逐出湖间隘路，牢固地把萨尔帕湖、察察湖和巴尔曼察克湖这段有利的地区掌握在自己手中。根据华西列夫斯基的建议，这个地域被选作斯大林格勒方面军左翼11月反攻时的出发地域。

保卫斯大林格勒的激烈交战，持续了3个多月。

全世界人民都在屏住气息注视着顿河、伏尔加河和斯大林格勒地域的大会战。苏军的胜利、苏军与敌人的英勇斗争鼓舞了全体进步人类，并增强了他们战胜法西斯的信心。

斯大林格勒会战，对我军是一次最大胜利的考验。指挥人员和参谋人员取得了组织步兵、坦克、炮兵、航空兵协同动作的重大实践经验。部队学会了在城市实施坚守防御，并将防御与翼侧机动结合起来。我军的士气大为高涨。所有这些加在一起，为苏军转入反攻准备了有利的条件。

1942年11月中旬，以斯大林格勒地域和北高加索的防御交战结束了在苏联人民生活中占有重要地位的伟大卫国战争的第一阶段。这个阶段对苏联人民及其武装力量是极其沉重的，尤其当散布死亡和破坏的希特勒匪军进到列宁格勒、莫斯科附近和占领了乌克兰以后更是这样。

到1942年11月，敌军占领了面积约180万平方公里的我国大片领土。战前，在这片土地上居住着约8000万人。遭受战祸的数百万苏联人，为了不留在敌人占领下，被迫背井离乡，撤往我国东部地区。在当时的军事形势下，苏军不得不退往我国腹地，撤退时人力和物力都遭受了很大的损失。

但是，就在这样困难的时候，苏联人民和我国的武装力量也没有失去能够粉碎敌寇的信心。生死存亡的危急使我国人民更加紧密地团结在共产党周围，因而尽管有困难，在所有作战方向上终于阻挡住了敌人。

16个月的战斗中,敌军在苏德战场上遭到了苏军和占领区人民的顽强抵抗,损失极为惨重。到1942年11月,敌军死、伤和失踪的达到250万人。这些都是德军中的精锐力量,到战争第一阶段结束时,法西斯统帅部已无法进行补充。

当由于党和人民的巨大努力,苏军手里有了足够数量的现代化坦克、飞机、战斗技术装备和辅助技术装备后。1942年生产了2.1万余架作战飞机、2.4万余辆坦克,根据国防委员会的决定,从年底开始成批生产自行火炮。可靠的武器增强了战士们的战斗热情,他们战斗得更有成效,取得了更大的战果。

以保卫斯大林格勒的防御交战而结束的战争第一阶段是学习与强大的敌人进行武装斗争的一所大学校。苏联最高统帅部、总参谋部、各部队的首长和司令部取得了组织与实施积极防御交战和反攻战役的良好经验。

在战争第一阶段最激烈的交战过程中,特别强有力地表现出苏联军人的集体英雄主义及我们列宁的党所培育出来的军事首长的勇敢精神。共产党员和共青团员在需要的时候,为了战胜敌人而英勇牺牲。他们的这种模范行动起了特别良好的作用。布列斯特要塞、列宁格勒、莫斯科、敖德萨、塞瓦斯托波尔、斯大林格勒、基辅、新罗西斯克、刻赤和高加索保卫者的英勇斗争,以光辉的一页载入战争第一阶段的光荣史篇中。

在战争第一阶段诞生了苏联近卫军。

1941—1942年期间,苏联武装力量有798个军团、兵团、独立部队和战斗舰艇因指战员的集体英雄主义和战斗的功绩而授予"近卫军"称号。

与德国法西斯军队所进行的极为紧张的武装斗争,造成了技术兵器、装备和物资器材的大量消耗。尽管失去了大部分最重要的经济地区和大小工厂,但我国人民以忘我的劳动,努力保证苏联军队作战所需的一切。到1942年年底,我国已经变成了一座军营。苏联人认为,自己的职责就是尽一切可能去战胜敌人。

红军后勤部门的工作人员进行了英勇的劳动。在一年半战争期间,铁路军事运输总量为635万节车厢。给部队送去11.3余万车厢弹药,约6万车厢装备和技术器材,21万余车厢燃料和润滑油料。汽车部队仅1942年就运送了270万人、1230万吨物资、1923辆坦克和3674门火炮。军事运输航空兵运送了53.2万余人,其中有15.8万名伤员。

战争初期对红军后勤机构的改组是正确的。正确的挑选中央和部队后勤部门的领导工作人员、政治工作人员和党组织领导人员，保证了与我国国民经济的密切业务联系，保证送往部队的各种大量资源能够得到有效的使用。

我们的年轻一代必须了解，苏联人民保卫祖国时进行了何等艰巨的斗争。从某些回忆录和文学作品中并不是经常都能够正确地了解，苏军不得不与之搏斗的敌人是何等有经验，而又是何等强大的。

首先看德军的基本部分——士兵和军官。

侵入我国的德军，沉醉在轻易战胜西欧各国军队的欢乐中，他们受了戈培尔宣传的毒害，坚信能够迅速战胜红军，坚信他们比所有其他民族都优越。法西斯德军年轻的士兵和军官、装甲坦克部队和航空兵的官兵，尤其气势汹汹。在战争初期几个月，我曾审讯过俘虏。应该说，从审讯中使我感到，他们对希特勒的全部冒险诺言深信不疑。

至于谈到战争第一阶段德军官兵的战斗力、他们的专业素养和战斗训练，无疑，他们各兵种，尤其是坦克部队和航空兵有很高的水平。

在战斗和野外勤务中，德军士兵熟悉自己的业务，顽强、自信和遵守纪律。

当然，法西斯军队在斯大林格勒地区遭到失败后，敌人的士兵和军官对允诺的胜利已丧失信心，士气明显低落，与苏军的英勇精神已无法比拟。

但苏联军人必须对付的是有经验的强敌，要战胜它并不简单。

德军部队、兵团和集团军司令部受过组织战斗、交战和战役的现代化方法的训练。在战斗过程中对部队的指挥，主要靠无线电器材进行，而无线电器材对指挥官和司令部有充分的保障。在战斗进程中，他们能够准确地得到关于赋予部队的任务完成的情况。同时，他们善于组织与航空兵的协同动作，经常由航空兵的轰炸为陆军部队开辟道路。

对于战争开始阶段德军作战司令部的活动，我对此有相当高的评价。显然他们十分仔细地计划和组织了在所有战略方向上的突击。挑选了有经验的兵团指挥官和集团军司令官。在很多情况下，正确地确定了其突击方向、兵力和部队编成，使这些突击都指向我防御的薄弱地段。尽管这样，德国法西斯的军事、政治战略是冒险的，是存在严重错误和缺乏远见的。在政治和战略考虑上犯了最大的错误。德国拥有的兵力（甚至加上其仆从国的预备兵力），就是在1941年也不足以完成最主要方向的基本任务。

敌人在斯摩棱斯克交战中遭到重大损失后，被迫停止进攻莫斯科并在该处转入临时防御，将其"中央"集团军群的大部分兵力调去支援其"南方"集团军群对我中央和西南方面军部队的进攻。

德军统帅部没有能夺取列宁格勒，就不得不将其航空兵和装甲坦克部队由列宁格勒附近撤出，部署到莫斯科方向上去加强其"中央"集团军群。10—11月，德军将其基本力量转到了中央方向上，但由于苏军在莫斯科接近地上的抵抗日益增强，德军在这里也就没有足够的兵力来完成其"台风"战役。

造成这一切错误的根源是，过低地估计了我们社会主义国家和苏联人民的力量和威力，过高地估计了自己的力量和能力。

希特勒及其亲信在计划侵入苏联时，指望将其全部兵力和兵器都投入对苏联的进攻。这是孤注一掷。尽管贝当政府叛变了，但是法国劳动人民并没有在法西斯占领者面前低头。南斯拉夫、波兰、捷克斯洛伐克和其他国家爱好自由的人民也没有低头。希特勒匪徒不得不对付群众抵抗运动。英国虽然不是竭尽全力，但也没有停止斗争。

希特勒匪徒没有想到，团结在共产党周围的苏联人民能有这样大的力量，而且能在短期内改组国家经济，迅速组织大规模生产坦克、飞机、火炮、弹药，生产苏联武装力量为建立对法西斯德军的优势、为使战争进程发生根本转折、为从我们祖国的国土上驱逐德国法西斯军队和创造彻底打败法西斯德国的条件所必需的一切。

在严峻的条件下，我军得到了锻炼成长，积累了斗争经验，而且在得到必需的武器装备后，由退却的防御的一方变成了强大的进攻力量。

我们整个列宁的党所进行的巨大的组织工作和鼓舞工作，在军事建设方面，在动员苏联人民建立保障红军与法西斯德军进行武装斗争所必需的物质技术基础方面，都产生了辉煌的结果。

总之，伟大卫国战争的第一阶段是以希特勒统帅部的战略计划的完全失败和德国兵力兵器的大量消耗而告终的。与法西斯德军斗争的这个主要结果，在很大程度上预定了第二次世界大战的整个未来进程。

第十六章
风雪斯大林格勒，德军惨败

1942年10月，情况已很清楚，德军统帅部在整个东部战线上将不得不转入战略防御。希特勒匪军遭到了惨重的失败，现在已完全丧失了进攻能力。这实际表明德军进攻计划的破灭。

法西斯宣传机构展开了一个"更周密和更及时地准备好在俄国度过第二个冬天"的宣传运动。德军统帅部要求其部队准备好牢不可摧的积极防御，以便创造在1943年胜利结束战争的条件。

德军统帅部在这个阶段所遇到的困难局面是如何造成的呢？

一方面，各种战略目标未完成；仍然和1941年一样，部队战线拉得过长，由黑海，经北高加索、斯大林格勒、顿河，直至巴伦支海；在前线和德国后方都没有机动的战略预备队；德军中士气不振。另一方面，苏联的威力日益明显地增强，顺利地克服了经济上和军事上的困难。

1942年11月初，德军在苏德战场上有266个师，共编有约620万人、近5.17万门火炮和迫击炮、5080辆坦克和强击火炮、3500架作战飞机和194艘作战舰只。①

在此期间，苏军作战部队中有660万人、7.78万门火炮和迫击炮、7350辆坦克、4544架作战飞机。②在最高统帅部战略预备队内储备了

---

① 《第二次世界大战史（1939—1945年）》，莫斯科苏联军事书籍出版社，1976年版，第6卷，第19—20页。

② 《第二次世界大战史（1939—1945年）》，莫斯科苏联军事书籍出版社，1976年版，第6卷，第19—20页。

27个步兵师，5个独立坦克和机械化军，6个独立步兵旅。

所以，在战争第一阶段结束前，兵力对比开始向有利于苏联方面转变。

我方对德军的优势还表现在，苏联武装力量已学会对自己的作战意图严加保密，制造大量假情报迷惑敌人，隐蔽地变更部署和集结兵力，对敌实施突然打击。

希特勒军事当局认为，我军经过在我国南部、斯大林格勒和北高加索地域的艰苦交战后，已无力在这些地域实施大规模进攻。

1942年10月14日，法西斯德国陆军总部的作战命令中说：

"在最近的各次战斗中，俄军大大削弱了，因此1942年冬季所拥有的兵力不会像1941年冬季那样多。"

实际上远远不是这样。

根据最高统帅部的打算，1942年夏季和秋季，我军在西部方向上对德军"中央"团军群的积极行动应使敌人错认为，我军不是在别的地方而是准备在这里进行冬季战役。所以，10月份，希特勒统帅部开始向我西部各方面军的正面上大量集结部队。由列宁格勒附近调到大卢基地域1个坦克师、1个摩托化师和1个步兵师。由法国和德国调到维捷布斯克和斯摩棱斯克地域7个师。由沃罗涅日和日兹德拉附近调到亚尔采沃和罗斯拉夫利地域2个坦克师。因此，除加强兵器外，到11月初，德军共调了12个师加强其"中央"集团军群。

我军在斯大林格勒地域集中了10个诸兵种合成集团军、1个坦克集团军、4个空军集团军，很多独立坦克军、机械化军和骑兵军、旅及其他独立部队，1.55万门火炮和迫击炮、1463辆坦克和自行火炮、1350架作战飞机，准备大规模反攻。德军侦察部门没有发现这个情况。侦察工作的笨拙加深了德军在战役上的失算。

战后，原法西斯德军作战指挥部参谋长约德尔承认，他们未能发现苏军在保卢斯集团军左翼的集结。

"我们对俄军在这个地区的兵力毫无所知。原先这里什么也没有，可是突然遭到了具有决定意义的强大兵力的突击。"

我军发起反攻前，敌人在我国南部的战略战役态势如下：

在顿河中游、斯大林格勒及萨尔帕湖沿岸地域行动的是敌"B"集团军群的基本兵力，即意大利第8集团军，罗马尼亚第3、第4集团军，德国第6集团军和坦克第4集团军。每个师活动的正面，平均为15—20公里。

这股敌军共有 100 余万人、675 辆坦克和强击火炮、1 万余门火炮和迫击炮。双方的兵力对比几乎相等，只是在坦克数量上我方略占优势。

支援"B"集团军群的有第 4 航空队和航空兵第 8 军。

苏联最高统帅部制订粉碎敌"B"集团军群的计划时，出发点是，粉碎斯大林格勒地域的敌人将使北高加索的敌人也陷入困境，或仓促撤退或陷入合围中。

斯大林死后出现过某种疑问，究竟谁是这个规模、作用和效果如此巨大的反攻计划的制订者？虽然这个问题现在可能没有特殊意义了，而且在前一章已经谈过了有关计划工作的情况，但在这里我仍然要做一些补充。

有一种猜测说，未来进攻战役计划的基本要点似乎早在 1942 年 8 月就由最高统帅部拟定了，而且计划草案所定的行动规模较小。

但这不是未来反攻战役的计划要点，仅仅是一个在斯大林格勒接近地上阻止敌人的反突击计划。关于更大的计划，当时最高统帅部还没有人考虑过，因为那时我们既无兵力又无兵器。

还有这样的说法，1942 年 10 月 6 日，斯大林格勒方面军军事委员会曾自己主动向最高统帅部提出了一个关于组织和实施反攻的意见书。

对这种说法，华西列夫斯基有过回答。

"10 月 6 日拂晓，我同沃罗诺夫、伊万诺夫前往第 51 集团军观察所……在这里听取了集团军司令员特鲁法诺夫的汇报。当天晚上，在方面军指挥所与方面军司令员和军事委员碰头时，我们再次讨论了最高统帅部提出的即将实施的反攻计划。由于方面军领导对计划没有原则性的不同意见，于是在当天夜间我们就给最高统帅写了相应的报告。

10 月 7 日，我代表最高统帅部给顿河方面军司令员下达了指示，要他准备好有关自己方面军的类似意见。"我想，对华西列夫斯基所说的不需再做什么补充了。他叙述的情况，令人信服地表明，最高统帅部和总参谋部在制订反攻计划中起了主要作用。

在一些历史研究著作中还提到说，稍晚些时候，西南方面军司令员瓦图京也提出了一份反攻计划。这就产生了问题：稍晚些的什么时候？什么计划？是方面军的计划还是总的反攻计划？

众所周知，西南方面军于 10 月底才组建完毕，而且方面军的兵力兵器是根据反攻计划集中完毕的，最高统帅部的总计划已被批准并付诸实施了。

这里必须说明的是，每一方面军司令员根据规定拟制的各该方面军的行动计划，要报送莫斯科的最高统帅部或最高统帅部在当地的代表批准，而在报告中自然附有他对与友邻协同的意见及向最高统帅部提出的要求。

要制订像在斯大林格勒地域三个方面军所实施的这样大规模的战略性战役计划，不仅要以战役推论为根据，还必须以一定的物资和技术计算为根据。

谁能够进行这样大规模战役所需的兵力和兵器的具体计算呢？自然，只有掌握这些兵力和物资器材的机关。在这次反攻中，只有最高统帅部和总参谋部能做到这点。

当然，最高统帅部和总参谋部在作战过程中要仔细研究由各方面军和部队送来的敌情侦察资料，进行分析并作出有关敌军和我军行动性质的结论。最高统帅部和总参谋部还要研究各方面军和军兵种司令部和司令员的意见，并且在分析以后作出相应的决定。

因此，战略规模的战役计划，只有经过部队、各级司令部和首长长期的努力之后，才可能逐趋完备。

我再重复一遍，在全面计划和保障斯大林格勒附近的反攻中起主要决定性作用的不容置辩的是最高统帅部和总参谋部。

同样不容置辩的是，在直接粉碎敌人中的最大功绩，属于那些以英勇突击、精确射击、勇猛、果敢置敌于死命的人们。我这里指的是我军光荣的战士、指挥员和将军们。他们经受了战争第一阶段的严峻考验，在反攻前夜进行了充分准备，以便把交战的主动权掌握在自己手中并使敌人遭到惨重的伤亡。

最高统帅部和总参谋部的功绩在于，他们能够以科学的准确性分析这样一场规模巨大的战役的所有各种因素，善于预见到战役的发展进程和结局。因此，不应该谈论由哪个个人来独占制订计划的"所有权"问题。

我不认为，在这里详细叙述整个反攻计划和战役过程是恰当的，因为关于这个问题在我们的军事历史著作中已经大量地而且基本上是正确地描绘过了。但是，对某些情节，我觉得还有必要加以阐述。

由瓦图京中将担任司令员的西南方面军，在反攻的第一阶段起了主要作用。

西南方面军由顿河右岸谢拉菲莫维奇和克列茨卡亚地域的登陆场实施强有力的深远突击。斯大林格勒方面军由萨尔帕湖地域进攻。两个方面军的突击集团应在卡拉奇、苏维埃农庄地域会合，从而完成对斯大林格勒附近敌人主力的合围。

西南方面军的主要集团编有第 21 集团军和坦克第 5 集团军、近卫第 1 集团军的部分兵力和其他强有力的突破兵器，在谢拉菲莫维奇西南和克列茨卡亚地域的登陆场展开后，应突破罗马尼亚第 3 集团军的防御，并以快速兵团迅猛地向东南发展突击，以便前出到大纳巴托夫斯卡亚—卡拉奇地段的顿河一线。经过这次突击，西南方面军部队应进入敌斯大林格勒集团的后方，并切断其向西的一切退路。

从西南和西方保障方面军突击集团的进攻并在该方向上组成合围对外正面的任务，由西南方面军的右翼集团军，即列柳申科中将指挥的近卫第 1 集团军担任，尔后由罗曼年科中将指挥的坦克第 5 集团军的主力担任。这些部队向西、西南和向南发展进攻，应在战役第三天进到维申斯卡亚至博科夫斯卡亚一线，进而沿奇尔河到达奥布利夫斯卡亚。

西南方面军地面部队的行动由斯米尔诺夫空军少将和克拉索夫斯基空军少将所指挥的空军第 2 和第 17 集团军支援。

顿河方面军应实施两个辅助突击。第一个突击以第 65 集团军的兵力与西南方面军同时从克列茨卡亚以东地域向东南实施，以卷击敌人在顿河右岸的防御。第二个突击以第 24 集团军的兵力从卡恰林斯卡亚地域沿顿河左岸在韦尔佳奇总方向上向南实施，以切断在顿河小弯曲部活动的敌军与斯大林格勒地域的敌军集团的联系。

第 66 集团军应以自己的积极行动在斯大林格勒以北牢牢地牵制住敌人，并使其无法机动预备队。顿河方面军地面部队的行动由鲁坚科空军少将指挥的空军第 16 集团军支援。

斯大林格勒方面军的突击集团由第 51、第 57 和第 64 集团军编成。该突击集团应在伊万诺夫卡到巴尔曼察克湖北缘的正面上转入进攻。其任务是突破敌人防御，向西北方向发展突击，进到卡拉奇、苏维埃农庄地域，在该处与西南方面军部队会合，以完成对斯大林格勒地域敌人的合围。

特鲁法诺夫少将指挥的第 51 集团军，应由萨尔帕、察察和巴尔曼察克湖之间的狭窄地段突破敌人的防御，以主力向西北阿布加涅罗沃总方向发展进攻。

托尔布欣将军的第 57 集团军和舒米洛夫将军的第 64 集团军，应由伊万诺夫卡地域向西和西北转入进攻，以便从南面包围敌军集团。

崔可夫将军的第 62 集团军应以积极的防御牵制住在市内活动的敌

人,并随时准备转入进攻。

为了从西南保障斯大林格勒方面军突击集团的进攻和在该方向上建立合围的对外正面,使用了第51集团军(其中有沙普金将军的骑兵第4军)。该集团军应向西南阿布加涅罗沃、科捷利尼科沃(科捷利尼科夫斯基)总方向上进攻。斯大林格勒方面军各部队由赫留金空军少将指挥的空军第18集团军支援。

在反攻准备阶段,必须给各个方面军,尤其是新建的西南方面军大量调运部队和物资器材。对总参谋部和红军后勤部应给予公正的评价。它们出色地完成了为这次战役集中兵力兵器的任务。

运送部队和物资的汽车有2.7万辆。铁路每天运送1300节车厢的物资。给斯大林格勒方面军运送部队和物资,是在伏尔加河上有浮冰的极其困难的条件下进行的。从11月1—20日,运过伏尔加河的有11.1万名人员、427辆坦克、556门火炮、1.4万辆汽车和约7000吨弹药。

10月底和11月初,我、华西列夫斯基及最高统帅部的其他代表,曾不得不扎扎实实地在部队进行工作,帮助指挥人员、司令部和部队充分了解反攻计划及其完成的方法。在各方面军、集团军和部队的司令部所举行的总结会议证明,全体指挥人员和政治工作人员以十分负责的精神和创造性的主动精神进行了这项复杂而艰巨的工作。

从11月1日到4日,我审查和修订了西南方面军的计划,然后详尽地审查和协调了第21集团军和坦克第5集团军的行动计划。

在西南方面军司令部中拟制行动计划时,除我以外,参加的还有最高统帅部的其他代表:负责炮兵问题的沃罗诺夫将军,负责航空兵问题的诺维科夫和戈洛瓦诺夫将军,负责装甲坦克兵问题的费多连科将军。他们帮助深刻研究各个最重要兵种的使用和协同的问题。

11月4日,在第21集团军司令部中审查了第21和第65集团军完成进攻准备的情况。顿河方面军和第65集团军的领导人员也应邀参加了这次会议。这些天,华西列夫斯基在斯大林格勒方面军部队中工作,检查第51、第57和第64集团军的进攻准备情况。我和他商定,以后我也要到那里去。

在部队工作时,我们详细研究了敌情、敌人防御的性质、敌人主要兵力配置和总的火力配系、反坦克武器和防坦克支撑点的数量及其位置。

我们确定了炮火准备的方法和计划;炮火准备的密度;消灭和压制敌人防御的可能程度以及进攻时炮兵伴随战斗队形的方法。协调了航空兵和炮兵的协同动作计划，并给它们区分了目标。协调了部队突破时及进入突破口后与坦克部队协同动作的计划和方法。明确了在翼侧上与友邻的协同动作，特别是快速部队进入突破口和在敌人防御的战役纵深内行动时的协同动作。同时还下达了具体指示：必须进一步了解的敌情，必须进一步计划的项目，以及必须直接在现地与部队进行的工作。

全体指挥人员和政工人员的主要注意力集中在下述问题上：必须迅猛突破敌军的战术防御，以猛烈的突击使敌人陷入惊慌失措，使我第二梯队迅速进入战斗，将战术突破发展为战役突破。

在军、师和部队研练任务时，我们力图使指挥人员深刻研究和了解受领的任务及与加强兵器和友邻协同动作的方法，特别是在敌人防御纵深内协同动作的方法。

这项工作对于各级指挥人员和政工人员来说都是困难的，需要竭尽全力才能完成，然而在作战过程中却收到了很好的效果。

政治机关、党和共青团组织在部队中展开了大规模的政治工作。方面军军事委员会和鲁达科夫领导的方面军政治部妥善地组织和领导了这项重要的活动。

为了最终制订好斯大林格勒方面军的进攻计划，根据我和华西列夫斯基商定的，我于11月10日晨到了塔季亚诺夫卡第57集团军的指挥所。除方面军军事委员会成员外，在该处还有：波波夫、舒米洛夫、托尔布欣、特鲁法诺夫、沃尔斯基、沙普金军长和方面军的其他将军。会前，我同华西列夫斯基、第51和第57集团军的司令员特鲁法诺夫和托尔布欣、波波夫及其他将军，到这两个集团军的地段上再次察看了斯大林格勒方面军主力预计展开进攻的地形。

突地勘察后，研究了斯大林格勒方面军与西南方面军的协同动作问题，协调了两个方面军的先遣部队在卡拉奇地域会合的方法和完成合围后的协同动作，以及与当前战役有关的其他问题。

然后，根据各集团军司令员和军长的汇报，审查了集团军的计划。

11月11日晚，我通过"博多"电报机，向最高统帅报告说：

"两天来，我在叶廖缅科处工作。亲自察看了第51和第57集团军当面敌人的阵地。我和师长、军长和集团军司令员详细研究了即将实施的'天王星'计划的任务。经过检查证明，托尔布欣处对'天王星'计划的准备工作进行得较好……

我已命令实施战斗侦察并根据获得的情报修正战斗计划和集团军司令员的决心。

波波夫工作得不坏，熟悉自己的业务。

最高统帅部拨给叶廖缅科的两个步兵师（第87和第315师），由于没有领到运输车辆和马匹，到目前为止仍未启运。

机械化旅，只到了1个。

弹药的补给和前送工作，进行得不好。部队中供'天王星'计划使用的炮弹很少。

不能在预定的期限完成战役的准备。我已命令在1942年11月15日完成准备工作。

必须立即给叶廖缅科再拨100吨防冻液，否则机械化部队无法前进。尽快把第87和第315步兵师调来。火速给第51和第57集团军运送棉衣和弹药，运抵部队的时间不得迟于1942年11月14日。

康斯坦丁诺夫（朱可夫的化名）

1942年11月11日

第4657号"

必须说明，最高统帅对于战役的航空兵保障，往往是给予应有的注意的。他接到我关于在即将实施的反攻中航空兵保障的准备尚不够满意的报告后，给我发来了如下内容的电报：

"康斯坦丁诺夫同志：

如果在叶廖缅科和瓦图京处，战役的航空兵准备不能令人满意，那么战役就会以失败告终。对德作战的经验表明，只有在夺取了制空权的情况下，才可能取得战役胜利。在这种情况下，我航空兵应完成三项任务：

第一，我航空兵集中在我突击部队进攻的地域内行动，压制德军航空兵并可靠地掩护我方部队。

第二，不断轰炸进攻部队当面的德军，为我进攻部队开展道路。

第三，以不断轰炸和强击的方法，追击退却的敌军，彻底打乱敌军并使其不能在最近的防御地区巩固下来。

如果诺维科夫认为，我航空兵目前还不能完成这些任务，那就最好将战役推迟一些时间，以积蓄更多的航空兵力量。

请与诺维科夫和沃罗热伊金谈谈，督促他们搞好，并把你们总的意见告我。

瓦西里耶夫（斯大林的化名）

1942年11月12日4时

第170686号"

11月12日完成斯大林格勒方面军各部队的计划工作后，我和华西列夫斯基给斯大林打电话说，我们需要亲自向他汇报有关当前战役的意见。

11月13日晨，我们到了斯大林那里。他的情绪很好，详细询问了在准备反攻过程中斯大林格勒附近的情况。

我们汇报的基本情况如下：

关于双方兵力在数量、质量方面的对比，我们指出，在我主要突击地段（西南方面军和斯大林格勒方面军）上，仍然主要是由罗马尼亚部队防守着。据俘虏供称，其总的战斗力是不高的。如果在我转入进攻前，德军统帅部不向这些方向调集预备队，那么在这里我军在数量上将占很大优势。到目前为止，我方侦察还未发现敌人有任何调动。保卢斯的第6集团军和坦克第4集团军的主力正被斯大林格勒方面军和顿河方面军的部队牵制在斯大林格勒地域。

我各部队按计划规定正在指定的地域集中，据我们看，敌方侦察未发现我军变更部署的情况。我们采取了更加隐蔽的措施调动兵力和兵器。

各方面军、集团军和兵团的任务都经过研练。各兵种的协同动作，直接在现地进行了协调。计划规定的西南方面军和斯大林格勒方面军突击集团的会合问题，已经和方面军、集团军及将要进入苏维埃农庄、卡拉奇地域的部队的司令员和司令部进行了周密研究。各空军集团军，显然在11月15日前不可能完成准备工作。

关于建立对敌斯大林格勒集团合围的对内正面和建立保障消灭被围敌人所需的对外正面的各种方案，可以说已经准备就绪。

弹药、燃料和冬服的前送工作，虽耽搁了一些时间，但有足够的根据认为，到11月16日—17日结束前，各种物资器材都可送到部队。

反攻战役发起的时间，西南方面军和顿河方面军可在11月19日发起，斯大林格勒方面军则要晚一昼夜。

发起的时间不同，是由于西南方面军的任务比较复杂。该方面军距卡拉奇、苏维埃农庄地域远，而且需要强渡顿河。

最高统帅认真地听取我们的汇报。他不慌不忙地抽着烟斗、捋着胡须，而且一次也没有打断我们的话。显然，他对我们的汇报是满意的。实施这样巨大的进攻战役意味着主动权将转入苏军手中。我们大家都相信，即将实施的反攻会取得胜利，对把我国从德国法西斯侵略者统治下解放出来可能是一个重大的辉煌战果。

在我们汇报过程中，国防委员会的委员和党中央政治局的一些委员来到了最高统帅办公室。我们不得不把他们来以前汇报过的内容扼要地重新汇报一遍。

对反攻计划进行了简短的讨论后，最高统帅全面批准了计划。

我和华西列夫斯基提请最高统帅注意，德军统帅部在斯大林格勒和北高加索地域一出现严重的局面就会被迫从其他地域，尤其是维亚济马地域抽调部队来支援其"南方"集团。

为了不致发生这种情况，必须迅速在维亚济马以北地域准备和实施进攻战役，而且首先应粉碎勒热夫突出部地域的德军。这个战役，我们建议由加里宁方面军和西方方面军部队参加。

斯大林说："这很好，但是你们哪位负责这件事？"

我和华西列夫斯基事先已经商量好了。我说：

"斯大林格勒战役在各方面都已准备就绪。华西列夫斯基可负责协调斯大林格勒地域的部队行动，我可以负责准备加里宁方面军和西方方面军的进攻。"

最高统帅同意我们的建议。他说：

"明早你们飞往斯大林格勒，再次检查一下部队和指挥人员的战役前准备情况。"

11月14日，我又到了瓦图京部队中，华西列夫斯基则到了叶廖缅科处。第二天，我收到了斯大林的如下电报：

"康斯坦丁诺夫同志亲收

费多罗夫和伊万诺夫移动的日期（指瓦图京和叶廖缅科发起进攻的日期）由你酌定，以后来莫斯科时向我汇报。如果你认为他们当中的某人应先一两天或后一两天移动，那我赋予你酌定的权限。

瓦西里耶夫

1942年11月15日13时10分"

我与华西列夫斯基商定了转入进攻的日期：西南方面军和顿河方面军的第65集团军为11月19日，斯大林格勒方面军为11月20日。最高统帅批准了我们的决定。

11月17日，我被召到最高统帅部制订加里宁方面军和西方方面军的战役计划。

11月19日7时30分，西南方面军部队以猛烈的突击在两个地段上同时突破了罗马尼亚第3集团军的防御，罗曼年科中将指挥的坦克第5集团军由谢拉菲莫维奇西南的登陆场发起突击，奇斯佳科夫少将指挥的第 21 集团军由克列茨卡亚附近的登陆场发起突击。

敌人经不住突击，开始狼狈后退或被俘。位于罗马尼亚部队背后的德军部队企图以猛烈的反冲击阻止我军前进，但被进入战斗的我坦克第 1 军和第 26 军击溃。在西南方面军地段上完成了战术突破。

罗曼年科司令员心满意足了。应该说，他是一位勇敢的人和最有能力的指挥员。就其性格来讲，再没有比这种迅猛的行动对他更合适了。

奇斯佳科夫将军的第 21 集团军当面，敌人调来了预备队，其中包括德军坦克第 14 师、德军第 22 师以及罗马尼亚坦克第 1 师、骑兵第 7 师在坦克第 5 集团军首先是布特科夫少将指挥的坦克第 1 军的当面展开。

罗金少将指挥的坦克第 26 军，使罗马尼亚坦克第 1 师遭受了惨重的损失，并粉碎了罗马尼亚第 5 军司令部。部分敌军狼狈逃窜，大部分被俘。

我军进入战役地区后，在西南方面军当面防守的罗马尼亚第 3 集团军的主力以及为解救该集团军而调来的德军预备队，即彻底被粉碎，而且实际上不复存在了。

罗金的坦克第 26 军和克拉夫琴科的坦克第 4 军迅猛向卡拉奇地域推进，与斯大林格勒方面军的机械化第 4 军会合。巴托夫中将指挥的顿河方面军第 65 集团军，在第 21 集团军以左进攻。

11 月 22 日夜间，菲利波夫中校领导的坦克第 26 军的先遣支队，以勇猛的袭击攻占了顿河桥。

桥上的德军警卫根本没有预料到，仍在平静地等候换班。但这时突到桥上来的却是菲利波夫支队的先遣部队。希特勒匪徒把他们当成装备了缴获来的俄国坦克的教练队。当辨认出来时，已经晚了。经过短暂的格斗，桥被我军占领。敌人多次企图把菲利波夫支队从桥上赶走，但未能得逞。

菲利波夫守住桥后，决定由菲利片科中校的坦克队夺取卡拉奇。距卡拉奇只有两公里。菲利片科中校的坦克队中虽然兵力很少，但是他决定从行进间冲击卡拉奇市。进攻卡拉奇的战斗持续了整整一夜。德军进行了顽强的抵抗，但军主力的先遣支队很快抵达，遂即攻占了卡拉奇市。

在战斗中牺牲的有英勇的共产党员莫斯科人格里戈里·古里耶夫，无畏的侦察员亚历山大·伊万诺夫、格里戈里·达维季扬等同志。由于这次英勇的功绩，菲利波夫中校和菲利片科中校被授予"苏联英雄"称号，支队的其他成员也荣获苏联勋章和奖章。

11月24日，西南方面军的第21集团军和坦克第5集团军粉碎了被围的罗马尼亚部队集团后，俘获3万余名士兵、军官和将军，及大量的技术兵器。

下面摘抄的是罗马尼亚第6师炮兵旅气象勤务主任日记中关于这些天情况的记述。

"11月19日

俄国人开始对第5师的左翼实施疾风般的射击。我从来没有见过这样猛烈的炮火……炮火轰击声使大地颤抖起来，玻璃都震碎了……163高地上出现了敌人的坦克，控制了通往拉斯波平斯卡亚的道路。很快接到报告说，坦克以全速通过了阵地并突入村内……我方火炮对之无能为力……这种以最大速度开进的52吨重型坦克，有很厚的装甲，因此我们的炮弹不能穿透它……

11月20日

天一亮，在'普鲁特'第13师地段上，敌人就开始猛烈的炮火准备……第13师被彻底粉碎了。坦克进到格罗姆基、叶夫斯特拉托夫斯卡亚镇，并向我们后方遥远的佩列拉佐夫斯基开去。第5军指挥部在佩列拉佐夫斯基。已预先告知它正在形成的局势。我们同上级指挥部门没有任何联系。第6师不知通过什么奇妙的办法接到命令：'要不惜任何代价固守阵地，直到最后一个人。'现在我们已处于敌军合围中。陷入合围口袋内的有第5、第6、第15师及第13师残部。

11月21日

从天一亮，我们的处境就十分困难了。我们已陷入重围……在戈洛夫斯克极为混乱……现在是10时零5分。我们不知道该怎么办。这里聚集了丢掉自己部队的第13和第15师的军官们。

这是什么处境呀！

这是痛苦的，但却是真实的。

我的同事们反复看自己的亲人、妻子和孩子的照片。我也以沉痛的心情回忆母亲、兄弟、姐妹和亲属。我们把自己最好的衣服都穿在身上，甚至穿了两套衬衣，我们想结局可能是很悲惨的……关于正在形成的局面有很多议论和争辩……但我们并未失去希望……我们想，德军总会来援助我们的。

现在是13时30分。第5师师长马扎里尼将军担负起对所有各师的指挥责任来……我军周围的包围圈开始缩小。今天是大的宗教节日。我们或者我们的祖先犯了什么罪孽？为什么我们应当受这样的痛苦？我们三个军官讨论了这里的形势，得出的结论是，我们没有任何希望能够避开覆灭的灾难。由奥西诺夫卡传来的不愉快的消息开始证实了。重炮第5团侥幸逃脱的一群军官来到这里。

天黑以后，师长和团长们又集合起来商定最后的决心。

讨论了两个方案：

（1）突围；

（2）投降。

经过长时间讨论，决定采取第2个方案投降。

消息传来：俄国人派来了劝降的代表……"

日记到此中断了。但是不需要日记的记载我们也知道，罗马尼亚军队的这个集团全部投降了。

最高统帅由于对顿河方面军右翼部队的行动十分不放心，11月23日日终给顿河方面军司令员罗科索夫斯基下达了如下的指示：

"顿佐夫同志

抄送米哈伊洛夫同志（顿佐夫即罗科索夫斯基、米哈伊洛夫即华西列夫斯基）

据米哈伊洛夫报告，德军摩托第3师和坦克第16师已全部或部分地从你方面军当面撤离，现正在第21集团军当面作战。这就给你方面军的所有集团军转入积极行动创造了有利的条件。加拉宁行动迟缓。请给他下达指示，务必不得迟于11月24日夺占维尔佳奇。

给扎多夫也应下达指示，要他转入积极行动并将敌人的兵力吸引到自己方面来。

要认真督促巴托夫，他在目前情况下的行动本可以更加坚决一些。

斯大林

1942年11月23日19时40分"

由于奇斯佳科夫少将指挥的第21集团军进攻顺利和顿河方面军首长采取了措施，第65集团军的态势改善了。第65集团军开始更有力地向前推进。

顿河方面军的第24集团军是在进攻发起后三天才开始进攻的，沿顿河左岸实施突击。由于该集团军兵力薄弱，未取得重大战果。

斯大林格勒方面军的第51、第57和第64集团军于11月20日开始进攻，比西南方面军和顿河方面军各部队晚了一昼夜。

特鲁法诺夫少将指挥的第51集团军向普洛多维托耶总方向开始进攻，尔后向阿布加涅罗沃进攻。

托尔布欣少将指挥的第 57 集团军向卡拉奇总方向进攻。

舒米洛夫中将指挥的第 64 集团军以其左翼集团由伊万诺夫卡地域向加夫里洛夫卡、瓦尔瓦罗夫卡总方向实施突击,支援第 57 集团军的右翼集团。

当敌人防御被顺利突破、罗马尼亚第 1、第 2、第 18 和第 20 师及德军机械化第 29 师被粉碎后,沃尔斯基将军的机械化第 4 军在第 51 集团军地段上进入突破口向普洛多维托耶突击,弗里德堡塔纳希申少将指挥的坦克第 13 军则在第 57 集团军行动地带内进入突破口。沙普金将军指挥的骑兵第 4 军也同时开始行动,并于当日攻占阿布加涅罗沃车站。

敌人企图阻止第 57 集团军向卡拉奇前进,由斯大林格勒附近调来了坦克第 16 和第 24 师。但是敌人的这一行动已经晚了,已经没有力量来阻止西南方面军和斯大林格勒方面军部队的猛烈突击。西南方面军和斯大林格勒方面军的坦克部队于 11 月 23 日 16 时进入苏维埃农庄地域,日德科夫中校指挥的坦克第 4 军坦克第 45 旅最先在该处与罗季奥诺夫中校指挥的机械化第 4 军机械化第 36 旅会合。

克拉夫琴科将军指挥的西南方面军的坦克第 4 军,渡过顿河后,在苏维埃农庄地域与沃尔斯基指挥的斯大林格勒方面军的机械化第 4 军会师,从而封闭了对顿河和伏尔加河之间的敌斯大林格勒集团的包围圈。

在这以后,第 21、第 24、第 57、第 64、第 65 和第 66 集团军就能够向斯大林格勒总方向发展进攻,从两侧压缩对敌人的内包围圈。

获得坦克兵团加强的西南方面军的近卫第 1 集团军、坦克第 5 集团军和斯大林格勒方面军的第 51 集团军,在追击退却之敌的过程中,受领了任务,将被击溃的敌人部队赶到距被围的敌斯大林格勒集团尽可能远的西部,并建立牢固的对外正面,以保障顺利地肃清被围之敌。

反攻的第 1 阶段,到此即告结束。

到 12 月初,对敌人的合围圈已挤压得很紧了,部队着手进行下一阶段的行动。下一阶段的任务是肃清被围的敌人集团。

这期间,关于反攻的进程,华西列夫斯基和总参谋部都详细地向我通报了。完成了对德军第 6 集团军和坦克第 4 集团军部队的合围后,面临着一个最严重的关头,决不能让敌人突破合围。

11 月 28 日,我在加里宁方面军司令部与该方面军首长讨论即将实施的进攻战役。

天黑后,最高统帅给我打来电话,问我是否了解斯大林格勒地域的最新情况。我肯定地做了回答。最高统帅命令我考虑并向他提出有关肃清斯大林格勒附近被围德军的意见。

11月29日晨，我向最高统帅发了如下电报：

"在目前情况下，被合围的德军如无敌人由下奇尔斯卡亚、科捷利尼科沃地域实施的辅助突击，是不会冒险突围的。

德军统帅部显然将竭力固守斯大林格勒、维尔佳奇、马里诺夫卡、卡尔波夫卡、"高山旷地"国营农场地域的阵地，并在最短期间内在下奇尔斯卡亚、科捷利尼科沃地域集结突击集群，在卡尔波夫卡总方向上突破我军防线，从而在我军防线上打开缺口，形成向其被合围部队供应各种补给品的走廊，尔后再利用这条走廊突出合围。

在对敌有利的情况下，这条走廊可能在马里诺夫卡、利亚皮切夫、上奇尔斯卡亚地段形成其对北正面。在齐边科、泽特、格尼洛夫斯卡亚、舍巴林一线形成其对东南正面。

为了不让敌下奇尔斯卡亚和科捷利尼科沃集团与其斯大林格勒集团会合，并形成走廊，必须：

1. 尽快击退敌下奇尔斯卡亚和科捷利尼科沃集团，并在奥布利夫斯卡亚、托尔莫辛、科捷利尼科沃一线建立绵密的战斗队形。在下奇尔斯卡亚、科捷利尼科沃地域保持两个坦克集群，每一集群中至少应有100辆坦克作为预备队。

2. 将斯大林格勒附近敌被围集团分割为两部分。为此……应在大罗索什卡方向上实施分割突击。同时，在其对面杜比宁斯基、135高地方向上实施突击。在其余地段上则转入防御，只派出独立的支队进攻，以消耗和疲惫敌人。

将被合围的敌人集团分割为两部分后……应首先消灭较弱的那部分，尔后再集中全力突击斯大林格勒地域的敌军集团。

朱可夫

第02号，1942年11月29日"

给最高统帅发出电报后，我利用高频电话和华西列夫斯基通了话。他同意我的见解。同时，我们交换了关于西南方面军即将行动的意见。华西列夫斯基同意暂时放弃"大土星"战役，而使西南方面军向敌托尔莫辛集团翼侧实施突击。总参谋部也是这样的意见。

西南方面军受领了代号为"小土星"的任务：以近卫第1、第3集团军和坦克第5集团军的兵力向莫罗佐夫斯克总方向实施突击，以粉碎该地域的敌军集团。西南方面军的突击，由沃罗涅日方面军的第6集团军支援，该集团军在坎捷米罗夫卡总方向上进攻。

希特勒统帅部急需预备队来改善其部队在斯大林格勒和高加索方向上的危险处境。前面我已谈过，为了制止敌人由"中央"集团军群调动部队，最高统帅部决定在斯大林格勒地域反攻的同时，组织西方方面军和加里宁方面军进攻勒热夫突出部的德军。从11月20日到12月8日，进攻的计划和准备工作全部就绪。

1942年12月8日，给这两个方面军下达了如下训令：

"加里宁方面军和西方方面军应共同努力于1943年1月1日前粉碎勒热夫、瑟切夫卡、奥列尼诺、别雷地域的敌军集团，并在亚雷吉诺、瑟切夫卡、安德烈耶夫斯科耶、列宁诺、新阿热沃、坚佳列沃、斯维特一线牢牢地巩固下来。

西方方面军在实施战役时应遵照下列事项：

1. 12月10—11日，在大克罗波托沃、亚雷吉诺地段突破敌人防御，12月15日前攻占瑟切夫卡，12月20日至少有两个步兵师进入安德烈耶夫斯科耶地域，协同加里宁方面军的第41集团军封锁被合围之敌。

2. 突破敌人防御并待主力进到铁路线后，方面军快速集群及至少4个步兵师应向北进攻，突击敌勒热夫—切尔托利诺集团的后方。

3. 第30集团军应在科什基诺、布尔戈沃东北的交叉路口地段突破敌防御，并于12月15日前进到切尔托利诺地段的铁路线上；进至铁路线后应与方面军快速集群协同，沿铁路线进攻勒热夫，并于12月23日攻占勒热夫。

加里宁方面军在完成受领的任务时应遵照下列事项：

1. 第39和第22集团军继续向奥列尼诺总方向发展进攻，以粉碎敌奥列尼诺集团，并于12月16日前进入奥列尼诺地域。

以第22集团军的部分兵力在叶戈里耶方向上实施辅助突击，协助第41集团军粉碎敌别雷集团。

2. 第41集团军应于12月10日前粉碎突入齐齐诺地域的敌军集团，并恢复奥科利查地域的原态势。

12月20日前，应以部分兵力进入莫利尼亚、弗拉基米尔斯科耶、列宁诺地域，协同西方方面军部队从南面封锁被合围的敌军集团。

12月20日前，应占领别雷城……

最高统帅部

斯大林

朱可夫

第170700号"

由加里宁方面军和西方方面军两个方面军的兵力实施的这次战役，对于协助我军粉碎勒热夫突出部的敌人，有重要的作用，因而需要对此稍加说明。

以普尔卡耶夫中将为代表的加里宁方面军首长执行了自己的任务。在别雷以南进攻的方面军部队，顺利地突破敌人的防线，向瑟切夫卡方向前进。西方方面军的部队也应突破敌人的防御，向前推进与加里宁方面军部队会合，以便闭合对德军勒热夫集团的合围圈。但是，西方方面军未能突破敌人的防御。

最高统帅要求我立即前往科涅夫处。

我到了西方方面军指挥所后，得出了这样的结论：继续进行这次战役已不适宜，因为敌人已猜透我方意图并从其他地段向该地域调来大量兵力。

这时，在我突破的地域中，加里宁方面军的情况也复杂化了。敌人以猛烈的翼侧突击切断了索洛马京少将指挥的我机械化军与主力的联系，该军陷入合围。

不得不迅速由最高统帅部预备队中再调一个步兵军，援助我方部队突围。索洛马京的机械化军，在极端困难的条件下奋战了三个多昼夜。

第4天夜间，赶来援救的西伯利亚人突破了敌人防线，索洛马京的军才得以突围。该军的战士和军官都极其疲惫了，不得不撤往后方休整。

虽然我军在这里未能实现最高统帅部规定的目标，肃清勒热夫突出部的敌人，但我军以积极的行动使德军统帅部不能从这个地段向斯大林格勒地域调动大量援兵。

而且希特勒统帅部为了保住勒热夫—维亚济马基地，被迫向维亚济马、勒热夫地域调来4个坦克师和1个摩托化师。

我们在分析西方方面军部队进攻受挫的原因时认为，最主要的是对方面军首长所选定的实施主要突击地段的地形的困难条件估计不足。

战争经验证明，如果敌人的防御配置在视界良好、没有防炮火的天然遮蔽地的地形上，则炮兵和迫击炮火力易于破坏这种防御，因而在该处进攻时一定会获胜。

如果敌人的防御配置在视界不好的地形上，在高地的反斜面上及与防御正面平行的峡谷内还有良好的遮蔽地时，则这种防御很难用炮火加以破坏，也很难突破，尤其在使用坦克受到限制时更是这样。

在西方方面军进攻时，正是没有估计到德军防御配置地点的地形影响，在该处起伏地的反斜面上有良好的遮蔽地。

受挫的另一个原因是，保障突破敌人防御所需的坦克、火炮、迫击炮和飞机的数量不足。

方面军首长曾力图在进攻过程中弥补这些缺陷，但未能成功。情况之所以复杂化，是由于德军统帅部与我方的估计相反，由其他战线上调来大量兵力加强了这里的防御。

由于所有这些因素，在别雷以南完成了突破的加里宁方面军部队处于孤立无援的境地。

现在还是让我们回过头来叙述我军在斯大林格勒地域的行动吧。

12月上半月，顿河方面军和斯大林格勒方面军部队消灭被围敌军的战役，发展极为缓慢。

敌军等待着希特勒亲自答应的支援，他们为固守每一阵地而顽强地搏斗着。我军的进攻由于分出相当大的一部分力量去消灭由科捷利尼科沃地域转入进攻的德军集团，因而未能取得预期的结果。

对于德军来说，在斯大林格勒地域的溃败可能发展成为战略规模的大败。

希特勒统帅部认为，为了改变总的态势，首先必须稳住德军在斯大林格勒方向上的防线，并在斯大林格勒德军的掩护下由高加索撤出其"A"集团军群。为了这个目的，组建了新的"顿河"集团军群，任命曼施泰因元帅为司令官。

希特勒当局认为，曼施泰因是最合适和最能干的司令官。为了组建这个集团军群，由苏德战场的其他地段上抽调部队，部分部队还是由法国和德国抽调的。

后来我们得知，当时为了援救在斯大林格勒地域被合围的部队，曼施泰因元帅打算建立两个突击集群。一个在科捷利尼科沃地域，一个在托尔莫辛地域。

但是这样的计划注定不能实现。当时，德军极端缺乏预备队。能够拼凑到的部队在漫长的交通线上极其缓慢地前进着。而在敌后的我方游击队，了解德军为什么匆忙向南方调动，因而竭尽全力阻止德军前进。我国英勇的爱国者，不顾法西斯极其残暴的恐怖，不顾敌人所采取的种种防范措施，颠覆了几十列运送希特勒匪军的列车。

时间过去了，而指望集中德军以打破封锁和建立新的防线的企图却破灭了。预感到德军在斯大林格勒附近要灭亡的希特勒，催促曼斯泰因不等部队全部集中完毕就发起进攻。

12月12日，曼施泰因只是由科捷利尼科沃地域沿铁路发起了进攻。

曼施泰因在科捷利尼科沃集群中编有坦克第6、第23师，后来又增加了坦克第17师，还有1个装备"虎式"重型坦克的独立坦克营，4个步兵师和一些加强部队，以及2个罗马尼亚骑兵师。经过三天战斗，敌人向斯大林格勒推进了45公里并渡过了叶绍洛夫斯基阿克赛河。

在上库姆斯基地域进行了激烈的交战，双方都有很大损失。敌人不顾伤亡，向斯大林格勒突进。但是经过战斗锻炼的苏联军队顽强地扼守着防御地区。只是在受到新开到的德军坦克第17师的压力以及由于德军猛烈的飞机轰炸，第51集团军的部队和沙普金将军指挥的骑兵军才撤过梅什科瓦河。

现在敌人距斯大林格勒只有40公里了，显然认为胜利即将在握。然而，敌人的希望为时过早。华西列夫斯基根据最高统帅部的指示向该处调去马利诺夫斯基将军指挥的、装备有充足坦克和火炮的、加强了的近卫坦克第2集团军，并使之进入交战。该集团军的突击最终决定了交战的命运有利于苏军。

12月16日，西南方面军部队和沃罗涅日方面军的第6集团军发起了进攻，目的是粉碎顿河中游地域的德军并进到敌托尔莫辛集团的后方。

库兹涅佐夫中将指挥的近卫第1集团军、列柳申科中将指挥的近卫第3集团军（当时近卫第1集团军已划分为近卫第1、第3两个集团军）、哈里托诺夫少将指挥的第6集团军（转隶给西南方面军并加强有波卢博亚罗夫的坦克第17军），粉碎意大利第8集团军后，迅猛向莫罗佐夫斯克总方向发展突击。

坦克第24和第25军及近卫机械化第1军在第1战役梯队中进攻，以撞击的办法粉碎敌人的抵抗。坦克第17和第18军为右梯队，进入米列罗沃地域。

西南方面军部队在这个方向上的迅猛行动，迫使曼施泰因将其预定由托尔莫辛地域向斯大林格勒方向实施突击的兵力用来对付前出到整个"顿河"集团军群翼侧和后方的西南方面军。

12月28日，西南方面军司令员瓦图京用"博多"电报机向最高统帅部汇报进攻战役的进程时，对情况是这样描述的：

"原来在方面军当面的大约17个师的全部敌人，可以说全部被歼灭，物资储备亦被我缴获。被俘6万人，击毙亦不少于此数。因此，现在少得可怜的残敌，除少数例外，已几乎不做抵抗了。

敌人在奥布利夫斯卡亚—上奇尔斯卡亚一线继续顽强地进行防御。在莫罗佐夫斯克地域，今天已抓到原先在罗马年科集团军当面的敌坦克第 11 师和空军野战第 8 师的俘虏。对我列柳申科集团军和快速部队抵抗最猛烈的是由科捷利尼科沃地域渡过顿河后进到切尔内什科夫斯基、莫罗佐夫斯克、斯科瑟尔斯卡亚、塔钦斯卡亚一线的敌人。敌人的这支部队力图占领防御地区，以阻止我快速兵团继续进攻并以此保障其部队有撤退的可能。敌人在有利的条件下，可能会坚守着这个突出部，以便将来通过这里援救其被合围的集团。但敌人未能得逞。我将竭尽全力割裂这个突出部。

逐日实施的航空侦察发现敌人在罗索什、旧别利斯克、伏罗希洛夫格勒、切博托夫卡、卡缅斯克、利哈亚、兹韦列沃地域卸载。对敌人的意图难以判断，显然他打算沿北顿涅茨河占领基本防御地区。敌人首先不得不堵塞我军所造成的宽达 350 公里的缺口。最好能不做特别间歇地打击敌人，但为此应向这里调拨援军，因为这里现有的部队要用于完成'小土星'战役，实施'大土星'战役则需补充力量。"

最高统帅和我都在电报机旁。

斯大林说："你的首要任务是不得让敌人粉碎巴达诺夫的部队，并应尽快派帕夫洛夫和鲁西亚诺夫所部去援助他。你做得对，在最危急的时刻允许巴达诺夫放弃塔钦斯卡亚。你们对托尔莫辛的突击，最好给骑兵第 8 军再加强以某个步兵部队。至于经苏沃罗夫斯基向托尔莫辛调近卫骑兵第 3 军和 1 个步兵师，那是非常适时的。

为使'小土星'变为'大土星'，我们已经给你调拨了坦克第 2 和第 23 军，再过一个星期，你还可以得到两个坦克军和三四个步兵师……我们对坦克第 18 军的使用有不同的见解。你想把它调往斯科瑟尔斯卡亚，最好让它和坦克第 17 军一起留在米列罗沃、上塔拉索夫斯科耶地域。总之，你应当注意，坦克军派往较远的距离上时，最好两个军同时派出，而不要一个军单独行动，以免陷入巴达诺夫的处境。"

我问瓦图京："坦克第 18 军现在何处？"

"坦克第 18 军就在米列罗沃以东……它不会被孤立。"

"请记住巴达诺夫，不要忘记巴达诺夫，无论如何要援救他！"

瓦图京保证说："我一定采取一切可能的措施，我们一定要援救巴达诺夫。"

有关巴达诺夫指挥的坦克第 24 军的说法不足偶然的。下面是那里发生的事情。

12月17日18时30分，坦克第24军在博古恰尔西北进入突破口，在约300公里的前进道路上进行了战斗，在向塔钦斯卡亚车站前进的途中消灭了6700名敌军士兵和军官并缴获了大量军用物资。12月24日晨，该军到达塔钦斯卡亚车站附近后，从行进间由数个方向对车站进行冲击。近卫军大尉福明率领一队战士突入塔钦斯卡亚车站，切断了利哈亚—斯大林格勒铁路干线。他们消灭了敌人的卫兵，缴获了一列车拆卸开的新飞机。可惜，福明大尉被敌人的枪弹击中英勇牺牲了。

这时，涅恰耶夫大尉指挥的坦克兵突入了机场，那里停着200余架德军运输机，正准备起飞。但是这些飞机没有能够起飞，被我坦克击毁了。第24坦克军坚守塔钦斯卡亚五个昼夜，在合围中与开来的敌预备队进行了激烈的战斗。12月29日晨，坦克军接到瓦图京的命令后，突破合围，并在巴达诺夫英勇而巧妙的指挥下全部退到伊利—因卡。经过数天休整后，该军顺利地冲向莫罗佐夫斯克。

鉴于坦克第24军在粉碎伏尔加河，顿河地域敌军的整个行动中作出的重大贡献，该军改称近卫坦克第2军并获得了"塔钦斯卡亚"军的光荣称号，军长巴达诺夫则在我国第一个荣膺二级苏沃洛夫勋章。很多士兵、指挥员和政治工作人员也受到政府的奖赏。

西南方面军和斯大林格勒方面军部队在科捷利尼科沃和莫罗佐夫斯克方向上的顺利突击，最终决定了被围在斯大林格勒地域的保卢斯部队的命运。

西南方面军和斯大林格勒方面军的部队，出色地完成了赋予他们的任务并迅猛地粉碎了敌人，从而打破了曼施泰因给保卢斯部队解围的计划。1月初，瓦图京的部队进到新卡利特瓦、克里兹科耶、切尔特科沃、沃洛希诺、米列罗沃、莫罗佐夫斯克一线，构成了对德军整个高加索集团的直接威胁。

被击溃的德军科捷利尼科沃集团于12月底退到了齐姆良斯卡亚、朱可夫斯卡亚、杜博夫斯科耶、济莫夫尼基一线。遭受惨重损失的托尔莫辛集团，退到了车尔尼雪夫斯卡亚、洛兹诺伊、齐姆良斯卡亚一线。

这样一来，敌"顿河"集团军群司令官曼施泰因元帅突破我对外正面并使保卢斯部队突围的企图就彻底破产了。

被围德军的指挥官和士兵也都了解这种情况。普遍出现了对前途绝望和渴望能从不可避免的死亡中得救的情绪。而当他们得救的希望破灭后，就出现了痛苦的失望。

当解围的企图彻底破产后，希特勒军政当局认为主要任务已经不是解救其被围的濒于灭亡的部队，而是使它们拖长在合围中战斗的时间，牵制住苏军。他们必须赢得尽量多的时间，以便由高加索撤退部队和由其他战线上调动兵力建立能够在某种程度上阻止我军反攻的新防线。

最高统帅部也采取了措施，以便较快地解决敌被围集团并把两个方面军的部队解脱出来最迅速地粉碎由高加索和在我国南部退却的敌军。

最高统帅尽力催促方面军司令员们行动。

12月底，国防委员会开会讨论今后的行动。最高统帅建议：

"粉碎被围敌人的工作应交给一个人领导。现在有两位方面军司令员在指挥，妨碍这一任务的完成。"

出席会议的国防委员支持这个意见。

"最后肃清敌人的任务交给哪位司令员呢？"

有人建议把所有部队都交给罗科索夫斯基指挥。

最高统帅问我："你怎么不吭声？"

我回答说："我认为两位司令员都能干，如果把斯大林格勒方面军的部队拨归罗科索夫斯基指挥，那么叶廖缅科必然会感到委屈的。"

斯大林打断我的话说："现在不是谈论委屈不委屈的时候，"并命令我，"打电话给叶廖缅科，向他宣布国防委员会的决定。"

当天晚上我用高频电话给叶廖缅科打了电话，告诉他说：

"叶廖缅科同志，国防委员会决定最后肃清敌斯大林格勒集团的工作委任罗科索夫斯基进行，因此你应将斯大林格勒方面军的第57、第64和第62集团军转交给顿河方面军。"

叶廖缅科问："为什么要这样呢？"

我给他解释了作出这个决定的原因。

但这显然使叶廖缅科很难过，从谈话中可以感觉到他情绪十分激动。我建议他过一会儿再给我打电话。过了15分钟，电话铃又响了。

"大将同志，我还是不明白，为什么特别看重顿河方面军的领导人。我请你报告斯大林同志，我要求留在这里直至肃清敌人为止。"

关于这个问题我建议他亲自给最高统帅打电话。叶廖缅科回答说：

"我已打过电话了，但波斯克列贝舍夫说，斯大林吩咐关于这种问题只要和你谈就行。"

我不得不打电话给最高统帅，并告诉他我和叶廖缅科谈话的情况。斯大林自然是骂了我，并要我立即下达关于斯大林格勒方面军的三个集团军拨归罗科索夫斯基指挥的训令。1942年12月30日下达了这个训令。

斯大林格勒方面军司令部应领导在科捷利尼科沃方向上行动的部

队，继续歼灭科捷利尼科沃地域的敌军。

不久，斯大林格勒方面军改称南方方面军，在罗斯托夫方向上行动。

根据最高统帅部1942年12月30日训令，第62、第64和第57集团军由斯大林格勒方面军拨入顿河方面军编成内。

1943年1月10日，顿河方面军编成内共有21.2万人、约6900门火炮和迫击炮、250余辆坦克和近300架作战飞机。

12月底，华西列夫斯基主要研究有关肃清科捷利尼科沃、托尔莫辛和莫罗佐夫斯克地域的德军问题。最高统帅部任命沃罗诺夫将军为其驻顿河方面军代表。他和方面军军事委员会共同提出一个最后肃清被围德军集团的代号名为"指环"的计划。

总参谋部和最高统帅部审查了这个计划后，在训令中向沃罗诺夫将军指出：

"你提出的'指环'计划的主要缺点是，主要突击和辅助突击向不同的方向实施，而且从不连接，这就使战役的胜利大有可疑了。

最高统帅部认为，在战役第一阶段，你的主要任务应当是在克拉夫佐夫、巴布尔金、马里诺夫卡、卡尔波夫卡地域切断并歼灭被围敌军的西部集团，以便我军由德米特里耶夫卡、第一国营农场、巴布尔金地城发起的主要突击转向南直指卡尔波夫斯卡亚车站，第57集团军由克拉夫佐夫、斯克利亚罗夫地域应实施与主要突击相向的辅助突击，并在卡尔波夫斯卡亚车站地域与主要突击会合。

此外，应组织第66集团军经奥尔洛夫卡向'红十月'村方向实施突击，第62集团军则实施与该突击相向的突击，以便这两个突击能够会合并从而切断工厂区的敌人与敌主要集团的联系。

最高统帅部命令根据上述内容修改计划。最高统帅部批准你在第一个计划中提出的战役发起时间。

战役第一阶段应于发起后5—6天结束。

战役第二阶段计划应于1月9日前通过总参谋部送呈，计划中应考虑到第一阶段的战果。

斯大林

朱可夫

第170718号

1942年12月28日"

1943年1月，在顿河地域的我对外正面，经西南方面军和斯大林格勒方面军的努力，向西推进 200—250 公里。压缩在合围圈中的德军的态势急剧恶化了。已经没有任何解救的希望了。物资储备业已耗尽。部队领到的是不够充饥的口粮。医院的伤病员大大超过容量。伤、病致死的人数急剧增加。不可避免的覆灭的命运即将来临。

为了停止流血，最高统帅部命令顿河方面军领导人向敌第 6 集团军发出最后通牒，要他们根据惯例条件投降。希特勒当局不顾不可避免的后果，拒绝了我方的最后通牒并命令其士兵打到最后一粒子弹。同时，希特勒当局还答应来解救他们，这是不可能兑现的，而且德军士兵也明白这点。

1943 年 1 月 10 日，经过猛烈的炮火准备后，顿河方面军部队转入了旨在分割并各个消灭被围敌军的进攻，但未能获得全胜。

1 月 22 日，经过进一步准备后，顿河方面军部队再次转入进攻。敌人经不住这次突击，开始后退。会战中，托尔布欣将军指挥的第 57 集团军和扎多夫将军指挥的第 66 集团军取得的战果最好。

保卢斯第 6 集团军的一名侦察军官在其回忆录中对德军在苏军突击下的退却是这样描述的：

"我们被迫开始全线退却……但退却变成了逃跑……有的地方一片混乱……我们的路上布满了尸体。暴风雪好像出于怜悯似的，很快就用雪把尸体掩埋了……我们已经是无命令地退却了。"接着又写道："我们在和死亡赛跑，它轻易就追上了我们。队伍里一批批人牺牲了，集团军缩在越来越小的地狱里。"[①]

1 月 31 日，最后粉碎了德军的南部集团。其残部，包括第 6 集团军司令官保卢斯元帅在内，投降了。2 月 2 日，北部集团的残部亦投降。至此，彻底完成了伏尔加河上的最大的会战，由德军及法西斯德国的仆从军所组成的最大的军队集团彻底遭到覆灭。

斯大林格勒地域的会战是极其激烈的。我个人认为，只有莫斯科会战可以与之相提并论。从 1942 年 11 月 19 日到 1943 年 2 月 2 日共歼灭敌 32 个师和 3 个旅，另外还有 16 个师伤亡 50%—75%。

敌人在顿河、伏尔加河、斯大林格勒地域总共损失了约 150 万人，3500 辆坦克和强击火炮，1.2 万门火炮和迫击炮，约 3000 架飞机及大量的其他技术兵器。这些兵力和兵器的损失对希特勒德国的整个战略地位产生了极大的影响并彻底动摇了其整个战争机器。

---

① 维德尔：《伏尔加河上的惨祸》，莫斯科，1965 年，俄文版，第 95、第 102 页。

是什么原因使斯大林格勒地域的德军遭到惨败，使我军取得历史性的胜利呢？

1942年希特勒全部战略计划的破产是由于希特勒匪徒对苏联的力量和能力估计不足，对我国人民的强大的潜在力量和精神力量估计不足，而对他们自己军队的力量和能力则估计过高。

在"天王星""小土星"和"指环"战役中粉碎德军的最重要前提是，巧妙地组织了战役战术的突然性，正确地选择了主要突击方向，准确地查明了敌人防御中的弱点。正确地计算出迅速突破敌人战术防御所需的兵力兵器，积极发展旨在完成对敌军主要集团合围的战役突破，都起了重要的作用。

在为完成对敌合围和粉碎敌人而采取的迅猛行动中，坦克、机械化部队和航空兵有十分重大的作用。

首长和各司令部对全部反攻的实际准备工作，都是十分认真和深思熟虑的，而在反攻过程中，各级对部队的指挥都有明确的目的性、坚强的意志和预见性。

在顺利地实现粉碎敌军的过程中，各级军事委员会、政治机关、党团组织和各级首长所进行的政治工作起了很大作用。它们教育全体军人在完成各项战斗任务时要对自己的力量充满信心，要英勇、果敢，要发扬集体英雄主义精神。

我军在斯大林格勒附近的胜利标志着战争中向有利于苏联的根本转折的开始，标志着从我国领土上开始驱逐敌军。从此苏军统帅部完全掌握了战略主动权，并将其一直保持到战争结束。这是等待已久的令人欢欣鼓舞的胜利，不仅对于直接参加粉碎敌人的部队是这样，而且对于日夜顽强劳动保障军队所需一切的我国全体人民也是这样。俄罗斯、乌克兰、白俄罗斯、波罗的海沿岸、高加索、哈萨克斯坦和中亚各族人民的忠实儿女，以坚毅顽强和集体英雄主义博得了不朽的荣誉。

在敌人军官和将军中，以及在德国人民中对希特勒和整个法西斯当局的不满更为明显地显露出来。德国人民越来越多地开始懂得，希特勒及其亲信使德国卷入明显的冒险活动中，他们所许诺的胜利只是一种神话，而其军队则在顿河、伏尔加河和北高加索遭到了覆灭。

正如德国的一名中将韦斯特法尔所描述的那样："斯大林格勒附近的失败，使德国人民及其军队都感到十分可怕。在整个德国历史上还从来没有过死了这么多军队的可怕情景。"

由于在伏尔加河和顿河上粉碎了德国、意大利、匈牙利和罗马尼亚的军队，德国原先在其盟国中的影响急剧下降了。由于对希特勒当局失去信任而开始出现了意见分歧、摩擦，并希望摆脱希特勒诱骗他们堕入的战争罗网。

德军的惨败使中立国家和仍持观望态度的国家觉醒过来，并不得不承认苏联的强大和希特勒德国在这场战争中的必然覆灭。

众所周知，关于在斯大林格勒地域粉碎德军的消息，是以何等欢乐的心情传遍全世界的，又是怎样鼓舞各国人民与法西斯占领者进一步做斗争的。

对我个人来说，保卫斯大林格勒，准备反攻并参加有关我国南部各次战役问题的决策，有特殊重大的意义。我在这里组织反攻的过程中比1941年在莫斯科地域取得了大得多的实际经验，当时在莫斯科兵力有限，不允许实施旨在合围敌人集团的反攻。

由于对斯大林格勒地域的反攻顺利地进行了总的领导并在反攻中取得了大规模的战果，我和其他人一起被授予苏沃洛夫一级勋章。

授予我第1号苏沃洛夫一级勋章，对于我不仅是很大的荣誉，而且也表明祖国要求我更好地工作，使全歼敌人的时刻、彻底胜利的时刻更快地到来。授予苏沃洛夫一级勋章的有：华西列夫斯基、沃罗诺夫、瓦图京、叶廖缅科、罗科索夫斯基。很多将军、军官、军士和士兵也都受到政府的各种奖励。

在斯大林格勒、顿河地域及高加索顺利地粉碎了德军，为我各方面军在西南方向上发展进攻，创造了有利条件。

在顿河和伏尔加河地域粉碎敌军后，苏军又成功地实施了奥斯特罗戈日斯克—罗索什战役和沃罗涅日—卡斯托尔诺耶战役。苏军向西发展冬季攻势，占领了罗斯托夫、新切尔卡斯克、库尔斯克、哈尔科夫及其他许多重要地域。在整个苏德战场上，敌军的总的战役战略情况急剧恶化了。

第十七章
库尔斯克，粉碎法西斯的战略转折点

如上所述，斯大林格勒会战是1942年冬季和1943年春季战局中最重大的事件，是具有重大国际意义的事件。我西北方面军肃清杰米扬斯克地域的敌人后，进到洛瓦季河。西方方面军部队将敌人赶出勒热夫、维亚济马地域，占领了杜霍夫希纳、斯帕斯杰缅斯克地区。

1943年3月中旬，所有各条战线上的情况都变得对苏联有利。我军粉碎了伏尔加河、顿河、北高加索等地的德国、罗马尼亚、意大利和匈牙利部队后，敌人遭受了巨大的损失，于3月中旬前退到了谢夫斯克、雷利斯克、苏梅、阿赫特尔卡、克拉斯诺格勒、斯拉维扬斯克、利西昌斯克、塔甘罗格一线。

从1942年11月在斯大林格勒附近转入反攻到1943年3月，苏军总计粉碎敌军100余个师。自然，这些重大的胜利，苏军和苏联人民并不是轻易取得的。我方也遭受了重大的损失。

在各个战线上都出现了沉寂，只有沃罗涅日方面军、西南方面军和南方方面军的地段上，以及库班仍继续进行激烈的交战。

德军统帅部为了不使其在苏德战场南翼上的部队的处境进一步恶化，调来了补充兵力，组织了对我西南方面军的反攻。其目的是，将我西南方面军赶过北顿涅茨河，然后沿北顿涅茨河组织防御，并在其掩护下对我沃罗涅日方面军部队实施突击，占领哈尔科夫和别尔哥罗德。

以后从缴获的文件中得知，希特勒统帅部打算在情况有利时，扩大其部队的行动，以肃清库尔斯克突出部上的我方军队。

3月初，敌人由柳博京地域对我沃罗涅日方面军左翼部队实施了猛烈的反突击。我军受挫后撤。3月16日，敌人重新占领了哈尔科夫并开始向别尔哥罗德方向发展突击。

那时，我作为最高统帅部的代表在苏联元帅铁木辛哥指挥的西北方面军中。该方面军部队进到洛瓦季河后，正在进行强渡该河的准备。

大约在3月13日或14日，瓦图京向西北方面军指挥所打来了电话。

我向最高统帅报告了洛瓦季河上的情况，提出由于出现了过早解冻现象，该河已不能通行，显然西北方面军部队不得不暂时在这里停止进攻行动。

最高统帅表示同意。他还向我提了几个有关西北战线战事今后发展方面的问题，然后说，准备委派索科洛夫斯基指挥西方方面军。

我建议委派原西方方面军司令员科涅夫领导西北方面军，而将铁木辛哥派往南方担任最高统帅部代表，帮助南方方面军和西南方面军司令员。他熟悉那个地区，而且那里最近又出现了对我军不利的情况。

斯大林说："好吧，我告诉波斯克列贝舍夫，要科涅夫给你打个电话。

由你给他下达指示。然后你自己明天到最高统帅部来。需要讨论一下西南方面军和沃罗涅日方面军的情况。"他又补充说："可能你需要到哈尔科夫地域去。"

过了不久，科涅夫给我打来电话。

我说："最高统帅命令任命你代替铁木辛哥为西北方面军司令员。铁木辛哥被派往我战线的南翼。"

科涅夫表示感谢并说，明天早晨他就动身来新的工作岗位。第二天早晨我前往最高统帅部。

当天夜间我到了莫斯科。一路十分疲劳，因为我的吉普车不得不在到处都遭到严重破坏的路上颠簸。

波斯克列贝舍夫打电话通知我说，斯大林召集了很多同志讨论有关冶金和电力的燃料问题、飞机和坦克制造厂的问题。让我马上去参加会议。我边走边吃了点东西，来到克里姆林宫。

在最高统帅办公室里，除了政治局委员外，各部领导人、设计师和许多大工厂的厂长都在座。从他们的汇报中十分明显地看出，在工业方面，形势仍然十分紧张。美国根据租借法案许诺的援助，没有及时到达。

最高统帅召集的这次会议于夜间三点过后结束。参加会议的人员分头到中央委员会、人民委员会和国家计划委员会去想办法，及时采取改善工业工作的措施。

散会后，斯大林走到我跟前问我说：

"你吃过晚饭了吗？"

"没有。"

"那和我一起走，顺便谈谈哈尔科夫地域的态势。"

我们吃饭时，总参谋部送来了标有西南和沃罗涅日方面军地段情况的地图。那位负责沃罗涅日方面军情况的参谋报告说，到3月16日，那里的情况严重恶化了。自从由克拉马托尔斯克地域进攻的敌装甲坦克和摩托化部队把西南方面军部队赶过顿涅茨河以后，就在哈尔科夫西南出现了困难的局面。

敌军从波尔塔瓦和克拉斯诺格勒地区同时转入进攻。瓦图京将向前突出的坦克第3集团军和第69集团军的部队向后撤，并在哈尔科夫以西和西南组织了较密集的战斗队形。当时由戈利科夫上将指挥的沃罗涅日方面军没有后撤。

最高统帅问："为什么总参谋部不提醒？"

参谋回答说："我们建议过。"

斯大林坚决指出："总参谋部应干预对方面军的指挥。"稍经思考后，他转过来对我说："你天亮后必须到前线去。"

最高统帅当即给沃罗涅日方面军军事委员赫鲁晓夫打了电话，严厉斥责方面军军事委员会没有采取措施对付敌人的反突击。最高统帅把那位参谋打发走以后，对我说：

"总得把晚饭吃完。"

已经是早晨5点钟了。

吃过晚饭（准确地说是早饭）以后，我要求到国防人民委员部去一趟，做些去沃罗涅日方面军的准备。早晨7点，从中央机场起飞，飞往沃罗涅日方面军司令部。一坐上飞机我就睡着了，直到飞机在机场着陆才醒来。

当天，我由沃罗涅日方面军司令部利用高频电话向斯大林报告情况，情况比早晨总参谋部那位参谋汇报的还坏。敌军占领哈尔科夫后，没有遭到特别的抵抗即向别尔哥罗德方向前进，并占领了卡扎奇亚洛潘。

我向最高统帅报告说："必须赶快把最高统帅部预备队中可能调动

的部队调到这里来，否则德军会占领别尔哥罗德并向库尔斯克方向发展突击。"

过了一小时，我从和华西列夫斯基通话中得知，最高统帅已定下决心并下达了让第21集团军、坦克第1集团军和第64集团军向别尔哥罗德地域开进的号令。坦克集团军作为我的预备队。

3月18日，德国党卫军的坦克军占领了别尔哥罗德。但是，敌人已不可能继续向北突进。

近卫第52师师长科津将军亲自向我报告了下述情况。

根据第21集团军司令员奇斯佳科夫将军的号令，近卫第155团团长潘秋霍夫中校率领集团军先遣支队前往别尔哥罗德，任务是与敌人保持接触并捕捉俘虏。

先遣支队向别尔哥罗德前进时，发现了敌人并在别尔哥罗德以北的沙皮诺地域进行了伏击。在战斗中捉到了属于敌"骷髅"坦克师的俘虏。查明敌人正向奥博扬前进。

3月18日日终前，第52师主力在别尔哥罗德以北占领了防御并向前派出战斗警戒。后来，尽管敌人力图击退我近卫战士，但未能得逞。在第52师右面占领防御的是近卫第67步兵师，左面是步兵第375师。

根据第52师师长报告，在别尔哥罗德以北战斗中表现突出的有第153团团长巴比奇中校、师政治部主任沃罗诺夫中校、步兵151团团长尤季奇中校。3月20日，我给该师的很多军人授了奖。

3月20—21日，第21集团军的主力在别尔哥罗德以北组织了十分坚强的防御，在奥博扬以南地域则集中了坦克第1集团军的部队。

法西斯德军多次企图在3月底突破我军在别尔哥罗德地域和北顿涅茨河（该处当时由第64集团军防守）上的防御，均未得逞。敌人遭到重大损失后，就地巩固下来。

这时，在库尔斯克突出部的态势开始稳定下来。双方都在准备决战。

为了加强沃罗涅日方面军的领导，最高统帅任命瓦图京上将为方面军司令员。瓦图京担任司令员后以其固有的毅力着手巩固方面军的部队并建立纵深梯次防御。

3月底和4月初，我和瓦图京几乎走遍了方面军的所有部队。与部队和兵团指挥员共同判断情况，明确他们遭到敌人进攻时的任务和各项必要措施。我对近卫步兵第52师的地段特别不放心，所以去了两次。我认为，该师必然会遭受敌人的主要突击。方面军和集团军司令员也持同样见解,因此我们决定用炮兵全力加强该师所负责的地段。

临到需要准备库尔斯克会战计划的预先方案的时候了。

我和总参谋长华西列夫斯基及各方面军司令员商定,在中央、沃罗涅日和西南方面军地段上采取措施组织周密的对敌侦察。

华西列夫斯基给情报部和游击运动总司令部下达了任务:查清敌军纵深中预备队的数量及其配置情况,查清由法国、德国及其他国家调来的部队的部署和集中情况。

总的说来,在中央的组织指导下和在各地地下党组织的经常不倦的努力下进行的游击行动,大大加强了我对敌打击的威力。游击队和正规军的配合行动也日益增强。游击队协助正规军搜集情报,粉碎敌人的预备队,切断交通线,破坏敌人的部队调动和武器装备。

早在1942年,希特勒匪徒就将其在苏德战场上的陆军部队的近百分之十的兵力用来对付游击队了。1943年,为此目的动用了党卫军和保安队的警察兵团、50万辅助部队和作战部队中的近25个师。

共产党巧妙地领导了反对法西斯侵略者的爱国人民斗争,给了我正规部队重大支援。共产党员游击战士不仅手持武器进行战斗,而且在居民中进行了大量的政治工作和解释工作,散发苏联新闻局的传单、告民众书和战报,揭露敌人的欺骗宣传。游击队的活动对于破坏敌军士气起了巨大的作用。

各方面军部队在自己行动的地带内,也开始加强了航空侦察和部队侦察。因而在4月初,我们有了足够的关于奥廖尔、苏梅、别尔哥罗德和哈尔科夫地区敌军情况的全面情报。分析了上述情报以及由更加广阔的战区所获得的情报,并经过同沃罗涅日和中央方面军司令员以及同总参谋长华西列夫斯基讨论后,我向最高统帅提出如下报告:

"瓦西里耶夫同志

(于1943年4月8日5时30分)

谨就1943年春、夏季敌人可能的行动以及近期我军的防御战斗问题,提出我的看法和设想。

1. 敌人在1942年冬季和1943年春季战局中遭到了惨重的损失,显然不可能在开春以前建立更多的预备队,重新发起进攻以夺取高加索并前出到伏尔加河地域,以便深远迂回莫斯科。

敌人由于预备队数量有限,1943年春季和夏初将不得不在较狭窄的正面上展开进攻,并严格分阶段完成任务,会战的基本目标是夺占莫斯科。

根据当前敌人在我中央、沃罗涅日和西南方面军当面的部署情况，我认为，敌人将对这三个方面军实施主要进攻战役，以便粉碎该方向上的我军，获得沿最近的道路迂回莫斯科的机动自由。

2. 看来，敌人在第一阶段最大限度地集中其兵力后（其中包括13—15个坦克师），将在大量航空兵支援下，以其奥廖尔—克罗梅集团从东北迂回库尔斯克，以其别尔哥罗德—哈尔科夫集团从东南迂回库尔斯克。

敌人为切断我防线而实施的辅助突击，预计会从西边的沃罗日巴地域（谢伊姆河和普肖尔河之间）从西南对库尔斯克实施。敌人将企图以这次进攻粉碎并合围我第13、第21、第38、第40、第65和第70各集团军。敌人在这个阶段的最终目标可能是前出到科罗恰河—科罗恰—季姆—季姆河—德罗斯科沃一线。

3. 在第二阶段，敌人将力图经瓦卢伊基、乌拉佐沃总方向前出到西南方面军的翼侧和后方。

与此同时，敌人可能由利西昌斯克地域向北对斯瓦托沃、乌拉佐沃实施相向突击。

在其余地段上，敌人将力图前出到利夫内、卡斯托尔诺耶、旧奥斯科尔和新奥斯科尔一线。

4. 在第三阶段，经相应地变更部署后，敌人可能力图进到利斯基、沃罗涅日、耶列茨一线，然后依靠东南方向上的掩护，经拉年堡、里亚日斯克、梁赞组织从东南面对莫斯科的迂回突击。

5. 应当预计到，敌人在今年的各次进攻中基本将依靠其坦克师和航空兵，因为它的步兵实施进攻行动的能力比去年要弱得多了。

现时，在中央和沃罗涅日方面军当面，敌人有大约12个坦克师，如果再从其他地段上调来3—4个坦克师，那么，对我库尔斯克集团进攻的敌坦克师可能达到15—16个，坦克总数约为2500辆。

6. 为了在我防御中挫败敌人，除加强中央和沃罗涅日方面军对坦克防御的措施外，必须尽快从次要地段抽调30个反坦克歼击炮兵团，作为统帅部预备队配置在受威胁的方向上；并将所有自行火炮团集中在利夫内、卡斯托尔诺耶、旧奥斯科尔地段。最好现在就能将这些自行火炮团中的一部分加强给罗科索夫斯基和瓦图京，并尽量多集中一些航空兵在最高统帅部预备队中，以便用航空兵的密集突击协同坦克和步兵兵团粉碎敌人的突击集团并摧毁敌人的进攻计划。

我不熟悉我方战役预备队的最后配置情况，所以我建议最好将其配置在叶夫列莫夫、利夫内、卡斯托尔诺耶、新奥斯科尔、瓦卢伊基、罗索什、利斯基、沃罗涅日、耶列茨地域。而预备队的主要部分应配置在耶列茨、沃罗涅日地域。纵深内的预备队则应配置在里亚日斯克、拉年堡、米丘林斯克、坦波夫地域。

在图拉、斯大林诺戈尔斯克地域，必须有1个预备队集团军。

我认为，我军为了先敌行动而于最近即转入进攻是不妥当的。最好等到我在防御中消耗疲惫了敌人并打掉了敌人的坦克后，再投入新锐预备队，转入全面进攻，以彻底粉碎敌人的主要集团。

康斯坦丁诺夫

第256号"

我们的分析基本上符合法西斯德国统帅部的实际意图。请看希特勒1943年4月15日的命令是怎样说的：

"元首大本营于1943年4月15日。

绝密。

只供统帅部阅读。

我决定，一旦气候条件允许，就实施'堡垒'进攻计划，这是今年的第一次进攻。

这次进攻具有决定性意义。这次进攻应迅速完成并取得决定性胜利。这次进攻应使我们掌握今年春、夏两季的主动权。

与此有关的一切准备措施，必须最慎重、最坚决地实施。在主要突击方向上，应当使用精锐的兵团、良好的武器、有才干的指挥员和大量的弹药。每个指挥员、每个列兵必须深刻理解这次进攻的决定性意义。库尔斯克地区的胜利应该成为照耀全世界的火炬。

我命令：

1. 进攻的目的是，以一个突击集团军的兵力从别尔哥罗德地域，以另一个突击集团军的兵力从奥廖尔以南地域实施坚决而迅速的集中突击，以集中进攻的方法合围处于库尔斯克地域的敌军并将其消灭。

2. 必须：

（1）广泛利用突然性并使敌人无法了解进攻开始的时间；

（2）保障在狭窄地段上最大限度地密集使用突击力量，以便利用当地全部进攻兵器（坦克、强击火炮、火炮和迫击炮等）的压倒优势一次突破敌人防御，使两个集团军会合起来并以此封闭合围圈。

在两个进攻集团军会合并组成突击集团军时，应当保持无线电沉默……

3. 为了保守机密，了解战役企图的人仅限于绝对必要的人员。"①

正确地分析情况后，苏军统帅部在德军进攻前已准确地判断出德国法西斯军队在库尔斯克突出部地域行动的可能性和方向。

我记不准是4月9日或10日，华西列夫斯基来到沃罗涅日方面军司令部。我同他再次详细地讨论了我的报告、情况、关于战役战略预备队部署的意见及即将进行的作战行动的性质。我和华西列夫斯基对所有问题的看法都是一致的。

我们拟制了最高统帅部关于最高统帅部预备队的配置及建立草原方面军的训令草案，并在草案上签了我们两个人的名字后呈送给最高统帅。

在这份文件里，规定了各集团军的部署和方面军加强兵器的部署。规定草原方面军司令部应在新奥斯科尔展开，方面军指挥所设在科罗恰，辅助指挥所设在大布尔卢克。要求方面军首长和司令部应像通常准备较大的战役一样，将自己有关行动特点的设想和建议呈送总参谋部。

现在对1943年库尔斯克地域的防御和反攻问题有种种错误的说法，所以我认为应当在这里引述当时呈送最高统帅部和总参谋部的有关这个问题的文件。同时我要指出，除这里引用的文件外，再没有任何人向最高统帅部呈递过其他文件。

下面是中央方面军参谋长马利宁中将根据要求于4月10日呈送总参谋部的一份书面报告。

"发自中央方面军，1943年4月10日

红军总参谋部作战部长

安东诺夫上将

根据第11990号文件规定，报告如下：

……4.② 敌人1943年春夏进攻的目标和可能方向为：

（1）根据现有兵力、兵器及1941—1942年两年进攻战役的结果，预计敌人在1943年春夏季的进攻将仅在库尔斯克—沃罗涅日战役方向上实施。

敌人在其他方向上的进攻则不大可能。

从这个阶段的总的战略情况看，确保克里木、顿巴斯和乌克兰对德军是有利的，而为此必须将战线推到什捷罗夫卡、旧别利斯克、罗韦尼

---

① 达希切夫：《德国法西斯战略的破产》，1973年，俄文版，第2卷，第410—413页。
② 前三条只是列举了当面敌军的兵力番号，所以此处省略。——作者注

基、利斯基、沃罗涅日、利夫内、诺沃西利地区。要完成这项任务，敌人至少需要 60 个步兵师及相应的航空兵、坦克兵和炮兵的加强。

在该方向上，敌人是能够集中这个数量的兵力和兵器的。

因此，库尔斯克—沃罗涅日战役方向具有头等重要的意义。

（2）根据这种战役设想，预计敌军主力将同时沿内半径和外半径进攻：

内半径为：由奥廖尔地域经克罗梅向库尔斯克，以及由别尔哥罗德地域经奥博扬向库尔斯克；

外半径为：由奥廖尔地域经利夫内向卡斯托尔诺耶，以及由别尔哥罗德地域经旧奥斯科尔向卡斯托尔诺耶。

（3）如果我方对敌人的上述企图不采取反措施，则敌人在上述方向上的胜利就能粉碎我中央和沃罗涅日方面军的部队，夺取奥廖尔—库尔斯克—哈尔科夫这条最重要的铁路干线，并使其部队前出到能够保障可靠地控制克里木、顿巴斯和乌克兰的有利地区。

（4）春季泥泞和春汛过后，敌人就会在可能实施进攻的方向上着手变更部署和集结部队，以及建立必需的储备。

因此，预计敌人大致要在 1943 年 5 月下半月转入决定性进攻。

5. 在这种战役情况下，我认为应采取下述措施：

（1）由西方方面军、布良斯克方面军和中央方面军的部队共同努力歼灭敌奥廖尔集团，使敌人无法由奥廖尔地域经利夫内向卡斯托尔诺耶实施突击和夺取对我极端重要的姆岑斯克—奥廖尔—库尔斯克铁路干线，并使敌人无法利用布良斯克这个交通枢纽。

（2）为了粉碎敌人的进攻行动，必须给中央和沃罗涅日方面军加强航空兵，主要是歼击航空兵，并给每个方面军至少加强 10 个防坦克炮兵团。

（3）为此，在利夫内、卡斯托尔诺耶、利斯基、沃罗涅日、耶列茨地域应有强大的最高统帅部预备队。

中央方面军参谋长

马利宁中将

第 4203 号"（见苏联国防部档案馆档案）

沃罗涅日方面军首长也提出了自己的设想。

"红军总参谋长

根据第 11990 号规定，1943 年 4 月 12 日谨报告如下：

现时，沃罗涅日方面军当面之敌为：

1. 第一线有 9 个步兵师（第 26、第 57、第 68、第 75、第 167、第 255、第 323、第 332 及番号不明的 1 个师）。这些师在红十月村、大切尔涅特奇纳、克拉斯诺波利耶、卡扎茨科耶一线占领防御。番号不明的那个师，据俘虏供称，系开往索耳达茨科耶地域，与步兵第 332 师换班的。

上述情报正在核实。尚有未经证实的情报说，敌人在第二梯队中有 6 个步兵师。这些师的位置目前未查明，对这项情报也正在核实。

据无线电侦察发现，在哈尔科夫地域有 1 个匈牙利师司令部。该师可能是调往次要方向的。

2. 目前敌人共有 6 个坦克师（'大日耳曼''阿道夫·希特勒''骷髅''帝国'、第 6 和第 11 坦克师），其中 3 个在第一线，3 个（'大日耳曼'、第 6 和第 11 坦克师）在第二线。据无线电侦察的情报，敌第 17 坦克师司令部的驻地已由阿列克谢耶夫斯基迁往塔夏戈夫卡。这表明第 1 坦克师正向北调动。根据现有兵力来看，敌人有可能由西南方面军地段向别尔哥罗德地域增调 3 个坦克师。

3. 因而预计，敌人在沃罗涅日当面可能组建兵力达 10 个坦克师和至少 6 个步兵师的突击集群。该集群总计将有 1500 辆坦克，而且预计会集中在鲍里索夫卡、别尔哥罗德、穆罗姆、卡扎奇亚洛潘地域。该突击集群可能得到约 500 架轰炸机和至少 300 架歼击机的强大的航空兵支援。

敌人的企图是由别尔哥罗德地域向东北并由奥廖尔地域向东南实施向心突击，以合围位于别尔哥罗德、库尔斯克一线以西的我军部队。

尔后，预计敌人将在东南方向上向我西南方面军的翼侧和后方实施突击，以保障尔后在北方方向上作战。

但是也不能排除这种可能，即在本年内敌人会放弃向东南进攻的计划，而是在完成了由别尔哥罗德和奥廖尔地域实施的向心突击后，再向东北进攻，以迂回莫斯科。

应当估计到这种可能并相应地准备好预备队。

所以，在沃罗涅日方面军当面，敌人十分可能由鲍里索夫卡、别尔哥罗德地域向旧奥斯科尔方向实施主要突击并以部分兵力向奥博扬及库尔斯克实施突击。辅助突击则预计在沃尔昌斯克、新奥斯科尔方向及苏贾、奥博扬、库尔斯克方向上实施。

敌人目前尚未做好大规模进攻的准备。发起进攻预计不会早于本年 4 月 20 日，十分可能在 5 月初。

但是局部的进攻则随时都可能发生。因而要求我军经常做好最高度的战斗准备。

费多罗夫、尼基京、费多托夫（费多罗夫即瓦图京、尼基京即赫鲁晓夫、费多托夫即科尔热涅维奇）

第（K）55号"

可见，4月12日以前，最高统帅部还没有作出关于我军1943年春夏季在所谓库尔斯克突出部作战方法的具体决定。

当时，还没有打算由库尔斯克地域发动任何进攻。想要发动进攻也是不可能的，因为我战略预备队尚处于组建阶段，而在以往交战中遭到损失的沃罗涅日和中央方面军则需补充人员、兵器和物资器材。

正是基于这种情况，各方面军司令员才接到了最高统帅部关于转入防御的指示。

最高统帅委派我对中央和沃罗涅日方面军部队就地实施总的领导，并监督对最高统帅部指示的贯彻执行。

4月10日，最高统帅往博布雷舍沃给我打来电话，命令我在4月11日回莫斯科讨论1943年夏季战局计划，包括库尔斯克突出部的作战计划。

4月11日夜间，我回到了莫斯科。华西列夫斯基况斯大林指示要在4月12日傍晚前准备好情况图，以及各种必要的计算和建议。

4月12日一整天，我和华西列夫斯基及其助手安东诺夫都在准备向最高统帅汇报所必需的资料。从一大早开始，我们三人就坐下来进行工作，由于我们相互十分了解，到傍晚时一切都准备好了。安东诺夫除了其他各种优点外，还具有编写和绘制材料的惊人能力。我和华西列夫斯基还在拟制向斯大林汇报的计划，他已经准备好情况图和各方面军在库尔斯克突出部的行动计划图。

我们一致认为，由于政治、经济和军事战略上的考虑，希特勒匪徒将力图不惜任何代价守住从芬兰湾到亚速海运这条战线。他们能够很好地加强其某一战略方向上的部队并在库尔斯克突出部地域准备一次大规模进攻战役，以便粉碎该处的我中央和沃罗涅日方面军的部队。这有可能使整个战略态势变得有利于德军。至于在这种情况下会大大缩短德军的整个战线并提高其防御的总的战役密度，那就更不必说了。

这个地域的情况允许向库尔斯克总方向实施两个相向的突击：一个由奥廖尔以南地域实施，一个由别尔哥罗德地域实施。预计在其余地段上德军将进行防御，因为根据总参谋部的计算，敌人没有实施进攻战役所需的兵力。

4月12日傍晚，我同华西列夫斯基及安东诺夫到了最高统帅部。

最高统帅以从未有过的认真态度听取了我们的设想。他赞同把主要力量集中在库尔斯克地域的意见，但仍然对莫斯科方向放心不下。

在最高统帅部讨论我军行动的计划时，我们得出的结论是，必须在所有最重要方向上，而且首先是在库尔斯克突出部地域建立牢固的、纵深梯次配置的防御。据此，给各方面军司令员下达了相应的指示。部队开始挖掘工事。决定正在组训的最高统帅部战略预备队暂不使用，并将其集结到更加靠近受威胁的地域。

因此，早在4月中旬，最高统帅部即对预定的防御定下了预先决心。诚然，对这个问题我们反复过多次，到1943年6月初，最高统帅部才对预定的防御定下了最终决心。事实上，当时对敌人进攻企图的所有细节都十分清楚了。敌人企图以必要的坦克集团并利用新式的"虎式"坦克、"豹式"坦克以及"斐迪南式"强击火炮，对我沃罗涅日和中央方面军实施猛烈的突击。

最高统帅部认为，在夏季战局第一阶段，沃罗涅日、中央、西南和布良斯克4个方面军是主要作战部队。根据我们分析，这里应当是主要战事进行的地方。我们希望以强有力的防御手段抗击德军的进攻，消耗敌人，然后转入反攻，彻底粉碎敌人。在预定防御计划时就决定同时也拟制我军进攻行动计划。如果预期的敌军进攻长时间推迟了，则不待敌军进攻，我即开始行动。

因此，我军的防御当然不是被迫的，而是确切预定的。最高统帅部对转入进攻的时机，也是根据情况来选定的。既不失之过早，也不失之过迟。

当时，对于最高统帅部预备队主力的集中地域问题也进行了研究和解决，预备队的主力打算在利夫内、旧奥斯科尔、科罗恰地域展开，以便敌人在库尔斯克突出部地域突破时，能在该处组织防御。其余预备队则决定配置在布良斯克方面军右翼的后方，即卡卢加—图拉—叶夫列莫夫地域，近卫坦克第5集团军及最高统帅部预备队的其他一些兵团，则应在沃罗涅日和西南方面军接合部之后的利斯基地域做好战斗准备。

华西列夫斯基和安东诺夫奉命拟制已经定下来的计划的全套文书，以便在5月初再次进行讨论。

而我奉命于4月18日飞到北高加索方面军。该方面军部队正在进行激烈的交战，以歼灭由装备精良的德军第1集团军为基本核心的敌塔曼集团。

歼灭塔曼半岛上的敌人，对苏军有特殊的意义。我们除了能够粉碎由 14—16 个师，大约 18 万—20 万人组成的这个大的敌军集团外，经过这次战役还可以解放诺沃罗西斯克。从 2 月上半月起，第 18 集团军和黑海舰队的水兵所组成的一支英雄的支队，就在这里的一个不大的登陆场上作战。

我同海军人民委员库兹涅佐夫、空军司令员诺维科夫及总参谋部工作人员什捷缅科将军一齐来到了列谢利泽将军指挥的第 18 集团军。

我们了解了当时的情况，该集团军及黑海舰队的兵力和兵器后，一致认为当时不可能采取任何加强措施来扩大诺沃罗西斯克登陆场（当时部队中称为"小地"）。

事实上，这个登陆场的总面积只有 30 平方公里。那时，我们大家不放心的一个问题是，苏联军人能不能在这场实力悬殊的战斗中经受住考验。敌人日夜对这个登陆场的保卫者实施空中突击和炮兵轰击。

我们希望就这个问题同第 18 集团军政治部主任弗里德堡勃列日涅夫商量一下，他曾多次来过这里并非常了解情况，而这次恰巧又在"小地"上，那里正进行着最艰苦的战斗。

从列谢利泽司令员和我们的谈话中，清楚地了解到：我军指战员充满决心，一定要彻底粉碎敌人，决不让敌人把自己赶下海。

我向斯大林汇报了自己的意见后，即同什捷缅科到了北高加索方面军的第 56 集团军，当时指挥该集团军的是格列奇科将军。

当时，按计划应在克里木斯卡亚镇地域实施进攻，但集团军首长认为尚未充分做好准备。于是决定推迟进攻，改为由方面军各防御地段调集弹药和炮兵，集中全部所能得到的航空兵，计划最高统帅部预备队所属内务部人民委员会特种师的方法。

与此同时，我们也和第 18 集团军首长一起进行工作。必须援助该集团军在梅斯哈科的登陆兵。我们派舰队和航空兵对在英雄的登陆兵当面占领防御之敌进行了突击。

第 56 集团军实施过很多辉煌的交战，解放了库班。目前需要粉碎克里木斯卡亚镇地域敌第 17 集团军的防御，前出到敌诺沃罗西斯克集群的后方。尔后，与方面军各部队共同努力铲除敌人在塔曼的登陆场。

在克里木斯卡亚镇接近地上粉碎敌人并夺占克里木斯卡亚镇的任务，由第 56 集团军单独承担。该集团军的兵力极其有限，而最高统帅部和方面军都没有可能给予大量的加强。该集团军必须克服敌人在克里木斯卡亚镇接近地上构筑的坚固筑垒防御。格列奇科以熟练的业务知识和远大的预见能力计划和准备了这次战役。

第 56 集团军对克里木斯卡亚的进攻于 4 月 29 日发起。尽管兵力有限，尤其是航空兵、坦克和炮兵的数量不足，集团军首长巧妙地机动现有的兵力兵器，摧毁了敌人的顽强抵抗。第 56 集团军的部队夺占了该镇，夺占了重要的铁路枢纽，并把敌人逐出克里木斯卡亚。所有这些情况在苏联元帅格列奇科所著的《高加索会战》一书中，都做了很好的描述。

第 56 集团军，像方面军其他集团军一样，由于缺乏兵力、兵器，停止了进一步的进攻。最高统帅部也不得不把北高加索方面军部队在那个地域的进攻行动推迟到更加有利的时机进行。

为了使红军做好夏季战局的准备，党中央委员会、国防委员会、最高统帅部和总参谋部在 1943 年春季，展开了极其巨大的工作。党动员全国坚决粉碎敌人。

在前线广泛采取的积极行动，要求改进部队的组织编制和更新技术装备。总参谋部对于进一步改善红军的组织编制采取了必要的措施。审查并调整了方面军和集团军的组织形式。在方面军和集团军的编成内增加了炮兵、反坦克歼击炮兵和迫击炮部队。部队增加了通信器材。步兵师装备了更加完善的自动武器、反坦克武器，并将步兵师合编为步兵军，以改善诸兵种合成集团军中的指挥并加强其作战能力。

编组了用更高质量的火炮装备起来的新的炮兵兵团，建立了最高统帅部预备队突破炮兵旅、师和军，以便完成最重要进攻任务时能在主要方向上构成很高的火力密度。方面军和国土防空部队开始有了高射炮兵师，从而极大地提高了对空防御的能力。

党中央委员会和国防委员会特别注意坦克和自行火炮的生产。

到 1943 年夏季，除了独立机械化军和坦克军外，组建了 5 个采用新编制的、装备精良的坦克集团军，每个集团军照例都编有 2 个坦克军和 1 个机械化军。此外，为了保障突破敌人的防御及加强各集团军，还建立了 18 个重型坦克团。

在改组空军方面进行了大量的工作。空军开始装备拉 –5、雅克 –9、佩 –2、图 –2、伊尔 –4 等新型飞机。到夏季，几乎全部空军部队都换装了新式飞机，而且组建了很多新的最高统帅部预备队的航空兵部队和兵团，其中有 8 个远程航空兵军。

我方空军在数量方面已经超过了德国空军。每个方面军有 1 个拥有

700—800架飞机的空军集团军。

大量炮兵改成摩托化牵引。工程兵部队和通信兵部队装备了国产汽车和美国的"斯图贝克"汽车。各个最重要的方面军的后勤部门都领到了大量汽车。有几千个新的汽车营和汽车团加入红军后勤系统，极大提高了整个后勤的机动能力和工作效能。

对扩大兵员后备的工作也十分重视。1943年，有几十万人在各种训练中心接受训练，组建了大规模的战略预备队。到7月1日，在最高统帅部预备队内有数个诸兵种合成集团军、2个坦克集团军和1个空军集团军。

到1943年7月，在我作战部队中共有660余万人、10.5万门火炮和迫击炮、约2200台野战火箭炮发射架、1万余辆坦克和自行火炮、近1.03万架作战飞机。①

国防委员会和我们党在加强苏联军队和根据前线经验重新训练军队方面所进行的大量工作，急剧地提高了各方面军部队的战斗力。

共产党十分注意提高部队中的政治工作水平。给部队增派了几千名新党员，他们以自己的积极性进一步提高了英勇的红军军人的士气。1943年，我武装力量中已有270万名共产党员和大约同等数量的共青团员。

政治机关、党和共青团组织尽一切努力提高部队全体人员的精神素质和政治觉悟。根据联共（布）中央委员会1943年5月24日"关于改组红军中党团组织及提高方面军、集团军和师办报纸作用的决定"而进行的重建军队党组织的工作，促进了上述活动。

根据这个决定，不是在团内，而是在营内建立了党组织。团则相当于党委会的机构。这样的组织形式使党组织能更具体地领导基层中的党员。指挥员、政治工作人员、党和共青团组织根据党中央委员会五月决定所进行的政治工作，是苏联武装力量在1943年夏季战局中与敌人进行大规模激烈交战的前夕战斗力增长的最重要条件之一。

总之，到1943年夏季库尔斯克会战前，我武装力量不论在数量和质量方面都超过了法西斯德军。

现在，苏联最高统帅部有了一切必要的手段，在所有最重要方向上牢牢掌握战略主动权，并迫使敌人服从自己的意志。

―――――――――
① 《第二次世界大战史（1939—1945年）》，莫斯科军事书籍出版社，1976年版，第7卷，第114页。

敌人准备为斯大林格勒附近的失败复仇。

希特勒军政首脑知道，其武装力量已经失去了先前对红军的优势，因而竭尽全力把优良的兵力都送往苏德战场。

由西方向苏德战场调来大量最有战斗力的部队。军事工业昼夜24小时开工，加紧生产新的"虎式""豹式"坦克及"斐迪南式"重型强击火炮。空军得到了"福克沃尔夫190A式"和"汉克尔129式"新式飞机。德军部队在人员和物资器材方面都得到了很大程度的补充。

在苏德战场上，敌人共有德国及其盟国的232个师、约530万人、5.4万余门火炮和迫击炮、5850辆坦克和强击火炮、约3000架战斗机。各级司令部都加紧计划即将实施的进攻行动。

为了实施策划好的进攻库尔斯克突出部的战役，德军集中了50个最好的师（其中有16个坦克和摩托化师）、11个坦克营和强击火炮营，共拥有2700辆坦克和强击火炮、2000余架飞机（几乎占德军在苏德战场上全部战斗机的69%）。准备把近90万人投入战斗。

德军认为胜利在握。法西斯宣传机构用各种办法来提高士气，声称在即将开始的交战中肯定会取胜。

5月上半月，我由北高加索方面军回到最高统帅部。这时，总参谋部基本上结束了夏季战局的计划工作。最高统帅部组织了周密的谍报侦察和空中侦察，十分可靠地查明，敌大量部队和军事物资正向奥廖尔、克罗梅、布良斯克、哈尔科夫、克拉斯诺格勒、波尔塔瓦地域运集。这证实了我们4月份的推断。在最高统帅部和总参谋部，认为德军可能在最近几天内转入进攻的意见占了上风。

最高统帅要求预先通报中央、布良斯克、沃罗涅日和西南方面军，要各方面军部队做好迎击敌人进攻的充分准备。根据他的指示，下达了最高统帅部第30123号指令，指出敌人可能开始进攻。为了粉碎预期的进攻，准备实施航空火力和炮兵火力反准备。

各方面军首长，接到最高统帅部的预报后，采取了一系列新措施，以加强防御的火力配系、对坦克防御和工程障碍。

下面是中央方面军首长对这个问题的一份书面报告：

"最高统帅部

斯大林同志

现就最高统帅部本年5月8日发出的第30123号训令的执行情况，报告如下：

1. 接到最高统帅部训令后，我们给中央方面军各集团军和独立军下达了应使所属部队于 5 月 10 日拂晓前做好战斗准备的号令。

2. 5 月 9 日和 10 日两天中完成的工作是：

(1) 向部队传达了最近时期敌人可能实施进攻这一情况。

(2) 第 1、第 2 梯队部队和预备队做好了充分战斗准备。各级首长和司令部现地检查了部队的战斗准备。

(3) 在各集团军地带内，尤其在奥廖尔方向上，加强了部队侦察和对敌人的火力控制。在第 1 梯队各兵团中，实地检验了火力协同的可靠程度。第 2 梯队各部队和预备队对可能行动的方向进行了补充勘察并明确了与第 1 梯队各部队协同动作的问题。给各发射阵地补充了弹药储备。加强了障碍，特别是坦克威胁方向上的障碍。准备在防御地带纵深内布设地雷。检查了技术通信设备，都能做到畅通无阻。

3. 空军第 16 集团军进一步加强了空中侦察，并认真观察格拉祖诺夫卡、奥廖尔、克罗梅、科马里基地域的敌人。集团军的各航空兵兵团和部队做好了抗击敌航空兵突击并粉碎其可能的进攻行动的战斗准备。

4. 为粉碎敌人在奥廖尔、库尔斯克方向上可能的进攻，已准备好由第 13 集团军的全部炮兵和空军第 16 集团军的全部航空兵参加的反准备。

罗科索夫斯基、捷列金、马里宁

第 00219 号"

其他方面军也送来了大致相同的报告。

瓦图京大将对正在形成的局势有一些不同的看法。他虽然不反对采取防御措施，但建议最高统帅先敌对其别尔哥罗德—哈尔科夫集团实施突击。方面军军事委员赫鲁晓夫完全支持他的建议。

总参谋长华西列夫斯基、安东诺夫及总参谋部的其他工作人员不赞同沃罗涅日方面军军事委员会的这项建议。我完全同意总参谋部的看法，并报告了斯大林。

最高统帅自己却犹豫不决，我军究竟是以防御迎击敌人，还是先敌突击？斯大林担心，像 1941 年和 1942 年不止一次地发生过的情况那样，我军的防御经受不住德军的突击。同时，他也不相信我军能够以自己的进攻行动粉碎敌人。

经过多次讨论，斯大林决定，以纵深梯次防御的各种火力、航空兵的猛烈突击及战役和战略预备队的反突击迎击德军的进攻，消耗和疲惫进攻之敌。然后在别尔哥罗德—哈尔科夫方向及奥廖尔方向上发起猛烈反攻以彻底粉碎敌人，随后即在所有最重要方向上发动深远的进攻战役。

最高统帅部打算，粉碎库尔斯克突出部地域的敌人后，解放顿巴斯和整个德涅伯河左岸乌克兰地区，肃清塔曼半岛上的敌登陆场，解放白俄罗斯东部地域，并为把敌人完全逐出我国领土创造条件。

最高统帅部计划按以下办法粉碎敌军主力。一俟查明敌主要集团在进攻出发地域集中完毕，即突然使用各种火炮和迫击炮实施猛烈的覆盖射击，并同时以航空兵的全部兵力实施突击。航空兵的突击应在整个防御交战过程中持续进行，各友邻方面军航空兵和最高统帅部预备队远程航空兵均需参加。

敌人转入进攻时，沃罗涅日和中央方面军各部队应以火力、反冲击和自纵深实施的反突击坚守每一阵地和每一防御地区。为此，应预先规定好由战役纵深向各受威胁地段前调预备队，其中包括坦克军和坦克集团军。

当敌人被削弱并停止进攻时，沃罗涅日、中央、草原和布良斯克方面军及西方方面军的左翼和西南方面军的右翼应立即转入反攻。

根据定下的决心，最高统帅部下达训令，给各部队规定了如下任务：

中央方面军防守库尔斯克突出部北部，在防御战役过程中消耗和疲惫敌人，尔后转入反攻，协同布良斯克方面军和西方方面军粉碎奥廖尔地域的德军集团。

沃罗涅日方面军防守库尔斯克突出部南部，也应消耗和疲惫敌人，尔后协同草原方面军及西南方面军右翼部队转入反攻并粉碎别尔哥罗德和哈尔科夫地域的敌人。沃罗涅日方面军的主力应集中在左翼近卫第6和第7集团军地段上。

草原方面军配置在中央和沃罗涅日方面军的后方，伊兹马尔科沃、利夫内、克申河、白科洛杰济地区，受领的任务是做好在上述地区防御的准备，保障抗击可能在中央和沃罗涅日方面军方向突入的敌人，并随时做好进攻准备。

布良斯克方面军及西方方面军的左翼部队应协同中央方面军粉碎敌人的进攻，并随时准备向奥廖尔方向转入进攻。

游击运动总司令部的任务是，在敌后组织对奥廖尔州、哈尔科夫州和其他各州内敌最重要交通线的大规模破坏活动，搜集最重要的敌情资料并送交最高统帅部。

为了牵制敌军部队并不使敌人机动其预备队，规定在我国南部一些方向上和西北方向上要实施局部进攻战役。

5月和6月，苏军对在库尔斯克地域即将实施的交战进行了准备。这两个月，我是在沃罗涅日和中央方面军部队中度过的，亲自研究情况及我军对即将实施的行动的准备过程。

下面是那个时期呈送最高统帅部的典型书面报告之一。

"1943年5月22日4时48分

伊万诺夫同志（斯大林的化名）

谨对1943年5月21日中央方面军的情况报告如下：

1. 5月21日，各种侦察查明，在中央方面军当面敌人防御的第一线有15个步兵师，在第二线和预备队中有13个师，其中3个坦克师。

此外，有消息说，敌坦克第2师和摩托化第36师集中在奥廖尔以南。关于这两个师的情况有待核实。

原在谢夫斯克以西的敌坦克第4师，正向某处调动。此外，在布良斯克和卡拉切夫地域有3个师，其中2个是坦克师。

因此，5月21日，中央方面军当面的敌人可以动用的师有33个，其中6个是坦克师。

方面军的仪器侦察和目视侦察查明，敌人有800门火炮，主要是105毫米和150毫米火炮。

敌炮兵大部分集中在第13集团军、第48集团军左翼和第70集团军右翼的正面上，即在特罗斯诺、佩尔沃耶波兹杰耶沃地段上。在这个主要炮兵集团之后的兹梅耶夫卡、红罗夏一线配置有600—700辆坦克。而且，大部分集中在奥卡河以东。

在奥廖尔、布良斯克、斯摩棱斯克地域，敌人集中了600—650架飞机。敌航空兵的主要集团配置在奥廖尔地域。

近日来，敌人在地面和空中都表现消极，只有数量不大的空中侦察和稀疏的火力袭击。

在前沿和战术防御纵深内，敌人正在挖掘掩壕，在第13集团军当面红斯洛博达、先科沃地段，特别努力扩充防御阵地，在该处涅鲁奇河对岸已出现了第二道防线。据观察，敌人在这个方向上的涅鲁奇河以北3—4公里处，正在建立第三道防线。

俘虏供称，德军当局了解我军在奥廖尔以南的部署及我方正在准备的进攻，并就此对德军务部队进行了预报。被我俘获的飞行员供认，德军当局似乎自己正在准备进攻，为此正在调集航空兵。

我亲自在第13集团军的前沿从各个地点研究了敌人的防御，观察了敌人的活动，与第13和70集团军各师师长以及加拉宁、普霍夫及罗曼年科三位司令员进行了交谈。根据观察和交谈的情况，我认为敌人在前沿还没有进攻的直接准备。

可能我搞错了，也可能是敌人非常巧妙地伪装了其进攻准备。但是从敌坦克部队的配置，步兵兵团不够密集，没有重型炮兵集团，以及预备队分散等情况来看，我认为5月底以前敌人不可能转入进攻。

2. 我第13和第70集团军正确地组织了防御，防御是纵深梯次配置的。第48集团军的防御软弱无力，而且炮兵密度非常不足。如果敌人对罗曼年科集团军实施突击并打算从东边绕过小阿尔汉格尔斯克以迂回科斯京（罗科索夫斯基的化名）的主要集团时，罗曼年科会阻止不住敌人的突击。方面军预备队又主要配置在普霍夫集团军和加拉宁集团军的后方，因而也不能及时支援罗曼年科。

我认为，应该从最高统帅部预备队中抽调2个步兵师、3个T-34坦克团、2个反坦克歼击炮兵团及2个迫击炮团或炮兵团加强罗曼年科集团军。如果罗曼年科得到上述加强，他就可以组织坚固的防御，而且在需要时，还能够以密集的集团转入进攻。

在普霍夫、加拉宁及方面军的其他集团军的防御中，基本缺陷是没有反坦克歼击炮兵团。方面军本日总共有4个反坦克歼击炮兵团，其中2个没有牵引车，尚在方面军的后方。

由于营和团中45毫米火炮大量缺额，第一梯队和前沿的对坦克防御组织得软弱无力。

我认为，应当尽快地给科斯京4个反坦克歼击炮兵团（连同给罗曼年科的共6个）、3个152毫米自行火炮团。

3. 科斯京对进攻准备尚未完成。我同科斯京及普霍夫在现地研究后，我们一致认为，原来给科斯京规定的突破地段应向西推2—3公里，即应包含阿尔汉格尔斯克在内，而且应把第一梯队中的1个加强军及1个坦克军放在铁路以西。

科斯京以其现有的炮兵集团不可能完成计划中的突破，因为在这个方向上的敌人得到了很大的加强，而且防御也是纵深梯次配置的。

为了使突破确有把握，应给科斯京再调1个炮兵军。

方面军的弹药平均有一个半基数。

请责成雅科夫列夫在两周内给方面军运到三个基数的各种弹药。

4. 普霍夫现有12个师，其中6个并成2个军，6个由普霍夫亲自指挥。为了有利于工作，请你下令赶紧给普霍夫组建并派来两个军的指挥机构，给加拉宁组建并派来1个军的指挥机构。加拉宁除了1个步兵军外，现在还有 5 个独立师。

听候您的决定。

尤里耶夫（朱可夫的化名）

第 2069 号"

我在沃罗涅日方面军部队中也以同样的方法研究了情况，并将结果及时报告给最高统帅部。各方面军首长和司令部也注意敌人的每一行动并综合情况，将结果迅速报告给总参谋部和最高统帅部。

我观察了各部队和各方面军司令部的工作情况，也观察了总参谋部的工作情况。应当说，他们孜孜不倦的活动在夏季交战中起了十分重要的作用。参谋人员日夜耐心而细致地搜集与研究有关敌军部队、作战能力及其企图的各种情报，并将综合情报汇报给首长，以定下基本决心。

为了制订我军在库尔斯克突出部地域的行动计划，最高统帅部和总参谋部必须组织周密的侦察，搜集有关敌军部队配置，以及装甲坦克兵团、炮兵兵团、轰炸和歼击航空兵变更部署的情报，而最重要的是搜集敌军指挥部企图的情报。

只有熟悉战役准备的范围和方法的人，才能估计到各级司令部和首长在准备库尔斯克会战时的工作的整个繁复程度。

总参谋部在整理搜集到的情报时，必须深刻地进行分析，从大量的、其中包括假的和错误的情报中得出适当的结论来。大家都知道，这项多方面的工作是由谍报和部队侦察机构的数千名人员、游击队及同情我们斗争的人们共同完成的。

准备进攻行动的敌人，采取了掩盖其意图的一系列特别措施，进行假的变更部署和其他欺骗行动。高级司令部必须对这种情况能辨别清楚，并能从虚假现象中找到其真实意图。

只有在集中指挥下，把各方面的努力都统一起来，才能够大规模组织这样的工作，而不能依靠这样或那样的一些个别想法或意见进行。

当然，按上述办法进行，也还可能有某些差错。

例如，最高统帅部和总参谋部认为，敌人为了进攻中央方面军，在奥廖尔地域建立了最强有力的集团。事实上，更为强有力的集团是在沃罗涅日方面军当面，该处有 8 个坦克师、1 个摩托化师、2 个重型独立坦克营和 1 个强击火炮营。共有 1500 辆坦克和强击火炮。而中央方面军当面行动的敌人坦克师集群只拥有 1200 辆坦克和强击火炮。这也在相当大的程度上说明，中央方面军比沃罗涅日方面军要易于抗击敌人的进攻。

会战前，我军的基本兵力是如何配置的呢？

在别尔哥罗德地域，奇斯佳科夫将军指挥的近卫第 6 集团军和舒米洛夫将军指挥的近卫第 7 集团军，占领了受威胁最大的防御地区。卡图科夫将军指挥的坦克第 1 集团军为方面军第 2 梯队，配置在第 6 集团军的直后，奥博扬方向上。第 69 集团军配置在第 6 和第 7 集团军接合部的后方，负责掩护科罗恰和普罗霍罗夫卡方向。方面军预备队步兵第 35 军和近卫坦克第 2 军配置在科罗恰地域，近卫坦克第 5 军则配置在奥博扬以南地域。

坦克第 1 集团军各部队都构筑了防御地区和坚固的工事，以备必要时以坦克及其他火器的火力就地抗击敌军。

各部队以创造性的工作精神，周密地演练了与友邻部队沿正面和纵深的火力协同动作，以及与航空兵的协同动作。

在中央方面军防御地域，普霍夫将军指挥的第 13 集团军，占领了受威胁最大的防御地段——波内里地域。罗金将军指挥的坦克第 2 集团军，配置在第 13 集团军与加拉宁指挥的第 70 集团军的接合部后的战役纵深内。

担任方面军预备队的是坦克第 9 军、坦克第 19 军及数个防坦克歼击炮兵部队。鲁坚科将军指挥的空军第 16 集团军负责从空中支援方面军部队。

我想谈谈我军预备队的情况。最高统帅部在准备库尔斯克战役的时候，为使自己掌握一支强大的预备队，花了很大的力量。

在利夫内、旧奥斯科尔地区集中了草原方面军部队，其任务是防止出现意外情况并在转入全面反攻时作为一个强有力的方面军集团。在草原方面军编成内有：扎多夫将军的近卫诸兵种合成第 5 集团军；诸兵种合成第 27、第 53、第 47 集团军，近卫坦克第 5 集团军，近卫机械化第 1 军，近卫坦克第 4 军和坦克第 10 军，骑兵第 3、第 5、第 7 军。空军第 5 集团军担任对草原方面军的空中支援。方面军司令员为科涅夫上将，军事委员为苏塞科夫中将，参谋长为扎哈罗夫中将。

草原方面军担负了十分重要的任务。它应阻止进攻的敌人向纵深突破，而当我军转入反攻时，应由纵深增强我军的突击威力。将该方面军部队配置在距敌相当远的地方，就保证它能以全力或部分兵力自由机动。

草原方面军就其编成与担负的使命来说，与 1941 年秋季在莫斯科接近地上行动的预备队方面军有非常重要的区别。预备队方面军实质上是战役第二梯队，其主力配置在西方方面军的后方地区。

6月末，情况终于明朗了，我们清楚地看出，敌人最近期间将要在这里，在库尔斯克地域，而不是在其他地方转入进攻。

6月30日，斯大林给我打来电话。他命令我留在奥廖尔方向上，负责协调中央、布良斯克和西方方面军的行动。

最高统帅说："要派华西列夫斯基到沃罗涅日方面军去。"

那几天，我在中央方面军同罗科索夫斯基一起到第13集团军部队中、坦克第2集团军中及预备队各军中进行工作。在第13集团军地段上（预计敌人要对这里实施主要突击），建立了极大的炮火密度。在波内里地域展开了最高统帅部预备队的炮兵第4军，该军编有700门火炮和追击炮。方面军炮兵部队和最高统帅部预备队的全部主力，也都配置在这个地域。火炮密度达到每公里正面92门火炮和追击炮。

为了抗击敌人密集的坦克突击，两个方面军都在整个防御纵深内建立了对坦克防御，最大限度地配备了炮兵、坦克、工程器材和地雷。

在中央方面军中，第13集团军防御地带以及第48集团军的左翼和第70集团军的右翼的对坦克防御最强而有力。中央方面军第13集团军地带内的反坦克火炮，每公里正面上有30余门。

在沃罗涅日方面军的近卫第6和第7集团军地带内，反坦克火炮的密度为每公里正面上15.6门，如果加上方面军第二梯队中的火炮，则每公里正面上达30门。此外，该地段上的对坦克防御还加强有2个坦克团和1个坦克旅。

在所有坦克威胁方向上，防御都是由防坦克支撑点和防坦克地域组成。除炮兵和坦克外，广泛地采取布雷、挖掘防坦克壕、防坦克崖壁以及设置工程障碍器材等措施。广泛采用了快速障碍设置队和防坦克预备队。

大量的作战经验证明，所有这些防坦克措施都是十分有效的，它可保障杀伤敌坦克部队，从而也在很大程度上有助于整个粉碎敌人。

由缴获的文件和侦察情报查明，在中央和沃罗涅日方面军当面活动的敌航空兵，由航空兵第1、第4和第8军组成，共有约2000架作战飞机，统一由里希特霍芬元帅指挥。

敌航空兵从3月份起逐渐加强了对铁路枢纽、干线、城市及最重要的后方目标的突击，从6月份起则越来越频繁地袭扰我部队和后方。

我空军第2、第5和第16集团军及国土防空军的2个歼击航空兵师负责掩护部队及整个库尔斯克突出部。考虑到敌人即将举行进攻，给各方面军加强了大量高射武器，从而使各方面军能够以两层、三层、四层和甚至五层火力来掩护大量的目标。

高射炮兵与歼击航空兵，与观察、报知和引导勤务，密切配合。由于各方面军和整个库尔斯克突出部的对空防御组织得周密完善，因而能够可靠地掩护我军，并使敌航空兵遭受大量损失。

各方面军工程构筑的纵深达150余公里，如果加上草原方面军，则整个纵深达250—300公里。各方面军在工程作业方面做了大量工作。这就使部队能够不受敌方炮火的杀伤，并能有效地消灭进攻之敌。

各方面军、集团军和兵团的后勤机关与部队完成了规模十分巨大的工作。可惜，我们很少有描述后勤部门和后勤工作人员的著作。他们用自己的劳动，用自己创造性的主动精神，帮助部队和各级指挥人员与敌人做斗争，消灭了敌人，赢得了战争，取得了具有全世界历史意义的胜利。

总之，没有组织良好而且工作精确的后勤，是不能顺利地进行现代化的交战的。没有可靠的物质技术保障，在战役过程中必然要失败。

伏龙芝说："没有建立在精确的数字计算基础上的周密的后方组织，没有能把一切作战所需物资正确地供应给前线的组织，没有对保证后方供给的输送车辆的最精确的计算，没有后送的组织，要想多少正确、多少合理地进行任何巨大的战役，都是不可能的。"[①]

中央方面军的后勤部门由安季片科将军领导。莫斯科会战战时，他曾担任西方方面军第49集团军的后勤部长。那时，他已显示出是一位出色的后勤组织者。乌克兰第1方面军后勤部长阿尼西莫夫将军工作也很出色，他在物质技术保障方面给予在复杂条件下作战部队的帮助很大，在部队和后方机关完全享有应得的威信。我对他记忆很深的是在普罗斯库罗夫—切尔诺维策战役中，当时尽管春季泥泞无通行道路，他却很好地组织了方面军的后勤工作。

为了保障最高统帅部计划好的各方面军的行动，必须在当前战役的物资技术保障方面进行大规模的工作。大家知道，仅中央方面军和沃罗涅日方面军参加作战的就有133.6万人、3444辆坦克和自行火炮、1.91万门火炮及2900架飞机（连同远程航空兵和西南方面军第17空军集团军在内）。

虽然天气条件不好，存在很多运输方面的困难，而且敌人又企图以

---

① 《伏龙芝选集》，中国人民解放军军事科学院，1959年6月版，第135页。

其航空兵袭击破坏所有作战物资的前送工作，但各方面军的后勤部门出色地完成了交付给它们的任务。它们不仅充分保障了交战的防御阶段，而且也充分保障了我军迅速转入反攻行动。

我很难说哪个方面军的后勤部门准备得更好，但是考虑到中央方面军在转入反攻时物质保障上花的时间较少，因而认为，该方面军的后勤部门在战役发起前和战役过程中，工作效率更高。当然，在战役过程中，各方面军活动范围不一样，这也产生了不小影响。

应当说，各方面军军事委员会就后勤问题进行了很多工作。

库尔斯克突出部地域的居民对后勤部门以及直接对部队都给了很大的帮助。前线附近地区的工业企业修理了坦克、飞机、汽车、火炮和其他技术兵器。缝制了大量的军服和医院用服装。在修建工事、修筑道路方面做了大量的工作。

可以说，在这里前线和后方真正融为一体了。为了战胜敌人，每个人都做着他所能做的一切。这鲜明地反映了我国人民和武装力量，在保卫自己的社会主义祖国的斗争中，目标一致。

瓦图京将军和罗科索夫斯基将军亲自对后勤问题进行了大量工作，这同样是部队在战役发起前获得了良好的物质技术保障的重要原因之一。

关于在那些紧张的日子里的各种活动，苏联元帅华西列夫斯基在其为纪念在库尔斯克附近粉碎德国法西斯军队25周年而写的"有历史意义的一次交战"（登在1968年7月4日《真理报》上）一文中做了很好的叙述。

华西列夫斯基写道："我很难一一列举出国防委员会、最高统帅部和总参谋部为了准备库尔斯克突出部上的决定性会战而采取的各项巨大措施。这是一项巨大的、真正宏伟的工作。

"这些措施中包括有：在库尔斯克方向上建立整个纵深为250—300公里的多地带防御，将强大的最高统帅部战略预备队——草原方面军调到库尔斯克以东地域，向库尔斯克地域进行了整个战争期间规模最大的一次物资器材和部队的集中，组织了专门的空中战役以破坏敌人的交通和夺取制空权，加强游击队活动以便组织敌后的大规模破坏和搜集最重要的情报，实施了一整套措施以便在政治上保证红军当前的行动。"

总之，5月和6月，所有地面部队和空军部队都进行了紧张的战斗准备，每个战斗员和指挥员都做好了迎击敌人的准备。

而不久，会战就开始了。

最高统帅部和各方面军通过各种侦察方法终于查明了敌人转入进攻的时间。7月2日，最高统帅部给各方面军领导人预报说，敌人可能在7月3—6日期间转入进攻。

现在，我们的当前任务是，实施猛烈的炮兵和航空兵火力反准备。

7月4日傍晚，我在罗科索夫斯基的司令部里。我通过高频电话和在瓦图京司令部里的华西列夫斯基通了话，获悉了在别尔哥罗德地域与敌先遣支队战斗的结果。我得知，当天俘获的敌步兵第168师士兵所供认的关于敌人在7月5日拂晓转入进攻的消息是确凿的，而且知道沃罗涅日方面军将根据最高统帅部计划实施炮兵和航空兵火力反准备。

上述消息，我当即转告给罗科索夫斯基和马利宁。

凌晨2时，第13集团军司令员普霍夫将军给罗科索夫斯基打来电话，报告说，据被俘的敌步兵第6师的工兵供认，德军已做好转入进攻的准备。开始进攻的时间，大约是7月5日晨3时。

罗科索夫斯基问我说：

"我们怎么办？是先报告最高统帅部，还是立即下达实施反准备的命令？"

"罗科索夫斯基同志，我们不要耽搁时间了。你按方面军和最高统帅部的计划下命令吧，我现在就给最高统帅打电话，报告我们接到的情报及采取的决定。"

我当即和最高统帅接通电话。他正在最高统帅部和华西列夫斯基谈完话。我汇报了接到的情报及采取的实施反准备的决定。斯大林赞同我们的决定，并命令我们不断向他报告情况。

他说："我在最高统帅部中等候着事态的发展。"

我觉察到最高统帅感到紧张。我们大家也都一样。虽然我们已经构筑了纵深梯次配置的防御，而且现时我们握有对德军实施突击的强有力的手段，但是心情十分激动，极为紧张。已经是深夜了，却毫无睡意。

我和罗科索夫斯基，像通常在这种时候一样，待在方面军司令部里。我同中央方面军参谋长马利宁是从莫斯科会战时开始认识的，那时他担任第16集团军参谋长。他是一位得到全面发展的指挥员和高级参谋人员。他出色地完成着司令部担负的任务。对他帮助最大的是作战处长博伊科夫将军。作战处长为人谦虚、勤恳，富有主动精神，是方面军参谋长的左右手。就拿现在来说吧，四面响着电话铃声，各种急迫的问题和要求接连不断，而他，却像往时一样镇定自若。

方面军炮兵参谋长纳德谢夫上校也在这里。他常常出去给最高统帅部预备队各炮兵兵团指挥员及当时正在炮兵第 4 军的方面军炮兵司令员卡扎科夫将军打电话。

应当说,各个方面军的炮兵司令部及方面军、集团军和兵团炮兵的司令员们都非常巧妙地组织了炮兵防御和反准备工作。

2 时 20 分,下达了开始反准备的命令。周围的一切都震动了,响起了惊心动魄的隆隆爆炸声。库尔斯克突出部地域最大的交战开始了。在这可怕的"交响乐"中,重炮的轰击声,炸弹、M-31 火箭弹、"喀秋莎"的爆炸声,以及飞机马达不停的轰鸣声汇成一片。

敌军离我们司令部那所房子的直线距离不超过 20 公里。我们听到和感觉到了这场疾风骤雨般的射击,不禁想象起突然遭到我反准备炮火袭击时敌人出发地域那种可怕的情景。丧魂失魄的敌军官兵,拼命想找到随便什么小坑、小沟、堑壕和不管什么只要能躲避一下炮弹的小隙缝。

2 时 30 分,到处都已开始了反准备,最高统帅给我打来了电话。
"怎么样?开始了吗?"
"开始了。"
"敌人如何动作?"
我报告说,敌人企图以个别的炮兵连回击我反准备,但很快就沉默了。
"好吧,我一会儿再给你打电话。"

当时难以立即确定反准备的效果,但是敌人 5 时 30 分发起的进攻组织得不好,而且也不是在所有地方同时进行,这就说明,敌人遭到了惨重伤亡。

在交战过程中捕获的俘虏供称,我方突击完全是出乎他们意外的。根据他们提供的情报,敌炮兵损失惨重,通信联络、观察和指挥系统普遍遭到破坏。

但是应当说明,敌人开始进攻前,我们的反准备计划在细节方面尚未完全制订好。在 7 月 4 日夜间还没有进一步准确地查明敌人在出发地域上的集中地点和目标的具体位置。虽然就当时我们所掌握的侦察器材来说,要准确地查明目标的位置是不容易的,但是仍然有可能做得更多一些。

因此,反准备时,在很多情况下我们就只能进行面积射击,而不是对准具体的目标射击。这就使敌人能够避免大量伤亡,因而经过两个到两个半小时,敌人就能转入进攻,并在第一天,在我防御火力异常密集的情况下，向前推进了3—6公里。如果反准备组织得更好，更大量地杀伤敌人，这种情况是不会发生的。

当然不能不考虑到，反准备是夜间实施的，参加反突击的航空兵数量不多，坦白地说效果很小。拂晓时对敌机场的突击没有完全达到预期的目的，因为这时敌机已起飞协同地面部队进攻了。

航空兵对敌战术战斗队形及其在交战过程中变更部署的行军纵队的突击，取得了大得多的效果。

当然，炮兵火力反准备使敌人遭到惨重损失并打乱了敌人的进攻指挥，但我们仍然希望能够取得更大的效果。从观察交战进程和审问俘虏中，我得出了这样的结论，不论中央方面军还是沃罗涅日方面军，炮兵火力反准备都开始得过早了，当时德军士兵还躺在掩体、掩蔽部和深沟里，坦克部队尚隐蔽在待机地域。反准备如果稍晚30—40分钟再开始，那会更好。

7月5日晨4时30分到5时，上空中出现了敌机。同时，敌人炮兵开始对中央方面军的防御进行射击，对第13集团军的射击尤其猛烈。半小时后，德军发起了进攻。

敌人在第一梯队中投入冲击的有3个坦克师和5个步兵师。冲击指向第13集团军的部队，以及相邻的第48集团军的左翼和第70集团军的右翼部队。敌人的冲击遭到我防御火力的猛烈迎击，德军遭受重创，冲击被击退。

7月5日一天，敌人进行了五次猛烈冲击，企图突入我军防御，但未能取得重大效果。几乎在方面军的所有地段上我军都固守着自己的阵地，好像没有可以把他们推离原地的力量似的。只是到日终前，敌军才在奥利霍瓦特卡地域及其他某个地方楔入我防御纵深3—6公里。

第13集团军的部队，其中包括巴里诺夫将军的第81师、占吉加瓦上校的第15师、延伸将军的第307师及鲁科苏耶夫上校的反坦克歼击炮兵第3旅，战斗特别英勇。伊吉谢夫大尉的炮兵连一天内消灭敌人19辆坦克，自己也遭受了猛烈的突击。全体官兵都在战斗中英勇牺牲了，但没有让敌人突入。

由训练有素的远东、外贝加尔和中亚边防战士组成的、在加拉宁指挥下的第70集团军，打得很勇敢。

傍晚作出决定，次日晨，即7月6日晨，坦克第2集团军及预备队坦克第19军进入交战，与第13集团军各部队密切协同下实施反突击并将敌人赶回出发地位，恢复第13集团军地段上的整个防御配系。

近卫步兵第 17 军各部队作战十分英勇顽强。近卫步兵第 70 师所属近卫步兵第 203 团（由科诺瓦连科少校指挥），在 7 月 6 日击退了敌人 16 次冲击，使敌人遭到惨重伤亡。

然而尽管防御组织得很好，我军具有大无畏精神和集体英雄主义精神，敌人还是在 7 月 5 日和 6 日两天中，以重大伤亡为代价，在个别地段上推进了近 10 公里。两天内，敌机不顾惨重的损失，狂轰滥炸。但敌人并没有能突破我战术防御。

敌人变更坦克突击部队的部署后，从 7 月 7 日早晨起向波内里发起了猛烈的冲击。在这里防守的是延伸少将指挥的步兵第 307 师及加强该师的炮兵第 5 师、防坦克炮兵第 13 旅、迫击炮第 11 和第 22 旅。

整整一天，波内里地域激烈的地面和空中战斗从未停止过，炮声隆隆不绝。敌人在战斗中不断投入新的坦克部队，但敌人仍未能在这里突破我军防御。

7 月 8 日，敌人加强了在奥利霍瓦特卡方向的冲击。敌人在这里又一次领教了苏联军人英勇顽强的精神。鲁科苏耶夫上校的反坦克歼击炮兵第 3 旅表现特别突出。该旅与敌人的 300 辆坦克进行了力量悬殊的战斗。

此后几次企图突破苏军防御的努力，也都毫无结果。

这样，到 7 月 10 日为止，德军损失了希特勒作为主要赌注的大量坦克后，并没有能向前推进。

还在上述交战过程中，即 7 月 9 日拂晓，斯大林向中央方面军指挥所给我打来电话。他问明情况以后说：

"按照计划规定，现在是不是该布良斯克方面军和西方方面军左翼行动的时候了？"

我回答说："这里，在中央方面军地段上，敌人已经没有突破我军防御的力量了。为了不让敌人有时间组织将要被迫转入的防御，应使布良斯克方面军的全部兵力和西方方面军的左翼迅速转入进攻，否则中央方面军不能顺利地实施计划中的反攻。"

"我同意。你到波波夫那里去，让布良斯克方面军开始行动……布良斯克方面军什么时候能发起进攻？"

"12 日。"

"同意。"

关于沃罗涅日地段上的态势，我没有询问最高统帅。因为我与华西列夫斯基及总参谋部保持着直接联系，因而知道那里也和中央方面军地段上一样，正在进行着激烈的交战。

下面我简略地叙述一下库尔斯克会战的第一天在沃罗涅日方面军地段上的情况。这是我从该方面军首长送往最高统帅部的一份报告中了解到的。

7月4日16时10分，敌人以先遣支队发起了进攻行动。这些行动显然具有侦察性质。

7月5日，经过炮兵急袭射击和航空兵突击后，敌人由斯特列列茨基、托马罗夫卡、济比诺、特列菲洛夫卡地域转入进攻，投入进攻的坦克至少有450辆。

第一次冲击被击退。

下半天，敌人投入"虎式"重型坦克，再次猛攻。这次敌人挫败了由涅克拉索夫上校指挥的近卫步兵第52师的抵抗，占领了别列佐夫、格列穆奇、贝科沃、科济马杰米亚诺夫卡、沃兹涅先斯基等居民地。友邻巴克索夫上校的近卫步兵第67师，遭到猛烈突击后，放弃了切尔卡斯科耶，退往红波奇诺克地区。

在这天战斗中，法西斯德军损失惨重，但沃罗涅日方面军部队也损失了约60辆坦克、78架飞机及大量人员。

从分析敌人的行动中可以感到，别尔哥罗德地域的敌军是由比较有主动精神的有经验的将领指挥的，实际上就是这样，这个敌军集团的首领是曼施泰因元帅。

布良斯克方面军的情况如何呢？

7月9日傍晚，根据最高统帅的指示，我到了布良斯克方面军司令部，见到了司令员波波夫、军事委员梅赫利斯及参谋长桑达洛夫。他们已经接到了最高统帅部关于方面军部队转入进攻的指示。

我应当指出，方面军参谋长桑达洛夫将军有渊博的军事知识，他巧妙而精确地计划了进攻行动，组织对部队的指挥。早在莫斯科会战时，我就认识了他，当时他担任第20集团军参谋长职务。他是我军最能干的、精通各种战役和战略问题的参谋长之一。

各集团军的进攻计划都是预先经过深思熟虑和认真准备的。领导各集团军的都是非常能干的有经验的将军。第3集团军由戈尔巴托夫将军指挥，第61集团军由别洛夫将军指挥，第63集团军由科尔帕克奇将军指挥，近卫坦克第3集团军由雷巴尔科将军指挥。预定与布良斯克方面军同时发起进攻的西方方面军近卫第11集团军，由巴格拉米扬将军指挥。

布良斯克和西方方面军的这些集团军我都去过，尽量给各集团军首长提出建议，帮助他们工作。

我对巴格拉米扬集团军的工作抓得特别细致。很早以前，我就同巴格拉米扬建立了良好的工作关系和同志关系。当时，西方方面军司令员索科洛夫斯基将军和最高统帅部代表、负责炮兵问题的沃罗诺夫也在巴格拉米扬那里。

在讨论近卫第11集团军炮兵司令员谢苗诺夫将军提出的炮兵射击的方法时，产生了一个新的想法，就是要突然采取敌人还不了解的某种新方法。

经过长时间讨论后，我们一致决定，不按现行的办法在炮火准备后发起冲击，而是在炮火准备过程中，在炮兵射击加强速度和威力的时刻发起，使敌人难以确定我军开始转入冲击的时机。这种方法经实践证明是很好的。

7月12日，布良斯克方面军及西方方面军的加强近卫第11集团军转入进攻。尽管敌人的防御是纵深梯次配置的，工事十分完备，抵抗很顽强，我军还是突破了敌人的防御并开始向奥廖尔总方向上推进。

不出所料，敌人在奥廖尔地域陷入慌乱，开始由中央方面军当面的敌军集团中抽调部队来对付布良斯克方面军和西方方面军所属近卫第11集团军。中央方面军毫不迟延地利用了这种形势，于7月15日转入反攻。

就这样，在这里，在奥廖尔地域，希特勒经过长期准备的总攻彻底垮台了。德军尝到了惨重失败的苦头，尝到了苏联猛烈压向仇敌的武器的全部威力。

但在别尔哥罗德地域，敌人实施了更加猛烈的向心突击。7月6日，奥博扬方向上发生了最激烈的一次战斗。交战双方同时有数百架飞机、坦克和自行火炮参加战斗。但是敌人没有能够打破我军钢铁般的防御。坦克兵、炮兵及由前沿后撤的部队英勇地击退了敌人的多次冲击。仅7月6日一天，敌人在这里就损失了200余辆坦克、数万名士兵和将近100架作战飞机。

敌人调来预备队并变更部署以后，于7月7日拂晓将新的强大的坦克集团投入交战。敌人以其坦克集团的主力进攻奥博扬、普罗霍罗夫卡方向近卫第6集团军和坦克第1集团军，而以其余的200余辆坦克进攻科罗恰方向舒米洛夫的近卫第7集团军。

我近卫第6集团军和坦克第1集团军在7月6日夜间已及时得到了

方面军预备队的加强。

7月7日晨，敌人再次发起了猛烈冲击。天空和地面炮声隆隆，夹杂着坦克和马达的巨响，不绝于耳。

沃罗涅日方面军部队，在航空兵的强有力支援下顽强战斗，没有让敌人突破第二防御地带，但在一些地方敌人还是揳入了防御。

于是，方面军首长将近卫坦克第2和第5军以及由其他方向抽调的一些步兵师和炮兵部队，在当时已处于危急状态的这一地段投入交战。

两天内，敌人又损失了200余辆坦克和很多其他技术兵器。其步兵部队的人数已不超过原有人数的一半。7月10日，敌人经过调整部署，将其主力集中在较窄的地段上，重新向普罗霍罗夫卡方向进攻，打算在这里击溃已被削弱的我军部队。7月11日，在普罗霍罗夫卡方向上继续进行着激烈的交战。

日终前，沃罗涅日方面军地段上的战事到了一个关键时刻。最高统帅部根据预定计划，从预备队中将近卫诸兵种合成第5集团军及近卫坦克第5集团军调往普罗霍罗夫卡地域，于7月12日晨投入交战。近卫坦克第5集团军有约800辆坦克和自行火炮。敌人在奥博扬和普罗霍罗夫卡方向上的全部坦克也不少于此数，但其部队的士气经过先前同我近卫第6集团军、坦克第1集团军和近卫第7集团军部队的交战，已低落下来。

7月12日，在沃罗涅日方面军地段上进行了最大的一次交战，在普罗霍罗夫卡方向上尤为激烈，罗特米斯特罗夫将军指挥的近卫坦克第5集团军行动最为顺利。

这一天，最高统帅向布良斯克方面军指挥所给我打了电话，命令我立即飞往普罗霍罗夫卡地域，负责协调沃罗涅日和草原方面军的行动。

7月13日，我到了沃罗涅日方面军指挥所，草原方面军司令员科涅夫将军也在那里。当天傍晚，我在第69集团军指挥所见到了华西列夫斯基。华西列夫斯基是由最高统帅委派到西南方面军去组织该处的进攻行动的。这次进攻行动应在沃罗涅日和草原方面军转入反攻的同时发起。

我了解了整个情况及敌我双方的行动后，我们一致决定，更加有力地继续进行已发起的反突击，以便紧跟退却的敌人之后夺取原先他们在别尔哥罗德地域占领的防御。然后，待部队经过短时间的准备以后，将两个方面军的全部兵力投入决定性的反攻。

方面军的所有地段都进行着激烈的血战，数百辆坦克和自行火炮在燃烧。战场上空，烟尘滚滚。这是别尔哥罗德方向上交战中的转折时刻。已疲惫无力并对胜利丧失了信心的希特勒匪军，逐渐转入防御行动。7月16日，敌人完全停止了冲击并开始向别尔哥罗德撤退后勤部队，7月17日并发现撤退部队，但与我军接触的部队仍在顽抗。

7月18日，我同华西列夫斯基到了克留琼金中将指挥的第69集团军、扎多夫中将指挥的近卫第5集团和罗特米斯特罗夫指挥的近卫坦克第5集团军部队交战的地段上。

我们亲自观察了"共青团员"国营农场和伊万诺夫新村地域的激烈战斗。在该处作战的是坦克第18和第29军。敌人在这里进行了猛烈的火力抵抗，甚至还转入反冲击。7月18日这一天，罗特米斯特罗夫和扎多夫两个集团军总共才把敌人击退4—5公里，奇斯佳科夫的近卫第6集团军只占领了上佩尼耶地域的一个高地。奇斯佳科夫集团军的部队过分疲劳了。从7月4日起，他们就没有睡觉、没有休息地一直战斗着。需要增补兵力，才能打乱德军部队有计划地撤退。为此，不得不把巴哈罗夫少将的坦克第18军和基里琴科少将的坦克第29军及马纳加罗夫的第53集团军的部分部队投入交战。

有一种说法认为，沃罗涅日方面军首长与中央方面军不同，不善于准确地判断敌人将在什么方向上实施主要突击，所以把力量分散在宽达164公里的地带内，而没有把兵力兵器集中在敌人主要突击方向上。这是不对的，同样下面这种看法也是不正确的。有人说，遭到由南面向库尔斯克进攻的敌主要集团突击的近卫第6集团军的防御地带宽度（64公里），比友邻集团军的大，友邻集团军的防御地带宽为50公里。在这个集团军地段上的炮兵平均密度为每公里正面上25.4门火炮和2.4辆坦克，而在方面军的整个防御地带内却是35.6门火炮和6.9辆坦克[①]。

最高统帅部、总参谋部及沃罗涅日方面军首长根据对情况的分析，认为敌人不只是对一个近卫第6集团军，而是对近卫第6和第7两个集团军实施主要突击。关于防御地带宽度的说法，预料将遭到德军主要突击的近卫第6和第7集团军的防御正面为114公里，而方面军的其他两个集团军的防御正面为130公里。对炮兵和坦克平均密度的计算也不完全正确，实际上在第38和第40集团军的地段上，炮兵密度不大，至于坦克则只有少数几辆。

---

①《苏联伟大卫国战争简史（1941—1945年）》，莫斯科苏联军事书籍出版社，1965年版，第244页。

而与此同时，在近卫第6和第7集团军地带内，几乎集中了最高统帅部预备队的全部炮兵部队和兵团、方面军的全部坦克部队和兵团以及全部方面军预备队。而且，在近卫第6集团军防御的"背后"，配置了坦克第1集团军（构筑了很好的防御地区），在近卫第6和第7集团军接合部后纵深内，配置了第69集团军（构筑了很好的防御地区）。此外，在近卫第6和第7集团军后方的战役地幅内，配置有方面军预备队近卫步兵第35军、近卫坦克第2和第5军。

因此，对沃罗涅日方面军领导人的批评，是由于对战役和战略情况的独特条件下的兵力兵器密度计算得不精确。只估计了各集团军的兵力兵器战术密度，而没有把配置在近卫第6集团军地带内的最高统帅部预备队炮兵包括在内。至于坦克的密度，则方面军领导人在这里主要指靠的是坦克第1集团军、近卫坦克第2和第5军。

要正确判断大规模交战中的防御抵抗力，不仅应统计战术防御的兵力和兵器，还应统计战役纵深内的兵力和兵器，这样才不会出现差错。

至于谈到几个方面军的防御交战结果，则不应忘记，敌人在第一天对沃罗涅日方面军的近卫第6和第7集团军是以差不多5个军的兵力（党卫军坦克第2军、坦克第3军、坦克第48军、第52军及"劳斯"军的部分部队）进行突击的，而对中央方面军的防御是以3个军进行突击的。德军从奥廖尔方向和由别尔哥罗德地域所实施的突击力量的差别，这是显而易见的。

就沃罗涅日方面军司令员瓦图京个人在战役和战略问题方面的能力而言，我必须十分客观地说，他是一位极其博学多才的英勇果敢的军事首长。

我前面已经说过，库尔斯克地域的反攻是在敌人转入进攻以前很久就准备的。最高统帅部远在5月份就审查过在奥廖尔方向上实施代号为"库图佐夫"的反攻计划。其目的是，由中央和布良斯克方面军及西方方面军的左翼部队从三个方向对敌奥廖尔集团实施钳形突击。

上面说过，布良斯克和西方方面军部队于7月12日转入进攻，而中央方面军部队则于7月15日转入进攻。这样，在奥廖尔地域展开了三个方面军的猛烈进攻，其当前目标都是粉碎敌奥廖尔集团。

我军在这里发起的反攻，以及敌军在别尔哥罗德地域的大量消耗，迫使希特勒当局承认，他们经过周密计划的"堡垒"计划已经破产了。敌人为了避免全军覆灭，决定将曼施泰因元帅的部队撤回到发起进攻时的防御地区。

由于我坦克第1集团军、近卫第6和第7集团军极度疲惫了,敌人才得以于7月23日将其主力撤回到别尔哥罗德防御地区。

沃罗涅日和草原方面军于7月23日进到敌防御前沿附近,但未能按最高统帅要求立即转入反攻。因为需要补充燃料和弹药储备及其他物资器材,需要组织各兵种的协同动作、周密的侦察,需要做某些兵力部署的变更,尤其是炮兵和坦克。根据最紧缩的计算,所有这些工作至少需要8昼夜才能完成。

最高统帅经过多次交谈后,才十分勉强地批准了我们的决定,因为再没有别的出路了。

大家都知道,这次战役按计划规定是大纵深的,因而必须有周密的准备和全面的保障,否则我们就可能遭受失败。一次计划周密和准备完善的进攻战役,应保证不仅能顺利地突破敌人防御的战术和战役纵深,还应保证所实施的进攻能为尔后的进攻行动创造有利的条件。

但是最高统帅催促我们发起交战。我和华西列夫斯基花了很大的力量向他证明,不能仓促开始行动,只有全面做好准备并在物质上得到保障时,才能发起战役。最高统帅同意了我们的意见。

斯大林死后,出现了一种说法,说他作出军事战略决定时是独裁的。绝不能同意这种说法。前面我已讲过,如果向最高统帅汇报的问题具有充分理由,那他是很注意听取的。我自己就遇到过他放弃个人意见和改变原来决定的情况。在很多次战役发起的时间方面,尤其是这样。

库尔斯克、奥廖尔和别尔哥罗德地域的会战是伟大卫国战争和整个第二次世界大战中最大的会战之一。在这里不仅粉碎了德军精锐的和最强大的集团,而且无可挽回地动摇了德国军队和人民对希特勒法西斯当局的信心,动摇了德国能够抵抗不断增长的苏联威力的信心。

在库尔斯克地域粉碎德军主要集团,为苏军尔后各次大规模进攻战役,为从我国领土上、从波兰、捷克斯洛伐克、匈牙利、南斯拉夫、罗马尼亚和保加利亚领土上彻底驱除德军,为最终粉碎法西斯德国,奠定了基础。

在粉碎库尔斯克地域的敌人和打败敌人强大的长期准备的进攻中,起决定性作用的是什么?

首先是,在防御交战开始时,苏军在数量上,尤其在质量上超过了敌人。

苏军航空兵、装甲坦克部队和炮兵威力的不断加强,使我们能够在短期内建立起迅猛摧毁敌人任何抵抗的突击集团。这也使苏联军事战略领导当局有可能准备并充满信心地粉碎库尔斯克突出部地域的敌军，打破希特勒精心策划的 1943 年进攻计划。

为什么敌人决定在库尔斯克地域实施总攻呢？

苏军在库尔斯克突出部的战役布势，突向敌方。这使德军当局产生了很大的希望。在这里可以一举合围两个大的方面军，打开一个重要的缺口，使敌人能在南方和东北方向进行大规模战役。

最高统帅部、总参谋部和方面军首长在判断情况和敌人可能采取的方案时，正是从后来得到证实的这个前提出发的。

值得注意的是，所有苏军的战役和战略领导人在对敌人当前行动的判断上，意见基本上是一致的。根据对各种条件的深刻分析而达到的看法上的一致性，最好地表现了我战役战略一级司令部和首长指挥能力的提高。

德军统帅部却是另外一种情况，那里对情况不能正确地和深刻地进行判断，对当前行动的计划和方法意见也不一致。失掉战略主动权以后，德军统帅部更不能对付新发生的困难，军队士气的急剧低落更加深了这种困难。

前面我已说过，在库尔斯克会战中，中央和沃罗涅日方面军各部队，在兵力和兵器方面都超过敌人一些。具体情况是：兵力超过40%，火炮和迫击炮超过90%，坦克超过20%，飞机超过40%。但是，德军统帅部主要依靠坦克和摩托化部队，把它们集中使用在狭窄的地段上，因而在会战的最初几天内对占领战术防御地幅的苏军造成了很大的优势。

当我配置在战役纵深内的部队进入交战后，优势就转入苏军手中。

德军最高统帅部在这次会战中又一次过高地估计了自己部队的战斗力，过低地估计了苏军的力量。敌人特别信赖其"虎式""豹式"坦克及"斐迪南"式强击火炮。显然敌人认为，这些武器会吓住苏军，同时苏军也经受不住这些武器的撞击。但是，情况并非如此。

虽然法西斯德国仍然可以依靠大多数欧洲国家的经济，但是在东方战场上经过如此激烈的交战后，现在已经不能与日益增长的苏联经济和军事威力相匹敌了。

西方资产阶级政治和军事历史学家力图证明，红军在物质技术方面的优势只是靠美国和英国的物质援助取得的。

我不想完全否定或贬低这种援助。它在一定程度上帮助了红军和我国的军事工业，但决不能说成比实际起了更大的作用。

我们在物质上的对敌优势是靠苏维埃社会制度的优越，靠苏联人民在党领导下在前线和后方英勇的斗争取得的。

总之，希特勒匪徒打输了这样一场大会战，他们曾竭尽全力予以准备，以便给1941年在莫斯科、1942年冬和1943年年初在伏尔加河附近与在列宁格勒被粉碎的德军报仇。

被失败和极其惨重的伤亡激怒了的希特勒，采取了一贯的办法，把"堡垒"进攻战役失败的全部罪责推到元帅和将军们头上。希特勒撤了他们的职，换上新人，而不承认这场大规模的战略性战役的失败并不仅是由于司令官的过错，而主要是由战略的、政治的和物质的因素的总和造成的。

苏军发起反攻的基本计划早在5月份就已制订完毕并经最高统帅批准，在防御交战过程中又经过调整并在最高统帅部讨论过多次。这是在奥廖尔、别尔哥罗德和哈尔科夫地域粉碎德军的第二阶段计划，也是1943年整个夏季战局计划的一部分。

会战的第一阶段（防御交战），我中央方面军部队是在7月12日结束的，沃罗涅日方面军部队则是在7月23日结束的。结束防御行动的时间不同，是由于战役的规模和遭受损失的程度不同。还应指出，由于布良斯克方面军和西方方面军7月12日对敌奥廖尔集团转入进攻并迫使敌人迅速从与我中央方面军对峙的部队中撤走7个师，从而给了中央方面军很大的帮助。

会战的第二阶段（反攻）也不是同时开始的。

例如，在别尔哥罗德地域，反攻是在8月3日发起的，比中央、布良斯克和西方方面军的反攻迟了20天。这三个方面军的部队完成反攻准备需要的时间较少，因为反攻计划和反攻的全面保障，早在防御交战过程中即基本就绪。

在别尔哥罗德地域，完成反攻准备需要的时间较多，因为参加反攻的草原方面军部队，事前尚未完全搞好计划。这些部队当时还是最高统帅部预备队，因而还不可能了解具体任务、反攻出发地域及将要与之作战的敌军情况。

在准备和实施反攻过程中，我不得不主要在沃罗涅日和草原方面军部队中工作，7月30—31日，奉最高统帅命令飞往西方方面军所属坦克第4集团军地段上进行工作。

根据代号为"鲁勉采夫"的沃罗涅日和草原方面军的战役计划规定，从别尔哥罗德实施的主要突击，应以这两个方面军相邻的翼侧部队，以博戈杜霍夫、瓦尔基、新沃多拉加为总方向，从西面迂回哈尔科夫。在我军抵近哈尔科夫地域的同时，西南方面军应转入进攻。由加根将军指挥的该方面军第 57 集团军，应从西南迂回哈尔科夫。

沃罗涅日方面军部队转入反攻时的条件，要比奥廖尔地域更复杂些。该方面军部队在防御交战阶段，人员、技术兵器和物资器材都受到很大损失。退往预先构筑好的防御地区的敌人，及时占领了防御并做好了抗击我军进攻的准备。侦察查明，敌人为了加强其别尔哥罗德、哈尔科夫集团，已由其他方向仓促调来坦克和摩托化师。

所有这一切都说明，这里的交战将是艰苦的，尤其对于必须进攻别尔哥罗德坚固筑垒地域的草原方面军部队更是这样。

最高统帅部正确地使用了草原方面军。如果在防御交战过程中不从该方面军抽调兵力加强沃罗涅日方面军，那后者会陷入极其危险的境地。我们无论如何也不能容忍事态的这种发展，因为不难想象出其结果将是什么。

至于谈到草原方面军用全部兵力同时在别尔哥罗德方向上实施反攻的问题，那就应当记得，当抽调草原方面军部分兵力加强沃罗涅日方面军时，草原方面军用全部兵力举行反攻的条件还没有完全成熟。在别尔哥罗德、哈尔科夫方向上转入反攻，是到 7 月 20 日才明确的，但实际上转入反攻必须等两个方面军都完成了充分的准备后才有可能进行，而这是需要很多时间的。

7 月 23 日，追击退却之敌的苏军部队，进到别尔哥罗德以北地区，并基本上夺回了 7 月 5 日前沃罗涅日方面军所占领的防御阵地。

我们同两个方面军首长、总参谋部及最高统帅研究了情况后，决定部队停止前进并周密地完成转入有深远任务的反攻准备。

因为这两个方面军在转入反攻前必须：变更兵力和兵器的部署；为航空兵和炮兵进攻实施周密的目标侦察；给遭受损失的部队补充兵力兵器（这对于近卫第 6 和第 7 集团军、坦克第 1 集团军及不少炮兵部队尤其重要）；储备燃料、弹药及实施深远的进攻战役所需的一切物资器材。

此外，草原方面军需要详细制订反攻计划并做好反攻的全面保障。

别尔哥罗德附近反攻的总企图是这样的：沃罗涅日方面军以近卫第 5、第 6 集团军、近卫坦克第 5 集团军和坦克第 1 集团军的兵力，以瓦尔基和新沃多拉加为总方向实施主要突击。近卫第 5 和第 6 集团军突破地段上的炮兵密度达到每公里正面上 230 门火炮和迫击炮、坦克 70 辆。各师受领的突破地带宽达 3 公里。

这样大量集中突破兵器，是由于计划在反攻的第一天，使两个坦克集团军在此处进入突破口。右邻第 40 和第 38 集团军在格赖沃龙及特罗斯佳涅茨总方向上转入进攻。空中支援，由克拉索夫斯基将军的空军第 2 集团军负责进行。

由科涅夫上将指挥的草原方面军，编有第 53、第 69 和近卫第 7 集团军及机械化第 1 军，其当前任务是攻占别尔哥罗德，尔后协同沃罗涅日方面军主力进攻哈尔科夫。草原方面军部队的行动，由戈留诺夫将军的空军第 5 集团军支援。

在草原方面军部队进行战役准备时，我得以熟识了第 53 集团军司令员马纳加罗夫将军，早先我不太了解他。

马纳加罗夫给我留下了很好的印象，虽然我同他严肃地研究过该集团军的进攻计划。工作结束后我们坐下来吃晚饭时，他拿起手风琴来拉了几支欢乐的曲子。疲倦消失得无影无踪了。我看着他想到，战士特别喜爱这样的指挥员并会跟着他们去赴汤蹈火。

我感谢马纳加罗夫出色的手风琴演奏（顺便说一句，我对此一直是羡慕的），并希望，他在 8 月 3 日给敌人"演奏"炮兵音乐时演得更好些。

马纳加罗夫笑着说：

"好吧，我们会给他们'演奏'的。"

我非常喜欢炮兵司令员福明中将。他对炮兵进攻中大量使用炮兵的方法非常熟悉。他同最高统帅部代表奇斯佳科夫炮兵上将一起，在炮兵区分、弹药保障、战斗使用及准备射击诸元方面，进行了大量有益的工作。

别尔哥罗德地域的反攻于 8 月 3 日晨发起。沃罗涅日方面军实施了十分猛烈的炮兵和航空兵火力突击。结果，已转入进攻的、加强有大量坦克的近卫第 5 和第 6 集团军部队，迅速突破了敌人主要防御地带。下半天，坦克第 1 和近卫坦克第 5 集团军进入突破口，日终前其先遣兵团推进了 30—35 公里，从而摧毁了这个地段上的敌人整个战术防御。

草原方面军没有像沃罗涅日方面军那样拥有如此强有力的突破兵器，因此进攻发展稍慢。日终前，其先遣部队推进了 15 公里。但我们认为这已经是很大的进展，因为草原方面军各集团军所遇到的是敌人更加坚固和纵深更大的防御。

第二天，敌人增强了抵抗，因而，8 月 4 日草原方面军的进攻，发展极为缓慢。但是我们对此并不十分着急，因为沃罗涅日方面军的突击集群已挫败敌别尔哥罗德集团的翼侧，顺利地向前推进。德国法西斯统帅部感到这里有受到合围的威胁，于8月4日日终前开始撤退其部队，这就使草原方面军部队能够加速向前推进。

8月5日晨6时，近卫步兵第89师所属近卫步兵第270团以及步兵第305和第375师的部队，最先突入了别尔哥罗德。近卫步兵第93、第94师及步兵第111师，作战也很英勇。近卫步兵第89师和步兵第305师，获得了"别尔哥罗德师"的光荣称号。

草原方面军各集团军部队肃清别尔哥罗德市内残敌后，协同沃罗涅日方面军部队迅速向前猛进。

8月5日傍晚，为了祝贺英勇的布良斯克、中央和西方方面军部队占领奥廖尔，及英勇的草原和沃罗涅日方面军部队占领别尔哥罗德，我们祖国的首都莫斯科，鸣放了礼炮。这是伟大卫国战争过程中，第一次为祝贺苏军的战功而鸣放的礼炮。

战士们斗志昂扬，脸上带着欢乐、勇敢和对自己力量充满信心的表情。

8月6日，我同草原方面军首长根据战事的进程，联名向最高统帅呈递了关于在别尔哥罗德、哈尔科夫方向上进一步发展战役的意见。

"1943年8月6日于作战部队

伊万诺夫同志（斯大林的化名）

谨报告如下：

鉴于已顺利地突破敌防线并在别尔哥罗德、哈尔科夫方向上发展进攻，今后我们将按下述计划实施战役：

1. 配属有索洛马京（索洛马京坦克兵中将是机械化第1军军长）军的第53集团将沿别尔哥罗德—哈尔科夫公路进攻，在杰尔加奇方向上实施主要突击。

该集团军应前出到奥利妙内、杰尔加奇一线，在该线与扎多夫的部队换班。

第69集团军在第53集团军左方，向切列莫什诺耶方向进攻。第69集团军攻占切列莫什诺耶后，应将数个最好的师转隶马纳加罗夫。该集团军即留作方面军预备队，在米高扬诺夫卡、切列莫什诺耶、格里亚兹诺耶地域进行补充。

第69集团军应尽快补充两万人。

近卫第7集团军现时将由普什卡尔诺耶地域向布罗多克进攻，尔后则向博奇科夫卡进攻，从北向南压缩敌人防线。

近卫第 7 集团军将由切列莫什诺耶、济博罗夫卡地区向齐尔库内实施主要突击，并前出到切尔卡斯科耶、洛佐沃耶、齐尔库内、克柳奇金一线。

该集团军同时将以部分兵力由齐博罗夫卡地域先向穆罗姆、继向捷尔诺瓦亚进攻，以支援第 57 集团军在鲁别日诺耶和旧萨尔托夫地域强渡北顿涅茨河。

2. 西南方面军的第 57 集团军最好转隶草原方面军。该集团军现时应准备由鲁别日诺耶、旧萨尔托夫一线向涅波克雷塔亚总方向进攻，尔后应向伏龙芝国营农场进攻。

应使第 57 集团军进到库图佐夫卡国营农场、伏龙芝国营农场、（北）罗甘一线。

如果第 57 集团军继续隶属于西南方面军，应令其在舒米洛夫（舒米洛夫中将是近卫第 7 集团军司令员）进到穆罗姆地域附近后，在上述方向上转入进攻。

3. 为了实施第二阶段战役，即哈尔科夫战役，应将近卫坦克第 5 集团军编入草原方面军。该集团军应进入奥利沙内、旧梅尔奇克、奥古利齐地域。

哈尔科夫战役，我们初步建议按下述计划进行：

（1）第 53 集团军协同罗特米斯特罗夫集团军从西面和西南面夺占哈尔科夫。

（2）舒米洛夫集团军由齐尔库内、杰尔加奇一线开始从北向南进攻。

（3）第 57 集团军由伏龙芝国营农场、罗甘一线向西进攻，从南面夺占哈尔科夫。

（4）第 69 集团军（如这时已补充完毕）在扎多夫和马纳加罗夫集团军的接合部上奥利沙内地域展开，向南进攻，以便从南面保障哈尔科夫战役的实施。

第 69 集团军将前出到斯涅日科夫库特、明科夫卡、普罗夏诺耶、诺沃谢洛夫卡一线。

（5）沃罗涅日方面军左翼必须进到奥特拉达、科洛马克、斯涅日科夫库特一线。

这项任务应由扎多夫集团军和第 27 集团军的左翼完成。

卡图科夫（卡图科夫坦克兵中将是坦克第 1 集团军司令员）集团军最好能进入科维亚基、阿列克谢耶夫卡、梅列法地域。

西南方面军必须由扎莫斯季耶地域向梅列法总方向实施突击,沿姆扎河两岸进攻。以部分兵力经丘古耶夫向奥斯诺瓦进攻,以部分兵力肃清扎莫斯季耶以南森林中的敌人并前出到诺沃谢洛夫卡、奥霍恰耶、上比什金、格耶夫卡地区。

4.为了实施哈尔科夫战役,除两万名补充兵员外,必须给第53集团军和近卫第7集团军各师补充1.5万人,给方面军各坦克部队补充T-34坦克200辆、T-70坦克100辆、KB坦克35辆。必须调来4个自行火炮团和2个工程兵旅。

给方面军空军部队应补充如下数量的强击机、歼击机和轰炸机:歼击机——90架、佩-2——40架、伊尔-2——60架。

请批示。

朱可夫、科涅夫、扎哈罗夫

第64号"

作战行动这时正继续展开。8月7日,沃罗涅日方面军坦克第1集团军和近卫第6集团军的先遣部队,占领了博戈杜霍夫。敌人已经没有绵密的防御正面了。其第4集团军已脱离"战斗"集群很远,德军无力堵塞所造成的缺口。

由格赖沃龙向西退却的敌军集群由3个步兵师和第19坦克师组成。该集群遭到我空军第2集团军大群飞机的攻击,随后被我特罗菲缅科将军的第27集团军粉碎。这就使敌第4集团军的处境更加恶化。

8月11日,坦克第1集团军部队跨过了哈尔科夫—波尔塔瓦铁路。

为了从不可避免的覆灭中援救第4集团军,敌"南方"集团军群仓促收集了其最后的全部预备。并将其投入阿赫特尔卡地域。

敌人害怕其哈尔科夫集团陷入合围,拼凑了由3个坦克师("骷髅""维金"和"帝国"坦克师)组成的一支部队,并于8月11日对我坦克第1集团军和近卫第6集团军部队实施反突击。已被削弱的我坦克第1集团军和近卫第6集团军部队,未能经受住敌人的突击,开始向较有利地区撤退。

这时,罗特米斯特罗夫将军的近卫坦克第5集团军驰往支援。激烈的交战持续了数天。经过共同努力,到8月16日日终时阻止了敌人的前进。

8月18日,敌人由阿赫特尔卡地域实施了反突击。为了歼灭这股敌人,由最高统帅部预备队中增派近卫第4集团军投入交战。该集团军是由库利克将军指挥的。可惜他未能胜任自己的职责,因而不久即被解职。

草原方面军各集团军逼近了哈尔科夫，在城郊展开交战。马纳加罗夫的第 53 集团军行动有力，其近卫步兵第 89 师（师长是谢柳金上校）和步兵第 105 师（师长是瓦西里耶夫上校）表现尤为突出。

第 53 集团军各部队日夜努力，企图尽快突破敌人设在哈尔科夫接近地上的防御。在波列沃耶地域展开了保卫"二〇一·七"高地的十分激烈的战斗。占领该高地的是步兵第 299 师彼得里谢夫上尉指挥的、由 16 人组成的一个混合连。

当总共只剩下 7 个人时，彼得里谢夫对战士们说：

"同志们，我们要像潘菲洛夫的士兵保卫杜博谢科沃一样保卫高地。宁死也决不后退！"

他们没有后退。英勇的战士们坚守着高地，直至师的其他部队到达。为了表彰他们的英勇果敢精神，苏联最高苏维埃主席团命令授予彼得里谢夫上尉、任琴科少尉、波利卡诺夫上士、布列乌索夫中士"苏联英雄"称号。其余人员都获得了勋章。

在阿赫特尔卡的激烈交战中，比留科夫将军指挥的近卫步兵第 20 军各兵团，米克拉泽将军、古杰缅科近卫军中校、多布罗夫上校指挥的部队，以及近卫坦克第 4 军表现特别突出。

8 月 22 日，苏军在哈尔科夫地域的进攻越来越加强了。敌人为了避免使其部队陷入合围，于 8 月 22 日开始从哈尔科夫撤退。次日晨，撤走了其最后的后卫部队。我草原方面军部队进入哈尔科夫市，受到了居民极其热烈的欢迎。

在进攻哈尔科夫战斗中，特别突出的有第 53 集团军的近卫步兵第 28 师、步兵第 84、第 116、第 252 和第 299 师，第 69 集团军的近卫步兵第 89 和第 93 师、步兵第 183 和第 375 师，近卫第 7 集团军的近卫步兵第 15 师。所有这些师都获得了"哈尔科夫师"的荣誉称号。

在哈尔科夫举行了盛大的群众大会，乌克兰党和苏维埃组织的代表、红军的代表参加了大会。大会上群情振奋。哈尔科夫的劳动人民欢天喜地。莫斯科为解放乌克兰巨大城市的英勇的苏军战士鸣放了礼炮。

会后举行了宴会，苏联人民演员科兹洛夫斯基在宴会上演唱了很多俄罗斯和乌克兰民歌。他的亲切动人的歌声，使参加宴会的人感动得流泪。他演唱的歌曲比哪一次都多，优美的歌声引起了我们对故乡的思恋，我们十分感谢他的表演。

此时，草原方面军部队正在哈尔科夫以南的梅列法地域实施进攻战斗。

沃罗涅日方面军在博戈杜霍夫和阿赫特尔卡地域击退敌反突击集团后，于8月25日在苏梅、加佳奇、阿赫特尔卡、康斯坦丁诺夫卡一线牢牢地巩固下来，并着手准备进攻，以便前出到第聂伯河中游。草原方面军也受领了类似的任务。

在奥廖尔方向上，反攻计划规定的目标是，粉碎德军第9集团军和坦克第2集团军并在布良斯克总方向上发展突击。

西方方面军左翼部队受领的任务是，协同布良斯克方面军部队粉碎敌博尔霍夫集群，尔后进攻霍特涅茨，切断敌人由奥廖尔地域退却的道路。

西方方面军最先由巴格拉米扬将军的近卫第11集团军发起进攻。该集团军加强有1个坦克军和4个坦克旅，由格罗莫夫将军指挥的空军第1集团军负责支援。数天后，得到了费久宁斯基将军的第11集团军和巴达诺夫将军的坦克第4集团军的加强。

布良斯克方面军编有第3、第61和第63集团军。后来，雷巴尔科的近卫坦克第3集团军在戈尔巴切沃车站地域补充完毕后，也列入了该方面军的建制。方面军部队的进攻行动由纳乌缅科将军的空军第15集团军支援。

中央方面军进攻时编有：第13、第48集团军和第70集团军的右翼，坦克第2集团军及参加防御和反突击的所有兵团。

这时，敌人为了阻挠布良斯克和西方方面军的突破，由中央方面军地段撤走了数个坦克师和步兵师，从而在相当大的程度上削弱了其奥廖尔以南的防御。中央方面军得到了比较有利的进攻条件。

西方方面军和布良斯克方面军发起的进攻，进展比预料要慢。在西方方面军左翼上，进展较快。中央方面军7月15日发起的反攻，也未能加快整个进攻的速度。

后来，我们分析了进攻发展缓慢的原因，得出的结论是，基本错误在于最高统帅部要求转入反攻稍微急了一些，在西方方面军左翼的编成内也没有建立比较强大的集团，因此，在交战过程中不得不大加补充。布良斯克方面军部队不得不用正面突击的办法突破敌纵深梯次配置的防御。

我想，如果雷巴尔科的集团军不在布良斯克方面军地带内进入交战，而是同巴格拉米扬的集团军一起行动，那可能会好一些。最高统帅部使费久宁斯基将军的第11集团军和巴达诺夫将军的坦克第4集团军进入交战的时机，也晚了一些。

中央方面军发起反攻的地点是在其结束反突击的地点,而且是在宽大正面上面对敌军主要集团推进。中央方面军的主要突击本来应当稍微偏西一些绕过克罗姆。

可惜,当时未能这样做,受到了急于求成的情绪的干扰。那时,我们大家都认为要趁敌人尚未建立牢固的防御时,尽快打击他。但,这是错误的论断。总起来说,这是由于对敌人的防御能力估计不足造成的。

后来,在奥廖尔方向上的反攻,进展仍然缓慢。

8月5日,布良斯克方面军部队解放了奥廖尔。在这些战斗中,步兵第5、第129和第380师表现特别突出。

当我同安东诺夫及华西列夫斯基向最高统帅汇报说有可能在奥廖尔地域合围敌军集团,但为此必须大大加强西方方面军左翼时,斯大林说:

"我们的任务是尽快把德军赶出我国领土,等敌人将来更加削弱时,我们会合围他们的。"

可惜我们没有坚持自己的意见!本来应该坚持一下。当时我军已能实施围歼战役了。

在布良斯克方面军的编成内,戈尔巴托夫指挥的第3集团军的进攻,最为有力。戈尔巴托夫在整个战争期间,很好地履行了集团军司令员的职务。

由于我所有3个方面军的反攻进展缓慢,敌人就能够变更兵力部署,从其他地域调来新锐力量并将它的部队有组织地撤出奥廖尔地域。

随后,这些方面军的进攻,仍然缓慢地发展着,每昼夜平均不超过4公里。8月18日,反攻战役在柳季诺沃以东、布良斯克以东25公里处、德米特罗夫斯克—奥尔洛夫斯基一线上结束了。

1943年8月23日,伟大卫国战争中最大的一次会战以占领哈尔科夫而结束了。这次会战粉碎了希特勒在军事和政治上寄予很大希望的德军主要集团。

库尔斯克会战的总结是什么?

我军与法西斯德军的这次最大的会战,持续了50天。会战以红军的胜利而告终,共计击溃德军30个精锐师(其中有7个坦克师),这些师都伤亡一半以上。

这期间,敌军总计损失50余万人、约1500辆坦克(其中有大量的"虎式"和"豹式"坦克)、3000门火炮及3700余架飞机。法西斯当局无论采取什么重大措施也不再能弥补这个损失了。

我军在库尔斯克附近的卓越胜利展示了苏联及其武装力量日益增长的威力。这个胜利是全体苏联人在共产党领导下,在前线和后方共同努力的结果。在库尔斯克附近的交战中,我军表现了非凡的英勇精神、集体英雄主义和熟练的军事技能。共产党和政府高度评价军队的英勇战斗精神,给10万余名士兵、军官和将军颁发了勋章和奖章,很多军人荣获"苏联英雄"称号。

在库尔斯克附近粉碎德国法西斯军队,有极其巨大的世界意义,进一步提高了苏联的威望。

德国法西斯已临近了不可避免的最后崩溃。德军的失败迫使希特勒匪徒于1943年夏季由其他战场调到苏德战场上14个师及大量加强部队,从而削弱了其在欧洲战场上的力量。

希特勒从苏军统帅部手中夺取战略主动权的企图,彻底失败了。这说明德国衰弱已极。现在任何力量也挽救不了它的失败,只不过是时间早晚的问题。

苏联的战略和战役战术指挥人员成长起来了,在作战艺术方面也成熟了。

库尔斯克突出部的反攻不同于莫斯科附近和斯大林格勒地区的反攻。这次反攻是一次预先计划好并得到充分保障的深远突击。

参加这次反攻的兵力比以往任何一次大规模反攻战役的兵力都多得多。例如,参加莫斯科附近反攻战役的为17个兵力很少的诸兵种合成集团军,没有坦克兵团。在斯大林格勒地域的反攻中,有14个诸兵种合成集团军、1个坦克集团军及数个机械化军参加。而参加库尔斯克附近反攻的有22个强大的诸兵种合成集团军、5个坦克集团军、6个空军集团军及大量远程航空兵部队。

在库尔斯克会战的反攻阶段首次广泛使用了坦克和机械化兵团与军团。在很多情况下,它们是实施战役机动的决定性因素,是迅猛向纵深发展胜利和进入敌军集团后方的手段。

各方面军拥有的坦克集团军、炮兵师和军、强大的空军集团军,大大增强了我军的作战能力,也使方面军战役的规模和目的发生了变化。与战争第一阶段相比,苏军的快速机动能力提高了很多倍。这就大大提高了我军一昼夜的平均进攻速度。炮火密度和坦克密度也有很大提高。在夏季进攻交战中,我们能够构成每公里正面火炮150—200门、坦克15—20辆的密度。

在敌后活动的游击队大大促进了苏军在别尔哥罗德、奥廖尔和哈尔科夫附近的胜利。尤其是，他们在白俄罗斯、斯摩棱斯克州、奥廖尔州和第聂伯河地区，进行了大规模"铁道战"。

苏军全体人员高昂的士气，是保障库尔斯克突出部胜利的决定性因素之一。这是指挥员、政治工作人员、党团组织在交战准备阶段和会战过程中进行了紧张而又耐心细致的政治工作所促成的。他们为进一步提高部队的战斗力，花费了很多心血。

8月25日，我被召回最高统帅部，讨论当前情况，以及苏军在库尔斯克突出部粉碎德军后正在广阔的战线上展开的全面进攻的后续任务。

第十八章

乌克兰会战

早在我返回莫斯科前，1943年8月，当沃罗涅日方面军和草原方面军反攻时，第一副总参谋长安东诺夫两次飞到我们这里来。他传达了最高统帅对完成1943年进攻战役的计划所作的修正及总参谋部对秋冬战局的初步计划。

安东诺夫是一位军事知识渊博、文化程度很高并富有吸引力的人。我们高兴地听他阐述了总参谋部的战役战略设想。他极其明确地和非常令人信服地分析了德军在库尔斯克突出部被粉碎后的状况。

根据总参谋部的意见，德军统帅部尚拥有继续与苏联作战的相当兵力，何况各种情报都表明，英国和美国还不打算在欧洲实施大规模进攻战役。英美军队在意大利南部（西西里岛）登陆，虽然使希特勒当局增加了点顾虑，但并没有引起德军在各个战略方向上兵力部署的重大变化。

总参谋部认为（最高统帅也同意这种看法），德国在东方战场上已无力实施任何大规模的进攻了。但是，敌人还有足够的人力和物力进行积极的防御行动。其实，博戈杜霍夫、阿赫特尔卡和波尔塔瓦地域交战的经验已证明了这点，在那里德军对我进行了相当猛烈的反突击，并取得了暂时的胜利。

我完全同意安东诺夫的结论，而且也认为，德军统帅部将要求其军队进行顽强的防御，以保住顿巴斯和左岸乌克兰。

从总参谋部拟制的并已部分下达给各方面军的指令草案看，我军打算在西方和西南方向上的所有方面军地带内展开进攻，以便进到白俄罗斯东部地域和第聂伯河，夺取第聂伯河上的登陆场，保障解放右岸乌克兰战役的实施。

从安东诺夫的报告中我了解到，最高统帅坚决要求毫不迟延地发展进攻，以便不让敌人在通往第聂伯河的接近地上组织防御。我赞成这个指示，但是不同意进攻战役所采取的形式，即从大卢基到黑海，各方面军都展开正面突击。

因为，经过某些兵力部署的变更后，有可能实施分割与合围敌军相当大的集团的战役。这会有利于尔后战争的进行。其中，我指的是，顿巴斯的敌南方集团。如果由哈尔科夫、伊久姆地域向第聂伯罗彼得罗夫斯克和扎波罗热总方向实施强有力的突击，就可能将该集团分割。

安东诺夫说，他个人赞同这个意见，但最高统帅要求用正面突击尽快赶走敌人。

安东诺夫飞往莫斯科以前，我要求他再次把我的想法汇报给最高统帅，并转达各方面军关于给坦克部队补充坦克和经过训练的人员的请求，因为经过激烈的交战后，坦克和人员都大量缺额。

过了几天以后，斯大林给我打电话说，他已经下达了给瓦图京和科涅夫补充坦克及人员的指示。然后，他指出，他不赞同关于西南方面军部队由伊久姆地域向扎波罗热突击的意见，因为这需要相当的时间。

我没有争执，因为我知道，根据一些情况，最高统帅目前不十分相信，更坚决地采取合围敌人的战役是适宜的。

最后，最高统帅要求，两个方面军的部队尽快前进到第聂伯河。

于是在 8 月 25 日，如前面所说，我到了最高统帅部。最高统帅刚刚同国防委员会委员们开过会，会上听取了关于 1943 年下半年飞机和坦克生产计划的报告。

那时，由于党和人民的巨大努力，我国的军事工业部门已经能够为前线提供所需要的一切。"第二巴库"的加速发展，库兹涅茨克和马格尼托戈尔斯克冶金联合工厂冶金工人的英勇劳动精神，在已解放的地区高炉、发电站和矿井的加紧建设，乌拉尔、西伯利亚和哈萨克的有色冶金与黑色冶金工业的发展，在军事工厂中采用流水作业法，在改进武器装备和生产工艺方面的巨大的创造性工作，所有这一切都为粉碎敌人创造了新的条件。

1943 年生产了 3.5 万架各种型号的质量优良的飞机、2.4 万余辆坦克和自行火炮。不论在数量和质量上，我们都已大大超过了德国。希特勒统帅部专门指示其部队避免与我重型坦克实施遭遇战斗。

最高统帅关心沃罗涅日方面军和草原方面军的情况。他问是否收到了关于继续向第聂伯河进攻的指令，以及两个方面军如何估计自己的能力。我汇报说，两个方面军的部队都有很大损失，需要认真地补充人员和技术兵器，特别是坦克。

斯大林说："好！关于这个问题以后我们再谈，现在听安东诺夫关于其他方向上进攻过程的汇报。"

安东诺夫在桌上摊开了西方和西南战略方向地图。和往常一样，地图是由总参谋部作战部精心绘制的。应当说，标注醒目的地图对于了解总的情况和定下决心有很大帮助。

安东诺夫汇报了敌方情况。显然，德国人正在采取各种措施，阻止我加里宁方面军、西方方面军、布良斯克方面军和西南方面军已发起的进攻。根据各种情报来看，敌人的防御设在纳尔瓦河、普斯科夫、维捷布斯克、奥尔沙、索日河、第聂伯河、莫洛奇纳亚河一线。希特勒匪徒对这个防线大肆宣传，称之为会使红军碰得头破血流的"东方壁垒"。

安东诺夫汇报到西方方面军和加里宁方面军左翼部队的斯摩棱斯克进攻战役时说，我军在这里遇到了很大困难。一方面是森林沼泽地通行困难；另一方面是敌军得到了由布良斯克地域调来的部队的加强，抵抗增强了。

斯大林问："游击队完成什么任务？"

安东诺夫汇报说："主要是破坏波洛茨克到德文斯克、莫吉廖夫到日洛宾、莫吉廖夫到克里切夫等地段的铁路运输。"

"西南方面军的情况如何？"

"西南方面军部队在方面军的中央地带上发起了进攻，但没有取得战果。在方面军左翼地段上，情况比较好些，列柳申科将军的近卫第3集团军在那里行动。"

现在，我已记不得这次会议的全部细节了，但主要是最高统帅指示要采取各种措施，最快地夺取第聂伯河和莫洛奇纳亚河，使敌人来不及把顿巴斯和左岸乌克兰变成无人区。

这是一项正确的要求，因为法西斯匪徒退却时，穷凶极恶地把所有有用的东西都烧光和破坏了。他们炸毁工厂，把城市和乡村变成废墟，毁坏电站、高炉和平炉，烧毁学校和医院，杀死成千的儿童、妇女和老人。

斯大林给安东诺夫做了相应的指示后，命令我同费多连科及雅科夫列夫研究一下，可以给沃罗涅日方面军和草原方面军调拨哪些物资器材。考虑到两个方面军受领的任务的重要性，我在当天晚上向最高统帅汇报了应立即调拨的人员、坦克、炮兵和弹药的数量。

最高统帅长时间查看了他的现有兵力兵器表及我所提出来的要求。然后，和往常一样，他拿起蓝铅笔把所有数字几乎削减了30%—40%。

他说："剩下的，等两个方面军接近第聂伯河时，最高统帅部就拨给。"

当天，我飞往方面军战斗行动地域。该处是根据最高统帅部指令应继续实施积极行动的地方。

稍后，9月6日，最高统帅部发来指令。由我协调行动的两个方面军受领的任务是，继续进攻，前进到第聂伯河中游并在该处夺取登陆场。瓦图京指挥的沃罗涅日方面军应向罗姆内、普里卢基、基辅一线突击。科涅夫指挥的草原方面军应在波尔塔瓦—克列缅丘格方向上进攻。

我们没能周密地做好向第聂伯河进攻的准备。两个方面军部队都由于连续作战而感到十分疲惫了。在物质技术保障上也存在某些间断情况。但是，从士兵到元帅，我们大家都燃起了尽快把敌人从我国土地上赶走，尽快从占领者沉重压迫下解放苦难的乌克兰人民的强烈希望。这些占领者由于前线的失利而向手无寸铁的居民进行报复。

我们并不需要用很多时间拟定战役战术决心，因为部队已经积累了丰富的经验，能迅速分析情况、定下决心和拟制简明的指示。

至于方面军首长和司令部，他们已经成了组织和实施战役的能手。同他们工作起来很容易。像人们所说的那样，只要一张口，我们相互就明白了。

我依旧与当时负责协调西南和南方方面军行动的华西列夫斯基保持着联系。了解到，面对这两个方面军的敌军集团是何等强大。虽然我军在兵力上有某些优势，但并不能排除在进攻战役中会遇到的巨大困难，何况在坦克和作战飞机方面，我方在数量上几乎不占优势。

我负责的两个方面军开始了进攻，但进展极其缓慢。

敌人顽强地抵抗，尤其在波尔塔瓦地域。但是9月上半月，敌人遭受重大损失后，开始由顿巴斯和波尔塔瓦地域撤退部队。由最高统帅部预备队中调来的雷巴尔科的近卫坦克第3集团军，在沃罗涅日方面军地段上进入交战，在第聂伯河方向对敌展开了坚决的追击。

此外，从1943年10月5日起，沃罗涅日方面军还得到了第13和第60集团军的加强（分别由普霍夫将军和切尔尼亚霍夫斯基将军指挥）。在其他方面军也进行了调整部署，其中草原方面军得到了从沃罗涅日方面军调来的科罗杰耶将军指挥的第52集团军和扎多夫将军指挥的近卫第 5 集团军。

德军无力阻止我军加强了的猛攻，开始向第聂伯河退却。两个方面军采取了一切措施，以便紧跟退却敌军夺取第聂伯河登陆场，并开始从行进间强渡这个最大的江河障碍。

为了破坏敌军的士气，两个方面军的全部航空兵都投入了战斗。开始追击敌人后，各兵团组成了临时的快速支队，其任务是迅速进到敌后道路上，以夺取和扼守法西斯军队可能用作防御的地区。

为了进一步提高部队在强渡巨大的江河障碍时的士气，最高统帅部于 1943 年 9 月 9 日发布命令，规定对强渡杰斯纳河的各级首长授予苏沃洛夫勋章，强渡第聂伯河的授予"苏联英雄"称号。

军事委员会、政治机关和各级首长展开了巨大的政治教育工作，解释迅速夺取第聂伯河和杰斯纳河西岸的意义。我们就当前任务及完成任务的方法与之谈过话的每一个人，都很懂得夺取第聂伯河、迅速强渡第聂伯河，特别是解放乌克兰首都基辅的意义。

草原方面军夺取波尔塔瓦后，其左翼集团的先头部队，于 9 月 23 日进抵第聂伯河。

近卫坦克第 3 集团军的机械化部队及第 40 和第 47 集团军的部分部队，在大布克林地域夺取了第聂伯河上的登陆场。他们应迅速扩大该登陆场，以保障沃罗涅日方面军的主要集团由南面和西南面迂回基辅。

德军统帅部立即向夺取了登陆场的我军当面调来由坦克第 24 和第 48 军及 5 个步兵师组成的强大集团。他们对已渡过河的我军实施了反突击并牵制了布克林登陆场上的行动。

奇比索夫将军集团军的部队在基辅以北，柳捷日地域，从行进间强渡了第聂伯河。该集团军的步兵第 240 师步兵第 842 团的分队进到了对岸。涅费多夫军士指挥的一个组表现特别突出。由于在夺取和扼守登陆场中表现了英雄行为和勇敢精神，涅费多夫被授予"苏联英雄"称号，其余人员则被授予勋章。

强渡第聂伯河的部队表现了最大的勇敢顽强精神。

这些部队进抵第聂伯河后，力图照例从行进间强渡。部队不待舟桥和重型架桥器材到达，就用圆木编成的木排、自制的门桥、渔船、小艇等就便器材，横渡第聂伯河。凡是能弄到手的器材，都使用上了。到达对岸后也不轻松，那里爆发了夺取登陆场的激烈战斗。部队没有来得及巩固，就与敌人展开了战斗，敌人不惜一切力图把我军赶下河去。

在草原方面军地段上，在第聂伯罗沃卡缅卡及多莫特坎地域强渡第聂伯河时，也展开了激烈的战斗。战斗取得了巨大的胜利。在这里表现突出的是萨菲乌林将军的近卫步兵第25军部队。他们击退了敌人的多次冲击，保障近卫第7集团军顺利渡过了第聂伯河。莫什禾哑克上校的近卫第62师部队是沙罗欣将军的第37集团军中最先在克列缅丘格东南，强渡过第聂伯河的。

方面军航空兵和远程航空兵协助了地面部队的决定性行动，它们对敌人的机场、防御阵地和预备队实施了集中突击，可靠地保障了我军的制空权。

9月底，我军粉碎敌人防御后，在洛耶夫至扎波罗热宽达700公里的地段上强渡了第聂伯河，并夺取了预计用作继续向西发展进攻的一系列最重要的登陆场。

由于胜利地强渡了第聂伯河并在强渡中表现了英勇果敢精神和高超的技能，由于粉碎了敌人在第聂伯河上的防御，大约有2500名士兵、军士、军官和将军被授予"苏联英雄"称号。

从10月12日到12月23日这个阶段，沃罗涅日方面军部队（1943年10月20日，沃罗涅日方面军称乌克兰第1方面军，草原方面军改称乌克兰第2方面军）实施了基辅战役。

最初打算从布克林登陆场实施主要突击，以粉碎敌基辅集团并夺取基辅。后来，由于敌人把基辅集团的大量兵力都集中在这里，不得不放弃了这项计划。我们把该方向留作辅助行动方向，将主要突击挪至基辅以北，敌人防御力量削弱了的北段，由柳捷日登陆场实施。

解放基辅并向科罗斯坚、日托米尔、法斯托夫发展进攻的新计划已呈送最高统帅批示。经过总参谋部审查并与中央方面军协调后，最高统帅部批准了计划。

10月25日，近卫坦克第3集团军开始由布克林登陆场变更部署。该集团军必须沿第聂伯河，也就是说沿敌人防御正面完成将近200公里的行军。幸而，天气不适于飞行，因此在变更部署时，敌人侦察机几乎没有活动。

突破炮兵第7军也由大布克林地域变更了部署。

采取了所有各种伪装和无线电欺骗措施。部队在夜间转移到柳捷日登陆场。为了使敌人的注意力继续放在布克林登陆场上，在该处保持着部队的积极活动并采取了各种欺骗措施。敌人没有发现我坦克集团军和炮兵军变更部署，而且继续等待我军在这个地域发起主要突击。

11月1日前，莫斯卡连科将军指挥的第38集团军、雷巴尔科将军的近卫坦克第3集团军、克拉夫琴科将军的近卫坦克第5军、突破炮兵第7军及大量的炮兵部队和其他兵种部队,在柳捷日登陆场上集中完毕。

为这次战役总共准备了大约2000门火炮和迫击炮、500台"喀秋莎"。在基辅方向上发起决定性行动前,我军在数量和质量方面都大大超过了敌人。

11月3日晨,出敌意外地发起了对基辅的进攻。进攻由空军第2集团军支援。

但是仍然需要在布克林登陆场上牵制敌人。为此目的,沃罗涅日方面军的第27和第40集团军于11月1日转入进攻。德军统帅部把这个进攻当成了主要突击,于是迅速向这里调来补充兵力,其中包括曼施泰因元帅预备队中的"帝国"党卫军坦克师。这正是我们求之不得的。

然而,11月3日和4日,第38集团军对基辅进攻发展缓慢。为了给战役进程施加决定性影响,决定将雷巴尔科的近卫坦克第3集团军投入战斗。11月5日晨,该集团军切断了基辅通往日托米尔的道路,从而为直接进攻基辅的部队创造了有利条件。

11月5日日终前,莫斯卡连科上将的第38集团军(军事委员是叶皮谢夫少将)已进抵基辅郊区,11月6日晨4时,同克拉夫琴科将军的坦克军一起,占领了基辅。

当即给最高统帅发了电报。电报中说:"我们以极大的喜悦心情向您报告,您规定的占领乌克兰首都——我们美丽的城市基辅的任务,已由乌克兰第1方面军部队完成了。基辅市的法西斯占领者已被彻底肃清。乌克兰第1方面军部队正继续完成规定的任务。"

胜利完成这次战役的最大功绩属于方面军司令员瓦图京大将、军事委员克赖纽科夫少将。

在研究和组织夺取基辅并粉碎敌基辅集团的战役中,第38集团军军事委员会进行了大量重要的工作。

在基辅战斗中,路德维克·斯沃博达上校指挥的捷克斯洛伐克旅起了积极作用。这个英雄旅的139名士兵和军官被授予苏联的高等奖赏。

苏联人民将以感激的心情记住,英勇的捷克斯洛伐克军人在伟大卫国战争时期参加了粉碎德国法西斯军队的斗争。

晨9时,我同方面军军事委员会到了基辅,那里早已聚满了为躲避法西斯的残酷迫害而藏在郊区的受尽苦难的市民。我们的汽车从四面八方被群众围了起来。

大多数人看来已虚弱不堪。但是，基辅人目光中流露出，他们不是在幻梦中，而是真正看到了自己的解放者，亲人军人！很多人高兴得哭了，每个人都想诉说长期遭受的苦难生活。

汽车经过我所熟悉的、当时基辅最漂亮的克列夏季克大街时，我再也认不出来了，周围一片废墟。这就是法西斯匪徒退走后，我们古老的基辅的面貌。

解放基辅后，方面军部队向西追击敌人，攻占了法斯托夫、日托米尔及其他许多城市。

德军统帅部害怕局势极危险地发展下去，仓促在日托米尔地域集中了由15个师（其中8个坦克和摩托化师）组成的一个反突击集群。1月13日，敌人对我乌克兰方面军部队实施了猛烈的突击，重新占领了日托米尔并向前推进了30—40公里。但我预备队开到后，很快就恢复了态势。我军防线向基辅以西延伸150公里，向基辅以南延伸50公里。

现在我们回过头来看看乌克兰第2方面军（原草原方面军）在这期间的情况。那里我抽空去过，因为战斗情况要求我主要留在基辅方向上。

9月30日，乌克兰第2方面军部队强渡第聂伯河后，在西岸夺取了正面达30公里、纵深达15公里的一个登陆场。这样的阵地完全可以保障主要集团发展进攻。

在强渡第聂伯河过程中，我曾到过马纳加罗夫将军的第53集团军地段。他像在别尔戈罗德附近进攻前一样，指挥得完全得当。这次比在库尔斯克突出部的反攻前，他行动更加坚决了。该集团军部队和兵团的大部分指挥人员也都有这样的印象。在各级司令部中，组织能力提高了，指挥和侦察组织也改善了，而且最主要的是，司令部和首长有了迅速而深刻地分析情况的能力。

我同集团军司令员马纳加罗夫谈话时，注意观察科涅夫。以前，他往往纠正或者补充他属下的集团军司令员的汇报，而这次听到马纳加罗夫清楚的汇报时，他没有吭声而且微笑了。实际上，从马纳加罗夫及其司令部处理情况的干练能力中可以得到很大的满足。

我同马纳加罗夫告别时，开玩笑说："一切都好。就是没有手风琴。"

马纳加罗夫笑着说："元帅同志，手风琴有，放在我的第二梯队中，不过从在别尔戈罗德附近准备反攻时您到过我们这里以后，我就再没有玩过了。"

解放基辅，我军在第聂伯河上、在基辅地域、切尔卡斯、克列缅丘格、第聂伯罗彼得罗夫斯克和扎波罗热夺取和扩大登陆场，急剧地恶化了德军在乌克兰的处境。第聂伯河曾经使敌人有可能组织难以突破的防御，而希特勒匪徒也指望能将我军阻止在这道天然障碍前。

最高统帅部从侦察情报中得知，战役发起前，希特勒到过"南方"集团军群司令部。他向部队提出了坚决的要求：要为第聂伯河战斗到最后一个人，并应不惜任何代价保住第聂伯河。

希特勒匪徒懂得，丢掉乌克兰，他们在我国南方的战线就会彻底崩溃，就会失去克里木，苏军就会很快进到自己国境线上。那时，法西斯阵营的整个局势，就会更加复杂化起来。

但是，尽管希特勒和曼施泰因元帅提出了严厉的要求，第聂伯河会战还是打输了。打算在克列缅丘格、第聂伯罗彼得罗夫斯克和扎波罗热地域恢复防御的另一个企图也未能得逞。

10月23日，乌克兰第2方面军部队的突击集团（其中包括由最高统帅部预备队转隶方面军的近卫坦克第5集团军）进到克里沃罗格和基洛夫格勒附近。德军统帅部拼凑了一个有力的军队集群，投入了对乌克兰第2方面部队的战斗，以消除迫在眉睫的危险。

在激战的最高潮时，我到了距战场4公里远的科涅夫的指挥所。使用炮队镜，可以部分地观察到战斗进程。

科涅夫忧心忡忡。经过以前各次战斗严重减员和疲惫不堪的方面军部队可能经不住敌人的重大压力。因此他不得不把全部航空兵投入对敌突击，并不得不从方面军其他地段抽调炮兵来加强部队。德军统帅部也对我军使用了轰炸航空兵，它们一批接一批飞临战场，对我军实施猛烈突击。

10月24日日终前，在很多地段上，我军被迫后退达10公里，后来又后退了25公里，在因古列茨河上才巩固下来。敌人曾力图逼我军弃守古列茨河，但未能得逞。敌人遭受惨重损失后，被迫停止冲击并转入防御。

乌克兰第2方面军部队由于没有足够的力量继续在克里沃罗格方向上进攻，也在这里转入防御。

在方面军右翼上，战斗行动却毫无减弱地继续激烈地进行着。科罗捷耶夫将军的第52集团军，在这里与游击队密切协同，胜利地强渡了第聂伯河，并于12月14日夺取了登陆场，占领了切尔卡斯城。

在激战过程中，乌克兰第3方面军部队肃清了扎波罗热登陆场上的敌人。我军解放了第聂伯罗彼得罗夫斯克。

12月底,在乌克兰第2和第3方面军地段上,建立了正面为400多公里、纵深为100公里的具有战略意义的登陆场,使我军能够在最短期间展开尔后的进攻战役。

由于忙于协调乌克兰第1和第2方面军的行动,我不能详尽地了解我军在乌克兰第3和第4方面军地段上的战役进程。从和最高统帅、总参谋部及华西列夫斯基的电话通话中,我了解到,乌克兰第4方面军粉碎了莫洛奇纳亚河上的敌人后,进展顺利,夺取彼列科普地峡的登陆场,从而把德军封锁在克里木。

为了更详尽地了解各个方面军的情况,审查和确定尔后进攻战役的计划,12月中旬我奉命回到最高统帅部。华西列夫斯基也来了。我和他在总参谋部见面后立即就1943年的总结和近期的前景交换了意见。

华西列夫斯基看来有些劳累。他和我一样,从4月份起就不得不几乎不停顿地奔跑着,忽而天上,忽而地下,在前线奔波。这期间的情况十分复杂、紧张,并且充满了急剧变换的大的胜利和伤脑筋的挫折。所有这一切,加上长期睡眠不足、体力和脑力的过度紧张,当我们突然来到既听不见飞机袭击、炮兵射击,又听不到由各方面危急地段上发来告急报告的莫斯科宁静的办公室时,就突出地表露出来了。

大部分国防委员会委员出席了最高统帅部的十二月会议。这次会议更像是有最高统帅部一些成员参加的国防委员会扩大会议。

会议时间相当长。华西列夫斯基和安东诺夫参加了前线斗争总结和经验的讨论,并参加了对情况和战争前景的估计。沃兹涅先斯基就经济和军事工业问题做了报告。斯大林谈了国际问题和开辟第二战场的可能性。

根据总参谋部的资料,到1943年年底,苏军解放了1941—1942年德军所占领的我国一半以上的领土。从在斯大林格勒地域反攻起,苏军全歼或俘虏敌军56个师,重创162个师。敌人被迫对这些师进行大量补充或者改组。这期间,击毁近7000辆敌人的坦克、1.4万余架飞机及约5万门火炮和迫击炮。德军无可挽回地损失了大量最有经验的将军、军官、军士和兵。

到1943年底,党和政府克服了初期的困难,顺利地解决了训练熟练的军官干部的问题。不仅满足了前线的需要,而且储备了大量的军官。甚至在1943年7月1日进行大规模战役时,我们还储备有10万余名军官,他们具有丰富的战斗经验,并受过必要的军事技术训练。苏联武装力量的将军数量增加了一倍。

在战争的第二阶段，德国在东方战场上的力量已枯竭到不能进行重大进攻行动的地步。但是，仍然有实施积极防御的足够能力。为了巩固其支离破碎的防线，德军最高统帅部于1943年年底由西方又调来了75个师及大量技术兵器、装备和物资技术器材。

我武装力量继续增强自己的战斗力。1943年组建了78个新师。到年底，我们共有5个坦克集团军、37个坦克和摩托化军、80个独立坦克旅、149个独立坦克和自行火炮团。组建了6个炮兵军、26个炮兵师、7个近卫火箭迫击炮师和数十个其他炮兵部队。

由于战争已彻底变得有利于苏联，盟军在意大利登陆和意大利退出战争，以及由于各国强大的抵抗运动，法西斯德国的各盟国国内的局势严重地复杂化了。各国人民反对法西斯主义的义愤和要求尽快结束战争的不可抑制的愿望增长起来。在波兰、南斯拉夫、捷克斯洛伐克以及在德国本国，由于在苏德战场上的惨败、经济的困难和人员的严重不足，不相信德军力量能取胜的情绪增长起来。这种情绪笼罩着被占领国家和法西斯同盟国的劳动人民的各阶层。在希腊、法国和欧洲的其他国家中，掀起了反对法西斯占领的民族解放运动。

在我国，由于取得了胜利，全国充满了把战争胜利进行到底的信心。简直无法表达我们大家因丧失儿女、兄弟、父母和姐妹而经受的痛苦，但我们的人民以自己对祖国承担义务的高度自觉性，坚强地忍受着痛苦。

到1943年年底，苏军指挥干部有了丰富的战略和战役战术新经验。通过组织和胜利地完成方面军及方面军群的最大规模战役，最高统帅部、总参谋部和各个方面军都进一步深刻地了解和领会了以最小的人员伤亡和物资损耗来粉碎敌军集团的最有效的方法。

在总参谋部，大量有经验的参谋人员、部队组织者和侦察干部成长起来了。最高统帅部本身也提高到了更高的水平，更加完善地掌握了进行现代化战争的方式和方法。我们大家工作起来都容易了，彼此也更了解了。而先前在这方面是有缺陷的，这有时给共同事业带来损失。

苏军胜利的战斗行动，在很大程度上是由于部队中政治工作的质量提高的结果。各集团军军事委员会更善于进行战役总结了，能够在给全体人员的号召书中提出士兵、军士、军官和将军们表现出来的鲜明的范例、战斗精神和英雄气概，推广解决重大战斗任务的最好的方法。

应该说，通过各方面军、集团军和舰队军事委员会的工作，党非常灵活而有效地把军事指挥和政治领导结合起来了。

在各级军事委员会中工作的，有不少是联共（布）党中央委员会委员和候补委员、各加盟共和国党中央委员会、边区委员会和州委员会的书记。他们经常与党中央委员会和国防委员会保持联系。

将军和军官们经常到部队和分队，与士兵交谈。从政治部门首长和政治工作干部方面来说，对党政工作的领导也改善了。

在这方面，我想特别提到沙季洛夫将军领导的乌克兰第1方面军政治部及加拉杰夫将军领导的白俄罗斯第1方面军政治部。乌克兰和白俄罗斯党和苏维埃的负责工作人员，给了军队很大帮助。

根据游击运动总司令部的资料，1943年游击队的数量增加了一倍。许多游击队合并成了能够在敌后实施重大战役的部队和兵团，牵制了相当数量的德军。可以说，在敌后实际上有一个由对占领者怀有深仇大恨的人民复仇者组成的、强大的方面军。

在白俄罗斯和乌克兰活动的有几个特别强大的游击兵团。在1943年起了重大作用的有萨穆京、塔拉年科、科兹洛夫、费多罗夫、萨布罗夫、博加特尔、马舍罗夫、科夫帕克、瑙莫夫、阿尼西明科、梅利尼克、布尔钦科及卡普斯蒂所领导的游击兵团。

苏军统帅部在自己的计划和行动中认真地考虑到了游击队的真正力量及其日益增大的作用的另一个原因是，在战术方面，游击队的技能也已经提到了较高的水平。

现在，各个游击部队和兵团的行动基本上协调一致了，乌克兰和白俄罗斯方面军军事委员会同乌克兰和白俄罗斯党中央委员会建立了联系。经常在敌占区活动的白俄罗斯共青团中央委员会书记马祖罗夫和苏尔加诺夫领导的地下共青团组织，在创建游击队方面，给了党很大帮助。1943年，游击队炸毁了1.1万列火车，破坏了6000台机车及近4万节车厢和平车，击毁了2.2万余辆汽车和900余座铁路桥梁。这些活动的组织者是当地的地下党组织。

在整个苏联后方的工作中，也出现了根本转折。1943年，武器装备和弹药的生产急剧地增加了。1943年8月，党通过了关于在已解放地区恢复国民经济的一系列最重要的决定。1943年第4季度，在已解放地区，已经开采出650万吨煤、1.5万吨石油，生产了1.72亿度电。苏联武装力量在为了战争胜利所需的一切物资器材方面，获得了越来越有成效的保障。

我国显示了自己全部的雄伟力量。1943年，我国同各个盟国的关系获得了改善。我们从美国得到了比1942年稍多的物资技术援助,但这种援助仍然距协议规定的相差很远,而到年底时,甚至还有下降。美国政府仍然以即将开辟第二战场和对英国承担的义务等为借口,拒不执行协议。

到1943年年底,我们终于度过了困难局面,有了强大的兵力和兵器,并牢牢地掌握了战略主动权,而且对于在欧洲开辟第二战场,也不像前两年那样迫切需要了。但是为了最快地粉碎法西斯德国并结束战争,我们大家还是希望,能在最近期间开辟第二战场。

毫无疑问,我们为意大利、艾莱门、突尼斯和其他地方的胜利感到高兴。但是,这并不是我们长期期望盟国对战争所应作出的真正贡献。

斯大林参加德黑兰会议回来后,说:

"罗斯福答应于1944年在法国展开广泛的行动。我想,他会遵守诺言的。如果他不遵守诺言,我们自己的力量也足以彻底打垮希特勒德国。"

到目前为止,我还没有谈过我军在西方方向和西北方向上的战况,当然不是遗忘了,而是因为整个1943年我个人忙于库尔斯克突出部地域的会战、第聂伯河接近地上的会战、强渡第聂伯河和右岸乌克兰的会战。至于西方方向和西北方向,则1943年是由最高统帅和总参谋部负责的,我们只是当最高统帅询问时,间或提出自己的设想和建议。

到1943年年底,我军在西方方向和西北方向上取得重大的战果。苏军肃清了加里宁州部分地区的敌人,解放了斯摩棱斯克州及白俄罗斯东部很多地区。到年底,由于我军胜利推进,在西北方向和西方方向上,我军防线的位置已进到伊尔门湖、大卢基、维捷布斯克、莫济里一线。

在西南方向和南方方向上,这时我军防线的位置在波列西耶、日托米尔、法斯托夫、基洛夫格勒(不含)、扎波罗热、赫尔松一线。克里木仍在敌人手中。在列宁格勒地域及其以北的情况有了相当改善。列宁格勒人现在可以比较自由地呼吸了。

国防委员会委员和我们这些最高统帅部的成员们认为,虽然在对敌斗争中我们取得了巨大的胜利而且敌人遭到严重的削弱,但敌人仍然是相当强大的。在欧洲没有第二战场的情况下,敌人在1944年可能实施顽强的防御战。

1944年年初,德国连同其仆从国的军队在内,在苏德战场上共有约500万人、5.45万门火炮和迫击炮、5400辆坦克和强击火炮,以及3000

余架飞机。

苏联武装力量在人员方面超过敌人30%、火炮超过70%、飞机超过2.3倍。由于我军武器质量高,更重要的是部队士气旺盛、指挥人员的战役战术水平不断提高,这种数量上的优势就更加增强了。

经过深刻而全面地分析了局势后,最高统帅部决定在1943年冬和1944年年初的战局中展开对由列宁格勒到包括克里木在内的进攻。

这时,主要进攻战役打算在西南战区实施,以便首先解放右岸乌克兰和克里木。决定彻底打破敌人对列宁格勒的封锁,并将敌人赶出列宁格勒州。在西北方向上的我军应进到波罗的海沿岸各共和国的边界上。西方方向上我军的任务是尽可能多地解放白俄罗斯的领土。

在计划苏军1943年冬和1944年年初的战斗行动时,打算把主要的兵力和兵器集中在乌克兰第1、第2、第3、第4方面军,以便在该处构成较大的优势,从而在短期内粉碎敌"南方"和"A"集团军群。

至于北方、西北和西方方向上的各方面军,为了不分散兵力和不从解决主要任务的地段上抽调兵力,最高统帅部决定给这些方面军比较有限的兵力。

最高统帅部的会议结束后,我同华西列夫斯基又在总参谋部工作了五天,以确定各方面军的任务。最高统帅曾数次请我们到他克里姆林宫宿舍吃饭。

有一次在最高统帅家里,我试着又提出关于实施合围战役的问题。斯大林说:

"现在我们更强大了,我军更有经验了。我们不仅能够,而且应该实施合围战役。"

另外有一次我去吃饭时,日丹诺夫、谢尔巴科夫及政治局的其他委员也在座。日丹诺夫讲述了列宁格勒工人的英雄事迹和最伟大的勇敢精神,他们不怕危险,半饥半饱地每昼夜站在车床旁边工作14—15小时,竭尽全力支援前线部队。日丹诺夫请求增加给列宁格勒人的粮食供应量。最高统帅当即下达指示满足这个要求,然后说:

"来,为列宁格勒人干杯。他们是我国人民的真正英雄。"

在研究和确定了各方面军的任务后,我和华西列夫斯基出发到各自负责的方面军去,进一步协调部队的行动。我负责协调瓦图京和科涅夫两个方面军的行动,华西列夫斯基负责协调马利诺夫斯基和托尔布欣两个方面军的行动。

我决定先到乌克兰第1方面军去,传达最高统帅部决定并协助制订部队当前行动的计划。

我已经说过，瓦图京是一位优秀的参谋人员。他具有非常简明扼要地阐述自己思想的能力，还有一手罕见的优美而整齐的书法。大部分重要的命令、指令和呈送最高统帅部的报告，都是他亲自写的。我到那里去时，正好碰上他在拟制关于方面军主要集团在文尼察总方向上转入进攻的指令。

瓦图京披着大衣坐在一间烧得很热的农舍中工作。看到这种情况，我知道他的身体显然不大舒服。

我给瓦图京简要地介绍了最高统帅部关于在最近展开进攻行动的决定并听取了他对方面军部队行动计划所作的最后修正后，建议他吃点药躺下休息，以便发起进攻时能以充沛的精力工作。他同意了。

瓦图京喝了一杯加有干马林果的浓茶并服了两片阿司匹林后，就到自己房子里去了。我同博戈柳博夫参谋长去司令部作战处，以便再次认真地分析情况和检查部队的准备程度。

过了还不到十分钟，电话铃响了。博戈柳博夫拿起听筒来，原来是瓦图京打来的电话。要参谋长到他那里去。我决定和博戈柳博夫一同去。我们看见瓦图京又在标示关于当前进攻的工作图。

"我们不是说好了你休息，怎么又干起工作来了？"

瓦图京回答说："我想给最高统帅部写个关于进攻准备情况的报告。"

我强迫他离开办公室，建议参谋长完成一切必要的工作，而这些都是参谋长的直接职责。

瓦图京是一位对什么事情都放心不下的人。他对委托给他的事情有很高的责任感。

有一次我觉得很饿了，就到了赫鲁晓夫那里。我知道任何时候他那里都可找到不坏的食物。方面军军事委员会负责物资保障工作的成员卡尔琴科和乌克兰共产党中央委员会的代表格列丘哈正好在赫鲁晓夫那里。大家要求我讲述莫斯科的消息。

我详细介绍了最高统帅部关于将敌人赶出右岸乌克兰的决定及乌克兰第1方面军的各项具体任务。格列丘哈讲述了最近时期，尤其是敌军撤退前，法西斯匪徒犯下的惊人暴行。

他说："现在查明的法西斯匪徒在乌克兰土地上犯下的血腥罪行，连十分之一都不到。"

那时，乌克兰第1方面军当面的敌军集团由30个师组成，其中有8

个坦克师和 1 个摩托化师。指挥该集团的是德军坦克兵将军埃·劳斯[①]。敌军统帅部仍然妄想消灭苏军，夺占第聂伯河以西的大登陆场及基辅。

我已经谈过，11 月下半月，敌人占领了日托米尔并多次企图粉碎乌克兰第 1 方面军的兵团和突向基辅。但是这些顽固的企图未能得逞。而且由于其狂妄的行动，德军遭受了惨重损失，在某些师中，人员和物资器材损失达 60%—70%。由于兵力和兵器的枯竭，希特勒统帅部停止了进攻，但仍然没有放弃重新占领基辅和前进到第聂伯河的念头。

最高统帅部要求乌克兰第 1 方面军准备并实施日托米尔—别尔季切夫战役，以粉碎当面的敌坦克第 4 集团军并将敌赶到南布格河。最高统帅部给乌克兰第 1 方面军加强了第 18 集团军、坦克第 1 集团军、近卫坦克第 4 军和坦克第 25 军。

决定性战役发起前，乌克兰第 1 方面军有近卫第 1 集团军、诸兵种合成第 13、第 18、第 27、第 38、第 40、第 60 集团军及近卫坦克第 1 和第 3 集团军。共计 63 个步兵师、6 个坦克军、2 个摩托化军、3 个骑兵师。

方面军部队的进攻战役企图是这样的：粉碎布鲁西洛夫地域的敌人并前进到柳巴尔、文尼察、利波瓦亚一线。

切尔尼亚霍夫斯基将军的第 60 集团军加强有近卫坦克第 4 军，其任务是由马林地域进攻并进到罗加乔夫、柳巴尔地段的斯卢奇河。普霍夫将军的第 13 集团军受领了在科罗斯坚—沃伦斯基新城方向上进攻的任务。第 27 和第 40 集团军向白教堂实施突击，而后向赫里斯季诺夫卡突击，并应在该处与乌克兰第 2 方面军部队会合。

对方面军部队的空中支援，由克拉索夫斯基将军的空军第 2 集团军实施。

12 月 24 日晨，经过 50 分钟的炮兵和航空兵火力准备后，方面军主要集团的部队转入了进攻。敌人的防御未能经受住我军的突击，德军开始退却。鉴于创造了有利条件，近卫坦克第 1 和第 3 集团军遂于下半天进入战斗。到 12 月 30 日日终前，突破正面扩大到 300 公里，纵深达 100 公里。攻占了科罗斯坚、布鲁西洛夫、卡扎京、斯克维拉及很多城市和居民地。

进攻部队在日托米尔、别尔季切夫、白教堂接近地上触发了战斗。

[①] 缴获的德国陆军总司令部地图。德国法西斯军队的编成资料汇编，第 4 版，第 14—20 页。

德军统帅部被迫采取紧急措施，以堵塞已经形成的缺口。为此，由"北方""中央"和"A"集团军群中调来12个师。

12月31日，日托米尔重新获得解放。展开了争夺别尔季切夫这个重要的铁路和公路交通枢纽部的激烈战斗。在这里进攻的有卡图科夫将军的坦克第1集团军部队和列谢利泽将军的第18集团军。由于战斗组织得不好，坦克第1集团军遭到损失，未能获胜。直到1月5日，瓦图京采取措施后，才占领了别尔季切夫。

路德维克·斯沃博达将军指挥的捷克斯洛伐克第1旅，参加了夺取白教堂的战斗。英俊而健壮的斯沃博达将军，以自己的镇静和审慎赢得了我们大家深刻的尊敬和充分的信任。我们没有看错。直至战争结束，他一直成功地指挥着捷克斯洛伐克部队，并以自己英勇的事迹对粉碎他和我们全体苏联人所仇恨的共同敌人，作出了应有的贡献。

在乌克兰第1方面军突击下，敌人急忙向西退却。这迫使德军统帅部在文尼察和乌曼地域拼凑了一个集群，以对我第38、第40集团军及坦克第1集团军实施反突击。① 新的大规模的交战开始了。

我军转入防御，企图以地面火力和空中突击杀伤敌人。但未能经受住敌人突击，后退30公里才巩固下来。

日托米尔—别尔季切夫战役结果，乌克兰第1方面军部队前进达200公里，全部解放了基辅州和日托米尔州，以及文尼察州和罗夫诺州的很多地区。方面军左翼包围了卡涅夫和科尔松—舍甫琴柯夫斯基地域巨大登陆场上的全部敌军。从而为科尔松—舍甫琴柯夫斯基战役，创造了有利局面。

1月中，乌克兰第1方面军在萨尔内、斯拉武塔、卡扎京、伊利印策一线上巩固下来。然后，我军防线折向第聂伯河，直抵勒日谢夫和卡涅夫地域，该处尚有德军一个大重兵集团在继续防御。显然，德军统帅部妄想重新夺取基辅，没有觉察在这里为自己准备下陷阱。关于这点下面还要谈到。

现在，看看乌克兰第2方面军的情况。

由科涅夫将军、军事委员苏赛科夫和参谋长扎哈罗夫指挥的乌克兰第2方面军，也像瓦图京方面军一样，于12月底补充了相当数量的坦克和自行火炮。方面军编成内补充了加强的骑兵第5军和几个炮兵部

---

① 缴获的德国陆军总司令部地图（1944年1月10—14日）。苏联国防部档案馆档案。

队。这些补充力量充实了部队，但远没有满足需要；特别是诸兵种合成兵团的数量很少，而没有这些兵团，战役胜利的取得和巩固都是不可能的。

乌克兰第2方面军的任务是，准备和实施战役，经基洛夫格勒向五一城实施主要突击。方面军应以部分兵力在赫里斯季诺夫卡总方向上进攻，并在该处与乌克兰第1方面军会合，粉碎兹韦尼戈罗德卡、卡涅夫地域的敌人。

1月7日以前，由于瓦图京方面军地段上的情况充满了复杂和危急的局面，我一直未能到乌克兰第2方面军来。1月7日，我飞到乌克兰第2方面军司令部，科涅夫当时在基洛夫格勒地域的指挥观察所内。

我到了方面军司令部后，遇到方面军参谋长扎哈罗夫，他详细给我介绍了方面军地段上的情况。

我是在扎哈罗夫担任白俄罗斯军区司令部作战处长时认识他的。那时，军区领导人是正集团军级司令员乌博列维奇，我们大家和他相处都是有所教益的。

应当说，扎哈罗夫领导的白俄罗斯军区司令部作战处组织严密、训练有素、工作效率高。这在大多数边境军区中都是十分突出的。稍后，扎哈罗夫在博布鲁伊斯克曾胜利地指挥过1个步兵团。扎哈罗夫担任乌克兰第2方面军参谋长时，是方面军司令员科涅夫的得力助手。

在方面军司令部了解情况后，我给科涅夫打了电话并乘车前往他的指挥所。

在前往科涅夫指挥所的途中，根据炮声、炸弹声、很多飞机的马达声，可以毫无疑问地断定，在地面和空中正与敌人进行着激烈的搏斗。

打过招呼后，我就询问科涅夫战役进展的情况。

科涅夫回答说："我们正在狠狠地打击敌人，但目前敌人没有放弃基洛夫格勒。"

研究了科涅夫的地图并听了他详细的报告后，我了解到，敌人终归守不住基洛夫格勒。1月7日日终前，敌人不仅被我方面军部队所迂回，而且在我坦克第29军、步兵第29和第50师进攻下，只勉强守住了南郊。

扎多夫将军和舒米洛夫将军的集团军部队，打得特别出色。我很熟悉这两位司令员。他们从战争一开始就经受着严峻的考验。他们善于在与敌激战中坚持到底，他们富有打胜仗的经验。现在他们作为有经验的军事首长，率领着集团军来到基洛夫格勒地域。

1月8日晨，我军攻占了基洛夫格勒。敌人在方面军部队猛烈突击下向西败退。

在方面军右翼，第53集团军和第4突击集团军的进攻没有取得胜利。遭到敌人猛烈的反冲击后，进攻被阻在斯梅拉、卡尼日地区。

进攻受阻并在基洛夫格勒以西转入防御后，方面军首长将罗特米斯特罗夫将军指挥的近卫坦克第5集团军调到了方面军右翼。但由于敌人在这里增强了兵力，该集团军也没有扭转局势。

鉴于必须对尔后的战役进行较彻底的准备，乌克兰第2方面军部队在所有方向上都停止了进攻，我也回到乌克兰第1方面军，与该方面军首长共同着手准备科尔松—舍甫琴柯夫斯基战役。

讨论过战役的目的和任务后，瓦图京决定建立一个由日马琴科的第40集团军、特罗菲缅科的第27集团军及在基辅战役中表现突出的克拉夫琴科坦克兵将军的坦克第6集团军组成的集团。

据缴获的德军1944年1月24日的地图上标示的情况，在其顶端直抵第聂伯河的科尔松—舍甫琴柯夫斯基突出部地域，德军部署有9个步兵师、1个坦克师和1个摩托化师（编入德军坦克第1和第8集团军）。

由于德军的这个相当强大的集团位于乌克兰第1和第2方面军的翼侧，妨碍这两个方面军在西方方向上实施尔后的战役。

1月11日，我向最高统帅汇报了我们关于分割、合围和粉碎整个敌科尔松—舍甫琴柯夫斯基集团计划的意见。最高统帅批准了我们的建议并于1月12日以最高统帅部的指令确认了自己的决定。

指令规定，两个方面军对突出部底部实施相向突击，并在兹韦尼戈罗德卡地域会合（苏共马列主义研究院伟大卫国战争历史研究部文件）。战役发起前，最高统帅部根据我的请求给乌克兰第1方面军加强了坦克第2集团军。

科涅夫决定以近卫第4集团军、第53集团军和近卫坦克第5集团军的兵力由韦尔鲍夫卡和克拉斯诺西洛克地域实施突击。为了组成突击集团，两个方面军都必须相当大量地变更兵力和兵器的部署。对两个方面军突击集团的空中支援，由空军第2和第5集团军担任。

参加粉碎法西斯德军科尔松—舍甫琴柯夫斯基集团的总共有27个步兵师、4个坦克军和1个机械化军和1个骑兵军，编有370辆坦克和自行火炮。

在兵力对比方面，我军在这里的步兵超过敌人70%，火炮和迫击炮超过1.4倍，坦克和自行火炮超过1.6倍。

当然，兵力是足以合围和粉碎敌人的，但是泥泞的春季极不合时宜地来到了，雨雪交加、道路松软。恶劣的天气极端地限制了航空兵的活动。因此，部队不能充分建立物资储备。但是，不能推迟发起战役。

科尔松—舍甫琴柯夫斯基战役是在 1 月 24 日由乌克兰第 2 方面军在兹韦尼戈罗德卡总方向上实施突击而开始的。乌克兰第 1 方面军迟一昼夜发起了冲击。敌军进行顽强抵抗，以火力和反冲击实施反击，但并未能击退我两个方面军的突击。

1 月 27 日，敌人力图消除突破，对乌克兰第 2 方面军部队组织了反突击，以封闭突破口并切断近卫坦克第 5 集团军先头部队坦克第 20 和第 29 军。敌人的阴谋部分得逞。

但拉扎列夫坦克兵中将指挥下的坦克第 20 军不顾其后路有被敌人暂时截断的危险，继续迅猛地向前推进，并于当天夜间占领了什波拉城。

拉扎列夫将军是我在白俄罗斯军区时认识的，而且我在部队演习和军区的大规模演习中不止一次地和他见过面。在这些演习中他在乌博列维奇领导下接受了很好的野战训练。

由于了解拉扎列夫的优点，我相信他在这种复杂的情况下一定会领导他所属的军达到既定的目标。1 月 28 日，拉扎列夫军进入兹韦尼戈罗德卡地域，而这时敌人已经封闭了突破口，力图击退乌克兰第 2 方面军的冲击。

乌克兰第 1 方面军突击集团转入进攻后，突破了敌人防御，但在防御纵深内遭到敌人顽强抵抗。

方面军司令员瓦图京考虑到敌人已经封闭乌克兰第 2 方面军地段上突破口的情况，向兹韦尼戈罗德卡地域投入了在英勇而能干的萨韦利耶夫将军指挥下、由坦克第 233 旅、自行火炮第 1228 团、1 个摩托化步兵营和 1 个防坦克歼击炮兵连组成的强大的先遣支队，以加强乌克兰第 2 方面军的坦克第 20 和第 29 军。

萨韦利耶夫的先遣支队经过巧妙的机动，勇敢地穿过了利相卡地域的德军部队，并于 1 月 28 日在兹韦尼戈罗德卡城内与坦克第 20 军会合，从而切断了敌科尔松—舍甫琴柯夫斯基集团的主要的后路。

在乌克兰第 1 方面军地段上防守的敌军部队，顽强地进行抵抗。日马琴科将军的第 40 集团军，在战斗的第 1 天取得了不大的战果。特罗菲缅科将军的第 27 集团军各兵团，行动比较顺利，尤其利亚斯金将军的步兵第 337 师和梅尔库洛夫将军的步兵第 180 师。我们利用这种情况，向敌人后路派出坦克第 6 集团军。这对战役的发展产生了很好的影响。

1 月 30 日，由于补充了兵力，其中包括近卫坦克第 5 集团军的第二梯队、坦克第 8 军和谢利瓦诺夫将军的骑兵军投入战斗，乌克兰第 2 方面军的部队得以击退敌人并在其防御中重新造成了缺口。

两个方面军的部队在前进中分割了敌科尔松—舍甫琴柯夫斯基集团，并开始将敌人向合围中心压缩。同时，两个方面军还构成了对外正面，以制止敌人由乌曼方向来为被围集团解围。

为了纪念乌克兰第 1 和第 2 方面军部队突破敌军防线并胜利会师，后来在兹韦尼戈罗德卡市中心修了一个纪念台，上面安放了一辆 T-34 坦克。纪念台的碑文是这样写的：

"1944 年 1 月 28 日，在这里封闭了对科尔松—舍甫琴柯夫斯基地域希特勒占领者的合围圈。乌克兰第 2 方面军普罗申中校指挥的兹韦尼戈罗德卡红旗坦克第 155 旅的坦克乘员：霍赫洛夫中尉、安德烈耶夫驾驶员和宰采夫炮长和乌克兰第 1 方面军坦克兵握手。光荣归于祖国的英雄们！"

对英雄们的功绩永志不忘，这是很好的事。但可惜，没有列出乌克兰第 1 方面军坦克兵的姓名来。这个应当补救，查清迅猛地突入兹韦尼戈罗德卡地域的乌克兰第 1 方面军的那些英雄坦克兵们的姓名。

被围的德军部队抓住每个地区和每个居民地不放，隐匿在森林和丛林中，顽强地进行抵抗。

要想把敌人赶出所据守的阵地，必须使用威力强大的炮兵火力，由于完全没有道路，我们不能组织这种火力。为了建立最低限度的炮弹、迫击炮弹和坦克燃料储备，曾不得不用牛驮、人抬、口袋运，一句话，谁能用什么办法就用什么办法。在这方面，乌克兰农村居民给了很大帮助。

德军统帅部力图挽救其陷入重围部队的不可避免的灭亡命运，开始向我对外正面集结兵力。1 月 27 日，其坦克第 3、第 4 和第 11 师开到了新米尔哥罗德地域，过了两天，又开来了坦克第 13 师。以后，在里济诺地域开始集中坦克第 16 和第 17 师。

我们所有实施这次合围敌第 1 和第 8 集团军部队的战役的人，都清楚地了解，德军统帅部必定要由外部组织一次突击，援救其陷入合围的部队。

为了建立能够保障歼灭被围敌军的对外正面，我们使用了乌克兰第 1 方面军的坦克第 6 集团军（加强有步兵第 47 军）和乌克兰第 2 方面军的近卫坦克第5集团军（加强有步兵第49军和工程兵第5旅）。该对外正面的两翼，由第40和第53集团军掩护。

这里的敌军行动与在斯大林格勒附近被围敌军不同。那里的敌军进行防御，等待救援，指望曼施泰因的科捷利尼科夫集群突破合围。被围在科尔松——舍甫琴柯夫斯基地域的敌军却决定自行突围，力图与在合围圈外行动的突击集群会合。

1944年2月初，敌军企图在新米尔哥罗德地域内的乌克兰第2方面军地段上，以坦克部队的部分兵力突破我对外正面。但是敌人的企图未能得逞。当敌人把他们的突击力量调到乌克兰第1方面军地段后，于2月3日、4日两日在里济诺地域和托尔马奇、伊斯克连诺耶地域，实施了两次猛烈的突击。敌人在这里又新增加了3个坦克师。

在里济诺地域，敌人楔入了我军防御。敌军统帅部相信，这次突破肯定成功了。德国坦克第1集团军司令官胡贝将军慷慨许诺。被我们截获的无线电报说："我来救你们。胡贝。"

对胡贝将军的强大坦克集团抱着很大希望的希特勒，在他发给被围德军司令官施滕麦尔曼将军的电报中写道："可以像依靠石头墙一样依靠我。你们将从合围中解救出来。目前应坚持住。"

为了不让敌人突破，我们迅速将编有2个坦克军的波格丹诺夫将军的坦克第2集团军，由方面军预备队中调到危险地段上。坦克第2集团军展开后，实施了反突击。敌人被阻止住了，而且部分敌人还被击退至其出发地域。

但是敌人并没有放弃突破我军对外正面的意图。敌人又调来1个坦克师、1个重型坦克营、2个强击火炮营并将其坦克师的大部分兵力调到耶尔基地域后，发起了猛烈的进攻。

2月9日，我给最高统帅发了一份电报，其中有一段说：

"据俘虏供称，敌军在合围中战斗期间损失惨重。现时，在官兵中都感到慌乱不安，有时达到惊慌失措的地步。

据侦察材料，被围敌军将其主力集中在斯捷布列夫、科尔松——舍甫琴柯夫斯基地域。显然敌人正在准备进行最后一次突围，以便与进攻小博亚尔卡的敌坦克群会合。为了保障这个方向，2月9日晨，由罗特米斯特罗夫集团军向利相卡地域调来1个坦克旅，由日马琴科集团军向克拉斯诺戈罗德卡、莫塔耶夫卡地域调来步兵第340师。

科罗捷耶夫、雷若夫及特罗菲缅科的集团军，2月9日继续进攻。

2月8日15时50分，我方派出的军使通过德军斯捷布列夫战斗地段司令官福克上校,向被围敌军发出最后通牒。

军使返回后称,德军当局将于2月9日11时答复。

朱可夫"

最后通牒内容如下:

"一切伤病人员将给以治疗。

对全体投降的军官、军士和士兵将立即供应食物。

你方的书面答复应于莫斯科时间1944年2月9日上午11时亲派代表乘坐轻型汽车,悬挂白旗,从科尔松—舍甫琴柯夫斯基出发,经斯捷布列夫送到希罗夫卡。

你方代表由我方全权军官接待,地点在希罗夫卡东郊地域,时间是莫斯科时间1944年2月9日上午11时。

如果你方拒绝接受我方建议,仍不放下武器,红军陆、空军将开始行动,歼灭被围的你方军队,一切后果将由你们承担。

副最高统帅　苏联元帅　朱可夫
乌克兰第1方面军司令员瓦图京大将
乌克兰第2方面军司令员科涅夫大将"①

向敌军驻地散发传单的内容如下:

"致被围在科尔松—舍甫琴柯夫斯基地域的全体德军军官。

你方第11、第42陆军军被彻底合围。红军对这一集团已形成铁的包围圈。合围圈正在逐步紧缩,一切突围都是徒劳的。

从空中运送弹药、油料的企图已失败。仅2月3日、4日两天内,红军陆空军已击落Ю–52型飞机100余架。

你们,被围部队的军官都清楚了解,突出合围圈绝无可能。

你们的处境是无望的,进一步抵抗是无意义的。抵抗只能导致德军官兵的巨大伤亡。

为避免不必要的流血,我们提出下列投降条件:

1. 以你们和你们的司令部为首的全体被围德军立即停止一切战斗行动。

2. 交出全体人员、武器、弹药、交通工具、未损坏的技术装备。

我们保证停止抵抗的全体官兵的生命安全,战争结束后,按战俘自愿,可返回德国或去任一其他国家。

投降部队的全体人员可保留军服、肩章符号、勋章以及私人财物和

---

① 《真理报》,1944年11月18日。

贵重物品。高级军官还可保留冷兵器。"

2月9日12时，施滕麦尔曼将军的司令部通知说，拒绝接受我最后通牒。

同时，在合围的对内正面和对外正面上，德军发起了猛烈冲击。2月11日，战斗尤为激烈。我军特别顽强地进行战斗。敌坦克师付出重大伤亡的代价后突入利相卡，但缺乏继续前进的力量，因而转入了防御。

2月11日夜间，敌被围集团集中在一个狭窄的地段上，企图突经斯捷布列夫与坦克师会合，但未能得逞。敌人的前进被阻止了。德军被围集团和解围集团之间的距离缩短到12公里了，但敌人显然没有力量会合。

1944年2月11日夜间，我向最高统帅部送了如下报告：

"克拉夫琴科处的情况：

敌人以160辆坦克和摩托化步兵部队从里济诺、切麦里斯科耶、塔拉索夫卡正面向利相卡总方向上进攻，突破了步兵第47军的第1道防线，楔入我防御达10公里。

前进的敌人，被我第2道防线的步兵第340师和机械化第5军的部队以及预备队85自行火炮各团阻止在格尼洛伊季基奇河上。

由于和步兵第47军军长失去了联系，集团军左翼扎宾卡、里济诺、杜布罗夫卡方向上的情况，正在核实中。

克拉夫琴科拥有的兵力和兵器本来完全足以击退敌人的冲击，然而当敌人突破我第1道防线时，克拉夫琴科失去了对集团军部队的指挥。

我已命令尼古拉耶夫（尼古拉耶夫是瓦图京的代号）赶快将第27集团军指挥机构在朱尔任齐展开，并使克拉夫琴科在作战方面隶属于特罗菲缅科。

波格丹诺夫集团军于2月12日拂晓前将主力集中在利相卡、达舒科夫卡、切斯诺夫卡地域。步兵第202师在希任齐、朱尔任齐一线展开，卡图科夫的旅经补充满员后亦调到该处。

我已命令斯捷平（斯捷平是科涅夫的代号）于拂晓前由罗特米斯特罗夫集团军调2个旅到利相卡地域，并在利相卡、穆尔津齐地段沿格尼洛伊季基奇河占领防御，首先构筑对坦克防御。

斯捷平处的情况：

罗特米斯特罗夫集团军今天击退了敌人60辆坦克由叶尔基向兹韦尼戈罗德卡方向的冲击。侦察查明，敌人约40辆坦克由卡普斯京向叶尔基运动。可能是敌人将列别金方向上的坦克调往兹韦尼戈罗德卡方向。

斯捷平于2月12日拂晓前，将坦克第18军调往米哈伊洛夫卡（兹韦尼戈罗德卡以东），坦克第29军调往克尼亚日耶、洛佐瓦特卡地域。

斯米尔诺夫集团军在米罗波利耶、科沙克、格卢什基地域战斗。

为便于指挥，从2月12日12时起，特罗菲缅科的步兵第180师转隶乌克兰第2方面军。

我已命令斯捷平于1944年2月12日，以科罗捷耶夫和斯米尔诺夫两个集团军的主力，由东面向斯捷布列夫、向准备突围与进攻的坦克集团会合的被围敌军的主要集团的后方实施突击。

两个方面军的全部夜航飞机都在斯捷布列夫地域活动。

朱可夫

2月12日晨我得了流行性感冒，发起高热。被安置到床上。昏昏沉沉地睡着了。我不知道睡了多久，忽然觉得我的副官米纽克使劲把我推醒。我问道：

"出什么事了？"

"斯大林同志来了电话。"

我跳下床来，拿起听筒。最高统帅说：

"我得到报告说，在瓦图京那里，敌人于夜间由尚捷罗夫卡地域突入希尔基和新布达。你知道吗？"

"我不知道。"

"请你核实一下并报告给我。"

我立即给瓦图京打了电话，了解到，敌人企图利用暴风雪突围，已顺利前进了两三公里，占领了希尔基，但继续前进受阻。

我和瓦图京商定应采取的补充措施后，给最高统帅打电话，向他报告了我从乌克兰第1方面军司令员那里了解到的情况。

斯大林说：

"科涅夫建议由他指挥担任消灭敌科尔松—舍甫琴柯夫斯基集群任务的对内正面上的部队，在对外正面上的部队则集中由瓦图京指挥。"

我回答说："彻底歼灭敌被围集群，只是三四天的事。变更对乌克兰第2方面军的第27集团军的指挥，可能会延长战役进程。"

"让瓦图京亲自负责第13和第60集团军在罗夫诺、卢茨克、杜布诺地域的战役。你负责不让对外正面上的敌突击集群突破利相卡地域。好了。"

过了两个小时,我接到了下述内容的指令:

"乌克兰第1方面军司令员

乌克兰第2方面军司令员

尤里耶夫同志(朱可夫的代号)

鉴于消灭敌科尔松集团必须统一所有执行该任务的部队的力量,鉴于执行该项任务的大部分部队属于乌克兰第2方面军,最高统帅部命令:

1. 将与敌科尔松集团作战的所有部队交乌克兰第2方面军司令员指挥,其任务是在最短期间内歼灭德军科尔松集团。

为此,第27集团军,包括其编成内的步兵第54、第159、第180师、第202和第337筑垒地域及现有的全部加强部队,应从1944年2月12日24时起,在作战方面隶属于乌克兰第2方面军司令员。对第27集团军的所有补给,仍由乌克兰第1方面军负责。

乌克兰第2方面军司令员应通过乌克兰第1方面军司令部与第27集团军司令部建立直接通信联络。

2. 尤里耶夫同志不再负责监督消灭敌科尔松集团的工作,而应担负协调乌克兰第1和第2方面军部队行动的责任,任务是不让敌人由利相卡和兹韦尼戈罗德卡方向突围与其科尔松集团会合。

报告执行情况。

最高统帅部

斯大林

安东诺夫

1944年2月12日

第220022号"

瓦图京是个很容易动感情的人。一接到指令,他就立刻给我打来电话。他以为是我倡议作出这个变动的,所以委屈地说:

"元帅同志,别人不了解,而你是知道的,我接连有好几个昼夜没有合眼,竭尽全力来实施科尔松—舍甫琴柯夫斯基战役。为什么现时要免我的职,不让把这个战役进行到底?我也是热爱自己方面军荣誉的,而且希望我们祖国的首都莫斯科为乌克兰第1方面军的战士们鸣放礼炮。"

"瓦图京同志,这是最高统帅的命令,我和你都是战士,让我们无保留地执行命令吧。"

瓦图京回答说:

"是，一定执行命令。"

2月12日以后，敌人虽然企图由尚捷罗夫卡地域突入利相卡，但未能得逞。

2月14日，乌克兰第2方面军第52集团军部队占领了科尔松—舍甫琴柯夫斯基。合围圈继续紧缩了。德军士兵、军官和将军们开始懂得，答应给他们的援救不会来了，只能依靠自己。据俘虏供称，部队中充满了绝望情绪，尤其知道一些将军（师长和参谋官）乘飞机逃跑后，更加强烈了。

2月16日夜间，下起了暴风雪。能见度降到10—20米。德军重新闪现了溜到利相卡与胡贝集群会合的希望。敌军突围的企图被特罗菲缅科的第27集团军和乌克兰第2方面军近卫第4集团军所粉碎。

茨韦特科夫少将指挥的近卫步兵第41师的教导营的学员，战斗特别英勇。2月17日整整一个上午，进行了歼灭德军突围纵队的激烈战斗。突围的德军基本上被歼和被俘。只有一部分坦克和装载将军、军官和党卫军的装甲车得以突围。

像我们所预计的那样，2月17日，被围德军集团彻底被歼灭了。据乌克兰第2方面军统计，俘虏敌1.8万人，缴获了全部武器装备。

2月18日，我们祖国的首都为乌克兰第2方面军务部队鸣放了礼炮。对乌克兰第1方面军务部队却一字未提。我想，这是最高统帅不可原谅的过错。

大家都知道，合围并歼灭敌军集团的胜利，既取决于对内正面上的行动，也取决于对外正面上的行动。由瓦图京指挥的对外正面和由科涅夫指挥的对内正面，战斗得都很出色。

由于各个乌克兰方面军部队的胜利行动，到1944年2月底，为把德军全部赶出右岸乌克兰地区创造了有利的局面。乌克兰第1方面军以其右翼夺取了卢茨克、舒姆斯科耶、舍佩托夫卡地域，前进到敌普罗斯库罗夫—文尼察集团的翼侧。乌克兰第2方面军占领了经乌曼向莫吉廖夫、波多利斯克方向实施突击的出发地域。乌克兰第3方面军进入克里沃罗格、希罗科耶、科奇卡罗夫卡一线，并做好了在蒂拉斯波尔、敖德萨方向上突击的准备。

2月18—20日，我在最高统帅部，向最高统帅汇报了我对尔后各次战役计划的想法。最高统帅命令我仍然去协调乌克兰第1和第2方面军的行动，并不失时机地使这两个方面军发起进攻。

2月21日，我到了乌克兰第1方面军司令部，首先给瓦图京和方面军军事委员会委员介绍了在最高统帅部受领的新指示。

明确了情况及最高统帅部所批准的任务后，各方面军即开始加速准备新的进攻战役及其物质技术保障。由于乌克兰正在春季泥泞时节，所以准备工作有极大的困难。特别困难的是，直接向部队运送弹药、燃料和给养。

德军统帅部认为，苏军在这种条件下不可能进攻，因而有足够的时间变更兵力部署和巩固防御。我们也正是决定利用敌人这种没有根据的推算，向敌人实施一系列毁灭性突击。

简单地说，我们重新决定利用当时苏军战役战略指挥中已可靠地掌握了的战役突然性。

根据最高统帅部计划，乌克兰第 1 方面军准备由杜布诺、舍佩托夫卡、柳巴尔地域向切尔诺夫策总方向实施主要突击，以粉碎敌普罗斯库罗夫、文尼察、卡缅涅茨波多利斯克集团。

进抵喀尔巴阡山山麓后，预计将切断敌人的战略防线，使其不能沿捷径实施机动。在这次战役取得有利的结局时，德军整个南方集团将被迫只能利用经过"福克夏尼门"①、罗马尼亚和匈牙利的交通线，而这是极其遥远的机动路线。

乌克兰第 2 方面军应在别利齐、雅西总方向上进攻。预计以部分兵力协同乌克兰第 1 方面军左翼进攻霍京。乌克兰第 3 方面军准备向敖德萨、蒂拉斯波尔实施突击，以解放滨海地区，前进到德涅斯特河并夺取登陆场。

2 月 28 日昼间，我在方面军司令部，去找瓦图京，和他再次讨论当前战役的问题。经过两小时共同工作后，他对我说：

"我想到第 13 和 60 集团军去，检查一下那里与航空兵协同的问题是如何解决的，以及在战役发起前能否完成物质技术保障的准备。"

我建议派副司令员去，他本人应审查各集团军司令员的决心，再次检查一下与航空兵的协同及方面军后方的组织配置情况。瓦图京坚持要自己去，理由是很久没有去过第 13 和 60 集团军了。最后，我同意了，打算亲自和方面军司令部、后勤部及各兵种司令员一道工作。

但出了不幸事故。2 月 29 日，野战机场给我打电话来报告说，方面

---

① "福克夏尼门"——福克夏尼系罗马尼亚东部城市，1787—1791 年俄土战争时，俄奥联军在苏沃洛夫指挥下于 1789 年 7 月 21 日曾破土军于此。所谓"福克夏尼门"，系指德军将和土军一样，由这一条道路撤退。——译者注

军司令员瓦图京负了重伤运到那里。如同各种文件上所记载的，瓦图京的负伤经过是这样的：

2月29日16时30分，瓦图京大将及方面军军事委员克赖纽科夫少将，在8名警卫人员陪同下离开第13集团军司令部（在罗夫诺地域），沿罗夫诺、戈夏、斯拉武塔道路前往第60集团军（在斯拉武塔城地域）。

19时40分，瓦图京及其随行人员来到米利亚蒂恩村北后，看到了一群人，大约250—300人，同时听到在这群人中响起了零落的枪声。

根据瓦图京的命令，汽车停了下来，以查明情况。突然，从农舍的窗户里向汽车打了一阵步枪。这是一群匪徒。

瓦图京及其警卫人员跳下汽车，瓦图京腿部负了伤。

一辆汽车迅速掉过头来，3名战士把瓦图京抬到车上，连同所带的文件，开往罗夫诺方向。克赖纽科夫也和他们同车离开。

瓦图京负伤的部位在膝盖以上。由于只有在戈夏村才能给他进行包扎，他流了很多血。

瓦图京被送到罗夫诺野战医院，又由该处转到基辅。

我给方面军卫生勤务主任做了必要的指示后，自行担任方面军指挥，并立即打电话给斯大林报告了瓦图京负伤和后送情况。最高统帅批准我的决定，要我在实施当前重要而复杂的战役时担任方面军指挥。

最好的医生，其中包括有名的外科医生布尔坚科，都派到了基辅，但没有能挽救瓦图京。4月15日，他牺牲了。4月17日，瓦图京被安葬在基辅。莫斯科鸣放了20响礼炮，哀悼祖国的忠实儿子和有才能的统帅。

战役发起前，我们曾不得不在短时间内由方面军左翼把大批兵力调到方面军右翼附近。近卫坦克第3集团军由别尔季切夫地域调到舒姆斯科耶地域（约200公里），坦克第4集团军则须运动350公里。大量的炮兵、工兵部队及后方机关，也必须在春季泥泞无路的情况下，通过大致相同的距离。

尽管有各种困难，变更部署的计划按期完成了。最重要的是，敌方侦察没有发现我变更部署的行动。因为这些行动基本上是在夜色掩护下进行的，昼间则是在不适于飞行的天气下进行的。

3月1日，根据最高统帅部指令，我被任命为乌克兰第1方面军司令员。从这天起，我对方面军部队在这次战役中的成败承担起全部责任来。对乌克兰第2方面军的指挥，由最高统帅部负责。

1944年3月4日，乌克兰第1方面军部队发起了进攻。突破了舒姆斯科耶、柳巴尔地段上的敌军防线，近卫坦克第3集团军和坦克第4集团军进入已形成的突破口。3月7日，这两个集团军粉碎敌人抵抗后，进到捷尔诺波尔、普罗斯库罗夫一线，切断了重要的利沃夫—敖德萨主要铁路干线。

德军统帅部感到其普罗斯库罗夫、文尼察、卡缅涅茨波多科斯克集团有被合围的威胁后，补充了15个师集中对付乌克兰第1方面军。

3月7日，这里发生了一次最激烈的战斗，这是从库尔斯克突出部会战以来所没有见到过的。

8个昼夜，敌人企图将我军赶回出发地位去。在削弱并疲惫了敌人的反突击部队后，在主要突击地段上的我军得到方面军预备队，其中包括坦克第1集团军的加强，在3月21日粉碎了敌人的抵抗，开始迅速向南推进。

卡图科夫将军的坦克第1集团军务兵团前进尤为迅猛。与此同时，从东面、东北面和北面进攻的方面军其余各集团军，也胜利地向前推进。3月24日，坦克第1集团军，击溃敌军后，占领了切尔特科夫城。该集团军的近卫第8军，在德廖莫夫将军指挥下，于当日晨进抵德涅斯特河。戈列洛夫上校的近卫坦克第1旅和巴巴贾尼扬上校的摩托化步兵第20旅到达扎列希基地域及德涅斯特河。格特曼将军的近卫坦克第11军部队也进抵德涅斯特河。

3月24日夜间，博伊科上校的坦克第64旅占领了莫沙车站（在通切尔诺夫策的接近地上），当时装载坦克和弹药的一列德国火车正在卸载，被我坦克兵缴获。3月28日，我坦克兵突入切尔诺夫策机场时，敌数十架飞机正准备起飞。敌机未能逃脱。

3月29日，格特曼将军的近卫坦克第11军和步兵第24师部队，从德军占领者手中彻底解放了切尔诺夫策市。居民兴高采烈地欢迎苏军。

应居民的请求，坦克第1集团军军事委员会决定把尼基京中尉的坦克安放在纪念台上。在纪念牌上写道："1944年3月25日，在由德国法西斯掠夺者手中解放这座城市时，近卫中尉尼基京乘员组的这辆坦克最先突入市内。"以尼基京的名字命名了这个城市的一条街道。

3月底，包括10个坦克师、1个摩托化师和1个炮兵师在内的总计23个师组成的敌军集团，基本上陷入合围。

为了歼灭被围敌军集团，第18和第38集团军由东向西推进，近卫第1集团军部分兵团、坦克第1和第4集团军（不包括机械化第8军）

越过德涅斯特河，切断敌人向南的退路。在对内正面上作战的我方部队，临近决战前处于极端衰竭状态，没有必要数量的炮兵和弹药。这是由于完全没有道路，炮兵和弹药落在部队后面所致。近卫坦克第3集团军，在其战斗队形内只有少量的坦克，根据最高统帅的指示，退往预备队进行补充。坦克第4集团军，在3月底时在卡缅涅茨波多利斯克地域，也处于相当衰竭的状态。

所有这一切使我们不能保证部队实施强有力的行动来分割和歼灭被围的敌军。现在分析这整个战役时，我认为，坦克第1集团军本来应当由切尔特科夫、托尔斯托耶地域转向东面，以突击被围敌军。但是当时我们由各种来源所获得的可靠情报是，被围敌军决定经扎列希基地域的德涅斯特河向南突围。敌人的这种决定在当时看来是十分可能和极其自然的。

在这种情况下，敌人渡过德涅斯特河后，可能占领南岸并在该处组织防御。尤其是，直到3月30日，乌克兰第2方面军右翼第40集团军仍未进到霍京附近，更加促成这种可能。

我们认为，在这种情况下，必须以坦克第1集团军更深远地迂回敌人，令其主力渡过德涅斯特河后，占领扎列希基、切尔诺夫策、科洛梅亚地域。但是，敌"南方"集团军群司令官得知苏军已切断向南的退路后，即命令被围部队不再向南，而是经布恰奇、波德盖齐向西突围。

后来，从缴获的文件中得知，希特勒统帅部在这里拼凑了相当大数量的部队（其中包括党卫军坦克第9和第10师），于4月4日由波德盖齐地域，对我对外正面实施了猛烈突击。敌坦克集群打破我近卫第1集团军第18军的防御后，即迅速突往布恰奇地域接应其突围部队。

究竟有多少敌人突围，我和方面军司令部都无法准确地计算出来。有各种各样的数字。后来查明，突围的敌人不是像部队所报告的那样是数十辆坦克及车上搭载的人员，而是相当多。

陷入合围的敌坦克第1集团军部队在艰难的战斗过程中，损失了一半以上部队、全部炮兵、大部分坦克和强击火炮。有好几个兵团只剩下司令部。

4月12日，开始消灭被围在捷尔诺波尔的敌人。过了两天以后，该处敌军被歼。4月14日，步兵第15军、第94军及近卫坦克第4军占领了捷尔诺波尔。

战役结束后，方面军部队在托尔钦、别列斯捷奇科、科洛梅亚、库特一线转入防御。

合围敌普罗斯库罗夫、卡缅涅茨波多利斯克集团的战役进行得不很好。在这次战役过程中，我方未能完成必要的部署变更。

在整个战役期间，方面军部队前进达350公里。敌军防线被彻底粉碎。从捷尔诺波尔到切尔诺夫策，形成了巨大的缺口。为了封闭这个缺口，德军统帅部不得不仓促由其他战线——由南斯拉夫、法国、丹麦和德国抽调大量部队。匈牙利第1集团军也被调到了这里。

我方面军部队解放了57座城市、11个铁路枢纽、数百个居民地以及文尼察、普罗斯库罗夫、卡缅涅茨波多利斯克、捷尔诺波尔、切尔诺夫策这些州一级的中心城市，我军进抵喀尔巴阡山山麓，将敌南方集团的整个战略防线切成两段。从此以后，该集团除了经过罗马尼亚外，再没有别的交通线了。

苏军再次显示了高超的作战技能，并取得了重大的胜利。我军胜利的取得，不仅依靠战役组织和技术装备上的优势，而且有赖于高度的爱国主义精神和集体英雄主义。由于对祖国建立了十分突出的功勋，数千名士兵、军士、军官和将军荣获政府给予的高等奖赏。我荣膺第1号胜利勋章。

从总参谋部的资料中我了解到，4月底和5月初，乌克兰第2和第3方面军粉碎当面敌人后，进至苏恰瓦、雅西、杜博萨雷、蒂拉斯波尔、阿克尔曼、黑海一线。乌克兰第4方面军、独立濒海集团军和黑海舰队的进攻行动，以彻底粉碎德军克里木集团而告终。5月9日，占领了英雄城市塞瓦斯托波尔；5月12日，彻底结束了解放克里木的战役。

4月22日，我奉命回到莫斯科最高统帅部，讨论1944年夏秋季战局。

虽然我军在冬春季战局中的行动以取得重大胜利而告终，但我认为，德军仍然有在苏德战场上实施顽强防御所需的一切力量。至于其最高统帅部和各集团军群统帅部的战略指挥，则经过斯大林格勒地域的惨败，特别是库尔斯克会战后，已经急剧地降低了。

与战争第一阶段不同，德军统帅部变得有点迟钝，缺乏机敏，尤其在复杂情况下。从其决心中可以感到，他们对己方和对方的能力都缺乏正确的判断。德军统帅部往往延误了由翼侧突击和合围的威胁下撤走其部队集团的时机，从而使其部队陷入绝境。

当读到德国将军和元帅们战后写的回忆文章和书籍时，简直无法理解他们对军队指挥的失败、错误、失算和缺乏预见性的原因所作的解释。

大多数作者把全部责任都归之于希特勒，说他在战役战略问题上本身是门外汉，却在1941年自封为德国武装力量的首脑，他个人专横地指挥德军的军事行动，不听助手们的意见。我认为，这种说法有部分真理，甚至可能还不小，但主观因素当然不是德国军事当局失败的基本原因。

经过斯大林格勒，尤其是库尔斯克突出部的失败后，德军的高级将领们由于已经丧失了战略主动，不得不采用他们所不熟悉的战役战略指挥上的新因素和新方法。德军统帅部在被迫退却和实施战略防御时，无法适应所遇到的困难。部队的士气大为下降，这个因素在防御行动中具有头等的意义。

苏联陆军、空军和海军在数量，尤其在质量上，都在以不可估量的速度增长着，苏联军队和战役战略指挥人员在极其艰苦的武装斗争条件下经受了锻炼，作战技能大大提高。对此，德军统帅部是估计不足的。

在飞往莫斯科的飞机上，我研究了各个方面军的最新情报后，更加确信最高统帅部1944年4月12日所作出的决定的正确性。这个决定中提出的1944年夏季的首要任务之一，就是粉碎白俄罗斯的德军集团。规定，预先应在其他各方向上实施一系列大规模突击，以便将尽可能多的德军战略预备队诱离白俄罗斯地域。

胜利，可以说是不容置疑了。第一，敌"中央"集团军群的战役布势，其突出部揳入我方，为我军向突出部底部实施深远包围突击创造了有利条件。第二，在各个主要突击方向上，我们现时有可能造成对敌军绝对优势。

对于白俄罗斯，尤其是敌"中央"集团军群占领的地区，我是很熟悉的。到莫斯科后，我首先到总参谋部找安东诺夫。他正给最高统帅准备军事行动地图。安东诺夫告诉了我有关在克里木歼灭敌人的过程以及为夏季战局建立了新的预备队和物资储备的消息。但是，他要求我不要和最高统帅说已经知道建立了储备的事。斯大林禁止向任何人透露这种消息，以免我们过早地向最高统帅部要预备队。

应当说，最近，最高统帅更注意节约分配最高统帅部掌握的兵力和兵器了。他现时只给真正完成决定性战役的那些方面军优先分配兵力和兵器。其他方面军则在合理的有限的范围内得到兵力和兵器。

顺便说说，一位前方面军司令员在《军事历史杂志》上发表了陈述他个人关于最高统帅部代表工作的意见的文章。文中指出："凡是有最高统帅部代表协调方面军行动的地方，都会在损害其他方面军的情况下，得到兵力和兵器。"

但是难道能不这样做吗？凡是有最高统帅部代表协调行动的地方，正是实施最重要战役的地点，自然应当优先得到物质保障。实践证明，这样做是正确的。

我由安东诺夫办公室给最高统帅打了电话。接电话的是波斯克列贝舍夫。他建议我休息一下。

他说："只要斯大林同志有空，我就给你打电话。"

这是个有益而且令人愉快的建议。因为我只能抽点时间睡觉，昼夜总共不过4—5个小时。

17时，斯大林叫我到他那里去。

我给安东诺夫打了电话，知道他也要去。斯大林想了解最新情况和总参谋部的想法。

我进入最高统帅办公室时，安东诺夫、装甲坦克兵司令员费多连科元帅、空军司令员诺维科夫上将以及人民委员会副主席马雷舍夫已经在那里。

最高统帅和我问好后，问我是不是去过什韦尔尼克那里。

我回答说没有去过。

"应该去领取胜利勋章。"

我对获得这样崇高的奖赏，向最高统帅表示了谢意。

斯大林问安东诺夫："从哪儿开始？"

"先让我简要地汇报一下今天12时各方面军的态势。"

他简要地叙述了各个战略方向上的情况后，提出了总参谋部关于德军在1944年夏季战局中可能采取的行动的看法。至于我军在夏季应采取何种行动，安东诺夫没有谈。我知道，安东诺夫决定等最高统帅提出来时，才阐明自己的见解。

斯大林问了空军司令员诺维科夫有关空军的状况。他对于空军从工业部门得到的飞机是否够补充各空军集团军和远程航空兵，表示关心。诺维科夫做了十分满意的答复。最高统帅要费多连科元帅汇报装甲坦克部队的状况及其在夏季战局发起前可能补充的程度。

可以感觉出来，斯大林事先已经知道了向他汇报的各种数据，但他显然是想在我们发表自己的见解前，让直接从事这些工作的人，向大家介绍情况。对于在最高统帅那里讨论问题时所采用的这种独特方式，我们都已经习惯了。

然后，斯大林不慌不忙地装上烟斗，点着烟，又不慌不忙地深深地吸了一口，把烟全吐出来。

他说："好，现在我们听朱可夫汇报。"边说边走到安东诺夫汇报时所用的地图跟前。

我也不慌不忙地打开自己的地图（比总参谋部的地图稍小些，但调制得并不差）。最高统帅走到我的地图跟前来，并开始认真地察看。

我开始汇报时，首先表示同意安东诺夫关于1944年在苏德战场上德军预计可能采取的行动及将会遇到的困难的一些基本看法。

这时，斯大林要我停下来，并说：

"不仅这样。6月份，盟军终于打算以大批兵力在法国登陆。我们的盟军也着急了！"斯大林又笑着说，"他们生怕没有他们的参加，我们单独打败了法西斯德国。当然，我们所关心的是德军最终将在两个战场上作战。这会使他们的处境更坏。德军将无力挽回了。"

在叙述自己对1944年夏季战局计划的看法时，我要最高统帅特别注意敌白俄罗斯集团，因为粉碎了这个集团，敌人在其整个西部战略方向上的防御的稳定性就垮台了。

斯大林问安东诺夫说："总参谋部是怎么想的？"

安东诺夫回答说："我同意。"

我没有注意到，最高统帅按了给波斯克列贝舍夫的电铃。波斯克列贝舍夫走进来等候吩咐。

斯大林说："接通和华西列夫斯基的电话。"

过了几分钟，波斯克列贝舍夫报告说，电话接通了。

斯大林拿起电话筒来说："你好，朱可夫和安东诺夫都在这里。你能坐飞机来商谈夏季计划吗？……你在塞瓦斯托波尔一带忙些什么？……那好吧，你就留在那儿，把你自己对夏季的意见亲自给我送来。"

最高统帅放下话筒后说：

"华西列夫斯基答应，再有8—10天就彻底歼灭敌克里木集团。由乌克兰第1方面军先发起我们的战役不更好吗？这样可以更深远地包围敌白俄罗斯集团，并将敌预备队由中央方向上诱到该处。"

安东诺夫指出，在这种情况下，敌人容易在相邻的方面军之间实施机动。最好先由北方发起，然后再对敌"中央"集团军群实施进攻，以解放白俄罗斯。

最高统帅说："看看华西列夫斯基的建议再说。给各方面军司令员打电话，要他们汇报对各方面军最近时期内行动的想法……"然后他对着我接着说：

"你和安东诺夫拟个夏季行动计划的初步方案。等你们搞好后,我们再讨论一次。"

两三天以后,最高统帅又把我和安东诺夫叫了去。讨论过计划后,决定:首次进攻战役于 6 月份在卡累利阿地峡和彼得罗扎沃茨克方向上实施,然后在白俄罗斯战略方向上实施。

我和总参谋部又对计划进行了一些补充工作后,于 4 月 28 日返回乌克兰第 1 方面军。5 月初,当解放克里木的战役已接近尾声时,我向最高统帅提出一项建议,建议把指挥乌克兰第 1 方面军的职责移交给科涅夫,以便我能立即到最高统帅部去着手准备解放白俄罗斯的战役。

最高统帅同意我的建议,但预先告诉我说,乌克兰第 1 方面军仍由我监管。

他说,在白俄罗斯战役后,接着我们就要在乌克兰第 1 方面军地段上实施战役。

为了不至于耽搁,我没有等科涅夫到达。我委托方面军参谋长索科洛夫斯基向科涅夫转达我的祝愿及对方面军部队尔后行动的想法后,即乘车前往莫斯科。

在担任乌克兰第 1 方面军司令员期间,我更直接地研究了方面军领导干部的情况。我想特别提到方面军司令部的军官和将军们,他们以自己高深的战役知识和一般知识对方面军首长组织进攻战役给了很好的帮助。方面军后勤军官也工作得很好。在任何情况下,甚至在最困难的情况下,乌克兰第 1 方面军后勤都完成了自己的任务,部队对孜孜不倦的后勤工作人员的关怀深为感谢。

回到最高统帅部时,我遇到了华西列夫斯基。他准备协调波罗的海沿岸第 1 方面军和白俄罗斯第 3 方面军的行动。自然,像人们所说的那样,我们又要在一起共事了。

第十九章

解放白俄罗斯、乌克兰

白俄罗斯在敌人占领军的压迫下，万分痛苦地渡过了三个年头。希特勒分子洗劫了白俄罗斯人民的一切公共财富，蹂躏了城市，烧毁了 120 万幢村镇建筑物，使 7000 所学校变成了废墟。220 余万和平居民和苏联战俘被杀害。几乎没有一个家庭未受到希特勒分子的残酷损害。但是不管遭受到多么大的苦难，白俄罗斯并未在敌人面前低头，白俄罗斯人民没有丧失斗志，从未停止过对占领者的斗争。

当得知乌克兰的德军已被红军粉碎，并远远地向西败退以后，白俄罗斯的游击队即准备实施决定性的战役。

1944 年夏天，在白俄罗斯共有 37.4 万多名装备良好的游击队员在活动，他们组成了大型的游击队、游击部队和兵团。

在红军开始进行解放白俄罗斯的作战之前的几天时间内，白俄罗斯游击队在共和国及其各州的党的机构的领导下，采取了一系列大规模的行动，以破坏铁路和公路干线、炸毁桥梁，从而使敌人后方在最关键的时刻处于瘫痪状态。

在前面一章里我已经部分地谈到了最高统帅部四月份举行的那一次范围不大的会议，在那次会议上，曾对夏季各决战役的计划作出了原则的决定。现在我想比较详细地谈一谈制订白俄罗斯战役计划的情况。

最高统帅部会议后不久，华西列夫斯基就向最高统帅呈报了自己的意见，对总的情况做了简要的判断，并提出了有关 1944 年夏季作战的基本建议。

1944 年夏季战局前的形势如何呢？

在红军继续单独与法西斯德国及其各仆从国的主力作战的情况下，

在 1944 年的头几个月里红军给了法西斯德军以沉重的打击。敌人有 30 个师和 1 个旅被彻底消灭，还有 142 个师和 1 个旅损失了一半或三分之二的战斗人员。为了补充自己的军队，德军统帅部不得不从德国本土和西欧其他国家抽调 40 个师和 4 个旅投入苏德战场。红军解放了几达 33 万平方公里的大面积的领土，战前在这片土地上居住有差不多 1900 万人口。

然而法西斯德军仍旧是一支巨大的力量。

1944 年 7 月，德国工业达到了战争年代发展的最高峰。头半年工厂生产了 1.6 万多架飞机、8300 辆重型和中型坦克及强击炮[①]。

希特勒当局榨尽了国家和人民的最后一点力量，力图推迟其不可避免的失败。它进行了一次又一次的动员，给德意志民族造成了巨大的损害。法西斯德军当时拥有 324 个师和 5 个旅。

其战斗力最强的兵团大部分仍然部署在苏德战场。在苏德战场与我军作战的有德军的 179 个满员师和 5 个旅，及其仆从国的 49 个师和 12 个旅。这些部队共计 430 万人，拥有 5.9 万门火炮和迫击炮，7800 辆坦克和强击炮以及近 3200 架战斗飞机。

红军的作战部队共有约 660 万官兵，各方面军拥有 9.81 万门火炮和迫击炮，7100 辆坦克和自行火炮，1.29 万架飞机。[②]

一个国家，一方面在整个战略战线上进行着巨大规模的战争，而同时又能如此高速度、大规模地恢复遭受破坏的经济，历史上尚未见过这样的先例。在 1944 年年初和春天，苏联在不断加强自己的经济实力方面取得了巨大成就。头半年共生产了 1.63 万架飞机。近 1.02 万辆中、重型坦克和自行火炮，1.19 万余万发炮弹、航空炸弹和地雷。党领导的团结一致的人民贡献出全部力量，保障了粉碎敌人所必需的一切。

4 月末，最高统帅部定下了进行包括白俄罗斯战役在内的整个夏季战局的最后决心，并指示安东诺夫组织制订各方面军的战役计划和着手调集各方面军所需的部队和物资。

坦克第 1 军配属给了波罗的海第 1 方面军，近卫第 11 集团军和近卫坦克第 2 军配属给了白俄罗斯第 3 方面军。在白俄罗斯第 1 方面军的右翼，集中了第 28 集团军，近卫坦克第 9 军和第 1 军，机械化第 1 军以及近卫骑兵第 4 军；近卫坦克第 5 集团军（最高统帅部预备队）则集

---

① 《第二次世界大战史（1939—1945 年）》，第 8 卷，俄文版，第 415 页。
② 《苏联军事百科全书》，俄文版，第 2 卷，第 62 页。

中在白俄罗斯第3方面军的地带内。

华西列夫斯基于5月中旬回到莫斯科。此时，总参谋部已完成了"巴格拉季昂"战役（即白俄罗斯战役的代号）计划及其物资技术保障的全部文书的拟制工作。

5月20日，最高统帅将华西列夫斯基，我和安东诺夫召去统帅部，以便最后确定最高统帅部关于夏季战局计划的决心。如同我在前面已提到过的那样，预定首先以列宁格勒方面军的部队和红旗波罗的海舰队在卡累利阿地峡展开进攻，然后在6月下半月再在白俄罗斯展开进攻。

在审定了"巴格拉季昂"计划之后，最高统帅命令召集方面军司令员巴格拉米扬、切尔尼亚霍夫斯基和罗科索夫斯基，以便听取他们的意见和给他们下达制订各方面军计划的最后指示。

最高统帅在我的陪同下，于5月22日接见了华西列夫斯基、安东诺夫、罗科索夫斯基和巴格拉米扬，5月25日又接见了切尔尼亚霍夫斯基。这些方面军司令员都曾预先得到总参谋部有关未来战役的通知，来时都带着所属部队作战计划的草案。

像以往准备大规模战役时一样，总参谋部和各方面军司令部拟制计划的工作是同时进行的，而各方面军首长、总参谋部和副最高统帅之间又保持着密切的联系，因而各方面军的计划草案完全符合最高统帅部的意图，并当即被最高统帅所批准。

然后华西列夫斯基和我奉命分别负责协调下列各方面军的作战行动：华西列夫斯基负责波罗的海第1方面军和白俄罗斯第3方面军，我负责白俄罗斯第1和第2方面军。最高统帅部还派总参谋部作战部部长什捷缅科将军带领一个军官组到来协助我。

华西列夫斯基于6月4日到达部队，以便就地进行"巴格拉季昂"战役的准备，我则比他晚一昼夜，于6月5日8时到达白俄罗斯第1方面军指挥所。

在某些军界人士中流传着一种说法，似乎罗科索夫斯基曾在最高统帅面前坚持要用白俄罗斯第1方面军的兵力在白俄罗斯方向上实施"两个主要突击"。这种说法是没有根据的。因为早在5月20日，即白俄罗斯第1方面军司令员到达最高统帅部之前，斯大林就根据总参谋部的方案预先批准了该方面军计划的两个突击。

我还想指出的一点是，苏联军事理论从来不主张由一个方面军实施两个主要突击。若两个突击在兵力和意义上具有同等重要性的话，则通常称为"两个强大的突击"或"两个突击集团"。我强调指出这一点，是为了避免在战略术语中引起混乱。

在诺维科夫、沃罗诺夫、雅科夫列夫、赫鲁廖夫、佩列瑟普金、费多连科等著名专家和军事首长的参与下，总参谋部根据已批准的"巴格拉季昂"战役的战役战略计划和各方面军的申请书，确定了参战部队的物资技术保障计划。5月31日，各方面军司令员得到最高统帅部的指令后，立即展开了所属部队对未来战役的具体准备工作。

最高统帅部的计划预定实施下述三个强大的突击：

——波罗的海第1方面军和白俄罗斯第3方面军对维尔纽斯总方向实施突击；

——白俄罗斯第1方面军对巴拉诺维奇实施突击；

——白俄罗斯第2方面军在白俄罗斯第3方面军的左翼集团和白俄罗斯第1方面军的右翼集团的协同下，对明斯克总方向实施突击。

波罗的海第1方面军和白俄罗斯第3方面军的当前任务，是粉碎德军维捷布斯克集团，然后将坦克和机械化部队投入突破口，向西发展主要突击，以其左翼集团包围德军的鲍里索夫—明斯克集团。

白俄罗斯第1方面军的任务是粉碎敌日洛宾—博布鲁伊斯克集团，然后将快速部队投入战斗，向斯卢茨克—巴拉诺维奇发展主要突击，从南面和西南面包围敌明斯克集团。

白俄罗斯第2方面军应向莫吉廖夫—明斯克方向实施突击。

在我军进攻开始前，德军"中央"集团军群的防御前沿是从波洛茨克到维捷布斯克，然后经过奥尔沙—日洛宾—卡帕特克维奇—日特科维奇和普里皮亚季河。波洛茨克、维捷布斯克、奥尔沙和莫吉廖夫等城市都尚在敌人手中。

这些大城市再加上第聂伯河、德鲁季河、别列津纳河、斯维斯洛奇河以及其他许多造成大片沼泽地的浅水河流和小溪，构成了敌人纵深梯次防御的坚固基础，掩护着最重要的西面的华沙—柏林战略方向。虽然最高统帅部为粉碎敌"中央"集团军群集中了大量兵力，我们仍然认为，要取得"巴格拉季昂"战役的胜利，参战部队必须进行特别周密的准备。

在出发去前线之前，我曾同华西列夫斯基一道非常仔细地研究了敌人防御的一切强点和弱点，以及各级司令部和部队应当采取的措施。我们还同安东诺夫商妥了有关对部队、物资和最高统帅部预备队集中进行监督的问题，以及有关通信联络和把最高统帅部在其他方向上采取的措施通知我们等问题。

需要在极短的期限内,把极大数量的物资技术器材输送给各个方面军。

据总参谋部预计,为了保障"巴格拉季昂"战役的实施,必须给部队输送约 40 万吨弹药、30 万吨燃滑油料和约 50 万吨粮秣。需要将 5 个诸兵种合成集团军、2 个坦克集团军、1 个空军集团军,以及波兰第 1 集团军集中于预定的地域。

此外,最高统帅部从自己的预备队中抽出 4 个诸兵种合成集团军、2 个坦克集团军、52 个步兵和骑兵师、6 个独立坦克和机械化军、33 个航空兵师、21 万补充人员、2849 门火炮和迫击炮配属给各方面军。

进行上述一切输送工作时,必须特别谨慎小心,以免暴露我各方面军的进攻准备。这一点对于取得当前战役的胜利十分重要。因为根据我方侦察情报,德军统帅部预期我军实施夏季首次突击的地方,是乌克兰,而不是白俄罗斯。敌人显然认为,由于白俄罗斯的森林沼泽地形,我们不可能将配置在乌克兰的 4 个坦克集团军转调到白俄罗斯,也不可能在白俄罗斯很好地利用这些坦克集团军。

遵照最高统帅部的计划,乌克兰第 1 方面军的部队应在白俄罗斯战役的第二阶段投入战斗。到那时,白俄罗斯第 1 方面军的右翼部队应该已经粉碎了敌博布鲁伊斯克—明斯克—斯卢茨克集团,并前出到沃尔科维斯克—普鲁扎内一线。

最高统帅部特别重视白俄罗斯第 1 方面军即将实施的突击,因而把主要的兵力和兵器调给了这个方面军。

因为我当时是负责协调白俄罗斯第 1 和第 2 方面军的作战,在战役第二阶段还包括乌克兰第 1 方面军的作战,所以下文我主要谈这几个方面军的作战行动。

现在再接着前面的讲。按照最高统帅的委托,我于 6 月 5 日早晨到达位于杜列维奇的白俄罗斯第 1 方面军临时指挥所,会见了罗科索夫斯基,军事委员布尔加宁和参谋长马利宁。

在就战役计划有关的问题进行讨论之后,我同罗科索夫斯基、各集团军司令员、空军集团军司令员鲁坚科将军,以及方面军炮兵司令员卡扎科夫将军和装甲坦克和机械化部队司令员奥廖尔将军一起,又仔细讨论了方面军右翼的情况,并就当前战役准备工作的计划和实际措施取得了一致意见。

此时,我们特别注意了对作战地域地形的仔细研究,对敌人整个战术防御纵深的防御配系的侦察,以及部队、各级司令部和后勤保障机构在战役开始前的准备。

以后两个昼夜，即 6 月 6 日和 7 日，我和方面军司令员罗科索夫斯基、最高统帅部代表雅科夫列夫以及卡扎科夫将军一道，仔细研究了罗加切夫—日洛宾地域内第 3 和第 49 集团军地段上的情况。在集团军司令员戈尔巴托夫的观察所，我们还听取了步兵第 35 军军长若卢杰夫将军和步兵第 41 军军长乌尔巴诺维奇将军的决心。

6 月 7 日，我们在第 65 集团军的地段上进行了同样的工作。我们仔细研究了步兵第 18 军的近卫步兵第 44 和第 69 师地段上的地形和敌人的防御。按计划我军的主要突击将在这里实施。

方面军司令员罗科索夫斯基大将根据最高统帅部的计划，在进一步仔细察明整个情况后，定下了用两个军队集团突破敌人防御的决心。一个集团在罗加切夫以北，另一集团在帕里奇以南。这两个集团的当前任务，是粉碎当面的敌人，然后实施向心突击，合围和消灭敌军日洛宾—博布鲁伊斯克集群。

在解放博布鲁伊斯克市之后，方面军的主要兵力集团应经斯卢茨克向巴拉诺维奇的总方向进攻。方面军同时以部分兵力与白俄罗斯第 2 方面军协同，经奥西波维奇，普霍维奇向明斯克发展突击。我们预计，白俄罗斯第 1 方面军编成内的兵力和兵器是足够完成上述任务的。

罗加切夫进攻集团包括戈尔巴托夫中将指挥的第 3 集团军，罗曼年科中将指挥的第 48 集团军和巴哈罗夫坦克兵少将指挥的坦克第 9 军。

帕里奇集团包括巴托夫中将指挥的第 65 集团军和卢钦斯基中将指挥的第 28 集团军。普利耶夫中将的骑兵机械化集群和帕诺夫少将的近卫坦克第 1 军应投入帕里奇南部集团的突破口。

上述两个军队集团的行动，由鲁坚科空军上将指挥的空军第 16 集团军支援。此外，由格里戈里耶夫海军上校指挥的第聂伯河区舰队，在作战上也隶属于白俄罗斯第 1 方面军。

白俄罗斯第 1 方面军，特别是帕里奇南部集团部队实施进攻的主要困难，在于他们必须在不易通行的森林和泥泞的沼泽地作战。

我很熟悉这些地方，因为我曾在这里工作过 6 年多，并走遍了各处。我曾在帕里奇地区的沼泽地打过猎。那里的野鸭子多极了，树林里还有大量的其他各种飞禽走兽。

正如我们估计的那样，德军统帅部很少想到我军会在这个地域实施突击。因而该地敌军的防御实质上是据点式的，并无绵密的防线。

罗加切夫地域的情况则不同。那里敌人有比较坚固的防御，其接近地也处于敌火力配系的射界内。

我前面已经谈到过，白俄罗斯第 2 方面军（当时的司令员为扎哈罗夫上将、军事委员为梅赫利斯、参谋长为鲍戈柳鲍夫中将）的任务，是在莫吉廖夫—明斯克方向上实施辅助突击。在这里缺乏强大的突破兵器，无法使第一梯队的各集团军能够同时展开进攻。而且当白俄罗斯第 1 和第 3 方面军的各突击拳头前出到敌"中央"集团军群的深远后方之前，把敌军逐出莫吉廖夫以东地域也是毫无意义的。

根据扎哈罗夫将军的决心，由格里申将军指挥的得到加强的第 49 集团军，应在莫吉廖夫方向实施突击。其他（第 33 和第 50）集团军则进行钳制作战，并在稍晚一些时候，即当其他方向上敌人防御的抵抗已被粉碎时，再转入进攻。

6 月 8 日和 9 日，我和雅科夫列夫将军、什捷缅科将军以及白俄罗斯第 2 方面军领导人一起，对计划在莫吉廖夫—明斯克方向上实施突击的白俄罗斯第 2 方面军的战役，进行了周密的准备。什捷缅科将军对新担任方面军司令员职务的扎哈罗夫将军给了很多帮助。

当我们到达扎哈罗夫将军处时，他非常充分而明确地叙述了自己的战役决心。同时我们还听取了空军集团军司令员韦尔希宁，以及方面军各兵种司令员和勤务主任的意见和决心。

我记得对战役计划所规定的目标、任务和兵力部署，都不曾提出过什么重大的意见。

我们决定于 6 月 9 日晨与方面军司令员扎哈罗夫以及雅科夫列夫和什捷缅科一道，前往格里申的第 49 集团军，以便亲自研究敌人防御的前沿和纵深。首先我们来到步兵第 70 军军长捷连季耶夫将军的观察所，他向我们详细而确切地报告了自己的意见。

到日终时，我们最后确定了方面军部队应立即完成的几项任务：进一步查明敌人火力配系；制订炮兵进攻和航空兵突击的计划；为部队实施冲击和进攻构成必要的战役—战术部署。

我指定总参谋部代表什捷缅科将军负责白俄罗斯第 2 方面军的战役准备工作。我本人则主要负责承担主要任务的白俄罗斯第 1 方面军的准备工作。

我们返回戈尔巴托夫将军的第 3 集团军时，碰见了白俄罗斯第 1 方面军司令员和他的主要助手。我打电话给最高统帅报告了两个方面军的战役准备情况，同时指出给两个方面军运送部队和物资的计划未按规定期限完成，请求最高统帅责成交通人民委员和赫鲁廖夫关心一下这个问题。我说，否则将不得不推迟战役开始的时间。

我还建议最高统帅把远程航空兵全部用于当前的白俄罗斯战役，而推迟轰炸德国本土目标的时间。最高统帅同意这个建议，并立即下令将空军元帅诺维科夫和远程航空兵司令员、空军元帅戈洛瓦诺夫派来我处。在以前的各次重要战役中，我曾经常同他们在一起工作。他们都是学识渊博的司令员，对完成各方面军的任务帮助很大。

我和诺维科夫、戈洛瓦诺夫、鲁坚科和韦尔希宁一道，详细地讨论了各空军集团军的情况、目标、任务和使用计划，以及各空军集团军和远程航空兵之间的协同。远程航空兵的任务是突击敌人各战役军团的司令部和通信枢纽以及敌人的预备队和其他重要目标。此外，我们还研究了各方面军的航空兵相互机动的问题。有 350 架重型轰炸机归华西列夫斯基调度，用以支援白俄罗斯第 3 方面军作战。

6 月 14 日和 15 日，白俄罗斯第 1 方面军司令员在第 65 和第 28 集团军进行了当前战役的推演作业，我和最高统帅部的一些将军也参加了这些作业。

参加推演的有军长、师长、集团军炮兵司令员和各兵种首长。在作业过程中，仔细地演练了步兵兵团和坦克兵团的任务、炮兵进攻计划及与航空兵的协同动作。而且特别详细地研究了部队未来作战地带内的地形特点、敌人防御的组织以及迅速前出到斯卢茨克—博布鲁伊斯克道路的方法。从这条道路再前出至博布鲁伊斯克并攻占这个城市，就有可能封闭敌日洛宾—博布鲁伊斯克集团的退路。

在以后的三个昼夜里，在第 3、第 48 和第 49 集团军中也进行了同样的作业。通过这些作业，我们得以进一步熟悉各级指挥员，这些指挥员将带领部队消灭像敌"中央"集团军群这样位于重要战略方向上的重兵集团。这些指挥员肩负着重大责任，因为只有消灭了"中央"集团军群以后，才能完成把敌人全部逐出白俄罗斯和波兰东部的任务。

在此期间，两个方面军的部队和分队都进行了大量的军事训练和政治教育。它们演练了射击课目以及在与坦克、炮兵和航空兵协同下实施冲击和进攻的战术和技术，并了解了自己的任务。现在在每一次大的战役之前，都要进行这样的训练和教育。这种办法证明是完全行之有效的。它使部队的作战行动更加协调一致和顺利，遭受的伤亡也更少。

部队、兵团和集团军的司令部也仔细演练了指挥和通信问题。指挥所和观察所都推进到了前面，隐蔽在工事里，并构筑了观察和通信配系。此外，还明确了在追击敌人过程中转移指挥所和观察所以及指挥部队的方法。

方面军、集团军和部队的侦察部门进一步仔细研究了敌人防御的火力配系,其战术和战役预备队的配置,绘制成地图并发给了部队。

方面军的后勤部门也做了大量的工作,保证了技术兵器、弹药、油料和粮食迅速隐蔽地输送和分发给部队。尽管困难甚大,地形十分复杂,但一切都按期完成。两个方面军的部队在进攻中都及时得到了作战所必需的一切物资保障。

6月22日,两个方面军进行了战斗侦察,进一步查明了敌防御前沿的火力配系以及早先未能发现的一些炮兵连的位置。

整个白俄罗斯战役将在辽阔的大地上展开,其正面从涅谢尔多湖到普里皮亚季河,宽达1200公里以上,其纵深约600公里,从第聂伯河直到维斯拉河和那累夫河。我军将与数达120万的敌军官兵进行激烈的交战,这支敌军装备有9500门火炮和迫击炮、900辆坦克和强击炮以及1350架作战飞机。我军还将克服纵深达250—270公里的敌人预有准备的防御[1]。

苏军在白俄罗斯的进攻,恰逢战争爆发三周年。过去三年里发生了不少历史性事件。苏军经过一系列总决战,粉碎了法西斯军队,把自己的国土从凶恶的敌人手中解放出来。现在,苏联军人又满怀粉碎德国"中央"集团军群的信心,投入新的会战。

毫无疑问,同盟国军队6月6日在诺曼底登陆和开辟欧洲第二战场一事,也鼓舞了苏联军队。虽然法西斯德国的命运实际上早已决定,苏联军人仍然高兴地欢迎第二战场的开辟,认为这将加速法西斯的彻底消灭并使战争早日结束。

波罗的海第1方面军(司令员巴格拉米扬上将、军事委员列昂诺夫将军、参谋长库拉索夫将军)、白俄罗斯第3方面军(司令员切尔尼亚霍夫斯基上将、军事委员马卡罗夫将军、参谋长波克罗夫斯基将军)和扎哈罗夫上将指挥的白俄罗斯第2方面军的部队,于6月23日发起总攻。次日,罗科索夫斯基大将指挥的白俄罗斯第1方面军也转入进攻。

在敌人后方,游击队、游击部队和兵团按照预定计划,与各方面军的行动相配合,也展开了积极活动。各方面军司令部都没有游击运动指导处,它们在游击部队的通信联络、物质技术保障以及协调其行动方面,都做了大量工作。应当指出,在白俄罗斯战役中,游击部队和游击

---

[1]《苏联军事百科全书》,俄文版,第1卷,第431页。

队发挥了极大的作用。这在相当大的程度上，是由于当地的森林地形帮了忙。当1941年我军撤退时，在这些地方留下的士兵和军官比其他任何地方都要多。

白俄罗斯的进攻一开始，虽然气象条件在一定程度上限制了双方航空兵的行动，但在各个方向上立即展开了激烈的地面和空中的交战。很快我就通过总参谋部了解到，在华西列夫斯基那里，突破敌人防御的战斗进行得很顺利。这使我们深感高兴。

白俄罗斯第2方面军也取得了良好的战果。格里申将军的第49集团军在莫吉廖夫方向上突破了敌人防御，并从行进间攻占了第聂伯河上的登陆场。

白俄罗斯第1方面军按计划对帕里奇展开了突击。帕诺夫将军的坦克第1军进入突破口后，第一天就向博布鲁伊斯克方向突进了20公里。这就使普利耶夫将军的骑兵机械化集群得以在次日晨投入战斗。

6月25日，普利耶夫集群和帕诺夫的坦克军在消灭退却之敌的同时，开始迅速向前推进。第28和第65集团军也坚定地展开了突击。坦克和炮兵部队在通过帕里奇方向的森林地段时，把一些沼泽地翻搅得十分厉害，使得牵引车都难于通行。

工程兵部队和各兵种部队的战士们为我军突破战斗的胜利所鼓舞，竭尽全力，争取尽快筑成一条用圆木铺设的道路。这条道路很快就建成了，从而大大地减轻了后勤部门的工作。

《1941—1945年苏联伟大卫国战争简史》①一书在谈到白俄罗斯战役时，对罗加切夫地域作战情况的叙述不十分确切。它把罗加切夫地域情况的转折，说成是白俄罗斯第1方面军帕里奇集团顺利作战的结果。而实际经过情形却有些不同。

在进行战役准备时，由于对罗加切夫—博布鲁伊斯克方向上的敌人防御侦察得不够，以致对敌人的抵抗力估计不足。这一错误导致给第3和第48集团军规定了过宽的突破地段。加之，这两个集团军又缺乏足够的突破兵器。而我作为最高统帅部的代表，也未及时纠正方面军领导人的错误。

还有一个情况必须指出，这个情况也影响了我军在该地域的作战速度。在定下突破敌防御的决心时，第3集团军司令员戈尔巴托夫中将建议用巴哈罗夫的坦克第3军从更北面一些的森林沼泽地域实施突击，因

---

① 见该书俄文版，第347—348页。

为根据他的情报，敌人在该地的防御十分薄弱。但是对戈尔巴托夫的建议未予同意，仍命令他准备在方面军领导人指定的地段实施突破，所根据的理由是，如果照戈尔巴托夫的建议办，那么第48集团军的主要突击也不得不向北推移。

交战开始了，对敌人防御的突破进展得很慢。目睹这一情况，戈尔巴托夫请求允许他执行其最初的计划，即用坦克军从更北面的地方实施突击。我支持了戈尔巴托夫的建议。作战成功了。敌人被击溃。巴哈罗夫的坦克兵突入敌军翼侧后，迅猛地向博布鲁伊斯克推进，切断了敌人渡过别列津纳河退却的唯一道路。

在我军完成这一成功的机动后，德军开始从日洛宾—罗加切夫地区退却，但为时已晚。博布鲁伊斯克附近唯一的一座桥梁6月26日即已掌握在巴哈罗夫的坦克兵手中。

帕洛夫的坦克军前出到博布鲁伊斯克西北地域后，切断了该市内敌军的一切退路。

于是，6月27日在博布鲁伊斯克地域形成了两个包围圈，被包围的是德军步兵第35军和坦克第41军，总数共达4万人。

我未能目睹肃清博布鲁伊斯克敌军的情形，但却看见了在它东南面的德军是怎样被消灭的。鲁坚科的空军第16集团军的数百架轰炸机协同第48集团军，对敌军集群实施了一次又一次的突击。战场上燃起了大火，成千上万辆汽车、坦克以及大量的燃滑油料在熊熊燃烧。整个战场都被炽烈的火光所照亮。一批又一批苏联轰炸机群，按火光判定方位，飞来投下了各种口径的炸弹。

德国士兵疯狂地四处逃窜，不愿投降就俘的，立即被消灭掉。被希特勒欺骗相信能以闪击战战胜苏联的德国士兵，成千上万地死去。德军步兵第35军军长吕特佐夫将军也在被俘之列。

彻底肃清博布鲁伊斯克地域敌军的任务，交给了罗曼连科的第48集团军和第65集团军的步兵第105军。第3和第65集团军，坦克第9军和近卫坦克第1军则奉命不在博布鲁伊斯克地域停留，而向奥西波维奇的总方向迅猛进攻。6月28日他们攻克了该城市。6月29日，博布鲁伊斯克市的敌人也被彻底肃清。

卢钦斯基将军的第28集团军和普利耶夫的骑兵机械化集群向斯卢茨克展开了猛烈的进攻。

粉碎维捷布斯克和博布鲁伊斯克地域的敌人后，我军的两翼集团即大大地推进到敌人纵深，构成了合围敌"中央"集团军群的基本兵力的直接威胁。

坦率地说，我们当时观察和分析德军部队及其统帅部在这一战役中的行动时，曾对它们所采取的使部队走向毁灭结局的极端错误的机动，感到有些惊奇。德军不是迅速撤退到后方地区并向遭到苏军突击集团威胁的两翼派出强大的集团军，而是在明斯克以东和东北卷入了持久的正面交战。

6月28日，最高统帅部经与华西列夫斯基、我以及各方面军司令员商议之后，明确了部队的后续任务。

波罗的海第1方面军奉命解放波洛茨克，并向格卢博科耶进攻。白俄罗斯第3和第2方面军的任务是解放白俄罗斯首都明斯克，白俄罗斯第1方面军的任务则是以主力在斯卢茨克—巴拉诺维奇方向实施进攻，并以部分兵力向明斯克发展突击，以便从南面和西南面包围明斯克。最高统帅部的这一具体企图，是以战役的总计划为依据的，该计划所确定的目的是要包围和歼灭"中央"集团军群的全部兵力。而我军的兵力和部署是完全适应所受领的任务的。

这一战役的顺利实施，表明了已掌握战役战略指挥艺术的苏军统帅部的远见及其日益增长的成熟性。

可惜此时我未能与华西列夫斯基取得直接联系，以便协商戈尔巴托夫将军的第3集团军、白俄罗斯第2和第3方面军之间进一步的协同动作。这些部队都是奉命夺取明斯克和封锁巨大的敌军集团退路的。白俄罗斯第2方面军部队紧逼这一敌军集团，使它无法逃脱。在平行追击的情况下，这是很有利的因素。

德国第4集团军全部被围已成定局。德军统帅部在这决定性时刻将会如何行动呢？最高统帅部、总参谋部以及直接领导这一极其重要战役的我们，都关心着这个问题。

像在类似情况下所应做的那样，各级指挥机构都集中主要力量进行侦察，以便判断敌人意图及其实际措施。然而不管我们多么努力以求查明和弄清德军统帅部在战略领导方面有什么重要行动，除了他们在最危急的方向上进行了稍许加强外，我们什么也没有发现。

我们根据在明斯克地域活动的白俄罗斯游击队情报得悉，敌人正匆忙地敷设地雷，准备炸毁明斯克市内未被破坏的政府大厦、白俄罗斯党中央大厦和军区军官之家。为了挽救这些大型建筑物，我们决定命令各坦克部队加速向明斯克推进，并派出一些扫雷队跟随前进，其任务是不纠缠于城市接近地上的战斗，直接突入城内夺取上述政府建筑物。

任务完成得很好。上述建筑物被扫除了地雷并保存了下来。

7月3日黎明，布尔杰伊内的近卫坦克第2军从东北突入明斯克，装甲坦克兵元帅罗特米斯特罗夫的近卫坦克第5集团军的先遣部队也从北面逼近了该市。当日中午，属于白俄罗斯第1方面军的由帕诺夫将军指挥的近卫坦克第1军也攻入城内。戈尔巴托夫将军的第3集团军跟随帕诺夫的坦克军逼近了明斯克市郊。与此同时，我军还前出到了明斯克的西南和西北，将前来增援的敌预备队向西击退。

到7月3日日终时，德军第4集团军大部分兵团的退路已被切断，并被压缩在明斯克以东的包围圈内。被包围的有敌步兵第12、第27和第35军，坦克第39和第41军，共计10余万人。

明斯克的敌人于7月3日傍晚被全部肃清。

白俄罗斯首都的面貌已难于辨认。我任团长和旅长时，曾有7年时间住在明斯克。我熟悉这个城市的每一条街道和一切重要建筑物，熟悉它的桥梁、公园、运动场和影剧院。现在这一切都成了废墟，住宅区则变成了一堆堆碎砖乱瓦。

明斯克的居民给我们留下了最沉重的印象。他们多数都受尽折磨，极度虚弱。该市解放时，许多人都泪水纵横。

不管敌人如何进行抵抗，到7月11日，被围的德军都被击溃、俘虏或消灭。在3.5万名俘虏中有12名将军，其中3名是军长、9名是师长。此后又用了几天时间搜捕那些企图逃窜出去与自己部队会合的一群群的敌军官兵。由于德军退却得很快，这些零散的敌军根本不可能再同自己的大部队会合。当地居民和游击队员（他们是白俄罗斯森林的真正主人）在肃清敌人方面给了我们巨大的帮助。

考虑到在西部方向上已打开了缺口（只是在缺口的一些主要地段上还有敌军盘踞着），最高统帅部于7月4日命令各方面军继续进攻。给各方面军下达的任务如下：

——波罗的海第1方面军向希奥利艾总方向进攻，其右翼向陶格夫匹尔斯进攻，左翼向考纳斯进攻；

——白俄罗斯第3方面军向维尔纽斯进攻，并以部分兵力向利达进攻；

——白俄罗斯第2方面军向新格鲁多克、格罗德诺、比亚韦斯托克进攻；

——白俄罗斯第1方面军向巴拉诺维奇、布列斯特进攻，并在西布格河上夺取登陆场。

7月7日，当被围在明斯克以东和东南的敌军集团主力已被肃清，白俄罗斯第1、第3方面军和波罗的海第1方面军的各个先遣梯队已从明斯克一线向西推进了很远，并正在维尔纽斯—巴拉诺维奇—平斯克地区作战的时候，斯大林打电话给我，命令我飞返最高统帅部。

7月8日清晨我仍在巴拉诺维奇地域。第65和第48集团军已在这里进行夺取城市的战斗，几个小时后解放了该城。同一天我飞回到莫斯科，个人整理了一下，就前往总参谋部。

我想在与最高统帅见面前，先较深入地了解一下最近的情况。

安东诺夫像往常一样，简明而确切地向我报告了总参谋部对情况的分析和对未来战事发展的看法。对他的报告，我感到十分的满意：总参谋部及其领导人的战役战略水平提高得多么快啊！

13时左右，最高统帅打电话给安东诺夫询问我的下落。他查问了一系列问题之后，命令安东诺夫和我一小时后到他的别墅去。我们于14时正到达。斯大林情绪很好，还给我们说笑话。

正当我们谈话时，华西列夫斯基用高频电话向最高统帅报告了波罗的海第1方面军和白俄罗斯第3方面军地段内最近的形势。华西列夫斯基的报告带来了愉快的消息，于是最高统帅就更加高兴起来了。

"我尚未吃早饭，"他说，"我们到饭厅去，到那里再谈。"

我和安东诺夫虽已吃过早饭，但也没有拒绝就餐。

早餐时，我们谈到了德国在两条战线上作战的能力（即既要对付苏联，又要对付在诺曼底登陆的同盟国的远征军），以及苏军在战争结束阶段的作用和任务。

斯大林谈到自己的想法时非常简明扼要，从这一点可以看出，他对所有这一切问题都是做过深思熟虑的。虽然最高统帅认为我们有足够的力量能够独自彻底击败法西斯德国，但他对欧洲第二战场的开辟，仍然表示衷心的欢迎。因为这将加速战争的结束，而这对于已被战争和贫困拖得疲惫不堪的苏联人民来说是迫切需要的。

至于德国已经彻底打输了这场战争，对这一点，我们任何人都不存在疑问。这个问题早由1943年和1944年年初苏德战场的交战所解决。此刻我们所谈的问题，是战争将多快结束，并以出现何种军事政治局势而告终。

这时，莫洛托夫和国防委员会的其他成员也来了。

在谈论德国继续作战的能力时，我们大家一致认为，它的兵源和物资已经枯竭。而苏军却因乌克兰、白俄罗斯、立陶宛和其他地区的解放,而将从游击队和原敌占区的人力方面得到大量的补充。而第二战场的开辟,终将迫使德国对西战场的力量作一定程度的加强。

当前的问题是:希特勒当局在这种形势下还能指望什么?

最高统帅就这一问题回答说:

"它的指望,正像作孤注一掷的发狂的赌徒的指望一样。希特勒分子的全部希望寄托在英国人和美国人身上。希特勒一面决心同苏联作战,一面认为英国和美国的帝国主义集团是自己思想上的同路人。这并不是没有根据的,因为英国和美国的帝国主义集团曾竭力把德国军队的军事行动引向对付苏联。"

"希特勒看来会不惜任何代价企图与美、英政府当局单独达成协议。"莫洛托夫补充说。

"是这样,"斯大林说,"但是罗斯福和丘吉尔是不会同希特勒作交易的。他们为了保障其在德国的政治利益,将不会同已完全失去人民信任的希特勒分子相勾结,而将尽可能在德国建立一个顺从他们的政府。"

然后,最高统帅问我说:

"我军是否能够开始解放波兰的作战,并不停顿地一直攻抵维斯瓦河?波兰第1集团军已具备一切必要的战斗能力,把它放在哪个地段上作战较好?"

"我军不仅能够攻抵维斯瓦河,"我回答说,"而且应该在维斯瓦河上夺取良好的登陆场,以保障今后在柏林战略方向上实施进攻战役。至于波兰第1集团军,应当用它进攻华沙。"

安东诺夫完全支持我的意见。他向最高统帅报告说,德军统帅部抽调了大批部队,包括一些坦克兵团,来堵塞我西部各方面军打开的缺口。因而我乌克兰第1方面军地段上敌军的兵力大为减弱。

随后,安东诺夫又报告了在乌克兰第1方面军以及在白俄罗斯第1方面军左翼集中物资和兵力的情况。根据早先确定的计划,乌克兰第1方面军和白俄罗斯第1方面军左翼正准备转入进攻。

"现在乌克兰第1方面军的行动也要由你来负责协调,"最高统帅对我说,"你要把主要精力放在白俄罗斯第1方面军左翼和乌克兰第1方面军。总的计划和乌克兰第1方面军的任务你都知道。最高统帅部的计划未做修改,计划的细节你可向总参谋部了解。"

随后开始讨论华西列夫斯基负责协调的各部队的能力。

我告诉最高统帅说,正确的办法是大力加强华西列夫斯基负责协调的各个方面军以及白俄罗斯第2方面军,并给华西列夫斯基下达截断德军"北方"集团军群和攻占东普鲁士的任务。

"你怎么啦？你是同华西列夫斯基商量好了的吧？"最高统帅问道，"他也要求对他进行加强。"

"没有，我们没有商量过，"我说，"但是如果他这样想的话，那他的想法是正确的。"

"德国人会为东普鲁士而打到底。我们可能会陷在那里。首先应该解放利沃夫州和波兰东部。明天你们将在我这里会见贝鲁特、奥苏布卡—莫拉夫斯基和罗利亚—日麦尔斯基。他们是代表波兰民族解放委员会的。本月下旬他们准备对波兰人民发表宣言。我们把布尔加宁派到波兰人那里去做我们的代表，而让捷列金担任罗科索夫斯基的军事委员。"

7月9日，最高统帅再次审查了白俄罗斯第1方面军的科韦利进攻战役计划。该计划规定：

——粉碎敌科韦利—卢布林集团；

——与方面军右翼部队协同攻占布列斯特；

——在宽大的正面上前出到维斯瓦河，并在西岸夺占登陆场。

7月10日我回到部队，与罗科索夫斯基和诺维科夫一起研究白俄罗斯第1方面军左翼部队的战役计划。

7月11日，我从罗科索夫斯基的司令部飞到乌克兰第1方面军。

乌克兰第1方面军应实施两个强大的突击：一个对利沃夫方向，另一个对俄罗斯拉瓦方向（部分兵力对斯坦尼斯拉夫方向）。战役任务的纵深约220—240公里。方面军展开突击的地段的宽度为100—120公里。

这里集中了80个师、10个坦克和机械化军及4个独立坦克和自行火炮旅，拥有6100门火炮和迫击炮、2050辆坦克和自行火炮以及3250架飞机。总兵力达到111万人。

这样多的兵力超出了进行这一战役所需要的数量，因而我认为可以从乌克兰第1方面军调出部分兵力以便对东普鲁士实施突击。但是最高统帅不知为什么不愿这样做。

我把自己的指挥所设在当时距白俄罗斯第1方面军的科韦利集团和乌克兰第1方面军部队都较近的卢茨克地域。

在彻底肃清明斯克地域被围的敌军后，我军的进攻发展得很顺利。德国人在个别方向上还企图进行抵抗，但很快就被粉碎而沿整个战线退往施亚乌利亚伊、考纳斯、格罗德诺、比亚韦斯托克和布列斯特。

从7月13日开始的乌克兰第1方面军在俄罗斯瓦拉瓦方向的进攻，按预定计划发展着。取得战果最大的是戈尔多夫将军指挥的近卫第3集团军和 H. 普霍夫将军的第 13 集团军。

利沃夫方向的进攻于 7 月 14 日开始，但由于一系列原因未能立即突破敌人的防御。不仅如此，敌人还从佐洛切夫地域对第 38 集团军进行了强大的反突击，迫使其向后退却。7 月 16 日，当雷巴尔科的近卫坦克第 3 集团军在极为复杂的条件下投入交战后，才改变了局势。

7 月 17 日，列柳申科的坦克第 4 集团军也继近卫坦克第 3 集团军之后展开了进攻，从而巩固了胜利。在第 60 和第 38 集团军，近卫坦克第 3 和坦克第 4 集团军的共同努力下，利沃夫方向上的敌军也被迫后退。然而各集团军进展缓慢。

到 7 月 18 日日终，乌克兰第 1 方面军的部队在突破德军防御后，向前推进了 50 公里，有的地方则达到 80 公里，并在布罗德地域包围了数达 8 个师的德军集群。

在这个难忘的日子里，白俄罗斯第 1 方面军的左翼部队开始从科韦利地域对卢布林展开进攻。从这时起，白俄罗斯第 1 方面军的所有各个集团军都投入了战斗。对这个方面军的领导人、司令部必须给予应有的评价，表扬他们在整个战役过程中熟练而有组织地指挥了部队，及时保障了部队必需的一切。

我 4 个方面军对敌"中央"集团军群实施强大突击的结果是粉碎了德军坦克第 3 集团军、野战第 4 和第 9 集团军。敌人的战略防线被打开了一个正面宽达 400 公里、纵深达 500 公里的缺口，而德军统帅部却无力迅速封闭这个缺口。

在白俄罗斯战役发展的这一阶段，最大的障碍是敌东普鲁士的防御。盘踞在东普鲁士的敌重兵集团得到大量障碍物和天然障碍的掩护。为了保障我军在柏林方向上顺利进攻，各方面军最好不停顿地进攻，从行进间粉碎东普鲁士的敌方防御。

假如进攻军队得到及时加强的话，这是可以做到的。按照我们的计算，白俄罗斯第 1 方面军需补充 300—400 辆坦克和自行火炮，白俄罗斯第 2 方面军需补充一个诸兵种合成集团军、一个坦克集团军、一个步兵军、数个坦克和自行火炮团。来自空中的支援必须更加积极。

我认为，得到这些补充后，白俄罗斯三个方面军能够攻占东普鲁士，并前出到维斯瓦河直至但泽湾，或者至少可以在前出到维斯瓦河的同时切断东普鲁士与德国中心的联系。

详细确定了我军可能的进攻方向和为此需要的兵力部署后，我于 7 月 18 日夜间向最高统帅部报告了自己的想法：

"斯大林同志

并抄送安东诺夫同志

鉴于我军已近抵国境线,向你们报告我自己对白俄罗斯各方面军在近期内组织战役的想法。

1. 白俄罗斯第1、第2和第3方面军在近期内的主要战略目的应是,前出到维斯瓦河至但泽湾并夺取东普鲁士,或者在至少前出到维斯瓦的同时切断东普鲁士与德国中心的联系。

2. 东普鲁士就其筑垒地带、工程构筑和自然条件而言,是最严重的障碍。柯尼斯堡东南和东面的接近地得到五个筑垒地带的掩护,该城东面的接近地利因斯特堡以西还设置有泛滥区。

进攻东普鲁士的最有利的方向为:

第一个方向——从蒂尔西特地域沿海岸经利博茨向柯尼斯堡总方向进攻;

第二个方向——从考纳斯—阿利杜斯地域经贡宾嫩向柯尼斯堡进攻,但必须从南面绕过泛滥区和勒岭筑垒地域;

第三个方向——从姆瓦瓦经霍亨施泰因—阿伦施泰因向布劳恩斯贝格方向进攻。

此外,必须在维斯瓦河以东向马林堡总方向派出强大的集团,以便切断东普鲁士与但泽地域的联系。

第一个方向——消灭立陶宛德军后,才能从蒂尔西特地域实施突击;

第二和第三个方向在白俄罗斯第2和第3方面军发展进攻时予以利用。

3. 切尔尼亚霍夫斯基可经由贡宾嫩实施突击,他还应以部分兵力在奥古斯图夫森林以北经苏瓦乌基向戈乌达普进攻。

白俄罗斯第2方面军应从姆瓦瓦地域在以下方向上实施突击:

1)一个集群向阿伦施泰因突击;

2)一个集群向马林堡突击,以便前出到但泽湾;

3)一个集群在格鲁琼兹—内沙瓦地段前出到维斯瓦河。

在左翼,白俄罗斯第1方面军与乌克兰第1方面军应前出到国境线,同时白俄罗斯第1方面军必须夺取维斯瓦河西岸上良好的登陆场。

4. 白俄罗斯第1方面军足以完成上述任务,但需要给它补充300辆坦克和100门自行火炮。

白俄罗斯第2方面军需要一个集团军(九个师)、一个步兵军(三个师），二至三个坦克军或一个坦克集团军、四个重型坦克团、四个 152 毫米自行火炮团，还必须以航空兵加强该方面军。

5. 为了避免将来不必要的变更部署，我认为，必须现在划定如下分界线：

1）切尔尼亚霍夫斯基与扎哈罗夫之间：格罗德诺—吕克—哈伊利斯别尔克（均由切尔尼亚霍夫斯基负责）；

2）扎哈罗夫与罗科索夫斯基之间：比亚韦斯托克—奥斯特罗文卡—内沙瓦（均由扎哈罗夫负责）。

6. 我认为最好让我和华西列夫斯基与你们当面协商有关这个战役的问题。

朱可夫

第 316 号

1944 年 7 月 19 日"

很快，叫我去莫斯科参加斯大林召开的会议。但最高统帅不批准我的计划，不同意加强东普鲁士方向上的各方面军，最高统帅部也不能够给各白俄罗斯方面军预备队。我认为，这是最高统帅的严重错误。后来，不得不进行极为困难的、流血的东普鲁士战役。

对德军最高统帅部来说，7 月下半月所形成的局势是严重的。由于波罗的海第 2 和第 3 方面军转入进攻和同盟国远征军在西战场的压力，使这一局势变得更为复杂。

德国将军布特拉尔曾就这一问题写道："'中央'集团军群的被粉碎，结束了德国人在东方的有组织的抵抗。"[1]

我毕竟应当指出，敌"中央"集团军群指挥部在这种极端困难的情况下所采用的作战方式是正确的。由于德军原无绵密的防线，而在缺乏必要兵力的情况下又不可能建立这样的防线，德军指挥部决定主要采用短促反突击的办法来阻止我军的进攻。在这种短促突击的掩护下，从德国和从苏德战场其他地段调来的部队才得以在后方地区成防御队形展开。

白俄罗斯第 1 方面军的左翼突击集团（由第 47、近卫第 8、第 69 集团军和近卫坦克第 2 集团军编成），在进攻中得到了空军第 6 集团军的支援。此外，由别尔林格中将指挥的波兰第 1 集团军也在这里作战。

---

[1]《1939—1945 年世界大战》文章汇集，苏联外国书籍出版社，1957 年版，第 240 页。

白俄罗斯第 1 方面军的部队强渡布格河后，即进入了波兰东部领土，开始把波兰人民从德国占领者手中解放出来。

7 月 23 日，在各诸兵种合成集团军前面行动的坦克第 2 集团军，从行进间解放了卢布林市，而到 24 日，其先遣部队经过迅猛的冲击（此时因波格丹诺夫将军受伤，该集团军由拉德济耶夫斯基将军接替指挥），在登布林地域前出到了维斯瓦河。

我军在这里解放了被关在马伊达内克死亡集中营的人们。大家知道，法西斯分子在这个集中营内杀死了约 150 万人，其中包括老人、妇女和儿童。目击者给我讲述的情况使我永生难忘。后来全世界都知道了马伊达内克集中营的法西斯兽行，认为是对人类最严重的犯罪。

7 月 28 日，白俄罗斯第 1 方面军在粉碎布列斯特敌军集群后，解放了布列斯特市和英雄的布列斯特堡垒。这个堡垒的保卫者于 1941 年首先承受了敌人的突击，并以自己的集体英雄主义而流芳百世。

粉碎德国"中央"集团军群的战役，是在游击队的紧密配合下进行的。在我军进攻过程中，白俄罗斯游击队在铁路和公路上进行了一系列的战斗，以破坏桥梁和重要的铁路建筑物。仅在 7 月份他们就颠覆了 230 列装载敌军和技术兵器的列车。游击队在德军后方道路上的积极活动，使敌供给部和运输部门瘫痪无法工作，德军官兵的士气受到进一步的打击。

近卫第 8 和第 69 集团军跟随坦克第 2 集团军和其他快速部队前进，于 7 月 27 日前出到维斯瓦河，并开始在马格努谢夫和普瓦维两地域全力强渡该河。这两个地域后来在解放波兰的维斯瓦河—奥得河战役中曾起过历史性的作用。

德军统帅部意识到苏军在维斯瓦河占领登陆场的重大意义，便投入大量兵力，包括"盖尔曼·戈林"坦克师在内，来对付第 8 和第 69 集团军。双方为争夺登陆场展开了浴血奋战，但不管敌人进行多么疯狂的冲击，在遭受重大伤亡后都被苏军击退。

应该对第 69 集团军司令员科尔帕克奇将军和近卫第 8 集团军司令员崔可夫将军作出应有的评价。他们以高度的指挥艺术和决心领导了在维斯瓦河上夺取和扼守登陆场的交战。

首批渡过维斯瓦河在其西岸登陆的官兵，表现了高度的英雄主义精神。

我曾在马格努谢夫登陆场同近卫步兵第 79 师的近卫步兵第 220 团的伤员们谈过话。下面就是这些伤员给我讲述的情况：

"我们连奉命在拂晓前渡到维斯瓦河西岸。全连只有50多个人,连长是布尔巴中尉。我们刚一上岸,就遭到敌人射击,随后又遭到敌人冲击。第一次冲击被我们击退了,但跟着又来了第二次,第三次。第二天,敌人的坦克和步兵仍不断地冲击我们。最后一次冲击特别激烈。我们只剩下了12个人。

"布尔巴中尉在敌人最后一次冲击前对我们说:'伙伴们,我们只剩下很少的人了。到晚上援兵会上来的,在这之前我们要战斗到最后一滴血,而决不把阵地让给敌人。'

"很快,敌人的坦克和大约一个连的步兵又开始了冲击。有几辆坦克逼近到我们跟前。连长扔出一束手榴弹,击伤了其中的一辆,然后他自己又手持一束手榴弹纵身跳到了第二辆坦克的下面冲击被我们击退了,但我们的连长牺牲了。这时全连只剩下6个人。很快援兵就上来了。我们终于守住了自己占领的阵地。"

这些士兵在讲到自己连长的功勋时,禁不住声泪俱下。就连听他讲话的我,也不能不为这些忠于祖国的勇士们的牺牲而感到激动和难过。不久,布尔巴中尉被追授予"苏联英雄"的称号。

同属于第220团的第4连的士兵、共青团员赫柳斯京也在那时建立了英雄的功勋。他像布尔巴中尉一样,在战斗最紧张的时刻,手持一束手榴弹投身于敌人坦克下,以自己的生命阻止了敌人的冲击。共青团员赫柳斯京在死后也被追授予"苏联英雄"的称号。

不管是在战争的最初时日里,还是在目前战争的最后阶段,苏联人始终保持着准备为祖国而牺牲自己的崇高精神。

白俄罗斯第1方面军科韦利突击集团的顺利行动以及它迅速前出到维斯瓦河,对利沃夫—桑多梅日战役的进程,起了良好的影响。这个战役在利沃夫方向上的进展,起初不像方面军领导人和最高统帅部预期的那样顺利。

这里,我想再讲一下侦察这个对武装斗争极为重要的因素。战争经验表明,侦察情报和对侦察情报的正确分析,是判断情况、定下决心和制订战役计划的依据。如果侦察不能提供正确的情报或者在分析情报时犯了错误,那么各级首长、司令部的决心就不会正确。其结果是战役的进程将不会像最初设想的那样发展。

当在利沃夫方向上进行战役准备时,乌克兰第1方面军的侦察部门未能查明敌人的全部防御配系,没有发现德军指挥部的战役预备队,特别是它的装甲坦克部队。因而方面军领导人没有估计到在突破敌人防御的过程中可能遇到敌人的反突击。由于对敌人火力配系研究得不够，所制订的炮火准备和航空兵准备计划有重大缺点。

大家知道，炮兵和航空兵只有精确地对准目标，而不是对面积或设想的目标进行射击和投弹，才能保证有良好的效果。面积射击和面积投弹并不能消灭敌人的防御配系。在利沃夫方向上的情况正是这样：发射了很多炮弹，却未获得应有的结果。

为了认清在进行这个战役的准备时所犯的错误，还必须涉及一个重要问题，这就是关于坦克伴随步兵冲击和进攻的问题。

众所周知，步兵在进攻中易于受到敌防御火力的杀伤。经炮火准备后未被消灭的敌人机枪、火炮、隐蔽在工事内的坦克和永备发射点，能够迫使进攻的步兵"紧贴"地面而无法前进。在这种情况下，伴随步兵的坦克能起重大的作用，它能用自己的火力压制炮火准备后保存下来的敌军射击武器。

当时对这一切也未作充分考虑。我不理解，为什么历史学家们在叙述利沃夫—桑多梅日战役时对所犯的这些错误默不作声。应当分析这些错误，并把它们告诉我们年轻的干部，以便从中得出应有的结论。

德军的巨大兵力集团在布罗德地域被粉碎以及白俄罗斯第1方面军左翼在卢布林方向和乌克兰第1方面军右翼在俄罗斯拉瓦方向的顺利推进，使得乌克兰第1方面军领导人有可能使用雷巴尔科的坦克集团军从北面和西北面迂回利沃夫。这一迂回机动的目的，是要切断敌利沃夫集团的桑河退路并夺取普热梅希尔，然后从西面实施突击，协同第38和第60集团军以及坦克第4集团军攻占利沃夫。此时，乌克兰第1方面军的右翼部队正在桑多梅日总方向上继续顺利地实施进攻。

当7月22日我与科涅夫谈话时，我们一致认为，坦克第3集团军攻占通向桑河的后方道路将迫使敌人放弃利沃夫。实际上我们共同的结论是，德国人放弃利沃夫几乎已是肯定无疑的了，问题只是晚一天或早一天而已。

然而7月23日黎明时科涅夫打电话对我说：

"刚才最高统帅打电话给我。他说，你和朱可夫怎么想到先打桑多梅日？应该首先夺取利沃夫，然后再考虑桑多梅日。"

"那么你，科涅夫同志，是怎么回答的呢？"

"我报告说，我们用坦克第3集团军从敌利沃夫集团的后方对其实施突击，利沃夫很快就会被我攻占。"

我同科涅夫商定，白天由我打电话给最高统帅，而方面军部队应继续在原定方向行动。

在得悉白俄罗斯第1方面军的坦克第2集团军已解放卢布林的消息后，我即打电话给最高统帅。他这时还在自己家里，也已知道了这个消息。

听完我有关乌克兰第1方面军行动的报告后，最高统帅问道：

"根据你们计算，什么时候可以攻下利沃夫？"

"我想，最迟再过两三天。"我回答说。

斯大林又说：

"赫鲁晓夫打电话来说，他不同意给雷巴尔科集团军下达的任务。该集团军未能参加对利沃夫的进攻，根据他的意见，这将会耽误事情。你和科涅夫是企图先夺取维斯瓦河，其实这条河是跑不掉的。你们要赶快攻占利沃夫。"

我别无办法，只能报告最高统帅说，利沃夫将在部队前出到维斯瓦河之前攻克。为了不影响科涅夫的情绪，我没把这次谈话的详细内容告诉他。

由于雷巴尔科将军的坦克集团军出色地完成了120公里的迂回机动，以及第38和第60集团军从东面和坦克第4集团军从南面进攻的结果，敌人从利沃夫退到了桑博尔。7月27日，苏军占领了利沃夫。

7月27日还攻克了比亚韦斯托克。同一天最高统帅部下达指令批准了我们的下述决心：即乌克兰第1方面军向维斯瓦河发展突击，像白俄罗斯第1方面军一样，在维斯瓦河上夺取登陆场，其目的是保障今后解放整个波兰的进攻战役得以顺利进行。

受领最高统帅部指令后，方面军司令员科涅夫于7月28日给近卫第3集团军下达任务，令其在日终前迅猛地前出到维斯瓦河，从行进间夺取登陆场，然后攻占桑多梅日。普霍夫的第13集团军奉命前出到桑多梅日—维斯沃卡河河口地段，并在科纳雷—波瓦涅茨一线夺取登陆场。卡图科夫将军的近卫坦克第1集团军受领任务向巴拉努夫方向实施突击，并前出到鲍戈里亚地域。

扎多夫中将指挥的近卫第5集团军也调到了桑多梅日方向上。

不能不指出乌克兰第1方面军的各兵种部队在强渡维斯瓦河这条复杂而流量很大的河流时所表现的高度勇敢、主动精神和良好的协同动作。遗憾的是我未能目睹这次战役，但是军官和将军们讲述的情况给我留下了深刻的印象。各集团军和方面军的工程兵部队表现出了特别出色的组织性和英勇精神。

德军统帅部先在白俄罗斯战役,随后又在利沃夫—桑多梅日战役耗尽了自己的预备队,因而在乌克兰第1方面军强渡维斯拉河时未能进行有力的抵抗。科涅夫元帅的部队在桑多梅日登陆场上牢牢地站住了脚。

7月29日昼间,最高统帅打电话祝贺我荣获第二枚"苏联英雄"金星奖章。随后,加里宁也打电话来对我获奖表示祝贺。他说:

"昨天国防委员会根据最高统帅的提议,通过了因白俄罗斯战役和将敌人逐出乌克兰的战役而给你授奖的决议。"

在这值得记忆的日子,我受到了许多战友和同志们的电报和口头的祝贺。然而令我感到最为高兴的,自然还是红军在维斯瓦河西岸巩固了下来,为完成解放波兰的使命和随后攻入和粉碎法西斯德国做好了准备。

德军统帅部理解苏军在柏林方向上夺得登陆场的重要性,于是竭尽全力来消除马格努谢夫、普瓦维和散多梅希三个登陆场。它调来了大量的兵力,包括它能调动的所有坦克师和机械化师,然而为时已晚。

白俄罗斯第1方面军和乌克兰第1方面军也在各登陆场集中了相当多的兵力,德军要想把它们击退到维斯瓦河对岸,根本无能为力。

两个月战斗的结果是,苏军粉碎了两个巨大的德军战略集团,解放了白俄罗斯,完成了乌克兰的解放,并肃清了立陶宛大部分地方和波兰东部的敌人。

白俄罗斯第1、第2、第3方面军和波罗的海第1方面军在交战中总共打垮了敌军70个师,其中合围后被俘虏和消灭的有30个师。乌克兰第1方面军部队在利沃夫—桑多梅日方向进攻过程中,击溃了敌军30多个师和全歼了敌军8个师。

白俄罗斯战役最充分地显示了苏军各级指挥员已具有的迅速合围并消灭巨大的敌军集团的能力。指挥员所掌握的这种艺术以及部队的技能和英勇精神,使柏林战略方向上最强大的德军集团遭到失败。

我军粉碎了敌"中央"集团军群和"北乌克兰"集团军群,在维斯瓦河上夺得三个巨大登陆场和前出到华沙,就使我各突击方面军迫近柏林,现在到柏林只剩下600公里的距离。

乌克兰第2、第3方面军粉碎敌雅西—基什尼奥夫集团和解放摩尔达维亚,为罗马尼亚和匈牙利退出战争创造了条件。

所有这一切综合在一起,就形成了彻底瓦解法西斯集团和粉碎法西斯德国的基础。

在西部战略方向上,战线向前推移了600公里。在8月底,战线从叶尔加瓦、希奥利艾、苏瓦乌基、沃斯特罗文卡、普乌图斯克、普拉加、马格努谢夫、桑多梅日、萨诺克、德罗戈贝希和切尔诺夫策等地的西面通过,并在切尔诺夫策与乌克兰第2方面军的战线连接在一起。

在西北方向上,波罗的海各方面军与列宁格勒方面军和波罗的海舰队一起,准备对德军"北方"集群实施突击,以便在近期内解放波罗的海沿岸各共和国和粉碎这一巨大的德军集团。

在西战场上也同样形成了对德国不利的形势。德军在诺曼底战斗中遭到严重损失,又无法从其他战场抽调兵力来加强法国北部的部队,便只好全线向德国边境的所谓齐格菲防线撤退。

盟军在各个方向上追击德军。攻克罗马后,它们即准备向意大利北部进攻。欧洲各国和巴尔干地区的人民解放运动急剧高涨。对德军打击最大的是南斯拉夫、波兰、阿尔巴尼亚、希腊和法国。德军最高统帅部被迫抽调大量兵力来对付各国的抵抗力量和民族解放军。

除此而外,盟国和苏联空军的突击,给德国的重要工业基地造成了严重破坏,使德国的经济和军事政治形势变得更为困难。

在这种形势下,似乎德军最高统帅部会迅速撤退尚有约60个师、1200多辆坦克和7000门火炮的"北方"集团军群,以便保存实力和在东、西两战场较短的战线上构成纵深的梯次的防御。

然而希特勒当局首先考虑的仍然是它的政治威信,这就加速了它的灭亡。希特勒看来仍寄希望于与西方反动势力相妥协,以便尔后共同对付"共产主义威胁"。总的说来,在乌克兰、白俄罗斯和波罗的海沿岸地区的会战中,希特勒军政当局都未能理解已形成的局势和在如此严重的时刻找到正确的决策。

1944年夏季战局的特点,是苏联武装力量战斗威力有了进一步加强以及高级指挥员和司令部的战役战略指挥艺术有了进一步的提高。

在1944年夏季战局中,苏军共进行了七次围歼德军集团的大型战役。这比过去历次战局中这类战役的数目要大得多。其中,具有坚决目的的最大的战役,是白俄罗斯战役、雅西—基什尼奥夫战役和利沃夫—桑多梅日战役。在这三个战役中粉碎的敌军147个多师。结果使德军防线从西德维纳河直到黑海2200公里的正面上被突破。我军在个别方向上向前推进了700公里。

参加1944年夏季战局各进攻战役的,包括所有的12个方面军、北方舰队、波罗的海舰队和黑海舰队,以及各湖泊区舰队和江河区舰队。

8月22日,我接到莫斯科打来的电话,得知最高统帅要我立即返回最高统帅部的命令。从电话中还得知我将执行国防委员会的一项特殊任务。

8月23日，我告别了朋友和战友们，乘飞机前往莫斯科。当晚抵达首都后，我马上就去到总参谋部。

＊＊＊

国防委员会给予我的特殊任务如下：我应飞往乌克兰第3方面军司令部，使该方面军做好对保加利亚作战的准备，当时保加利亚政府仍然继续与法西斯德国合作。

最高统帅建议我在起飞前一定要去会见格奥尔基·季米特罗夫，以便更好地了解一下保加利亚总的政治形势、保加利亚工人党的活动以及保加利亚人民反法西斯力量武装斗争的情况。

格奥尔基·季米特罗夫给我的印象，是一个极为谦逊、热忱的人。他对问题的分析和见解，显示出他具有卓越的才智和政治远见。我们很亲切地见了面，对于我需要了解的一切情况，他都做了详尽的介绍。可以看出，他同保加利亚工人党的地下组织有着非常良好而及时的联系。

季米特罗夫说："虽然你前往乌克兰第3方面军的任务，是使部队做好对保加利亚作战的准备，但是可以肯定不会有战争。保加利亚人民正迫不及待地盼望着红军的到达，以便在红军的帮助下推翻巴格梁诺夫的君主专制政府和建立人民解放阵线的政权。"

季米特罗夫继续说道："迎接你们的，将不会是枪炮的射击，而是面包和盐，这是我们斯拉夫民族的古老风俗。至于政府的军队，它未必敢冒险与红军作战。根据我掌握的情况，几乎在政府军的一切部队里，都有我们的人在广泛进行工作。在山区和森林地带有大批游击队，他们不会袖手等待，而是准备下山来支援人民的起义。"

他沉默一会儿之后又说：

"苏军的胜利对保加利亚人民解放运动的壮大有很大影响，我们党领导着这个运动，并确定了为配合红军的到达举行武装起义的坚定方针。"

我感谢了季米特罗夫和我的谈话，又重新返回总参谋部，以便彻底了解与当前保加利亚战役的准备有关的问题。我虽然并不怀疑，不打仗就能解决问题。但是我们作为军人，一旦受领了政治领导人交给的任务，就应当绝对准确地完成任务。

当时保加利亚军队共有51万多人，其中一部分用以对付乌克兰第3方面军。

我于8月末乘飞机到达乌克兰第3方面军司令部，当时它位于费捷希特，距切尔诺沃多瑙河大桥不远。我空军在战争过程中曾多次轰炸该桥，以破坏康斯坦察港与罗马尼亚其他重要地区之间的货物运输。

乌克兰第3方面军由苏联元帅托尔布欣指挥。此时，该方面军已前出并占领了从鲁塞（鲁什丘克）起沿多瑙河至黑海一线。在方面军编成内有诸兵种合成第37、第46、第57集团军和空军第17集团军。黑海舰队和多瑙河区舰队也归托尔布欣元帅指挥。当时，苏联元帅铁木辛哥正顺利地协调着乌克兰第2和第3方面军的行动。我与他当天即在费捷希特见了面，以讨论两个方面军的行动问题。

这时，整个南方方向上的战役战略态势，是对我方有利的。乌克兰第2方面军在顺利粉碎了敌雅西—基什尼奥夫集团，解放了罗马尼亚大部分国土后，正通过瓦拉几亚平原迅速向西挺进。特兰西瓦尼亚和喀尔巴阡山地区，以及希腊、南斯拉夫和阿尔巴尼亚的德军已被各个分割和切断。黑海的制海权由黑海舰队掌握着，而这个地区的制空权也在苏联空军手中。

根据乌克兰第3方面军的计划，第46集团军准备在叶谢基奥伊—库布腊特总方向上实施进攻，第57集团军准备对科奇马尔—舒门进攻，第37集团军准备从多布里奇—普罗伐迪亚实施进攻，在卡诺巴特—布尔加斯方向上行动的近卫机械化第7和第4军应于战役开始后的第2天抵达这两个地方。

鉴于亲法西斯的保加利亚政府无视苏联政府的多次警告，继续违犯其作为中立国的义务，积极帮助希特勒德国，苏联政府于9月5日对保加利亚宣战。9月6日，最高统帅部给乌克兰第3方面军领导人下达了开始军事行动的命令。

9月8日晨已做好开火的一切准备，但我们从观察所却看不见应该射击的目标。

我们用炮队镜、望远镜和用肉眼在保加利亚境内所看见的，是平时的和平生活：居民点里的烟囱冒着烟，人们从事着日常的劳动。没有发现部队。

托尔布欣元帅命令部队的先遣队向前推进。还不到半个小时，第57集团军司令员就报告说，有一个保加利亚军队的步兵师，打着红旗、奏着庄严的乐曲，在路旁列队欢迎我军。不多一会儿，其他方向上也发生了同样的情况。指挥员们报告说，苏联军人正自发地与保加利亚人民进行联欢。

我立即打电话给最高统帅部。

斯大林说：

"保加利亚军队的全部武器仍留给他们，让它们保持平静，以等待它们政府的命令。"

最高统帅部的这一决定虽很普通，但它体现了对保加利亚人民和军队的充分信任。保加利亚人民和军队像兄弟一样地迎接红军，把红军看作把自己从德国占领者和亲法西斯的君主专制制度下拯救出来的解放者。

苏军在向保加利亚内地推进的过程中，到处都受到最亲切的接待。不久，我军就与游击队会师，他们装备良好，并已占领了一系列城市和军事目标。

鉴于存在德军从尼什南部地域向索非亚实施突击的危险，最高统帅部命令在保加利亚首都配置了1个加强步兵军。

9月8日，我军进入了瓦尔纳、布尔加斯等地域。当黑海舰队抵近保加利亚各港口和向其空投伞兵时，德国人沉没了自己的舰艇，而后被我海军俘虏。

保加利亚人民在工人党的领导下，9月9日推翻了亲法西斯政府，建立了祖国阵线的民主政府。这个政府向苏联政府建议停战。

国防委员会立即指示最高统帅部停止我军在保加利亚的推进。

遵照最高统帅部的指示，我军于9月9日21时停止前进，并配置在指定地域内。当见到在这场"战争"中任何一方都无伤亡时，是很高兴的。这些情况鲜明地体现了我军作为解放者的使命，并显示了劳动群众消灭反人民制度的实际力量。

我当时未能更好地熟悉这个以永世友谊的纽带和我们联系在一起的国家，这种友谊是我们两国人民在反对压迫者的共同斗争中凝结而成的。

战后，当我同妻子加利娜·亚历山大罗夫娜在瓦尔纳休息时，我们几乎访遍了整个保加利亚。加利娜·亚历山大罗夫娜作为一个医务中校和以布尔坚科命名的军队总医院的内科医生，对保加利亚劳动人民的医疗工作的组织情况特别感兴趣，而我感兴趣的则是这个国家的军事工作的情况。

所到各处，我们都见到保加利亚人民是如何满怀深情地悼念那些为了保加利亚人民的美好未来而献身的苏联军人。同时，我们还高兴地看到保加利亚的工人阶级、农民、知识分子在本国共产党的领导下，以多么饱满的创造精神从事劳动，按社会主义原则来改造自己的国家。

第二十章
从维斯瓦河一路打到奥得河

1944年9月底，我从保加利亚回到最高统帅部。数天后我又受最高统帅之委托，前往华沙地域白俄罗斯第1和第2方面军的地段。

我必须了解清楚华沙市内的情况。城市居民在不久前举行了反对法西斯占领者的起义。德军指挥部对起义者进行了异常残酷的镇压，对居民施行了惨无人道的迫害。整个城市遭到彻底的破坏。成千上万的和平居民牺牲在城市的废墟之下。

经查明，布尔—科马罗夫斯基在事前未曾将准备起义一事通知白俄罗斯第1方面军领导人和波兰第1集团军领导人，而且他也从未试图使华沙人的起义与白俄罗斯第1方面军的行动取得联系。苏军领导人只是事后才从渡到维斯瓦河东岸来的当地居民处了解到关于起义的消息。最高统帅部事前同样未得到过这方面的通知。

遵照最高统帅的命令，曾给布尔—科马罗夫斯基派去两名伞兵军官，以便取得联系和协调行动，然而布尔—科马罗夫斯基却不愿接待他们。

为了援助起义的华沙人，苏军和波兰军队渡过维斯瓦河并攻占了华沙河岸街的一部分。但是布尔—科马罗夫斯基又一次根本不想与我军协同。大约一天之后，德国人向河岸街调来大量兵力，开始向我军冲击。于是造成了严重情况，使我军遭受到重大损失。方面军领导人研究了当时的形势，考虑到我军尚无法攻占华沙，遂决定将部队从河岸街撤回东岸。

我查明，苏军部队确曾尽了力所能及的一切来援助起义者，然而我要再一次指出，关于这次起义未与苏军领导人做过任何协商。

在我军被迫撤退之前和撤退以后的全部时间里，白俄罗斯第 1 方面军曾不断用飞机给起义者空投粮食、药品和弹药，以继续援助他们。我记得西方报刊关于这个问题曾有过不少虚假的报道，这些报道可能使社会舆论产生误解。

10 月初，我来到佩尔霍罗维奇将军的第 47 集团军，当时该集团军正在莫德林和华沙之间实施进攻。在平原地区实施进攻的第 47 集团军，遭受了重大伤亡，处于极端疲惫衰弱的状态。在塞罗茨克—普乌图斯克作战的友邻第 70 集团军的情况也并不比它好些。

我未参加组织这次进攻，我也不理解使我军精疲力竭的这次进攻的战役目的。罗科索夫斯基同意我的意见，但最高统帅要求第 47 集团军在莫德林—华沙地段上前出到维斯瓦河，并扩大那雷夫河的登陆场。

于是我打电话给最高统帅报告了情况，请求他允许停止白俄罗斯第 1 方面军地段上毫无希望的进攻战斗，并请他下令让白俄罗斯第 1 方面军的右翼部队和白俄罗斯第 2 方面军的左翼部队转入防御，以便使它们得到休息和补充。

最高统帅回答说："你明天同罗科索夫斯基一道乘飞机到最高统帅部来当面商谈。再见。"

我和罗科索夫斯基于第二天午后来到最高统帅部。除最高统帅以外，安东诺夫、莫洛托夫、马林科夫也在那里。

在见面问候以后，斯大林说：

"好，你们报告吧！"

我于是摊开地图开始报告。这时我发现斯大林急躁不安：他一会儿走到地图跟前，一会儿走开，过一会儿又走近来；他那凝视的目光忽而瞧着我，忽而瞧着地图，忽而又瞧着罗科索夫斯基。他甚至把烟斗都搁置一旁，这往往是他开始失去冷静和对某种事情不满意的表现。

"朱可夫同志，"莫洛托夫打断我的话说，"当筋疲力尽的敌人已无法阻挡我军攻击的时候，你却建议停止进攻，难道你的建议是合理的吗？"

"敌人已经建立起防御并调来了必要的预备队，"我反驳他说，"敌人现在正在顺利地击退我军的冲击。而我军却在遭受毫无意义的伤亡。"

"你支持朱可夫的意见吗？"斯大林转问罗科索夫斯基说。

"是的，我认为在长期紧张战斗之后，应给部队以休整的时间。"罗科索夫斯基回答说。

"我认为，敌人对休整时间将会比你们利用得更好，"最高统帅说，

"如果我们用航空兵来支援第47集团军,并用坦克和炮兵予以加强的话,它能不能在莫德林和华沙之间前出到维斯瓦河呢?"

"很难说,斯大林同志,"罗科索夫斯基回答说,"敌人同样可以加强这个方向。"

"你是怎样想的呢?"最高统帅转向我问道。

"我认为这种进攻除了伤亡以外,不会给我们带来任何好处,"我又一次重复自己的意见说,"从战役观点来看,我们并不特别需要华沙西北地域。应该用从西南面进行迂回,同时向罗兹—波兹南总方向上实施强大的分割突击的方法来攻取华沙。目前前线尚无采取这一行动的兵力,但是应该集中必要的兵力。同时柏林方向上的各友邻方面军也应做好共同行动的充分准备。"

"你们出去再思考一下你们的建议。"斯大林打断我的话说。

于是,我和罗科索夫斯基退到书房,又重新摊开了地图。然后,当我们还未坐稳时,就又叫到最高统帅的办公室。

"我们商议了一下,决定同意我军转入防御,"最高统帅说,"至于今后的计划,我们晚些时候再讨论。你们可以走了。"

我同罗科索夫斯基默默地分了手,每个人都在思考着问题。我去国防人民委员部,罗科索夫斯基则准备飞回方面军部队。

第二天最高统帅打电话问我说:"如果今后所有各方面军都由最高统帅部直接领导,你认为怎样?"

我理解,他指的是要取消负责协调各方面军行动的最高统帅部代表。

"是的,方面军的数目减少了,"我回答说,"整个战线的宽度也缩小了,领导各个方面军已经比较容易,现在完全可以由最高统帅部直接指挥各个方面军。"

"你不会是因为赌气才这样说的吧?"

"有什么可赌气的呢?我想,我和华西列夫斯基是不会失业的。"我开玩笑说。

当天傍晚,最高统帅把我叫去告诉我说:

"白俄罗斯第1方面军位于柏林方向。我们想派你去这个方向工作。"

我回答说,我准备指挥任何一个方面军。

"你今后仍旧是我的副手,"斯大林说,"我现在同罗科索夫斯基谈一谈。"

斯大林向罗科索夫斯基宣布自己的决定后，建议他转到白俄罗斯第2方面军去工作。

1944年10月末，最高统帅部在国防委员会一部分委员以及总参谋长的参与下，研究了伟大卫国战争最后几个战役的问题。

共产党一方面继续团结人民的力量，去完成迅速战胜敌人这个主要目标，同时也日益重视创造必要的条件，以便战后全面恢复经济和迅速转入和平建设。

燃料动力问题得到了顺利的解决。铁、钢材、车床、拖拉机的产量有了大幅度的增长。无数的高炉、平炉和大型轧钢机投入了生产。

后方的人们，受到前方胜利的鼓舞，以两倍、三倍的努力投入工作。人民以极大的热忱在废墟上重新建起了工厂，恢复了交通和被淹没的矿井，在战火尚未灭尽、浸透了苏联人的鲜血的土地上播下了种子。

红军日益牢固地依靠迅速发展的国民经济。由于军事行动规模的扩大，进攻速度的加快，对军事工业的要求也提高了。而这些要求都得到了完全的满足。

1944年生产了2.9万辆坦克和自行火炮以及4万余架飞机。装有122毫米炮的HC-2重型坦克、现代化的T-34中型坦克，以及雅克-3型歼击机、伊尔-10型强击机和图-2快速轰炸机送到前线的数量都增加了一到两倍。

由有才能的设计师设计并已投入成批生产的这些优越的军事装备，其战术技术性能不仅超过德国的装备，而且还超过其他许多国家的装备。

苏联经济的成就，不仅已能保证苏联武装力量所必需的一切，而且能以武器援助进行解放斗争的中欧和东南欧各国人民。例如在伟大卫国战争期间，苏联曾提供给波兰军队8340门火炮和迫击炮、630架飞机、670辆坦克和自行火炮、40.6万支步枪和自动步枪和大量的输送车辆、通信器材及各种装备。南斯拉夫军队曾得到5800门火炮和迫击炮、近500架飞机、69辆坦克、19.3万多支步枪、骑枪和自动枪，以及1.55万挺机枪。①

此时，苏军已将法西斯德军全部逐出了苏联国境，收复了除库尔兰以外的全部苏联领土，并把战斗行动部分转移到了法西斯德国和东欧国

---

① 《苏联武装力量在第二次世界大战中的解放使命》，1974年，俄文版，第107、第228页。

家的领土上。

波罗的海第 2 和第 1 方面军占据着图库姆斯—梅梅尔（梅梅尔不在内）—涅曼河（到尤尔布尔格为止）一线地区。

白俄罗斯第 3 和第 2 方面军沿尤尔布尔格—奥古斯图夫运河—沃姆扎—塞罗茨克一线占领防御，并在那霉夫河上有两个登陆场。

白俄罗斯第 1 方面军和乌克兰第 1 方面军沿普拉加—维斯瓦河—亚斯沃一线占领防御。

这两个方面军在马格努谢夫、普瓦维、桑多梅日地域占据有 3 个大的登陆场。

此外，苏军的战线还经过莱维采—埃斯泰尔戈姆—巴拉顿湖—佩奇向前延伸。

再往前，由保加利亚军队占领防线。以铁托元帅为首的南斯拉夫人民解放军则前出到武科瓦尔—查查克—亚得里亚海边的斯普利特一线。

美军、英军和法军在解放法国、比利时的全部以及荷兰的一部分后，前出到从荷兰的马斯河河口沿德国边界到瑞士一线，直抵被称为齐格菲防线的筑垒地区。

法西斯德国已面临严重的时刻。1944 年年底，武器的产量急剧下降。德国受到来自东面、东南面、南面和西面的夹击。可以说，德国在 1944 年年底已处于极难找到出路的战略包围之中。希望得到西方帝国主义集团援助和支持的幻想破灭了，而红军的实力则日益强大。

在此期间，尽管我们询问过很多名德军战俘，从来不曾碰到过他们之中有谁相信德国还可能取胜。他们异口同声地说："德国完蛋了！""希特勒完蛋了！"然而希特勒仍在进行一次又一次的总动员。对法西斯制度稍有怀疑和有任何不同思想的人，都遭到希特勒分子的无情镇压。当 1944 年 7 月 20 日暗杀希特勒事件发生后，秘密警察进行了特别残酷的镇压。

10 月 18 日，德国政府关于组织"民军"的命令生效，应征参加民军的是从 18—60 岁的德国人。由希姆莱领导的民军应作为预备军使用。

我们十分了解，德国的民军无法经受富有经验而装备良好的我正规军的突击。希特勒分子还成立了一个妇女辅助军。这一切措施都只不过是绝望的表现，显然，德国正拿出它最后的力量，企图推迟其不可避免的垮台。

但是，在 1944 年年底，德国仍然能够进行防御战和积极的抵抗。它还有数达 940 万人的武装力量，其中作战军队有 540 万人。像早先一样，希特勒统帅部在目前的最后阶段，仍将其大部分兵力置于东战场。它在这里有370万人、5.6万多门火炮和迫击炮、近8000多辆坦克和强击炮，以及近4100架作战飞机。

同时还必须估计到，苏德战场的战线几乎缩短了一半，因而敌军的防御密度是很高的。

苏军此时在各个方面都超过了敌军。1944年年底苏联作战军队的人数为670多万人。它有10.67万门火炮和迫击炮、2677门火箭炮、约1.18万辆坦克和自行火炮以及1.47万多架作战飞机。

只是由于党有远见的政策和坚定的领导、苏联社会主义制度的优越性以及苏联人的忘我劳动和艰苦努力，才使得在战争末期能有如此强大的苏军前出到苏联边境。对我国人民来说，使我国武装力量达到如此巨大的对敌优势，是来之不易的胜利。

我军的战斗威力还得到了正在成功地打击法西斯分子的波兰军队、捷克斯洛伐克军队、罗马尼亚军队和保加利亚军队的加强。1945年年初，这些军队的总数有34.7万人，拥有约4000门火炮和迫击炮，约200辆坦克。

在白俄罗斯第3方面军编成内，有"诺曼底—涅曼"航空兵团的法国飞行员在英勇战斗。

在西战场，美军、英军和法军有76个满员的、装备优良的师和15个独立旅、6500辆坦克、1万多架飞机。德军统帅部用来对付上述兵力的，只有74个非满员的战斗力不强的师和3个独立旅、1600辆坦克和强击炮，以及不到1750架作战飞机。

因此，在第二战场开辟后不久，盟军就在人数上超过敌人一倍，在坦克数量上超过三倍，在飞机数量上超过五倍。

德国人在意大利有31个非满员师，用来对付盟军的23个师。

在全面分析了情况和交战各方的能力后，最高统帅部决定1945年年初在各个战略方向上都实施强大的进攻战役。这些战役的主要任务是：

——粉碎敌东普鲁士集团并攻占东普鲁士；

——粉碎波兰、捷克斯洛伐克、匈牙利和奥地利的敌军；

——前出到维斯瓦河河口—布龙贝格（比得哥什）—波兹南—布雷斯劳（弗罗茨瓦夫）—俄斯特拉发—维也纳一线。

决定将最后战局的主要努力，集中于白俄罗斯第1方面军准备实施进攻的华沙—柏林方向。波罗的海第2、第1方面军和波罗的海舰队则负责消灭敌库尔兰集群（第 16 和第 18 集团军），不让龟缩在波罗的海海边的敌军兵力调到其他战场。

在此期间，苏军最高统帅部与西方的同盟国远征军统帅部保持着良好的接触。我们知道，美军、英军和法军统帅部正准备实施进攻战役，以粉碎鲁尔和萨尔地域的德军，并使自己的军队前出到德国中心地域。它们还计划在南和东南战略方向上实施辅助突击。

在这里还应当指出一个重要的情节。当时柏林与苏联战场和盟军战场的距离几乎相等。难怪丘吉尔在其战后回忆录中不止一次提到最好由盟军攻占柏林，虽然根据各国政府首脑的协议，攻占柏林是属于苏军的事。

在此期间，协调盟军和苏军的行动，主要靠双方最高统帅部用相互交换情报的办法来进行。

我必须指出，斯大林当时是信任艾森豪威尔的情报的。有关我军的计划和行动的情报，则由苏军总参谋部经由美国和英国的军事代表团转去。此外，各国政府首脑还就各方作战的原则问题定期交换信件。

从与罗斯福总统的来往信件中可以看出，苏联和美国之间这时不管在执行根据租借法案提供物资的协议方面，或在执行有关战略问题的协议方面，都达成了充分的谅解。

至于丘吉尔就不能这么说了。他的信件是不坦率的、隐晦的，并暴露了想占领德国中心地域的强烈愿望。这当然会使苏联政府提高自己的警惕。

我认为没有必要在这里引证丘吉尔、罗斯福和斯大林之间的来往信件，因为这些信件都已公布。但倘若今天再把这些信件仔细阅读一遍的话，就可更好地看清，丘吉尔关于战后中欧各国政体的想法，是要在这些国家建立从属于帝国主义西方的政府。

1944 年 10 月底和 11 月初，我曾执行最高统帅的委托，仔细研究了最后战局的主要问题，首先是柏林方向上各个战役的计划。

我应满意地指出，这个时期的我军总参谋部在计划巨大的战略性进攻战役方面具有高度的水平。

总参谋部在分析情况时正确地指出，在柏林方向上敌人将对我军进行最顽强的抵抗。证明这一点的，是 10 月份我军（白俄罗斯第 3、第 2 和第 1 方面军）进攻作战的战果甚小，以及 11 月初我军被迫在整个西部方向上转入防御。

我完全同意总参谋部及其作战部门的主要负责人安东诺夫、什捷缅科、格雷兹洛夫和洛莫夫的意见，他们在作战部工作的各个阶段都表现出是制订战役、战略计划的卓越能手。

根据总参谋部的意见，在维也纳方向上的我南方各方面军应首先展开进攻。这必然会迫使德军统帅部调动与我西方各方面军对峙的大量兵力，用以巩固其东南战略方向，因为这个战略方向决定德国南部和东南部的命运。

在研究西方方向上我各方面军的进攻计划时，曾碰到一个严重的问题，即敌人在东普鲁士还有一个巨大的兵力集团并有坚固严密的防御，这种防御是以永备工事、极难通行的地势以及城镇的坚固的石头建筑物为基础的。

这时才遗憾地认清了最高统帅部的失策，当时它未采纳在夏季就已提出的、关于加强在东普鲁士方向上作战的各方面军的建议。该建议要求在白俄罗斯战役发展顺利时，从行进间突破敌人在东普鲁士的防御。而目前东普鲁士的敌军集团将严重地威胁在柏林方向进攻的我军。

记不准是11月1日或2日，最高统帅叫我和安东诺夫去审查冬季各战役的计划。安东诺夫提交了一个计划草案，这个草案预先已同我商议过。这一次最高统帅仍未同意我下述共同的建议，即给白俄罗斯第2方面军加强1个集团军以便粉碎敌东普鲁士集团。我们建议这个集团军从波罗的海各方面军中抽出，并认为波罗的海各方面军在完成对敌库尔兰集群第16和第18集团军的封锁后，即应转入防御。

十月革命节之后，我和总参谋部一起着手拟制白俄罗斯第1方面军进攻的详细计划。

此时，白俄罗斯第1方面军的领导人和司令部已向总参谋部呈报了他们对进行这次战役的基本意见，这些意见基本符合情况，而且就这些意见我们还同罗科索夫斯基和马利宁做过多次交谈。

前面已提到过，我是不同意经维斯瓦河对华沙实施正面突击的，而且曾向最高统帅报告过这个意见。最高统帅批准了我的建议。

我于11月15日前往卢布林。第二天就收到任命我为白俄罗斯第1方面军司令员（方面军军事委员为捷列金将军）的命令，同一命令还任命罗科索夫斯基为白俄罗斯第2方面军司令员。在卢布林，我会见了贝鲁特以及波兰工人党和波兰民族解放委员会的其他领导人。

11月16日，我到达白俄罗斯第1方面军指挥部。罗科索夫斯基于同一天前往白俄罗斯第2方面军。

在11月底以前，以马利宁为首的方面军司令部就已制订出方面军进攻计划，并准备好了需向最高统帅部提出的补充部队和物资的申请书。方面军司令部、方面军后勤司令部和各兵种司令员为计算当前战役所需的兵力、兵器付出了极大量的劳动。

计划于11月底被批准。关于进攻战役的开始时间，最高统帅未做硬性规定，但大致指示要在12月15—20日前做好准备。

所规定的任务和期限，要求部队、各级司令部、后勤机构和首长进行大量而复杂的工作。

对维斯瓦河—奥得河战役的准备，与先前在我国领土上实施的类似规模战役的准备大不相同。过去我们可以从在敌人后方活动的我方游击队那里得到很好的侦察情报，而在这儿却没有我方的游击队。

现在获取有关敌人的情报，主要得依靠谍报侦察、航空兵侦察和地面部队侦察。各级司令部的首长对这一重要工作都特别重视。

我军的后方铁路和土质公路现在要从波兰境内通过。在波兰境内，除了我们的朋友和对我们怀有好感的居民外，还有敌人的间谍。新的条件要求我们特别警惕，保障部队集中和变更部署的隐蔽性。

这时，我各集团军党组织按照党中央的指示，就有关我军在国外的举止问题，进行了大量的解释工作。我们到国外去，不是充当征服者，而是作为把各国人民从敌人占领下拯救出来的解放者。在方面军各部队中还应展开更广泛的教育工作，以便从到达波兰的最初之时起，我军官兵不致作出任何考虑不周的行动。

我们与波兰的地方政权机关和社会人士保持着正常的相互关系。他们竭尽全力帮助我们。至于我军，也同波兰人分享自己所有的一切。于是，共同遭受过敌人占领苦难的苏、波两国人民，从一开始，从他们最初的交往起，就打下了兄弟情谊的基石。

为了使战役准备具有更明确的目的性，方面军军事委员会决定举行一次显示当前战役的军事导演，由各集团军的司令员、军事委员和参谋长，各独立军军长，方面军的后勤副司令、各兵种司令员和各勤务主任参加。方面军司令部卓越地完成了筹备军事导演的任务。这次导演进行得很好并富有教益。在导演过程中，方面军后勤领导人还做了有关物资技术保障问题的报告，然后对这些问题进行了仔细的讨论。

各集团军司令员在集团军范围内也进行了同样的军事导演。这一切，特别是对有关当前战役的各种问题的讨论，帮助全体领导人员更深入地了解了自己的作用，充分明确了与友邻部队、航空兵、快速部队、炮兵和工程兵的协同动作方面。

由于战役将从两个比较狭小的登陆场展开，在这两个登陆场上又集中了数量极为庞大的部队，因而集团军后勤工作和部队后勤工作的组织特别复杂。不仅如此，在发展战役时，我们在一定时间内还只能通过登陆场来为部队提供战斗和生活必需品，而登陆场又只有极有限的土路，这就使问题变得更加困难。

为了在两个登陆场之间建立更密切的协同，1月4日在科尔帕克奇将军的第69集团军的司令部里，举行了有该集团军各兵团指挥员参加军事导演。经我邀请参加这次导演的还有近卫第8集团军司令员崔可夫、第5突击集团军司令员别尔扎林，近卫坦克第1和第2集团军的司令员卡图科夫和波格丹诺夫，以及上述各集团军的参谋长。

12月底我曾再次飞往莫斯科，以便同最高统帅讨论与批准最后各次战役总计划有关的一系列问题。

最高统帅部有关西部战略方向上最后各次战役的企图，在1944年11月底就已最后确定。预先确定了战略计划，就使各方面军有可能对一切战役—战略问题、政治问题和物资保障问题予以特别仔细的考虑。

决定在直接对柏林实施突击之前，在西部战略方向上先进行两个巨大的进攻战役：一个由白俄罗斯第3和第2方面军的兵力在东普鲁士实施，另一个由白俄罗斯第1方面军和乌克兰第1方面军的部队在华沙—柏林方向上实施。

白俄罗斯第1方面军应向波兹南总方向上实施突击。乌克兰第1方面军的任务是前出到格洛高（格沃古夫）西北的奥得河，以及布雷斯劳（弗罗茨瓦夫）和拉蒂阵尔（拉齐布日）。白俄罗斯第2方面军全部指向敌东普鲁士集团。该方面军的主力在完成分割这个敌军集团的任务后，在2月初以前应继续在东普鲁士作战。该方面军左翼各集团军前出到维斯瓦河下游、布龙贝格（比得哥什）以北后，即应转入防御。

白俄罗斯第1方面军的当前战役目的，是在两个方向上同时突破敌人防御，并在消灭敌华沙—拉多姆集团后，前出到罗兹南北地域。然后向波兹南总方向进攻，直达布龙贝格（比得哥什）—波兹南及其以南地区，与乌克兰第1方面军部队取得战术联系。

当时未曾制订进一步的推进计划，因为最高统帅部无法预先知道，当白俄罗斯第1方面军部队前出到布龙贝格（比得哥什）—波兹南一线时，情况将会如何变化。白俄罗斯第2方面军的进攻可能受阻，在这种情况下，最高统帅部决定的迂回和孤立敌东普鲁士集团的目标可能无法达到。那时，白俄罗斯第1方面军将不得不将其大量兵力转向北面，以援助白俄罗斯第2方面军。

至于左邻方面军，我们相信它不会落后。乌克兰第1方面军的兵力，与白俄罗斯第1方面军大致相等。而且两个方面军实施的突击是相互衔接的，因而我们认为将不会需要我们把兵力向南方方向上展开。最高统帅部也没有提到白俄罗斯第1方面军有将兵力转向东南和南方方向的可能。

在所计划的战役纵深达数百公里，而敌军统帅部又完全能够机动其预备队的条件下，要想规定部队进一步推进的计划也是不可能的。例如敌人可以从西方和从被封锁的库尔兰集团调来补充兵力，也可以采取正面机动的办法在一个地段上集中必要的兵力，而给我军以积极的反击。

因此，最高统帅部认为，关于白俄罗斯第二方面军部队前出到布龙贝格（比得哥什）—波兹南一线后下一步的行动计划，应在晚些时候根据情况的发展来决定。

白俄罗斯第1方面军的战役，起初称为华沙—波兹南战役，而当方面军部队在屈斯特林地域前出到奥得河后，又称为维斯瓦河—奥得河战役。

战役应按下列计划展开：即用第5突击集团军、第61和近卫第8集团军、近卫坦克第1和第2集团军的兵力，从马格努谢夫登陆场实施主要突击，在渡过皮利察河后，再由斯坦尼斯瓦夫·波普瓦夫斯基将军的波兰第1集团军从第61集团军的右翼投入战斗，并从南面向华沙突击。

别洛夫将军的第61集团军渡过皮利察河后，应在索哈切夫总方向上从西面对华沙实施迂回，即以部分兵力自西面向华沙突击。别尔扎林将军的第5突击集团军在突破敌人防御后，应先向奥佐尔库夫，然后再向格涅兹诺实施突击。崔可夫将军的近卫第8集团军在突破敌人防御后，应在第5突击集团军左方，先向罗兹，之后再向波兹南进攻。

波格丹洛夫将军的近卫坦克第2集团军应在第5突击集团军的地段进入突破口，并迅猛前出到索哈切夫，以切断敌军华沙集团的退路，然后再向库特诺和格涅兹诺进攻。卡图科夫的近卫坦克第1集团军应在近卫第8集团军的地段进入突破口，并先向罗兹，然后再向波兹南展开突击。

地面部队的行动，由鲁坚科将军的空军第16集团军进行支援。克留科夫将军的近卫骑兵第2军跟随近卫坦克第2集团军推进，并应沿维斯瓦河向布龙贝格（比得哥什）总方向进攻。库兹涅佐夫将军的第3突击集团军则在方面军第 2 梯队中推进。

得到坦克第 11 和第 9 军加强的第 33 和 69 集团军，从普瓦维登陆场向拉多姆、尔后向罗兹总方向实施辅助突击。在突破敌人防御后，应以左翼第 33 集团军的部分兵力和坦克第 9 军向斯卡日斯科—卡缅纳实施突击，其目的是包围并消灭敌凯尔采—拉多姆集群。在第 2 梯队中推进的是作为方面军预备队的康斯坦丁诺夫将军的骑兵第 7 军。

在一昼夜之后，佩尔霍罗维奇将军的第 47 集团军应向华沙西北实施突击。波兰第 1 集团军的第 2 师也将在这里进攻。

方面军的当前任务计划得比较具体，即粉碎敌华沙—拉多姆—罗兹集团并夺取华沙。对后续任务则只有大致的计划，准备在完成当前任务的过程中再加以明确（在制订方面军战役计划时，正是应该这样做的）。

我们这样做，是由于考虑到我们将同一个有经验的、顽固而强大的敌人作战，对这个敌人我们过去已经十分熟悉。

我们对下面这个问题考虑了许久，即怎样更好地组织炮火准备和航空兵准备，以便能突破防御的整个战术纵深，并将我们寄予主要希望的快速部队尽快地投入突破口。

在战役准备过程中，我们采取了许多反侦察措施，以便隐蔽我军当前进攻的规模和突击方向，特别是主要突击方向。我们企图给敌人造成我军集中兵力准备从东面突击华沙的印象。

然而我们没有充分的把握，确信敌人一定会受骗而不会猜出我方的真实意图。我们担心的是，敌人一旦觉察我们的准备，就会将其主力从第一线阵地撤到纵深，而让我们白白耗费数十万发炮弹。

经与各兵种司令员和勤务主任全面分析了情况和讨论了一切得失利弊之后，决定直接在总攻之前实施强有力的战斗侦察，并伴随以 30 分钟猛烈的炮火支援。敌人一旦动摇，我军主力立即发起总攻。

每个师派出了一至二个加强有坦克和自行火炮的步兵营冲击敌军前沿。对战斗侦察除进行炮火支援外，还以航空兵突击进行支援。

敌人经受不住我各侦察营的冲击，并且可能误认为是方面军主力发起冲击，因而开始从前沿向纵深撤退。这时，我全部炮兵展开更猛烈的射击，航空兵的主要兵力则向远距离的敌防御目标实施突击。接着，各集团军以第 1 梯队的全部兵力发起冲击。在战役第 1 天的 13 时，坦克第 11 军投入了交战。

突破战斗从这时起就正常地发展着，而我们则节约了以后在战役发展中非常有用的数千吨炮弹。

近卫坦克第1、第2集团军和坦克第9军于战役第2天投入交战。它们的突击立即震撼了敌人整个战术和战役防御。近卫坦克第2集团军迅猛前出到日拉尔杜夫—索哈切夫地域,以及第47集团军攻占华沙以北的维斯瓦河南岸,迫使敌人开始从华沙迅速撤退其军队。

敌人撤离华沙时,对该城进行了全面破坏,并对居民进行了大规模屠杀。

白俄罗斯第2和第3方面军在白俄罗斯第1方面军的右面作战。它们受领的任务是粉碎东普鲁士德军集团,并占领东普鲁士。

白俄罗斯第2方面军的主力集团应前出到马林堡地域,切断敌东普鲁士集团与东波美拉尼亚、但泽和格丁尼亚的联系。

该方面军应由鲁日阿内登陆场经姆瓦瓦向前进攻。同时并由谢罗茨克登陆场对别尔斯克、利普诺总方向实施辅助突击。第70集团军的左翼应沿维斯瓦河北岸推进,其任务是不让敌军从白俄罗斯第1方面军进攻地带内撤过维斯瓦河。

进攻于1月13日开始。白俄罗斯第2方面军(司令员苏联元帅罗科索夫斯基、军事委员苏博京将军、参谋长博戈柳博夫将军)以部分兵力与白俄罗斯第3方面军(司令员切尔尼亚霍夫斯基将军、军事委员马卡罗夫将军、参谋长波克罗夫斯基将军)部队同时转入进攻。次日,罗科索夫斯基的主力部队开始向姆瓦瓦方向推进。

敌人在此处进行了顽强的抵抗。突破发展得很慢,只是当1月19日方面军将所有的坦克和机械化部队全部投入交战后,才完成了突破,并攻占了姆瓦瓦、普扎斯内什和切哈努夫。第47集团军和近卫坦克第2集团军在维斯瓦河以南的顺利推进,可靠地保障了白俄罗斯第2方面军的左翼。

在白俄罗斯第1方面军左面、乌克兰第1方面军部队(司令员苏联元帅科涅夫、军事委员克赖纽科夫将军、参谋长索科洛夫斯基将军)于1月12日开始从桑多梅日登陆场实施进攻。最高统帅部用指令给乌克兰第1方面军下达的任务,是在战役的第10—11日占领彼得罗库夫—琴斯托霍瓦—梅胡夫地区,并向布雷斯劳发展进攻。

乌克兰第1方面军的进攻发展顺利。第1天,敌主要防御地带就被突破,方面军第1梯队部队在各坦克集团军的部分兵力的支援下推进了20公里。雷巴尔科将军的近卫坦克第3集团军和列柳申科将军的坦克第4集团军投入交战后,不断粉碎开来的敌预备队,前出到广宽的战役纵深。

德国将军蒂佩尔斯基尔赫在其有关维斯瓦河会战的回忆录中,对上述交战曾有如下的叙述:

"突击是如此猛烈,不仅击溃了我第 1 梯队各师,而且击溃了按希特勒的绝对命令已调至前线附近的大批快速预备队。快速预备队在俄国人的炮火准备中受到损失,随后又由于全线退却而根本未按计划使用。"①

对蒂佩尔斯基尔赫的这段话还可以补充一点,就是这些预备队根本无法使用,因为它们已被乌克兰第 1 方面军和白俄罗斯第 1 方面军的部队彻底粉碎。

1 月 17 日,雷巴尔科的近卫坦克第 3 集团军和扎多夫的近卫第 5 集团军攻克琴斯托霍瓦市,而第 59 和第 60 集团军也在克拉科夫的北面接近地展开了战斗。

经过 6 天进攻,乌克兰第 1 方面军推进了 150 公里,前出到拉多姆—琴斯托霍瓦—克拉科夫北面—塔尔努夫一线。这就造成了该方面军进一步向奥得河进攻的有利形势。

白俄罗斯第 1 方面军于 1 月 14 日转入进攻后,战役也得到顺利发展。

同一个蒂佩尔斯基尔赫又写道:

"1 月 16 日晚②,在从尼达河到皮利察河的地段上,已不存在绵密的、有机联系的德军防线。仍在华沙附近的维斯瓦河及华沙以南进行防御的第 9 集团军部队面临着极严重的危险。再也没有预备队了。"

1 月 17 日,白俄罗斯第 1 方面军部队已与乌克兰第 1 方面军部队位于同一线上。波兰第 1 集团军当日进入华沙。随后进入的是苏军第 47 和第 61 集团军的部队。

就像德军在莫斯科附近遭到失败后的情况一样,希特勒这次又因华沙地域的失败而撤换将领。"A"集团军群司令官哈尔佩上将被舍尔涅尔上将所替换,而第 9 集团军司令官鲁特维茨将军则被布西将军所替换。

方面军军事委员会在巡视了这个破烂不堪的城市后,曾向最高统帅报告说:

---

① 蒂佩尔斯基尔赫:《第二次世界大战史》,苏联外国书籍出版社,1956 年版,第 508 页。

② 即进攻的第 3 天。——朱可夫注

"波兰首都华沙已被法西斯强盗毁掉。希特勒分子是些残酷的禽兽，他们把一个个街区都破坏了。大型工业企业已从地面上消失。住房不是被炸毁就是被烧掉。城市公用设备已不能使用。成千上万的市民惨遭杀害，其余的则被赶走。市内一片死寂。"①

听了对德国法西斯分子在占领期间、特别是撤退前的兽行的控诉，我们甚至难于理解敌军到底是什么样的心理状态和精神面貌。

感到特别难过的是波兰的士兵和军官。我曾看见这些受过战火锻炼的军人怎样痛哭起来，宣誓要严惩丧失了人性的敌人。至于苏联军人，我们大家也痛恨到极点，决心为法西斯分子所犯下的暴行而狠狠地惩罚他们。

部队勇猛地摧毁了敌人的一切抵抗，急速向前推进。

鉴于战役发展顺利，最高统帅部1月17日进一步明确了奥得河方向上各方面军的任务：

白俄罗斯第1方面军应不得迟于2月2—4日占领比得哥什—波兹南地区；乌克兰第1方面军的主力继续向布雷斯劳（弗罗茨瓦夫）进攻，不迟于1月30日之前前出到莱什诺以南的奥得河，并在该河西岸夺取登陆场。左翼各集团军应于20—22日解放克拉科夫。

德军统帅部从东普鲁士调来了"大日耳曼"坦克师，还从西战场调了5个师到罗兹地域，企图阻止白俄罗斯第1方面军的进攻。但这些部队尚未充分展开就被我击溃。苏军的突击是如此急剧而猛烈，以致德军完全丧失了能在波兰境内任何一个地方阻止住苏军的希望。

1月19日，罗兹市被我攻克。1月23日，方面军右翼部队又占领了比得哥什。1月22日晨，近卫坦克第1集团军部队展开了夺取波兹南的战斗。不久，第69集团军以及近卫第8集团军的部队也到达波兹南附近。方面军左翼则前出到亚罗钦，与乌克兰第1方面军的右翼建立了战术协同。

1月25日昼间，最高统帅打电话给我。他听完我的汇报后，问我们下一步打算怎么办。

"敌人军心涣散，目前已不能做有力的抵抗，"我回答说，"我们决定继续进攻，使方面军部队前出到奥得河。进攻的主要方向是屈斯特林（科斯琴），我们将力求在该处夺取登陆场。方面军右翼将向北和西北方向展开，以对付敌东波美拉尼亚集团，该集团目前尚未构成严重的直接

---

① 见苏联国防部档案馆档案。

威胁。"

"你们前出到奥得河,脱离白俄罗斯第 2 方面军的距离就会超过 150 公里,"斯大林说,"目前不能这样做。应该等待一下,等白俄罗斯第 2 方面军结束东普鲁士战役和将其兵力渡过维斯拉河之后。"

"这需要多少时间呢?"

"大约 10 天左右。"斯大林补充说,"你要注意,乌克兰第 1 方面军目前无法继续推进和从左面来保障你们,因为他们需要花一些时间来肃清奥珀伦—卡托维采地域的敌人。"

"我请求不要停止方面军部队的进攻,因为以后我们将更难克服梅瑟里茨筑垒地域。为了保障我方面军右翼,只要再加强 1 个集团军就够了。"

最高统帅答应再考虑一下,但我们当天未得到答复。

1 月 26 日,近卫坦克第 1 集团军的侦察部队到达梅瑟里茨筑垒地域,并俘获一大群敌军。从俘虏口供查明,这个筑垒地域的许多地段尚无德军占领,他们的部队也是刚刚调向这里的。于是我们决定方面军主力加速向奥得河推进,力求从行进间在奥得河西岸夺取登陆场。

为了保障向奥得河突进的方面军主力不受东波美拉尼亚敌军的突击,决定将第 3 突击集团军、波兰第 1 集团军、第 47、第 61 集团军及近卫骑兵第 2 军面向北展开。

为了消灭波兹南敌守备部队,在该处留下了近卫第 8、第 69 和近卫坦克第 1 集团军的部分兵力。夺取波兹南的任务,则交予近卫第 8 集团军司令员崔可夫负责。当时曾以为包围在该地的敌军不会超过 2 万人,而实际上却有 6 万余人,以致在这个筑垒城市的战斗一直拖到 2 月 23 日才结束。

据我们推测,在方面军部队前出到奥得河之前,敌人是不可能从波美拉尼亚组织反突击的。即使在遭遇严重危险时,我们仍来得及从奥得河转移部分兵力以粉碎敌波美拉尼亚集团。后来的情况也正是这样发展的。

经过进一步交换意见后,最高统帅同意了方面军领导人的建议。他责成我们认真地考虑一下自己的右翼,但拒绝调派补充兵力。最高统帅部对掩护方面军右翼所表示的不安,是有充分根据的。随后事态的进程表明,敌人从东波美拉尼亚实施突击的威胁在不断地增长着。

进攻急剧地发展着。方面军主力在粉碎被分割的敌军部队和摧毁敌人在梅瑟里茨筑垒地域的抵抗后,于 2 月 1—4 日前出到奥得河,并在其西岸的屈斯特林（科斯琴）地域占领了非常重要的登陆场。

我不能不在这儿用少许几句话来介绍一下第5突击集团军的英勇战斗。当时这个集团军的领导人是别尔扎林中将和军事委员博科夫中将。

夺取登陆场的巨大功绩，属于第5突击集团军的先遣队。指挥该先遣队的是近卫步兵第89师副师长叶西片科上校和第5集团军军事委员会代表、集团军政治部副主任沙波什尼科夫中校。

先遣队的编成包括：步兵第266师的步兵第1006团，以帕什科夫上校为首的独立坦克第220旅、独立重坦克第89团、1个反坦克歼击炮兵团和迫击炮第489团。

1月31日晨，先遣队强渡了奥得河，并在基尼茨—格罗斯—诺伊因多尔弗—雷菲尔德地域占领了登陆场。

苏军在距柏林70公里处出现，完全出乎德国人意料之外。

当先遣队突入基尼茨市时，德军士兵尚在街上安闲地散步，饭店里则军官满座。基尼茨—柏林线上的火车仍按时刻表运行着，通信联络也在正常地工作。

捷廖欣上校，炮兵连长克拉夫佐夫、普拉托诺夫和切列德尼克，炮兵营长扎尔科夫和伊利亚辛科在占领的登陆场上组织了坚固的防御。指战员们知道，德国人将做最大的努力，以便把先遣队逐回奥得河对岸。

2月2日晨，敌人对先遣队的战斗队形实施了猛烈的炮兵和迫击炮火的突击。随后又出现了敌人的航空兵。炸弹、炮弹和迫击炮弹的爆炸震动了整个登陆场地域。炮火的狂轰滥炸持续了约一个小时，然后希特勒分子在坦克支援下从三个方面对先遣队实施冲击。

敌人不顾所遭受的重大损失，仍顽强地爬行前进。敌人坦克甚至突入我炮兵发射阵地地域，并压制了一部分炮兵连。形势极其危急。敌坦克有前出到先遣队后方的危险，到那时我先遣队未必还能坚守所占领的地区。后来竟发展到了这样的地步，即克拉夫佐夫大尉的炮兵连只剩下了一门反坦克炮。这门炮的炮手们在别利斯基上士指挥下，与敌人的8辆坦克进行了殊死的决斗。

这门炮总共只剩下13发炮弹。

别利斯基把炮弹重数了一遍。不错，总共只有13发，而敌人坦克却有8辆。

"我们要把敌人放到近处，有充分把握才打，"他对同志们说，"我们宁可死去，但决不放过敌人。"

别利斯基上士及其战友卡尔金和克切柳索夫都是有经验的战士。战斗的结局将由他们的坚定性和战斗本领来决定。

他们把火炮预先推进一个板棚内，在墙上打了一个洞，使火炮做好直接瞄准射击准备。在这里他们既有掩护，同时又可从侧面对坦克实施射击。

已经听见了履带碾动的声音。别利斯基上士亲自进行瞄准。头一辆坦克的距离只剩下不到150米。法西斯的"卐"字符号可以清楚地看见。

别利斯基上士尽力保持镇静，他继续瞄准，让坦克更靠近一些。火炮发射了。炮弹击中油箱，坦克上冒出了熊熊火焰。下一发炮弹也精确地击中了目标：第二辆坦克被打断履带，在原地无能为力地转动着。一分钟之后，火焰又包围了第三辆坦克。这是多么了不起的本领！

已有五辆法西斯坦克在我掩体前被打坏。其余三辆掉头就跑。

别利斯基上士由于这次战斗中表现英勇而荣获红旗勋章。炮手班的其他战士也受到奖励。

近卫步兵第26军（军长菲尔索夫中将、政治部主任安德列耶夫上校）跟随先遣队之后，也开始夺取和扩大登陆场。

这个军的近卫第94师在巴拉诺夫中校及政治部主任库佐夫科夫上校指挥下渡过了奥得河。近卫第286和第283团粉碎了敌人的抵抗，在登陆场投入战斗。该师的近卫炮兵第199团（团长热列勃佐夫中校、政治副团长奥里亚宾斯基少校）也在登陆场进行了英勇的战斗。

近卫军上尉米罗诺夫的炮兵连的表现特别突出。连长在敌人冲击时受伤，近卫军上尉阿维利切夫立即接替了他的工作。炮兵连同步兵一起，一天就击退了敌人六次冲击。该连的党小组长什维佐夫上士和沃尔科夫中士展现了英勇无畏的精神。

步兵第1050团第2营（营长沙波瓦洛夫、政治副营长奥西波夫）的军人，在抗击敌坦克冲击时表现了集体英雄主义精神。这个营的人员在极端困难的条件下击退了敌坦克和步兵的无数次冲击。

博戈莫洛夫大尉指挥的第3营的官兵，在这儿表现得更为突出。博戈莫洛夫重伤不下战场，仍继续指挥全营战斗。由于他展现了英勇无畏的精神，死后被授予"苏联英雄"称号。

步兵第1008团第1营所有的士兵、军士和军官都因参加这些战斗而荣获勋章和奖章。营长阿列克谢也夫和营党组织负责人乌先别科夫上尉还被授予"苏联英雄"的崇高称号。步兵第266师的步兵第1008和1010团因集体英勇行为而获得了三级苏沃洛夫勋章。

在拉达耶夫中校指挥的1054团（属步兵第301师）的地段上，接连几天进行着异常艰苦的战斗。敌人利用其位于高地的有利阵地，以及在砖房和企业的坚厚建筑物内预先构筑的抵抗枢纽部，对我各进攻分队进行了顽强的抵抗。拉达耶夫团应占领的居民点的所有通路，都被敌人用各种武器所构成的多层火力所封锁。而且苏军战士还必须在雪水泛滥的开阔平地上进攻。

当地平线刚刚开始发亮时，沿整个战斗地段上就响起了隆隆的炮声。这是苏军炮兵开始射击希特勒军队的掩体以及预先标定好的德军支撑点、抵抗枢纽部和其他火力点。

该团步兵分队几乎是紧随着炮弹的爆炸，就立即投入冲击。像往常一样，共产党员和共青团员冲在最前列。在这次战斗中，步兵第3营青年工作和共青团组织的负责人谢尼奇金中尉带领全营冲击，表现十分突出。

在冲击过程中，苏联军人将敌人赶出了堑壕，并消灭了敌人的两个抵抗枢纽部。但希特勒匪徒一旦清醒过来和集中兵力后，立即就转入了反冲击，甚至在一个地段上还突破了我一个连的防御，并迫使该连后退。

然而希特勒匪徒没能推进多远。第3营的战士以猛烈的突击将他们击退，而后顺利地继续进攻。谢尼奇金由于在这次战斗中表现得英勇无畏而荣获二级卫国战争勋章。

在伟大卫国战争史上，这种显示苏联士兵英雄主义形象的战斗情节，真是多不胜数！

经过数天交战，结果使登陆场的正面扩大了很多。白俄罗斯第1方面军突击集团4月16日对柏林的进攻，就是从这个登陆场发起的。

这时，敌人在方面军右翼的抵抗大大增强。经航空兵和部队的侦察查明，在东波美拉尼亚有大批敌军兵力到达和集中。

为了消除来自北面的威胁，必须采取迅速而坚决的行动。2月2日，近卫坦克第1集团军即奉方面军军事委员会的命令，将其在奥得河的地段转交给友邻部队，然后以急行军向北面的阿恩斯瓦尔德地域前进。坦克第9军、近卫骑兵第7军以及大量的炮兵、工程兵部队和物资也调往该处。

德军从东波美拉尼亚实施反攻的威胁，一天比一天增大。

1月31日，方面军军事委员会曾向最高统帅送呈如下内容的报告：

"1. 由于白俄罗斯第2方面军左翼脱离白俄罗斯第1方面军右翼过

远，到 1 月 31 日日终，我方面军战线的宽度已达 500 公里。

若罗科索夫斯基的左翼仍继续停滞不前，敌人毫无疑问将对拉得过长的白俄罗斯第 1 方面军的右翼采取积极的行动。

请命令罗科索夫斯基立即出动第 70 集团军向西进攻，即使能靠近白俄罗斯第 1 方面军右翼的后方梯队也好。

2. 请责成科涅夫迅速前出到奥得河。

朱可夫、捷列金"

最高统帅未立即答复我们的报告和给方面军以具体帮助。只是到 2 月 8 日，最高统帅才给白俄罗斯第 2 方面军下达任务，要该方面军于 2 月 10 日从格劳登茨—拉策堡地区实施进攻，粉碎东波美拉尼亚的敌人，占领但泽，并前出到波罗的海沿岸。

2 月 10 日，白俄罗斯第 2 方面军发起进攻，但由于兵力不足，未能全部完成所受领的任务。2 月 24 日，最高统帅部预备队的第 19 集团军到达后，白俄罗斯第 2 方面军加强了攻势。

3 月 1 日，白俄罗斯第 1 方面军部队也转入进攻，其主要突击力量是近卫坦克第 1 和第 2 集团军。由于这一军队集群的猛烈突击，使白俄罗斯第 2 方面军也加快了进攻速度。

3 月 4—5 日，白俄罗斯第 1 方面军部队前出到波罗的海沿岸。白俄罗斯第 2 方面军前出到波罗的海沿岸并于 3 月 4 日占领克斯林（科沙林）后，即转向东面进攻格丁尼亚和但泽（格但斯克）。白俄罗斯第 1 方面军的近卫坦克第 1 集团军前出到科尔贝格（科沃布热格）地域后，即按照最高统帅部的号令临时配属给白俄罗斯第 2 方面军，以消灭格丁尼亚地域的敌人。白俄罗斯第 1 方面军右翼部队在消灭残余敌军部队的同时，前出到了波罗的海沿岸和奥得河下游。

在这里，我认为有必要较详细地谈一谈某些回忆录的作者，其中包括苏联元帅崔可夫提出的一个问题，即当白俄罗斯第 1 方面军于 2 月初前出到奥得河后，方面军领导人为何不要求最高统帅部定下不停顿地继续向柏林进攻的决心？

崔可夫在其发表于《十月》杂志和《现代和近代史》杂志的两篇回忆录中断言："柏林在 2 月份即可攻克。而这自然会使战争早日结束。"①

---

① 《现代和近代史》杂志，1965 年，第 2 期，第 6 页。

有许多军事专家在报刊上发表意见反对崔可夫的这种观点①，然而崔可夫认为："这些反对意见并非来自维斯瓦河—奥得河战役的积极参加者，它们或者来自参与拟制斯大林和方面军关于停止进攻柏林和实施东波美拉尼亚战役命令的那些人，或者来自某些历史著作的作者。"②

必须指出，柏林进攻战役并非一切都像崔可夫所想的那么简单。

1月26日，当显然敌人已不可能依靠奥得河接近地上的工事阻止我军进攻时，我们曾向最高统帅部预先提出过建议，该建议的中心意思是：

方面军部队应在1月30日前到达别尔林亨（巴尔林列克）—兰茨贝格（戈茹夫—大波兰）—格列茨（格鲁德齐斯克）地区，前调后勤机构，补足储备品，然后于2月1—2日晨继续进攻，以便从行进间强渡奥得河。

我们设想随后在柏林方向发动迅猛的进攻，集中主力从东北、北面和西北迂回柏林。

1月27日，最高统帅部批准了这一建议。

1月28日，乌克兰第1方面军司令员苏联元帅科涅夫也向最高统帅部提出了类似的建议，其内容是粉碎敌布雷斯劳集团，并于2月25—28日前出到易北河，而方面军右翼则协同白俄罗斯第1方面军攻占柏林。

这一建议也经最高统帅部于1月29日批准。

的确，正如崔可夫所说的那样，这时敌人在柏林的接近地上只有有限的兵力，其防御相当薄弱。这点我们是清楚的。因而方面军领导人曾给所属部队通报过如下概略打算：

"各集团军军事委员会，方面军务兵种司令员和后勤主任，向你们通报对最近时期的概略打算和对情况的简要判断：

1.白俄罗斯第1方面军当面的敌人目前尚无任何大规模的反突击集团。

敌人也无绵亘防线。他现在只掩护着个别的方向，并企图用积极行动来解决一系列地段上的防御任务。

我们获得的初步情报表明，敌人从西战场撤下了4个坦克师和5—6个步兵师，并正将这些部队调来东战场。同时，敌人还继续从波罗的

---

① 《军事历史杂志》，1965年，第3期第74—76页和第80—81页；第4期，第62—64页。

② 《现代和近代史》，1965年，第2期，第7页。

海沿岸地域和东普鲁士调来部队。

看来，敌人在最近 6—7 天内将把从波罗的海沿岸地域和东普鲁士调来的军队集中在施韦特—希塔尔加德—诺伊什切青一线，以掩护波美拉尼亚，不让我军前出到斯德丁和波美拉尼亚湾。

至于从西战场调来的军队集群，看来敌人会将其集中于柏林地域，以防御柏林的接近地。

2. 方面军的任务是：在最近 6 天内，以积极行动巩固既得胜利，待后续部队赶上，将油料和弹药各补足 2 个基数；然后在 2 月 15—16 日以迅猛的行动攻占柏林。

在巩固既得胜利时，即在 2 月 4—8 日期间，必须：

1）第 5、第 8、第 33 和第 69 集团军应在奥得河西岸占领登陆场。而且近卫第 8 和第 69 集团军最好在屈斯特林和法兰克福之间有一共同登陆场。若能做到，最好将第 5 和第 8 集团军的登陆场联结起来；

2）波兰第 1 集团军，第 47、第 61 和坦克第 2 集团军及骑兵第 2 军应将敌人击退到拉策堡—法尔肯贝格—希塔尔加德—阿利特达姆—奥得河一线。此后，除留下掩护部队以等待白俄罗斯第 2 方面军到达外，其余部队应向奥得河转移以实施突破；

3）2 月 7—8 日应彻底肃清敌波兹南—施奈德米尔集群；

4）突破时，仍使用各集团军现有的加强兵器；

5）坦克和自行火炮的小修和中修应于 2 月 10 日前结束，使兵器保持完好；

6）航空兵应展开完毕，机场上应有不少于 6 个基数的油料；

7）方面军后勤部门及各集团军、各部队后勤部门应于 2 月 9—10 日前对战役的决定性阶段做好充分准备。

朱可夫、捷列金、马利宁"

然而，正如前面所说的，2 月初，敌人从东波美拉尼亚对我方面军突出在奥得河的主力集团的翼侧和后方实施反突击的危险日益加剧。请看德国元帅凯特尔有关这方面的供词是怎样说的：

"在 1945 年的 2—3 月间，曾考虑利用波美拉尼亚基地对进攻柏林的俄军实施反攻。计划将'维斯瓦'集团军群的部队隐蔽在格鲁琼兹地域，用以从后方突破俄国人的防线，并越过瓦尔塔河和内策河平原，前出到屈斯特林。"

这一企图也为古德里安上将所证实。他曾在所著《士兵的回忆》一书中写道："德军统帅部打算在俄国人尚未把大量兵力调集到前线，或当他们尚未猜出我方企图之前，用'维斯瓦'集团军群的兵力，以迅雷不及掩耳之势对俄军实施猛烈的反突击。"

法西斯德国军事领导人的上述证明，毋庸怀疑，来自东波美拉尼亚的危险是实际存在的。然而白俄罗斯第 1 方面军领导人及时采取了必要措施来积极对抗敌人的反突击。

2 月初，在奥得河和维斯瓦河中间地带活动的德军，是第 2 和第 11 集团军，包括 16 个步兵师、4 个坦克师、2 个摩托化师、4 个旅和 8 个战斗群。根据我方侦察情报，敌人兵力还在继续增加。

此外，在斯德丁（什切青）地域还有德军坦克第 3 集团军。法西斯德军统帅部可以将它用于柏林方向，也可用以加强东波美拉尼亚集团（实际上后来正是这样做的）。

在北面存在如此严重威胁的条件下，苏军统帅部是否还能冒险用方面军主力继续对柏林进攻呢？

崔可夫写道："至于说冒险，那么在战争中往往是不得不冒险的。何况在当时，冒险是有充分把握的。因为我军在维斯瓦河—奥得河战役中已前进了 500 多公里，而从奥得河到柏林只不过剩下了 60—80 公里。"①

自然也可无视这一危险，让两个坦克集团军和 3—4 个诸兵种合成集团军直攻柏林。但敌人倘若从北面实施突击，就将轻而易举地突破我右翼的掩护而前出到奥得河渡口，从而将柏林地域的我方面军部队置于极端困难的处境。

战争经验表明，冒险是需要的，但不能随意妄为。在这一点上，1920 年红军对华沙的进攻很能说明问题，当时红军无充分保障就轻率地向前推进，结果不但未取得胜利，反而造成了我西线部队的惨重失败。

"只要我们客观地估计一下波美拉尼亚希特勒军队集团的实力，"崔可夫写道，"那么我们就可确信，敌人从该处对柏林方向我突击集团的任何威胁，都完全可由白俄罗斯第 2 方面军的部队予以消除。"②

然而，实际情况却驳倒了这一论断。

起初，粉碎东波美拉尼亚敌人的任务，正是交由白俄罗斯第 2 方面军完成的。但该方面军的兵力十分不足，2 月 10 日开始的进攻发展得非常缓慢，10 天的时间只推进了 50—70 公里。

---

① 《现代和近代史》，1965 年，第 2 期，第 7 页。
② 《现代和近代史》，1965 年，第 2 期，第 7 页。

与此同时，敌人却在希塔尔加德以南地域实施了反突击，迫使我军后退，敌人向南推进了约12公里。

最高统帅部在判断了当时的形势后，决定动用白俄罗斯第1方面军的4个诸兵种合成集团军和两个坦克集团军，参加肃清当时总数已达40个师的东波美拉尼亚希特勒军队。

正如大家都知道的那样，两个方面军共同粉碎敌东波美拉尼亚集团的作战，直到3月底才结束。你看这是多么艰苦的一仗。

崔可夫认为，在1945年2月，白俄罗斯第1方面军和乌克兰第1方面军能够派出8—10个集团军，其中包括3—4个坦克集团军，对柏林实施进攻。[①]

对这一说法我同样不能同意。2月初，在白俄罗斯第1方面军的8个诸兵种合成集团军和两个坦克集团军中，留在柏林方向的只有4个不完整的集团军（即第5突击集团军，近卫第8集团军的一半，以及第33和第69集团军。近卫第8和第69两集团军各有1个军在进行争夺波兹南的战斗）。方面军的其他兵力曾不得不转向东波美拉尼亚方面以粉碎该地的敌军集团。

至于乌克兰第1方面军，则在2月8—24日期间，它正在实施布雷斯劳（弗罗茨瓦夫）西北的进攻战役，它的主力（4个诸兵种合成集团军，2个坦克集团军和第2空军集团军）都参加了这一战役。敌人也向该处调集了大批兵力，进行了顽强的抵抗。

在进攻17天之后，乌克兰第1方面军各兵团推进了100公里，前出到了尼斯河，但强渡该河和向西发展进攻的企图未能胜利实现，方面军部队在该河东岸转入了防御。

同时还必须考虑到，在维斯瓦河—奥得河战役过程中，我军部队曾遭受重大伤亡。

2月1日，我方面军各步兵师的平均人数为5500人左右，而近卫第8集团军各步兵师的人数则在3800—4800人之间。两个坦克集团军有坦克740辆（各坦克旅的平均坦克数为40辆，而其中的许多坦克旅甚至每个旅只有15—20辆坦克）。乌克兰第1方面军当时也处于相同的情况。

除此而外，远在方面军后方的要塞城市波兹南仍在敌人手中，崔可夫本人指挥的部队直到2月23日尚未能将其攻克。

最后，也不能忘记有关部队物质保障的问题。这些部队在进攻的20

[①]《现代和近代史》，1965年，第2期，第7页。

天时间里向前推进了 500 多公里，在如此高速度前进的情况下，后勤单位自然掉在了后面，使部队在物资器材特别是在燃料方面感到不足。航空兵也未能转移基地，因为当时所有野战机场都被雨水冲坏。

崔可夫没有分析在这种条件下后勤工作的整体复杂性，就写道：

"倘若最高统帅部和各方面军司令部能很好地组织供应并能把必要数量的弹药、燃料和粮食及时送达奥得河，倘若航空兵能按时转移到奥得河附近的机场上，而舟桥部队又能保障部队渡过奥得河，则我军的 4 个集团军（第 5 突击集团军、近卫第 8 集团军、坦克第 1 和第 2 集团军）就能在 2 月初进一步展开对柏林的进攻，再推进 80—100 公里，并从行进间攻克德国首都以结束这一规模巨大的战役。"①

在讨论如此重大问题时使用这么多的"倘若"，即使对回忆录作者来说，也不能认为是一种严肃认真的态度。而且崔可夫所承认的下述事实，即供应紊乱，航空兵和舟桥部队掉在后面，本身就足以说明，在类似条件下要对柏林实行决定性进攻，纯粹是冒险。

因此，不论是乌克兰第 1 方面军或是白俄罗斯第 1 方面军，在 1945 年 2 月都不能进行柏林战役。

崔可夫还写道："2 月 4 日，白俄罗斯第 1 方面军司令员召集各集团军司令员别尔扎林、科尔帕克奇、卡图科夫、波格丹诺夫和我到第 69 集团军司令部开会。他本人也到了会。正当我们坐下来讨论进攻柏林的计划时，高频电话机的铃声响了起来。我坐在紧跟前，对电话交谈听得很清。这是斯大林打来的电话。他问朱可夫当时在什么地方，干什么事。元帅回答说，他正把各集团军司令员召集在科尔帕克奇集团军的司令部里，同他们一起研究进攻柏林的计划。

"斯大林听完报告后，忽然（据我看，对方面军司令员来说是异常突然地）要求停止上述计划工作，而要我们着手准备粉碎波美拉尼亚的德军'维斯瓦'集团军群的战役。"②

然而 2 月 4 日在第 69 集团军司令部并未召开过这样的会议。因而我也未曾像崔可夫所描写的那样用高频电话同斯大林谈过话。

2 月 4—5 日，我是在第 61 集团军司令部。当时这个集团军正展开在方面军右翼，在波美拉尼亚，以对敌波美拉尼亚集团作战。近卫坦克第 1 集团军司令员卡图科夫也不可能参加这一虚构出来的会议，因为他

---

① 《十月》，1964 年，第 4 期，第 128—129 页。
② 《现代和近代史》，1965 年，第 2 期，第 6—7 页。

遵照方面军2月2日下达的第00244号指令，从2月3日晨便开始变更集团军的部署，将部队从奥得河转移到弗里德贝格—别尔林亨—兰茨贝格地域。

近卫坦克第2集团军司令员波格丹诺夫将军同样不可能参加这一会议，因为他当时正在生病（由拉济耶夫斯基将军代理集团军司令员职务）。就连崔可夫本人2月3日也还在波兹南市，他曾从该处向我报告争夺这一要塞和城市的战斗进程。

看来，崔可夫也太健忘了吧。

还必须指出的是，崔可夫的近卫第8集团军只有50%的兵团到达了奥得河，其他的兵力在2月23日前还在为争夺波兹南而战斗。

当方面军将部分兵力调向波美拉尼亚以后，在奥得河只留下了三个半集团军，而柏林方向的情况从2月初就开始变得复杂起来。2月2日和3日，德国航空兵连续地轰炸了奥得河登陆场上别尔扎林的第5突击集团军的战斗队形。在这两天内，敌航空兵起飞了5000多架次，使第5突击集团军遭受到严重伤亡。

敌人决心无论如何也要消除屈斯特林地域的登陆场。这里开始出现从其他战场新调来的敌军部队。第5突击集团军司令员别尔扎林请求我航空兵加强活动，然而由于天候不佳，我航空兵未能实施积极的突击。

下面是我给第5突击集团军军事委员会的一份电报，从这份电报中不难获得有关当时具体情况的印象：

"第5突击集团军军事委员会，第5突击集团军各军长、师长：

第5突击集团军担负着重大任务，即固守并扩大奥得河西岸登陆场，最低限度要把它的正面增大到20公里，纵深增大到10—12公里。

我请求你们大家理解自己在完成这一任务中所担负的重大责任，希望你们向所属人员说明这一点，要求部队表现出特殊英勇顽强的精神。

遗憾的是，我们无法用航空兵来帮助你们，因为所有的机场都被雨水泡坏，飞机不能起飞。敌机是从有混凝土跑道的柏林各机场起飞的。

我建议你们：

1. 加紧构筑地下工事；

2. 组织大规模的对空射击；

3. 转入夜间行动，每次冲击只达成有限的目的；

4. 昼间则击退敌人的冲击。

再过2—3天，敌人必将精疲力竭。

祝你们和你们所指挥的部队取得历史性的重大胜利，你们不仅可能，而且必须保证取得这一胜利。

朱可夫"

崔可夫说，关于在1945年2月就可以攻取柏林的问题，是由他在1945年柏林军事科学会议上首先提出来的，然而对于这一问题在当时未能加以充分讨论。①

的确，在那次会议上曾提出过这一问题，但提出的人不是崔可夫，而是总参谋部代表叶柳科夫少将。至于回忆录的作者崔可夫，据我的回忆和从他在会上发言的速记记录来看，关于这一问题他连一个字也未提到过。

下面还是让我们回到1945年3月的事件上来吧！

白俄罗斯第1和第2方面军结束了东波美拉尼亚战役，在战役过程中彻底粉碎了敌军集团。到3月底，整个东波美拉尼亚都落入我军手中。乌克兰第1方面军在2月和3月在西里西亚进行了两次战役，在3月底前出到尼斯河，与早先到达奥得河的白俄罗斯第1方面军并列一线。

这样，维斯瓦河—奥得河战役的结果，使波兰的大部分国土得到了解放，并使战斗行动转移到了德国境内。德军被消灭了约60个师。为了在柏林方向上建立起新的防线，德军统帅部被迫从苏德战场的其他地段、从西战场和意大利战场撤出29个师和4个旅，用以投入柏林方向。

苏军从维斯瓦河到奥得河的进攻，是极为巨大的战略性进攻战役的光辉典范，这一战役以每昼夜平均25—30公里的速度不停顿地向前发展，而各坦克集团军每昼夜的平均速度达45公里，个别时候一昼夜甚至达到70公里。在伟大卫国战争中还是第一次达到这样快的速度。

这一战役之所以能达到如此巨大的规模和速度，主要是由于整个战场形势有了改善，苏军具有高昂的士气，力量对比进一步发生了有利于我方的变化，以及我军战斗技能和战役战略艺术的不断提高。

各方面军突破敌人防御后，在发展进攻方面起主要作用的是各坦克集团军、各独立坦克军和机械化军，它们在航空兵的协同下，成了替诸兵种合成集团军扫清道路的巨大的快速突击力量。

坦克集团军和机械化军进入突破口后，即以全力发展进攻，昼夜均不给敌人以喘息的时间。强大的先遣支队能实施深远突击而不卷入对个别敌军集团的持久战斗。

---

①《现代和近代史》，1965年，第2期，第7页。

坦克集团军和独立坦克军在航空兵的密切协同下，能以迅猛的突击分割敌人的战线，前出到敌军的交通线上，占领渡口和交通枢纽，造成混乱并瓦解敌人后方。

装甲坦克部队突入法西斯德军的深远后方，就使其无法使用大部分预有准备的防御地区。在苏军突破维斯瓦河附近的筑垒地域之后，直到前出到波兹南一线为止，敌人实际上未能在任何一个预有准备的地区组织坚固的防御。

在维斯瓦河—奥得河战役中，完全实现了苏军统帅部制订的迷惑敌人的计划，从而达成了战役战术的突然性。被俘的德军官兵的许多口供都表明，德军统帅部在我军进攻之前并不了解我军的真实意图。

请看他们的一部分供词。

别特佐尔德上尉供称：

"我相信，德军统帅部直到1945年1月14日尚不知道俄国人的主要突击方向。同样也不清楚俄国人使用了多大的兵力来进攻。"

维森格尔中尉供称：

"根据过去几年的经验，我们相信俄国人今年也将举行冬季进攻。德军统帅部也持同样的看法。然而俄国人的进攻一开始就表明，我军统帅部根本没有弄清这一进攻的规模及其主要方向。"

科斯费尔德中尉供称：

"德军统帅部预计俄国人会在1944年12月底举行进攻。后来军官们又不止一次地说，这一进攻将在1945年1月15日以前开始，然而实际上并未弄清进攻的确切时间。"

敌人对我军的每次射击都感到惊惶不安。他们预计我军将实施突击，虽然他们并不了解我军进攻的兵力，但是毫无疑问，他们认为我军将从登陆场发起进攻。因为未必有人在使用如此大量兵力实施进攻时，会愿意从强渡维斯瓦河这样宽阔而汹涌的河流开始，从而使战役第一阶段拖得很长。诚然，白俄罗斯第1方面军的某些作战参谋人员的确提出过这样的建议：他们认为敌人在登陆场前面建立有纵深梯次配置的防御，而在登陆场以外的维斯瓦河其他地段上，敌人实质上却只有掩护部队，进攻会容易取胜。

然而如果采纳这样一种方案，就意味着苏军将在绝对不利的条件下强渡宽达一公里的河流，而且不可能将作为最重要突破手段的坦克立即投入战斗。在这种情况下，快速部队和炮兵的主要兵力也不可能迅速渡河，以保障进攻得到迅猛的发展。

从登陆场发起进攻当然会有极大困难：敌人的炮兵和航空兵能给我军造成大量伤亡。然而苏军也预先准备了猛烈的炮兵火力和航空兵的突击。

维斯瓦河—奥得河战役的物质准备相当充分，方面军和各集团军的后勤组织都卓越地完成了自己的任务。

然而我军一前出到梅瑟里茨筑垒地区和所谓波美拉尼亚壁垒后，即开始感到燃滑油料和常用弹药的供应不足。这是由一系列原因造成的。首先是因为我军的进攻速度比原定计划快了一倍，后方交通线拖长达数百公里，而铁路干线由于遭受严重破坏和维斯瓦河上没有铁路桥梁而无法使用。

我从最高统帅和总参谋部的情况通报中得知，在1月、2月和3月，乌克兰第4方面军在喀尔巴阡山展开了进攻，协同乌克兰第1方面军共同完成所受领的任务。

乌克兰第2和第3方面军部队在1945年1—2月份和3月上半月进行了防御战，以抗击法西斯德军的突击。法西斯德军力图把这两个方面军部队赶过多瑙河，以便给被围在布达佩斯的德军集团解围，从而巩固其匈牙利的防线。

在紧张的交战过程中，乌克兰第2和第3方面军部队使敌军各突击集团遭受惨重失败，打破了它们前出到多瑙河的一切企图，并于3月中旬创造了在维也纳方向上转入进攻的条件。

在3月16日至4月15日期间，乌克兰第2和第3方面军部队进行了维也纳进攻战役，在战役过程中粉碎了敌"南方"集团军群的30多个师。

我军于4月中旬彻底肃清了整个匈牙利和大部分捷克斯洛伐克领土上的法西斯德军，进入了奥地利，解放了维也纳，从而打开了向捷克斯洛伐克中心地域进军的道路。德国完全失去了匈牙利和奥地利的石油产地，以及许多生产武器和技术兵器的企业。

乌克兰第2和第3方面军1945年1—4月份作战的结果，使苏军战略正面的南翼进至在柏林方向上作战的各方面军的同一线上。苏军从波罗的海到格尔利茨的宽大正面上前出到奥得河和尼斯河东岸，并使自己的两翼获得可靠的保障，为彻底粉碎敌柏林集团和突击柏林而占领了有利出发地区。

在苏德战场左翼，我军前出到维也纳及其南面的地域，占领了进攻奥地利内地和德国南部地域的有利阵地。

在西战场上，同盟国军队于2月和3月份强渡莱茵河后，在鲁尔区包围了巨大的法西斯德军集团。该集团于4月17日投降。

由于苏德战场上德军基本兵力被消灭，盟军前出到了莱茵河，法西斯德国已面临无法挽救的彻底失败。德国已无力量继续作战。然而在战争行将结束之时，在我们与同盟国的相互关系却发生了一系列尖锐的政治问题。这些问题的发生绝不是偶然的。

在美英军队统帅部的行动上，原来那种犹豫拖延的态度已为异常匆忙的行动所代替。英、美两国政府催促其欧洲远征军司令部尽快向德国中心地域推进，以便在苏军到达之前将其占领。

丘吉尔在1945年4月1日给罗斯福的信中写道：

"俄国军队毫无疑问将占领整个奥地利并进入维也纳。倘若柏林也由他们占领，难道他们不会不适当地得出印象，似乎是他们对我们的共同胜利作出了绝大部分贡献？难道这种印象不会使他们产生一种将给未来造成极为重大困难的情绪？因此，我认为从政治观点来看，我们应尽可能向德国东部推进，如果柏林是在我们能达到的范围之内，我们毫无疑问应当将它占领。"①

随后我还得知，英军统帅部和许多美国将领曾采取了一切措施以求占领柏林以及柏林以北和以南的地区。

在东波美拉尼亚战役过程中，好像是3月7日或8日，我曾应最高统帅的召唤紧急飞往莫斯科。

我从机场直接前往斯大林的别墅，当时他住在那里，身体不甚健康。

在就波美拉尼亚和奥得河的情况向我提出了几个问题并听完我的汇报后，最高统帅说：

"我们出去走一走，我怎么感到有点精神不爽。"

他的整个面容、动作和言谈都给人一种身体相当疲惫的感觉。在4年战争期间，斯大林的确是过度疲劳了。他的工作非常紧张，经常睡眠不足，特别是在1941—1942年曾为我军所受挫折而万分担忧。这一切不可能不影响到他的神经系统和健康。

散步时，斯大林出人意外地开始同我谈起了他的童年生活。

在交谈了一个多钟头以后，他说：

"我们喝茶去吧，还有些事需要同你谈一谈。"

---

① 《丘吉尔回忆录》，英文版，第6卷，第407页。

在往回走的路上，我问道：

"斯大林同志，我早就想知道有关你的儿子雅科夫的情况。有没有关于他的消息呢？"

斯大林没有马上回答这一问题。在又走过一百来步之后，他才以一种低沉的语调说道：

"雅科夫无法从战俘营逃出来。法西斯强盗会把他枪毙掉的。据说他们把他同其他战俘隔开，诱劝他背叛祖国。"

沉默了一会儿，他又以坚定的语气补充说：

"不会的，雅科夫宁愿死也不会背叛祖国。"

觉察得到，斯大林为自己的儿子而十分难过。他坐在桌旁，沉默了很久，一点东西也不吃。

后来，他仿佛一面继续思考着这一问题，一面沉痛地说道：

"多么艰苦的战争。它夺去了我们多少人的生命。看来，我们很少有谁的家庭没有牺牲亲人……这种体验只有在斗争中受到锻炼的、意志坚定的、受过共产党教育的苏联人才能忍受住。"

斯大林给我讲述了雅尔塔会议的情况。我理解，他对这次会议的结果是满意的，对罗斯福的印象很好。斯大林说，他仍坚持要同盟国军队转入进攻，以便尽快彻底击败法西斯德国。在雅尔塔会议期间，我军已前出到奥得河，而且正在东普鲁士、波罗的海沿岸、匈牙利等地区进行紧张的交战。最高统帅曾坚持要求距柏林尚有500公里的盟军实施进攻。在这一问题上达成了协议，此后各方的行动就比较协调得多了。

最高统帅还详细讲述了与各同盟国就下列问题达成的协议：关于德国投降后对其管制的问题；关于"对德管制机构"的问题；关于德国领土如何划分占领区以及盟军和苏军各应推进到何地区的问题。

至于成立"对德管制机构"和行使德国最高权力的细节问题，他当时未曾涉及。过了许久我才得到了有关这方面的指示。

关于波兰未来的西部国界问题也达成了充分的协议，即以奥得河和西尼斯河作为国界。但在未来波兰政府的组成问题上却产生了严重的分歧。

"丘吉尔希望与苏联毗邻的是一个敌视我们的资产阶级的波兰，而这是我们所不能允许的，"斯大林说，"我们希望一劳永逸地有一个同我们友好的波兰，这也是波兰人民的希望。"

过了一会儿他又说：

"丘吉尔竭力要把在英国躲避了四年多的米科拉伊奇克抬出来。波兰人是不会接受米科拉伊奇克的。他们已经作出了自己的选择。"

波斯克列贝舍夫进来把一些文件递给斯大林。最高统帅把这些文件很快浏览了一遍，然后对我说：

"你到总参谋部去同安东诺夫一起检查一下关于柏林战役的计算表，明天13点再到这儿来见面。"

我和安东诺夫在我的办公室内度过了这一天余下的时间和半个夜晚。他也讲了有关雅尔塔会议的许多有趣的情节。

我们再一次检查了将有三个方面军参加的柏林战略性战役的计划草案和计算表。由于这一问题在最高统帅部和总参谋部已讨论过不止一次，这次我们仅只根据东普鲁士、但泽地域和波罗的海沿岸地域战役进展缓慢的情况，而做了一点修改。

次日晨最高统帅打电话给安东诺夫，告诉我们不是在13时，而是在20时到他那里去。

晚间，国防委员会的许多成员也参加了柏林战役问题的讨论。安东诺夫做了报告。

最高统帅批准了所有的建议，并命令下达对柏林战略方向上的决定性战役进行全面准备的指示。

第二十一章
攻克柏林

柏林战役，作为第二次世界大战欧洲的最后一个战役，有特殊的地位。随着柏林的攻克，一系列最重要的军事和政治问题得到了彻底的解决，这些问题在很大程度上决定着德国战后的体制及德国在欧洲政治生活中的地位。

苏联武装力量在准备同法西斯做最后搏斗的时候，是严格按照与各同盟国商定的要德国在军事和经济上或在政治上都无条件投降的政策行事的。我们在战争这个阶段的主要目的，是彻底肃清德国社会制度和国家制度方面的法西斯主义，并使一切主要的纳粹罪犯为其在各占领国特别是在蒙受众多苦难的我国所犯下的兽行、大规模屠杀、破坏以及对人民的凌辱而受到严厉的惩处。

最高统帅部在1944年11月就基本上确定了柏林战役的企图。在维斯瓦河—奥得河战役、东普鲁士战役和波美拉尼亚战役过程中又进一步加以明确。

在制订柏林战役计划时，也考虑了同盟国远征军的行动，它们在1945年3月底和4月初以宽大正面前出到莱茵河，并着手强渡该河，以便对德国中心地域展开总攻。

盟军最高统帅部给其部队规定的当前目标，是肃清鲁尔的敌军集团并占领鲁尔工业区。然后计划美军和英军在柏林方向上向易北河推进。同时美军和法军在南方方向上展开作战，以占领斯图加特地域和慕尼黑地域，并前出至奥地利和捷克斯洛伐克的中心地域。

虽然根据雅尔塔会议决议，苏联占领区应远及柏林以西地区，而且苏军已进抵奥得河和尼斯河一线（距柏林60—100公里），并已做好开始柏林战役的准备，以丘吉尔为首的英国政府仍然幻想在红军到达之前抢先占领柏林。

虽然美、英两国政治家和军事家对战争最后阶段的战略目标的意见并不一致，然而同盟国远征军最高统帅部并未放弃在形势有利时占领柏林的想法。

例如1945年4月7日，艾森豪威尔将军在向盟军联合参谋部通报他有关最后几个战役的决心时，曾说道：

"倘若攻克莱比锡之后，不会有太多伤亡就能进至柏林的话，我将这样做。"他又说，"我非常同意进行战争是为了达到政治目的，如果盟国占领柏林的意图超出本战场的纯军事考虑，我将乐于修改自己的计划和想法以实施这一战役。"①

3月底，艾森豪威尔经由美国军事代表团向斯大林通报了美英军队准备在柏林方向上前出到商定地域的计划。该通知表明，英美军队下一步将向东北方向进攻，以前出到吕贝克地域，而同时也将向东南方向进攻以消灭德国南部的敌人。

斯大林知道，希特勒当局近来正在积极活动，图谋与英、美两国政府单独媾和。考虑到德军毫无出路的处境，希特勒匪徒有可能在西面停止抵抗，给美英军队放开通往柏林的道路，以避免把柏林交给红军。

1945年3月27日，路透社驻21军团记者肯布尔谈到英美军队的进攻时宣称："如果沿途不遇到抵抗，他们将向德国心脏挺进。"1945年4月中旬，美国观察员约翰·格罗维尔断言："西战场实际上已不存在。"

英美军队在莱茵地域进攻的情况究竟如何呢？

大家知道，希特勒军队对该处的掩护是十分薄弱的。本来，德国人退到莱茵区时，是能够组织有力的抵抗的。然而他们没有这样做。主要原因是德军的基本兵力被调到了东线以对付苏军。甚至在德军鲁尔集团最危急的日子里，德国最高统帅部仍然继续抽调其西线的兵力来加强对苏军作战的东线。

当英美军队实施的战局刚开始时，德国在西线有70个力量极弱的师，其总的战斗力只相当于26个编制师。而同盟国则有91个编制完整的师。

同盟国在空军方面占有特殊的优势。实际上，盟军可以用航空兵突击的方法，在任何地域完全压制住敌人陆上和空中的任何抵抗。

---

① 波丘：《最高统帅部》，苏联军事书籍出版社，1959年版，第458页。

因此，美英军队很容易地就渡过了莱茵河，并在德军实际上未做抵抗的情况下占领了莱茵区。

盟军统帅部不等肃清德军鲁尔集团，就急忙将其基本兵力投入柏林方向，以便向易北河推进。

战后我曾同许多美国和英国将领，其中包括艾森豪威尔、蒙哥马利、塔西厄、克莱、罗伯逊和史密斯等人做过多次交谈。从这些交谈中了解到，只是当苏军炮兵、迫击炮及航空兵在奥得河和尼斯河实施的猛烈突击以及苏军坦克和步兵的协同一致的冲击彻底动摇了德军防御之后，盟军才最后打消了占领柏林的念头。

当最高统帅部收到艾森豪威尔将军的关于他决定分别对德国东北部和南部实施突击以及柏林方向的美军将不越过规定地区的通知时，斯大林还认为艾森豪威尔是一个忠于自己所承担的义务的人。然而这一结论下得太早。

当盟军在法国登陆并展开进攻的时候，红军总参谋部与美国和英国军事代表团之间保持着密切的联系，我们经常交换有关敌军部署的情报。然而随着战争接近结束，我们开始从同盟国得到极不符合实际情况的情报。

下面我想引证一下总参谋长安东诺夫答复美国驻苏联军事代表团团长约翰·丁少将的通知的一封信件。

"致美国驻苏联军事代表团团长约翰·丁少将：

尊敬的丁少将！

请您将下述情况告知马歇尔将军：

今年2月20日我收到马歇尔将军的通知，内称德军正在东战场建立两个用于反攻的兵力集团：一个集团在波美拉尼亚，准备对托伦实施突击；另一集团在维也纳—俄斯特拉发地域，准备向罗兹方向进攻。而且南面兵力集团应包括有党卫军坦克第6集团军。2月12日，我从英国军事代表团陆军组组长勃林克曼上校处也收到过类似的情报。

我十分感激马歇尔将军为实现我们共同的目标而好意给我们提供的情报。

同时我也认为自己有义务通知马歇尔将军：三月份东战场的战斗行动并未证实他所提供的情报，因为这些战斗表明，包括党卫军坦克第6集团军在内的德军基本军队集团并未集中在波美拉尼亚，也未集中在俄斯特拉发地域，而是集中在巴拉顿湖地域，德军从该处实施进攻，目的是前出到多瑙河并在布达佩斯以南强渡该河。

这一事实表明，马歇尔将军所掌握的情报不符合三月份东战场的实际情况。

也不能排除下述可能性，即某些人提供这一情报，其目的是要迷惑英、美两军统帅部和苏军统帅部，使苏军统帅部不去注意德军准备在东战场实施主要进攻战役的那一地域。

尽管如此，我仍请马歇尔将军，倘若可能的话，今后继续通知我他所掌握的有关敌人的情报。

我认为自己有义务将此情况通知马歇尔将军，纯粹是为了他能就这一情报的来源作出适当的结论。

请您向马歇尔将军转致我的敬意和感激。

尊敬您的

红军总参谋长

安东诺夫大将

1945年3月30日"①

3月29日，我应最高统帅部的召唤，带着白俄罗斯第1方面军的柏林战役计划再次返回莫斯科。这一计划是方面军领导人和司令部在三月份制订的，一切原则问题基本上都同总参谋部和最高统帅部商议过。这就使我们能够送呈一份很细致的计划给最高统帅部审批。

当天夜晚，斯大林把我叫到他的克里姆林宫办公室去。他一个人在那里，刚刚同国防委员会的委员们开完会。

他默默地同我握过手后，就像往常一样，似乎是继续不久前中断的谈话似的说道：

"德国的西方战线已彻底崩溃了，看来希特勒军队并不想设法阻止盟军的推进。然而在同我们作战的各个重要方向上，他们却在加紧部署兵力。你瞧瞧这张图上的关于德军的最新情况。"

最高统帅抽着烟斗，继续说道：

"我看，将会有一场恶战。"

然后，他又问我对柏林方向上敌人的估计如何。

我取出自己的前线侦察图放在最高统帅面前。于是斯大林就仔细地察看柏林战略方向上德军的战役战略部署。

根据我们的情报，德军在柏林方向共有4个集团军，其编成不少于90个师（其中包括14个坦克师和摩托化师），37个独立团和98个独立营。

---

① 见苏联国防部档案馆档案。

后来查明，德军在柏林方向的兵力不少于 100 万人，有 1.04 万门火炮和迫击炮、1500 辆坦克和强击炮以及 3300 架作战飞机，在柏林还编组有 20 万人的守备部队。

"我军什么时候能够开始进攻呢？"斯大林问道。

我报告说：

"白俄罗斯第 1 方面军不迟于两周之后就可开始进攻。乌克兰第 1 方面军大致到那时也能做好准备。白俄罗斯第 2 方面军，从各方面的情况看来，将拖到 4 月中旬才能彻底肃清但泽和格丁尼亚地域的敌人，因而不可能同白俄罗斯第 1 方面军和乌克兰第 1 方面军同时从奥得河展开进攻。"

"有什么办法呢！"斯大林说，"只好不等罗科索夫斯基就开始了。即使他迟几天也碍不了大事。"

随后他走到书桌跟前，从一些纸张中翻出了一封信。

"你读一读看。"他说。

信件来自一位外国的同情者。信中说希特勒的代理人同盟国的官方代表进行了秘密会谈，这些会谈表明，德国人建议盟国在德国同意单独媾和的条件下停止对德作战。

信中说盟国似乎是拒绝了德国人的要求。然而德国人仍然可能对盟军开放到柏林的通路。

"你对这个问题怎么看呢？"斯大林问道。但他未等我回答就又说道，"我想罗斯福不会破坏《雅尔塔协定》，至于丘吉尔，这个人是什么事都干得出来的。"

他又走到书桌跟前打电话给安东诺夫，令他马上前来。

15 分钟后，安东诺夫就来到了最高统帅的办公室。

"罗科索夫斯基那里的情况怎么样？"斯大林问道。

安东诺夫报告了但泽和格丁尼亚地域的局势和作战情况。接着最高统帅又问他，华西列夫斯基在柯尼斯堡地域的情况如何。

安东诺夫又报告了白俄罗斯第 3 方面军的情况。

斯大林把刚才给我看过的信，又默默地交给他看。

安东诺夫说：

"这是希特勒分子和英国政府当局秘密勾结的又一证明。"

最高统帅对安东诺夫说：

"你打电话给科涅夫，命令他 4 月 1 日带着乌克兰第 1 方面军的战役计划到最高统帅部来。这两天你同朱可夫再做些研究。"

第二天，安东诺夫给我介绍了柏林战役的战略计划草案，该草案全部包括了白俄罗斯第 1 方面军的进攻计划。我仔细研究了最高统帅部制订的柏林战役计划之后得出结论，认为这一计划制订得很好，完全符合当时的战役战略形势。

3 月 31 日，乌克兰第 1 方面军司令员科涅夫元帅到达总参谋部，立即参加了对柏林战役总计划的研究，随后他又报告了乌克兰第 1 方面军的进攻计划草案。

据我的记忆，当时我们大家在一切原则问题上都是一致的。

1945 年 4 月 1 日，最高统帅部听取了安东诺夫关于柏林战役总计划的报告，之后，又听取了我有关白俄罗斯第 1 方面军进攻计划的报告和科涅夫有关乌克兰第 1 方面军进攻计划的报告。

最高统帅不同意标在总参谋部图上的白俄罗斯第 1 方面军和乌克兰第 1 方面军之间的整个分界线。他勾掉了从尼斯河到波茨坦的分界线，另画了一条只到吕本（在柏林东南 60 公里）的线。

同时他又指示科涅夫元帅说：

"倘若敌人在柏林的东接近地上进行顽强的抵抗，以致白俄罗斯第 1 方面军的进攻受阻，乌克兰第 1 方面军应准备以各坦克集团军从南面突击柏林。"

现在有一种不正确的说法，似乎近卫坦克第 3 和第 4 集团军并不是根据最高统帅部的决定，而是基于乌克兰第 1 方面军司令员的主动精神，而投入了夺取柏林的交战。为了恢复事情的本来面目，我这里引证一下科涅夫元帅 1946 年 2 月 18 日（即当记忆犹新时），在中央军队集群高级指挥人员集训中就此问题所讲的话。

"当 4 月 16 日 24 时左右我向斯大林报告进攻发展顺利时，他给我下达了如下指示：'朱可夫遇到了困难，你让雷巴尔科和列柳申科的部队转向采连多尔弗突击，记得吗？就像在最高统帅部商定的那样做。'"

对柏林的进攻，决定不等白俄罗斯第 2 方面军，于 4 月 16 日开始。根据确切的计算，白俄罗斯第 2 方面军在 4 月 20 日之前无法从奥得河开始进攻。

4 月 1 日晚，在有我在场的情况下，最高统帅签署了下达给白俄罗斯第 1 方面军的关于准备和实施攻占柏林的战役的训令，以及在 12—15 日内前出到易北河的指令。

决定以 4 个诸兵种合成集团军和两个坦克集团军的兵力，从屈斯特林登陆场实施主要突击。计划在突破敌人防御后，才将坦克集团军投入交战，从北面和东北面迂回柏林。方面军第2梯队（戈尔巴托夫上将的第3集团军）也准备用于主要方向。

给乌克兰第1方面军的训令草案，最高统帅是晚一天签署的。这是因为根据分界线有了改变和该方面军要准备以坦克集团军从南面突击柏林等情况，对这一训令草案做了必要的修改。

该训令给乌克兰第1方面军规定的任务是：

——粉碎科特布斯和柏林以南的敌军集团；

——将敌"中央"集团军群的主力与敌柏林集团隔绝开来，从南面保障白俄罗斯第1方面军的进攻；

——不迟于10—12天内前出到别耶里特次—维滕贝格地区，然后沿易北河直达德累斯顿；

——方面军的主要突击应指向施普伦贝格；

——近卫坦克第3和第4集团军，应在主要突击方向上的敌人防御被突破后，才投入交战。

鉴于白俄罗斯第2方面军仍在对但泽东南和格丁尼亚以北地域的德军进行紧张的战斗，最高统帅部遂决定该方面军的基本兵力应开始向奥得河变更部署，以便不迟于4月15—18日替换科尔贝格—施韦特地段上的白俄罗斯第1方面军的波兰第1集团军和第61集团军。同时命令罗科索夫斯基的方面军在但泽和格丁尼亚地域留下部分兵力，以便彻底肃清该地的敌军集团。

在最高统帅部讨论柏林方向进攻总计划的过程中，对白俄罗斯第2方面军的目标和任务也做了基本的规定。

由于白俄罗斯第2方面军开始进攻的时间要晚4昼夜，所以没有召唤罗科索夫斯基元帅来最高统帅部讨论柏林战役计划。

白俄罗斯第1方面军在其开始进攻的最紧张的日子里，其右翼将是暴露的，它无法与白俄罗斯第2方面军部队进行战役战术协同。

我们不仅认真考虑了白俄罗斯第2方面军被迫推迟进攻开始时间这一情况，而且也认真估计了它在奥得河下游强渡该河过程中不可避免地会碰到的困难。奥得河下游有东西两个很大的河床，各宽150—250米，深达10米。据我们计算，白俄罗斯第2方面军即使以最快的速度行动，至少也要两三昼夜时间，才能强渡过这两个河床和建立必要的登陆场。因而实际上要到4月23—24日，它才能开始对柏林以北之敌作战，而到那时，白俄罗斯第1方面军已应该冲击柏林。

当然，最好再等待五六个昼夜，以便三个方面军能同时展开柏林战役，但是正如我前面已讲过的那样，最高统帅部考虑到当时的军事政治形势，不可能将战役拖到更晚的时间。

在4月16日前，我们剩下的时间已经很少，而急需完成的工作却很多。需要调整我方面军的部署，需要给部队运送大量的物资器材。为了进行像攻取柏林这样极端重要而不寻常的战役，方面军部队还需要进行全面的战役战术训练和专门训练。

在整个战争过程中，我曾是许多重大进攻战役的直接参加者，但当前攻取柏林的会战，却是任何其他战役都无法比拟的一个特殊战役。方面军部队必须突破绵密的、成梯次配置的各个坚固的防御地区，从奥得河开始，直到有坚固筑垒工事的柏林为止。必须在柏林的接近地上粉碎巨大的法西斯德军集团，而在夺取法西斯德国首都时，还必然会遇到敌人的殊死顽抗。

在考虑当前战役的时候，我不止一次地回忆起莫斯科大会战的情况。当时强大的敌军集结在莫斯科的接近地上，对防御的苏军进行了猛烈的突击。我一次又一次逐一地思考了这次会战的各个情节，并分析了交战双方的失策，目的是为了仔细地吸取这一复杂交战的经验，更好地利用这些经验于当前的战役，争取不犯错误。

转战了数千公里，掌握了实施大规模战役的经验并经受过残酷战斗锻炼的英雄的苏军，以柏林战役来结束自己胜利的途程。它渴望尽快打败敌人，结束战争。

4月1日，我从莫斯科打电话给方面军参谋长马利宁上将，告诉他说：

"全部批准了，没有什么特别的变化。我们的时间很少。你马上采取措施。我明天乘飞机回去。"

这一简短的指示，已足以使马利宁理解，必须立即着手实施计划规定的战役准备措施。

在战争过程中，我们从未攻取过像柏林这样巨大的、有坚固设防的城市。柏林的总面积几乎相当于900平方公里。它的众多的地下建筑物使敌军得以实行广泛的机动。

我侦察航空兵曾六次拍摄了柏林、柏林所有的接近地和防御地带。根据拍摄的照片、缴获的文件及俘虏的口供制作了详细的图表、计划和地图，并发给了所有的部队和连以上的（连长包括在内）各级指挥员和司令部。

工程兵部队制作了一个柏林市及其郊区的精确的模型，借以研究如何组织对柏林的进攻和总冲击以及争夺城市中心的战斗等问题。

从4月5—7日，召开了战役准备会议，并利用地图和柏林市模型进行了首长军事导演。会议和军事导演进行得十分生动并富有创造性。参加军事导演的有各集团军的司令员、参谋长和军事委员，方面军政治部主任，方面军和集团军的炮兵司令员，各独立军军长和方面军各兵种首长。方面军后勤部长也参加了这次会议，他详细研究了战役的物质保障问题。从4月8—14日，在各集团军、军、师和各兵种部队中也进行了更细致的军事导演和作业。

由于方面军的后方交通线拖得很长，而在东波美拉尼亚战役中又消耗了大量物资，因而在柏林战役开始前尚未能建立起必要的物资储备。在这种情况下，方面军和各集团军的后勤工作人员的确需要作出英雄般的努力。事实证明，他们都是很称职的。

进行战役准备时，我们大家都在思考用什么办法可以更好地惊吓和压制敌人。于是就产生了使用探照灯进行夜间冲击的想法。

决定在黎明前两小时实施猛烈的突击，并用140部对空探照灯突然地照射敌人阵地和冲击的目标。

在战役准备过程中，曾向战役参加者表演了探照灯照射的效果。大家都一致同意采用这种办法。

进行军事导演时，在演练突破敌奥得河战术防御的过程中，曾认真地讨论了有关坦克集团军的使用问题。考虑到敌人在泽劳弗高地上有坚固的战术防御，遂决定在攻克这些高地后，才将坦克集团军投入交战。

自然，我们也没有指望我坦克集团军在敌战术防御被突破后，就能突入敌广阔的战役纵深，就像以往在维斯瓦河—奥得河和东波美拉尼亚等战役中所做的那样。在上述战役中，我坦克集团军曾遥遥向前突进，从而给诸兵种合成集团军的急剧推进创造了一切必要的条件。

例如在维斯瓦河—奥得河战役中，近卫坦克第2集团军曾脱离诸兵种合成集团军达70公里的距离。而在柏林战役中就不会出现这种情况，因为到柏林的直线距离也不超过60—80公里。

根据以上情况，我们决定采取如下做法：当方面军第1梯队的突击力量显得不足以迅速克服敌战术防御，以致进攻可能受阻时，即投入两个坦克集团军以摧毁敌人防御。这将加强诸兵种合成集团军的突击力量和有助于完成对奥得河和泽劳弗高地地域敌战术防御的突破。

按照最高统帅部的训令，近卫坦克第1和第2集团军投入交战后，应从东北突击柏林和从北面迂回柏林。但在战役推演过程中，我和方面军司令部领导人都产生了极大的顾虑，担心在方面军主要方向上的近卫第8集团军的进攻地带上，特别是在距德军防御前沿12公里的有坚固筑垒的泽劳弗高地地域能否顺利地突破敌人的防御。

更由于右邻白俄罗斯第2方面军晚于我们发起进攻，因而突破敌人防御的任何拖延都会给方面军造成非常不利的形势。为了防止任何意外情况出现，我们决定将卡图科夫将军的近卫坦克第1集团军配置在崔可夫的近卫第8集团军后面的出发位置上，以便在必要时它能在近卫第8集团军的地带上立即投入战斗。

我自己承担了改变最高统帅部训令规定任务的责任，然而我仍然认为自己有义务向最高统帅部报告此事。

斯大林在听完我的理由后说：

"你认为需要怎么做，你就怎么做，你在现地看得更清楚些。"

这时在敌人方面有些什么情况呢？

德国最高统帅部把柏林会战视为东战场的决定性会战。为了鼓舞军队的士气，希特勒在4月14日的号召书中写道：

"我们预见到了这一突击，并组成了强大的防线以对付敌人的突击。我们将用无比强大的炮火来迎接敌人。无数新的兵团、混成部队和民卫部队将弥补我步兵的伤亡，加强我军的战线。柏林将仍旧是德国的柏林。"

希特勒以三个集团军群分别防御东战场各主要战略方向。沿奥得河设防的"维斯瓦"集团军群从东北和东面掩护柏林的接近地。在它以南，有"中央"集团军群从东北面防御萨克森区和通往捷克斯洛伐克工业区的接近地。"南方"集团军群则掩护奥地利和捷克斯洛伐克的东南接近地。

"维斯瓦"集团军群本来是准备要对白俄罗斯第1方面军实施反突击的。在该集团军群被粉碎并丢失波美拉尼亚登陆场后，其残余部队即退过奥得河，用以加强柏林方向的防御。德军统帅部正急忙编组新的，主要是党卫军的部队和兵团，以加强"维斯瓦"集团军群。例如，仅仅德布里茨的一个训练营地，在短期内就为该集团军群编组了三个师。

对柏林直接接近地的防御，最初由希姆莱领导，所有一切领导职务也都交由党卫军的将军们负责。希特勒统帅部以此来强调局势的特别严重性。在1945年三四月份，从各个方向抽调了9个师投入柏林方向。

前德国最高统帅部作战部长约德尔上将供称："为了在俄国人开始决定性进攻之前保障东线部队获得必要的补充，我们不得不解散了整个预备队，也就是所有的步兵、坦克兵、炮兵和专业兵种的后备部队以及军事院校，把它们的人员都用以补充作战部队。"（见纽伦堡审讯材料）

德军统帅部制订了柏林方向的详细防御计划。它期望在柏林战略前沿地带——奥得河的防御战中能够取胜。为此，它采取了下列措施：

给掩护柏林市的布塞的第9集团军加强了人员和装备。在它的后方编组了新的师和旅。第一线兵团的人员差不多已按编制数配齐。特别注意了坦克和强击炮兵在防御中的集中和使用问题。

在奥得河与柏林之间建立了绵密的防御工事配系，它是由一系列连续的、各有数条散兵壕的防御地区所组成。主要防御地带有多达五道连续不断的堑壕。敌人还利用了湖泊、河川、运河和沟壑等各种天然障碍。所有的居民地都构筑成环形防御。

在柏林的东北地域组建了"施泰因"集团军群，其任务是突击白俄罗斯第1方面军的翼侧。调往该处的有精锐的海军陆战部队。

此外，为防御柏林还采取了"专门措施"，城市按其所辖范围划分成为8个防御地区。另外还有第9个特别防御地区，负责掩护政府各办公大楼、帝国办公厅、秘密警察总部和国会大厦所在的柏林市中心区。

在城市的直接接近地上构筑有三层防御地区：外阻击区、外城廓和内城廓。在市内大街上设有坚固的街垒、防坦克障碍物、鹿砦和混凝土工事。房舍的窗户都经加固而变成了发射孔。

成立了柏林城防司令部，它警告居民要做好激烈巷战和逐屋战斗的准备，说战斗将在地面和地下进行，建议充分利用地下铁道、地下下水道网和通信器材。城防司令部发布的专门命令，要求把所有的住宅都变成堡垒。每条街道、小巷和沟渠，每个广场、每幢房屋及每座桥梁都成了总的城市防御的组成部分。为进行巷战而组建的二百个民众突击队营都经过了专门训练。

所有的高射炮兵部队都用于加强柏林接近地和城市本身的炮兵防御。有600多门大、中口径高射炮参加了城市的对坦克和对步兵防御。即使在修理中的坦克，只要火炮还能射击都被用作火力点，隐蔽在十字路口和铁路桥旁。希特勒法西斯青年团的团员组成了坦克歼击队，它们装备了长柄火箭弹。

参加柏林防御工作的有40多万人。城内集中了精锐的警察和党卫军部队。原来部署在附近地域的许多党卫军的团和独立营，被调来防御市中心区的特别地区。这些党卫军部队由希特勒的卫队长蒙克率领。

法西斯德军统帅部认为，它能迫使我军一个又一个地来啃这些防御地区，从而尽可能拖长交战时间，削弱我军部队的力量，并将其阻止在接近地上。它计划用苏军在莫斯科接近地对付德军的同一办法来对付我军。然而这种打算是注定要落空的。

柏林战役前事态的发展，使得我们极难对敌人隐瞒自己的企图。任何人，甚至不懂军事学术的人都清楚，奥得河是柏林的咽喉，一旦奥得河被突破，就会马上直接对柏林实施突击。这是德国人意料中的事。

后来，约德尔将军在纽伦堡供称：

"总参谋部知道，柏林会战将决定于奥得河的战斗，""因而防御柏林的第9集团军的主要兵力都配置在前沿。紧急组建起来的预备队则准备集中于柏林以北，以便随后对朱可夫元帅部队的翼侧实施反突击。"

在准备这次进攻时，我们完全了解，我们对柏林的突击将是德国人意料中的事。因而方面军领导人仔细地考虑了，怎样使这次突击组织得令敌人感到最为突然。

我们决定使用大量航空兵、坦克、炮兵和物资储备，突然全力地猛攻防守的敌军，争取迅速压住敌人，把他打个晕头转向。然而要在短期内在作战地域内隐蔽集中如此大量的技术兵器和器材，的确需要进行无比庞大的工作。

无数载有炮兵、迫击炮兵和坦克部队的列车，经过整个波兰滚滚而来。从外表上看，这全是些民用列车，平板车上运的都是木材和干草。然而一旦列车到达卸车站，撤去伪装之后，就有坦克、火炮、牵引车开下平板车，并立即驶入掩蔽工事。空的列车向东驶去，而越来越多的载有技术兵器的新的列车又源源不断地开来。就这样，方面军补充了大量的重型火炮、迫击炮、火炮牵引车和其他技术兵器。

3月29日，当波美拉尼亚最后的枪炮声停息后，炮兵和坦克遵守着严格的伪装规定，开始向南调动。奥得河东岸所有的大小森林都驻满了部队。柏林方向上集中了数万门各种口径的火炮和迫击炮。需要给每门火炮构筑发射阵地、炮手班用的土窑以及弹药壁坑。

白天登陆场上往往荒无人烟，但一到夜晚就活跃起来。成千上万的人在用铁铲、铁棒、十字镐掘地。由于春天地下水即将到来，泥泞季节已经开始，这一工作变得更加困难。这些天晚上总共掘土达180多万立方。而一到清晨，却看不见这一巨大作业的丝毫痕迹。对一切都做了仔细的伪装。

夜间，坦克、炮兵以及装载弹药、燃料和粮食的车辆行驶在许许多多的道路上和田野里。战役开始前，光是炮弹就需储备714.7万发。为了保证我军进攻作战的胜利，在供应方面决不能有丝毫中断。战役的特点要求将弹药从方面军仓库不停留地直接运往部队，而不经过集团军和师的仓库的中间环节。

铁路路基改成了俄国轨道的宽度，因而弹药差不多直接运到了奥得河。要想象这些运输的规模，只要提一下下述情况就行了：倘若把给这次战役运送物资的列车排列成一条直线的话，其长度将超过1200公里。

我们完全相信，部队不会在弹药、燃料和粮食方面感到不足。的确，供应组织得很好，当我们开始冲击柏林时，我们所有的弹药还和刚从奥得河登陆场出发时一样多。在从奥得河到柏林的整个进攻期间，弹药的供应始终是充分的。

对柏林战役所进行的整个准备工作，就其规模和紧张程度来说，是前所未见的。在白俄罗斯第1方面军的比较狭窄的地段上，短时间内就集中了77个步兵师、3155辆坦克和自行火炮、14628门火炮和迫击炮，以及1531门火箭炮。我们相信，拥有这些兵力和兵器的我军，一定能在最短的时间内粉碎敌人。

如此大量的技术兵器、人员和物资器材都得渡过奥得河。这就需要构筑许多桥梁和渡口，以便不仅保障部队的调动，而且保障它们不断获得供应。奥得河有的地方宽达380米。春天河里的流冰也开始了。而且工程作业是在战线近旁，在敌人炮兵和迫击炮的不断射击和航空兵的袭击下进行的。但是在各兵团开始渡过奥得河进入出发地域前，终于建成25座桥梁和40个门桥渡口。渡口地域由多层高炮火力和数十架歼击机巡逻掩护。

从2月初开始，敌人在奥得河的活动一直是很积极的。在3月份和4月的上半月，敌人为消除我在屈斯特林地域的登陆场而进行的紧张战斗，一天也没有停止过。为了消灭桥梁和渡口，敌人除了用轰炸航空兵进行大规模突击外，还使用了有翼飞弹和漂雷。但是损坏很快就被修复，桥梁仍然存在。埋在地下和架在电线杆上的数千公里长的电话线也已架设完毕。

在方面军的主要突击地段上，突破正面的火炮密度达每公里270多门76毫米以上口径的火炮。

在进行战役战术准备和物质准备的同时，各级军事委员会、政治机关和党组织也为最后柏林战役的准备方面进行了大量的党政工作。

在这些日子里，我们纪念了列宁75周年诞辰。革命领袖的名字使部队的整个教育工作充满生气。在结束战争的这一历史时刻，战士们和军官们对党的认识空前提高。参加共产党队伍的人数增加了。我曾在4月中旬参加了第5突击集团军步兵第416师的一次党的会议。会上所有发言的人都说，在当前的战役中，特别是在冲击柏林的时候，每个共产党员应以个人的模范行动来带领战士。热烈发言的不仅有党员，还有向党保证决心尽快消灭法西斯主义的非党员士兵。

对于方面军军事委员捷列金中将，我应该说几句赞扬的话。捷列金以充沛的创造性精力，通过方面军政治部领导了方面军部队的全部党政工作。他亲自到过许许多多的部队和分队，号召指战员为祖国建树功勋。

同时，我们就如何正确对待德国和平居民的问题，给部队做了大量的解释工作。德国居民深受希特勒分子的欺骗，现在承担着战争的全部重担。应当说，正是由于我党中央及时地下达了指示和我们在部队中做了广泛的解释工作，才得以避免在某些战士中可能出现的不应有的行为，这些战士的家庭曾因希特勒分子的兽行和残暴行为而遭受到极大的苦难。

我在前面已经谈过，粉碎柏林敌军集团和夺取柏林的任务，应由白俄罗斯第1方面军在乌克兰第1方面军部分兵力的协助下完成。

在白俄罗斯第1方面军和乌克兰第1方面军之间，建立了经常性的战役和战术的协同动作。它们之间的协同动作，由最高统帅部负责协调和监督。

例如在战役过程中，最高统帅部曾进一步明确了白俄罗斯第1方面军右翼部队集群与前出到波茨坦—拉特诺—勃兰登堡地域的乌克兰第1方面军坦克第4集团军之间的协同动作，以便形成对整个柏林敌军集团的战役合围。

为了在白俄罗斯第1方面军和乌克兰第1方面军突破奥得河和尼斯河防线后，不让敌第9集团军撤往柏林，我们在制订战役计划时，决定以第33和第69集团军的兵力从奥得河畔法兰克福（法兰克福—柏林铁路以南）地域出发，向邦斯多夫总方向实施辅助突击。

最高统帅部还命令乌克兰第1方面军司令员以该方面军右翼部分兵力从科特布斯地域向文季什—布赫戈利茨实施突击，以便与白俄罗斯第1方面军左翼部队一起切断第9集团军同柏林的联系，并将其消灭。

白俄罗斯第1方面军第3、第33和第69集团军以及乌克兰第1方面军近卫第3和第13集团军加上近卫坦克第3集团军和第28集团军的部分兵力实施突击，德军布塞将军的第9集团军的为数20万人的整个东南集团被切断了与柏林的联系,并很快被消灭掉。

有必要强调一下白俄罗斯第 1 方面军近卫坦克第 1 集团军所起的重大作用。该集团军前出到柏林东南郊后,切断了第 9 集团军撤往柏林的退路,从而减少了后来近卫第 8 集团军在柏林市内的战斗。

下面我想较系统地讲一讲具有历史性的柏林战役的经过。

在我军进攻开始前两天,进行了全线侦察。兵力各达 1 个步兵营的 32 个侦察支队,在 4 月 14 日和 15 日的两昼夜时间内,用战斗查明了敌人防御的火力配系、敌军的部署及其防御地带的强弱点。

进行火力侦察还有另一方面的目的。迫使德军把更多的有生力量和技术兵器调到前沿是对我军有利的,因为这样在 4 月 16 日实施进攻的炮火准备时,就可以方面军全部炮兵的火力予以覆盖。4 月 14 日和 15 日进行侦察时,还伴随了有大口径火炮参加的猛烈的炮兵射击。

敌人把这一侦察当作了我军进攻的开始。只要列举下面一点事实就足够说明问题了:我各侦察支队作战的结果,一些德军部队被赶出了它们所占领的第 1 阵地,而且几乎德军的全部炮兵都参加了抗击我侦察部队的进攻。

我们的企图实现了。敌人急忙将自己的预备队调往第 2 阵地。然而我军却停止向前推进而在现地固守下来。这使敌军统帅部迷惑不解。事后查明,有的德军司令官还把这看成我军进攻受挫。

在战争年代里,我军照例是从清晨开始实施突破前的炮火准备,因为步兵和坦克需要在白昼实施冲击。敌人对此已习以为常,因此,他绝没有料到我军将进行夜间冲击。我们也就决定利用这一点。

在开始炮火准备和航空兵准备的几个小时以前的深夜,我前往近卫第 8 集团军司令员崔可夫将军的观察所。

途中,我见到了许多诸兵种合成兵团和坦克兵团的指挥员,以及近卫坦克第 1 集团军的司令员卡图科夫将军和参谋长沙林将军。他们都通宵未睡,正在再一次检查所属部队战斗准备的细节。

卡图科夫将军和沙林将军的预见性使我感到高兴。原来他们还在昨天早上,就把预定在本集团军第 1 梯队行动的各兵团指挥员,派去近卫第 8 集团军各军长的观察所,以便商定协同动作的细节和投入突破口的条件。

从近卫坦克第 1 集团军司令员处,我又打电话到波格丹诺夫的近卫坦克第 2 集团军司令部。他不在司令部,而在集团军司令员库兹涅佐夫那儿。来接电话的是近卫坦克第 2 集团军的参谋长拉济耶夫斯基。当我询问预定在第 1 梯队行动的各兵团指挥员在何处时，他回答说：

"在前面，由于当前的工作，他们正在库兹涅佐夫的各'单位'中。"

战争年代里我坦克兵指挥员在战役战术方面的这种进步，只会令人感到高兴。

带着这种情绪，我和军事委员捷列金及方面军炮兵司令员卡扎科夫来到近卫第 8 集团军司令员崔可夫的观察所。该集团军的军事委员、参谋长、炮兵司令员，以及其他将军和高级军官也在那里。

正值夜里 3 时。各级组织都在对进攻开始前的战斗准备做最后的检查。一切都进行得认真而镇静，没有过分自信和对敌人估计不足的现象。可以感觉得到，部队准备做认真的搏斗。与强大、有经验而且顽固的敌人交战时，正应该这样。

一个半钟头之后，我们结束了全部检查。确定于晨 5 时进行炮火准备。表针走得比任何时候都慢。为了设法度过剩下的时间，我们大家决定喝一杯浓浓的热茶，这茶是一位姑娘就在地窖内准备的。记得她不知为什么叫一个非俄罗斯的名字——马尔戈。我们默默地喝着茶，每个人都思考着问题。

在炮火准备前 3 分钟整，我们大家走出地窖，在观察所占据了自己的位置。这个观察所是第 8 集团军工程兵主任特别用心构筑的。

昼间，从观察所可以看见奥得河沿岸的整个地势。此刻这儿却为黎明前的雾所笼罩着。我看了看手表：刚好是早晨 5 时整。

立刻，数千门火炮、迫击炮和神奇般的"喀秋莎"火箭炮射击的火光，把整个大地照得雪亮。紧接着响起了火炮发射以及炮弹、迫击炮弹和航空炸弹爆炸的震天动地的隆隆声。在空中，轰炸机的不间断的轰隆声也越来越大。

敌人方面，在最初一瞬间还哒哒地响了一会儿机枪，随后转入一片寂静，似乎连一个生物都没有剩下。在 30 分钟猛烈的炮火射击过程中，敌人未发射二发炮弹，这表明敌人已受到充分压制，其防御配系已被打乱。于是决定缩短炮火准备的时间，立即发起总攻。

空中升起了数千枚五彩纷飞的信号弹。根据这一信号，间距为 200 米的 140 部探照灯一下子都开亮了起来。1000 多亿度电光照亮了战场，它使敌人月眩眼花，它从黑暗中显露出我坦克和步兵的冲击目标。这是一个给人留下非常强烈印象的场面，可以说，我一生从未有过类似的感受……

炮兵更加猛烈地射击，步兵和坦克协同一致地冲向前去，猛烈的两层徐进弹幕射击伴随着他们冲击。到黎明时，我军已克服敌第一阵地，并开始冲击第二阵地。

敌人在柏林地域有大量飞机，但是在夜间却无法有效地使用它们，而到早上我各冲击梯队又距敌军如此之近，以致敌飞行员要轰炸我先遣部队，就有击中自己部队的危险。

希特勒军队完全被埋葬在一片炮火和钢铁的海洋之中。掀起的烟尘在空中形成了一道厚厚的烟墙，有的地方甚至探照灯的强烈光芒也照射不透。

我们的航空兵一大批一大批地从战地上空飞过。夜里数百架轰炸机突击了我炮兵达不到的远距离目标，其余的轰炸机则在早晨和昼间协同部队作战。在交战的头一昼夜里，出动的轰炸机达6550架次以上。

第一天，单是炮弹就计划发射119.7万发，而实际上发射了123.6万发。2450车皮的炮弹，即差不多9.8万吨钢落到了敌人头上。纵深达8公里范围内的敌人防御都被消灭和受到压制，在一些有敌抵抗枢纽部的地段上，遭到消灭和压制的范围甚至达到纵深10—12公里。

后来，当德军坦克第56军军长、炮兵少将维德林在方面军司令部受审问时，关于这一天的情况他是这样讲述的：

"4月16日，在进攻的最初几个钟头里，俄国人就突破了步兵第101军右翼的'柏林'师地段，从而造成了对坦克第56军左翼的威胁。下半天，俄国坦克又突破了属于党卫军坦克第11军编成内的步兵第303师的地段，形成了从翼侧突击'明谢贝格'师各部队的威胁。同时，俄国人还从正面对我这个军的地段施加了强大的压力。4月16日夜间，我这个军的部队在遭受重大伤亡后，被迫退到泽劳弗以东的高地。"

4月16日晨，在方面军的各个地段上，部队均顺利向前推进。但是敌人在醒悟过来后，就开始从泽劳弗高地用炮兵和迫击炮进行抵抗，从柏林方面也出现了敌轰炸机群。我军越抵近泽劳弗高地，敌人的抵抗就越激烈。

这一天然防线高居四周地势之上，且坡面陡峭，在各方面都成为向柏林进攻途中的严重障碍。它犹如一面厚墙挡在我军面前，掩护着它后面的一片高原，而在这片高原上应当展开柏林近接近地上的交战。

正是在这儿，在泽劳弗高地的脚下，德国人企图阻止我军的推进。他们在这里集中了最大量的兵力和兵器。

泽劳弗高地不单限制了我坦克的行动，对我炮兵也是重大的障碍。它遮盖着敌人防御纵深，使得从我方地面上无法对敌纵深进行观察。我炮兵只好加强火力来克服这些困难，而且往往只好实施面积射。

对敌人来说，守住这一最重要的防线，还有其精神上的作用。因为在它的后面就是柏林。希特勒的宣传机关千方百计地强调泽劳弗高地具有决定意义，吹嘘它是不可克服的，有时把它称之为"柏林之锁"，有时又称之为"无法攻克的堡垒"。

到13时，我已清楚了解到，敌人在这里的防御基本上还是完整的，倘若我们仍旧保持开始冲击和进攻时的那种战斗队形，要攻克泽劳弗高地是不可能的。

为了加强冲击部队的突击力和可靠地突破敌人防御，经与各集团军司令员商议之后，我们决定把卡图科夫将军和波格丹诺夫将军的两个坦克集团军投入交战。14时30分，我从自己的观察所已看到近卫坦克第1集团军的各第1梯队在运动。

15时，我打电话给最高统帅部报告说："敌人的第1和第2防御阵地已被我突破，方面军部队向前推进了6公里，但在泽劳弗高地一线遇到敌人顽强的抵抗，看来敌人在该处的防御基本上还是完整的。为了加强各诸兵种合成集团军的突击力，我已把两个坦克集团军投入交战。我认为到明天日终时我们将突破敌人的防御。"

斯大林仔细地听完我的报告后，镇静地说：

"在科涅夫那儿，敌人的防御要弱些。他比较容易地就渡过了尼斯河，向前推进时也未遇到特别的抵抗。你要用轰炸航空兵来支援各坦克集团军的突击。晚上你再打电话给我，报告你们那儿的情况。"

晚上我又向最高统帅报告了在泽劳弗高地接近地上遇到的困难，并说在明天晚上以前将不可能攻克这一防线。

这一次，斯大林同我谈话已不像白天那样冷静：

"你没有按最高统帅部的要求去做，而让近卫坦克第1集团军在近卫第8集团军的地段上投入交战，结果毫无益处。"随后他又问道，"你们有把握在明天攻克泽劳弗高地防线吗？"

我尽量保持冷静地回答说：

"明天，4月17日结束前，一定能突破泽劳弗高地的防御。我认为，敌人为抵抗我军在这里投入的部队越多，我们攻克柏林就会更快，因为在开阔地比在城市里更容易消灭敌军。"

"我们打算命令科涅夫让雷巴尔科和列柳申科的两个坦克集团军从南面突击柏林。而对罗科索夫斯基，则打算命令他加速渡河，也从北面对柏林实施迂回突击。"斯大林说。

我回答说：

"科涅夫的两个坦克集团军完全能够迅速地推进，应该让它们突击柏林。至于罗科索夫斯基，他不可能在4月23日以前展开进攻，因为他在强渡奥得河时还会耽搁。"

斯大林相当冷淡地说了句"再见"来代替回答，就放下了话筒。

很快，我们收到了最高统帅部给乌克兰第1方面军和白俄罗斯第2方面军下达的指令：命令科涅夫用近卫坦克第3集团军经措森从南面进攻柏林，并让近卫坦克第4集团军前出到波茨坦；而对罗科索夫斯基，则命令他加速强渡奥得河，并以部分兵力从北面向柏林迂回进攻。

从4月17日清晨起，在方面军的各个地段上展开了激烈的交战，敌人进行拼死抵抗。然而到傍晚，头天投入交战的我各坦克集团军，在各诸兵种合成集团军的协同下，在一系列的地段上突破了泽劳弗高地的防御。敌人经受不住我坦克集团军的突击，开始退却。4月18日晨，泽劳弗高地被我攻克。

突破泽劳弗高地防线后，我们就有了将所有的坦克兵团在宽大正面上投入交战的可能。

然而到4月18日，敌人仍然企图阻止我军的推进。他投入了全部预备队，甚至抽调柏林的城防部队来抵抗我军。只是在4月19日，当德国人受不住我各坦克集团军和诸兵种合成集团军的压力，在遭受重大伤亡后，才开始退向柏林防御地域的外城廓。

几天之后，马利宁报告我收到了最高统帅部的指示，内容是取消以前的要罗科索夫斯基的白俄罗斯第2方面军从北面迂回进攻柏林的指令。十分明显，白俄罗斯第2方面军部队要强渡奥得河的极复杂的水系，还要克服敌人在该地的防御，他们不可能在4月23日前投入进攻。

事件的实际进程表明，白俄罗斯第2方面军只是在4月24日以后才能以主力展开进攻，而那时柏林市内已在进行巷战，白俄罗斯第1方面军部队的右翼集团已从北面和西北面迂回了柏林。

在4月16日和17日交战过程中以及在后来，我曾一次又一次反复地分析过方面军部队的战役布势，以求弄清在我们的决心中是否包含可能使战役受挫的错误。

错误是没有的。然而必须承认，我们有一点疏忽，致使突破战术地幅的交战拖长了一两天。

在进行战役准备时，我们对泽劳弗高地一带地形的复杂性有些估计不足，未料到在这一带敌人有可能组织起难以克服的防御。敌人距我出发地区10—12公里，隐蔽在很深的地下，特别是隐蔽在高地的反斜坡上，其兵力和技术兵器都不易被我炮火和航空兵的轰炸所损伤。诚然，我们准备柏林战役的时间极为有限，也不能以这一点来为自己辩解。

战役准备不够充分的过失主要应由我承担。

我想，有关的集团军司令员，即使不公开表示，但当他们扪心自问的时候，也会承担起本集团军对攻取泽劳弗高地准备不足的责任的。在制订炮兵进攻计划时，本来是应当考虑到在这一地域克服敌人防御的困难的。

现在，当过了许久之后再来思考柏林战役计划时，我得出的结论是：粉碎柏林敌军集团和夺取柏林完全正确，但可以用稍许不同方式来实施这一战役。

毫无疑问，在目前，当我们对情况已有详尽而全面的了解时，是比那时更容易思考如何制订战略计划的，而在当时我们实际上是必须演算一个具有多个未知数的方程式。虽然如此，我想谈一谈自己有关这一问题的想法。

夺取柏林的任务，本来从一开始就必须交予两个方面军，即白俄罗斯第1方面军和乌克兰第1方面军来共同完成。它们之间的分界线应当定为：奥得河畔法兰克福—菲尔斯滕瓦尔德—柏林市中心。采取这一方案，白俄罗斯第1方面军的主要兵力集团就可在较窄的地段上，从东北、北面和西北面对柏林实施迂回突击。乌克兰第1方面军则可以其主力集团从最近的方向突击柏林，并从南面、西南和西面包围柏林。

当然，还可以采取另一方案：夺取柏林的任务仍交予一个方面军，即白俄罗斯第1方面军完成，但至少要给它的左翼加强两个诸兵种合成集团军、两个坦克集团军、一个航空兵集团军以及相应的炮兵和工程兵部队。

采取这一方案，战役的准备和指挥会变得复杂一些，然而将大大简化在粉碎柏林敌军集团时，特别是攻取柏林时兵力和兵器的总的协同动作。各种各样的摩擦和误会也将减少。

至于白俄罗斯第2方面军，对它的进攻可以组织得更简单一些。

可以在斯德丁—施韦特地域留下一支不大的掩护部队，而把方面军的主力集中在施韦特以南，并使其与白俄罗斯第1方面军的右翼相衔接；甚至还可以用该方面军已渡过奥得河的翼侧兵力展开作战，向西北方向实施突击，以孤立敌斯德丁—施韦特集团。

由于一系列的原因，在最高统帅部审查和批准柏林战役计划时，未提出这些方案。而最高统帅部采用了以宽大正面突击的方案。

下面，我们仍回过头来叙述当时的事件。

在交战的最初几天里，白俄罗斯第1方面军的两个坦克集团军毫无办法向前突进。它们只能在与各诸兵种合成集团军密切协同的情况下作战。与第3和第5突击集团军共同战斗的波格丹诺夫将军的近卫坦克第2集团军比较顺利一点。而且自4月18日以后，在该集团军的方向上，敌人的抵抗也较弱一些。

乌克兰第1方面军的进攻，从第一天起，就发展得较快。正如预料的一样，在该方面军的突击方向上，敌人的防御比较薄弱，在这种情况下，该方面军的两个坦克集团军在4月17日晨就投入了交战，它们推进20—25公里后，强渡了施普雷河，并从4月19日晨开始向措森和卢肯瓦尔德推进。

然而当科涅夫的部队接近措森地域时，由于敌人加强了抵抗，乌克兰第1方面军部队的推进速度减慢了。而且地形特点，也使雷巴尔科将军的坦克集团军难于以展开的战斗队形行动。方面军司令员科涅夫曾因此给雷巴尔科发去如下电报：

"雷巴尔科同志，你们又在成单线推进了。一个旅作战，整个集团军都停着。我命令你们以展开的战斗队形，沿数条路线，经由沼泽地通过巴鲁特—卢肯瓦尔德地区……执行情况向我报告。

科涅夫

1945年4月20日"

4月20日，即战役的第5日，库兹涅佐夫上将指挥的第3突击集团军所属步兵第79军的远程炮兵，对柏林开火射击。对法西斯德国首都具有历史意义的冲击开始了。这时，属于第47集团军近卫加农炮兵第30旅，由久金少校指挥的炮兵第1营，也对法西斯首都进行了齐射。

4月21日，第3突击集团军、近卫坦克第2集团军、第47集团军和第5突击集团军的部队，进至柏林城郊，并在那里展开了战斗。

第61集团军、波兰第1集团军和方面军的其他兵团则绕过柏林，迅速向易北河推进，以便在当地与盟军会师。

各进攻部队的政治部门，即第47集团军政治部（主任是卡拉什尼克上校）、第61集团军政治部（主任是科季科夫少将）、近卫坦克第2集团军政治部（主任是利特维亚克上校）、第3突击集团军政治部（主任是利西申上校）和第5突击集团军政治部（主任是科谢耶夫少将），为使军人保持高涨的进攻精神，进行了大量的政治工作。

方面军军事委员会对部队下发了如下号召书：

"白俄罗斯第1方面军的士兵们、军士们、军官们和将军们

亲爱的同志们

战斗的决定时刻到来了。柏林，法西斯德国的首都就在你们面前，而在柏林之后，则是与盟军的会合和全面战胜敌人。注定要灭亡的德军残部仍在继续抵抗。德军统帅部搜刮尽包括老人和15岁的孩子在内的最后一点民众预备队，企图阻止我军进攻，以便使自己的灭亡拖延1小时。

军官、军士和红军战士同志们！你们的部队历来享有永垂不朽的光荣。不论是在斯大林格勒城下、乌克兰草原上，还是在白俄罗斯的森林和沼泽地上，对你们来说，都不曾存在障碍。你们在柏林接近地上克服的坚固筑垒也阻挡不住你们。

在你们——苏联勇士们——面前就是柏林。你们应当占领柏林，尽快占领它，以免敌人清醒过来。以我们的技术兵器的全部威力猛攻敌人，坚定我们的胜利信念，挖掘我们的全部智慧。决不能给自己的士兵荣誉和自己的战旗的荣誉抹黑。

战友们，猛攻柏林，意味着全面的、最终的胜利。以我们的英勇果敢、各兵种的协调一致、互相间良好的支援去扫除一切障碍，急速前进。向城市中心、城市南郊和西郊前进，去迎接从西面推进的盟军。向胜利前进。

方面军军事委员会相信，白俄罗斯第1方面军享有荣誉的军人们能够光荣地完成肩负的任务，彻底排除最后的障碍，以新的胜利和新的荣誉在柏林上空树起自己的战旗。

前进，猛攻柏林！

白俄罗斯第1方面军司令员苏联元帅朱可夫

白俄罗斯第1方面军军事委员捷列金中将"

为了尽量加快摧毁敌人在柏林市内防御的速度，决定将近卫坦克第1和第2集团军与近卫第8集团军、第5突击集团军、第3突击集团军和第47集团军一起，投入攻城战斗。它们应以猛烈的炮火、航空兵的突击和坦克的突击，迅速粉碎敌人在柏林市内的防御。

4月23—24日，白俄罗斯第1方面军部队粉碎了通往柏林市中心的接近地上的希特勒部队。乌克兰第1方面军的近卫坦克第3集团军的部队，也在城市的南部展开了战斗。

4月25日，从西面进攻柏林的白俄罗斯第1方面军第47集团军的

步兵第 328 师和近卫坦克第 2 集团军的坦克第 65 旅，在凯钦地区，与乌克兰第 1 方面军近卫坦克第 4 集团军的近卫机械化第 6 军会师。

于是，数达 40 余万人的柏林敌军集团被分割成了两个孤立的集群，即柏林集群和法兰克福—古本集群。

作为方面军预备队投入交战的戈尔巴托夫将军的第 3 集团军，沿奥得河—施普雷河之间的运河发展进攻，并利用近卫坦克第 1 集团军的胜利，迅速前出到克尼格斯乌斯特豪森地域。

然后，该集团军又急剧掉头转向南面和东南面，向托伊皮特茨实施突击，并于 4 月 25 日与在西北方向进攻的乌克兰第 1 方面军的右翼部队会师，从而紧紧地合拢了对柏林东南文季茨—布赫霍尔次地域敌军集团的合围圈。

柏林市内的战斗也在顺利地发展。当方面军部队突入德国首都时，市内有一些区的防御已被削弱，因为德军统帅部曾抽调了部分柏林守备部队去加强泽劳弗高地的防御。我部队很快探索到敌防御薄弱的地域，于是进行机动，迂回过敌人的主要抵抗基点。

然而在接近市中心区时，敌人急剧增强了抵抗。双方的战斗越来越激烈。敌人在这儿有绵密的防御。德国人利用了在城市战斗中防御一方所具有的一切优越条件。多层楼房、高而厚的墙，特别是那些有地下通道相连的防空掩蔽部和掩蔽室，起了重要的作用。德国人利用这些通道，可以从一个街区转到另一个街区，甚至可以出现在我军的后方。

流经市内的施普雷河及其用混凝土筑成的高高的河岸，把柏林切成了两半。该河还环绕市中心政府各部的大楼流过。这里，每幢楼房都有兵力往往达到一个营的守备队防守着。

我军昼夜不停地进攻。一切努力都是为了不让敌人有可能在新的支撑点组织防御。各集团军的战斗队形都成纵深梯次配置。昼间由第 1 梯队进攻，夜间则由第 2 梯队进攻。

我们制订了详细的进攻计划，来对付划分成防御地区、地域和地段的柏林预有准备的防御。

我们给强击柏林的每个集团军，都预先确定了强击地带。给部队和分队则规定了具体的目标：地域、街道和广场。因而城市战斗表面看来是杂乱无章的，而实际上是根据经过周密考虑的计划进行的。歼灭性火力对准了柏林城内的主要目标。

由各兵种组成的强击组和强击队，担负了柏林市中心战斗的主要重担。

柏林巷战的中心任务，在于不让敌人有可能把他们的兵力集中起来形成拳头，而要把他们的守备部队分割在各个单独的基点上，并迅速将其歼灭。

在开始攻城以前，就为完成这一任务创造了必要的条件。首先，我军在通往城市的接近地上，曾消灭了相当一部分敌人的有生力量和技术兵器。其次，迅速合围柏林以后，我们就使得敌人不可能再机动他的预备队。最后，德国人得以调往柏林的预备队，也很快被我军粉碎了。

这一切使得我们在碰到众多障碍的情况下，仍能最大限度地缩短巷战的时间，并减轻部队摧毁敌人市内防御的困难。

步兵和坦克的每一次冲击，都得到在方面军各个地段上实施的炮兵和航空兵大规模突击的支援。1.1万门各种口径的火炮，每隔一定的时间就同时开火射击。从4月21日到5月2日，对柏林差不多发射了180万发炮弹。对敌人的城防配系总共投射了3.6万余吨钢铁。

在市内战斗的第三天，要塞炮沿专门加宽的路轨运到了西里西亚车站，用这种炮对市中心区进行了射击。每一发这种炮弹的重量为半吨。

柏林的防御土崩瓦解。

"到4月22日，"凯特尔后来在受审时供称，"已经清楚，如果不把易北河的军队全部抽调来对付进攻的俄国人，柏林一定会陷落。希特勒、戈培尔跟我和约德尔一起开会后决定：第12集团军除留下弱小的后卫对付美国人外，全力向包围柏林的俄国军队进攻。"

约德尔供称：

"4月22日戈培尔问我说，能否用军事手段来阻止柏林的陷落。我回答说，这是可能的，但必须是在这样一种情况下，即我们抽调易北河的全部军队，用以防守柏林。我按照戈培尔的意见，向元首报告了自己的想法，他表示同意，并指示凯特尔和我跟司令部一起，驻在柏林市外，亲自领导反攻。"

柏林守备部队司令官维德林在受审时供称：

"4月25日希特勒对我说：'局势会好转的。第9集团军即将到达柏林，同第12集团军一起，对敌人实施突击。这一突击应对俄国人的南翼进行。北面，将有施泰因的部队到达，他们将对敌人的北翼实施突击。'"

所有这些计划，都只是丧失了现实思考能力的希特勒及其亲信们的幻想。4月22日夜间，凯特尔离开柏林，前往第12集团军司令部，其任务是使该集团军同第9集团军会合在一起。然而第二天他根本无法返回柏林。这两个集团军都被苏军消灭。

每天都发出由希特勒签署的、类似下述内容的电报，如："第12集团军在哪里？""为什么文克不进攻？""舍尔涅尔在哪里？""马上进攻！""你们什么时候开始进攻？"等等。

关于别尔扎林上将指挥的第5突击集团军的战斗行动，在我们的书中几乎没有提到过，因此，我想谈一谈这个集团军的英勇战斗。其中，有的是我亲眼见到的，有的是集团军领导人和各兵团指挥员报告的。

这个集团军的战斗任务特别重要：它要攻占市中心包括帝国办公厅在内的各政府大楼所在的街区。帝国办公厅设有希特勒大本营。希特勒本人及其助手都在这里。考虑到这一点，除了原有的配属兵器外，我们还给第5突击集团军加强了尤休克将军的坦克第11军。

第一阶段最复杂的任务，是强击有坚固筑垒工事的西里西亚车站，和强渡有高高的混凝土堤岸的施普雷河。

从东面首先突入柏林的，是属于菲尔索夫将军的近卫第26军和热列宾将军的第32军编成内的下列部队：

——近卫第94师（师长卡斯帕梁将军，政治处主任库佐夫科夫上校）；

——近卫第89师（师长谢柳金将军，政治处主任戈尔季因科上校）；

——第266师（师长弗米钦科上校，政治处主任洛基诺夫上校）；

——近卫第60师（师长索科洛夫将军，政治处主任阿尔塔莫诺夫上校）；

——第416师（师长塞兹拉诺夫将军，政治处主任麦德日多夫上校）；

——第295师（师长多罗费耶文将军，政治处主任卢科宁上校）。

英雄的苏联军人，近四年来一直盼望着这一历史性的时刻。现在彻底清算法西斯主义的时刻来到了。

苏联军人的激动心情，是很难用言语表达出来的。

下面是步兵第266师炮兵第832团第6连的一个炮长尼科拉伊·瓦西利耶夫上士的回忆：

"傍晚，我们炮兵连来到高地上，于是我们看见了一个巨大的城市。我们充满了欢欣喜悦的感觉：这是敌人最后的防线，算账的时候到了！……我们甚至没有觉察到，一辆汽车驶到了跟前，我们的司令员别尔扎林将军从车内走了出来。他向我们问好以后，就命令我们的指挥员：'向柏林市内的法西斯分子——开火！'大概我们的射击动作，从没有这样敏捷和协调……

"卫生指导员马兰娅·尤尔钦科给我们连的炮弹写上了：为斯大林格勒，为顿巴斯，为乌克兰，为孤儿、寡妇们，为母亲们的眼泪，报仇！"

在强击柏林东部的战斗中，近卫第94师的近卫步兵第286团（团长是克拉夫钦科中校）和近卫步兵第283团（由伊格拉季耶夫中校指挥）表现特别突出。

战士们以集体英雄主义精神，奋勇向前冲击。街角有幢筑有坚固工事的房屋，阻碍着近卫第283团前进。当确信正面冲击难于攻下这幢房屋后，该团一个连的党小组长库兹涅佐夫就带领一组战士，隐蔽地迂回过去，然后从后方突击法西斯分子。敌人的支撑点被攻下了。

近卫283团的乌克拉英采夫上尉表现了无比的英勇精神。在冲击一幢房屋时，战斗转入了白刃战。这位英勇的军官扑向敌人，一个人刺死了十名法西斯分子。以他为榜样，近卫军中士斯捷潘·格罗巴扎伊和他的全班一起，消灭了数十名希特勒匪徒。

近卫第94师的共青团领导人、师政治处负责共青团工作的副主任尼科拉伊·戈尔舍列夫大尉，在战斗中英勇牺牲。他总是以自己的战斗模范作用来鼓舞士兵，哪里决定着战斗的成败，他就出现在哪里。他表现的大无畏精神和对士兵和军官们发自内心的关怀，使他获得了全师军人的尊敬和热爱。

在4月23日强击柏林的战斗中，苏联英雄罗斯雷少将指挥的步兵第9军取得了最大的战果。该军的军人以坚决的强击，攻克了卡尔斯霍尔斯特以及科佩尼克的一部分，前出到施普雷河，并从行进间强渡了该河。

人们后来向我介绍，在战斗中，以副师长卡尔金中校为首的强击队表现特别突出。攻克卡尔斯霍尔斯特之后，强击队在进攻特莱普托夫公园的过程中，从行进间占领了柏林一个很大的发电站——鲁麦尔斯堡发电站。希特勒分子已做好爆炸该发电站的准备。当卡尔金的强击队冲进发电站时，发电站还在正常工作。他们立即扫清了地雷，并与留下的工人建立了充分的协作。后者则担负了对发电站进行技术维护的义务。

卡尔金中校、奥若金中校和列文中校，因为在夺取鲁麦尔斯堡发电站时表现出了组织性、勇敢精神和英雄主义精神，也因为迅速强渡了施普雷河并攻克了其他许多目标，而被授予了"苏联英雄"称号。

强渡施普雷河时，第聂伯河区舰队的江河舰艇第1支队，特别是该支队以卡利宁中尉为首的半划艇中队，作战十分勇敢。格奥尔基·杜德尼克海军中士的小艇，冒着敌人猛烈的炮火，把步兵第301师的几个步兵连运到了敌岸。

渡河时，小艇被敌人的一发追击炮弹直接命中，起了火，杜德尼克中士本人也受了重伤。他不顾自己所受的弹伤和烧伤，仍把小艇驶到敌岸，将登陆兵送到岸上，然后把艇上的火扑灭，把小艇重新驶回对岸。但他未能到达，就在追击炮火下牺牲了。

另一艇的轮机兵萨莫赫瓦洛夫，在运送我部队渡河时，表现得极为勇敢和灵活机智。他在敌人的炮火下，消除了艇上的故障。而当艇长牺牲于敌人炮火时，他就担负起艇长的工作，继续运送我军渡河。

由于第聂伯河区舰队博布鲁伊斯克第1支队的海军军人在战斗中表现出了英勇无畏的精神，苏联最高苏维埃主席团于1945年5月31日颁布命令，以"苏联英雄"称号分别授予海军中尉卡利宁、海军军士杜德尼克、卡扎科夫和帕什科夫，以及水兵巴拉诺夫、萨莫赫瓦洛夫、索特尼科夫、菲利波夫和切里诺夫等人。红旗第聂伯河区舰队荣获了一级乌沙科夫勋章。

4月24日，第5突击集团军在激烈战斗中，继续顺利地向柏林市中心，向亚历山大广场、威廉皇宫、柏林市政管理局和帝国办公厅推进。

考虑到第5突击集团军的推进最为顺利，以及该集团军司令员、苏联英雄别尔扎林上将突出的个人品质，统帅部于4月24日任命别尔扎林为苏联驻柏林的第一任城防司令员和苏军卫戍司令员。

在那些日子里，作家弗谢沃洛德·维什涅夫斯基曾在自己的日记中，写了这样一段话："某突击集团军司令员别尔扎林上将被任命为城防司令。这是红军中最有修养的将军之一。他具有卓越的才能。"①

别尔扎林是共产党的忠实儿子和爱国者，是一位经验丰富、意志坚强、纪律性强的指挥员。别尔扎林担任集团军司令员时，在雅西—基什尼奥夫战役、维斯瓦河—奥得河战役、柏林战役以及其他战役中，都显示出他是一位富有才能的军事首长。他能深思熟虑地对待有关制订战役计划和领导部队的问题，并善于创造性地执行上级首长的命令。在自己的工作中，他总是依靠共产党员发挥作用。

军事委员博科夫中将在集团军的工作方面，给了他很好的帮助。博科夫早先在总参谋部工作时，就在战役方面和战役的组织方面获得了不少经验。

---

① 《B.维什涅夫斯基论文集》，俄文版，第4卷，第853页。

4月25日，柏林市中心的战斗越来越激烈。敌人以坚固的防御枢纽部做依靠，进行着顽强的抵抗。

我军遭受到重大伤亡，但是他们为胜利所鼓舞，仍然奋勇向前，冲向当时仍是以希特勒为首的德国最高统帅部所在地的柏林市中心。关于希特勒还在柏林这一点，我们从德国的无线电广播中知道得很清楚：希特勒歇斯底里地号召他的各个集团军去拯救柏林，而不知道它们已被白俄罗斯第1方面军和乌克兰第1方面军的部队所消灭。

4月29日，市中心展开了最激烈的交战。

步兵第266师的步兵第1008团（团长是鲍里索夫上校）和第1010团（团长扎戈罗德斯基上校）向市政管理局展开进攻。这个师的军人建树了许许多多激动人心的功勋。进攻的直接参加者在当时曾向我讲述过。

鲍贝列夫大尉的一个营接受的任务是突入市政管理局，并与阿列克谢耶夫少校的营一同将其占领。在坦克和自行火炮支援下进攻的苏联军人，遭受到十分猛烈的射击，以致沿大街推进已毫无可能。

于是决定用炸药在楼房的墙上炸开通道，然后穿墙突入市政管理局。工兵们在敌人的火力下安放炸药，把房屋的墙一堵又一堵地炸穿。在爆炸后的烟雾尚未消散时，强击组就冲过通道，用白刃战把市政管理局相邻楼房内的敌人消灭掉。

坦克和重型自行火炮投入了战斗。它们用几发炮弹击毁了管理局厚实的铁门，在墙上打穿了几个洞，同时还施放了烟幕。整个大楼都被浓烟所包围。

马杰诺夫中尉的一个排首先冲了进去。跟勇敢的中尉一起奋勇战斗的有H.康德拉谢夫、克柳特钦科、卡斯普罗夫斯基等战士。他们将手榴弹投向大楼的前厅和走廊。夺取每个房间都得经过战斗。

步兵第1008团第1营的共青团负责人格罗莫夫少尉，爬到了大楼的屋顶上。他把法西斯的旗子抛到马路上，然后在屋顶升起了我们的红旗。格罗莫夫因在战斗中表现出了大无畏和勇敢的精神，荣获了"苏联英雄"称号。

在柏林市中心胜利进攻的第5突击集团军，与第3突击集团军、近卫坦克第2集团军、近卫第8集团军、航空兵第16集团军和其他部队协同得很好。夺取市中心的交战之所以能迅速取胜，正是在进攻的各集团军之间很好地组织了协同动作的结果。

这里，我首先应提到的，是第5突击集团军参谋长库谢夫将军、副参谋长佩特罗夫将军、侦察处长西尼亚耶夫、司令部党组织领导人波波夫、通信主任法林以及司令部其他军官所完成的卓越工作。

总之,战争已临近结束。

当德国处于危急关头的此刻,希特勒当局还盼望什么呢?

凯特尔在受审时供称:

"从1944年夏季起,德国进行战争就是为了争取时间,它盼望的是:在双方各自部署有不同的国家,不同的统帅和不同的陆海军参加的战争中,在任何时候都可因各种力量的重新组合,而使局势发生绝对意料不到的变化。因此,我们是为等待那些应该发生但未发生的事件,而进行战争的。"

当柏林即将陷落时,希特勒已无法再寄希望于这样的事件,于是提出口号:"宁肯把柏林交给美国人和英国人,也不让俄国人进入柏林。"

在柏林被俘的德国士兵供称:"军官们强调,要尽一切力量来阻止俄国人占领柏林。倘若要交出城市的话,也只交给美国人。"

柏林市内的战斗已达到了顶点。我们大家都希望在5月1日前能肃清柏林敌军集团。然而敌人虽已奄奄一息,仍旧依据着每一幢房屋、每一个地窖、每一层楼房和每一个屋顶,继续进行抵抗。

不顾敌人的疯狂抵抗,苏联军人攻占了一个又一个的街区。库兹涅佐夫、别尔扎林、波格丹诺夫、卡图科夫和崔可夫等将军的部队,已距柏林市中心越来越近。

1945年4月30日这一天,将永远铭记在苏联人民的心中,永远记载在苏联人民同法西斯德国斗争的历史上。

这一天的14时25分,第3突击集团军(司令员库兹涅佐夫上将、军事委员利特维诺夫将军)的部队攻占了德国国会大厦的主要部分。

为争夺国会大厦进行了一场血战。通往大厦的接近地,为一些坚固的建筑物所掩护,这些建筑物属于柏林第9防御地区(中央防御地区)的配系。防御国会大厦地域的是精锐的党卫军部队,总数约6000人,装备有坦克、强击火炮和大量的炮兵。

战斗是这样展开的。对国会大厦的总攻,由第3突击集团军内得到加强的步兵第79军实施,其编成内有第150和第171两个步兵师及坦克第23旅。该军由才能卓越的指挥员、苏联英雄佩列维奥尔特金指挥。他是1941年莫斯科会战的积极参加者。

伊德里察步兵第150师,系由苏联英雄、富有经验的沙季洛夫将军指挥。

早在 4 月 22 日，步兵第 79 军各兵团就突进柏林。它们不断向前推进，解放了一个又一个街区。正是由于它们的胜利，才使第 3 突击集团军有实际可能从北面对柏林市中心实施突击。

步兵第 79 军随后又掉头向南，以便攻占城市的北部，并向普列特增泽耶区和莫阿比特区发展进攻。

4 月 26 日傍晚，该军的部队强渡了运河，攻占了鲍伊谢利街车站。当天夜里又肃清了莫阿比特区西北部的敌人。步兵第 150 和第 171 师的先遣部队前出到了柏林的主要发电站、普特利茨街车站和喜剧歌剧院。

步兵第 150 师在战斗中攻克了莫阿比特监狱，释放了数千名战俘和政治犯。在这里，以及在普列特增泽耶的狱中，红军军人都发现有中世纪的刑具——断头台。

佩列维奥尔特金少将于 1945 年 4 月 28 日下达的第 0025 号战斗号令，给步兵第 79 军各兵团规定了攻占国会大厦的任务。该战斗号令要求：

"3. 步兵第 150 师用一个步兵团在施普雷河设防，用两个步兵团继续进攻，其任务是强渡施普雷河和攻占国会大厦的西部……

4. 步兵第 171 师继续在其分界线内进攻，任务是强渡施普雷河和攻占国会大厦的东部……

步兵第 79 军

军长佩列维奥尔特金少将

参谋长列图诺夫上校"①

加强有莫罗佐夫中校的坦克第 23 旅的步兵第 150 和第 171 师，于 4 月 28 日夜间，以涅乌斯特罗耶夫大尉和萨姆索诺夫上尉指挥的各先遣营的兵力，在该军的主要突击方向上，攻占了毛奇桥。

从 4 月 29 日晨到 4 月 30 日黎明，在国会大厦附近进行了激烈的战斗。与此同时，步兵第 150 和第 171 师各部队做好了强击国会大厦的准备。

4 月 30 日 11 时，在火炮和迫击炮急袭射击之后，这两个师各团的强击营以及邦达里亚少校和马科夫上尉的炮兵侦察组转入冲击，企图从三个方面攻占国会大厦。

当日 13 时，在又进行了 30 分钟炮火准备之后，重新开始了迅猛的冲击。在国会大厦前面并为争夺大厦的主要入口，展开了火力战和白刃战。

14 时 25 分，步兵第 171 师由萨姆索诺夫上尉指挥的一个营，以及

---

① 见苏联国防部档案馆档案。

步兵第150师由达维多夫少校和涅乌斯特罗耶夫大尉指挥的两个营，冲进了国会大厦。

然而即使是在占领了大厦下面的各层楼以后，敌守备部队仍不肯投降。在大厦内部还进行了激烈的战斗。

18时，对国会大厦又进行了强击。步兵第150和第171师的部队，一层楼又一层楼地肃清敌人。4月30日21时50分，叶戈罗夫中士和坎塔里亚下士在国会大厦的主楼圆顶上，升起了集团军军事委员会授予他们的胜利的旗帜。

第3突击集团军司令员库兹涅佐夫将军，亲自监督攻克国会大厦的这一历史性战斗，他打电话到指挥所，兴高采烈地向我报告说：

"国会大厦上升起了红旗！元帅同志，乌拉！"

"亲爱的库兹涅佐夫，衷心祝贺你和你的士兵们所取得的光辉胜利。苏联人民将永远不会忘记这一具有历史意义的功勋。"

白俄罗斯第1方面军军事委员会在1945年4月30日发布的第06号命令中说：

"1. 柏林市的国会大厦区由精锐的党卫军部队防守。1945年4月27日夜间，敌人还空投了一个海军陆战队营，以加强该区的防御。敌人在国会大厦区对我进攻部队进行了激烈的抵抗，把每一幢楼和每个楼梯、房间、地窖都作为防御的支撑点和基点。国会大厦主楼内的战斗不止一次变成了白刃战。

2. 库兹涅佐夫上将的第3突击集团军部队，在继续进攻中击破了敌人的抵抗，攻占了国会大厦主楼，并于今天，1945年4月30日在主楼上升起了苏联旗帜。佩列维奥尔特金少将的步兵第79军及该军所属的涅戈达上校的步兵第171师和沙季洛夫少将的步兵第150师在夺取国会大厦区及大厦主楼的战斗中表现突出。

3. 对所取得的胜利表示祝贺。由于步兵第171和第150师的全体战士、军士、军官和将军以及直接指挥战斗的步兵第79军军长佩列维奥尔特金少将表现的英勇精神并巧妙、胜利地完成了战斗任务，特对他们宣布嘉奖。第3突击集团军军事委员会将整理在夺取国会大厦的战斗中表现最突出的战士、军士、军官和将军的名单报请政府奖励。

4. 彻底战胜敌人的时刻即将来临。我们苏联的旗帜已经在柏林市中心国会大厦的主楼上飘扬。

白俄罗斯第1方面军的战士、军士、军官和将军同志们！向敌人前进——以最后一次迅猛的突击将法西斯野兽消灭在它的巢穴里，使完全、彻底战胜法西斯德国的时刻更快地来临。

此命令应在方面军所有的连队中宣读。

白俄罗斯第 1 方面军司令员，苏联元帅朱可夫

白俄罗斯第 1 方面军军事委员，中将捷列金

白俄罗斯第 1 方面军参谋长，上将马利宁"

5 月 1 日日终前，国会大厦内的希特勒部队，坚持不住而投降了。只有藏在大厦各个地窖里的小群法西斯分子，还继续抵抗到 5 月 2 日晨。

步兵第 150 师的一个团长津钦科上校，被任命为国会大厦的警备长。

争夺柏林的战斗，是一场你死我活的战斗。人们从俄罗斯母亲的心脏——莫斯科，从英雄城市斯大林格勒和列宁格勒，从乌克兰，从白俄罗斯，从波罗的海沿岸各共和国、外高加索各共和国和其他共和国来到这里，为彻底打败侵犯祖国自由的敌人，取得这场正义战争的胜利而战，许多人在过去战斗中受伤的伤口尚未痊愈，但伤员们不肯离队，大家都奋勇向前。似乎未曾有过四年残酷战争似的，大家都精神振奋地来完成一件伟大的工作——把胜利的旗帜升起在柏林上空。

苏联军人在各次战斗中，创造了大量动人的事迹，充分彰显了果敢精神。柏林会战充分表明，我军在战争年代里已经成熟和壮大起来了。士兵、军士、军官和将军们在柏林战役中显示出他们突出的创造性以及无限的英勇、果敢精神。在伟大卫国战争中，苏联共产党使他们成为拥有丰富经验的军人、本职工作的真正内行，而经验和知识则是全面发展军事学术最良好的土壤。

在那欢乐的时刻，曾有多少景象在心中闪过：那极为艰苦的莫斯科会战，我军曾拼死坚守，不让敌人进入首都；变成废墟但绝不屈服的斯大林格勒；战胜了严密封锁的光荣的列宁格勒；英勇地抵抗了希特勒精锐部队进攻的塞瓦斯托波尔；对库尔斯克弧形地带胜利的庆贺；那成千上万被破坏的村庄和城市，以及英勇地度过了严酷年月并取得胜利的苏联人民所牺牲的千百万条生命。

现在，那最主要的目标，我国人民为之承受了巨大苦难的目标——法西斯德国的彻底失败、我们正义事业的胜利，终于实现了！

5 月 1 日，只剩下老虎公园和政府所在的街区在德国人手中。帝国办公厅也在那里，希特勒的大本营就在帝国办公厅的院内。

马丁·鲍尔曼曾在当天的日记中写道："我们的帝国办公厅变成了废墟。"

第二十二章

德国法西斯无条件投降

5月1日3时50分,德国陆军总参谋长克莱勃斯将军被带到了近卫第8集团军指挥所。他自称受全权委托同红军最高统帅部直接接触,以谈判停战问题。

4时,崔可夫将军打电话向我报告说,克莱勃斯将军通知他,希特勒已经自杀。据克莱勃斯说,希特勒是在4月30日15时50分自杀的。崔可夫还给我读了戈培尔致苏联最高统帅部的一封信。信中说:

"遵照去世元首的遗嘱,我们授权克莱勃斯将军办理如下事情。我们通知苏联人民的领袖,今天15时50分,元首已自愿离开人世。元首根据他法定的权力,在他留下的遗嘱中,已把全部权力移交给了邓尼兹、我和鲍尔曼。我全权委托鲍尔曼与苏联人民的领袖建立联系。这一联系,是遭受最大牺牲的各大国之间进行和平谈判所必需的。

戈培尔。"

戈培尔的信中,附有希特勒的遗嘱及新的帝国政府成员名单。遗嘱由希特勒签署并附以见证人姓名[①]。

鉴于此一消息极为重要,我立即派自己的副手索科洛夫斯基大将前往崔可夫的指挥所与德国将军谈判。索科洛夫斯基应向克莱勃斯要求法西斯德国无条件投降。

同时,我还往莫斯科打电话给斯大林。斯大林在别墅里。接电话的值班将军说:

"斯大林同志刚刚躺下睡觉。"

---

① 所注的日期是1945年4月30日4时。

"请唤醒他。事情很紧要，不能等到早上。"

斯大林很快就来到电话跟前。我向他报告了关于希特勒自杀和收到戈培尔建议停战的信的情况。

斯大林回答说：

"完蛋啦，这个浑蛋！可惜没能活着把他抓到。希特勒的尸体呢？"

"据克莱勃斯将军说，希特勒的尸体已经烧掉了。"

"告诉索科洛夫斯基，"最高统帅说，"除无条件投降外，不要同克莱勃斯或其他希特勒分子进行任何谈判。如果不发生特别情况，夜里别再打电话给我。我想休息一会儿。今天我们要举行五一节检阅。"

五一节的检阅，五一节的游行这一切对于苏联人，特别是对远离祖国的苏联人，是多么的亲切和珍贵啊！我能清楚地想象得到，莫斯科的卫戍部队，此刻正在向红场行进。早上，他们就会站好自己的位置。在阅兵首长致辞之后，他们就要骄傲地代表把欧洲从法西斯主义的威胁下解放出来的强大的战无不胜的苏联武装力量，迈着整齐的步伐，呈分列式从列宁的陵墓前、从政府和党的领导人前面、从灰色的克里姆林宫宫墙前通过。

早晨5时左右，索科洛夫斯基将军打电话给我，报告了同克莱勃斯将军初次谈话的情况。

"他们耍滑头。"索科洛夫斯基说，"克莱勃斯宣称他未被授权决定无条件投降的问题。据他说，只有以邓尼兹为首的德国新政府，才能决定这个问题。克莱勃斯要求停战，只是为了让邓尼兹政府的成员集中到柏林来。我想，如果他们不立刻同意无条件投降，就让他们见他妈的鬼去吧！"

"对，索科洛夫斯基同志，"我回答说，"你告诉他，如果戈培尔和鲍尔曼到10点钟还不同意无条件投降，我们就要实施最猛烈的突击，以彻底打消他们再做抵抗的念头。让希特勒分子考虑一下德国人民的无谓牺牲，和他们个人对这种不理智行为应负的责任吧。"

戈培尔和鲍尔曼到规定时间未作答复。

10时40分，我军对柏林市中心敌特别防御地区的残余地点，展开了最猛烈的射击。18时，索科洛夫斯基报告，德国当局派来了一名使者。这位使者通知说，戈培尔和鲍尔曼拒绝无条件投降的要求。

作为对他们的回答，18时30分，我军以最强大的力量，对帝国办公厅所在地和残余的希特勒分子所盘踞的市中心，展开了最后的强击。

我记不清确切的时刻，但记得是在天色刚暗下来的时候，第3突击集团军司令员库兹涅佐夫将军打来电话，他以激动的语调报告说：

"刚才在近卫步兵第52师的地段上，有一群德国坦克，约20辆左右，突出了包围。它们高速度向柏林西北郊驶去。"

显然，有什么人逃离柏林。

这件事引起了各种最不愉快的推测。有的人甚至说，突围的那一群坦克，可能带走了希特勒、戈培尔和鲍尔曼。

马上发出了战斗警报，动员部队，阻止任何一个活着的人逃出柏林地区。并立即给第47集团军司令员佩尔霍罗维奇、第61集团军司令员别洛夫和波兰第1集团军司令员波普瓦夫斯基下达了指示，要他们严密封锁通向西面和西北面的一切道路和通道。同时还命令近卫坦克第2集团军司令员波格丹诺夫将军和第3突击集团军司令员库兹涅佐夫马上对所有的方向组织追击，以找到并歼灭突围的坦克。

5月2日黎明时，这一群坦克在柏林西北15公里处被发现，并迅速被我坦克兵消灭。一部分坦克被击中烧毁，另一部分坦克被击坏。在打死的坦克乘员中，没有发现任何一个希特勒分子的头目。烧毁的坦克中的尸体，则无法辨认。

5月2日1时50分，柏林城防司令部的无线电台曾多次用德语和俄语，做了如下内容的广播：

"我们派使者到俾斯麦街的桥上去。我们停止军事行动。"

5月2日晨6时30分，我得到报告说：在近卫步兵第47师的地段上，德军坦克第56军军长维德林将军已投降就俘。同维德林一起投降的，还有他司令部的军官。维德林在受初步审讯时说，在几天以前，他曾由希特勒亲自任命为柏林城防司令官。

维德林将军立即同意给他的部队下达停止抵抗的命令。他于5月2日晨签署并用无线电宣布的命令原文如下：

"4月30日，元首已经自杀，他抛弃了我们这些曾宣誓效忠于他的人。根据元首的命令，我们德国军队还应该为柏林继续作战，尽管我们的弹药已消耗殆尽，尽管总的形势已使我们继续抵抗变得毫无意义。

"我命令：立即停止抵抗。

维德林（炮兵少将，原柏林城防司令官）签名。"

当天14时左右我获悉，投降就俘的德国宣传部副部长弗里切博士建议，让他用无线电广播号召柏林德军守备部队停止一切抵抗。为了尽快地结束战斗，我们同意让他使用无线电广播电台。

在无线电广播之后，弗里切被带到了我这儿。在审讯时，他重复了我们与克莱勃斯谈话时基本上已经了解到的东西。而大家都知道,弗里切是希特勒、戈培尔和鲍尔曼最亲近的人当中的一个。

弗里切说,4月29日,希特勒曾召开会议,出席的有台尔曼、戈培尔、阿克斯曼、克莱勃斯和法西斯当局的其他负责人。弗里切本人似乎未曾出席这次会议,但后来戈培尔详细地告诉了他会议的内容。

据弗里切说,在最近这些日子里,特别是自4月20日苏军炮兵对柏林开火后,希特勒多半处于神志不清的状态,并间以歇斯底里的发作。有时,他还没头没脑地议论,说什么胜利就在眼前。

当我问及希特勒最后的计划时,弗里切说他并无确切的了解,但听说,当俄国人开始在奥得河进攻时,当局曾派了某些人到贝希特斯加登和南蒂罗尔去。他们还运去了一些什么物件。以希特勒为首的统帅部也计划飞到那里去。在最后的时刻,当苏军到达柏林时,曾有过往石勒苏益格—荷尔斯泰因撤退的谈论。在帝国办公厅的地域内,也有一些飞机保持着充分的准备,但很快就被苏联的航空兵所摧毁。

除此而外,弗里切没能告诉我们任何更多的情况。

第二天,他被送往莫斯科,以便进行更详细的审讯。

再讲几句有关柏林市内最后战斗的情况。

别尔扎林的第5突击集团军的步兵第248师(师长卡拉伊将军)和步兵第230师(师长希什科夫上校),于5月1日以强击攻占了国家邮政总局,并展开了争夺帝国办公厅对面财政部大楼的战斗。同一天,该集团军的第301师(师长安东诺夫上校)在步兵第248师协同下,以强击攻占了秘密警察总部大厦和空军部大厦。杰尼休克指挥的自行火炮营在步兵的掩护下向前猛冲。炮长把炮开到墙洞处,透过烟幕看到了大约100米处的灰色的帝国办公厅大楼。楼的正面显示出带着党徽"卐"的巨大的鹰。杰尼休克下达口令:"对准法西斯强盗,射击!"法西斯党徽被粉碎了。

5月1日晚,步兵第248和第301师,进行了争夺帝国办公厅的最后战斗。这个大厦附近和内部的战斗特别激烈。步兵第9军政治部的一位指导员尼库利娜少校在战斗中表现极为勇敢。她在沙波瓦洛夫的营的强击组编成内,穿过屋顶的破口向上攀登,从上衣中取出红旗,并用电话线把红旗固定在楼顶的金属尖上。苏联的旗帜开始在帝国办公厅上飘扬。

攻克帝国办公厅后,步兵301师副师长谢夫佐夫上校被指定为该地警备长。5月4日,该师被调往特雷普托公园,帝国办公厅警备长改由第 5 突击集团军司令部主要作战参谋普拉多诺夫少校担任。

5 月 2 日 15 时，敌人被彻底解决。残余的柏林守备部队，共 13.4 万余人，投降就俘。显然，还有许多曾持枪作战的人，在最后几天里已跑掉并躲藏了起来。

这一天，是苏联人民、苏联武装力量、我们在战争中的同盟国以及全世界人民取得伟大胜利的日子。

最高统帅在命令中说道：

"白俄罗斯第 1 方面军部队，在乌克兰第 1 方面军部队协同下，经过顽强的巷战，彻底粉碎了柏林德军集群，并于今日，5 月 1 日，全部攻占了德国首都柏林市这一德国帝国主义的中心和德国侵略的发源地。"

在攻占帝国办公厅之后，我曾和别尔扎林上将、集团军军事委员博科夫中将以及其他的强击参加者前往该处，以查清希特勒、戈培尔和法西斯当局其他领导人自杀的问题。

我们来到现场后，却处于非常困难的境地。我们被报告说，似乎所有的尸体都已被德国人挖坑埋掉。然而埋在什么地方，以及是由什么人埋的，却谁也说不清楚。各种各样的说法都有。

俘虏的德军主要是伤员，他们对希特勒及其亲信一点情况也未能提供。

在帝国办公厅捉到的人很少，总共只有几十名。显然，军官和党卫军分子在最后时刻已利用秘密通路在市内躲藏起来。

我们寻找火化希特勒和戈培尔尸体的地点，但是没有找到。诚然，我们见到过火堆的痕迹，但是太小，多半是德国士兵烧水用的。

我们正要结束对帝国办公厅的检查时，得到报告说，在地下室发现了戈培尔六个孩子的尸体。坦率地说，当时我没有足够的勇气，下到那里去看那被父母亲毒死的子女。不久，在地下室附近，又发现了戈培尔和他妻子的尸体。让弗里切博士来辨认时，他证明这确是他们。

这些情况，使我最初对希特勒自杀这一说法的真实性产生了怀疑，况且我们也没能找到鲍尔曼。当时我想：是否在最后时刻，当靠外面援救柏林的希望破灭时，希特勒已经逃走了？

在柏林举行的苏联和外国记者招待会上，我曾谈到过这样一种设想。

稍后一些，在进行了一系列调查，并审讯了希特勒的私人医务人员等之后，我们得到了能证明希特勒自杀的比较肯定的情报。于是我确信，对希特勒自杀的怀疑是没有根据的。

大部分法西斯头目,包括戈林、希姆莱、凯特尔和约德尔在内,事先都离开柏林逃往四面八方。

直到最后的时刻,他们还同希特勒一道,就像输红了眼的赌徒一样,把希望寄托在似乎能拯救法西斯德国和他们本人的一张"王牌"上。4月30日,甚至5月1日,希特勒的头目们仍然企图延迟其彻底失败的时间,他们想出的办法是提出谈判,要求把邓尼兹新政府的成员召集到柏林,似乎在这之后才能对德国的投降作出决定。

克莱勃斯将军是一位有经验的军事外交家,他千方百计地企图将我们拖入长时间的谈判,但其阴谋未能得逞。我已说过,被授权进行谈判的索科洛夫斯基向克莱勃斯坚定地宣称:只有在法西斯德军对各同盟国做全面、无条件投降的情况下,军事行动才可以停止。于是谈判就此中断。

由于希特勒分子当时没有接受无条件投降的要求,我军奉命立即将敌人彻底消灭。

5月3日晨,我和柏林卫戍司令员别尔扎林、第5集团军军事委员博科夫、方面军军事委员捷列金以及其他人一起,视察了国会大厦,以及这一地域内发生过战斗的各个地点。伴随我们并做解说的是威廉·皮克的儿子——阿尔图尔·皮克,战争时期他在红军队伍中作战。他对柏林十分熟悉,这就使得我们能够比较容易地研究我军当时作战的条件。

这里你跨过的每一步地面,这里的每一块土地、每一块石头,都比任何言语更能清楚地说明,在帝国办公厅和国会大厦附近以及在这些建筑物内部所进行的,是怎样的一场殊死的搏斗。

国会大厦是一幢庞大无比的建筑物,它的墙壁连中口径火炮都打不透,需要使用大口径火炮才行。大厦的圆屋顶和屋顶上各种各样坚实的建筑,使敌人能在所有的方向上都构成多层火力。

国会大厦内部的作战条件,也是非常艰苦而复杂的。在这种条件下,战士们不仅需要具有英勇无畏的精神,而且要善于敏捷地判断情况、时刻保持警惕和戒备,善于从一个掩蔽物迅速转移到另一个掩蔽物,并精确地对敌人射击。我军战士很好地完成了这一切任务。

在大厦入口的柱子上涂满了苏联军人的留言。在士兵、军官和将军们简洁的词句和随便的签名中,可以觉察得到他们为苏联人、为苏联武装力量、为祖国和列宁的党所感到的骄傲。

我们也留下了自己的签名。那里的士兵们根据签名认出了我们,并把我们紧紧围了起来。于是我们不得不停留个把小时,同他们谈谈心。提出的问题很多。士兵们问,什么时候可以回家,是否在德国要留下占领军,是否将同日本打仗,等等。

5月7日,斯大林打电话到柏林通知我说:

"今天德国人在兰斯市签署了无条件投降书。是苏联人民,而不是同盟国,肩负了战争主要重担,因此,投降书应在反希特勒联盟所有各国的最高统帅部面前签署,而不能只在同盟军最高统帅部面前签署。"

"不在柏林,不在法西斯侵略的中心签署投降书的这种做法,"斯大林继续说道,"我是不同意的。我们已与各同盟国商定,把在兰斯签署投降书一事只当作投降仪式的预演。明天德国最高统帅部的代表和盟军最高统帅部的代表要来柏林。苏军最高统帅部的代表由你担任。维辛斯基明天就会到达你那里。在投降书签署后,他将留在柏林,充任你的政治助理。"

5月8日清晨,维辛斯基乘飞机来到柏林。他带来了处理德国投降所必需的全部文件,以及盟军最高统帅部代表的组成名单。

从这天早晨起,世界各大报刊的记者、撰稿人和摄影记者开始到达柏林,以便记下从法律上肯定法西斯德国灭亡这一历史性时刻,记下希特勒德国承认自己的一切法西斯计划、仇视人类的目标遭到无可挽回失败的这一历史性时刻。

当天中午,盟军最高统帅部代表到达了腾珀尔霍夫机场。

代表盟军最高统帅部的,是英国空军上将特德、美战略空军司令斯巴兹将军和法军总司令塔西厄将军。

在机场迎接他们的,有我的副手索科洛夫斯基大将、第一任柏林卫戍司令员别尔扎林上将、集团军军事委员博科夫中将和红军的其他代表。然后,盟军代表又从机场来到卡尔斯霍尔斯特,即准备接受德军统帅部无条件投降的地方。

德军凯特尔元帅、弗里德堡海军上将和什图姆普弗空军上将,亦在英国军官的护卫下,从弗伦斯堡市到达同一机场,他们由邓尼兹授权前来签署德国无条件投降书。

在柏林东部的卡尔斯霍尔斯特,在德国军事工程学校原为饭厅的一幢两层楼房里,准备了一间厅堂,投降的签字仪式就在这里举行。

盟军统帅部的代表们略事休息后,即来同我会见,以便商定这一激动人心的事件的程序问题。

当我们尚未来得及走进谈话的房间时,一大群美国和英国的记者就蜂拥而入,并马上向我提出了一大堆问题。他们还代表盟军向我献了一面友谊之旗,旗上用金字绣有美军向红军致敬的词句。

当记者们退出会议厅以后,我们就开始讨论与希特勒分子投降有关的一系列问题。

这时,凯特尔同他的伙伴们待在另一幢房子里。

据苏联军官们说,凯特尔和德国代表团的其他成员的神情异常不安,凯特尔曾对他身旁的人说:

"从柏林街道经过时,我为柏林所受破坏的程度,感到极为震惊。"

对此,我们的人回答他说:

"元帅先生,当按照你的命令消灭了成千上万的苏联城市和村庄的时候。当千百万苏联人,包括无数的儿童,压死在这些城市和村庄的废墟中的时候,你曾感到过震惊吗?"

凯特尔脸色发白,他神经质地耸了耸肩,什么也没有回答。

按照我们预先的约定,23 时 45 分,盟军统帅部代表特德、斯巴兹和塔西厄,以及维辛斯基、捷列金、索科洛夫斯基等人,在我的办公室会齐。我的办公室距举行投降签字仪式的大厅很近。

24 时整,我们走进了大厅,1945 年 5 月 9 日开始了。

大家在桌旁坐好。桌子靠墙放着,墙上挂有苏、美、英、法四国的国旗。

红军将领们坐在大厅内一些铺有绿色呢布的长桌旁,是他们的部队在极短的时间内粉碎了柏林的防御,并迫使敌人放下武器。到场的还有许多苏联和外国的记者和摄影记者。

"我们,苏军最高统帅部和盟军最高统帅部的代表,"我在受降仪式揭幕时宣布,"受反希特勒同盟各国政府的委托,来接受德军统帅部代表德国做无条件投降。请德军最高统帅部代表进入大厅。"

所有在场的人都转过头来注视着门口,曾向全世界吹牛,说他们能够以闪电的速度粉碎法国、英国,并能在一个半至两个月内消灭苏联征服全世界的人,现在就要露面了。

头一个跨进门槛的,是希特勒的主要助手凯特尔元帅。他慢慢地走着,努力保持着镇静。他举起拿着元帅杖的右手,向苏军和盟军最高统帅部的代表致敬。

跟随凯特尔之后进来的,是什图姆普弗上将。他个头低矮,眼睛里充满了凶狠而又无能为力的表情。一同进来的,还有未老先衰的弗里德堡海军上将。

德国人被安置坐在离门不远、专为他们准备的一张单独的桌子旁边。

凯特尔不慌不忙地坐下来，并抬头凝视着坐在主席团桌旁的我们。什图姆普弗和弗里德堡也紧靠凯特尔坐下。随从军官们则站在他们椅子的后面。

我问德国代表团说：

"你们手里有没有无条件投降书？你们是否已研究过它并有全权签署它？"

特德空军上将用英语把我提的问题重复了一遍。

"是的，我们已研究过并准备签署它。"凯特尔元帅用嘶哑的嗓音回答说，同时将邓尼兹海军上将签署的一份文件交给我们。该文件证明，凯特尔、弗里德堡和什图姆普弗有权签署无条件投降书。

这已经完全不像是在接受被征服的法国投降时那个目空一切的凯特尔了。现在他显得十分狼狈，虽然他还力图保持某种姿态。

我站起来说：

"让他自己过来签！"

凯特尔用不友善的目光扫了我们一下之后，马上站了起来，垂下眼睛，慢慢从桌上拿起他的元帅杖，迈着迟缓的步子走到我们桌子跟前。他的单眼镜掉了下来，挂在镜绳上。脸上满布着红斑。

什图姆普弗上将、弗里德堡海军上将和随从德国军官，也跟他一起走到桌子跟前。凯特尔戴上单眼镜，坐到椅子边上，用颤抖的手签署了五份投降书。什图姆普弗和弗里德堡也署上了自己的名字。

签署完毕之后，凯特尔从桌旁站了起来，戴上右手的手套，这时他又想显示一下他的军人姿态，但没有成功，于是就默默地退到自己的桌旁。

5月9日零时43分，无条件投降的签字仪式宣告结束。我建议德国代表团离开大厅。

凯特尔、弗里德堡和什图姆普弗从椅子上站了起来，鞠躬敬礼之后，就低着脑袋，退出了大厅。他们的参谋军官也跟着退了出去。

我以苏联最高统帅部的名义，为这一长久期待的胜利，向所有在场的人表示衷心的祝贺。大厅里响起了一片难以形容的欢呼声。大家都在相互祝贺、握手。许多人的眼里涌出了欢乐的泪水。索科洛夫斯基、马利宁、捷列金、安季品科、科尔帕克奇、库兹涅佐夫、波格丹诺夫、别尔扎林、博科夫、别洛夫、戈尔巴托夫等战友，把我围了起来。

"亲爱的朋友们，"我对战友们说，"伟大的荣誉落到了我和你们身上。人民、党和政府信任我们，要我们在最后的交战中，率领英勇的苏军强击柏林。苏联军队,包括你们这些在争夺柏林的交战中指挥部队的人,光荣地实现了这一信任。遗憾的是,有许多人已不在我们中间了。否则,他们将为这长久盼望的胜利而多么欢欣鼓舞啊!他们正是为了这个胜利而毫不动摇地献出了自己的生命……"

当想起未能活到这一欢乐日子的亲人和战友们时,这些习惯于毫不畏惧地正视死亡的人们,不管如何控制自己,也不禁流出了眼泪。

1945年5月9日零时50分,接受德国武装力量无条件投降的会议,宣告结束。

接着,在热烈的气氛中举行了宴会。

宴会开始时,我举杯祝贺反希特勒同盟对法西斯德国取得的胜利。随后,特德空军上将、塔西厄和美国战略空军司令斯巴兹依次祝酒。苏军将领们也祝了酒。每个人都谈到,在过去这些严酷的年代里内心所感受的痛苦。我记得,大家谈得很多,很诚恳,都很希望反法西斯同盟各国间的友好关系能永远巩固起来。谈到这一点的,有苏军将领,有美国人、法国人和英国人。我们大家都愿意相信,这会成为事实。

清晨,大家以歌声和舞蹈结束了节日的晚宴。苏军将领跳起舞来谁都比不上。我回忆起自己的少年时代,也禁不住跳起了"俄罗斯舞"。大家在各种武器射击的轰鸣声中,各自散开,返回自己的住房和机场。这是庆祝胜利的射击。柏林市内各区和郊区都在射击。虽然是对空射击,但炮弹和枪弹的碎片不断落到地面,以致5月9日早上走路都不十分安全。然而这种危险,与我们大家在长年战争中已习以为常的那种危险相比,是多么不同啊!

签署好的无条件投降书,于当天早晨即送往最高统帅部。

投降书的第一条宣布:

"我们,这些代表德国最高统帅部的签字者,同意德国一切陆、海、空军及目前仍在德国控制下的一切部队,向红军最高统帅部,同时向盟国远征军最高统帅部无条件投降。"

当天莫斯科打来电话,通知我说,关于法西斯德国投降的全部文件已经收到,并已送呈最高统帅。

于是,一场浴血的战争结束了。法西斯德国及其盟国彻底失败了。

苏联人民取得胜利的道路是艰苦的。千百万人为此付出了生命。当今世界上所有诚实的人们,回顾第二次世界大战的恐怖时日的时候,应怀着深厚的崇敬心情,来纪念那些曾同法西斯主义进行斗争、为全人类免除法西斯奴役而献出生命的人。

苏联共产党和苏联政府从自己的国际主义义务和人道主义的信念出发，采取了一切措施，以便及时向苏联军人说明，谁是制造战争和罪行的真正罪魁祸首。不允许有那样一种念头，即为了法西斯分子在我国土地上犯下的罪行而去惩罚德国的劳动人民。苏联人对普通的德国人持有明确的立场：应帮助他们认清自己的错误，迅速根除法西斯主义的残余，加入以和平和民主作为最高标志的爱好自由的各国人民的大家庭。

当柏林市内和郊区战斗还在进行时，苏军统帅部就已根据苏共中央和苏联政府的决定，为柏林居民建立正常的生活条件而努力。

白俄罗斯第1方面军军事委员会1945年4月23日发布的第5号命令，是建立军事和民政权力机构及其活动的依据。该命令宣布：

"德国境内红军占领区的一切行政权力，由军事当局通过各城市和地区的卫戍司令员行使。

每个城市均任命卫戍司令员。民政权力机构由当地居民组成：城市设市长，较小的市镇以及村庄则设镇长和村长；市长、镇长和村长在督促居民执行一切命令和号令方面对军事当局负责……"

参照这一命令，柏林苏军卫戍司令员、苏联英雄别尔扎林上将于1945年4月28日发布第1号命令，将柏林的全部权力掌握在苏军卫戍司令部手中。

他在命令中还向柏林居民宣布解散德国法西斯党及其一切组织，并禁止它们活动。

命令还规定了居民行为的准则，及柏林生活正常化的基本原则。

柏林卫戍司令部在城市所有的20个区里，都建立了区卫戍处。区卫戍处由苏联军官、主要是专业的行政经济管理人员和工程技术人员组成。在某些分区里，还建立了地段卫戍处。苏军卫戍司令部和卫戍处一开始工作，就不得不在极端复杂的情况下，解决许许多多的困难问题。

柏林市内战斗的结果，使该市25万幢建筑物中，约有3万幢遭到彻底破坏，2万多幢处于半破坏状态，15万多幢受到中等程度的损坏。

市内的交通完全停滞。地下铁道三分之一以上的车站灌满了水，有225座桥梁被法西斯德军炸毁。市内电车的车厂和动力系统全遭破坏。街道上，特别是市中心的街道上，堆满了瓦砾。城市公用事业机构（发电站、供水厂、煤气厂、下水道）全部停止工作。

必须把柏林居民从饥饿死亡中拯救出来，必须组织粮食供应。还在苏军进入柏林之前，市内粮食供应就停止了。无数事实证明，大批大批的居民有数星期未得到任何粮食。柏林苏联驻军开始扑灭大火，组织搬运和掩埋尸体，以及扫除地雷。

不广泛吸收当地居民参加积极的工作，苏军当局是无法解决所有这一切问题的。

各级军事委员会、卫戍处和各政治机关的工作人员首先吸收了从集中营出来的德国共产党员，以及反法西斯分子和其他民主人士参加各区民政机构的工作。我们同他们很快就建立起了友谊和相互了解。

这样，就开始建立起德国人的自治机构——反法西斯民主联盟的机构。在这种机构中，共产党员占三分之一，他们同社会民主党人和奉公守法的专家们，在同志般的和睦气氛中一起工作。

以叶利扎罗夫上校为首的政治处，在柏林进行了大量的工作。

1945年5月，方面军军事委员会为使柏林生活正常化，作出了一系列重大决定，其中包括：

5月11日

关于给柏林德国居民供应粮食的第063号命令。命令规定了发放粮食的方法和定额。

5月12日

关于恢复和保障柏林公用事业机构正常工作的第064号命令。

5月31日

关于给柏林的儿童供应牛奶的第080号命令。

此外，还作出了使居民，首先是使从事恢复工作的劳动人民的供应和生活正常化的其他决定。

作为苏联政府方面的第一项援助，给柏林运来了9.6万吨谷物、6万吨土豆、约5万头供屠宰的牲畜，以及糖、油和其他食品。

由于采取了这些紧急措施，使德国居民避免了饥饿的威胁。

苏军卫戍司令部和卫戍处，以及方面军、卫戍部队、卫戍司令部和卫戍处所属的政治机关，在使德国居民生活正常化方面，进行了大量的工作。在它们的帮助下，具有民主倾向的居民的积极性迅速高涨。由纳粹党人所煽起的怀疑和怕受惩罚的心情逐渐消失。

有一次乘车经过柏林市郊，我注意到了衣着十分杂乱的一群人，其中有许多孩子和妇女，也有苏联士兵。我们停住汽车，走过去看。当时我想，这些老百姓，大概是从法西斯集中营出来的苏联人。然而他们是德国人。我站着，一面观察一面听着他们谈话。这时，手里抱着一个四岁左右、有淡黄头发的德国男孩子的一名士兵说道：

"当我的一家从科诺托普撤退时，我失去了妻子、年幼的女儿和儿子。他们是在火车里被德国飞机炸死的。仗打完了,我一个人孤单单地怎么生活呢?既然这男孩的父母都被党卫军枪杀了,就把他给我吧!"

有人开玩笑说:

"这小家伙倒是像你呢……"

身旁一个女人用德语说道:

"不行,不能给,这是我的侄子,我要亲自把他抚养长大。"

有人做了翻译。那个士兵深感失望。

我插进去说道:

"听我说,朋友,你回国之后,还不能给自己找个儿子吗?我们那里的孤儿有的是!你找个带孩子的娘,那不更好!"

士兵们听着哈哈大笑,连那个德国男孩也笑了起来。士兵们解开自己的挂包,把面包、食糖、罐头和面包干分给孩子和妇女们。抱在战士手中的男孩,还得到了糖果。那个士兵把男孩亲吻了一阵,深深地叹了一口气。

苏联士兵的心肠是多么善良啊!我沉思着走到这个士兵跟前,紧紧地握住他的手。

我穿着皮外套,没戴肩章,但很快就被认了出来,于是不得不再耽搁半个来小时,回答周围的人提出的许多问题。可惜我当时没有记下这些士兵的姓名,只知道他们属于别尔扎林将军的第5突击集团军。

5月9日,米高扬受国防委员会委托,乘飞机来到柏林我们这儿。他到后,立即想看一看城内生活恢复的情况。

我们在一家粮店附近下了车(这家粮店正按苏军当局颁发的卡片,给德国居民分发粮食),米高扬去找正在排队的妇女谈话。这些妇女都是一副衰弱不堪的样子。

"苏军占领柏林后,你们感觉怎么样?"米高扬问道,"你们大胆地讲吧,这是朱可夫元帅,他会考虑你们的需要,并将尽其所能来帮助你们。"

"这是米高扬,"我说,"苏联人民委员会副主席。他受苏联政府的委托,来看看你们生活得怎样,有些什么需要,以便给柏林人以尽可能的帮助。"

翻译员把这些话译了过去。

人们马上围着我们,争先恐后地讲了起来:

"从来没有想到,这么大的俄国首长会逐个走访和关心普通德国人有些什么需要。过去他们老是拿俄国人来吓唬我们……"

一位年近半百的妇女走到米高扬面前，带着明显的激动说道：

"我们德国妇女十分感谢，感谢你们使我们免于饿死。"

她又对站在身旁的一个男孩说：

"快给苏联首长行礼，谢谢给的粮食和对我们的友好态度！"

那个男孩默默地鞠了躬。

同米高扬、赫鲁廖夫和安季品科一起，我们仔细研究了在粮食和医疗方面能对居民做些什么帮助。虽然我们自己也有很大困难，但仍然拨出物资进行帮助。当给柏林居民分发面包、米、咖啡、食糖，有时甚至还发一点食油和肉类时，他们的面部呈现出愉快和感激的神情。

遵循党中央和苏联政府的指示，我们竭尽所能帮助德国人民迅速组织起劳动的生活。从战利品物资中为他们拨出了运货汽车、种子，并把德国贵族领地的马匹和农具分给了在劳动组合里工作的农业工人。

德国共产党的领导人来到了柏林。德国同志们强调说，德国的工人和普通人已经不把红军看作讨伐者，而把它看成使德国人民摆脱法西斯主义的解放者。

我们建议德国共产党员们去访问红军部队，去同苏军战士们交谈。这个建议被接受了。他们归来时，对苏军战士、对战士们所展现的广阔的政治见识和人道主义精神反响十分强烈。

在攻克柏林之后，我们经常同威廉·皮克、瓦尔特·乌布利希和其他德国共产党领导人见面，他们当时正为消除战争和法西斯统治的严重后果而孜孜不倦地工作。

我也认识了奥托·格罗提渥，他当时是德国社会民主党内明显倾向于共产党的左派的公认领导人。不久，在威廉·皮克、瓦尔特·乌布利希和奥托·格罗提渥之间，开始了积极的谈判，以便由共产党人和左派社会民主党人建立德国统一社会党。一年之后，即1946年4月21日，德国统一社会党便成立了。选出了党的领导机构，并在工人、农民和劳动知识分子中间展开了广泛的工作。

1945年5月中旬，方面军军事委员会召集了有德国社会人士，工业、交通、保健、公用事业、文化机关的工作人员和苏军卫戍司令部和各卫戍处的军官参加的会议。苏联人民委员会副主席米高扬，以及德国党和社会的活动家，也参加了大会的工作。

会议讨论了使城市生活和居民供应进一步正常化的问题，以及恢复交通、公用事业和组织柏林文化生活的措施。

早在5月14日，柏林卫戍司令员别尔扎林上将就和地下铁道新的管理处人员一起，使地下铁道的第一条线路开始运行。到5月底，共有五条线路开始使用，其总长度为61公里。

5月19日，举行了柏林市政局成立庆祝大会。在会上，别尔扎林做了有关柏林苏联当局政策的报告，市长维尔纳博士向社会人士介绍了市政局的人员。市政局是由早先进行反法西斯民主活动而知名的德国人组成。

全市进行着大规模的恢复工作和清除瓦砾的工作，苏联的工程兵和专业部队同德国的专业人员和居民一起，参加了这些工作。到5月底，柏林范围内各主要火车站和水运码头已部分恢复工作，从而保证了城市燃料和粮食的正常供应。

此时，市自来水厂有21个抽水站投入运转；恢复了7个煤气厂，每昼夜能供应城市34万立方米的煤气。柏林主要各区的企业和居民，在煤气和水的供应方面，差不多已得到充分的保证。到6月份，市内有轨电车已在总长为498公里的51条线路上运送乘客和货物。

5月25日，别尔扎林下令批准组织柏林市的警察局、法院和检察机关。"自由德国"运动的积极参加者保罗·马克格劳弗受委托领导柏林市警察局。

柏林市的卫戍司令部和各卫戍处，在德国共产党员和民主人士的协助下，为建立和发展城市的民主制度进行了大量的工作。

柏林无线电广播电台于5月13日开始播音。第二天，卫戍司令部的领导人同部分影剧院的经理古斯塔夫·格柳恩根、埃仑斯特·列加尔和保罗·维格涅尔一起，讨论了柏林影剧院开业的准备工作。

到6月中旬，柏林已有120家电影院营业，放映苏联的故事片和纪录片。成千上万的柏林人，怀着极大的兴趣，观看了这些影片。

苏联当局在政治和文化上采取的一项非常重要的措施，是用德文给居民发行苏联占领军的报纸《每日评论》。该报的第1号于5月15日出版，报纸很快受到了普遍欢迎。

给报纸规定的任务是：向德国人民解释苏联党和政府的对外和对内政策，介绍关于苏联的真实情况和红军的国际主义使命。此外，报纸还详细说明了在恢复柏林公用事业和开展文化生活方面所采取的措施，揭露了法西斯主义的实质，并号召德国人拿出全部力量，以争取尽快恢复柏林的正常生活。

数天后，柏林市政局的机关报《柏林日报》开始出版。

6月，柏林所有的民主文化力量实现了联合，成立了德国民主革新文化组织"文化联合会"。

5月中旬，按照卫戍司令部和市政局的指示，柏林多数区里的学校复了课。到6月底，上课的学校已达580所，就学的孩子达23.3万名。此外，还组织了88所幼儿园。

苏联军事行政当局最高长官的第2号命令，准许各反法西斯政党在苏军占领区活动。劳动人民组织自由的工会和团体确保本身利益的权力得到了保障。有关苏联军事行动当局在这方面采取的具体行动，我在后面将谈到，这里只想引用奥托·格罗提渥的一句话。他指出：这个命令，"给予了苏军占领区的政治生活以强大的推动力"。

"在历史上何曾见过这样一支占领军"，他写道，"它在战争结束五周之后，就能让被占领国的居民建立政党、出版报纸，并能给予他们集会和言论的自由？"

1945年6月16日，苏军卫戍司令部和第5突击集团军遭遇了重大的不幸。曾为柏林的恢复做了大量工作的集团军司令员、柏林第一任苏军卫戍司令员、苏联英雄别尔扎林上将，在执行本职任务时因车祸牺牲了。

接替他担任卫戍司令员和第5突击集团军司令员的，是苏联英雄戈尔巴托夫上将。戈尔巴托夫在柏林战役中指挥第3集团军部队，曾卓越地完成了粉碎被围在柏林东南的德军的任务。作为柏林卫戍司令员，他表现出了高超的组织能力，为更好地恢复德国劳动人民的正常生活，做了他所能做的一切。

我还想对第5突击集团军军事委员博科夫中将以及丘利帕诺夫上校所完成的富有成效的工作，说几句赞扬的话。他们对德国同志组织柏林市政局和各级地方自治机构的工作，以及对柏林苏军卫戍司令部及各卫戍处的工作，都曾给予巨大的帮助。

苏军在伟大卫国战争中的最后一个战役，是布拉格战役。苏军必须最后粉碎在捷克斯洛伐克的德军残余部队，并把捷克斯洛伐克从德军占领下解放出来。

早在5月5日，最高统帅部便得悉捷克人在布拉格起义以及起义者同德军作战的消息，于是命令乌克兰第1、第2和第4三个方面军的部队加速向布拉格地域推进，以支援起义者，不让希特勒分子镇压起义。

上述各方面军执行最高统帅部的命令，向布拉格方向派遣了快速部队。这些部队于5月8日夜间到达布拉格地域，并于次日晨进入市区，受到居民的热烈欢迎。

从这时起，德军在捷克斯洛伐克、奥地利和德国南部的有组织的抵抗，即告终止。他们急忙向西退却，力求向美军投降。在苏军挡住去路时，他们就企图以武力突破，不惜给自己造成重大的伤亡。美军统帅部违背自己作为盟军的义务，当法西斯德军退入美军地区时，不进行阻止，反而协助他们这样做。

在英军地段上，我们也发现类似现象。苏军统帅部对盟军提出了抗议，但是毫无结果。

由祖国叛徒弗拉索夫分子组成的那个师，也急急忙忙向美军驻地撤退。然而福米内赫少将指挥的坦克第 25 军坚决地切断了他们的退路。弗拉索夫本人也在这个师的队伍中。我们决定将他活捉，以使其叛国罪行受到应有的惩处。这一任务交由坦克第 162 旅旅长米先科上校执行，而直接活捉弗拉索夫的任务，则交给了亚库舍夫大尉指挥的一个小队。

终于在撤退队伍中的一辆小卧车上，把弗拉索夫抓住了。他藏在一大堆物品的下面，紧裹着被絮，装成一个患病士兵的样子。但他自己的卫士马上揭露了他。弗拉索夫及其同党随后受到军事法庭的审判，并被处决。

就这样，这个凶恶的法西斯国家彻底崩溃了。苏联武装力量和同盟国军队，在法国、南斯拉夫、波兰、捷克斯洛伐克和其他国家的人民解放力量的协助下，终于粉碎了欧洲的法西斯主义。整个进步人类的美好希望，都同对法西斯德国作战的结局密切地联系着。

我很难，而且也无必要特别突出柏林战役——第二次世界大战末期这一最伟大的最后会战的某一个参加者。每个军人都付出了最大的努力、尽了最大的能力来战斗、来完成他所担负的任务。

在指挥白俄罗斯第 1 方面军部队的过程中，以马利宁将军为首的方面军司令部这个富有经验的集体，给了我巨大的帮助。当我们进行战争总结时，必须对各级司令部的人员作出应有的评价。

我还想提起大家注意这样一点，即粉碎柏林德军集团和攻克德国首都，仅仅用了 16 个昼夜的时间。对于如此复杂的战略性战役来说，这大概是最短的时间了。

目前在西方，有人企图缩小苏军在 1945 年最后几个战役中和攻占柏林过程中所曾遇到的困难。

作为柏林战役的参加者，我必须指出，这个战役是第二次世界大战最艰巨的战役之一。在柏林战略方向上担任防御的敌军集团，有近一百万人，他们打得十分顽强。在泽劳弗高地、柏林郊区和市区更是如此。在这最后的战役中，苏军付出了约 30 万人伤亡的重大代价。

我曾同艾森豪威尔、蒙哥马利以及同盟国军队的其他军官和将军们谈过话。我当时从这些谈话中得知，盟军自强渡莱茵河之后，同德军即未曾有过重大的战斗。法西斯德军部队迅速后撤，未做认真的抵抗，就向美英军队投降。盟军在最后几次战役中伤亡极少这一事实，就是证明。

例如，根据波丘在其所著《最高统帅部》一书中所列举的材料，巴顿指挥的美国第 3 集团军在 1945 年 4 月 23 日总共只损失 3 个人，而同一天里，它却俘虏了 9000 名德国官兵。

300 万美军在从莱茵河向东、东南和东北各方向推进的过程中，遭到多大伤亡呢？总共只有 8351 人。而同一时间所俘虏的德军士兵、军官和将军却达数十万人。

西方的许多军事领导人，包括原同盟国欧洲远征军最高统帅部领导人在内，仍在继续散布不正确的结论，说什么自阿登交战和盟军前出到莱茵河之后，德国的军事机器即已粉碎，再进行 1945 年的什么春季战局已无必要。甚至前美国总统艾森豪威尔 1965 年在芝加哥同华盛顿记者爱德华·福扬斯谈话时也说："德国在阿登会战后即已完全失败……到 1 月 16 日，一切均告结束。任何一个有理智的人都懂得，这就是战争的结局……不必进行什么春季战局。战争本来是可以提前 60—90 天结束的。"

对此，我是不能同意的。

大家知道，在 1945 年 1 月中旬，红军刚刚从蒂尔西特—华沙—桑多梅日一线展开进攻，目的是粉碎东普鲁士和波兰的敌人。并计划随后进攻德国的中心地区，以占领柏林和前出到易北河。而在南翼则准备完全解放捷克斯洛伐克和奥地利。

按照艾森豪威尔的说法，苏军在 1945 年 1 月份也应该放弃春季战局计划。这就是说，不必达成基本的军事政治目的，甚至不必到达法西斯德国边境（更不用说占领柏林了），就结束战争。简单地说，就是去做当时躲在帝国办公厅地下室的希特勒及其同伙所最希望的事，去做对当今的伟大进步变化感到不满的那些人和鼓吹复活法西斯主义的那些人想要我们去做的事。

要消灭欧洲的法西斯主义，就要求反希特勒同盟各国动员最大量的武装力量和物资。在实现这一重要任务的过程中，各同盟国曾体现了相互谅解和将反法西斯斗争一直进行到德国无条件投降为止的愿望。

谁也无法辩驳的事实是，苏联肩负了对法西斯武装力量进行斗争的主要重担。这是我国人民所进行过的一切战争中最残酷、流血最多和最艰苦的一场战争。在战争期间，有两千多万苏联人死亡。

反希特勒同盟各国中，没有一个国家和一国人民曾像苏联一样，遭受到如此重大的牺牲，并为击败威胁全人类的敌人，贡献过这样大的力量。美国的领土上未曾掉过一枚炸弹，美国的城市里也没有落过一发炮弹。在与德国和日本的战争中，美国死亡 40.5 万人，英国死亡 37.5 万人，而波兰则死亡 600 万人，南斯拉夫则死亡 170.6 万人。

苏联人对美、英两国人民，及其士兵、水兵、军官和将军，是有充分评价的，认为他们为争取早日战胜法西斯德国做了力所能及的一切。我们真诚地悼念英、美两国牺牲的海员们，他们不顾海上的复杂情况，不顾每一海里的航程都潜伏着死亡的威胁，而按照租借法案为我们运来了物资。我们还高度评价欧洲许多国家里抵抗运动参加者的自我牺牲精神。

当提到同盟国欧洲远征军各兵种军人的英勇精神时，应该客观地承认，他们在同我们共同敌人作战时曾表现了高度的战斗素质和士气。

当苏军与盟军在易北河和其他地方会师时，他们曾相互真诚地祝贺对法西斯德国的胜利，并表达了战后保持友谊的愿望。这绝不是偶然的。

希特勒统治者发动的战争，也使德国人民付出了极大的代价。德国在这场战争中仅死亡的就有 700 万人。许多奋不顾身地同法西斯主义做斗争的人们献出了生命。德国共产党始终站在反法西斯力量的前列，30 多万共产党员死在法西斯的刑讯室里。左派社会民主党的战士也牺牲了不少。德国人民同其他各国人民一样，经受了沉重的苦难和痛苦。

希特勒法西斯主义把德国青年甚至未成年的青年变成杀人凶手。他们无情地扫射、烧死和踏死男女老少。

养育了马克思、恩格斯、李卜克内西、卢森堡台尔曼等为正义的人民事业和共产主义事业而奋斗的战士们的人民，怎么能这样做呢？

给全人类奉献了伟大的科学发明和文学、音乐、美术作品及建筑成就的国家，天才的巴赫、贝多芬、哥德、海涅、爱因斯坦生活和创作的国家，怎么竟发生这样的事情呢？

希特勒德国为了使人们盲目相信法西斯主义，相信"德国人种"这个最高的和"超人的"人种的妄自尊大的、没有根据的伟大，相信德国战无不胜的实力，采取了各种方式方法。这些方式方法，历史学家们尚未全部揭露出来。

为了以法西斯主义的精神改造人们的思想，希特勒分子在全国建立了庞大的监视和间谍网，并广泛采用了"鞭子和饼干"方法。所有意见不同的人都被送进盖世太保的刑讯室，而对于顺从的人和被德国神话般的伟大及世界霸权所吸引的人，则广泛发给各种奖品、勋章或授予荣誉称号。

所有这些起到了一定的作用。被法西斯头目（包括元首本人）的话所蒙蔽的、被对欧洲国家的轻而易举的胜利所鼓舞的希特勒分子顺从地去掠夺、去屠杀，直至前进道路被苏联武装力量所阻。激励苏联军队的则是世界上最正义的思想：祖国的自由和世界各国人民的平等与独立。

战争使苏联的社会制度和国家制度经受了严酷而全面的考验。结果证明这一制度具有无比的优越性和强大的生命力。战争的过程和结局，表明人民群众在战争中起着决定性的作用。在军队、游击队、工厂、设计局、集体农庄和国营农场中的每个苏联人，都从不吝惜自己的力量，为打败敌人做出了自己的贡献。

工人、农庄庄员和知识分子都曾在缺吃少睡的艰苦条件下劳动。妇女和少年顶替了奔赴前线的人们。在新的经济基础上建立起来的整个国民经济，证明了自己的先进性。在同强大敌人进行武装斗争的极艰难的条件下（这个敌人给我们造成了很大的物质损失），我国工业在战争年代所生产的现代化技术兵器，比依靠全欧军事潜力的希特勒德国的产量，几乎超过一倍。

即使在敌人似乎占上风的最艰难的时刻，在敌人的打击下，苏联人民也未曾俯首屈膝，而是团结在共产党的周围，光荣地战胜了一切困难，取得了具有世界历史意义的胜利。

苏联共产党确实是我们真正的鼓舞者和组织者。在经受严酷战争考验的艰难时期中，它一直领导人民进行斗争，党的优秀儿子始终站在武装斗争的最前列。战争结束时，在前线共有三百余万共产党员（每四个军人中就有一个共产党员），超过了全国党员总数的一半。而1941年和1942年那最艰苦的几个月，却正是军人入党最多的时刻。不管在前线和后方，共产党员和共青团员都是为祖国而英勇斗争的模范。人民和军队都认定共产党员和列宁的党是崇高的苏维埃爱国主义和国际主义的典范。

我还想强调一下苏联报刊在伟大卫国战争中，在进行爱国主义宣传教育方面，起到的十分重要的作用。中央和前线报纸的记者和特约记者,毫无畏惧、无所不至的摄影记者,以及电台和影院的工作人员,都曾在最危险、最复杂的前线条件下,英勇地活动在战斗最前列。苏联新闻局,作为伟大卫国战争前线最可靠的新闻来源,在全世界享有它应得的巨大的声望。

德国帝国主义的目的,是要消灭世界上第一个社会主义国家,奴役众多国家的人民。希特勒统治集团在其文件、指令和地图上曾经描绘过,一旦击败苏联后,他们将如何摆布欧洲、亚洲、非洲和美洲的命运。这些材料如今虽已发黄,但是每当想到苏联伟大卫国战争所起的作用和希特勒统治集团牟取世界霸权后可能导致的后果时,把它们回忆一下还是有好处的。

反对法西斯主义及其武装力量这一斗争的阶级不可调和性和不可妥协性,对苏联共产党中央委员会和最高统帅部所领导的苏军的战略、战役学和战术,起了决定性的影响。

在最高统帅部一章中,我已谈到军事战略问题。但我认为有必要在这里再谈谈。

精通军事学术的苏联军事领导人依靠集体英雄主义和全民的支援,从敌人手中夺回了主动权,并组织了一系列极其巨大的战略性进攻战役。

为了改进作战样式和方法,最高统帅部、总参谋部、各方面军和集团军的领导人和司令部,在战争过程中曾进行了大量工作,来总结武装斗争的先进经验,并将其推广到部队。这样做有助于达成总的胜利。

1943—1945年各次进攻战役获胜的最重要因素是:采用了炮兵—航空兵进攻的新方法;大规模地使用了坦克军团和航空兵军团,以及这些军团能在战略性战役中与诸兵种合成集团军巧妙地协同;从根本上改进了战役的准备和指挥部队的方法。

在战争过程中,在发展陆军的同时,苏联空军及其战术和战役学,也获得了迅速的发展,从而保证我军在战争后期夺得了全面的制空权。苏联飞行员在作战时表现了集体英雄主义精神。苏联空军与陆军协同作战,对敌人的整个战术、战役和战略纵深实施了猛烈的、无法抗拒的突击。战争结束时,我空军拥有的装备是十分优越的。

苏联的各个设计集体在设制第一流的技术兵器时,取得了卓越的创造性的胜利。这些设计集体的领导人是:图波列夫、米高扬、布拉贡拉沃夫、阿尔汉格尔斯基、波利卡尔波夫、雅科夫列夫、伊柳辛、拉沃奇金、佩特利亚科夫、科罗廖夫、苏霍伊、科京、克雷洛夫、克利莫夫、科什金、格拉宾、戈柳诺夫、古列维奇、捷格佳略夫、米库林、沙维林和什帕金。

同陆军和空军一样，苏联海军也胜利地实施了各次战役。海军陆战队的数十个兵团和数百个支队曾在陆上作战，它们无处不表现出奇迹般的英勇无畏精神，从而受到人民的崇高奖励。

从1944年开始，苏联军事战略依靠国家巨大的军事和经济潜力，在拥有优势兵力、兵器的条件下，进行了多次同时有两个、三个、四个甚至更多方面军、数万门火炮、数千辆坦克、数千门火箭炮和数千架作战飞机参加的进攻战役。如此强大的兵力、兵器使苏军统帅部得以突破敌人的任何防御，实施深远突击，合围巨大的敌军集团，迅速将其分割，并在短暂时间内予以歼灭。

如果说在斯大林格勒会战时，我西南、顿河、斯大林格勒三个方面军为彻底消灭鲍留斯集团军曾用了几乎两个半月的时间，那么在最后的柏林战役中，则如前所述，只用16个昼夜就消灭了人数众多的德军集团。

苏军在准备各次进攻战役时，对保障突然性等问题都十分重视。为达成突然性而采取的办法有：实施周密的战役、战术伪装；对拟制战役文书工作严格保密；从最高统帅部起直到部队所有各级的情况交流都有严格限制。同时，还特别重视了主要突击方向上兵力、兵器的隐蔽集中和在不准备进攻的地段上做变更部署的佯动。

在对法西斯德国作战期间，苏军曾实施了多次大规模战役，其中不少战役，就其规模和实施的巧妙性来说，在战争史上是空前的。属于这种战役的有：争夺列宁格勒的战役、莫斯科会战、斯大林格勒会战、库尔斯克会战、雅西—基什尼奥夫战役、粉碎白俄罗斯德军的战役、维斯瓦河—奥得河战役和最后的柏林战役。防御战役，就其坚忍不拔和集体英雄主义行为来说，最令人不能忘怀的有：斯摩棱斯克会战、列宁格勒会战、塞瓦斯托波尔会战和敖德萨会战。

从1942年秋季开始，苏军所进行的各次进攻和反攻战役，都具有独创性、坚决性、快速性和高度彻底性的特点。会战和战役，几乎一年四季连续不断。不管是严冬大雪，或是倾盆大雨，或是春秋难以通行的泥泞，都未能阻挡战役的进行，即使这要求部队付出非同一般的体力和精力。

1944—1945年间，苏联军事战略最重要的特点，是它具有非常大的积极性，在整个苏德战场都展开了目的坚决的进攻战役。如果说在战争第一阶段以及第二阶段的一段时间里，苏军要等德军的进攻能力消耗殆尽才转入进攻（反攻）的话，那么战争第三阶段的战局，往往是以苏军对敌人预有准备的防御实施猛烈进攻作为开始。

在1944—1945年间，苏军之所以能够在一系列方向上同时不间断地实施多场大规模进攻战役，是由于力量对比发生了有利于苏军的进一步变化和苏德战场战线的缩短。这样一种战略进攻方法是十分有效的，因为它使敌人丧失了机动的自由。

战略性进攻战役具有各种不同的样式。其中最典型的是：实施向心突击或将敌人逼向海边以合围并消灭敌军集团的战役；实施分割突击以分割敌军集团并予以各个歼灭的战役。合围战役是战略性进攻战役的最有效的样式，展开此种战役的有利条件，是我军对敌军集团处于包围态势。

苏军在整个战争过程中，都十分巧妙而果敢地进行了夜间作战。战前被认为是"特殊条件下的行动"的战斗行动类型，在这次战争过程中，成了很平常的类型。在1943—1945年间，当我军进行大规模战略性战役时，夜间作战的规模特别大。敌军通常回避夜间作战，当被迫夜间作战时，也缺乏主动精神。

从1943年起，遭遇战开始具有重大意义。战争经验表明，谁对这种复杂的战斗类型预先做了良好的准备，谁就能在遭遇战中获胜。特别重要的是必须记住，在任何时候和任何情况下，一旦与敌遭遇，就应先敌占领有利地区，先敌展开、开火，并先敌包围其两翼和实施迅猛的冲击。遭遇战就其实质来说，要求指挥员具有广泛而果敢的主动精神，时刻准备承担责任进行积极合理的战斗行动。

我军各次进攻战役的顺利实施，曾得到苏联游击力量英勇作战的支援，它们在三年多的时间里，不给敌人以喘息机会，不断破坏敌人的交通线，使敌人后方充满了恐怖。在苏军前出到波兰、捷克斯洛伐克、罗马尼亚、保加利亚、南斯拉夫和匈牙利国境后，还得到了在各该国共产党和社会党领导下从事斗争的爱国者的大量援助。

根据极不完整的材料，在俄罗斯苏维埃联邦社会主义共和国被占领的各州里，有26万人为复仇而参加了有组织的游击队，在乌克兰有22万，在白俄罗斯有37.4万。敌军统帅部实际上不得不在自己后方建立起对付游击队的第二战线，从而分散了大量兵力。这对于德军前线总的形势，及对战争的最终结局都有着重大的影响。

我想列举一下地下党组织的卓越领导人以及游击队和游击兵团的优

秀指挥员，他们曾与苏联正规部队巧妙地配合，竭尽全力地同敌军作战。这些领导人和指挥员是：别格马、韦尔希戈拉、维尔希宁、波诺马连科、斯特罗卡奇、费多罗夫、别利琴科、古谢因—扎杰、巴拉诺夫、科夫帕克、科兹洛夫、科兹洛夫、鲁德涅夫、扎斯洛诺夫、萨布罗夫、舒毛斯卡斯、梅德韦杰夫、瑙莫夫和加里宁。

边防军人也为祖国建立了很大的功勋。他们最先承受了德国军队的突击，并做了力所能及的一切以击破希特勒的闪击战计划。按照这一计划，各边防总队在德军入侵一两个小时之后即应全部被歼。

边防军曾在国境线上同优势的敌人顽强战斗，随后又同红军部队一起，为捍卫每一寸苏维埃土地而奋不顾身地斗争。

在莫斯科会战中，有许多边防团（原来的边防总队）曾同红军部队一起，拼死坚守在沃洛科拉姆斯克、莫扎伊斯克、纳罗福明斯克和小雅罗斯拉韦茨等方向上。在库尔斯克会战中，由远东、中亚和外贝加尔的边防军人补充起来的第70集团军取得了辉煌的胜利。

边防军人还在敌后完成了重要任务：消灭敌人的行政机构和破坏其交通线。在战争过程中，边防军曾对各种各样的法西斯奸细和破坏者的渗入做了成功的斗争，从而保卫了红军的后方。边防部队和兵团无论在哪里作战，我们都确信他们能取得胜利。

在现代战争中，军队的正确指挥具有重大意义。军队的指挥涉及范围广泛的军事、政治、精神、物质和心理等因素，是军事科学和军事学术极重要的组成部分。在战前的年代里，苏联军事科学对这一极重要的问题做了充分深入的研究。因而我们大家不得不在战争过程中，从许多方面来掌握指挥军队的科学和实践。在这一问题上，苏军统帅部与德军统帅部相比，处于比较不利的状况。德军统帅部在发动对苏联的进攻以前，已有了充分的战争实践。

随着苏联武装力量对法西斯德军的总的优势的增长，我们对兵力和兵器的指挥艺术也有了提高。

1945年5月中旬，最高统帅命令我去莫斯科。我不知道叫我去的目的，也不便于询问，因为这不符合军人的习惯。

到达莫斯科后，我就到总参谋部去找安东诺夫。从他那儿才得知，国防委员会当时正在研究如何履行苏联对美国和英国承担的新的义务——参加对日作战的问题。

总参谋部当时正在加紧拟制陆、空、海三军在远东的战斗行动计划。

我从总参谋部打电话给斯大林，报告我已经到达。他指示我晚上八时到克里姆林宫去。剩下的时间还绰绰有余，我便乘车去见加里宁。他曾往柏林给我打过电话，要我到莫斯科后一定去找他，给他介绍柏林战役的情况。

我真诚地热爱加里宁，因为他平易近人，具有丰富的处世经验，并善于用普通语言说明最复杂的生活现象。

加里宁十分亲切地接待了我。在这几年间，他变得异常地衰老，面容憔悴。他不顾自己的年迈，曾多次访问作战部队，同战士和指挥员见面，并且总要给他们讲一些热情而充满智慧的话。

加里宁询问了攻克柏林的经过，德国人民生活正常化的情况，以及大部分组织曾受到希特勒分子野蛮摧残的德国共产党恢复活动的情况。

同加里宁谈完话之后，我到了最高统帅那儿。在他的办公室里，除国防委员会委员以外，还有海军人民委员库兹涅佐夫、安东诺夫、红军后勤部长赫鲁廖夫，以及总参谋部经管组织问题的几位将军。

安东诺夫报告了总参谋部关于向远东调运部队和物资器材并按在远东即将成立的各个方面军加以集中的计算。按总参谋部的初步计算，完全做好对日本作战的准备，约需三个月的时间。

后来斯大林问道：

"为了庆祝战胜法西斯德国，我们是否应在莫斯科举行一次胜利阅兵式，并邀请立功最多的英雄——士兵、军士、准尉、军官和将军们前来参加呢？"

大家都对这一想法表示热烈支持，并当场提出了许多实际的建议。

关于谁当阅兵首长和谁当阅兵总指挥的问题，当时未做讨论。然而我们每个人都认为，阅兵首长应由最高统帅担任。

安东诺夫当即受领任务为阅兵做好一切必要的计算，并拟制出阅兵训令的草案。到第二天，所有的文件都呈报给了斯大林，并得到了批准。

预定由卡累利阿方面军，列宁格勒方面军，波罗的海第1方面军，白俄罗斯第1、第2、第3方面军，乌克兰第1、第2、第3和第4方面军以及海军和空军各派出一个混成团参加阅兵。

各混成团的编成内，应包括有苏联英雄、光荣勋章获得者、著名的狙击手和战功最多的勋章获得者——士兵、军士、准尉和军官。

各方面军的混成团应由方面军司令员率领。

决定将曾升起在柏林国会大厦圆顶上的红旗，以及苏军在战斗中缴获的法西斯德军的战旗运来莫斯科。

在 5 月底和 6 月初,我们为阅兵进行了紧张的准备。6 月中旬,全体受阅人员都穿上了新制的礼服,并投入了节日前的操练。

6 月 12 日,加里宁授予我第三枚苏联英雄金星奖章。

记不准确,好像是 6 月 18—19 日,最高统帅把我叫到他的别墅去。

他问我骑马的技术是否已经生疏。我回答说:

"没有,没有生疏。"

"是这么一回事,你将担任胜利阅兵式的阅兵首长,阅兵总指挥由罗科索夫斯基担任。"

我回答说:

"谢谢给我这样的荣誉。但由你来阅兵不是更好吗?你是最高统帅,就权利和义务来说,都应由你来担任阅兵首长。"

斯大林说:

"我当阅兵首长已经太老了。还是你来当吧,你年轻一些。"

阅兵时,受阅部队是按各作战方面军的顺序,从右向左排列。排在最右翼的是卡累利阿方面军混成团,然后是列宁格勒方面军混成团、波罗的海第 1 方面军混成团。这样按顺序下去。排在左翼最末端的是乌克兰第 4 方面军混成团、海军混成团以及莫斯科军区的卫戍部队。

我们为每一个混成团专门挑选了它所特别喜爱的军队进行曲。在中央机场举行了阅兵式的预演,而最后的总预演是在红场上进行的。在短短的期限里,各混成团都训练得很出色,给人以很深的印象。

6 月 22 日,各报刊载了最高统帅的下述命令:

"为了庆祝在伟大卫国战争中取得的对德国的胜利,定于 1945 年 6 月 24 日在莫斯科红场举行作战部队、海军部队和莫斯科卫戍部队的阅兵式——胜利阅兵式……

阅兵首长由副最高统帅、苏联元帅朱可夫担任,阅兵总指挥是苏联元帅罗科索夫斯基。

最高统帅,苏联元帅斯大林

莫斯科,1945 年 6 月 22 日"

那盼望已久的、令人不能忘怀的日子来到了!苏联人民四年来一直期待着这一时刻。为列宁的党所鼓舞的英勇的军人们,在其光荣的指挥员的指挥下,经历了长达四年的艰苦的战斗历程,最后在柏林取得了光辉的胜利。

1945 年 6 月 24 日,我比平时起得早些。马上向窗外一望,以弄清气象预报员的预报是否正确。他们昨天曾预报今晨是阴天,并有蒙蒙细雨。我多么希望他们这次的预报是错误的啊!

但是很遗憾,这次的天气预报是准确的。莫斯科是一片阴沉沉的天空,还下着毛毛细雨。我打电话问空军司令员,他说大多数机场的天气都不宜于飞行。看来,胜利阅兵式将不会像我们想象的那么隆重。

然而情况并非如此!莫斯科人正怀着高昂的情绪,在乐队的伴奏下,向着红场前进,以便参加这具有历史意义的日子的游行。他们露出愉快的面容,举着大量的标语和标语牌,唱着歌曲,这一切形成了万众欢腾的景象。

那些不参加红场游行的人,把所有的人行道都挤得满满的。欢乐的浪潮和祝贺战胜法西斯的"乌拉"欢呼声,把他们和游行队伍及受阅部队联结在一起。这种团结一致,使人感到苏维埃国家有一种不可战胜的力量。

10点差3分时,我已在斯帕斯基门附近骑上了马。

我听见了清晰的口令声:"受阅部队,立正!"随着响起了一阵掌声。这时,时钟正敲响了10点。

自然,我的心情是紧张而激动的……我骑着马向红场走去。传来了格林卡"光荣颂"的庄严而雄壮的乐曲声,它使每个俄罗斯人的内心感到无比亲切。忽然,又是一片寂静。这时,响起了阅兵总指挥、苏联元帅罗科索夫斯基做报告的清晰的声音。显然,他的激动程度也不亚于我。他的报告吸引了我的全部注意力,使我顿时平静了下来。

呈现在我面前的是各部队的军旗,它们曾鼓舞部队彻底战胜了敌人;是战士们经受过战火磨炼的英毅的面孔,和流露出欢乐心情的眼睛;是战士们穿着的新制的军装,战斗勋章和奖章在军装上闪闪发光。所有这一切构成了一幅动人心弦的、令人永远不忘的景象。

十分遗憾的是,祖国的许多忠实儿子,在同血腥的敌人战斗时牺牲了,他们未能活到这欢乐的一天,活到我们庆祝胜利的这一天。

在检阅部队和向部队问好时,我看见雨水在军人的帽檐上直淌,然而大家的情绪是如此高涨,以致谁也不曾注意到这一点。

当英雄的团队从列宁陵墓前通过时,使得大家特别的兴奋。走在各团队前头的,是在同德军作战中闻名的将军、兵种元帅和苏联元帅们。

随后,两百名老战士在鼓声的敲击下,把两百面法西斯德军的军旗投到了列宁陵墓的台阶下,这时,无比欢乐的情绪达到了顶点。

让复仇主义者和军事冒险的爱好者们记住这一历史性的场面吧!

在胜利阅兵式结束之后，为阅兵式的参加者举行了政府招待会。出席招待会的，有党和政府的领导人、苏联最高苏维埃主席团委员、党中央委员会委员、人民委员、著名的军事家、科学家、艺术家、文学家，以及工、农业方面的著名人士。

大家发表了许多热情洋溢的讲话，来祝贺曾团结苏联人民去同敌人做斗争和组织武装力量去粉碎敌人的党；来祝贺彻底粉碎了法西斯德国的苏联武装力量；来祝贺科学家、艺术家，以及技术、工业、农业方面的人士，他们曾保障我国武装力量在同强大、富有经验并残暴的敌人做斗争时，具有强大的物质和精神的威力；来祝贺伟大的苏联人民。

当胜利阅兵式的参加者各自返回工作岗位以后，庄严的阅兵式和克里姆林宫热情的招待会的印象，仍留存在他们心中久久不忘。

回到柏林后，我们向美国人、英国人和法国人建议在柏林也举行一次庆祝战胜法西斯德国的阅兵式。过了一些时候，我们得到了他们表示同意的答复。苏军和同盟国军队的阅兵式，决定于9月份在国会大厦和勃兰登堡大门附近举行，1945年5月1—2日，苏军攻克柏林的最后战斗就是在这里进行的。

经商定，阅兵首长由苏军、美军、英军和法军的总司令共同担任。

参加柏林阅兵式的，有陆军各兵种的部队。空军和海军部队因距柏林太远，故决定不参加。

阅兵的时间临近了。苏军做了十分细致的准备。我们尽量让那些在强击柏林及其主要抵抗基点——国会大厦和帝国办公厅时立有特殊功勋的士兵、军士、准尉、军官和将军，参加柏林的阅兵式。一切都是按照与同盟国商定的办法进行的。

但是在阅兵的前一天，我们忽然被告知，各盟国军队的总司令由于一系列的原因，不能来柏林阅兵，已委托他们的将领出席。

于是，我立即打电话给斯大林。

他听完我的报告后说：

"他们想贬低反希特勒同盟各国军队阅兵的政治意义。你等着瞧吧，他们还会耍新花招的。各盟国军队总司令拒绝出席，也没有关系，你就担任阅兵首长好了，何况我们在这方面比他们有更多的权利。"

反希特勒同盟各国军队的阅兵式，于1945年9月7日准时开始。参加阅兵式的，有曾强击过柏林的苏军部队，以及到西柏林各区来执行占领勤务的美军、英军和法军部队。

在乘车巡视了排列着的受阅部队后，我发表了讲话，在讲话中赞扬了苏军和同盟国远征军的历史功勋。

呈分列式通过主席台时，苏军步兵、坦克兵和炮兵的队形非常整齐。我们的坦克和自行火炮给人以特别深刻的印象。各同盟国军队中，队列训练较好的是英国军队。

在举行阅兵式的地方，聚集有近两万柏林人。这是象征着反希特勒同盟战胜法西斯血腥侵略的庆祝盛典。

第二十三章

波茨坦会议，对德管制委员会

1945年5月下旬的一天深夜，波斯克列贝舍夫打来电话，要我到克里姆林宫去。

在最高统帅的办公室里，除他本人以外，还有莫洛托夫和伏罗希洛夫。

在彼此问候以后，斯大林说：

"当我们把所有德军的士兵和军官都解除武装并送往战俘营的时候，英国人却让德军保持着充分的战斗准备，并正同他们建立合作。以原司令官为首的德军各级司令部迄今仍享有充分的自由，它们根据蒙哥马利的指示正在收集和整理德军部队的武器和技术兵器。"

"我认为，"最高统帅继续说道，"英国人企图保留德军部队，以便今后利用它们。这直接违反了各国政府首脑有关立即遣散德军部队的协定。"

斯大林又转向莫洛托夫说：

"应尽快派出我们的代表团去参加监察委员会，以便通过这个委员会坚决要求同盟国逮捕邓尼兹政府的一切成员，以及德军的将军和军官。"

"苏联代表团明天就出发去弗仑斯堡。"莫洛托夫回答说。

"自罗斯福逝世后，杜鲁门很快就和丘吉尔完全协调一致了。"斯大林说。

"美国军队直到现在还驻在图林根。看来，暂时它们还不准备撤到自己的占领区去，"我说，"根据我们掌握的材料，美国人想获取德国的最新科学成就，因而正在搜寻著名的德国科学家，并把他们送往美国。

美国人在欧洲其他国家也采取这种做法。我已就这一问题写信给艾森豪威尔，请他尽快把美军撤出图林根。他回答我说，准备在最近几天内到柏林来，以便亲自同我接触，磋商所有问题。

"我认为应当要求艾森豪威尔立即履行关于按规定的占领区配置军队的协定，否则我们就将拒绝同盟国人员进入大柏林地区。"

"就应该这样，"斯大林表示同意说，"现在你听我说，我为什么把你叫来。同盟国军事代表团通知说，6月初艾森豪威尔、蒙哥马利和塔西厄将到柏林来签署苏、美、英、法四国关于在占领德国期间接管德国最高权力的宣言。这就是宣言的原文，你读读看。"斯大林一面说着，一面递给我一张折叠着的纸。

纸上写着：

"由苏、美、英、法四国政府接管德国最高权力，包括德国政府、最高统帅部，和任何州、市或地方的政府或当局所有的一切权力。"

宣言规定：

——德国一切武装力量，包括陆军、空军、防空部队、海军、党卫军、冲锋队、秘密警察，以及其他一切武装力量或拥有武器的辅助组织，均得彻底解除武装，并向同盟国交出他们的武器；

——逮捕所有的法西斯主要头目和战争罪行嫌疑犯；

——同盟国应采取一切必要的措施来消除德国的军备和肃清德国的军国主义，以保障未来的和平和安全。

我把文件还给了最高统帅。

"这样一来，"斯大林说，"就必须设立一个有四国代表参加的对德管制委员会。我们决定委任你担任实行对德管制的苏方最高长官的职务。除了苏军总司令部以外，还需要设立苏联军事行政机构。你也需要一位军事行政方面的副手。你愿意由谁来担任你的副手呢？"

我提出了索科洛夫斯基将军，斯大林表示同意。

随后，他给我介绍了有关组织对德管制委员会的一些主要问题：

"参加对德管制委员会的，除你以外，代表美国的是五星上将艾森豪威尔，代表英国的是蒙哥马利元帅，代表法国的是塔西厄将军。你们每人都将有一位政治顾问。你的政治顾问是外交人民委员的第一副手维辛斯基，艾森豪威尔的政治顾问是罗伯特·墨菲，蒙哥马利的政治顾问是斯特朗。法国方面的是谁，暂时还不知道。

"管制委员会的一切决议，只有在一致同意的条件下才算有效。大概在一系列问题上，你都会处于以一对三的局面。"

他吸了一口烟斗后，笑着补充说：

"是呀，我们早已习惯于单独作战了……管制委员会最主要的目标，"斯大林继续说道，"应该是使德国人民迅速建立起和平生活，彻底消灭法西斯主义，并组织地方政权机构。地方政权机构的成员应从仇恨法西斯主义的劳动人民中挑选。

"法西斯匪徒把我国破坏并抢劫一空。因此，你和你的助手们应努力争取，尽快实现与盟国达成的拆除一部分德国军事工业企业作为赔偿的条约。"

我受领上述指示后，立即前往柏林。到达柏林的第二天，五星上将艾森豪威尔就带着包括美国战略空军司令斯巴兹将军在内的大批随从人员来拜访我。

我们在位于文登斯洛斯的方面军司令部接待了艾森豪威尔将军。同我一起接待的有维辛斯基。

我们的会见是按照军人的方式，可以说是友好的。艾森豪威尔拉着我的两手，对我仔细瞧了好久，然后说道：

"啊，你原来是这样的！"

我紧紧地握了握他的手，通过他向和我们一起同法西斯做斗争的同盟国军队表示感谢，并高兴地指出在同希特勒德国进行战争的年代里，在我们各国军队和人民之间建立起了富有成效的合作关系。

最初，我们围绕往日的事件进行交谈。艾森豪威尔谈到了通过英吉利海峡实施诺曼底登陆战役时所碰到的重大困难，以及建立交通线、指挥部队特别是当德军在阿登突然反攻时所遇到的复杂情况。

然后，他又转入正题说道：

"我们应当就组织管制委员会和保证美、英、法三国人员经过苏古区进入柏林的地面通道有关的一系列问题达成协议。"

"看来，需要商谈的不仅是关于地面通道的问题，"我回答艾森豪威尔说，"还必须确定美国和英国的飞机经过苏占区飞往柏林的规则。"

这时，斯巴兹将军靠在椅背上，漫不经心地随口说道：

"美国飞机过去和现在飞行都不受任何限制。"

"你们的飞机要经过苏占区飞行，不受限制是不可能的，"我回答斯巴兹说，"你们将只能在规定的空中走廊内飞行。"

艾森豪威尔马上插话，对斯巴兹说道：

"我并没有委托你以这种方式来提出飞机飞行的问题。"

然后，他又转向我说：

"我这次来见你，元帅先生，只是为了亲自认识一下，至于工作上的问题，等我们把管制委员会组织起来以后再解决。"

"我想，像我和你这样的老兵，是会找到共同的语言并和谐地工作的，"我回答说，"我现在只想请求你一件事：尽快让美军撤出图林根。根据同盟国政府首脑在克里木会议上达成的协议，图林根是只应该由苏军占领的。"

"我赞同你的意见，并将坚持做到这一点。"艾森豪威尔回答说。

我未曾问他，要对谁坚持这一点。我知道，这一问题的阻力来自上层政治领导，说得更确切点，来自丘吉尔和杜鲁门。

就在我的办公室里，为艾森豪威尔及其随从人员举行了早宴。宴会后，他们即飞往位于美因河畔法兰克福的他们的大本营。

在表面上，艾森豪威尔给了我良好的印象。

6月5日，艾森豪威尔、蒙哥马利和塔西厄来柏林签署苏、美、英、法四国政府关于击败德国和接管德国最高权力的宣言。

会前，艾森豪威尔曾乘车来我的司令部，把美国的最高军事勋章——总司令级的"荣誉勋章"授给了我。

接受勋章后，我立即打电话向最高统帅报告了此事。

斯大林说：

"我们也应该授予艾森豪威尔和蒙哥马利胜利勋章，授予塔西厄一级苏沃洛夫勋章。"

"我可以向他们宣布吗？"

"当然可以！"

在签署宣言时，我才头一次认识了蒙哥马利元帅。

战争期间，我曾仔细地注意过由他指挥的英军部队的作战。1940年英国远征军在敦刻尔克遭到了惨败。随后，蒙哥马利指挥的英军部队，在阿拉曼粉碎了德国隆美尔将军的一个军。蒙哥马利还巧妙地指挥盟军，实施了通过英吉利海峡的诺曼底登陆战役，并指挥它们一直打到了塞纳河。

蒙哥马利中高个儿身材，动作十分灵活，仪表像士兵一样整洁，给人的印象是个生气勃勃、善于思索的人。他跟我谈起了阿拉曼战役和斯大林格勒会战的情况。在他的概念里，这两个战役具有同样的意义。

虽然我丝毫不想贬低英军的功绩，然而我仍不得不给他说明，阿拉曼战役只是一个集团军规模的战役，而参加斯大林格勒会战的却有好几个方面军。它们进行的是具有巨大战略意义的战役，其结果是在伏尔加河、顿河地域，并随后在北高加索地域消灭了人数众多的德军及其盟军的集团。如同大家所知道的那样，这一战役是战争形势发生根本转折的开端，它为将德军逐出我国奠定了基础。

宣言签署之后，蒙哥马利对我说：

"元帅先生，我们决定在近日进驻自己在柏林的区域，大概我们的朋友美国人和法国人也希望和我们同时进驻他们的区域。因此，我现在想和你商议确定我方人员进入柏林的通道。"

"在解决英、美军队进入柏林的通道问题之前，同盟国的一切部队必须首先遵照雅尔塔会议的决定，配置在规定的德国的一定地域内。只要美军不撤出图林根和英军不撤出维滕贝格，我就不能同意同盟国的占领军进入柏林，也不同意在柏林驻扎管制委员会的行政机构人员。"

当蒙哥马利开始反对时，艾森豪威尔马上就插嘴说：

"蒙蒂（当时英国人对蒙哥马利的爱称），别争了。朱可夫元帅是对的。你应该尽快离开维滕贝格，我们则离开图林根。"

"那好，"蒙哥马利表示让步说，"现在我们不争了。最好还是让我们一起摄影，作为初次见面的纪念吧！我为此带来了一个优秀的摄影师……"

当摄影师终于把他的全部胶片都拍光后，我向同盟国军队的三位司令官宣布了苏联政府决定授给他们苏联最高军事勋章一事。当我问及何时何地把勋章授给他们时，艾森豪威尔和蒙哥马利回答说，他们请我于6月10日到美因河畔法兰克福他们那儿去。

送别了管制委员会未来的同僚，我即打电话给斯大林，谈了蒙哥马利的要求和艾森豪威尔的态度。

斯大林笑着说：

"应当设法邀请艾森豪威尔到莫斯科来。我想同他认识。"

6月10日，按照原来的约定，我们乘飞机前往艾森豪威尔在美因河畔法兰克福的司令部。在那儿，我们受到人数甚多的美军仪仗队的迎接，仪仗队的军容给我留下良好的印象。

艾森豪威尔的司令部，是驻在"颜料工业"化学康采恩的一片极庞大的建筑物内。当同盟国空军猛烈轰炸法兰克福时，整个城市都变成了废墟，但这片建筑物却完好地保存了下来。

应当指出的是，"颜料工业"化学康采恩在德国其他地区的建筑物也同样未被触动，虽然它们都是极好的轰炸目标。显然，华盛顿和伦敦曾就这个问题给盟军统帅部下达过特别的指示。

位于西德的其他许多军事工厂也都保存了下来。后来才知道，这些大型军事工厂在财政上与美国和英国的垄断组织有联系。

我们是怀着在四国共同管制德国的工作中能建立起友好的相互关系和协调一致的行动的希望，离开法兰克福的。

不久，美军和英军就撤出了它们违反协定所占领的地域。而美、英、法三国的占领军及参加管制委员会各行政机构的人员，随后也到达了柏林。

蒙哥马利元帅于6月下半月来访问我。在相互问候之后，他通知说，英国政府决定授予我和罗科索夫斯基元帅，以及索科洛夫斯基和马利宁二位将军以大不列颠的勋章。

蒙哥马利请我确定授勋的日期以及举行授勋仪式的地点。我则请他自己决定。

蒙哥马利意味深长地说：

"苏军在勃兰登堡大门进行了最后的突击，并在那里的国会大厦顶上升起了红旗。我认为正应该在这个地方授予你们大不列颠的勋章，以表彰你们指挥的苏军部队的功绩。"

在预定的日子和时刻，罗科索夫斯基、索科洛夫斯基、马利宁和我来到勃兰登堡大门，受到英国近卫部队仪仗队和一大群将领和军官的隆重欢迎。

授勋仪式是在国会大厦附近举行的。授给我的是一级"巴尼"勋章，授给罗科索夫斯基的是二级"巴尼"勋章，授给索科洛夫斯基和马利宁的是"功勋"勋章。

晚上，蒙哥马利元帅在他本人的官邸里举行招待会，许多苏军将领和军官都出席了招待会。

我之所以谈到这些授勋仪式，是因为当时有些报纸曾对这些事件做过不完全确切的报道。

初期，管制委员会及其所属机构在工作中未发生什么特别的摩擦。管制委员会的会议视需要召开，但每周不超过一次。不开会的时候，问题一般交由协调委员会和各管理机构进行初步讨论。

这里，有件很有趣的细节。在管制委员会工作过程中，会议参加者的膳食，系由各方按顺序轮流供应。美国人供应一个月，然后是英国人、法国人，最后轮到苏军。当轮到我们供应时，参加会议的人数往往增加一倍。这是由于俄罗斯人十分好客，俄国菜，当然还有俄国鱼子和伏特加酒，非常著名。

我们工作一开始就感觉到，在管制委员会的所属各委员会中，西方对苏联的各个代表、对苏方的政策和策略、对我们强弱的各个方面，都在进行细致的研究。我们也在了解自己的西方对手和他们的行动。

必须承认，美国和英国人对参加管制委员会的工作，是预先做了全面准备的。他们手里有编写得很好的有关整个德国以及德国的经济和军事潜力的参考文件。就将来对德国采取什么经济政策的问题，他们也预先得到了指示。

管制委员会开始工作时，是处于这样一种情况。

各同盟国人民，对于苏联武装力量击败德国和消灭对世界各国人民所构成的威胁的希特勒主义，满怀着感激之情。他们对法西斯分子非常仇恨。在这种情况下，美国统治集团认为当时暴露自己的真实计划和意图为时过早而且危险，因而宁愿与苏联继续保持合作。

同时，跟英国统治集团一样，他们也关心苏联参加对日作战问题，急不可耐地期望我们早日出兵。在这种情况下，自然他们不想把同苏联的关系弄坏。

这就是管制委员会初期工作比较顺利的原因。

然而应当指出，美、英、法三国代表的态度是不真诚的。在他们的占领区内，对雅尔塔会议以及管制委员会决议的执行，是片面的、纯形式的，而在许多情况下简直是怠工。对待肃清德国军国主义的决议，他们的态度也是这样。不管在经济方面、政治方面，甚至在军事方面，对这一决议都未彻底执行。

当管制委员会开始工作时，我们曾同艾森豪威尔商定，派方面军司令部侦察处的一组军官，到美国占领区去审讯主要战犯。在美国占领区集中的主要战犯，比其他任何占领区都多。

在他们那儿有戈林、里宾特洛甫、卡尔滕勃伦涅尔、凯特尔元帅、约德尔上将以及重要性不次于他们的第三帝国的其他人员。然而美国人却根据有关指示，不让我方军官审讯全部战犯。苏联军官只审讯了其中的一部分战犯。而这些战犯在他们的口供中，像兔子一样兜圈子，力图把对人类犯下的一切罪行都推给希特勒一人，千方百计地逃避承认自己个人的罪行。

审讯材料证实，希特勒分子同美、英两国情报机关曾就单独媾和的可能性问题，进行过秘密谈判。

在管制委员会后来的工作中，我们要同美国人和英国人达成协议就变得比较困难了。他们拒绝我们提出的，有关履行各国政府首脑会议上签署并协商的击败德国的宣言的条款的建议。

不久，我们获得了可靠的情报，证实在最后战局进程中，丘吉尔曾给蒙哥马利元帅发去一份秘密电报，命令蒙哥马利："仔细收集并储存好德国武器和技术兵器，以便一旦苏军继续进攻时，易于将这些武器重新分发给我们可能不得不与之合作的德国部队。"

在管制委员会的会议上，我们不得不就此发表坚决声明，强调指出，历史上很少有这类背信弃义和背叛同盟国责任和义务的事例。

我们指出，苏联严格履行了在战争中对同盟国所承担的义务。我们认为，英军统帅部和英国政府应受到严厉的谴责。

蒙哥马利企图拒绝苏方的谴责。他的同僚美国将军克莱则保持沉默。显然，他是知道英国首相的这个指令的。

后来，当丘吉尔对乌德福尔德区选民发表演说时，他公开宣布说，在成千上万的德国人投降就俘的时候，他确曾给蒙哥马利元帅发出过类似的秘密命令。过了不久，蒙哥马利本人也证实，他收到过丘吉尔的这一电报。

大家都知道，在战争年代里，希特勒分子曾将数百万苏联人赶往德国从事强迫劳动，或送入集中营。所有在德国东部被释放的人，我们总是竭力让他们尽快返回他们过奴隶生活时无限思念的祖国。但是相当一部分苏联公民和被德军俘虏的苏联官兵在我们盟国的占领区内。

自然，我们坚持要求将他们转送至苏联占领区，以便遣返苏联。我就此问题首先找艾森豪威尔交涉。我觉得他是理解我们的要求的，所以我们得以将相当一部分苏联人先从美国占领区，随后又从英国占领区接回。

然而后来我们得到可靠的情报说，美国人和英国人正加紧鼓动战俘营里的苏联公民和官兵拒绝返回祖国，以高工资和优厚待遇引诱他们留在西方。同时还散布了对苏联的诽谤，并千方百计对他们加以恐吓。

在会见艾森豪威尔及其副手克莱将军时，我们就此种反苏宣传提出了强烈抗议。艾森豪威尔和克莱最初企图以追求"人道主义的目的"为遁词，但后来终于允许苏联军官同被扣留在美国军营的苏联人见面交谈。

经过苏联军官公开谈话，并对这些人关心的问题进行解释之后，许多人认识到自己的错误，看清了美国情报人员的虚假宣传，宣布决心返回苏联，并来到苏占区以便归国。

还在1945年5月底，斯大林就曾预先通知我说，美国总统特别信任的哈里·霍普金斯，访问莫斯科后路过柏林时将来拜访我。

据斯大林说，霍普金斯是一位卓越的人物，曾为巩固美、苏两国之间的联系作出许多贡献。

他带着他的夫人，一个三十岁左右的漂亮女人，从机场乘车来看我。霍普金斯本人中等身材，很瘦，显出疲惫不堪和有病的样子。

参加谈话的有维辛斯基。

在早餐时，霍普金斯说，他到莫斯科见到斯大林，讨论了即将举行的政府首脑会议的问题。

"丘吉尔坚持6月15日在柏林开会，"霍普金斯说，"但是要参加如此重要的会议，这样短的期限我们来不及做好准备。我国总统建议7月中旬开会。我们十分高兴的是，斯大林先生赞同我们的建议。关于德国和欧洲其他国家的未来，将会有极其复杂的谈判，目前就已经积聚了不少'易燃的材料'。"

"如果说我们各国在战争的复杂条件下，尚能在击败法西斯德国方面找到共同语言的话，"维辛斯基回答他说，"那么应该认为，各国政府首脑现在也将能够就彻底肃清法西斯主义和在民主基础上重建德国生活的措施达成协议。"

霍普金斯对此未做任何回答。他喝了一口咖啡，深深叹了一口气，才说道：

"可惜罗斯福总统没能活到现在。跟他在一起时，呼吸也要轻快一些。"

霍普金斯及其夫人在我这儿待了约两个钟头。他告别时说，现在他将飞往伦敦，参加与丘吉尔的谈判。

"我尊敬丘吉尔，"他说，"但这是个很难相处的人。能轻松地同他交谈的只有罗斯福总统。"

不久，就有外交人民委员部的一些负责工作人员来到我们这儿，为未来的会议做准备。

我向他们说明，在柏林市内缺乏举行各国政府首脑会议应有的条件。建议他们去参观一下波茨坦地区。

波茨坦也受到严重破坏，在那里要安置各国代表团也很困难。完整保存下来的大型建筑物，只有位于新公园内的德国皇太子的宫殿。那里有足够的房舍供会议和人数众多的专家、顾问们工作时使用。

波茨坦近郊小镇巴贝尔斯贝格几乎未遭受到轰炸，最适于安置各国代表团团长、外交部长以及主要的顾问和专家。战前在巴贝尔斯贝格居住的，都是政府的高级官吏、将领及其他著名的法西斯分子。小镇上布满了许多隐没在绿荫和花丛中的讲究的双层别墅。

莫斯科批准了我们提出的在波茨坦地区举行会议的建议。英国人和美国人也对此表示同意。

于是立即展开了对环境、建筑物和道路的整修工作。为此派出了大批的工程兵部队。它们几乎昼夜不停地工作。到7月10日，一切都准备妥当，房舍的布置也接近完成。

对方面军后勤人员的积极努力应给予应有的评价，他们在短短的期限内完成了极大量的工作。特别是方面军营房管理处处长科索格利亚德上校最为辛苦。

在准备用于召开会议的宫殿建筑物内，我们对三十六个房间和一个有三个进出口的会议厅进行了大修。美国人给他们总统及其主要的助手们的住房选择了蓝色。英国人给丘吉尔选择了粉红色。苏联代表团的住房，则粉刷成白色。在新公园里，建造了大量花坛，栽种了近万株各色花草和好几百棵观赏树木。

苏联代表团的大批顾问和专家于7月13日和14日到达。

他们当中有：总参谋长安东诺夫大将，海军人民委员库兹涅佐夫海军上将，海军参谋长库切罗夫。外交人民委员部的代表是维辛斯基、葛罗米柯、卡夫塔拉泽、马伊斯基、古谢夫、诺维科夫、查拉普金、科济列夫和法拉列耶夫。同时到达的还有外交部门的大批工作人员。

斯大林、莫洛托夫以及他们的随从人员应于7月16日乘专车到达。

斯大林在前一天就曾打电话给我说：

"你千万别搞什么仪仗队和乐队来欢迎。只要你自己和你认为必要的人到火车站来就行了。"

在列车到达前半小时左右，我们大家一同来到火车站。和我同去的有维辛斯基、安东诺夫、库兹涅佐夫、捷列金、索科洛夫斯基、马利宁及其他负责人。

我到车厢跟前迎接斯大林。他的情绪很好，迈步走近欢迎的人群，向他们招手致意。他观察了一下车站广场的四周，不慌不忙地坐上了汽车，随后他又打开车门，邀请我同他坐在一起。路上，他曾关心地问我，对会议的开幕是否一切均已准备妥当。

斯大林巡视了一下他居住的别墅，并问这别墅从前是属于谁的。有人告诉他说，这原是鲁登道夫将军的。斯大林不喜欢有过多的摆设。他进房以后，就要求将不必要的家具撤去。随后他又问我住哪儿，总参谋长安东诺夫和从莫斯科来的其他军人住在什么地方。

"就住在附近，在巴贝尔斯贝格。"我回答说。

早餐后，我向他报告了有关驻德苏联占领军的一些主要问题，并介绍了管制委员会最近一次会议的情况。跟过去一样，在这次会议上，我们在同英国方面协商问题时碰到了最大的困难。

以丘吉尔首相为团长的英国政府代表团和以杜鲁门总统为团长的美国政府代表团，也于同一天到达。于是，各国的外交部长马上就进行会晤。丘吉尔首相和杜鲁门总统则前来拜访了斯大林。第二天早上，斯大林又回访了他们。

波茨坦会议不仅是三大强国领导人之间的一次例行的会晤，而且是对最后导致法西斯德国彻底失败和无条件投降的这一政策所取得的胜利的盛大庆祝。

苏联代表团来到波茨坦时怀有如下的坚定信念：即在根据各国人民和平和安全的利益解决战后各种问题方面达成相互协调一致的政策，并为防止德国军国主义的复活创造条件。

在研究这样一些极重要的问题时，美、英、苏三国在雅尔塔会议上通过的决议，对这次会议的参加者是应有约束力的。在波茨坦会议上，苏联代表团又一次击破了反动势力的盘算，使德国民主化和肃清其军国主义计划（这是保持和平最主要的条件）得以进一步具体化。与此同时，跟以前几次会议相比，美、英两国政府想利用德国的失败来加强其争夺世界霸权地位的企图，也表现得更为明显。

波茨坦会议于7月17日午后开幕。会议在宫殿内最大的一个房间内举行，在房间中央，放着一张十分光亮的圆桌。有趣的是，我们当时在柏林找不到足够大的圆桌，于是不得不赶紧向莫斯科的"柳克斯"工厂定做，然后把它运到波茨坦。

出席第一次会议的有各国政府首脑、外交部长和第一副部长，以及军事、文职顾问和专家。在会议的间隙时间里，军事的和文职的专家和顾问们则单独开会，就他们受命研究的问题进行商谈。

在会议工作过程中，各国的外交部长和外交工作人员担负着主要的重担。他们必须研究、分析和判断各方的全部文件，拟出自己的建议，并在预备性的会谈中坚持自己的建议，只是在这以后才拟制提供给各国政府首脑的文件。

军事顾问们讨论了有关分配德国海军战斗舰只和民用船队的大型船只的基本建议。以库兹涅佐夫海军上将为首的苏联海军将领，曾就此问题同英、美两国的海军代表进行过初步会谈。

美国和英国方面千方百计地拖延这些会谈。以致斯大林在同杜鲁门和丘吉尔举行圆桌会议时，不得不提出一系列相当尖锐的意见，指出各国在战争中蒙受损失的程度不同，我国有要求得到相应赔偿的权利。

会议最初进行得十分紧张。苏联代表团不得不面对美、英两国的统一阵线和它们预先协商一致的立场。

会议讨论的主要问题，是欧洲各国战后的体制问题，而主要的是在民主基础上改造德国的问题。关于德国问题，在波茨坦会议之前，就曾在欧洲协商委员会、国际赔偿委员会做过酝酿，并在雅尔塔会议上做过详细的研究。

大家知道，关于德国问题的讨论，是从德黑兰会议开始的。根据各同盟国预先达成的要法西斯德国无条件投降的政策，各国政府首脑就肃清德国军国主义和纳粹主义，彻底解除德国武装和解散其国防军，消灭纳粹党及其一切分支机构，逮捕主要战争罪犯并交由国际法庭审判，以及严惩一切战犯等问题，取得了一致意见。波茨坦会议的决议规定，禁止德国政府拥有任何武装。

在波茨坦会议上，盟国就对德管制期间采取共同政策中的政治和经济原则达成了协议。会议结束后，我们得到了决议案的摘录，该决议案指出：

"德国军国主义及纳粹主义将予根除，各盟国一致同意将于目前和未来采取其他必要措施，以保证德国永不再威胁其邻邦或世界和平。"

在对德管制委员会的工作中，为苏方所一贯遵循的这一协议宣布：（以下为摘录）

"一、政治原则

1. 根据对德管制机构的协定，德国境内最高权力由苏、美、英、法四国武装力量总司令遵照本国政府指令，分别在其各自之占领区内行使；至于涉及全德国的问题，彼此以管制委员会委员的身份共同处理；

2. 对德国各地的居民，应尽可能同等对待；

3. 管制委员会应遵循的占领德国的目的如下：

——解除德国全部武装，肃清德国军国主义，铲除或控制可用于军事生产的一切德国工业；

——消灭国家社会党及其分支和受其控制的组织，解散一切纳粹机构，确保这些组织和机构不得以任何形式复活，禁止一切纳粹的和军国主义的活动或宣传；

——准备使德国政治生活在民主基础上获得重新建立，并使德国将来在国际生活中有可能参与和平合作；

——战争罪犯及参与策划或推行纳粹事业，致使结果造成暴行或战争罪行者，必须予以逮捕并交付审判。纳粹领袖、支持纳粹的有力人物、纳粹机构及组织的高级官员，以及危害盟国占领及占领宗旨的任何人，均应加以逮捕与拘禁；

——一切曾参与实际活动的纳粹党徒，及其他对盟国宗旨持敌对态度者，均应解除其公职及半公职，及在重要私人事业中的负责职位。这些人必须由在政治上与道德上确能促进德国真正民主制度发展的人士予以接替；

——对德国境内的教育应予监督，以彻底消除纳粹及军国主义理论，而利于民主思想顺利发展。

二、经济原则

为消灭德国军事潜力，武器、军事装备、战争工具以及各型飞机及海船的生产均予禁止。金属、化学品、机器以及军事经济直接需要的其他物品，其生产应受严格管制，并以核准的德国战后和平需要量为限度……

德国经济应在实际可行的最短时期内予以分散，以消灭目前经济力量因卡特尔、辛迪加、托拉斯及其他垄断办法而造成之过分集中现象。

在占领期间，德国应被视为一个统一的经济单位。为达到此一目的，应就下列各项确定共同政策：

1. 采矿与加工工业产品的生产与分配；

2. 农业、林业与渔业；

3. 工资、物价与配给；

4. 整个德国的进出口计划；

5. 货币与银行、中央赋税与关税；

6. 赔偿及消除军事工业潜力；

7. 运输与交通。

实行上述政策时，应适当顾及各地不同情况。"

当看到几个大国在波茨坦一致通过的各项原则性决议，很快就被美、英两国领导人轻易地一笔勾销的时候，是不能不使人感到吃惊的。其结果是，军国主义又重新复活起来。事件的尔后过程是大家都知道的。

现在让我们来回忆一下美国总统富兰克林·罗斯福 1943 年所讲的

一段十分精彩的话，是很有意义的。当时他说：

"1918年停战以后，我们曾经认为并相信，德国军国主义精神从此得以根除。在这种'虔诚的想法'的影响下，我们随后花了十五年的时间从事裁军。而同时德国人却掀起了一阵极其凄惨的喊叫声，这使得其他各国人民不仅同意他们进行武装，而甚至为他们的武装提供了方便条件。往年那种虽善良但愚蠢的想法证明是行不通的。我希望今后我们不会再重复这种蠢事……这还不够，我应当更强烈地表达自己的愿望。作为合众国的总统和武装力量的最高统帅，我准备在人类力所能及的范围内，尽量避免重复这一悲剧性的错误。"

然而大家知道，罗斯福去世后，美国完全推行了另一种政策。

我已经说过，在波茨坦会议上，并不是所有的问题都能轻而易举地解决。在会上，丘吉尔的野心最为露骨。然而斯大林以十分平静的语调，很快就使他认识到，他对待问题的态度是不对的。至于杜鲁门，大概由于他当时尚无足够的外交经验，很少参加尖锐的政治争论，而把优先权让给了丘吉尔。

会上讨论得很激烈的一个问题，是美、英两国代表团再次提出的把德国分裂成南德、北德和西德三个国家的问题。在雅尔塔会议上，他们第一次提出这一问题时，就曾遭到苏联代表团的驳斥。在波茨坦，苏联代表团团长又一次拒绝了这一分裂德国的建议。

斯大林说：

"我们拒绝这一建议，因为它是违反自然的：需要的不是分裂德国，而是使它成为一个民主的、爱好和平的国家。"

由于苏联代表团的坚持，在同盟国波茨坦决议中，包括有建立德国中央行政机构的条款。可是后来在西方当局代表的反对下，这样的机构并未建立起来。如波茨坦决议所确定的、在爱好和平和民主基础上统一德国的目标，也未能实现。

关于恢复德国经济的问题，决定主要注意力应放在和平工业和农业的发展上。会议还确定了消除德国军事潜力的措施。

会上确定了赔偿的数量和接受赔偿的方法。当然，杜鲁门，特别是丘吉尔不愿意拆除德国西部的重工业企业作为赔偿。但是他们后来终于在附有各种保留条件的情况下，同意了以德国西部军事工厂的部分设备作为赔偿。遗憾的是，这只是纸上通过的决议，正像波茨坦会议的其他许多决议一样，实际上各同盟国并未付诸实施。

会议还作出了把柯尼斯堡及其周围地域转让给苏联的决议。

为了进行缔结和平条件的准备工作，会议决定设立外长会议，由苏联、美国、英国、法国和中国的外交部长组成。外长会议的任务，是拟制对意大利、罗马尼亚、保加利亚、匈牙利和芬兰的和约草案，以及准备对德和约。

关于波兰及其西部边界的问题，讨论得相当激烈。虽然这些问题早在雅尔塔会议上即已基本决定，丘吉尔仍然企图以各种显然不能成立的借口，拒绝苏联提出的以奥得河和西尼斯河为西部边界并将斯维讷明德和斯德丁划归波兰的建议。为此，由贝鲁特率领的波兰代表团专门应邀来到波茨坦。经波兰代表团列举理由做了充分说明之后，关于波兰西部边界的问题通过了如下决议：

"在和约最后划定边界之前，"该决议说，"将从斯维讷明德稍偏西的波罗的海海边，沿奥得河和西尼斯河直到捷克斯洛伐克边境一线以东的领土转归波兰。"

英国方面坚持要人民波兰政府负责偿还英国资助阿尔齐舍夫斯基波兰流亡政府的全部贷款。阿尔齐舍夫斯基是1939年从波兰逃往伦敦的。苏联和波兰的代表团坚决拒绝了大不列颠的这种无理要求。

同时，还就美、英两国同驻在伦敦的前波兰流亡政府断绝外交关系，达成了协议。

会议在研究并解决了一系列相当重要的其他问题后，于8月2日结束了工作。

苏联对法西斯德国的胜利极为令人信服，致使美国和英国统治集团当时被迫达成协议。这样一来，就保障了波茨坦会议的胜利结束。

总之，这次高级会议的决议证明战后和平制度的民主原则的胜利。早在战争过程中就积极促成反法西斯同盟的苏联，在这方面起了重要作用。

我记不清确切的日期，在一次政府首脑会议之后，杜鲁门向斯大林透露说，美国有一种威力异常大的炸弹，但他并未把它称为原子弹。

据外国记者后来报道，在透露这一消息的瞬间，丘吉尔的两眼死盯着斯大林的面孔，观察着他反映。然而斯大林并未显露丝毫异常的表情，而是装作未从杜鲁门的话语中发现任何特别的东西。以致丘吉尔和英美的其他许多活动家后来都认为，斯大林大概的确没有懂得所透露给他的这一消息的意义。

实际上，当斯大林会后返回住所，就在我在场的情况下，跟莫洛托夫谈到与杜鲁门这次谈话的内容。莫洛托夫听后说：

"他们是想抬高身价。"

斯大林发笑说：

"让他们抬高身价好了。应该告诉库尔恰托夫加快我们工作的进度。"

我知道，他指的是原子弹。

美国政府从实力地位出发，想利用原子武器来实现其帝国主义目的的这一意图，当时就暴露得十分明显。1945年8月6日和9日，进一步得到了证实。美国人毫无任何军事上的必要，就对日本人口稠密的和平城市广岛和长崎投下两颗原子弹。

同美军和英军总司令一样，我也不是代表团的正式成员。然而在波茨坦会议讨论问题的时候，我曾多次出席。

应当说，斯大林对美、英两国代表团在决定问题时的任何有损于波兰、捷克斯洛伐克、匈牙利以及德国人民的细微的意图，都是非常警惕的。不管是在会议过程中，或是在相互交往中，他同丘吉尔的分歧都特别尖锐。值得指出的是，丘吉尔对斯大林是相当崇敬的，据我的感觉，他不敢跟斯大林进行尖锐的争论。而斯大林在同丘吉尔争论时，总是有根有据而且道理十分充分。

丘吉尔快要离开波茨坦的时候，曾在他住的别墅里举行招待会。苏联方面应邀出席的有斯大林、莫洛托夫、总参谋长安东诺夫和我。美国方面出席的有总统杜鲁门、国务卿贝尔纳斯和总参谋长马歇尔五星上将。在场的英国人有亚历山大元帅、总参谋长布鲁克元帅等。

在波茨坦会议前，我跟丘吉尔只在莫斯科短短地见过一次面，没有谈过话。在这次招待会上，他对我非常注意，向我询问了一些交战的情况。

他还问到我对英军统帅部的评价，以及对同盟国远征军在西德进行的各次战役的看法。我高度评价了通过英吉利海峡的登陆战役，这使他感到高兴。

"但是我要使你感到不快，丘吉尔先生。"我接着说道。

"怎么呢？"丘吉尔警觉地问道。

"我认为盟军在诺曼底登陆后，犯了一系列严重的错误。如果不是德军统帅部对情况判断错误的话，盟军登陆后的进展可能大大地减慢。"

丘吉尔对此未表示任何不同的意见。看来，他不愿意深谈这个话题。

在招待会上，第一个讲话的是美国总统杜鲁门。

他指出了苏联对击败法西斯德国作出的卓越贡献,建议为苏联武装力量的最高统帅斯大林干第一杯酒。

斯大林则提议为丘吉尔干杯,说他在英国极困难的战争年代里,肩负起了同希特勒德国做斗争的领导责任,并胜利地完成了自己担负的重大任务。

十分出人意料,丘吉尔忽然举杯向我祝酒。我别无他法,只好也向他祝了酒。当我感谢丘吉尔对我表示的殷勤盛意时,我竟不自觉地把他称为"同志"。马上我就觉察到了莫洛托夫那困惑莫解的目光,自己也有些发窘。于是我便随机应变,举杯祝贺我们在这次战争中的战友[①]和盟友——反法西斯同盟各国军队的士兵、军官和将军们,所取得的彻底击败法西斯德国的胜利。这样,我便不再有什么错误了。

当我第二天在斯大林那儿时,他和在场的人都为我这样快就得到了丘吉尔这位"同志"而发笑。

从7月28日起,新当选为英国首相的工党领袖艾德里,代替丘吉尔担任了英国代表团团长。

与丘吉尔不同,艾德里表现得比较审慎,然而他奉行与丘吉尔同样的政治路线,对旧的保守党政府的政策未做任何修改。

在会议过程中,斯大林还审查并决定了我向他报告的有关德国的一系列重大问题。

例如,他批准了方面军军事委员会"关于在波罗的海沿岸组织捕鱼"决定。原白俄罗斯第1方面军部队应在1945年下半年捕获2.1万吨鱼。

应当指出,这是一项十分重要的决定,因为德国东部的牲畜总头数在苏军占领以前已大大减少,供给鱼类对德国居民的经济生活具有重大意义。

斯大林在动身返回莫斯科以前,曾详细了解了将军队撤回苏联的计划,以及从德国遣返苏联公民的进程。他要求采取一切措施,使苏联人得以尽快返回祖国。

波茨坦会议一闭幕,斯大林立即动身返回莫斯科,临行前就对德管制委员会内如何贯彻会议决议的问题,给我们作了指示。

为了拟制出分配法西斯德国舰船的决议,设立了一个三国委员会。代表苏联参加的是列夫琴科海军上将,英国的全权代表是约翰·迈尔斯

[①] 在俄语中,"战友"一词与"同志"一词相同。——译者注

和巴勒海军上将，美国的全权代表是金海军上将。

列夫琴科海军上将做了大量工作，以促使各盟国履行波茨坦会议的决议的条文。他曾以坚定的立场就此问题同蒙哥马利元帅、巴勒海军上将和艾森豪威尔做过多次谈话，后来还要求在管制委员会内进行讨论。问题终于获得解决，苏联总共得到656艘军舰和各类运输船只。其中大部分不需修理就可使用。

波茨坦会议虽然存在着无法避免的争论和分歧，然而总的说来，它体现了各大强国（这些强国的政策在战后影响极大）要求奠定合作基础的愿望。

这一切在波茨坦会议期间以及会议闭幕后的最初一段时间里，对管制委员会各成员之间的相互关系，也起了作用。在管制委员会里，苏联代表竭力履行会议通过的各项决议。我们的美国和英国同僚在会议后的最初一段时间里，同样也遵守了会议决议所规定的义务。

遗憾的是，这种政治气氛很快就发生了变化。伦敦外长会议上的分歧，成了改变方向的重大推动力。丘吉尔在富尔顿发表的反苏演说对此更起了特别的促进作用。管制委员会的美、英两国负责人，像接到了统一的口令一样，在一切问题上都变得难以商量了，而且在一切原则问题上，他们都开始蛮横地阻挠波茨坦决议的贯彻。

从管制委员会成立起，在我和艾森豪威尔、蒙哥马利、柯尼格之间，以及在我的副手索科洛夫斯基和克莱、罗伯逊之间建立起来的良好相互关系，越来越暗淡。要寻找解决争执问题的可能，也变得越来越困难。特别是在讨论下列主要问题时，情况更是如此。这些问题是：在英美占领区内消除德国军国主义的军事经济潜力，解除德军部队的武装，在英美占领区内坚决根除法西斯主义和各种各样的纳粹团体。显然，我们的西方军事同僚受领了新的指示，这些指示是以美英帝国主义集团敌视苏联的政策为依据的。

经过多次调查，我们查明，英国人不顾我们的抗议，在其占领区内仍继续保留着德军部队。于是，我不得不向管制委员会递交关于在英国占领区内存在前希特勒军队的有组织的部队的备忘录。该备忘录的内容如下：

"根据1945年6月5日签署的关于击败德国的宣言，以及波茨坦会议有关德国的决议：

——德国的或在德国控制下的一切武装力量，包括陆军、空军、防空部队、海军、党卫军、冲锋队和秘密警察，以及其他一切武装力量或拥有武器的辅助组织,不管其位于何处,均应彻底解除武装……

——德国所有的陆军、海军、空军、党卫军、冲锋队、自卫军、秘密警察及其全部机构、司令部和各种组织,连同总参谋部、军官团、后备队、军事学校、退伍军人之一切组织,和其他一切军事、半军事团体,以及用以继续保持德国军事传统之俱乐部和协会等,均应完全彻底废除,以永远禁止德国军国主义和纳粹主义的复活或改组……

然而根据苏军统帅部掌握的情报和外国报刊的材料,在德国的英军占领区内,仍然保存着德国武装力量,德国的陆军、海军和空军。德国的缪列尔集团军群改名为诺尔德集团军群后,迄今仍然存在。该集团军群设有野战指挥部和司令部。司令部下设作战处、侦察处、军需处、军官团、汽车运输处和卫生部门。

诺尔德集团军群拥有陆军、空军和防空兵的兵团和部队。它编有什托克豪生和维特霍弗两个军群,每个军群的兵力均在 10 万人以上。

在德国的英军占领区内,建立了 5 个军一级的德国军区,每个军区都有自己的指挥部和勤务部门。这几个军区的指挥部位于哈莫尔、伊策霍、新明斯特—伦茨堡、弗伦斯堡和汉堡。

在德国的英军占领区内,除上述各德国军区外,还在下列城镇建立了 25 个区、县一级的德国军队的警备司令部。这些城镇是:平涅贝克、泽格贝克、吕贝克、劳恩堡、伊德尔津、黑格尔基亨、贝临什德特、伊策霍、石勒苏益格、埃肯弗尔德、胡祖姆、韦斯特兰、文堡、海本、马尔涅、维舍尔尤伦、汉施德茨、美尔多尔弗和阿耳贝尔斯多尔弗。

英占区的德国空军组成了空军第 2 军区。它编有防空兵团(高射炮兵第 18 师)、轰炸机中队、歼击机中队、强击机中队和近距离侦察机群。空军第 2 军区的司令部,类似战时空军集团军的司令部。

在德国的英军占领区内的德国武装力量,拥有 5 个团以上的通信兵部队,并拥有坦克部队和广泛的军事医院网。德国海军现在称为扫雷勤务部队,设有司令部,并编有护卫舰艇总队和区舰队。

除上述德国兵团、部队和勤务部门外,在石勒苏益格—荷尔斯泰因省还有近百万处于非战俘状态的德国士兵和军官,正在从事战斗训练。

上面列举的一切陆、海、空军的部队、兵团和勤务部门,均按军队标准得到各类给养供应。其人员配带有识别符号和军事勋章,并享受薪金照付的休假。

从以上情况可以看出,在德国的英军占领区内保留着德国陆、海、空三军的领导机构以及陆、海、空三军和防空兵的兵团、部队和勤务部门，这是不能以英军占领区的任何特殊情况做解释的。

在英军占领区内保留着：

——德国诺尔德集团军群；

——什托克豪生军群；

——维特霍弗军群；

——空军第2军区；

——位于哈莫尔、伊策霍、新明斯特—伦茨堡、弗伦斯堡和汉堡的各军区指挥部；

——25个区县一级的军事警备司令部；

——通信兵部队；

——坦克分队；

这是同波茨坦会议决议和关于击败德国的宣言相矛盾的。

苏军统帅部认为有必要要求管制委员会派遣专门小组前往英军占领区，以便就地了解解除德军武装和解散德军工作的实施情况。"

当在管制委员会讨论苏联的上述备忘录时，蒙哥马利在事实的压力下，不得不承认在英军占领区内的确存在着似乎是在"等待解散"或在他的领导下"进行工作的"有组织的德军部队。

他企图将这一切解释成是，在解散德国士兵时遇到了"技术上的困难"。

我们在管制委员会内还了解到，盟军最高统帅艾森豪威尔是知道这一切情况的。

后来，在管制委员会1945年11月份的会议上，蒙哥马利曾就此问题说道：

"如果有人告诉我说，我们在这一问题上所奉行的路线与我的美国同僚所奉行的路线有什么差别的话，我是会感到惊讶的，因为我们奉行的路线从一开始就是由艾森豪威尔领导下的联军统帅部制定的。"

于是，一切都变得十分清楚了。当丘吉尔代表英国承担义务立即并永远根除德国军国主义并废除德国国防军的时候，他同时又给军队统帅部下达了秘密命令，要他们保留原希特勒军队的武器和部队，作为为长远的反苏目的而重建西德军队的基础。而盟国远征军最高统帅部和艾森豪威尔本人原来是知道这一切情况的。我不想隐瞒，当时这曾使我感到不快，并改变了我最初对艾森豪威尔的看法。要我采取另一种态度，显然是不可能的。

波茨坦会议期间，斯大林曾同我谈起过邀请艾森豪威尔访问苏联一事。我建议邀请他于 8 月 12 日苏联体育节时访问莫斯科。

我的建议被采纳了。斯大林命令向华盛顿发出正式邀请。邀请电文中说,艾森豪威尔访问莫斯科时,将作为朱可夫元帅的客人。也就是说,艾森豪威尔将不以国家政治活动家,而以第二次世界大战中的著名军事活动家的身份被邀请访问苏联。

既然他是我的正式客人,我就不得不同他一起前往莫斯科,并陪同他访问列宁格勒和一起返回柏林。

随艾森豪威尔一同访问的,有他的副手克莱将军,以及戴维斯将军、艾森豪威尔的儿子约翰·艾森豪威尔中尉和德莱中士。在访问过程中,我们曾交谈过许多问题。据我的感觉,当时艾森豪威尔的言谈是坦率的。

我很想了解盟国欧洲远征军最高统帅部的实际活动。

"1941 年夏天,"艾森豪威尔叙述说,"当法西斯德国进犯苏联,而日本又在太平洋地区显露出侵略意图时,美国的武装力量扩大到了 150 万人。

"1941 年 12 月日本对珍珠港的军事进攻,使我国军事当局和政界的大多数人感到意外。

"我们注视着苏联同德国的战争,难于断定,俄国到底能坚持多久,它能否抵抗得住德军的进攻。当时美国实业界和英国人都为印度的资源、近东的石油,为波斯湾和整个中、近东而十分担心。"

从艾森豪威尔上面这一段话可以看出,1942 年美国主要关心的是如何保住它的军事经济地位,而不是在欧洲开辟第二战场。从理论上说,美英两国从 1941 年年底就着手制订在欧洲开辟第二战场的计划,然而直到 1944 年以前他们并未下定实际的决心。

"我们拒绝英国人从地中海进攻德国的要求,"艾森豪威尔说,"纯粹出于军事上的考虑,而不是基于其他什么原因。"

显然,德国人在英吉利海峡,特别是在法国沿岸地区的抵抗,使同盟国十分害怕;而大肆吹嘘的所谓"大西洋壁垒"更使他们感到极为担心。

1942 年 4 月美国就同英国最后商定了从英吉利海峡实施进攻的计划,然而在这以后,丘吉尔仍竭力企图说服罗斯福同意从地中海进攻德国。据艾森豪威尔的看法,他们在 1942—1943 年似乎不可能开辟第二战场,因为他们当时对这样大规模的战略性联合战役尚未做好准备。自然,这远不是真实情况。他们是能够在 1943 年开辟第二战场的,但是有意识地拖延，以等待德国武装力量遭到更大的失败和苏联武装力量受到很大削弱。

"1944年6月经由英吉利海峡进攻诺曼底之役，开始是比较容易的，后来在沿岸地带也没有遇到德国特别的抵抗。这对我们来说，"艾森豪威尔说道，"简直出乎意外。德国人在该处，并不像他们向全世界所吹嘘的那样，有什么严密的防御。"

"那么'大西洋壁垒'的实际情况到底如何呢？"

"任何'壁垒'根本不存在。只是些一般的堑壕，而且不是绵亘的堑壕。这个'壁垒'沿线只有不到3000门各种口径的火炮。每公里平均1门多一点。配备有火炮的钢筋混凝土工事极少，并未构成对我军的障碍。"

这里顺便提一下，原德国陆军总参谋长哈尔德上将也曾公开承认"大西洋壁垒"的脆弱性：1949年他在自己的回忆录中写道："德国当时没有任何防御兵器来对付在握有绝对制空权的空军掩护下活动的同盟国登陆舰队。"[①]

据艾森豪威尔说，诺曼底登陆的主要困难，不在于德军的抵抗，而在于经过英吉利海峡运送部队和供应。

坦白地说，当我1965年看完美国影片"漫长的一天"的时候，我感到有些困惑不解。这部影片是描写1944年6月盟军经由英吉利海峡在诺曼底登陆这一历史事实的，而影片中的敌人却比实际情况强大得多得多。当然这部影片的政治目的是很清楚的，但总得讲点分寸吧！

对规模十分巨大的诺曼底登陆战役，不需要加以虚假的粉饰，应当客观地承认，这个战役的准备和实施是高明的。

盟国远征军主力在诺曼底登陆后，直到1944年7月，才遭到德军较大的抵抗，当时德军从法国北部沿海地区调集兵力来对付登陆部队。但德军很快就被占数倍优势的盟国陆、空军所压倒。像苏德战场上那种名副其实的进攻战役，即必须突破纵深梯次配置的防御、同敌方战役预备队做斗争、抗击反突击，诺曼底的盟军是没有也不可能进行过的，因为其当面不存在德军的大量兵力。

美、英军队实施的各次进攻战役，除极个别的情况外，都是克服敌人的机动防御。据艾森豪威尔说，盟军推进中碰到的主要困难，是构筑后方道路和克服不利地形方面的困难。

[①] 哈尔德：《领袖希特勒》，慕尼黑，1949年版，第58页。

我很想了解1944年年底德军在阿登的反攻和盟军在该地的防御措施。但是艾森豪威尔和他的同行者都不怎么愿意谈及这一问题。尽管如此，从他们简略的介绍中仍可看出，德军在阿登的突击，曾使盟军最高统帅部和布莱德雷将军的第12集团军群指挥部感到突然：美国人不能阻止敌人的突击。

盟军最高统帅部十分惧怕和担心敌人在阿登采取进一步行动。怀着同样恐惧心情的丘吉尔，于1945年1月6日写信给斯大林。信中说，西战场正进行着艰苦的战斗，盟军由于损失很大和失去主动权而处于困难的境地。

由于非常希望苏联方面对此作出迅速的反应，丘吉尔和艾森豪威尔派特德空军上将亲自将此信送往莫斯科。丘吉尔和艾森豪威尔所期望的是，一旦苏联政府指示苏军迅速转入进攻，希特勒将被迫从西战场撤回突击部队，而将其投到东战场对付苏军。

正如大家知道的那样，苏联政府忠于自己作为同盟国的义务，一周之后就在全线展开了规模极其巨大的进攻，从根本上动摇了德军在各个战略方向上的防御，迫使德军在遭受惨重伤亡后，退到奥得河、尼斯河和俄斯特拉发并于春季放弃维也纳和奥地利东南部。

艾森豪威尔在回忆起这次进攻时说道：

"这是我们盼望已久的时刻。我们大家心里顿时觉得轻松了许多。特别是当得知苏军的进攻发展十分顺利时，我们的心情更是这样。我们相信，德国人现在再也无法加强其西战场了。"

遗憾的是，战后，特别是当残留下来的希特勒将领们和以往战争中我们的盟军的某些著名军事活动家，开始以他们的军事回忆录充斥书市以后，像对第二次世界大战的事件的这种客观的评论越来越少了，而对事实的歪曲和诽谤则越来越多了。过分活跃的人们甚至说什么，不是苏军以自己的积极行动促成了美国人在阿登交战中的胜利，而似乎是美国人以此拯救了苏军。

我们还谈到了按租借法案供应物资的问题。本来这个问题在当时是很清楚的。然而战后多年来，资产阶级的历史编纂学家们却一直说什么，似乎同盟国提供的武器、物资和粮食对于苏联战胜敌人起了决定性的作用。

毫无疑问，战争期间，苏联的确从同盟国那里得到了对国民经济相当重要的机器、设备、物资燃料和粮食。例如美、英两国提供了40多万辆汽车，还有大量的火车头、通信器材等。但是难道这一切能对战争进程起决定性的影响吗？我在前面已谈到过苏联工业在战争年代里所达到的规模，大家都知道，它保障了前线和后方的一切需要。在这里，我没有必要再来重复。

关于武器方面，我还可指出，我们根据租借法案从美、英两国得到了大约1.8万架飞机、1.1万多辆坦克，但这只相当于苏联人民在战争年代用以装备军队的武器总数的4%。因而，根本谈不上什么决定性作用。

至于英美政府提供的飞机，恕我直言，它们的战斗性能不高，特别是使用汽油的坦克，常常像火炬一样起火。

艾森豪威尔对列宁格勒、莫斯科、斯大林格勒和柏林等各次会战很感兴趣。他曾问我在莫斯科会战期间担任方面军司令员时，在紧张的形势下，我感到体力上的负担有多大。

"莫斯科会战，"我回答说，"对于士兵和司令员来说，负担同样沉重。在11月16日至12月6日交战特别激烈的期间，我每昼夜睡眠不超过两个小时，就连这点时间也是硬挤出来的。为了维持体力和工作能力，只有经常在寒冷的空气里做短时间的体育锻炼、喝浓咖啡，有时还滑雪20分钟。"

"莫斯科会战的危急阶段一过去，我一下就死死地睡了过去，以致许久都没法把我唤醒。当时斯大林曾两次打电话找我。他得到的答复是：'朱可夫在睡觉，我们没法叫醒他。'最高统帅说：'别叫他，让他自己醒吧！'在我熟睡的时间里，我西方面军部队向前推进的距离不少于10—15公里。我苏醒过来以后，感到十分愉快……"

艾森豪威尔到达莫斯科后，斯大林命令总参谋长安东诺夫给他介绍了远东我军的全部行动计划。

斯大林曾就苏军和盟军对法西斯德国和日本作战的问题，同艾森豪威尔谈了许多。斯大林说，第二次世界大战之所以发生，正是目光极其短浅的西方帝国主义国家政治领导人，纵容希特勒分子放肆进行军事侵略的结果。

"参战各国的人民，特别是苏联人民，为战争付出了重大代价，"斯大林说，"我们必须竭尽全力，使类似的情况在将来不致再度发生。"

艾森豪威尔当时对此表示完全同意。

1955年，当美、英、法、苏四国政府首脑举行日内瓦会议时，我又一次见到了艾森豪威尔。他当时是美国总统。我们多次同他会晤并进行了交谈。我们不仅谈到了以往的战争年代和两国在对德管制委员会工作时的合作，还谈到了有关我们两国共处和巩固世界和平的一些最迫切的问题。艾森豪威尔现在已完全不像他1945年所说的那样，他顽强地表达并坚持了美帝国主义集团的政策。

艾森豪威尔五星上将作为重要人物和统帅，在第二次世界大战中曾胜利地指挥过的盟国军队中，享有很高的威望。他本来是能够为缓和战后国际紧张局势，首先是停止对越南的侵略，作出许多贡献的。遗憾的是，他在这方面毫无作为，甚至还是侵略越南的支持者。

进步的人们在战后都希望，世界各主要国家将能吸取过去的教训，德国将在民主基础上获得改造，德国军国主义和法西斯主义将能根除。然而这一切只在德国东部，即德意志民主共和国得到了实现。

当苏联武装力量将东欧各国从法西斯占领下解放出来时，这些国家的人民把国家权力坚定地掌握在自己手中，并在民主基础上改建自己的生活。东欧民主国家显然把苏联不仅看作使自己得以摆脱法西斯主义的解放者，而且看作将来能制止侵略势力对其命运的任何侵犯的可靠保障。

战后的局势，是对西方国家当权的政党及其领导人的严重考验，是对他们的政治远见的考验。问题在于：他们将把自己的国家引入同各国人民友好相处的轨道呢，还是引进同其他国家相敌对的境地？

苏联政府和苏联共产党遵循列宁的遗训，坚持同所有国家和平共处的方针，并竭尽全力以巩固和平与合作。

艾森豪威尔访问苏联后，莫洛托夫很快给柏林打电话找我。

"收到美国政府请你访问美国的邀请。斯大林同志认为这种访问是有意义的。你的意见如何？"

"我同意。"

在一次管制委员会的会议结束后，艾森豪威尔将军走到我跟前说：

"元帅先生，您将访问美国，我非常高兴。遗憾的是，情况不允许我现在同您一起飞往华盛顿。如果您不反对，将由我的儿子约翰·克莱将军和美军统帅部的其他官员陪同您前往。"

我表示同意。

"鉴于你们的飞行员不熟悉穿越大洋和美国的飞行条件，"艾森豪威尔继续说，"请您乘坐我的'堡垒'式飞机。"

我对艾森豪威尔表示感谢，并将所有这些情况报告了斯大林。

斯大林说：

"好吧，你准备吧。"

遗憾的是，起飞前我病倒了，不得不再次给斯大林通电话。

"在这种状况下不能起飞。与美国大使史密斯联系,告诉他因身体状况不能飞行。"

返回柏林后,我又重新埋头于管制委员会的工作。

在解决与苏占区内民主改造有关的各种问题时,驻德苏联军事行政机构最高长官的政治顾问、现在担任苏联外交部副部长的谢苗诺夫,给了我很大的帮助。在管制委员会内,我们曾为实现关系到整个德国的各项波茨坦协议而一同工作。我们的工作是齐心协力的、卓有成效的。

苏联的军官和将军们,以及苏联政府派到索科洛夫斯基将军领导下的苏联军事行政机构中执行任务的同志们,在管制委员会内进行了大量的工作。他们肩负的责任,不仅关系到管制委员会的活动,而且关系到如何组织德国东部人民的社会生活、生产活动和国家生活。

从1945年6月10日颁布第2号命令(该命令我前面已提到过)起,我们就开始了团结和活跃苏军占领区德国人民进步力量的工作。由于这个命令的意义重大,请允许我简要地叙述一下其内容:

"今年5月2日,苏军攻占了柏林,保卫柏林的希特勒军队投降了。几天后,德国签署了无条件投降书。6月5日,以苏联政府、美国政府、英国政府和法国政府的名义发表了击败德国和上述四国政府接管德国最高权力的宣言。自苏军攻占柏林起,在德国苏军占领区内就规定了严格的秩序,组织了地方自治机构,为德国居民自由的社会活动和政治活动创造了必要的条件。

有鉴于此,我们命令:

1. 允许各个反法西斯政党在德国苏军占领区内从事教育和进行活动。这些政党的宗旨应当是,根除德国的法西斯主义残余,巩固德国的民主主义原则和公民自由,在这方面激发广大居民的创造精神和自主精神。

2. 给予德国苏军占领区的劳动居民组织自由工会的权力,以便他们能够保卫自己的利益和权力,给予工会组织和联合会与企业主缔结集体条约的权力,以及组织保险银行和其他互助机关、文化启蒙及其他教育机关的权力……

3. 本着上述精神,废除与反法西斯政党和自由工会的活动有关的,旨在反对民主自由、公民权利和德国人民利益的,法西斯的一切法律、决议、命令、号令、指令,等等。

苏联驻德军事行政机构最高长官　苏联元帅　朱可夫
苏联驻德军事行政机构参谋长　上将　库拉索夫

1945年6月10日于柏林"

我已经说过,德国共产党的组织在以民主原则为基础建立德国的和平生活方面起了非常大的作用。德国东部的工人和进步人士迅速团结在共产党组织的周围。

苏联政府遵循人道主义的宗旨,在德国人民感到困难的这一时期,对德国居民,首先是对处境极为困苦的柏林市民,表现了巨大的关怀。

当苏军攻占柏林时,市民还不到一百万,一周后增加到二百多万,而到五月下半月更增到近三百万。由于德国其他地域的居民不断涌入柏林,市内人口还在继续增长。

德国的工人和技术人员对消除柏林市内的战争后果,表现了很大的积极性。他们日夜坚守在自己负责的地段上,极其认真地完成所担负的任务。

由德国反法西斯战士组成的一些协助小组给了苏联卫戍司令部和卫戍处不少帮助。它们参加了各种各样的工作:维持社会秩序、给居民分发购粮卡片、监督发放的粮食,以及警卫工厂、城市重要目标和物资,等等。

6月11日,德国共产党中央委员会发表了纲领性的《告德国人民书》。这个文件具有重大的历史意义,它阐述了建立反法西斯的民主德国的纲领。

德国人民获得了在民主基础上安排自己的生活的权力。

在战争结束后的头几个月,柏林及整个苏军占领区的民主自治机构在德国共产党的领导下和苏军领导人的参加下,进行了一系列社会经济改革:实行了民主土地改革,给近100万德国劳动群众分配了土地;消除了庞大的资本主义垄断,解散了企业家联盟;把前纳粹分子从城市的经济、社会和文化生活各个方面的领导岗位上撤换下来;在工厂中规定了每天8小时工作制,实施了劳动群众统一的休假制度。

我清楚地记得,联共(布)中央委员会十分关心这些最重要的工作,并具体了解德国劳动群众的生活条件。斯大林从国际工人运动的利益和巩固欧洲和平与安全的斗争的角度来看待这些问题,对于这一工作的各个主要方面提出了许多宝贵建议。

在美、英、法三国军队和行政机构人员到达柏林西部之前,城市居民的生活已基本正常化,并具备了进一步改善的各种条件。

苏联军事行政机构最高长官于1945年7月27日发布的第17号命令,也足以说明我们采取的有助于苏军占领区经济发展的各种措施。从这个命令中可以看出，早在战后头几个月，就很重视国民经济、文化和卫生保健主要管理机构的工作。

命令中写道："到1945年8月10日，在苏军占领区内必须成立以下德国中央机构：

运输管理局，负责领导和管理铁路和水路运输。

邮政管理局，负责领导各邮局、电话局和电报局的工作。

燃料工业管理局，负责领导煤炭工业的各企业、煤矿井、露天开采场、煤厂、生产液体燃烧和煤气的工厂，并负责这些企业的产品的对内销售。

商业和供应管理局，负责领导贸易和采购商行、机关和企业的工作，负责农产品的收购、加工和储存，负责计算日用品的需要量，保障居民有足够的日用品，保障贸易的发展。

工业管理局，负责领导各工业企业的恢复、开工和经营。

农业管理局，负责领导农业和林业，以及农产品加工企业。

财政管理局，负责领导各财政、信贷机关的活动。

劳动和社会保障管理局，负责调整劳动工资，分配劳动力和工程技术人员，负责领导工会和社会保障部门。

保健管理局，负责领导保健机构、医疗部门和医学院校，以及医疗器械厂和制药厂。

人民教育管理局，负责领导学校、儿童保育院、幼儿园、学院，以及艺术、科学和文化部门。

司法管理局，负责领导各检察机关、法院和司法部门……

苏联驻德军事行政机构最高长官　苏联驻德占领军总司令　苏联元帅　朱可夫

苏联驻德军事行政机构军事委员　中将　博科夫

苏联驻德军事行政机构参谋长　上将　库拉索夫"[1]

应当说，我们在苏军占领区实行的发扬民主风气、发展经济和文化、维持秩序的措施，被德国人民热烈地接受了。

后来，我们进一步采取了一系列措施，以便为德国人民保护其所有的民族和国家珍品。例如，1945年10月30日，我们发布了第104号命令，命令中写道：

---

[1] В.乌利勃里赫特：《通往最新时代的历史》，莫斯科外国书籍出版社，1957年版，第390—392页。

"……为了防止侵吞属于原希特勒国家、军事机关、被苏联军事当局取缔或解散的团体、俱乐部和协会的财产并利用这些财产营私舞弊,为了最合理地使用这些财产以满足当地居民的需要,我们命令:

1. 冻结苏军占领区内的、下述范围内的财产:

1)属于德国国家及其中央和地方机构的;

2)属于纳粹党头面人物、领导成员和主要信徒的;

3)属于德国军事机关和组织的;

4)属于被苏联军事当局取缔或解散的团体、俱乐部和协会的;

5)属于在战争中站在德国一边的国家和臣民(自然人和法人)的;

6)属于苏联军事当局在副本中专门指出的或用其他途径指明的人物的。

2. 苏军占领区内无人经管的财产收归苏联军事行政机构临时指挥部。

3. 目前占有本命令1、2条列出的财产的德国机关、组织、商行、企业和个人,或拥有这些财产的资料的个人,必须在本命令公布后15天内向地方自治机构(市管理部门、区管理部门、县管理部门)递交有关这些财产的书面声明。

在声明中应具体写明:财产的特性、准确位置、所属关系和递交声明之日的状况……

地方自治机构根据收到的声明和财产统计资料拟制应冻结或临时接管的财产的总清单,并于1945年11月20日之前将这个清单送交相应的卫戍司令部和卫戍处……

7. 苏联驻德军事行政机构经济管理局局长沙巴林少将应在1945年12月25日之前,提出今后使用已宣布冻结的或临时接管的财产的方法的建议。

8. 拥有本命令1、2条提到的财产的所有机关、组织、商行、企业和个人,必须根据财产的经济作用对其完好程度和使用效果负责。未经苏联军事行政机构同意的财产方面的任何交易均无效……

苏联军事行政机构最高长官　苏联驻德占领军总司令　苏联元帅朱可夫

苏联军事行政机构军事委员　中将　博科夫

苏联军事行政机构副参谋长　中将　德拉特文"

苏联人民没有忘记德国工人阶级和德国进步知识界的革命功绩,没有忘记德国共产党及其领袖恩斯特·台尔曼(他于战争行将结束时牺牲在法西斯刑讯室里）的伟大功绩。我们的党和政府认为自己有义务给德国人民以兄弟般的援助。

德军撤退时，在各个城镇都留下了成千上万的受伤士兵和军官。仅仅在柏林及其郊区，就有20余万德国伤兵。苏联医务工作者、苏军统帅部对这些伤兵——我们从前的敌人，表现了崇高的人道主义精神，像对待苏军战士一样地为他们组织治疗。

有一次，我和一些军官路过菩提树下街时，柏林卫戍司令部的一位陪同军官，指给我们看一幢住着德国伤兵的比较完整的房屋。我们决定进去瞧瞧。

首先引人注意的，是这些伤兵多数是15—17岁的少年，差不多还是孩子。原来这是些于4月初在柏林建立起来的民众突击队的队员。我问他们，当德国已处于毫无希望的情况时，是什么促使他们去参加民众突击队的。

这些孩子低垂着眼，一吭也不吭。有一个说：

"我们除了拿起武器参加对柏林的防御以外，没有别的出路。谁不愿参加，就被送往秘密警察局，那就回不来了……"

我们从进一步交谈中还了解到，这里有几个年龄大一些的人1941年11月曾在莫斯科附近打过仗。我告诉他们，我自己也在莫斯科附近打过仗。这时，一个伤兵说：

"别再提德军部队经受的这场悲剧了。我们团原来1500人，只剩下不到120人。剩下的这点人也调到了后方。"

"你们团是在哪里作战的呢？"我问道。

"在沃洛科拉姆斯克附近。"伤兵回答说。

"那说起来我们还是老相识呢！"我说。

那个伤兵又问道：

"可否请问一下，将军先生，当时您在什么地方，在哪个地段上作战？"

我告诉他说，我当时是在莫斯科附近指挥西方面军部队。

我们又问这些伤兵，他们的饭食如何？俄国大夫治疗得如何？于是他们就争先恐后地夸奖起伙食和苏联医务人员对他们的关怀。这时一位苏联医生说：

"德国人过去弄死我们的伤员，而我们现在却通夜不眠地恢复你们的健康。"

"这不是普通德国人干的。"一个年老的伤兵回答说，"是德国法西斯分子干的。"

"你们当中有法西斯分子吗？"我问道。

没有人作声……我又问了一遍。还是没有人作声。这时，一个年约50岁的士兵站了起来，走到另一个士兵的床边，推了推他的背，说道：

"你转过身来！"

那个人不大情愿地把身子转了过来。

"你站起来报告，说你是法西斯分子！"

当我们离开医院时，这些伤兵都要求让苏联医生和护士继续照管他们。

在战后的最初时期里，我们经常同德国共产党领导人威廉·皮克、瓦尔特·乌布利希以及他们最亲近的战友们见面。他们曾怀着沉痛的心情，谈到共产党、工人阶级的优秀分子和进步知识分子所遭受的惨重损失。德国劳动人民所处的严重情况，使他们深感不安。

苏联政府应德国共产党的请求，对柏林市民规定了有所增加的粮食定量。

这就是苏联人战败法西斯后在德国的态度。

而希特勒当日是怎样对待苏联人民的呢？

希特勒在准备占领莫斯科时，曾下达过一个指令，我想在这里再提一下这个指令。

"对城市应严密包围，以使任何一个俄国士兵或市民，不管是男人、妇女或婴儿，都不得离开。对企图离开的任何人均以武力镇压之。要做好必要的准备，以便利用大型工程设备使莫斯科及其郊区淹没在水中。

"莫斯科现在所处之地应成为海洋，使俄国人民的首都永离文明之世界。"

希特勒匪徒为列宁格勒也安排了同样可怕的命运。

"对其他城市，"希特勒说，"应奉行这样的方针：在占领之前，应以炮火和空袭使其变成废墟。"[①]

如此野蛮的行为，是正常人所难以理解的。

坦率地说，在战争期间，我曾决心对法西斯党徒的暴行做彻底的报复。然而当我军打败敌人而进入德境后，我们约制住了自己的愤怒。我们的思想信仰和国际主义感情不容许我们进行盲目的报复。

1946年3月底，参加最高苏维埃会议后我再次回到柏林。当时，有

[①]《纽伦堡审讯材料》，第1卷，1957年，俄文版，第495页。

人转告我，斯大林要我回电话。

"美国政府从德国召回了艾森豪威尔，留下克莱将军接替他的职务。英国政府召回了蒙哥马利。你是否也应该回莫斯科？"斯大林问。

"我同意回去，说到我的接替人，我建议由索科洛夫斯基大将担任苏联占领军总司令和军事行政机构最高长官。他最了解管制委员会的工作，并熟悉部队情况。"

"好吧，我们考虑考虑，你等待指示吧。"

2—3天后的一个夜里，斯大林打来电话，当他明白铃声已使我清醒过来时，说道：

"政治局同意由索科洛夫斯基接替你。管制委员会最近一次会议结束后即回莫斯科。索科洛夫斯基的任命过几天到达。"

"还有一个问题，"斯大林继续说，"我们决定撤销第一副国防人民委员这一职务，而设常务副国防人民委员，这个职务由布尔加宁担任。华西列夫斯基担任总参谋长，库兹涅佐夫将担任海军总司令。你想担任什么职务呢？"

"我可以在党中央委员会认为我最适宜的任何岗位上工作。"

"按照我的意见，你应当负责陆军的工作。我们认为，陆军应有一个总司令。你不反对吧？"

"同意。"我回答说。

"很好，同布尔加宁、华西列夫斯基一同回莫斯科，在各自的职务上和国防人民委员部领导成员的权限内工作一段时间。"

1946年4月，我回到苏联。

1957年我最后一次访问了德意志民主共和国。参观了民主德国的许多城市、机关和企业，了解了德国人民的巨大成就后，我确信：苏联政府和苏联党战后在德国所做的一切都是正确的，它对德国劳动人民，对我们两国人民的友好事业和社会主义国家的防御能力产生了良好的结果。

写在最后

我曾想过很久，怎样更好地结束这本书，最后应该写些什么话。

应当认为，对于我——一个军人——来说伏案写作不是一件轻易的事。《回忆与思考》的结尾是对我整个一生的总结。在我的一生中，像所有其他人一样，有自己的欢乐、忧伤和不幸。我这样年纪的人回首往事时，不免要区分哪些是主要的，而哪些是不值得注意的。对我来说，为祖国、为自己的人民服务是主要的。我可以问心无愧地说：我为尽自己的天职贡献了一切。撰写这本书可能是我认为应该做的最后一项工作了。

祖国的欢乐也就是我最大的欢乐。祖国的危险、损失和忧伤总是比我个人的危险、损失和忧伤更揪我的心。我抱着为人民谋利益的思想度过了一生，这一点对任何人的一生都是主要的。

随着岁月的流逝，我们距战争年代越来越远了。一代新人已成长起来。对新一代来说，战争已成为我们的回忆录了。我们这些历史事件的参加者越来越少了。但我坚信：我们在战争中经历的一切伟大业绩，是不会因时间的流逝而磨灭的。这是一个异常艰巨，但又非常光荣的时期。经受过一次重大考验并取得了胜利的人，他一生将从这一胜利中汲取力量。

这对全体人民来说也是正确的。我们在战争中取得对法西斯主义的胜利，用庄重的语言来说，是苏联人民生活中光辉灿烂的时刻。在那些年月，我们受到了巨大的锻炼，积累了巨大的精神财富。回首往事，我们将永远缅怀那些为战胜祖国的敌人而献身的人们。

伟大卫国战争是社会主义同帝国主义最反动的侵略势力——法西斯主义之间的一次最大的军事冲突。这是反对凶恶的阶级敌人的一次全民大会战，这个阶级敌人侵犯了苏联人所最珍贵的东西——伟大十月社会主义革命的成果、苏维埃政权。

共产党把我们国家、我国各族人民发动起来，同法西斯侵略者做坚决的武装搏斗。从战争开始一直到最后，我都在最高统帅部工作，我亲眼见到，党中央和苏联政府曾进行多么巨大的组织工作，以动员人民、武装力量和国民经济去粉碎法西斯德国军队。

坦率地说，倘若我们没有像列宁的党那样的一个富有经验的、有威望的党，没有社会主义的社会制度和国家制度，我们是不能战胜敌人的。正是这一制度的强大物质和精神力量，使我们得以在短期内改组国家的整个生活，并创造了粉碎德国帝国主义武装力量的条件。

敌人妄想挑起民族内乱，瓦解多民族的社会主义国家。但是，敌人失败了。苏联各族人民在前线英勇奋战，保卫自己的社会主义祖国、战胜凶恶的敌人而忘我地劳动，他们表现得空前的坚强和勇敢。在卫国战争中取得的具有历史意义的全民胜利，充分显示了社会主义的社会制度和国家制度的优越性、苏联的强大生命力和牢不可破。

由于苏联生活方式的影响，由于党进行了大规模的教育工作，在我国造就了在思想上坚信自己事业的正义性并深切认识到自己对祖国命运所担负的责任的人。

苏联人不管在前线、在后方、在敌后、在法西斯集中营，不管在什么地方都是竭尽全部力量，以加速胜利时刻的到来。任何人都不能缩小苏联人民在伟大卫国战争中建树的战功和劳动功勋的意义。

我把我这本书献给苏联士兵。是他们用意志、不屈不挠的精神和鲜血战胜了强大的敌人。苏联士兵敢于正视死亡的危险，表现了英勇和大无畏精神。战时，他们为祖国建树的战功是无比伟大的，战后他们建树的劳动功勋也是无比伟大的。战争一结束，我们几百万士兵就出现在新的战线——劳动战线上了。他们不得不恢复被战争破坏了的经济，在废墟上建立起城市和村庄。

苏联人并未忘记反希特勒同盟的其他参加国为战胜共同敌人而作出的贡献。我国的军队和人民把各国抵抗战士所表现的英勇无畏精神时刻铭记在心，并给予高度的评价。

在第二次世界大战中，苏联承受了德国法西斯侵略者的主要打击。苏联顶住了这个打击，尔后粉碎了希特勒的军队。这个胜利是苏联人民付出了千百万人生命的代价取得的，所以，苏联人牢记上次战争的牺牲者并且特别懂得和平的价值。

我们反对敌人关于武力解决国际争端的论调，因为我们清楚地认识到，第三次世界大战将给我们星球带来惨重的后果。我们着眼于全世界人民的根本利益，并且深刻认识到，正是在最普遍的和平条件下，伟大十月社会主义革命为之奠定基础的那种社会制度、生活方式和政策的优越性才能实现。

我希望，年轻人特别注意地读一读这本书。我们老一辈人都很了解是什么东西使我们经受住了强大力量的攻击。而年轻人则还应该去了解这一点。

我想再次告诉青年读者：如果我们不加紧努力捍卫和平，随时准备保卫我们的祖国、我们的社会制度和我们的理想，那我们就是头脑简单的人。常言道：火药应该经常保持干燥。现在，人民寄予希望的已经不是我们这些在以往战争中尽力贡献了一切的人，而是年轻的新一代。我要对你们说，年轻人，要始终保持警惕！在以往战争中，延误一天我们就要付出很高的代价。现在，一旦发生危机，时间可能将以秒来计算。

我希望看到你们——祖国的保卫者成为什么样的人呢？成为学识渊博、坚忍不拔的人。现在，军队是用极复杂的技术装备起来的。学习技术比我们年轻时代要难得多。那时的技术比较简单。各个时期对军人提出了不同的任务。最新技术要由受过全面训练的、知识渊博的人来掌握。努力学习吧！

我还号召我们的青年要珍惜同伟大卫国战争有关的一切。研究战争经验、收集文件资料、建造博物馆和建立纪念碑，不忘纪念日和光荣名字，这些都是非常必要的。但尤为重要的是要记住：以前的老战士就生活在你们中间，对他们要精心爱护。

我多次看到，士兵们是如何勇往直前地冲击的。在弹雨纷飞的情况下冲击是很不易的。但是，他们做到了。他们中间有许多人还刚刚尝到生活的滋味，19—20岁是一个人最美好的年华，一切都寄希望于未来。然而，在他们前头往往只是喷射着机枪火焰的德军掩蔽部。

当然，他们也体验到战斗胜利的喜悦，懂得战斗的友谊和战场上的互相救援，享受到完成保卫祖国神圣使命的自豪感。

苏联士兵那时经受了严酷的考验，今天旧伤口还在隐隐作痛，身体欠佳。昔日的战士不会向你们抱怨，他们没有养成那种性格。但你们自己要注意。你们要关心和尊重他们，不要伤他们的自尊心。这就是对他们在1941—1945年所贡献的一切给予的极微薄的报答。

写了这些以后，我曾想过，在结束语中写这些是否太琐碎了？现在，我打消了这种念头。这并不琐碎！在战争中有严格的规定：不管怎样困难，一定要把伤员从炮火下抢救出来。这不仅体现了对抢救一个人生命的关心，同时是使投入战斗的人们怀有这样一个信念：不管发生什么情况，同志们不会丢下自己不管的。缅怀烈士、优待残障军人，这是对战时那种高尚品德的发扬光大。

我觉得，我的结束语变成同青年们的谈话。就让它这样吧。我们的事业需要年轻人来继承。他们能从我们的成功和失败中吸取经验教训是很重要的。制胜的科学不是一般的科学。凡是努力学习、充满胜利信心、艰苦奋斗、坚信自己的事业是正义的人，终将取得胜利。我根据自己一生所经历的许多经验教训，深信这一点。

我从叙述我的童年开始写这本书。现在，进行总结时又想起了童年时代。如果不进行十月革命，生活将会是怎样的？

革命使我有可能过完全另一种生活，即一种光明灿烂、引人入胜、充满强烈感受和重大事件的生活。我经常感到，人民需要我，而我永远有负于人民。如果考虑到人生的意义，这是最重要的。我的命运只是苏联人民共同命运的一个小小实例。

回忆一生中的各个关键时刻时，我认为我们开始起步的那个时刻是主要的。这就是革命！革命使每个人有可能施展力量、探索并认识到自己是人民创造力的一部分。当需要我们去保卫成果时，我们知道为什么而战。

"当一国人民中的工人、农民……都了解到、感觉到和认识到他们是在捍卫自己的苏维埃政权——劳动人民的政权，是在捍卫一种事业，这一事业的胜利将保证他们及其子女享受一切文化福利以及人类劳动的一切创造物时，这个国家的人民是永远不会被战胜的。"

这些话是列宁说的。我找不出比这更美好的话来作为本书的结尾了。